중독의 설계

ADDICTION BY DESIGN: Machine Gambling in Las Vegas
Copyright © 2012 by Princeton University Press
All rights reserved.

No part of this book may be reproduced or transmitted in any form or by any means, electronic or mechanical, including photocopying, recording or by any information storage and retrieval system, without permission in writing from the Publisher.
Korean translation copyright © 2024 by HANKOOK PUBLISHING HOUSE
Korean translation rights arranged with Princeton University Press
through EYA Co.,Ltd

이 책의 한국어판 저작권은 EYA Co.,Ltd를 통해 Princeton University Press와
독점계약한 한국문화사에 있습니다.
저작권법에 의하여 한국 내에서 보호를 받는 저작물이므로 무단전재 및 복제를 금합니다.

ADDICTION BY DESIGN
MACHINE GAMBLING IN LAS VEGAS

중독의 설계

슬롯머신은 도박 중독을 어떻게 디자인하는가

나타샤 다우 쉴 지음 | 김세건 · 홍혜미 옮김

한국문화사

목차

들어가며 7

1부 설계

1장 내적 상태를 위한 내부 디자인 57
    건축, 분위기, 정서

2장 경험 공학 85
    이용자-중심 설계의 생산 경제

3장 우연을 프로그램화 하다 121
    마법의 계산

2부 피드백

4장 시장에 일치시키다 167
    혁신, 강화, 습관화

5장 라이브 데이터 215
    이용자 추적과 놀이 유도하기

6장 완벽한 우연 261
    통제부터 충동까지

3부 중독	7장	도박으로 날리다	295
		사라진 삶	
	8장	쾌락을 넘어서	327
		추격매수, 탕진을 향한 놀이	

4부 조정	9장	균형잡기	373
		치료의 이중구속	
	10장	처방에 처방을 더해도	401
		위기 관리를 위한 비결들	

결론 판을 키우다 451

참고문헌 482

들어가며

1999년 어느 가을의 저녁, 몰리와 나는 라스베이거스 다운타운에 있는 메인 스트리트 스테이션 호텔 앤 카지노의 사우스 타워 고층 객실에서 커다란 전면 유리창 앞에 앉아 있었다. 우리의 발 아래에는 과거 이 도시에서 카지노 산업의 생명줄이었던, 네 블럭이나 이어지는 프리몬트 스트리트의 불빛이 반짝였다. 프리몬트 스트리트의 끝자락은 그곳으로부터 직각으로 뻗어나간 라스베이거스 불레바드가 시작하는 지점이었다. 또 다른 이름으로는 "스트립"이라고 알려진 그 길은 상업 도박의 길로, 도시의 경계에 닿아 주유소, 옥외 광고판, 결국은 사막의 모래 속으로 사라질 때까지 남서쪽으로 5마일이나 이어졌다. 날이 저물어 갈수록 이 악명높은 간선도로 양쪽의 비교적 어두운 지역부터 하나둘씩 전등불이 빛을 발하며, 스트립에서 다소 떨어진 곳에서 급증하는 지역 손님들을 상대로 하는 도박장들의 모습을 드러냈다.

몰리는 그런 도박장에서 비디오 포커 게임을 자주 했던 덕에 메인 스트리트 스테이션에서 무료로 숙박할 수 있다. 그녀의 열한 살짜리 아들 지미는 침대에 세로로 기다랗게 누워 있었다. 아이는 잠시 우리가 이야기 나눌 시간을 벌 요량으로 프론트 데스크에서 빌려다 준 플레이스테이션 콘솔을 조작하며 눈은 TV에 고정시키고 있었다. "엄마, 이거 베이거스라는 게임이야." 침대에서 지미가 말한다. "베이거스에서 운전하고 돌아다니면서 카지노 게임하는 거." 몰리가 대답한다. "좋지. 그거 하려고 왔는데 뭐."

몰리는 자신의 아들 지미와 그렇게 큰 나이 차이가 나지 않았던 어린 시절에 처음 일을 시작했다. 첫 번째 직업은 그녀의 아버지가 공군 장교로 재직하고 있었던 미군부대에서 슬롯머신 게임을 위한 잔돈을 바꿔주는 일이었다. 지금은 라스베이거스에서 가장 크고, 세계에서는 두 번째로 큰 메가리조트 MGM 그랜드에서 예약 담당자로 일하고 있다. 우리가 이야기를 나누는 동안 오즈의 마법사를 모델로 만든 거대한 MGM의 직사각형 초록색 유리가 저 멀리서 번쩍인다. "엄마! 나 이겼어!" 지미가 끼어든다. 15분 뒤, 비슷하게 흥분된 목소리로 또 외친다. "엄마! 나 벌써 95달러 잃었어!"

"조심하라고 이야기는 하죠." 몰리가 말한다. "문제가 될지도 모르니까요. 근데 제 얘기는 귓등으로도 안 들어요. 허구헌날 비디오 게임 해요. 완전히 거기 빠져 버렸어요." 그녀는 잠시 말을 멈췄다. "뭐 물론, 제가 그런 말을 할 처지는 아니지만요."

몰리는 자신이 어떻게 게임을 시작하게 됐는지, 그리고 그 과정이 어떻게 점점 더 고조되었는지를 설명한다. 그녀의 게임 인생은 1980년대 세 번째 남편과 라스베이거스로 이주하고 얼마 지나지 않아 시작되었는데, 당시 남편이 그녀에게 휴대용 미니어처 머신에서 비디오 포커 게임하는 법을 알려줬다. "고 조그만 기계에 완전히 빠져버렸다니까. 그러고 나서 진짜 게임을 시작했지." 처음에는 주말에만 카지노에 가서 잠깐씩 비디오 포커 게임을 했지만 얼마 지나지 않아 그녀의 게임 시간은 몇 시간이 되었고, 나중에는 며칠씩 머물기도 했다. 게임에 소비하는 금액도 점점 더 늘어나서 결국에는 이틀동안 게임하면서 월급을 전부 탕진해 버리는 일도 있었다. "나중에는 게임할 돈이 필요해서 생명보험 들었던 것도 다 해지해 버렸죠." 그녀는 말했다.

대박을 바라느냐고 묻는 나의 질문에 그녀는 웃으며 손사래를 친다. "처음에는 이기고 싶은 마음도 있었죠." 그녀는 말한다. "하지만 도박을 하면 할수록 확률에 대해 더 많이 알게 돼요. 아는 건 더 많아지는데, 더 약해지는 거예요. 멈추기가 더 어려워지는 거죠. 오늘도 내가 이겼는데ㅡ이기기도 해요, 정말 가끔씩 이길 때 있어요ㅡ그대로 그 돈 갖다 다시 넣었다니까요. 제가 이기려고 게임하는 게 아니라는 거, 사람들은 그 마음 이해 못 할 거예요."

그럼 도대체 왜 한다는 말인가? "그냥 계속 놀려고 하는 거예요ㅡ다른 건 아무것도 상관 없어지는 그 기계 존(zone)[1]에 머무르려고 하는 거라구요."

나는 그 기계 존이라는 것이 무엇인지 설명해 달라고 부탁했다. 그녀는 창밖의 휘황찬란한 빛의 움직임을 내려다보았다. 그녀의 손가락은 우리 사이에 있는 탁자 위에서 마치 슬롯머신을 두들기듯 움직인다. "그건 태풍의 눈에 들어가 있는 것 같은 느낌이죠. 설명해야 한다면 그렇게 이야기 하겠어요. 눈앞에 있는 머신을 바라보는 시야가 또렷해지고, 온 세상이 저를 중심으로 빙빙 도는데 다른 소리는 전혀 들리지 않아요. 마치 거기에

---

[1] (옮긴이 주) 본서에서 존(zone)이란 도박 기계(物)와 인간이 접촉하여 상호작용하며 만들어내는 하나의 현상학적 세계를 의미한다. 존은 영역, 지역, 구역 등으로 번역될 수 있으나 우리 말로 번역했을 때 저자가 전달하려 했던 바를 명확히 하지 못하고 오히려 그 의미를 제한하거나 왜곡할 가능성이 있다고 판단하여 역자들은 '존'이라는 용어를 그대로 사용하였다.

존재하지 않는 것 같은 느낌이죠―기계와 함께 존재할 뿐이고, 바로 오직 그 느낌 뿐인 거예요."

테이블을 제치고, 머신이 들어서다

메인 스트리트 스테이션의 사우스 타워에서 몰리와 이야기를 나눈지 몇 달이 흘렀고, 이후 나는 그 존이라는 것에 관해 또 다시 이야기를 할 기회가 생겼다. 이번 대화 장소는 라스베이거스 컨벤션 센터의 미로와 같은 지하에 위치한, 수많은 사람들로 가득 메운 창문 없는 방이었다. 이곳은 전국의 도박 산업을 대표하는 참가자들이 모여 고수익의 미래를 약속하는 기계 도박에 대해 이야기를 나누는 자리였다. 기계 존에 머무르고 싶다는 몰리의 마음을 반영하듯, 그들은 "기계에 머무르는 시간(time-on-device)", 또는 TOD라는 것에 대한 도박자의 욕망에 관해 이야기했다. 기술적 능력으로 진화한 레퍼토리가 이 욕망을 촉진시키고 있다는 것이다. "이 새로운 제품들로, 그들은 정말 그 존에 몰입할 수 있어요." 선도적인 한 제조업체의 게임 개발자가 이야기했다. 몰리처럼, 산업계 참가자들도 존과 그 기계 장치들에 관심을 가지고 있었다.

내가 참가했던 토론회는 지금은 글로벌 게이밍 엑스포(Global Gaming Expo) 또는 G2E라고 불리는 세계 게임 박람회(World Gaming Congress and Expo) 기간에 열렸다. 이 전시회는 게임 산업 관련 종사자들을 위해 열리는 최고의 연례 산업 박람회이다(그림 i.1 참고). 3만 명이라는 기록적인 수치를 달성한 2007년 G2E 참가자들은 비디오 그래픽과 인체공학 콘솔, 입체음향장치와 마케팅 계획, 플라스틱 게임 버튼부터 이용자 추적 시스템에 이르기까지 도박 산업계의 최신 상품과 응용 프로그램을 조사하기

그림 i.1 2005년 글로벌 게이밍 엑스포 개막일. (출처: Oscar Einzing Photography)

위해 모인 사람들이었다. 장비 제조업체 중 인터네셔널 게이밍 테크놀로지(International Gaming Technology, IGT), 발리 테크놀로지스(Bally Technologies), WMS 게이밍(WMS Gaming)과 같은 거대 기업이 30만 평방피트의 G2E 컨벤션 공간에 세워진 520개에서 750개 부스 중 가장 크고 화려한 부스를 차지한다. 컨벤션을 기사의 주제로 다룬 한 기자는 2005년에 다음과 같이 서술했다. "G2E에서의 관심은 단 하나의 필수 상품으로 쏠렸다. 그것은 바로 슬롯머신이다. G2E는 슬롯 기술의 진화를 목격할 수 있는 곳이다."²

원 암드 밴딧(one-armed bandit)이라고 불렸던, 한쪽의 레버를 잡아당기도록 만든 왕년의 슬롯머신은 코인 슬롯, 당기는 손잡이, 스피닝 릴이 장

◇◇◇◇◇◇
2 Legato 2005b, 30.

착된 기계 장치였다. 오늘날 표준 도박 기계는 1,200개 이상의 개별 부품을 디지털 플랫폼에 조립한 복잡한 장치다. 어느 개발자는 "게임 디자인은 통합과 조립의 과정"이라고 이야기하기도 했다. 이 과정에는 300명에 달하는 인력이 개재되어 있는데, 거기에는 대본 작가, 그래픽 디자이너, 마케팅 담당자, 수학자, 기계학자, 비디오 및 소프트웨어 엔지니어도 포함된다. 거기에 터치 스크린, 지폐 감별기, 머신 캐비닛과 같은 보조적인 요소를 설계하는 사람들의 작업은 말할 필요도 없다. "현대의 슬롯머신은 어느 한 회사의 작품이라고 보기는 어렵습니다." 2009년 G2E의 한 제품 안내문에는 이렇게 적혀있다. "슬롯머신은 하나의 경험을 창조하기 위해 교향곡 연주와 같이 각각의 기술이 조화롭게 어우러지는 과정이라 할 수 있습니다."[3]

도박의 체험은 기술이 혁신됨에 따라 함께 진화했다. 예전에는 단일 페이라인(payline)[4]의 결과에 정해진 금액을 베팅하는 비교적 간단한 방식의 작동이었다면, 오늘날 기계 도박은 배당률 순열이나 베팅 금액 규모를 선택하는 것에서부터 시작하며, 그 이외 특수효과들이 끝도 없이 이어지는 것처럼 보인다. 과거에 슬롯에 동전을 집어넣었다면, 지금은 지폐나 바코드가 찍힌 티켓, 자기 스트라이프(magnetic stripes)나 칩에 크레딧이 저장된 플라스틱 카드를 기계에 투입한다. 게임을 시작할 때 이제는 손잡이를 잡아 당기는 게 아니라 버튼을 누르거나 화면을 터치한다. 놀이의 액면가는 1센트에서 100달러까지 다양하며, 사람들은 한 게임당 1에서 1천 코인 크레딧 사이에서 원하는만큼 베팅을 선택할 수 있다. 게임 화면 영역의 안쪽이나 바로 윗쪽에는 통상 비디오 화면이나 유리 뒷쪽에 3차원 릴로 보

---

3 "Slot Symphonies: The Importance of Peripherals," G2E 2009.
4 (옮긴이 주) 슬롯머신 게임에서 당첨 여부를 나타내는 화면 가운데 라인을 의미한다.

여주는 "페이 테이블(pay tables)"이라는 것이 있는데, 특정 문양이나 카드 모양이 동시에 나타날 경우 받을 수 있는 크레딧 양이 기록되어 있다. 오른쪽에는 디지털 크레딧 미터기(digital credit meter)가 기계에 남아있는 크레딧 양을 보여준다. 전자통신 시스템을 통해 중앙 서버와 연결된 이 기계들은 카지노를 위한 정보수집 및 마케팅 기능을 수행하기도 한다. 2007년 한 산업계 인사는 슬롯머신이 단일 유닛으로 존재하기보다는 카지노의 대규모 네트워크 시스템 안에서 핵심적 접속점이 되면서 "카지노의 중추신경계가 되었다."고 이야기했다.[5]

 1980년대까지 블랙잭이나 크랩스와 같이 초록색 펠트 천이 깔린 테이블 게임들이 카지노를 장악했고, 이에 비해 슬롯머신은 구석진 곳에 옹기종기 놓여있는 "진짜" 도박꾼들이 데려온 여성들이나 하는 게임일 뿐이었다. 슬롯머신은 종종 복도나 엘리베이터 또는 안내 데스크 근처에 놓이기도 했는데, 앉을만한 의자를 놓는 경우도 거의 없었고, 하나의 최종 목적지로 간주되기보다는 한 공간에서 다른 공간으로 전환되는 장소에나 겨우 자리잡았다.[6] 그러나 1990년대 말즈음에는 슬롯머신은 카지노 주요 공간에 배치되었고, "라이브 게임" 운영 수익의 총합보다 두 배나 더 많은 수익을 창출해냈다. G2E가 열린 복도나 회의실에서는 이 기계를 "돈줄", "황금알을 낳는 거위", 그리고 산업계의 "진정한 역군"이라고 부르는 소리를 자주 들을 수 있었다. 이 연례 엑스포를 후원하는 상업 로비 단체인 미국 게임 협회(American Gaming Association) 회장 프랭크 J. 파렌코프 주니어는 2003년 산업계 수익의 85퍼센트 이상이 기계 게임으로부터 나왔다고

---

5 Todd Elsasser of Cyberview Technology, panelist for "Server Based Gaming II: The State of the Industry," G2E 2007.
6 Turdean 2012.

추정했다.[7] 그는 다음과 같이 선언했다. "오늘날 이 산업을 이끌어가는 동력은 슬롯머신입니다."[8]

도박 경제에서 낮은 지위를 가지고 있었던 슬롯머신이 이와 같은 극적인 역전세를 보여줄 수 있었던 데에는 몇 가지 요인이 영향을 미쳤다. 주로 아케이드 게임과 여성, 노인과 관련되어 있었던 덕분에 악덕의 오명에서 비교적 자유로울 수 있었던 슬롯머신은, 경기침체 시대에 미국의 여러 주에서 세금을 부과하지 않으면서도 세수를 만들어낼 수 있는 방법을 찾으면서(레이건-부시 정부에서 연방 기금을 삭감해버린 상황이었다), 1980년대에서 1990년대 상업적 도박이 확산되는데 핵심 역할을 했다. 낮은 금액으로도 베팅할 수 있는 이 장치는 도덕적 타락이나 약탈 행위보다는 주류 소비자들이 즐길 수 있는 활동으로 대중의 지지를 돌리고자 하는 산업계 인사들과 주정부 공무원이 도박을 "게임"으로 재정의하고자 할 때 그들의 구미에 딱 맞아떨어지는 존재였다. 개인용 컴퓨터나 비디오 게임과 같은 전자 기기 오락거리가 증가하면서 스크린 기반 상호작용에 소비자들이 더욱 친숙해졌던 점도 기계 도박의 문화적 규범화를 촉진했다. 한편 디지털 기술이 도박 기계에 점점 더 통합되는 현상은 이용자 경험을 미묘하면서도 아주 중요한 차원에서 바꾸어 놓았고, 시장에서의 호소력 범위를 넓혔다. 기술 혁신에 발맞춰 도박 규제도 개정되면서 그것을 슬롯에 적용할 수 있게 되었다.

기계 도박 수익이 테이블 게임 수익을 처음으로 넘어서기 시작한 1980년대 초부터 미국 도박 문화와 도박 경제 안에서 기계 도박이 차지한 우세는 수그러들 기미를 보이지 않는다. 슬롯머신은 현재 41개 주에서 허

---

7 Panelist for "State of the Industry," G2E 2003.
8 Quoted in Rivlin (2004, 44).

용되었으며(31개 주에서 허용했던 2000년도 이후 꾸준히 증가했다), 본서의 편집이 마감되고 있는 현재 아직 허용하지 않은 다른 주에서도 허가를 고려하고 있다. 1996년 미국에는 50만 대의 기기가 존재했다. 2008년에는 그 숫자가 거의 87만 대에 달했는데, 이는 전국의 술집이나 숙박업소, 화물차 휴게소, 볼링장, 식당 등에서 사용하는 지하 시장의 비허가 기기나 빙고, 오락기, 복권 게임에 대한 주 정부 정의를 적용하여 규제를 피해가도록 만든 장치들은 포함되지 않은 수치이다.[9]

라스베이거스 출신이자 네바다 대학교 사회학 교수인 보 버나드는 기계 도박이 확산되면서 파급되는 효과를 테이블 게임에 대한 기술적 "벌채(deforestation)"로 표현했다. 2000년도 ICGRT(International Conference on Gambling and Risk Taking) 컨퍼런스에서 그는 청중들에게 다음과 같이 말했다. "지금도 저 밖의 카지노 어딘가에서는 머신을 들여놓을 자리를 만들기 위해 테이블 게임을 자리에서 베어내고 있죠."[10] 보 버나드의 멘토이자 라스베이거스에서 활동한 도박 중독 관련 유명 심리학자였던 로버트 헌터는 이 말의 의미를 확대하여, 도박 기계의 확산을 소름끼치도록 끈질지게 뿌리를 뻗어 나아가는 칡에 비유했다(대공황 시기에 일본으로부터 수입된 칡은 남부 교외 지역의 토지를 뒤덮으며 엄청난 수준으로 생태계를 파괴했다). "적자생존의 법칙이죠." 몰리와 이야기를 나누었던 호텔에서 그리 멀지 않은 곳에 위치한 포 퀸즈(Four Queens) 카지노 플로어 매니저는 번쩍이는 신상 슬롯 머신을 들여놓기 위해 사용되지 않는 게임 테이블을 카지노 밖으로 옮기는 직원들을 바라보며 말했다(그림 i.2 참고). 곧 그 기계 앞에 사람들이 앉아서 게임하게 될 것이다. 그리고 그중 일부는 몰리처럼 한 번에 몇 시간,

◇◇◇◇◇◇

9   *North American Gaming Almanac* 2010, 2.
10 Comments made as moderator for "The Problem Gambler: Emphasis on Machine Gambling," 11th International Conference on Gambling and Risk-Taking, Las Vegas, 2000.

그림 i.2 라스베이거스 다운타운의 포 퀸즈 카지노에서 한 개 층을 차지하고 있는 슬롯머신들. (출처: Quang-Tuan Luong Photography, QT Luong/terragalleria.com)

때로는 며칠까지 그 앞에서 시간을 보내게 될 것이다.

지역주민의 도박: 반복성 놀이의 증가

이 책은 도박 행위에 있어 변화하는 기술적 구성과 이에 맞물려 변화하는 도박자의 경험 사이의 관계를 검토함으로써 20년 넘게 미국에서 이루어진 현대적 기계 도박의 눈부신 성장의 주요 내용을 다룰 것이다. 이에 관한 탐구는 도박이 합법이며 언제든 도박에 접근할 수 있는 곳이라면 어느 지역에서든 가능하겠지만, 그중에서도 특히 라스베이거스는 이 문제를 이해하는 데 도움을 주는 배경을 제시할 것이다.

1980년대 초, 문화평론가 닐 포스트먼은 미국이라는 나라는 라스베이거스를 보면 단번에 이해할 수 있다고 이야기했다.[11] 1990년대 중반, 카지노업계 거물 스티브 윈은 "라스베이거스는 그 도시가 미국을 완벽하게 반영하고 있기에 존재한다."고 이야기하며 미국과 이 도시 사이의 관계 방향성을 전복시켰다.[12] 그 이후로 기자나 학자들 모두 미국의 다른 지역들이 라스베이거스와 비슷한 모습으로 변해가는 것인지, 또는 그 반대로 라스베이거스가 미국의 다른 지역들의 모습을 닮아가는 것인지에 관한 논쟁을 벌여왔다. 일각에서는 이 도시를 두고 "새로운 디트로이트의 등장"이라고 일컬었다. 이는 라스베이거스가 탈공업화 경제의 핵심을 보여준다는 의미를 담은 것이었다. 한편 다른 이들은 실제로 디트로이트 그 자체가 그 유명한 모터시티 카지노의 본고장이 되지 않았느냐는 점을 지적했다. 라스베이거스가 미국의 모델인지 또는 거울인지에 관한 논쟁과 함께 제기되는 질문은 이 도시가 인간이 지닌 창의력과 기술의 정교함을 형상화한 경이로운 결과물인지, 아니면 소비자본주의의 디스토피아적인 하나의 사례인지에 관한 것이다. 거시적으로 라스베이거스가 문화와 어떠한 관련이 있든지 간에, 2002년 도시역사학자 할 로스만과 마이크 데이비스가 기술한 것처럼, 이 도시가 하나의 "거대한 실험실이 되었다."는 점은 분명하다. "그 자신도 서로 다른 여러 분야의 자본을 혼합하여 변화하는 과정 중에 있는 거대 기업은 엔터테인먼트, 게임, 대중매체, 레저를 가능한 모든 방법을 통해 조합해보는 실험을 실시하고 있다."[13] 라스베이거스라는 실험실에서 기계 도박은 실험의 수단이자 동시에 목적이다.

기계 기반 도박 경제의 성장에서 가장 중요한 역사적 사건은 1969년, 네바다 의회에서 기존과 달리 관련된 이해관계자 모두 철저한 조사 없

---

11 Quoted in Cooper (2004).
12 Quoted in Anderson (1994).
13 Rothman and Davis 2002, 5.

이도 기업이 카지노를 구매하고 설립할 수 있도록 허용한 법안(Corporate Gaming Act)이 통과된 일이었다. 서비스 경제의 증가라는 광범위한 맥락 안에서 증대하는 자본을 더 손쉽게 이용할 수 있게 되면서, 월스트리트는 이 도시에 적극적인 관심을 가지게 되었다. 카지노가 조직범죄단의 손으로부터 벗어나 상장법인으로 전환되고, 라스베이거스가 대중을 위한 휴양지 및 컨벤션 개최지의 중심지로 탈바꿈하면서, 이 도시는 유례없는 성장의 시기를 경험했다. 라스베이거스가 "디즈니화(Disneyfication)"되었던 1990년대, 법인이 자금을 대고 운영하는 초대형 리조트가 스트립을 따라 연달아 건설되었다. 1980년에서 2008년 사이에 방문객은 4천만 명에 달하며 네 배나 증가했다. 사업의 폭발적 성장으로 구직자들이 몰려들었고, 지역 인구도 같은 기간에 45만 명에서 2백만 명으로 네 배 이상 증가했다.

직접적이든 간접적이든, 대부분 지역 거주민들은 도박 산업에 생계를 의지했다. 도박 산업 입장에서도 노동력 공급뿐 아니라 세수를 위해 점점 더 주민들에게 의존할 수밖에 없었다. 대도시 라스베이거스에 거주하는 사람 중 3분의 2는 도박한다. 한 연구에 따르면 이중에서 3분의 2는 도박하는 정도가 중간(한 달에 1~4회, 한 번에 최대 4시간), 또는 심각한 수준(일주일에 두 번 이상, 한 번에 4시간 이상)이다.[14] 업계에서 "반복 이용자(관광객이나 "일시적 이용자"에 반대되는 사람들이다)"라고 알려진 이 사람들은 보통 편리한 주차시설, 아동 돌봄 시설, 그 외 다른 편의시설을 제공하는 인근 카지노에서 도박한다. 몰리와 마찬가지로, 거의 82퍼센트에 달하는 지역 도박자들은 스테이션 카지노(Station Casino)의 "보딩 패스"와 같은 로열티 클럽의 회원인데, 이들은 자신의 게임 내역을 기록하고 이에 따라 무료 식사

---

14 Shoemaker and Zemke 2005, 395.

나 무료 객실, 다른 특전을 보상해주는 이용자 카드를 지니고 있다.[15] 그들은 주유소, 슈퍼마켓, 약국, 세차장, 그리고 "도박 편의점(convenience gambling)"이라는 용어를 만들어낸 지역 내 소매점에서도 도박한다(그림 i.3 참고). "지역 이용자들은 매우 안목이 높은 사람들이에요." 지역 주민들 사이에서 인기가 좋은 한 도박장 슬롯 매니저가 말했다. "그 사람들은 자기가 뭘 원하는지 정확히 알아요. 그리고 일주일에 적으면 다섯 번, 많으면 일주일 내내 여기 있어요."

지역 이용자들이 원하는 건 머신이다. 그리고 사람들의 이러한 기호는 슬롯머신 기술의 진화된 매력을 바싹 뒤쫓아왔다. 1984년에는 거주민의 30퍼센트만이 머신 도박을 더 선호했지만, 10년뒤 이 수치는 78퍼센트까지 급상승했다.[16] 다수의 사람들이 꾸준히 반복해 슬롯머신으로 도박하면서 도박장은 엄청난 고수익을 창출했고, 낮은 금액으로 베팅하는 지역의 도박자들은 큰돈을 베팅하며 굉장한 장면들을 연출했던 테이블 게임 관광객 도박자들을 라스베이거스에서 밀어냈다. "라스베이거스는 기계 도시죠." 1999년, 팰리스 스테이션 카지노(Palace Station casino)의 한 칵테일바 여성 종업원이 도박 기기들이 끝없이 이어지는 통로를 따라 나에게 길을 안내해주면서 했던 말이다.

같은 해 산업계 연례 행사에서 라스베이거스 주민들은 국내 기계 시장 내에서도 가장 "성숙한" 사람들이라며 여러 번 칭송받았다. 일부는 이 도시를 두고 미래를 위한 일종의 실험적 지표라고 이야기하였고, 국내 다른 지역에서도 이 모델을 따르게 될 거라고 추측했다.[17] 7년 뒤, 스테이션 카

---

15 GLS Research 2011, 35.
16 GLS Research 1995, 14.
17 Brenda Boudreaux of Palace Station, panelist for "The Video Future," World Gaming Conference and Expo 1999.

그림 i.3 도박 편의점.(사진: 저자)
(위) 라스베이거스 남서부에 있는 럭키스 슈퍼마켓의 비디오 포커 머신.
(아래) 라스베이거스 북부의 AMPM 주유소.

지노 프랜차이즈가 열세 개의 부지를 보유하고 거의 90퍼센트에 달하는 도박 수익을 지역의 도박자들이 이용하는 슬롯머신으로부터 만들어냈을 무렵, 모든 것은 순조로워 보였다.[18] 한 임직원의 이야기이다. "시간이 갈수록 더 많은 사람들이 보다 진일보된 상품을 찾아 라스베이거스로 몰려들고 있습니다. 일상적으로 게임을 즐기는 캘리포니아, 중서부지역, 뉴욕에서도 사람들이 오고 있다는 거죠. 반복성 놀이가 확실한 추세로 자리잡고 있음을 확인할 수 있습니다."[19] 경기침체로 인한 재정적 어려움에 대응하고자 기존의 슬롯머신 도박을 합법화하거나 확장하는 주가 많아지면서, 그리고 도박 장비 제조업자들이 자신들의 상품을 위한 새로운 시장을 공략하면서, 이러한 경향은 더욱 거세지고 있다.

문화적 실마리로서의 게임

『놀이와 인간』의 저자인 프랑스 사회학자 로제 카이와는 게임이 문화의 기본적 성격을 알 수 있는 실마리를 제공한다고 믿었다. 1958년 그는 "한 지역에서 특히 인기있는 게임을 토대로 그들의 문명을 진단하는 작업이 그렇게 터무니없는 일은 아니다."라고 적었다. 카이와는 놀이의 네 가지 요소인 아곤(agon) 또는 경쟁; 알레아(alea) 또는 우연; 미메시스(mimesis) 또는 자극; 일링크스(ilinx) 또는 현기증이 게임에서 어떻게 조합되어 있는지를 검토함으로써 문화적 진단을 내릴 수 있다고 주장했다. 그는 현대 문화가 아곤과 알레아가 긴장 관계에 있는 게임으로 구별될 수 있다고 주장했

---

18 Calabro 2006.
19 Kent Young of Aristocrat, quoted in Green (2006, 10).

다—아곤은 의지의 행사를 요구는 반면, 알레아는 운에 승복하기를 요구한다.

이 긴장감이 1967년 미국 사회학자 어빙 고프먼이 라스베이거스의 도박에 관한 민족지학적 작업을 통해 밝혀낸 문화적 진단의 핵심이다. 라스베이거스에서 블랙잭 딜러로 일하기 시작해 나중에는 핏보스까지 승진되기도 했던 고프먼은 도박을 우연의 사태에 직면한 참가자가 자신의 용기, 기개, 평정을 증명하는 "인격 경쟁"의 기회라고 보았다.[20] 공적 위험의 환경에서 자신의 인격을 발산할 기회를 박탈하는 더욱 관료주의 사회에서 도박은 개인이 운명과 영웅적인 대결을 벌일 수 있는 기회를 제공함으로써 "행위" 또는 중대한 활동에 대한 실존적 욕구를 충족시킨다. 고프먼에게 도박은 "실생활의 구조"를 모방하는 경계지어진 장이었기에, 일상으로부터의 탈출이라기보다는 "그것의 가능성을 증명하도록 [참여자를] 끌어들인다."[21]

이와 같은 맥락에서 1973년 인류학자 클리포드 기어츠는 인도네시아 발리의 투계 도박을 사회적 기반을 모방하고 그 지위의 역학을 고스란히 드러내는 "명성 쟁탈전"으로 해석했다. 그의 주장에 따르면 투계 도박은 삶의 집합적이면서도 실존적인 극적 사건을 예행연습하는 매개체 역할을 한다. 카이와와 고프먼처럼, 기어츠도 투계 도박 내에서 벌어지는 우연과 경쟁의 상승적 상호작용을 강조했다. 그는 경기 결과를 더 예측하기 어려울수록 참가자들은 개인적·재정적 차원에서 더욱 경기에 몰입하며 놀이에 "더 깊이" 빠져든다고 이야기했는데, 참가자들의 내기가 물질적 이득과 손실을 훨씬 넘어서는 어떤 것으로 변질된다는 점에서 그러했다.[22] 기어츠

---

20 Goffman 1967, 260-61.
21 Goffman 1967, 34.
22 Geertz 1973.

가 생각했던 우연, 위험, 지위의 강력한 조합으로서의 놀이에 대한 깊은 몰입은, 표도르 도스토예프스키의 소설 『노름꾼』 중 스위스의 룰렛 테이블에서 횡재를 얻는 장면에 잘 묘사되어 있다. "아, 나는 나의 생명보다도 더 큰 위험을 무릅쓰고 이것을 얻었구나. 하지만 나는 감히 위험을 무릅썼고, 바로 거기서 나는 다시 한 번 남자 가운데 남자가 되었다!"[23]

카이와, 고프먼, 기어츠는 각자 자신의 분석 과정에서 동전으로 작동하는 기계 도박에 관해 언급했는데, 모두 그것을 수준낮은 비사교적 형태의 놀이라며 무시했으며 문화 분석에 있어 일말의 가치도 없다고 하였다. 카이와에게 기계 도박은 순수한 알레아였다―즉, 그것은 게임을 한 사람이 패배할 수밖에 없는 강박적이면서도 부조리한 게임이다. 고프먼은 기계 도박이 사회와의 연결이 결핍된 사람이 "다른 기계들에게 자신이 사회적으로 용인된 인격을 가지고 있음을 증명하기 위한 것"이라고 하였다; 이때 기계는 어울릴만한 사람이 아무도 없는 상황에서 사람의 역할을 대신하는 존재이다.[24] "자아의 이러한 적나라한 작은 경련은 세계의 끝자락에서 발생한다." 고프먼은 기계 도박에 관해 연구 마지막 줄에 이렇게 적었다. "그러나 그 끝에는 행위와 인격이 있을 뿐이다." 기어츠는 슬롯머신을 투계장 바깥 경계지역에서 장사꾼들이 운영하는 "바보같은 괴짜 기계"라고 묘사했다. 그가 보기에 슬롯머신은 "여성, 아동, 청소년 … 극빈자, 사회적 천덕꾸러기, 성격이 별스러운 사람"이나 관심을 가질만한 "아무 생각이 없이 할 수 있는, 그저 온전히 운에 따라 결정되는 도박"이었다.[25] 기어츠는 계속해서 이렇게 적었다. "투계에 참여한 남성은 [그 기계의] 근처에만 가도 수치스러워 견디지 못할 것이다." 곧, 슬롯머신은 도스토예프스키

⋄⋄⋄⋄⋄⋄⋄
23 Dostoyevsky 1972 [1867], 199.
24 Goffman 1967, 270.
25 Geertz 1973, 435-36.

가 묘사한 룰렛 게임과 같이 "남자 가운데 남자"가 될 수 있도록 만들어주는 매개체는 아니었던 것이다. 경기에 푹 빠진 사람이 "완전히 몰입한" 심층놀이의 결투와 달리 슬롯은 얄팍하고, 의미나 투입, 결과에 있어서 깊이가 없었다. 슬롯머신에서 사회학적으로 다룰만한 근본적인 사회적 규칙과 문화적 사안을 찾아내지 못했던 기어츠는 기계 도박이 적절한 "사회학적 실체"는 아니라고 적었다.

1980년대부터 미국 사회에서 (그리고 다른 사회에서도) 드러난 기계 도박의 극적인 전환은 위와 같은 학자들의 의견에 의문을 갖게 만들었다; 물론 이러한 전환에서 혹자는 현대 문화의 독특한 가치, 성향, 편향에 관한 단서를 찾아낼 수도 있을 것이다. 그러나 그 실마리라는 것이 도대체 무엇이며, 그것에 어떻게 접근할 수 있다는 말인가? 고프먼의 카드 게임이나 기어츠의 투계와 달리, 기계 도박은 상징적으로 심오하지도 않고 대규모 사회나 실존적 드라마를 드러낼 정도의 "깊이"가 있는 차원적 공간도 부재한다. 그 대신 하는 사람을 흡수해 버리는 고독한 이 활동은 시간, 공간, 돈의 가치, 사회적 역할, 때로는 개인의 존재 감각까지 유보시켜 버릴 수 있다. "슬롯머신을 하면 그 모든 것을 지워버릴 수 있죠—당신이라는 존재 그 자체도요." 전자기술자 랜달이 했던 이야기다. 도박이 "거저 먹으려는" 욕망의 표현이라는 기존의 이해 방식에 대조적으로, 그는 도박을 통해 '무(nothingness)' 그 자체를 추구하는 행위를 주장했다. 몰리가 이야기했던 것처럼, 중요한 점은 "다른 것은 아무 상관 없는" 존에 머무는 것이다.

문화역사가 잭슨 리어스는 2003년 미국의 도박에 관한 그의 저서 『거저 먹기(Something for Nothing)』에서 "더 광범위한 영역으로 들어가는 입구"로 도박에 접근한다. 그는 놀이의 흐름을 끊지 않기 위해서 자리에 앉은 채로 컵에 소변을 보며 게임에 빠져든 한 슬롯머신 도박자를 이야기하며 서두를 시작한다.[26] 그러나 이 특별한 도박자들은 그 이후 분석내용에서 주변부적인 위치만 차지할 뿐이다. 분석에서 리어스는 국가의 성격이 "우연의 문화"(예: 투기적인 신용 사기꾼)와 "통제의 문화"(철저한 훈련을 통해 자수성가한 프로테스탄트 직업 윤리 신봉자) 사이의 날카로운 긴장으로 정의된다고 주장하였다. 그러나 기계 도박자들이 이야기하듯, 슬롯머신 도박에서 그들의 놀이를 추동하는 것은 통제나 우연, 그 두 가지 동인이 만들어내는 긴장 관계가 아니다; 그들의 목표는 승리가 아니라 지속이다.

의사가 되기 위해 수련과정을 밟았으나 우리가 이야기를 나눌 당시 카드 게임 딜러로 일하고 있었던 샤론은 놀이 지속의 가치를 '우연을 방지하는 능력'이라는 관점에서 설명했다.

> 대부분 사람들이 도박을 순수한 운으로 정의하잖아요. 결과는 모르는 거라고요. 그런데 머신을 하다보면, 결과는 뻔해요: 게임에서 이기거나 지거나 둘 중에 하나겠죠. 기계가 동전을 계속 가져가거나, 반대로 다시 돌려준다는 사실은 별로 중요한 게 아니에요: 내가 새로 동전을 넣으면, 새로 카드 다섯 장을 받고, 그리고 버튼을 누르면, 내가 계속할 수 있다는 거, 그게 우리 사이의 약속인 거죠.
>
> 그러니까 사실 그건 도박이 아니에요—오히려 기계 도박은 내가 뭔가에 대해서 확신할 수 있는 몇 안 되는 공간 가운데 하나에요. 만약에 내가 그게 확률에 관한 것이라고 믿었다면, 그게 언제 어떤 방식으로든 무엇이든 될 수 있는 가변성이 있는 거라고 생각했다면 무서워서 도박 안 했겠죠. 머신을 못 믿겠다고 하는 사람은 예측불가인 인간 세상에나 살아가는 편이 낫겠죠.

◇◇◇◇◇◇
26 Lears 2003.

샤론의 이야기에서 도박 기계는 사회적으로 의미 있는 심층놀이나 (고프먼의 용어를 따르면) "안전하면서도 숨돌릴 틈 없는" 삶에서 영웅적으로 벗어나는 수단이 아니라, 변덕스럽고 단절되어 있으며 불안정한 "인간 세계"가 차단된 존을 확보하는 믿을만한 하나의 기제이다. 기계 도박의 지속은 세속적 우연의 사태들을 일종의 정지 상태로 만들고, 다른 방식으로는 찾기 힘든 어떤 확실성의 존을 그녀에게 제공한다—바로 몰리가 이야기했던 "태풍의 눈"에 있는 것 같은 그 존을. 한 기계 도박 연구자는 다음과 같이 말했다. "슬롯머신을 하는 사람들은 움직임이 유보된 그 상태에 매달려 있다고 이야기할 수 있다."[27]

반복 과정의 기계 리듬 안에서 시간, 공간, 사회적 정체성이 정지하는 존은 문화 분석 대상으로는 적절치 않은 것처럼 보일 수 있다. 그러나 나는 이러한 존에 대한 분석이 현대 미국인의 삶을 미궁에 빠트리는 우연성과 불안, 그리고 개인이 이러한 우연성과 불안을 관리하는 데 사용할 수 있는 기술적 만남을 이해하는 하나의 창을 제공할 수 있다고 주장한다. 지난 20년 넘게 사회 이론가들은 지구 온난화와 재앙에 가까운 환경 재난부터 경제와 노동시장의 위기에 이르기까지, 광범위한 불안을 조성하는 데 크게 일조했던 기술의 역할에 초점을 맞춰왔다. 일각에서는 "생산된 불확실성(사회학자 울리히 벡이 이 용어를 만들었다)"의 결과 이른바 위험 사회에 스며드는 주관적 불안정의 중요성을 강조했지만, 샤론이 위에서 이야기한 종류의 개인이 "확실성"을 만들어내기 위해 어떻게 기술을 이용하는지에 대해 조사한 사람은 거의 없다. 반직관적으로, 기계 도박은 이제까지 주목받지 못했지만 그 중요성이 결코 낮다고 할 수 없는 영역으로 들어가는 (리어스의 표현을 빌리자면) "입구"가 될 수 있다. 그 활동은 (사회적, 경제적

---

27 Borrell 2008, 213.

가치를 측정하는 핵심 척도인 돈과 관련하여) 분명 위험을 수반하지만, 그것은 신뢰할만한 틀 내에서의 위험을 포함하며, 일상적인 기술적 상호작용으로 자리잡은 자기-균형 모드를 도박자들이 수행할 수 있도록 한다.

(사회학자 브뤼노 라투르가 기술한 것처럼) 인간과 기계의 교류가 "이제까지 경험하지 못한 광범위한 수준으로 높은 친밀감을" 펼쳐내는 이 역사적 시기에, 컴퓨터, 비디오 게임, 휴대폰, 아이팟 등의 기계는 개인이 자신의 감정적 상태를 관리하고 자신의 세계에서 발생하는 걱정과 불확실성에 대한 완충지대를 만들어내는 수단이 되었다.[28] 양방향 소비자 장치는 일반적으로 새로운 선택, 연결, 자기 표현의 형식과 관련되지만, 또한 반대로 선택의 폭을 더 좁게 만들고, 새로운 단절을 초래하며, 자기 자신으로부터 벗어나는 기능을 하기도 한다. 도박 중독자들의 강렬한 기계 도박 경험 탐구는 그저 단일 중독에 대한 사례연구를 넘어서, 더 광범위한 삶의 "존"을 특징짓는 역경과 경향, 도전에 관한 실마리를 이끌어낼 수 있을 것이다.

인간-기계 중독

양방향 기계류의 증가가 일상 생활의 성질을 바꾸어 놓은 것처럼, 기계 도박의 증가도 도박 중독의 국면을 변화시켰다. 1990년대 중반 라스베이거스의 자조집단 단도박모임(Gamblers Anonymous, G.A.) 참가자 가운데 대부분은 기계 도박을 한 사람들이었다. 1980년대 이전에 전형적인 G.A. 참가자가 카드 게임이나 스포츠 경기에 베팅하는 사람들이었다는 점을 생각하면 엄청난 변화이다. 2000년도에 보 버나드는 로버트 헌터의 외래 환자

◇◇◇◇◇◇
28 Latour 1999, 199.

진료실에서 이야기했다. "최근 제가 일하는 치료 시설에서 환자 중 90퍼센트 이상이 비디오 게임하는 사람이에요." 그는 이러한 새롭게 확산되는 변화가 도박 중독의 시작, 과정, 경험에 어떤 영향을 미치는지에 관한 연구가 필요하다고 주장했다.

그러나 여전히 오늘날 관련 학계에서는 그들이 하는 도박의 형태보다는 도박자의 동기나 정신의학적 분석에 대한 관심이 우세하다. 이러한 경향은 미국정신의학회(American Psychiatric Association)가 1980년 공식적 정신질환 진단명으로 "병적 도박(pathological gambling)"을 받아들이면서 더욱 강화되었다.[29] 얼마 지나지 않아 "도박 장애(disordered gambling)"로 변경된 이 진단은 실직, 부채, 파산, 이혼, 건강 악화, 징역, 모든 중독 중에서도 (20퍼센트에 달하는) 높은 비율의 자살 시도와 관련된다.[30] 다른 중독을 모델로 하고 있는 도박 장애의 증상 기준은 집착, 내성, 통제력 상실, 금단, 회피, 부정을 포함한다(그림 i.4 참고).[31] 기존의 정신의학 관련 문헌에서도 과도한 도박을 정신질환으로 설명하기는 했지만, DSM에서는 일반적으로 도박자의 기질에 초점을 맞추기보다는 도박 자체가 심신을 약화시키는 영향력이나 유독성을 강조한다. 반면 1980년 당시의 진단은 이 문제를 "지속적, 반복적인 부적응적 도박 행동"라고 제시하며, 도박자가 내적 충동을 거부하지 못하는 특성을 더욱 강조하였다. 과거에 모든 도박이 잠재적으로 문제가 될 가능성이 있다고 간주되었다면, 지금은 "정상"과 "문제성" 도박 사이에 질적인 차이가 존재한다; 문제성 도박자가 별개의 등급에 포함된 사람이므로, 나머지 인구는 마음놓고 도박해도 되는 것이다.[32]

◇◇◇◇◇◇
29 APA 1980.
30 Zangeneh and Hason 2006, 191-93.
31 APA 2000, 616.
32 Castellani 2000, 123.

집착	도박에 집착함(예: 과거의 도박 경험을 되살리거나, 다음 모험의 승산을 예상하거나 계획하고, 또는 도박으로 돈을 벌 수 있는 방법에 집착함)
내성	흥분감을 얻기 위해 판돈의 액수를 늘리면서 도박하려는 욕구
통제시도 실패	도박의 통제, 감소 또는 중지 노력의 반복적 실패
금단	도박의 감소 또는 중지를 시도할 때 안절부절 못하거나 과민해짐
회피	문제로부터의 도피 수단이나 불쾌한 기분을 덜기 위한 수단으로 도박함 (예: 무기력감, 죄책감, 불안, 우울감)
추격매수	도박으로 돈을 잃은 후, 흔히 그 후 이를 만회하기 위해 도박판에 되돌아감
거짓말	도박에 관여된 범위를 숨기기 위해 가족구성원, 치료자, 또는 타인들에게 거짓말을 함
불법적 활동	도박 자금 조달을 위해 위조지폐, 사기, 절도 또는 착복 같은 불법 행위를 저지름
중요한 관계 손상	도박으로 인해 중요한 관계, 직업 또는 교육적, 직업적 기회를 위태롭게 하거나 잃게 됨
구조요청	도박으로 야기된 절망적인 경제 상황에서 벗어나기 위한 돈 조달을 다른 사람에게 의존함

그림 i.4 병적 도박 진단 기준. 5개 이상 증상을 보이면 병적 도박으로 진단된다. 미국정신의학회, 정신장애진단 및 통계편람, IV-R, 2000.

과도한 도박 행위가 의료화되면서 도박자의 의지가 약하다든가 도덕적으로 문제가 있다는 등의 비난이 약화되었지만, 궁극적으로는 도박 관련 업체가 사회적 및 도덕적으로 타락한 행위를 조달하는 존재라는 비난을 벗어나는 데 더욱 큰 도움이 되었다.[33] 한 비평가가 적절하게 제시한 것처럼, 도박 산업은 문제성 놀이가 "태생적으로 그러한 성향이 있거나 정신적

---

33 Ibid., 132-34.

으로 장애가 있는 문제성 도박자 극소수에 한정"된다는 제안과 진단을 적극 받아들였다.[34] "극소수"란 특정 시기에 필수 진단 기준에 충족하는 일반 인구 집단의 1~2퍼센트 정도의 사람들을 의미하며, 조금 덜 심각한 수준의 "문제성 도박"을 하는 3~4퍼센트의 사람까지 추가된다.[35] 유병률을 측정하는 문제는 매우 복잡한 문제이기는 하지만, 연구자들 사이에 이 수치에 관한 폭넓은 합의는 존재한다. 그러나 많은 이들은 일반 인구 집단 가운데 그 수를 측정하는 것이 오해의 여지가 있다고 보고 있다. 도박 인구 내에서 병적 그리고 문제성 도박자의 비율이 훨씬 높고, 주기적(또는 "반복") 도박자 집단 내에서는 그 비중이 더욱 높아, 20퍼센트까지 측정되는 경우도 있기 때문이다.[36] 어느 것이든지 간에 도박자 집단 내 문제성 및 병적 도박자의 수가 상당히 많음을 알 수 있다. 이 많은 사람들이 도박을 해준 덕에 발생하는 경제적 효과도 분명히 드러나고 있다. 적게는 30퍼센트, 많게는 충격적이게도 60퍼센트까지의 도박 수익이 문제성 도박자들의 주머니로부터 나온 것으로 드러났다. 이러한 숫자들은 일반 인구 집단에서의 문제를 측정하는 것과는 완전히 다른 이야기를 우리에게 말해준다.

나아가 일부 연구자들은 "병적" 또는 "문제성" 도박자 정의에 충족하는 사람만으로 문제의 정도를 측정하는 것은 오해를 불러 일으킬 수 있다고 주장한다. 주기적으로 도박하는 대부분 사람들은 어느 시점에서든 문제성 도박 행위의 특징적 경험, 즉 도박에 소비하는 시간이나 돈을 통제하지 못하여 부정적 결과를 초래하는 경험을 할 것이기 때문이다. 그들은 도박자들이 경험하는 문제가 하나의 연속체임을 무시하는 것은 그 현상을 축소

◇◇◇◇◇◇

34 Dickerson, Haw, and Shepherd 2003, described in Abbott 2006, 7.
35 Shaffer, Hall, and Vander Bilt 1999.
36 PC 1999, 6, 1; Abbott and Volberg 2000; Schellinck and Schrans 2004, xi; MacNeil 2009, 142; 154.

하기 위한 것이라고 이야기한다. 이들은 개인 가운데 고립된 일부를 "부적응적 도박 행위"로 이끌 수 있는 심리적, 유전적, 신경생리학적 요인을 강조하는 지배적인 의학 관점에서 벗어나, 상업적 도박 활동 및 환경이 소비자의 그러한 행위가 가능한 조건을 어떻게 만들어낼 수 있는지—심지어는 조장할 수 있는지—를 이해하고자 한다.

문제성 도박을 선별하는 대부분의 척도가 도박 행위나 환경의 유형을 구분하지는 않지만, 그러한 구분을 포함시켰던 선행 연구는 기계 도박이 더 큰 폐해와 관련됨을 지속적으로 보고하고 있다. 두 연구자는 이렇게 말했다. "전자 기계 도박에 관한 학술적 연구는 몇몇 연구를 제외하고는 부정적인 측면을 드러내고 있다. 사람들은 전자 도박 기계가 주정부와 운영자들을 위한 수익 창출에 있어 엄청난 우위를 차지한다는 점은 만장일치로 동의하는 한편, 이러한 기계들이 대중에게 가할 수 있는 디스트레스가 있다는 견해도 공통적으로 제기되고 있다."[37] 점점 더 많은 연구자, 정치인, 의료진, 도박자들까지도 기존의 담배나 술, 총기, 자동차, 기름진 음식과 같은 상품을 시험대에 올렸던 그 질문을 도박 기계에 대해서 똑같이 던지기 시작했다: 도대체 그 문제의 근원은 그 상품에 있는가? 아니면 사람에 있는가? 그것도 아니면 그 둘의 상호작용에 존재하는 것인가?[38]

2002년에 발표된 일련의 연구들은 과거에 별다른 문제 없이 정기적으로 다른 도박을 했던 사람이라고 하더라도, 비디오 도박을 주기적으로 하는 도박자가 다른 도박자에 견주어 3~4배 더 빠른 속도로 중독된다고 지적하였다(다른 도박은 3년 6개월 정도였던 데 반해 비디오 도박을 했던 사람은 그

---

37 Smith and Wynne 2004, 54.
38 Gerstein 1999; PC 1999, 2010; Dickerson, Haw, and Shepherd 2003; Smith and Wynne 2004; Dowling, Smith, and Thomas 2005; Abbott 2006; Smith and Campbell 2007, 86.

기간이 1년이었다).³⁹ 또 다른 연구자들은 도박자의 병리적 측면을 나타내기 보다는 "통제력 손상과 그 이후에 이어지는 문제의 발달은 주기적이고 높은 강도로 [기계] 게임을 하는 것의 '자연스럽고' 이해할만한 결과이다."라고 가정하기도 했다.⁴⁰ 호주의 독립 연방 위원회(independent federal commission)는 이 가정을 수용하여 2010년도에 "도박자—대부분 그저 평범한 소비자이다—가 경험하는 문제는 한편으로 그들 자신의 특성의 결과이기도 하면서, 한편으로는 게임의 기술적 측면, 게임에 대한 접근성, 사업장의 성격과 경영 방식으로 말미암아 초래되는 결과이기도 하다."라고 결론지었다.⁴¹

도박 산업계에서 이러한 결론이 과학적으로 설득력 없고 부적절하다고 열렬히 부정하기는 했지만, 사실 과학자들은 중독이 인간과 사물 간 상호작용의 기능임을 이미 오래전부터 이해하고 있었다. 도박 중독 분야의 저명한 연구자인 하워드 셰퍼는 "중독의 잠재성은 특정한 사물 또는 일련의 대상(약물, 확률 게임, 컴퓨터)과의 반복된 상호작용이 스스로 바라는 주관적 변화를 안정적으로 발생시킬 때 나타난다."라고 이야기했다.⁴² 이어서 그는 중독 연구자들이 "중독의 대상, 또는 자신의 중독문제를 두고 어려움을 겪는 사람들의 특성이 무엇인가에 집중하는 대신 관계를 강조"해야 한다고 제시하였다.⁴³ 중독이 오롯이 중독자 또는 중독의 대상에서 비롯된 어떤 특성으로 이해되기 보다는 주체와 대상 간 "반복적 상호작용"으로 발전되는 관계의 문제로 간주될 때, 중독의 대상인 객체는 그 주체만큼이

---

39 Breen and Zimmerman 2002; Breen 2004.
40 Abbott, 2006, 7.
41 PC 2009, xxvii.
42 Shaffer 2004, 9.
43 Shaffer n.d.

나 중요한 문제가 된다.

특정 개인이 다른 사람보다 중독에 유독 취약한 것처럼 고유한 약리학적, 또는 구조적 특성으로 다른 것들보다 더욱 중독을 촉발시키거나 가속화하는 중독성이 특별히 강한 대상이 존재하는 것도 사실이다. 그것들이 가진 고유한 힘은 개인이 결국은 그것에 의존하기에 이르기까지 강력한 주관적 변화를 발생시키는 능력치에 달려있다. 셰퍼는 "가장 빠르고 확실하게 작용하는 강력한 '전환기(shifters)'는 중독 장애 발달을 자극하는 가장 큰 잠재력을 가지고 있다."고 말했다.[44] 연구 수행에 있어 특정 약물이 사용자에게 어떤 영향을 미치는가에 관한 이해가 거의 필수적이었던 약물 중독 분야 연구자들은 이러한 사실을 쉽게 받아들였다. 그러나 특정 반복 행위가 약물과 동일한 신경화학 경로를 자극한다는 증거가 증가함에도 불구하고, 일반 대중뿐 아니라 과학자들이 소위 행위중독이라고 하는 것의 비물질성을 거론하면서, 이는 중독에 대한 치우친 관점(예컨대 중독자들의 유전학적 특질, 심리적 특성, 삶의 환경 등)으로 이어졌다. 예컨대 "확실하고 빠르게 작용하는 강력한"이라는 묘사가 슬롯머신을 설명하기에 아주 적절함에도 불구하고, 도박 중독에서 현대적 슬롯머신의 역할을 함께 논의하는 연구는 상대적으로 드물다.

모든 도박은 도박자가 승리했을 때 돈을 지급하는 임의적 패턴을 가지고 있는데, 기계 도박은 이용자가 혼자서, 끊임없이, 빠른 속도로 내기를 할 수 있다는 특징이 있다. "말이 달리기를, 딜러가 카드를 섞기를, 룰렛 바퀴가 멈추기를" 기다려야할 필요 없이, 3~4초에 한 번씩 한 판의 게임을 진행할 수 있다.[45] 행동심리학 용어를 빌리자면 이 활동은 다른 여러 도

◇◇◇◇◇◇◇
44 Shaffer n.d.
45 Eggert 2004, 227.

박 장치 중에서도 "사건 빈도"가 가장 높은 것이다.[46] 1977년 기계가 확산됨에 따라 상담사가 되기 이전에 최초로 비(非)전자 도박 중독에 관한 한 권의 서적 분량에 달하는 민족지학적 분석을 기술했던 사회학자 앙리 레지외는 다음과 같이 말했다. "그것은 그야말로 중독 전달 장치이다."[47] 다른 이들은 현대의 비디오 도박을 "인류 역사상 가장 악성 도박," "전자 모르핀," 또는 가장 잘 알려진 "도박계의 크랙 코카인"이라고 부르기도 했다. 1999년 셰퍼는 "크랙 코카인을 사용하면 기존의 코카인 사용 경험이 본질적으로 달라지듯이, 전자 도박이 도박자의 도박 경험을 바꾸어 놓을 것이라고 본다."고 예견했다.[48] 이후 셰퍼는 비디오 기반 도박 기계가 "다른 기계적 형태보다 빠르"기 때문에 "코카인이나 암페타민처럼 정신을 자극하는 방식으로 작용할 가능성이 있다. 그것들은 더욱 빠른 순환 주기로 뇌를 활성화하거나 비활성화 한다."고 더 자세히 설명했다.[49] 1995년 심리학자 헌터는 내게 "비디오 도박 기계를 크랙 코카인에 비교했다가 월스트리트 저널에 인용된 적도 있어요."라고 말했다. "도박 산업계에서는 그걸 싫어했죠. 하지만 나는 그게 정확한 인용이었다고 봐요. 코카인 중독자는 지난 10년 간의 이야기를 해줄 수 있다면, 크랙 코카인 중독자는 아마 지난 1년 간 있었던 일 정도나 이야기할 수 있을 거예요. 비디오 도박자도 이와 유사하다고 할 수 있죠." 위와 같은 선정적인 비유를 제쳐놓고라도, 대부분 연구자들은 복권이나 빙고, 기계 슬롯에서부터 스포츠, 주사위, 카드, 그리고 최종적으로 비디오 슬롯과 비디오 포커에 이르기까지 도박이

---

46 Griffiths 1993, 1999.
47 Henry Lesieur, quoted in Green (2004); Lesieur 1977.
48 Quoted in Bacon (1999).
49 Quoted in Rivlin (2004, 74).

각 유형에 따라 다른 강도의 연속선상에 있다고 이야기한다.[50] 도박 중독 연구자 낸시 페트리는 기자와의 인터뷰에서 "이 기계들만큼 인간의 마음을 멋들어지게 조종하는 도박도 없을 거예요."라고 말했다.[51]

도박의 종류는 그것이 얼마나 강렬한 경험을 촉진하느냐 뿐만 아니라 다른 종류의 주관적 변화를 이끌어낼 수 있는가에 따라 달라진다. 각 도박에는 독특한 절차와 현상학적 반복작업(phenomenological routine)을 수행하는 참가자들이 참여한다―베팅 순서와 시간성, 지급 빈도 및 금액, 관련 기술 수준, 행위 방식(예: 장부 기록, 박스에 체크표시 남기기, 표를 긁는 방식, 카드 선택하기, 버튼 누르기), 독특한 "에너지와 집중 주기"의 발생과 이에 상응하는 감정의 절정과 바닥치기까지.[52] 예를 들어 게임중 발생하는 흥분감이 사회적 피드백에 크게 의존하는 크랩스(craps) 게임에서는 엄청난 희열과 함께 발생하는 승리 경험이 높은 에너지 상태와 긴장감을 만들어낼 수 있다. 반면 오롯이 혼자 게임하면서 다른 사람에게 방해받지 않을 수 있는 기계 게임은 불안, 우울, 권태와 같은 "내적·외적인 어떠한 문제로부터도 벗어난" 일정한 수준의 무아지경과 유사한 상태를 만들어내는 경향이 있다.[53] 헌터는 라스베이거스에서의 진료 경험을 바탕으로 현대 비디오 도박이 다른 형태의 도박보다도 더욱 "해리성(解離性, dissociative) 과정을 촉진시킨다."고 결론지었다. 그는 기계 도박에 관해 이렇게 말했다. "환자들이 보고하는 그 경험에는 어떤 일관성이 있는데, 회피나 무감각이에요. 그 사람들은 경쟁이라든가 흥분감에 대해 이야기 하지 않아요. 그들은 화면에 빠져 드는 것, 그리고 아무 생각 없는 상태에 빠지는 경험을 이야기하죠."

◇◇◇◇◇◇

50 Personal communication with Hunter (1999).
51 Quoted in Rivlin (2004, 74).
52 Reith 1999, chapter 3.
53 Thomas, Sullivan, and Allen 2009, 3.

존을 언어로 표현하는 과정에서 나와 이야기를 나누었던 도박자들은 최면이나 자성(磁性)과 같은 이국적인 19세기의 용어를 사용하면도, TV보기, 컴퓨터 작업하기, 운전하기 등 20세기의 언어를 사용해 그 상태를 부연설명했다. 한 도박자는 "트랜스 상태 같은 거예요. 자동조종 장치에 앞에 앉아있는 것 같은 느낌이요."라고 말했다. 또 다른 도박자는 이렇게 이야기했다. "그 존은 자석 같아서, 나를 끌어당겨서 거기 꼭 붙잡고 있는 것 같은 느낌이에요." 전기(傳記) 작가 메리 소저너는 비디오 도박을 "트랜스 상태를 영속화시키는 것이 그 자체로 충분한 보상이 되는, 트랜스와 유사한 것에 사로잡힌 상태"로 설명했던 적이 있다.[54] 몰리와 샤론이 앞서 이야기했던 것처럼, 그들이 중독되는 것은 승리의 기회가 아니다; 그보다는 그들을 둘러싼 세계가 사라진 것처럼 느껴지는 주관적 정지 상태, 그리고 기계 앞에서 게임하면서 얻는 감정적 고요함에 중독되는 것이다.

이 상태가 오로지 사용자와 기계 간 역동적 상호작용의 기능으로서만 존재한다는 점을 고려할 때, 도박 사회학자 리차드 울리가 이야기한 것과 같이, "기술의 전환, 그리고 기술의 진보가 제공하는 경험의 가능성에 대한 도박자들의 적응을 생각하지 않고서" 오늘날 기계 도박을 이해한다는 것은 불가능하다.[55] 바로 그것이 내가 앞으로 이 책을 통해 보여주고자 하는 것이다. 즉, 도박 기계의 설계와 기계가 가능케 하는 도박자의 감정적 자기-관리 유형을 주의 깊게 살펴보려는 것이다. 도박자의 경험과 그들이 상호작용하는 일련의 환경, 대상, 소프트웨어 프로그램을 번갈아 가며 추적하면서, 나는 기술철학자 돈 아이디가 대안적으로 "인간-기술의 현상학" 그리고 "유물론적 현상학"이라 불렀던 작업을 하려고 한다.[56] 이러

◇◇◇◇◇◇

54 Sojourner 2010, 149.
55 Woolley 2009, 187.
56 Ihde 1990, 2002.

한 접근은 기술 그 자체가 자율적이고 무언가를 결정하는 힘이라는 엄격한 유물론의 관점을 취하지 않으면서, 동시에 기술이 수동적이며 중립적인 도구일 뿐이라는 인간 중심적인 접근도 피한다. 대신 모든 단계에서 대상과 주체가 조우하며 함께 작용하는 방식에 초점을 맞출 것이다. 라투르가 주장했던 것처럼 행위는 주체나 객체 안에 존재하는 수행된 본질이 아니라, "공동생산(co-produce)"이다. 이러한 접근을 약물 사용에 적용했던 두 명의 사회학자는 "그 조우에서 사용자는 사용된 약물의 특성에 의해서 뿐만 아니라, 그/그녀 자신의 실행과 관련되고 그로 인해 가능해진 행동유도성(affordance)의 지점에 사로잡힌다."고 말했다.[57] 중독은 그것이 발현되는 부분의 합보다 더 큰 공동생산이라는 개념은 앞서 기술된 중독에 관한 과학적 이해 방식과 같은 맥락이며, 양방향 도박 기술에 대한 도박 연구에 매우 적합하다.

도박 기계가 도박 중독에 일정 정도 연루되어있음을 주장하는 의견이 많아지자, 미국 게임 협회는 이에 대한 전략적 대응으로 2010년 『슬롯머신 파헤치기(Demystifying Slot Machines)』라는 제목의 백서를 출간했다. 이 백서는 전미 라이플 협회(National Rifle Association)의 그 유명한 슬로건("총은 사람을 죽이지 않습니다. 사람이 사람을 죽입니다.")을 반영하여 "문제는 [사람들이] 남용하는 상품에 있는 것이 아니다. 문제는 개인 안에 있다."라고 주장한다.[58] 이러한 단일 측면의 관점에서 연구자가 기술한 바에 따르면, 기계는 단지 "기존에 존재하는 심리적 장애가 표현되는 기제일 뿐이다." 글로벌 게이밍 비즈니스의 한 기자는 다음과 같이 요약한다. "게임 비판가들이 이해하지 못하는" 지점은 "기계는 그저 무생물인 물체일 뿐이라는 점

---

57 Gomart and Hennion 1999, 243.
58 Stewart 2010, 18.

이다."⁵⁹

공교롭게도 라투르 역시 어째서 사물이 "단지 무생물"이 아닌지를 설명하기 위해 앞서 언급된 전미 라이플 협회의 슬로건을 (그리고 똑같이 한쪽 관점에서 반박하는 총기 반대 슬로건 "총이 사람을 죽인다"를) 다룬다. "손에 총을 쥐고 있는 당신은 다른 사람이다; 총은 당신의 손에 쥐어짐으로써 달라졌다; 당신은 총을 쥐고 있기 때문에 다른 주체가 된 것이고; 총은 당신과의 관계 안에 들어왔기 때문에 다른 사물이 된 것이다."⁶⁰ 다시 말해, 사람을 죽이는 것은 총도 사람도 아니다; 살인은 양자가 함께 만들어내야만 하는 하나의 행위이며, 각자가 다른쪽을 매개한다. 이러한 매개 논리와 같은 맥락으로, 내가 앞으로 제시할 도박 기계 중독에 관한 설명도 중독을 중독자나 기계 어느 한 쪽에만이 아니라, 양자 간의 역동적 상호작용에 위치시킬 것이다.

동시에 나는 중독 문제에 대한 인간과 기계의 기여가 질적으로 동등하다고 이야기하고 싶지 않다. 기술에 관한 문화인류학자, 사회학자, 철학자, 역사가들이 주장한 것처럼, 인간 행위자는 인간-기계 상호교환에 있어 "특별한 책임"을 가지고 있으며, 특히 인간이 그 교환 과정의 조건을 구성할 수 있는 위치에 있다는 점에서 그러하다.⁶¹ 도박 장치를 통해 자신의 감정적 상태를 조절하려 한다고 규정되는 도박자들과 달리, 장치의 설계자, 영업자, 관리자들은 좀 더 원거리에서 다른 사람에게 영향을 미칠 수 있는 위치에 있다. 이들은 인간 행위 중에서 특정 종류의 행위를 하도록 유도하고 그것이 지속되도록 하는 임무를 기계에 위임한다. 라투르와

◇◇◇◇◇◇

59 Roberts 2010.
60 Latour 1999, 179.
61 Winner 1986; Latour 1994, 1999; Verbeek 2005a, 2005b; Poel and Verbeek 2006; Suchman 2007a.

동료들은 설계를 "새김(inscription)"의 과정이라고 개념화했다. 기계 설계자는 그 과정을 통해 소비자가 상호작용하게 될 특정 사용 방식을 기계에 새긴다; 결과적으로 상품은 "각본"을 가지게 되는데, 이 각본은 기계를 사용하도록 사람을 유도하거나 요구하는 과정에서 특정 방식의 행동은 억제하거나 방지한다. "사용자의 행동 반경에 제한을 설정함으로써" 이 상품은—그리고 암묵적으로 설계팀은—이용자의 행위를 이끌어가는 역할을 하게 된다.[62]

도박 기계는 다루기에 딱 적절한 사례이다. 슬롯머신이 아무런 영향력도 없는 비활성적인 사물이라는 자신들의 주장이 무색하게도, 도박 산업계에서는 기술을 통해 이용자들의 행위를 이끌어내기 위해 어마어마한 자원과 창조적 에너지를 투자하며, "고객 1인당 수익(revenue per available customer, REVPAC)"을 최대치로 뽑아내는 상품을 만들기 위해 노력하고 있다. 컨퍼런스 패널이나 학술지, 전시회 회의실이나 통로 등, 자신들끼리 모인 자리에서 그들은 이 주제에 흠뻑 빠져들어 자유롭게, 그리고 노골적으로 서로 대화를 나눈다. 어떻게 하면 사람들이 더 오랜 시간, 더 빠른 속도로, 더 강렬하게 도박하게 만들 것인가? 보통의 이용자를 어떻게 끊임없이 반복하는 이용자로 만들 것인가? 그들이 말하는 그 목표와 중독 행위를 권하는 일 사이의 구분은 종이 한 장 차이임에도 대부분 산업계 구성원들은 이 양자를 의식적으로 갈라놓으며 수익을 위해 이야기할 때 사용하는 대본과 고객에게 미치는 잠재적 폐해를 이야기할 때의 대본을 따로 사용한다. IGT의 "책임도박 이사"로 임명된 코니 존스는 이 점을 아주 잘 보여준다: "우리 게임 설계자들은 중독 같은 건 생각하지 않아요—그들이 생각하는 건 어떻게 하면 발리와 같은 큰 회사나 다른 회사와 경쟁해

◇◇◇◇◇◇
62 Grint and Woolgar 1997, 71.

이길까, 그런 생각 뿐이라구요. 우리 직원들은 최대 수익을 위한 기계를 만들려고 노력하는 아주 창의적인 친구들이에요."[63] 존스는 도박 산업계가 의도적으로 폐해를 야기하는 것 아니냐는 공개적인 비난에 방어하려는 목적이었지만, 그녀의 그 말 자체가 결국은 돈을 목적으로 하는 게임 설계의 본성을 공개적으로 인정하는 것이다. "우리 게임 설계자들은 중독 같은 건 생각하지 않아요."라고 일축해 버리는 그녀의 언사는 게임산업에 대한 사면보다는 이 문제가 얼마나 심각한가를 여실히 드러낸다.

나의 목적은 특정 설계자나 회사를 골라내 비난하려는 것이 아니다. 또는 도박 산업계 전체를 비난하려는 것도 아니다. 나의 진정한 목적은 중독을 관계성으로 이해하는 상기 관점을 유지하면서 기계 도박자, 상업적 도박 환경과 기술의 방식, 가치, 설계 의도의 역동적 상호작용 가운데 도박 기계에 대한 중독이 어떻게 출현하는지 면밀하게 검토하는 것이다. 책 제목에서 이미 강조되고 있는 것처럼, "문제성 도박"의 이야기는 단지 문제성 도박자만의 이야기가 아니다; 그것은 문제성 기계, 문제성 환경, 문제성 사업 운영의 이야기이기도 하다.

몰리의 지도

이 책은 1992년부터 2007년까지 장기간 라스베이거스를 방문하며 수행한 연구 내용을 기반으로 하고 있다. 그중에서도 1998년부터 2000년 사이에는 18개월 동안 직접 머물기도 했다. 연구는 세 단계로 진행되었다. 첫 번째 단계는 법인 카지노 건설 붐이 일어나던 1990년대 초의 카지노

---

63 Quoted in Rotstein (2007, n.p.).

경영 방식, 인테리어 디자인, 건축에 관한 민족학적이면서 고고학적인 연구로 시작되었다.[64] 현장연구를 수행하는 과정에서 지역의 인구가 급격히 증가했고 인근 지역에 수많은 카지노가 개장하면서, 도박으로 가득찬 환경과 넘쳐나는 도박의 기술 안에서 일하고 살아가는 주민들의 경험이 더욱 궁금해졌다. 스트립을 따라 줄지어 서있는 관광객 대상 카지노에서 눈을 돌려 관심을 가지고 보니, 이 지역에 기계 도박이 얼마나 편재해 있는가를 알고는 충격받을 수밖에 없었다. 머신은 어디에나 있었다. 수많은 옥외광고판과, 식료품점, 약국, 식당, 술집, 심지어 세차장까지.

이 두 번째 단계에 내가 방문했던 거의 모든 곳에서, 기계로 "도박 문제"를 겪고 있는 사람을 직접 알고 있다고 이야기하는 사람들을 만날 수 있었다. 초기에 만난 이 사람들은 내가 이후 인터뷰했던 많은 사람들을 소개시켜 주었는데, 그들은 스스로를 "도박 중독자," "기계 중독자," "문제성 도박자," 또는 "강박적 도박자"라고 이야기했고, 나는 이후 부분에서 이 용어를 번갈아가며 사용했다. G.A.나 문제성 도박자를 위한 치료 시설(나는 이곳에서 인턴으로 일하기도 했다)의 집단 치료 회기에 참여하면서도 많은 사람들을 만났다.

나는 인터뷰를 수행하면서 어느 한 범주(예를 들면, 25센트짜리 슬롯머신을 하는 중년의 중산층 남성)로 참여자를 제한하지 않았다; 또한 가능한 한 다양한 사람들을 만나기 위해 노력했지만, 통계적으로 신뢰도 있는, 임의적 표본을 구성하려고 하지도 않았다. 결과적으로 내가 만난 참여자 집단은 연령, 민족, 교육 수준, 소득 수준에 있어 꽤 이질적인 성원으로 구성되었다. 그중에서 30대에서 50대 사이에 있는 백인 여성의 수가 가장 많았는데, 이는 부분적으로는 내가 인터뷰를 수행할 당시 라스베이거스의 기계 도박

---

64   Panasitti and Schüll 1993.

자들의 인구학적 특성이 반영된 것이고, 한편으로는 내가 여성 G.A. 모임에 정기적으로 참여한 결과이다.

비록 연구에 참여한 기계 도박자들의 사회적, 경제적, 전기적 차이가 그들의 기계 놀이를 중요한 방식으로 매개했지만, 더욱 놀라웠던 점은 기계가 공통적으로 불러 일으키는 것으로 보이는 그들의 경험이 가진 지속성이었다. 예컨대 2002년 어느날, 나는 도시 북동부에서 트레일러에서 거주하는 한 젊은 여성 뷔페 종사자와 서머린 남서부 교외지역의 외부인 출입제한 거주단지에 사는 부유한 한 남성 사업가를 인터뷰했다. 뷔페 종업원은 슈퍼마켓에서 종종 5센트짜리 슬롯머신을 했고, 사업가는 모든 것이 잘 갖춰진 자신의 집 근처 카지노에서 1달러짜리 슬롯머신을 하는 사람이었다. 종업원은 한 번 게임을 시작하면 월급을 모조리 털어 넣어버리고는 나중에 아이들 점심 급식비를 주지 못해 전전긍긍하곤 했다. 사업가는 신용카도 한도는 최대치로 올리고 가계 저축금액은 감소시켰다. 그는 자신의 지출을 충당하고 연체료를 피하기 위해 계좌에 이리 저리 돈을 돌려 막느라 바빴고, 아내에게 들키지 않기 위해 고지서를 가로채거나 감추기에 급급했다. 둘이 처한 삶의 환경, 베팅 수준, 도박으로 인해 초래된 경제적 결과는 매우 달랐지만, 그들이 기계와의 상호작용을 이야기하는 언어는 소름 끼칠 정도로 유사하다; 그 둘의 인터뷰를 전사한 내용을 읽고 있노라면, 참여자 이름을 서로 바꾸어도 될 정도로 비슷하다고 느낄 것이다. 동일한 기계 인터페이스와 더 긴, 더 강렬한, 더 반복적인 접촉은 도박자를 삶의 다양한 양상으로부터 각자의 차이를 가로질러 나아가 어떤 공통된 경험의 영역으로 이끌어가는 것으로 보였다.

연구가 진행될수록 이 도박자들의 경험을 제대로 이해하기 위해서는 그들이 하는 기계를 이해해야만 한다는 점이 더욱 분명해졌다. 이를 위해 나는 프로젝트의 범위를 세 번째 확장해 도박 기계의 작동 기제와 역사, 설계 및 도박 기술 제공업자들의 마케팅 전략에 대해 공부하기 시작했다. 나는 네바다 대학교 라스베이거스의 게이밍 리서치 센터(Gaming Research Center)에서 오랜 시간을 보내며 수 년에 걸쳐 기계 제조업자들이 주로 보는 전문 잡지, 보도 자료, 연례 보고서를 읽어 나아갔다. 또한 도박 산업 기술 전시회에 가보거나 컨퍼런스 패널에 참가하기도 하고, 회사 임직원, 게임 개발자, 마케팅 담당자들을 만나 인터뷰를 수행했다.

내가 이야기를 나누었던 산업계 인사들 대다수는 그들이 제조하고 판매한 기계의 잠재적인 부정적 효과에 관한 주제를 다룰 때조차도 나와의 상호작용에서 거리낌이 없었다. 그들은 나에게 자신의 시설을 견학시켜주었고, 동의서에 서명했으며, 자신의 기술 설계와 마케팅에 대해 솔직히 이야기하며 오랫동안 이어진 인터뷰 녹음을 허락해주었다. 가끔씩은 그들의 개혁적 조치가 도박자에게 미친 미심쩍은 영향이나 그들 스스로 도박 기계를 해봤던 경험들도 이야기해주었다. 어떤 사람들은 무신경했고, 어떤 사람들은 신중했다; 어떤 이들은 방어적이었고, 개중에는 냉소적인 사람들도 있었다. 그들의 기계가 구조상, 설계상, 영업 방침상 도박 중독과 관계가 있을지도 모른다는 우려를 내비쳤던 사람도 소수 있었지만, 대부분 그 둘 사이에 선을 분명하게 그었다.

반면, 내가 만났던 도박 중독자는 자신의 행위와 그 결과에 대해 매우 성찰적이었다. 중독자들은 자신의 행위에 있어 파괴적이고, 그 행위가 허무함에도 불구하고 맹목적이라는 편견과 달리, 그들은 자신이 겪었던 어려움에 대해 또렷하고 통찰력 있게 이야기했다. 몰리는 이렇게 말했다: "돈 때문이냐구요? 아니요. 재미요? 그것도 아니죠. 덫에 걸린 느낌이냐? 그건 맞아요. 내가 애초에 왜 거기 왔는지조차 잊어버리게 돼요. 그 안에 들어가 있으면 도대체 무슨 일이 벌어지고 있는지 알 수 없는 함정의 연속에 빠지게 되는 거죠." 카트리나라는 이름의 도박자는 자신이 기계 도박을 하는 과정에 수반되는 상태를 "파괴의 일로에 들어섰다는 깨달음이 계속 지속되죠."라고 적으며 나에게 편지를 보냈다: "절망적으로 넋을 놓아버린 상태에서도, 그 뒤에 도사리고 있는 마음 상태는 아주 예리하고, 무슨 일이 벌어지고 있는지 인지하고는 있지만, 뭔가 필요한 조치를 취하는 데 있어서는 무력한 상태죠."[65] "아주 예리한" 카트리나의 한 부분은 그녀가 중독의 존에서 빠져나오도록 하는 데에는 역부족이었지만, 그녀는 잠재적 분석 가치를 주장한다: "어떤 사람이 무엇인가에 아주 깊이 빠져 있는 상태에서도, 그 사람이 자신의 상황에서 한 발자국 떨어져 나와서, 외부인들은 간과하는 관점이나 측면에 대한 '객관적'이고 진실된 '통찰력'을 가질수 있다고, 그러한 가능성을 인정해주기를 바래요." 이 책은 나와 대화를 나눈 도박자들에게 그러한 기회를 주기 위함이다. 그 기회를 내가 만나 이야기를 나눈 도박자들에게 선사하고 싶다. 나는 그들을 일탈적이고 부적응적인 이용자로 보는 대신, 그 자신들이 붙잡혀버렸던, 그리고 내 생각에 일정 정도는 현대의 많은 자본주의 사회에서도 일상적으로 경험되고 있는, 그 "존"에 관한 전문가로 보고자 한다.

인터뷰가 마무리되던 즈음 그림 그리기를 좋아하는 몰리는 자조집단 12단계 책을 여러 장 넘기더니 펜을 빌려 라스베이거스에서 살아간다는 것이 어떤 것인지 그림을 그려보겠다고 했다(그림 i.5 참고). 그녀는 그림을 그리며 동시에 각각의 지점이 무엇인지 설명하고, 그것이 자신의 일상에서 차지하고 있는 역할에 대해 이야기했다. 몰리는 우선 왼편 위쪽에

---

65 Katrina, quoted in Borrell (2004, 183, 182).

MGM 그랜드로부터 시작했다. 이곳은 그녀가 예약 담당자로 일하고 있는 카지노 리조트였다. 그 오른쪽에 세븐일레븐을 그렸는데, 그곳에서 주유를 하고 때때로 도박을 하기도 했다. 그 옆은 팰리스 스테이션으로, 그녀가 밤이나 주말에 도박하는 인근 카지노였다. 그 밑에는 장을 보면서 동시에 도박을 하기도 하는 슈퍼마켓을, 그리고 그 밑에는 자신의 불안장애 때문에 약을 처방받기 위해 들르는 무료 진료소를 그렸다. 마지막으로 왼편 아래쪽 구석에는 몰리가 매주 수요일마다 참석하는 G.A. 미팅(우리는 그곳에서 처음 만났다)이 열리는 스트립몰이었다. 몰리는 각각의 장소를 잇는 길을 그렸고, 그 길을 따라 하나의 기다란 고리가 형성되었다. 그녀는 잠시 멈추고는 지도를 보면서 생각에 잠기더니, 마지막으로 그 고리 가운데 슬롯머신 앞에 앉아있는 자신의 모습을 그렸다.

몰리의 그림은 저서 『라스베이거스에서 배우다(Learning from Las Vegas)』를 떠오르게 했다. 그 책에는 카지노의 특대형 간판은 자동차 문화가 확산되며 시각적 우선순위를 반영한 결과라는 내용이 있었는데, 몰리도 그녀의 길 위에 있는 각각의 지점에 비대칭적으로 커다란 간판으로 표시했다.[66] 그러나 그녀의 지도에서 배울 점은 상업적인 스트립 건축물의 포퓰리즘이나 자동차를 통한 이동성으로 만끽할 수 있는 자유에 대한 것이 아니다. 그녀의 그림에는 특정 욕동(drive)의 경로에 따라 솟아오른 함정, 봉쇄, 그리고 일시적 탈출의 장소가 깃들어있다. "저는 가끔 차 끌고 란초로 가요." 그녀가 내게 말했다. "정신 차리고보면 내가 파라다이스 로드에 있어요. 거기 어떻게 갔는지 기억을 못하겠다니까요. 내가 팰리스 스테이션에 갈 때, 그리고 다시 집에 갈 때, 그 시간 자체가 없어져버린 거예요—그러니까 말하자면 갭이 생기는 거죠. 고속도로에서는 내가 도대체 언제

---

66 Venturi, Izenour, and Brown 1972.

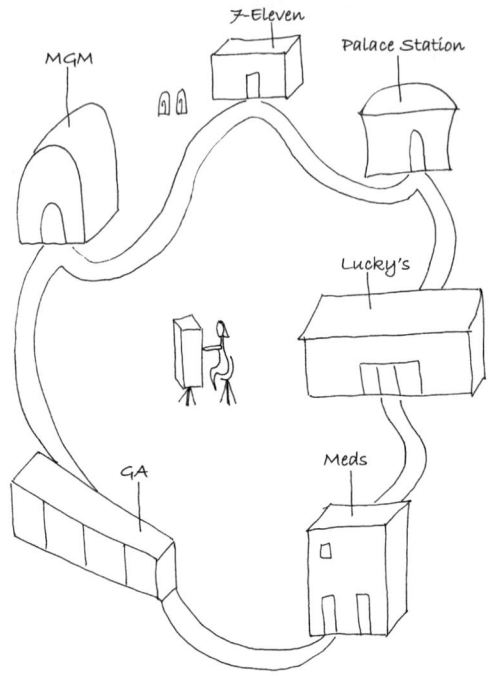

그림 i.5 1998년 저자와 인터뷰중에 그린 몰리의 그림. 라스베이거스에서의 하루.

한 바퀴 빙 돌았는지도 알아차리기 전에 다른 도로로 빠진다니까요." 그녀가 그린 그림에는 탈출구가 없다. 그 길은 단지 다양한 악덕을—그리고 그것에 대한 해결책까지—추구할 수 있는 폐쇄 회로이다. 그 회로 안에 (또는 그 바깥쪽인지 명확하지는 않다) 도박 기계로 닻을 내린 그녀의 형체가 둥둥 떠있다. "여긴 어디에요?" 그녀가 그림을 완성한 뒤 나는 종이 가운데 인간-기계 모양을 가리키며 물었다. "그건 어디도 아니에요." 그녀는 대답했다. "그건 존이에요."

몰리의 그림을 손에 쥐고, 이 책은 기계 존을 찾아 떠날 것이다. 나아가 우리는 존이 출현하는 곳이자 그것으로부터 벗어나려고 하는, 보다 광범위한 물질적, 사회적, 정치경제적 환경의 집약체를 탐구할 것이다. 도박자들은 자기를 상실하고 도박산업은 수익을 추구하는 이 실존적 무인의 땅에 관하여, 건축학적 전략, 기술력, 감정 상태, 문화적 가치, 삶의 경험, 치료 기법, 규제 담론의 어떠한 역동이 그에 대한 맥락을 형성하는가? 나는 몰리의 지도 한가운데 있는 인간-기계의 만남을 나의 주요 분석단위로 삼고자 한다. 그리고 거기서부터 출발해 점차적으로 프레임을 넓혀갈 것이다. 한편 나는 나의 책을 아래와 같이 네 부분으로 나누는 지도를 그렸다. 각각은 기계 도박 회로를 따라 존재하는 다른 위치 영역을 보여준다.

1부는 "설계"로, 어떻게 카지노 관리자와 게임 제조업자들이 도박 환경과 기술의 대본을 만들어가는지 검토할 것이다. 1장은 현대 카지노의 기계-지향적인 건축과 현대 카지노의 분위기, 카지노가 손님들을 기계로 유인하고 게임에 빠져들게 만들기 위해 조정하는 방식에 대해 소개할 것이다. 2장에서는 기계의 인터페이스 그 자체를 다룰 것이다. 또한 사람들이 더 많이, 더 빨리, 더 높은 강도로 게임을 하도록 만들기 위해, 설계자들이 이용자들의 신체적·감각적 성향에 관해 얼마나 세심한 관심을 가지고 있는지 살펴볼 것이다. 3장은 기계 안으로 직접 들어가 볼 것이다. 이는 단순한 기계에서 디지털 기술로의 전환이 도박 산업계의 승률에 대한 통제력을 얼마나 신장시켰는지, 그리고 결과적으로 우연과 상호작용하는 도박자의 조건을 어떻게 바꾸어 놓았는지 이해하기 위함이다.

2부는 "피드백"이다. 여기에서는 도박 기술과 환경의 설계가 도박자의 놀이 선호와 패턴에 어떻게 단번에 반응하는지, 또한 그들의 기호와 패턴을 특정한 방향으로 어떻게 조종해내는지 살펴볼 것이다. 4장은 게임 소프트웨어의 혁신과 이용자 기호의 전환 사이에 존재하는 역동적 관계를 다룬다. 특히 이 장에서는 승리를-위한-게임에서 "기계에 머무르는 시간"을 위한 게임으로의 광범위한 전환에 초점을 맞춘다. 5장은 머신에 대한 흡입력을 높이기 위해 개별 이용자의 선호를 추적하고, 분석하고, 조정하는 도박 산업계의 진화된 능력에 관해 다룬다. 6장은 도박자의 자기(self)가 분해되고 "기계 존"으로 들어가는 데 있어 선택하는 행위와 통제력이 수행하는 반(反)직관적 역할을 다룰 것이다.

3부의 주제는 "중독"이다. 3부에서 분석의 초점은 기계 자체와 기계의 설계로부터 기계에 중독되는 중독자로 옮겨간다. 7장에서는 도박자가 온 정신을 쏟아붓는 기계 도박 행위가 그들의 삶에서 작동하고 있는 보다 큰 사회적 힘들, 가치들, 기대들에 관하여 무엇을 드러내는지 살펴볼 것이다. 특히 여기에서는 사회적 상호작용, 돈, 시간과 관련된 내용을 다룬다. 8장은 도박자 개인 생애사에 내재하는 통제와 상실의 위태로운 역동이 해당 도박자의 슬롯머신 도박 행위에서 어떤 역할을 하는지 살펴볼 것이다. 또한 겉으로 보기에 일탈적인 이 역동이 그 자체의 경험을 넘어서서 어떻게 특정한 과정, 경향, 실존적 관심을 표현하는지도 다룰 것이다.

4부 "조정"은 문제성 기계 도박을 위한 치료법이, 그것이 "고치고자" 했던 그 문제에 연루되는 역설적 방법들을 탐구한다. 9장은 회복중인 도박 중독자가 때로 그 방식과 목표가 기계 놀이의 자가-치료 방식과 구별하기 어려운 치료적 기법을 수행하며 경험하는 이중구속을 다룬다. 10장은 정책의 영역으로 넘어간다. 여기에서는 기계 도박을 둘러싸고 결정된 다양한 규제 방침을 검토하고, 슬롯머신의 위험성을 관리해야하는 책임이 도박자에게 있는지, 아니면 사행산업체나 정부에게 있는 것인지에 관한 논쟁을 함께 다룰 것이다. 이 책은 기계 도박과 "반복 놀이"가 새로운 세계시장과 국내시장으로 확장되어가는 양상을 추적하고, 도박산업계와 정부 대표들이 세수 확보를 위한 모델을 홍보하는 과정에서 당면한 윤리적 문제를 어떻게 분석하는지를 다루며 끝을 맺고자 한다.

설계

슬롯머신 50대 놓을 때면, 저는 항상 쥐덫 50개 놓은 걸로 생각합니다. 쥐를 잡으려면 뭔가 조치를 취해야죠. 고객으로부터 최대한 많은 돈을 뽑아내는 것이 우리의 의무입니다.

— 밥 스투팍, 라스베이거스 스트라토스피어 CEO, 1995

제세동기 실험

2000년. 시내 "옛 스트립"에서 약간 떨어진 곳, 허물어져 가는 일군의 카지노에서 멀지 않은 라스베이거스 북서쪽의 한 병원 주차장에서 몇 명의 구급대원들이 구급차 주위에 서서 커피를 마시며 담배를 피우고 있다. 그들이 말하기를 카지노에서 연락이 오면 그건 대개 손님이 기계 도박을 하다가 심장마비가 온 경우라고 했다. 카지노에 출입하는 것은 대단히 어렵기 때문에 구급대원들은 카지노에서 전화가 오면 집단적 두려움의 반응을 보인다. 신입 교육을 하다 잠시 쉬러 나온 수석 구급대원은 카지노 출입을 둘러싼 여러 장애물을 늘어놓았다. "가장 쉽게 접근하는 방법은 정문에 있는 발렛을 통해서 가는 길이지만 카지노는 거기에 주차 못하게 할 거에요. 특히 스트립에서는요. 그게 자기들 사업에 안 좋다고 생각하고, 사람들이 안전하다고 느끼기를 바라거든요." 구급대원들은 정문 대신 뒷문 주변에 주차하거나 옆문을 통해 들어가야 한다.

일단 들어갔다고 해도 그들은 헷갈리는 길을 찾아 현장에 도달하기 까지 어려움을 겪는다. "다 똑같아 보여요. 엘리베이터 올라갔다 내려갔다하고, 직선 루트도 없고, 카페트들이 사람을 이리저리 빙빙 돌리죠. 방향 감각을 잃어버리는 거예요." 구조대원들이 환자에게 도착하면 카지노 업장 설계가 아닌 또 다른 난관에 봉착하는데, 다른 손님들이 자신의 기계에서 일어나려 하지 않는다는 것이다. 두 줄로 늘어선 슬롯머신들 가운데 좁은 통로에서 정맥주사를 놓아야 했던 한 구조대원은 이렇게 말했다. "우리가 나가려면 움직여줘야 하는데 그렇게 하지를 않아요."

환자에게 도달하는 시간을 줄이기 위해 몇몇 카지노는 보안 모니터로 사람들이 심장마비를 일으키는 기계들을 감시하도록 보안 인력을 훈련했다. 1997년에 그들은 한 걸음 더 나아가 보안 요원들이 자동 외부 제세동기를 사용할 수 있도록 훈련하기 시작했다. 구급대원들은 카지노 자동 외부 제세동기 프로그램을 개발한 클라크 카운티의 응급 의료 서비스 코디네이터 리처드 하드먼과 이야기해보라고 제안했다. 나는 스트립 남쪽 끝에서 그리 멀지 않은 카운티의 소방서 본부에서 마른 체격의 40대 남성 하드먼을 만났다. 우리는 어지러운 책상에 병원처럼 천장에 텔레비전 세트가 달려 있는 작은 방에서 이야기를 나누었다.

1995년 품질 보증 프로그램의 한 과정에서 그의 부서는 클라크 카운티에서 다른 카운티보다 심장마비로 인한 사망이 거의 세 배나 많이 발생한다는 것을 알게되었다. 좀 더 자세히 살펴보니 심장마비의 3분의 2가 카지노에서 일어났고, 하드먼은 높은 사망률이 구조대가 카지노의 복잡한 내부를 찾는 과정에서 시간이 지연됨으로써 발생한다는 것을 깨달았다. 구조대는 전화가 걸려오면 4분 30초에서 5분 안에 카지노에 도착했지만, 카지노 안에 있는 피해자들에게 도착하는 데까지는 평균 11분이 걸렸다.

하드먼은 이 생사가 걸린 문제를 지적했다. "심정지 후 생존률은 1분에 10퍼센트씩 감소합니다."

하드먼은 카지노가 비의료진이 제세동기를 사용하는 문제와 관련하여 이상적인 실험실이 될 것이라는 데 동의하는 공중 보건 연구원과 접촉했고, 두 사람은 함께 실험적 연구를 설계했다. 연구를 설계한 후 그는 카지노 경영진이 자동 외부 제세동기를 구입하고 그것을 사용할 인력을 양성하도록 로비했다. 기기를 부적절하게 사용했을 때 발생할 법적 책임에 관한 우려를 고려했을 때 쉽지만은 않은 일이었다. 그는 자동 외부 제세동기가 더 이상 상황이 악화될 수 없는 상황에서 호흡과 맥박이 없을 때만 충격을 주는 것이라고 카지노를 설득해냈다. 하드먼은 "어떤 판단도 내릴 필요가 없습니다."라고 강조했다. "자동 외부 제세동기는 자동이고, 실수를 방지하며, 스스로 모든 것을 분석합니다." 카지노는 보안 직원들이 카지노 부지에 가장 익숙한 직원들이었기 때문에 그들이 그 장치를 사용할 수 있도록 훈련시키기로 결정했다.

그후 자동 외부 제세동기는 라스베이거스 카지노에서 수천 번 사용되었으며, 55퍼센트라는 놀라운 생존률을 보였다(심지어는 병원에서보다도 나은 수치이며, 전국 평균 10퍼센트 미만이라는 비율을 훨씬 능가한다). 하드먼은 심장생존법(Cardiac Survival Act)의 일환으로 의회에서도 발언한 바 있으며 국제적 강연자이다. 그의 강연을 매우 강력하게 만드는 것은 실제로 자동 외부 제세동기가 사용될 때 녹화된 비디오 기록이다. 하드먼은 나에게 말했다. "카지노는 자신들도 모르게 그들의 서베일런스 카메라로 비디오를 만들어 준 거죠." 그는 영상에 소리가 없다는 점을 미안해하며 자신의 책상에 앉아 머리 위에 있는 TV를 봐달라고 했다. 그는 그 밑에 서서 실시간으로 자신의 목소리로 그 과정을 이야기했다. 그가 미리 어떤 사소한 움직임을 보아야 하는지 알려주고, 나는 자리에 앉아 시선을 고정했다. 세 번의 같은 드라마가 반복된다. 세 곳의 카지노, 세 번의 죽을 고비, 그들을 구한 세 번의 자동 제세동기.

첫 번째 비디오는 흑백 화면이었다. 물 한 잔을 달라고 했던 한 카드 딜러가 물을 한 모금 마시려고 기대다가 두 개의 탁자 사이로 쓰러졌다. 서베일런스팀에 경고가 뜨면서 곧장 카메라가 그 현장을 비췄고 이후에 제세동기 과정을 기록했다. 두 번째 비디오는 유색 화면이었고 머신 앞에 앉아 있는 60대 초반 남성의 머리 위를 비추는 장면에서 시작되었다. 그가 가슴 통증을 호소하자 카지노 직원이 그에게 산소통을 가져다주었고 그는 곧 상태가 나아졌다. 그는 카우보이 모자를 다시 쓰며 이제는 괜찮다고 말했고 카지노를 떠나려고 할 참이었다. 그가 부지(敷地)를 떠날 때까지 카메라 일곱 대가 그의 움직임을 쫓았다: 에스컬레이터를 타고 내려갔다가 다시 보도로 올라가 카지노 업장을 지나 문을 나갈 때까지. 하드만이 덧붙였다. "그 사람이 정말로 괜찮은지 확인하려고 계속 그를 뒤쫓았겠지만, 아마 법적인 이유도 있었을 거예요." 그의 이야기를 듣다 보면 그는 자동 외부 제세동기만큼이나 카지노 서베일런스 인프라를 숭배하는 것처럼 보였다; 비디오를 통해 보여주려는 주인공이 둘 중 어느 기술인지 확신이 서지 않을 때도 있었다. 카지노 천장에 붙어 있는 카메라는 그가 주차장으로 나가 줄지어 늘어선 자동차들 사이로 걸어들어갈 때까지 그의 모습을 확대하며 뒤쫓았다. 그는 주차장에서 쓰러졌다. 지나가던 사람들이 다가오고, 순식간에 카지노 보안 요원들이 제세동기를 가지고 도착했다. 그들은 장비를 준비시켰고 작동을 시작해 남성의 의식이 다시 돌아오도록 그에게 충격을 가했다. 구조대는 7분 30초 뒤에 도착했다. 하드먼은 말한다. "그가 사망할 가능성은 75퍼센트였을 거예요. 게다가 주차장이잖아요. 그 안 쪽으로 들어가는 데 시간이 더 걸리거든요."

세 번째 비디오가 가장 불안한 장면을 보여주었다. 서베일런스 카메라는 우연히 테이블에서 게임을 하고 있었던 피해자를 비췄다. 그는 관자놀이를 문지르더니 뒤로 기댔고 정신을 가다듬으려 했다. 그리고는 갑자기 그 옆에 있던 사람을 향해 쓰러졌는데, 옆 사람은 어떤 반응도 보이지 않았다. 남자는 고통스럽게 발작하며 바닥으로 쓰러졌고, 두 명의 행인이 멈춰 서서 그의 몸을 붙잡아주었는데 그 가운데 한 명은 비번이었던 응급실 간호사였다. 그 근처에서 자리를 옮기는 도박자는 거의 없었다. 카메라는 아래쪽으로 방향을 옮겨 화면을 확대했다. 1분도 지나지 않아 보안 직원이 제세동기를 가지고 나타났다. 그는 패드를 붙이고 사람들의 손이 닿지 않았는지 확인한 뒤 그에게 두 번의 충격을 가했다. 9분 뒤 구조대가 도착했을 때 남성은 의식을 되찾은 상태였다. 그는 혼란스러워 했고, 놀란 상태에서 이야기했다. 카메라는 그가 카지노를 떠날 때까지 그를 뒤쫓아다녔다.

하드먼은 이 비디오 장면에서 가장 흥미로운 것은 주변 사람들의 반응 또는 무반응이라는 사실을 지적하며 잠시 말을 멈춘다. 나는 쓰러진 사람에게 집중하고 있었기에 하드먼이 주변 맥락을 지적하기 전까지 정확히 그 장면에서 뭐가 신경을 거슬리게 하는지 알아차리지 못했다. 심장마비 자체보다 더욱 당황스러운 점은 한 사람의 심장이 멈추었는데도 그 주변에서 게임은 계속된다는 사실 사이의 괴리이다; 마치 두 개의 다른 비디오를 겹쳐놓은 것 같은 느낌이었다. 의식을 잃은 사람이 문자 그대로 그들의 의자 밑에 바닥에서, 자신의 발 밑에 쓰러져있는데 다른 도박자들은 그저 게임을 계속할 뿐이었다.

1장
내적 상태를 위한 내부 디자인
건축, 분위기, 정서

카지노 슬롯머신 관리자들과 인터뷰하는 과정에서 흔히 들었던 이야기가 있다. 머신 도박자들이 게임에 너무 몰입한 나머지 바닥에 물이 차서 발까지 흥건히 젖었는데도 몰랐다든지, 화재경보기가 귀가 아플 정도로 크게 울려대는데도 그 소리를 듣지 못하는 것처럼 보였다는 일화들. 카지노 감시 녹화 기록에는 자신의 아주 가까운 곳에서 일어나는 일도 잘 알아채지 못하고, 서로를 잘 알아보지도 못하며, 심지어 바로 옆에서 사람이 쓰러져 죽어가는 데도 무관심해 보이는 도박자들의 모습이 담겨있었다. 몰리도 이렇게 극도로 주변을 알아차리지 못하는 사람을 실제로 본 적이 있었다. 어느날 밤, 카지노 복도를 어슬렁거리며 어떤 슬롯머신을 할까 고르고 있던 그녀는 기계들 사이에서 쓰러져 있는 한 남자를 여러 사람이 둘러싸고 있는 현장을 지나치게 되었다. "그 남자 심장마비가 온 거예요. 응급요원들이 전기충격기 같은 걸로 뭘 하고 있었거든." 그녀는 계속해서 기억을 떠올렸다. "지나가는 사람들이 그 사람 다 쳐다보더라구. 근데 나는 다른 여자를 봤어요. 1달러짜리 슬롯머신 앞에 앉은 어떤 여자였는데, 그 여자는 계속 화면만 뚫어져라 쳐다보면서, 박자 맞춰서 계속 그냥 두드리기만 하는 거야. 그 상황에서도 아주 그냥 죽어라 게임만 하는 거지. 절대 안 멈추고." 의료팀이 심장 박동을 되살리기 위해 제세동기를 사용하는 동안, 슬롯머신을 하던 도박자는 다른 종류의 '박동'의 흐름을 끊지 않기 위해 게임을 지속했다. 자신의 시야, 주변 소음, 가까이에서 벌어지고 있는 사건들도 사라지게 만든 그 존에 그녀를 붙잡아 두었던 바로 그 박자 말이다. "거기에 없는 거나 마찬가지죠." 몰리는 이전에 그 존에 대해서 이야기했었다. "머신 앞에 있으면, 그게 곧 전부인 거예요."

은퇴한 통신 기사 다니엘은 그 존에 있는 동안 환경으로부터 지워진 것처럼 느껴지는 감각과 바로 그 환경 설계 특성을 직접 연결짓는다:

> 그 느낌은 내가 카지노로 출발할 때부터 시작해요. 나는 분명히 운전을 하고 있는데, 내 마음은 이미 그 안에 들어가서, 내 기계를 찾아 들어가는 거죠. 주차장에서 그 느낌은 더 강해져요. 안에 들어갈 때쯤이면, 거의 반쯤은 그 존에 들어가 있어요. 복도를 걸으며 들려오는 음악, 조명, 분위기, 모든 게 다 영향이 있죠. 마침내 내가 기계 앞에 앉아서 게임한다, 그러면 거기 더 이상 존재하지 않는 것같은 느낌이에요—모든 게 희미하게 사라져버리죠.

다니엘의 경험에서 그가 들어서는 존은, 한편으로는 그와 함께 존 안으로 "사라지는" 건축학적, 그리고 주변적 세계 자체의 기능이다. 그의 통찰력을 시작점으로 삼으면서, 이 장은 카지노의 인테리어 디자인과 존의 내적 상태 사이의 관계를 살펴보고자 한다.

라스베이거스를 다시 배우다

건축가 로버트 벤투리와 데니스 스콧 브라운, 스티븐 아이즈너는 1972년에 펴낸 그들의 저서 『라스베이거스에서 배우다(Learning from Las Vegas)』에서 라스베이거스와 그것의 건축 환경의 문화적 중요성을 지적했다. 그들은 이 도시가 참신한 포퓰리스트적 건축 형태를 실험하는 하나의 실험실이었다고 주장했다.[1] 저자들은 사회의 가치와 행동의 이상을 스며들게 만드는 것이 건축의 역할이라는 엘리트주의적인 개념을 거부하며, 이 도시에서 길을 따라 생겨난 건물들이 당시 인기를 끌었던 건축 양식과 자유로운 최첨단 자동차 문화에 따라 자연스럽게 생겨난 기념비적 건축물들이라는 생각을 받아들였다. 그들은 자신들의 대표 저작에서 이 구조물들이 현대 건축물의 유토피아적이고 전체주의적인 가식에서 벗어났으며, "공동의 가치"와 "기존의 조건"을 민주적으로 포괄한 하나의 표현이라고 보았다.

현대 건축물이 높은 천장과 개방된 넓은 공간, 수많은 조명과 창문, 미니멀리스트적이고 깔끔한 아름다움을 통해 코뮤니타스(communitas)를 촉진하려 했던 데 반해, 카지노의 나지막하고 이용자를 에워싸는 것 같은 인테리어, 불분명한 공간의 경계, 벽감으로 이어진 미로는 "서로 명확하게 연결되지 않은 익명의 개인들"을 수용할만한 공간을 제공한다.[2] 기존의 다른 유명한 공용공간과 마찬가지로, 카지노는 "같이 하지만 동시에 따로 있기를" 원하는 미국인들의 일상적 욕망을 충족시킨다. 벤투리와 그의 동료들은 설명했다: "어둑어둑하고 은폐되어 있는 것 같은 도박장, 그리고 그 안의 여러 하위 공간들은 사적이고 외부로부터 보호되며 집중과 통제

---

1 Venturi, Izenour, and Brown 1972.
2 Ibid., 50.

를 만들어낸다. 낮은 천장 아래 펼쳐진 복잡한 미로는 외부의 빛과 공간을 차단한다. 이는 그 안에 있는 사람이 공간과 시간의 감각을 잃어버리게 만든다. 그는 자신이 어디에 있는지, 그리고 얼마나 오랫동안 그곳에 있었는지 잊어버린다."[3] 그러한 공간은 사회학자 데이비드 리스만이 절망스럽게 규정했던 대중, 즉 "고독한 군중"이라는 사회적 병폐를 치유해주는 것이 아니라, 그 공간은 다른 누군가로부터 심판받는다는 느낌 없이 미국인들을 만족시킴으로써 그들의 회피주의 감성에 대응한다.[4]

『라스베이거스에서 배우다』의 출간은 네바다주에서 기업게임법(Corporate Gaming Act)이 통과되고 카지노 개발의 새로운 파도가 밀어닥치기 시작한 시점과 맞물려있다. 이 파도는 1990년대 미라지 카지노가 거둔 어마어마한 성공으로 가속화되었는데, 미라지는 당시 어린 나이였음에도 불구하고 야심에 가득찬 카지노계의 거물 스티브 윈이 1989년 정크 본드를 통해 건설한 열대우림 테마의 리조트였다. 그의 성공은 스트립에 그에 대적할만한 카지노를 건설하고자 하는 다른 회사들의 열망에 불을 붙였다. 벤투리와 그의 동료들이 찬미했던 독특한 구조물들은 기업들이 세운 메가리조트의 거대한 숲으로, 세심한 건축학적 계산은 거의 고려하지 않은 "종합 환경(total environment)"으로 변모했다. 새롭게 건설된 카지노의 겉으로 드러나는 테마는 다양했지만—폴리네시아의 열대우림, 고대 이집트, 이탈리아 호숫가 풍경도 있었다—내부 설계는 수입 극대화를 목적으로 한 표준안을 따르며, 다른 종류의 "라스베이거스로부터 배울 거리"를 만들어냈다. 1991년 프레데릭 제임슨이 『라스베이거스에서 배우다』 서평에서 제시했듯이, 모더니즘을 떨쳐내고자 하는 저자들의 열망은 그들이

◇◇◇◇◇◇◇
3   Ibid., 49.
4   Reisman 1950.

직면한 초기 건축학적 형태에서 "후기 자본주의의 문화적 논리"를 보지 못하는 맹목성으로 이어졌다.[5] 이러한 건축 형태가 품고 있는 열망은 도덕적이지도 시민적이지도 않다는 점에서는 모더니즘과 거리가 멀었지만, 염치없다고 느껴질 정도로 도구적인 면이 존재했다; 즉, 자기수양과 사회적 조화 대신, 자포자기와 기업의 수익을 추구했던 것이다.

지금도 그때와 마찬가지로 카지노의 "상업적 건축 양식"은 사람들의 회피하고자 하는 욕구나 욕망을 어딘가로 이끌어가려는 더욱 큰 노력의 일환으로서 그러한 욕구나 욕망에 부응한다. "카지노 계획에 있어서 중요한 점은 이거예요. 카지노의 전체 포인트는 사람들이 도착해서 접수대에 갔다가 바로 카지노 중심부로 들어가게 만드는거죠." "인간 공학" 개념이 카지노 설계에 어떻게 영향을 미쳤는지에 관한 한 연구자의 질문에 수석 설계사가 했던 대답이다. 그는 자신의 회사가 "경험-기반" 건축을 한다는 것이 어떤 의미인지를 계속 설명했다: "우리는 사람들의 동선과 계산 방식에 영향을 미치려고 해요. 그래서 사람들의 경험을 방향지어주는 거죠."[6] 스티브 윈은 자신의 카지노 설계에 있어 그러한 전략의 역할을 경시했다. 그는 미라지의 성공 공식이 "속임수가 아니라 혼란을 주는" 결과라고 이야기했던 바 있다. 사실 그의 모든 부지는 구상에서 마무리에 이르기까지, 벽 하나 만드는 것에서부터 배경 음악에 이르기까지 매우 까다롭게 계획해서 만들어낸 결과물이다.[7] 예를 들면, 그는 미라지의 평면도(그림 1.1 참고)를 그리고 나서도 공사를 지연시켰는데, 설계 자문이자 전직 카지노 관리자였던 빌 프리드먼의 수정 제안을 받기 위함이었다. 빌은 카지노 설계

◇◇◇◇◇◇

5   Jameson 1991.
6   Michael Hong from the Jerde Partnership, in an interview with Ötsch 2003, 91, 93.
7   Sweephand website, www.divnull.com/lward/writing/sweephand.html, accessed May 2004.

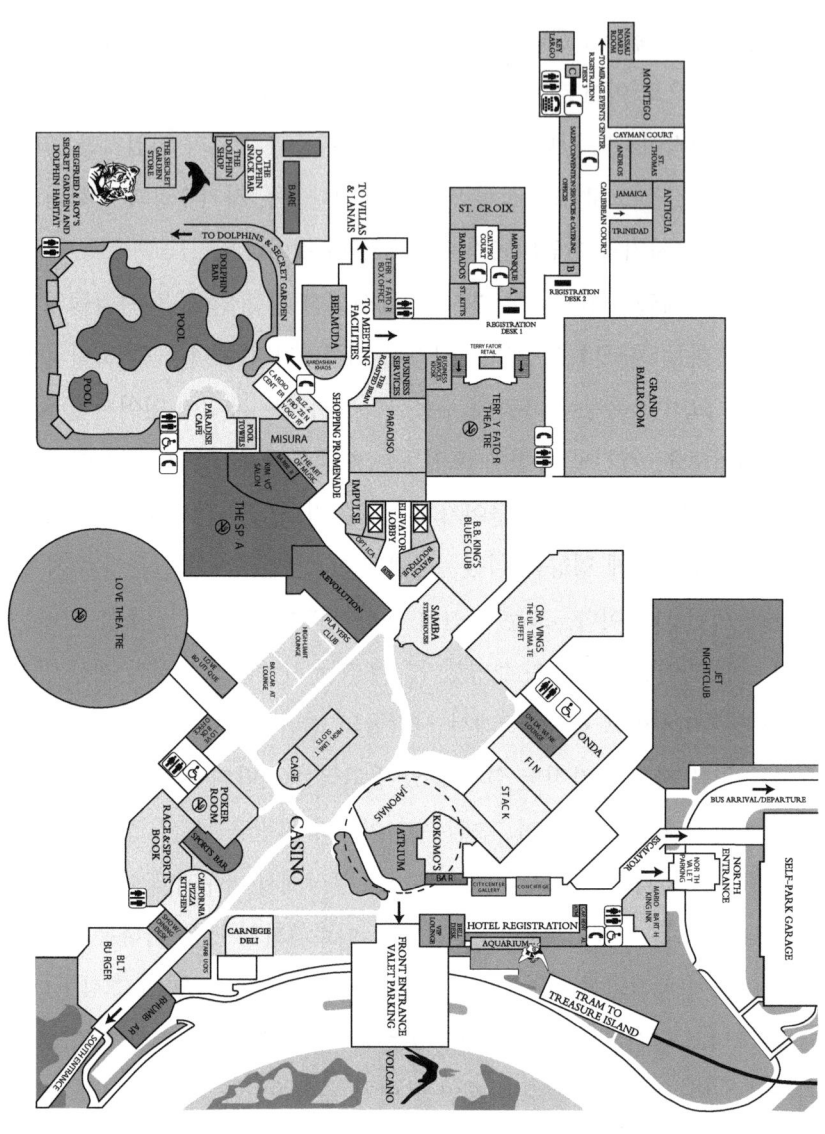

그림 1.1 미라지 카지노 평면도. 1989년 스티브 윈이 건설. (출처: vegascasinoinfo.com)

에 있어 실용적인 철학을 가지고 있는 사람이었는데, 이하 부분에서 그의 이야기를 좀더 자세히 다룰 것이다.

프리드먼은 도박 산업계에서 카지노 설계에 관한 개성 넘치는 권위자로, 1974년 카지노 관리에 관한 최고의 저서를 출간하면서 자신의 입지를 세웠다.[8] 이후 25년 간 그는 또 다른 저서 출간을 위한 조사를 지속했고, 마침내 2000년도에 대담하게도 『승리를 위한 카지노 설계(Designing Casinos to Dominate the Competition)』라는 제목의 장장 630쪽에 이르는 책을 출간했다. 그 책에서 그는 카지노 미로라는 말을 쓰면서, 자신의 고객들이 이 말의 의미를 분명히 이해하도록 다음과 같이 설명했다: "미로라는 용어는 적절하다. 왜냐하면 아메리칸 헤리티지 딕셔너리(American Heritage Dictionary)에 따르면 미로라는 단어는 '혼동하다' 또는 '어리둥절하게 만들다'라는 단어에서 유래되었기 때문이다. 또한 미로는 '정원과 같이 복잡한, 대개 서로 연결된 길들의 혼란스러운 네트워크; 미궁'으로 정의된다."[9] 원과는 달리 프리드먼은 자기가 한 설계의 교묘한 특성을 숨기려는 것이 아니라 오히려 그것을 분명하게 드러내기 위해 혼란을 일으킨다. 그가 설명하는 혼란스러움의 건축학적 비전은 『라스베이거스에서 배우다』에서 묘사된 "복잡한 미로"와 매우 닮았지만, 포스트모던 포퓰리즘보다는 응용 행동주의와 더 맞닿아 있다. 그는 이렇게 적었다. "하멜른의 피리 부는 사나이가 모든 쥐와 아이들이 자신을 따라오게 만들었던 것처럼, 제대로 설계된 미로는 성인 이용자들을 유혹한다."[10]

프리드먼의 미로가 오늘날 도박산업에 영향을 미친 유일한 카지노 설계의 원형은 아니지만, 머신과 조화를 이루는 그 장소는 인테리어 설계와 머

---

8   Friedman 1982[1974].
9   Friedman 2000, 63.
10 Friedman 2000, 63.

신 도박자의 내적 상태의 관계를 분석하는 시작점으로 아주 적절하다. 카지노의 미로와 그것의 유인 전략은 분명 머신 도박의 비현실적인 "존"을 촉발시키고 통제하려는 목적을 가지고 있다.

미로 설계

프리드먼은 자신의 저서에서 "카지노 운영주와 영업자, 건축가, 내부 인테리어 설계자, 장식 관련 전문가"들을 힐책한다. 프리드먼이 보기에, 그들은 무엇이 사람들의 도박을 더욱 부추기거나 아니면 반대로 중단시키는지에 대해 실용적으로 이해하지 못하고, 카지노 설계에 있어 자신의 주관적 기호나 뭔가 있어보이는 그럴듯한 설계 개념에만 의존하고 있다는 이유였다. "그들의 개념과 제안서를 보면, 그들은 도박자들의 독특한 목표와 행동을 전혀 이해하지 못하고 있다."고 그는 말했다.[11] 도박자들이 무엇을 목적으로 하는지, 그리고 그들이 어떤 행동을 하는지에 관한 그의 전문적 이해는 그가 20년 넘게 여덟 곳의 카지노에서 철두철미하게 수행한 경험주의적 현장 연구뿐만 아니라(이 연구는 1931년부터 현재까지의 역사적 분석으로 보완되었다), 그 자신이 슬롯머신 중독자였던 경험을 토대로 하고 있다. 책의 서두에서, 그는 자신이 이 분야의 권위자라고 주장한다: "25년 전 이제 완전히 단도박하겠다고 맹세하기 전까지 나 자신이 말도 못할 도박자였기 때문에 나는 이용자들의 경험과 동기를 잘 이해하고 있다."[12]

그 자신이 매우 친숙하게 경험한 머신 도박의 존 경험을 기반으로 하

◇◇◇◇◇◇
11 Ibid., 42.
12 Ibid., 84.

여, 프리드먼은 도박자들이 추구하는 "주변에 있는 모든 것을 의식하지 못하도록 만드는, 사적 영역을 향해 내적으로 집중하는" 놀이에 대해 이야기한다. 그는 "이러한 사적이고 내면적인 경험을 제대로 충족시켜줄 수 있는 설계자, 영업자, 운영자들이야말로 훨씬 더 사업을 잘 운영해 나아갈 수 있을 것"이라고 주장했다. 카지노 설계가 고객들의 회피주의적 감수성을 충족시켜준다는 프리드먼의 주장은 벤투리와 동료들의 주장과 비슷한 면이 있다. 그러나 그의 목적은 그들과 달리 모더니즘적 가식을 비난하기 위함도 아니었고, 고객들의 성향을 수용해야 한다고 주장하려는 것도 아니었다; 그 대신 그의 목적은 더욱 큰 규모의 사업에서 '축출'의 목표에 부합하는, 도박자들의 행동을 조종하는 환경을 만들어내는 것이었다.

그가 몸담고 있는 산업에서의 경제적 우선순위에 따라, 프리드먼은 머신 도박자들에 관한 거의 배타적인 관심을 보인다. 그러나 많은 인테리어 설계자들이 손님들을 카지노로 유인하기 위한 일종의 장식품과 같이 슬롯머신을 취급하는 반면, 그는 전체 카지노 환경이 손님들을 머신까지 유인하기 위한 수단이라고 생각하고 있다. 그는 "만약 카지노 사이에 유일한 공통점이 있다면 카지노들이 도박 장치를 갖추고 있다는 점인데, 그렇다면 그 점은 이용자들이 자신들에게 그 장치가 중요하다고 직접 선언한 것이나 마찬가지다."라고 이야기했다.[13] 그는 자신의 접근 방식이 전문 인테리어 설계자의 감성에 위배된다는 사실을 받아들이면서도 카지노 내부의 환경은 단조로워야 한다고 주장한다: "머신은 주의를 산만하게 만드는 장식품들로 인해 감추어지거나 위장되어서는 안 된다. 내부 장식은 기계가 스스로를 이용자에게 드러낼 수 있도록 최대한 제거되어야 한다."[14] 프리

◇◇◇◇◇◇

13 Friedman 2000, 104.
14 Ibid., 105.

드먼과 비슷한 사고방식을 가지고 있었던 한 카지노 운영자도 2009년 카지노 설계에 대한 토론에서 다음과 같이 직설적으로 이야기했다. "카지노에서 누가 천장을 바라보는 일 따위는 없었으면 좋겠어요. 천장을 쳐다본다고 거기서 무슨 돈이 떨어지겠어요?"[15] 머신에서 다른 곳으로 관심을 돌리도록 만드는 대신에 사람들이 머신으로 관심을 가지도록, 그리고 그 관심을 유지하도록 모든 측면의 환경이 작동해야 한다. 천장 높이부터 카페트 무늬, 조명의 강도, 복도의 넓이, 음향에서 온도 조절에 이르기까지, 프리드먼은 모든 요소가 머신 존의 내적 상태를 촉진시킬 수 있도록 기획되어야 한다고 주장한다. 이를 위해 그는 프리드먼 카지노 설계의 원칙이라는 열세 가지 포괄적인 설계 전략을 제시한다.

줄어드는 공간: 구성, 분리, 피난처

프리드먼에 따르면 카지노 설계에 있어 가장 중요한 임무는 "주변 영역의 공간적 관계, 환경을 둘러싼 구조적 박스의 느낌과 모양"을 잘 배열하여 머신 도박자가 "고립된 사적 게임의 세계"로 들어갈 수 있도록 만드는 것이다.[16] "이용자들이 북적이는 카지노에서 도박을 하고 싶어하긴 하지만, 애초에 자신들을 끌어들였던 그 왁자지껄한 소리로 분리돼 그 안에서도 혼자만의 고립된 은밀한 세계로 들어가고 싶어한다."고 프리드먼은 이야기한다.[17] 이렇게 고립되고자 하는 욕구에 부응하여, 그는 '공간 제거의 법칙'을 건축학적 배치에 적용한다.

◇◇◇◇◇◇◇

15 Panelist for "Casino Floor Layout: Variations from Around the World," G2E 2009.
16 Friedman 2000, 12.
17 Friedman 2000, 66.

『라스베이거스에서 배우다』의 반모더니즘을 반영하며, 프리드먼은 주류 설계자들이 가지고 있는 공간 감각에 대한 생각을 비판한다. 그들은 공간 감각이 손님들을 끌어들이는 존재라고 너무 쉽게 가정한다는 것이다. "추상적인 공간감(spaciousness)이라는 소리는 그럴듯하게 들린다. 이 개념은 다른 사람들의 침해로부터 벗어난 개인 영역에서의 사생활과 보호라는 느낌을 떠오르게 한다. 이러한 개념은 이용자에게 자유, 심지어 어떤 독립성을 제공하는 것처럼 보이는데, 그 안에서 자유롭게 움직일 수 있으며, 충분히 주어진다는 특징이 있다."[18] 그러나 그는 자신의 경험주의적 연구에서 가장 실적이 좋았던 슬롯은 일관적으로 "격리된 장소(insulated enclaves)," 곧 "자그마한 벽감이나 모퉁이, 후미진 곳"에 틀어박혀 감추어져 있거나 "구석진 공간에 숨어있는" 기계들이라는 점을 발견했다.[19] 프리드먼의 통찰력이 옳다는 점은 도박자들의 증언에서도 드러난다. "저는 구석으로 빨려 들어가곤 했어요." 몰리는 기억을 떠올렸다. "그곳이 안전하게 느껴졌거든요. 그리고 저의 존에 들어갈 수 있는 곳이기도 하고요." 샤론은 머신의 양쪽에 자신의 다리를 올려놓는 방식으로 자신의 몸을 직접 이용해 자신만의 탈출구를 경계짓기도 했다. 또 다니엘은 이렇게 말했다. "내 등 뒤가 탁 트여있는 건 싫었어요. 나만의 작은 동굴 같은 걸 원했던 거죠."

프리드먼은 다음과 같이 결론짓는다. "[이용자들이] 도박을 할 때 가장 피하는 요소는 탁 트인 공간(expanse)이다."[20] 탁 트인 공간은 "과도한 수평 공간, 과도한 시각적 깊이, 과도학 수직 공간"의 형태로 발생한다.[21] 예를 들어 머리 위에 텅 비어있는 공간은 "에너지를 낭비시키고" 그 안에 있

---

18   Friedman 2000, 70.
19   Ibid., 46, 66.
20   Ibid., 51.
21   Ibid., 64.

는 개인이 노출된 느낌과 불안감을 가지도록 만든다.[22] 프리드먼은 공간을 제거하는 데 실패한 한 부지를 "완전하게 개방되어 있고, 기둥과 기둥 사이가 탁 트인 높은 천장의 비행기 격납고와 같은"곳이라고 설명한다.[23] 또 다른 방식의 실패한 공간 설계는 손님 앞에 "끝없이 이어지는 머신의 대열 위에 아무 것도 없이 텅 빈 공간이 계속해서 펼쳐지는 곳"이다.[24] 공간을 제거하는데 실패했을 때 발생하는 위험을 설명하기 위해, 그는 "네바다 주에서 가장 광활한 슬롯 머신의 바다"라는 제목의 그림으로 스티브 윈의 트레져 아일랜드에 있는 슬롯머신 게임층을 보여준다(그림 1.2 위쪽 그림 참고). 이 그림에서는 한 여성이 슬롯머신이 늘어선 공간의 한 구석진 곳에서 망설이며 서있다. 저 멀리 끝도 없이 이어지는 카지노의 공간을 어깨너머로 쳐다보며 한 손으로는 걱정스럽게 가방을 움켜쥐고 있고, 몸은 "해수면과 같이 무한대로 확장되는" 기계 군단으로부터 후퇴하려는 듯한 각도를 취하고 있다.[25] 프리드먼의 주장에 따르면, 이렇게 실존적으로 불안정한 공간 환경은 이용자의 몸이 놀이의 공간으로 들어오게 만들 수 없을 뿐만 아니라, 도박자가 추구하는 실존적 놀이의 존으로도 초대하지 못한다.

공간 제거의 법칙은 설계자들에게 놀이를 위한 보호된 성역을 만들기 위해 공간을 "수축시키라"고 한다. (프리드먼이 묘사하는 놀이 자체는 "개방적"이고, "미분화되어" 있고, "경계가 없으며," "확장적이고," "무제한적"이다―정확히 이것이 그가 도박 환경 안에 축소시켜 넣고자 하는 현상학적 특징이다.) 이를 위한 한 가지 방법은 카지노 업장을 "분리"해서 다른 카지노의 공간으로부터 고립된, 그리고 다른 곳에서는 보이지 않는 압축적 공간을 만드는 것이

◇◇◇◇◇◇◇
22 Ibid., 20.
23 Ibid., 421.
24 Ibid., 331.
25 Ibid., 48.

그림 1.2

(위) 트레져 아일랜드의 건축학적 표현. 네바다의 "가장 광활한 슬롯 머신의 바다". 카지노 업장 설계에서 과도한 공간의 문제를 보여주기 위해 그린 그림. (출처: 빌 프리드먼, 『승리를 위한 카지노 설계』, 2000, 259쪽)

(아래) 장비 밀집, 시선 차단, 나선형의 미로 레이아웃을 통한 성공적인 "공간 제거"의 사례. (출처: 익명의 사진가. flickr.com에서 다운로드)

다.²⁶ 그대로 놔두면 거대한 동굴 같이 휑한 공간을 분할하고, 감싸 안긴 듯한 느낌과 "영원한 보금자리"와 같은 감각을 제공하기 위해 차양, 코퍼(coffers), 후드(hoods), 소피트(soffits)와 같은 건축학적 요소가 사용될 수 있다. 프리드먼은 설명한다. "각각의 분할된 영역은 의식적으로 그 아래 있는 도박 장치들을 둘러싼다. 그것은 그 밑에 있는 장비들을 연결하기 위한 상상의 경계를 만드는 특징을 가진다. 이것은 심리적으로 카지노의 다른 공간으로부터 그 영역을 분리시킨다."²⁷ 벤투리와 동료들이 카지노 인테리어에 관해 지적했던 것처럼, "하위공간은 사생활과 보호, 집중과 통제를 만든다." 미라지 설계자들은 이 논리를 받아들여 게임 영역을 구분하고 "9만 5천 평방피트에 달하는 공간에서 친밀감을 만들어낼 수 있도록" 카지노 천장을 나지막하게 뒤덮는 티키-오두막을 설치했다.²⁸ 1993년 한 수석 건축가는 나에게 다음과 같이 설명했다. "천장에 매달려 설치된 오두막은 공간을 더 작은 범위로 만들죠. 그리고 사람들은 보다 작은 단위의 무엇인가에 모이게 마련이에요. 카지노에 있다 보면 어느 순간, 그게 얼마나 큰지 분간할 수가 없게 되죠. 우리가 하려고 하는 작업은 사람들의 지각을 조종하는 거예요."²⁹ (그림1.2 아래 그림 참고)

26 Friedman 2000, 22.
27 Ibid., 52.
28 Allen 1992, 6.
29 Interview conducted with Butler DeRhyter in 1992 (Panasitti and Schüll 1993).

주의 집중: 회선, 신호, 곡선

공간을 수축하고 지각을 조종하기 위해 프리드먼이 제안하는 또 다른 방법은 "장치의 즉시성"과 "장치의 밀집"이다. 전자는 "방문객이 카지노로 들어오자마자 그들이 도박에 빠지도록 하는 것"이고, 후자는 머신들을 "작은 공간에 촘촘하게 잔뜩 모아놓아"서 응집된 머신들이 이용자를 피할 수 없이 품어 안은 듯한 느낌이 들도록 하는 것을 의미한다. 도박자들이 "옴짝달싹할 수 없는 회선(回旋) 배치를 선호"한다는 점을 강조하며, 프리드먼은 "통로나 복도는 편안함과 안전을 위한 고려가 허용하는 한 아주 좁게 만들 것"을 권장한다.[30] 공간과 기술에 대한 손님들의 지향은 가능한 한 최대한 좁은 대역폭으로—또는 존으로—제한되어야 한다.

위와 같은 작업은 매우 섬세한 과정이다. 프리드먼은 제한의 균형은 자칫 잘못하면 한쪽으로 치우칠 수 있다는 점을 지적한다: "건축학적 설계와 배치로 과도한 텅빈 공간이 모두 제거되었을 때, 방문객은 자신이 어디에 있는지, 또 어디로 가야하는지를 결정하기가 어려울 수 있다." 방향감각을 잃은 상태에서 그들은 "텅빈 눈동자로 목적없이 떠돌기" 쉬울 것이다.[31] 이러한 방향감각 상실 영향에 대응하기 위해, "응집은 효과적으로 조직되어야 한다." 핵심은 "참을 수 없는 소란"이 아니라 "구조화된 혼돈"을 만들어내는 것이다.[32] 프리드먼은 이렇게 확언한다. "미로가 바로 해결책이다."[33]

그는 계속해서 다음과 같이 설명한다: "미로 배치는 방문객의 관심을

---

30 Friedman 2000, 82, 69.
31 Ibid., 79, 84.
32 Friedman 2000, 82, 284.
33 Friedman 2000, 56.

곧장 앞에 있는 장치에 고정시킨다. 짧고 좁은 복도를 지나자마자 그들 앞에 불현듯 나타난 슬롯의 전면이 손님들에게 밀어닥친다. 회선의 막다른 길은, 이 길을 따라 들어온 사람이 갑작스럽게 나타난 머신에 부딪히지 않으려고 피하는 와중에 머신에 집중하도록 강제한다. 만약 방문객이 도박을 좋아하는 사람이라면, 미로 배치는 바로 그 성향을 불러일으킬 것이다."[34] 비록 회선형 미로가 방향감각 상실과 연관되기는 하지만, 사실 프리드먼의 미로는 점점 공간을 쪼그라들게 만들고 특정 방식으로 구조화시켜서 손님들이 일정한 길을 향해 가도록 방향 지어준다. 즉 사람들의 관심을 전략적으로 위치시킨 이정표에 "고정"시키면서, 그들의 기저에 있는 멈추고, 앉아서, 게임하도록 하는 "성향"을 반영하는 것으로 보이는—그리고 그 성향을 "유발"할 수 있는—목적지를 향해 그들의 움직임을 몰아가는 것이다.

도박 기계가 그들의 관심을 다음 판에 고정시킴으로써 이용자를 몰고 가는 것과 같이, 건축학적 미로는 시야의 선을 짧게 만듦으로써 손님들을 앞으로 나아가게 한다. "보행자들은 아주 짧은 거리의 시야만 확보할 수 있고, 자신의 바로 앞에 놓인 물건만 볼 수 있다. … [그들은] 어떤 방향으로든 멀리 볼 수 없다—앞으로든, 옆으로든, 위로든." 배치는 "부분적으로 그 뒤에 놓여있는 것을 가림으로써 [보행자가] 도박 장치를 향해 더 멀리, 더 깊이 나아가도록 유도한다."[35] 프리드먼은 이용자에게 그 뒤에 무엇이 있는지에 관한 힌트를 제공하되, 카지노 저 안쪽에 있는 것이 무엇인지 힐끗 보여줄 뿐, 그것이 무엇인지 그리고 너무 멀리까지 명백하게 보여주지는 말라고 설계자들에게 조언한다. 그렇게 하면 손님들이 내부로 움직

---

34 Ibid., 64, emphasis mine.
35 Ibid., 63-64.

이고자 하는 마음이 꺾일 수 있기 때문이다.³⁶ 예를 들어 너무 넓고, 너무 공개되어 있고, 색조가 조화롭지 않은 통행로는 이용자들이 게임 영역으로 들어가는 일 없이 그저 직선으로 나아가게 만들 수 있다—이것이 프리드먼이 말하는 "황색 벽돌길 효과"이다. (역설적으로 MGM의 오즈 테마 카지노는 그가 이 단어를 사용하여 지적했던 문제의 전형인 노란 벽돌길을 특징으로 한다.)

카지노 미로 배치가 저 뒤에 무엇이 있는지 정확히 알려주어서는 안 되지만, 그렇다고 해서 사람들이 가던 길을 멈추지 않도록, 그리고 계속 머신을 향해서 이동하도록 어느 정도는 명확히 길을 보여주어야 한다. 프리드먼은 "설계 신호(design cue)에서부터 강력한 유도가 필요하다."고 강조한다. 도박 산업 관련 한 잡지에서 어떤 작가는 시저스 팰리스가 공간적 신호를 적용함으로써 기존에 문제가 많았던 입구(그는 이곳이 교통이 정체되는 "경계가 불분명하고 공간 감각을 상실하게 만드는 공간"이라고 하였다)까지 이어지는 터널이 어떻게 고쳐졌는지 설명했다: "베이스보드 바로 위에는 일렬로 이어지는 조명이 설치됐다. 조명은 느리면서도 순차적인 패턴으로 깜빡였다. 이는 부지불식간에 공항 활주로에 접근하는 비행기 조종사가 빠른 속도로 반짝이는 불빛에 집중하고 따라가는 것과 동일한 효과를 만들어냈다. 카지노 바닥에 설치한 불빛은 손님들을 카지노 입구로 이끄는, 그들의 이목을 집중시킬만한 초점이 되었다. … 복도를 따라 이어지며 고객을 이끄는 신호가 된 것이다."³⁷ 다른 인테리어 설계 전문가도 이렇게 말했다. "사람들이 '쥐덫'의 안으로 더 들어오게 만들기 위해서는 카지노 전체에 초점을 설치하라."³⁸

◇◇◇◇◇◇
36 Ibid., 37-38.
37 "Cashless Slot Machines" 1985, 25, 26.
38 Zia Hanson, quoted in an interview with Ötsch (2003, 87).

복도는 신호뿐 아니라 곡선을 이용해서도 사람들을 유도한다. 프리드먼에 따르면 손님들은 "직각으로 회전하는 것을 좋아하지 않는"데, "슬롯 통로로 들어가기 위해 속도를 늦춰 90도를 돌아야 한다면 한 번의 노력이 더 필요하기 때문"이다.[39] 산업계 다른 임직원의 말에 따르면, "날카로운 선"의 감소와 "완만한 곡선을 자주" 배치하는 것이 1980년대 중반까지 카지노 설계 레파토리 가운데 한 전략이었다.[40] 2009년 글로벌 게이밍 엑스포(Global Gaming Expo)에 패널로 참여한 한 건축가는 다음과 같이 말했다. "어디서든 끊기지 않고 계속해서 곡선으로 이어지는 통행로의 중요성은 아무리 강조해도 지나치지 않습니다."[41]

프리드먼은 곡선이 카지노 바깥 부지에서부터 시작되어야 한다고 조언한다. "부지 안쪽으로 입구는 유혹적으로 사람들에게 손짓해 손님을 안으로 초대하면서, 길이나 도보로부터 부드럽게 곡선으로 이어져야 한다. 바깥쪽 길에서 안쪽 부지로 운전해 들어오는 도로는 물흐르듯 자연스러워야 한다."[42] 몰리의 지도에서 각 장소를 직접 연결하여 나아가는 길과 같이, 그 길에는 직각도 멈춤 표시도 있어서는 안 된다. 라스베이거스 스트립의 여러 구간이 보행로로 바뀌면서, 바깥쪽 도보와 기다랗게 움직이는 컨베이어 벨트는 곡선의 원칙을 보행 규모까지 확장했다. 즉, 도보로부터 카지노 안쪽으로 길이 부드럽게 이어지면서 이용자들을 거리로부터 부지 안쪽으로 이동시켰던 것이다. 한 부지에서 프리드먼이 입구 복도의 직각을 살짝 곡선으로 만들었을 때, 이후 그는 "보행자들의 행동에 얼마나 강력한 변화가 일어났는지를 보면서 놀라움을 금치 못했다."(안쪽으로 들어온 사람

◇◇◇◇◇◇

39 Friedman 2000, 81.
40 CEO of Gasser Chairs quoted in Legato (1987, 15).
41 Panelist for "Casino Floor Layout: Variations from Around the World," G2E 2009.
42 Friedman 2000, 147.

의 비율이 약 3분의 1에서 3분의 2로 증가했기 때문이다.)[43]

카지노 안에서는 "통행로가 비틀어지며 방향을 바꾸어주되, 부드럽게 방향을 전환시키는 점진적이고 완만한 곡선과 각도로 이루어져야 한다."[44] 도박 영역으로 이어지는 복도는 "보행자가 도박의 친밀한 세계까지 빠져들었다는 걸 갑자기 깨닫기 전까지 그 전환이 다가오는 것을 느끼지 못하도록 서서히 좁아져야 한다."[45] 느리고 완만한 곡선은 보행자들이 잠시 멈추거나, 방향을 바꾸거나, 자신의 행동을 다시 생각하는 지점이 될만한 어떤 각진 곳이 없도록 "펼침"으로써, 보행자가 자신에게 작용하고 있는 카지노 배치의 공간적 유도를 최대한 알아차리지 못하도록 기능한다. 가장 이상적인 시나리오는 이용자가 "통로를 따라 이리저리 거닐면서 자신의 눈에 들어오는 이런저런 것들에 대해서 분석하지 않는" 것, 대신 "특별한 목적 없이 그냥 쭉 훑어보다가, 무언가가 그들이 도박하고자 하는 감정적 동요를 촉발시키길 기대하는 것"이다.[46] 카지노 레이아웃의 역할은 보행하는 손님을 감정적으로 뭔가가 침투해 들어갈 수 있는 상태에 유보시키는 것이다. 그러한 상태는 그들이 환경적 촉발 요인에 취약해지도록 만들며, 바로 그 때 그 촉발 요인이 그들에게 제공된다.

◇◇◇◇◇◇

43 Friedman 2000, 81.
44 Ibid., 81.
45 Ibid.
46 Ibid., 84.

정서 조정: 감각적 분위기

다음 장에서 살펴보겠지만, 일단 손님이 실제로 도박 기계 앞에 앉으면 고객을 유도하는 힘은 카지노 환경으로부터 장치 그 자체로 옮겨간다. 그러나 아직까지는 환경의 역할이 끝나지 않았다―다음은 건축보다는 분위기의 차례다. 이제는 손님에게 영향을 미치기 위해 전략적으로 이용된 곡선, 신호, 카지노층 설계 계획이 아니라, "카지노 분위기"가 필요하다. 이 용어는 라스베이거스의 네바다 호텔 경영 대학 출신의 두 산업 자문가가 사용하기 시작했는데, "고객으로부터 정서적 또는 생리적 반응을 이끌어내는," "서비스 시설의 내부 및 외부 환경과 연결된 통제 가능한 항목들(온도, 불빛, 색깔, 소리, 향기)"을 말한다.[47] 그들은 이 항목들이 강력하게 손님의 "체험적 정서"를 조정한다고 주장한다. 손님을 기계 앞으로 인도할 뿐 아니라, 그들이 존에 젖어 들도록―그리고 그들이 거기 머무르도록 돕는다는 것이다.

들뢰즈가 주장한 정동(affect) 개념(의식적 알아차림의 바깥에 있는, 그러나 행위에 있어서 핵심적인 감각, 힘, 주의집중의 역동적 상태)을 상기시키는 이 분위기는, 의식적으로 그것이 감지될 수 없는 수준에서 작동할 때 매우 효과적이라고 이해된다. 카지노 설계자들의 공간 전략과 마찬가지로, 그들의 분위기 전략은 정서를 수동적이고 정적인 것이 아니라, 수익성을 높이는 방향으로 유도되고 이용될 수 있는 정적이고 역동적 능력으로 본다.[48] "라스베이거스 카지노의 슬롯머신 사용에 있어 은은한 냄새의 효과"라는 제목의 연구는, 특정한 좋은 냄새가 미묘하게 사용되었을 때 해당 구역의 슬

---

47 Mayer and Johnson 2003, 22.
48 Massumi 1995; 2022.

FOOT CANDLES		DECIBELS	
1	Dark	66-68	Very Quiet
2	Dim	69-73	Quiet
3	Subdued	74-77	Moderate
4-5	Moderate	78-81	Loud
6-7	Bright	82-83	Very Loud
8	Very bright	84-87	Extremely Loud
9-10	Extremely Bright	88-95	Blaring
11-15	Exceptionally Bright		
16-20	Extraordinarily Bright		

그림 1.3 카지노 환경에서 최적의 조명과 소리를 위한 빌 프리드먼의 지침. 촉광과 데시벨로 측정되었다. 『승리를 위한 카지노 설계』, 빌 프리드먼, 2000, p.625.

롯머신 수익이 45퍼센트나 올랐음을 발견하였다. 또 다른 좋은 냄새이지만 달리 사용되었던 다른 구역의 수익은 변화가 없었다.[49] 저자는 특정 향기가 이용자가 더 오래 게임을 하게 만드는, "상황적 맥락에 어울리는 감정의 조화"를 생산해낸다고 추정했다. "특정 환경에 맞게 선택되었을 때" 냄새는 "행위를 촉발"시킬 수 있는 것이다.[50] 저자는 "의식 과정을 가지고 있지 않다고 알려진 동물을 대상으로 한 조건 반사 실험 결과를 미루어 볼 때, 조건 반사에 의식이 반드시 요구되지는 않는다는 점은 분명해 보인다."고 말했다.[51]

같은 논리선상에서 프리드먼은 이용자가 "그저 자신이 느끼는 대로 반응"할 수 있도록 그들이 의식적으로 알아차리지 못하는 수준에서 소통하

---

49 Hirsch 1995.
50 Ibid., 593.
51 Ibid., 585-86.

는 것이 가장 좋다고 조언했다.[52] 분위기 요소는 너무 튀어서 손님의 에너지에 스트레스를 가하거나 그것을 분산시키지 않도록 조절되어야 한다. 그는 온도에 대해서 이렇게 이야기한다. "업장의 온도가 몇 도만 낮거나 몇 도만 높아도 손님들은 그곳에서 나가버릴 것이다."[53] 마찬가지로 "지나치게 강렬한 장식은 게임 시간을 감소"시키고, "화려하거나 밝은 색깔, 또는 배합이 맞지 않는 색의 조합은 감각에 부담을 준다."[54] 프리드먼은 자신이 도박장에서 없애야 하는 "유해한 초과"를 식별하는 독특한 능력을 가지고 있다고 주장한다: "나는 환경에 극도로 민감하다. 조금만 더 밝거나 조금만 더 시끄러워도, 텅 빈 공간이 있거나 개방감이 있어도, 적절치 못하거나 서로 상충되는 설계 신호가 있어도 나는 그것을 참아내지 못한다."[55] 그는 조명에 있어서도 천장이나 벽의 조명이 잔잔한 수준을 벗어나 더 밝을 때 발생하는 불균형을 처리하기 위해서는 인간의 "지각 체계"가 더 많은 에너지를 들여야 한다고 설명한다(그림 1.3의 왼쪽 참고). "추가적으로 노력하게 되면 이용자는 결국 신체적으로 피로해지고, 이용자 스스로 그 이유는 알지 못하지만 그들은 기존에 생각했던 것보다 더 빨리 자리를 떠나버리고 되돌아 올 가능성은 훨씬 낮아진다."[56] 이 지각 에너지의 감추어진 부담을 예방하기 위해 조명은 차분하면서도 일정해야 한다. 조명의 강도 뿐만 아니라 각도도 역시 중요하다. 카지노 소비자에 대한 선행 연구는 조명이 도박자의 이마를 비출 때 그들의 에너지가 가장 빠르게 소모된다고 지적한 바 있다.

◇◇◇◇◇◇◇
52 Friedman 2000, 136.
53 Ibid., 140.
54 Ibid., 101-2.
55 Ibid.
56 Friedman 2000, 7.

조명과 마찬가지로 음향 또한 감각을 괴롭힐 정도로 너무 무거워서도 안 되고, 동시에 또 너무 부드러워서도 안 된다. 즉 적정 수준을 벗어나서는 안 된다는 것이다(그림 1.3의 오른쪽 참고). 프리드먼이 이야기한 것처럼 "음향은 이용자가 반향된 소리의 근원지를 찾아내는 건 불가능하기 때문에 그것이 인테리어 표면에 부딪혀 다시 되돌아 올 때에만 이용자를 신경 쓰이게 한다."[57] 카지노 업장의 공간 배열과 시각적 배치가 적절한 방향성을 가지고 수행되어야 하는 것처럼, 음향도 "단조롭거나, 중구난방이고, 여기저기서 한꺼번에 들려오는 소리가 뒤섞여 그저 소음이" 돼서는 안 된다. 프리드먼은 도박자들의 얼굴 표정에서 그러한 음향이 만들어내는 부정적인 감정을 알아낼 수 있다고 말한다: "만약 모든 곳에서 들려오는 공격적인 큰 소리가 이어지는 곳이라면, 그곳에 있는 이용자의 얼굴을 한 번 살펴보라. 그의 얼굴은 피로감에 물들고, 긴장되어 있으며, 고통스러워 보일 것이다. 자연스럽고 굴곡없는 음향이 깔린 카지노에서는 이러한 얼굴을 볼 일이 없다."[58]

게임을 장려하기 위해 주의깊게 제어해야 할 또다른 음향 요소는 음악이다. 디지그램(Digigram)이라는 회사는 하루 중 시간대에 따라 조절되는 배경 음악을 제공하는데, 그 변화는 부지 내 주요 고객층의 인구학적 특성 변화에 달려있다. 디지그램에 따르면, 카지노 관리자는 "고객이 그리 많지 않은 한낮에는 좀 더 느리고 부드러운 음악을 틀다가도, 하루가 흘러감에 따라 사람이 많아지면 점점 더 템포를 올릴 수 있다. 분위기를 통제하는 사람은 바로 당신이다."[59] 디지그램은 손님들의 걷는 속도, 머무는 시간, 상점에서 소비한 금액이 소리에 의해 크게 영향을 받는다는 한 연구를

◇◇◇◇◇◇
57 Ibid., 135.
58 Ibid., 136.
59 Manager for Digigram (quoted in Holtmann 2004, 30).

인용한다.[60] 또 다른 카지노 음향 제공업체 DMX 뮤직의 부사장은 기자에게 이렇게 말했다: "저희의 목표는 고객들이 환경에 반응하도록 자극하는 [카지노의] 일을 돕는 것입니다."[61]

다른 환경 요소처럼 배경에 흐르는 음악도 행동을 조절하는 요소로 매우 훌륭히 작용한다. 크기와 리듬이 일정하면서도 느린 속도로 이어지는 익숙한 곡조는 의식의 임계점 밑에 머물면서 고객의 행동을 조정한다—디지그램은 이를 "기능성 음악"이라고 부른다.[62] 완만한 곡선으로 이루어진 코너와 균형잡힌 조명 아래에서 흐르는 어쿠스틱 음악은 손님들의 지각 체계에 미묘하고도 안정된 감각적 자극을 투입함으로써 고객들의 존 상태 유지를 촉진한다. 이러한 점에서 지나치게 가변적인 음악은 도박 행위를 방해할 수 있다. 한 카지노 설계자가 이야기한 것처럼, 그것이 "합리적 결정을 할 수 있는 인지적 상태를 … 회복시키기" 때문이다.[63]

건축학적이고 분위기가 조성된 공간을 도박자가 알아차리지 못할수록, 그들은 게임에 더욱 빨려들어갈 가능성이 높다. 같은 이유로, 게임 세션이 이어짐에 따라 그들이 놀이에 더욱 몰입할 수록, 불균형적인 요소나 다른 이용자를 방해하는 주위 요소로 인해 간섭받는 정도도 낮아진다. "주변을 감싸고 있는 공간은 사라진다."고 사회학자 거다 리스는 도박에 대해 말한다. 공간은 "단일한 지점으로 줄어들고, 넓이를 상실한다."[64] 머신 도박의 경우 그 "단일 지점"은 장치의 화면이다—그리고 그것은 공간의 기준 지점이라기보다는 공간으로부터의 탈출 지점이다. 은퇴한 핵지질학자 로

◇◇◇◇◇◇
60 Ötsch 2003, 137.
61 Quoted in Holtmann (2004, 30).
62 Ötsch 2003, 137.
63 Karen Finlay, quoted in Thompson (2009, n.p.).
64 Reith 1999, 143, 144.

키는 이렇게 말한다. "정말로 아무 것도 안 보이고, 아무 것도 안 들리는 터널 시야가 돼요. 그 순간을 말해 보라고 한다면, 그 때 존재하는 건 딱 하나, 게임 화면밖에 없는 상태죠." 프리드먼이 이야기하는 것처럼 놀이 중에 있는 머신 도박자는 "현실 감각을 잃어버리고, 그 순간만을 위해서, 다음 번 베팅만을 위해서 존재하는 다른 차원에" 들어선다. 이 "다른 차원"에서, 물질세계 내에서 체화된 존재는 반복되는 순간의 영원한 흐름으로 교체된다. 그러나 이 장에서 주장하는 건축과 분위기의 세속적 요소들은 이러한 이세계적 존을 야기하고 유지하는 데 핵심적 역할을 한다.

카지노 설계의 정서적 호소력은 그것이 손님 자신의 의식적 의도와 상충될 때 (예를 들면 도박 중독자가 기계 놀이의 끌어당김에 저항을 시도할 때) 극명하게 표면화된다. 2002년 내가 참여했던 단도박모임에서, 토드라는 한 젊은 남성은 과거 친구들과 함께 점심을 먹기 위해 카지노를 통과해 지나가는 일이 환경의 유혹으로부터 가해지는 얼마나 끔찍한 시련이 되었는지 이야기했다. 그가 카지노 입구를 넘어서자마자 카지노의 건축학적이고 분위기적인 특징들은 도박 장치와 함께 협력하여 그에게 강력한 심리적이고 생리적인 반응을 촉발시켰다.

> 도박장 안에 딱 들어서자마자 온몸이 덜덜 떨리기 시작했어요. 쭉 지나서 걸어가는데, 소리들이 신경계를 막 때리는 거예요. 내 신경을 몰고가기 시작했다구요. 앞만 봐야 해, 그냥 걷는 거야, 혼자 속으로 그렇게 생각했어요. 그렇게 생각하고 걷긴 걷는데, 내가 어디로 가고 있는 건지는 느낄 수가 없었어요. 그래서 주변 사람한테 물어보려고 잠깐 멈춰섰죠. 내 앞에 여자 교환원이 있었는데, 그 여자가 슬롯머신 앞에서 다른 사람한테 당첨금 주고 있었거든요. 그래서 속으로 계속 생각했죠. "기계 쳐다보면 안 돼, 절대 쳐다보면 안 돼." 그리고 조금 더 걸어갔는데 여전히 어딘지 모르겠더라구요. 그

래서 다른 사람한테 물어보려고 또 멈춰 섰거든요. 근데 그 때 내 앞에 있는 여자가 또 누구한테 당첨금 주고 있는 교환원인 거예요. 속으로 막 보지 마, 보지 마, 그러면서. 결국 뷔페까지 가긴 갔는데, 친구들이 아직 안 온 거예요. 그래서 벤치에 앉아가지구 카지노 안에를 이렇게 쳐다봤거든요. 소리가 막 들리는데, 그거 무시하려고 그러면서요. 나중에 이제 나가는데, 저는 벌써 제가 좋아하는 머신이 어디 있는지 다 보이는 거예요. 그 카지노에 한 번도 간 적도 없는데요, 제가 좋아하는 기계들이 어디 있는지 정확하게 알겠더라니까요. 막 과호흡 증상이 오더라구요. 거의 막 뛰다시피 해서 도망치듯 카지노 밖으로 나갔죠.

토드의 이야기는 이 장의 첫 부분에 등장했던 다니엘의 사례와는 극명히 대조된다. 다니엘은 자신의 도박하려는 욕망과 의도가 카지노의 물질적 환경이 빚어내는 정서적 호소에 딱 들어맞았고, 그의 욕망과 의도는 강화되었다. 토드는, 앞에서 언급한 아로마 연구에서 인용하자면, "상황적 맥락 안에서 정서적 부조화"를 경험했다. '카지노 미로'라는 피리부는 사나이가 게임을 하지 않겠다는 토드의 약속에 어긋나는 노래를 연주했고, (그 자신의 말을 인용하자면) 토드의 "신경계"는 완전히 혼란에 빠져버렸다.

우리가 앞서 살펴보았던 『라스베이거스에서 배우다』는 카지노를 이용하는 손님들의 회피주의 감성에 대응할 수 있는 건축의 필요성을 이야기한다. 소위 경험 기반 카지노 설계는 이를 시도하지만, 그것이 취하는 형식은 엄밀히 말하면 포퓰리즘적이지 않다. 혹자는 심지어 현대 카지노 특유의 도구성이 교정 기관의 요소를 공유한다고 할지도 모른다. 이는 사실상 카지노 설계 회사 디레오나르도 인터네셔널(DiLeonardo International)의 회장의 폭로로 분명히 드러난다. 그는 하버드 디자인 대학원에 다니던 시절, "환경 심리학을 감옥과 다른 공공 시설의 건축학적 설계에 실험적으로 적용해보려고 했던" 동료들로부터 영향을 받았다고 이야기했던 바 있다.[65]

그러나 부드럽게 이어지는 곡선형 통행로, 안락한 공간을 선사하는 구석진 공간, 조명이 부드럽게 감싸는 머신의 미로는 성격이 다르다. 이곳은 철학자 미셸 푸코가 이야기했던 "개인을 변화시키기 위해 작동하는 건물, 그것이 보호하는 이들에게 작용하고, 그들의 행동을 통제하는"[66] 이용자를 옴짝달싹 못하게 만드는 엄격한 근대적 교정 시설의 형식과는 어울리지 않는다. 카지노의 구조적, 장식적, 주변적 환경은 분명 손님의 행위에 영향을 미치기 위해 만들어졌지만, 그 방식은 구속을 통해서라기보다는 사람을 구슬리는, 처벌보다는 보상을 주는, 변화보다는 조종하려는 방식이다. 빌 프리드먼을 포함하여 경험을 중시하는 카지노 설계자들은 고객을 건축 또는 분위기에 적응시키는 것이 아니라, "건물의 지속적인 적응"을 주장한다. 혹자가 말하는 것처럼, "행복한 감금"을 촉진하는 "인체공학적 미궁"을 생산하는 것이다.[67] 한 자리에 앉아서 버튼만 누르는 카지노 머신 이용자는 공장 노동자, 군인, 수감자, 학생과 비슷해 보일 수도 있지만, 그들은 자기-의식적이고, 자기 검열을 하며, 훈육의 공간에서 경계심을 늦추지 않는 주체들이 아니다. 그들은 탈억제되고, 자기 자신을 놓아버렸으며, 프리드먼의 언어를 사용하자면 "자그마한 사적 놀이의 세계"에 흠뻑 빠져든 사람들이다.

그렇다면 어떻게 카지노 환경의 특유한 도구성을 특징지을 수 있을까?

◇◇◇◇◇◇

65 "Design/Construction Firms" 1985, 25.
66 Foucault 1979, 172.
67 Ötsch 2003, 138; Klein 2002.

1990년대에 질 들뢰즈는 기존에 서구 사회에서 지배적인 힘의 양식이었던 훈육은 수정되었으며, 일정 정도 "조절"의 논리에 자리를 내주었다고 주장했다. 그가 이야기하는 조절은 이동의 제한이나 구속으로 작동하는 것이 아니라, 지속적이고 유동하는 흐름(자본, 정보, 몸체, 정서)을 규제하는 방식으로 작용한다. 훈육의 처벌적 복종과는 달리, 조절은 그러한 대상으로서의 피지배자를 필요로 하지 않으며, 어떤 것을 생산하거나 관리하려고 하지도 않는다. 앞서 살펴본 것처럼 카지노 설계는 어느 선도적 회사의 용어를 사용하자면, "몰입 패러다임"을 따른다. 학술적 자문가들이 이야기했던 "체험적 정서"로부터 이용자들에게 충격을 주고, 그들의 관심이 쏠리게 만들며, 결과적으로 수익을 만들기 위해서 이용자가 방해받지 않는 움직임 가운데 탈주체화(desubjectified)된 상태를 유지하도록 하는 것이다. 정서라는 주제를 다루는 철학자들이나 인류학자들이 주장하는 것처럼, 만약 현대 자본주의가 소비자의 정서적 역량으로부터 가치를 이끌어내고 이동시키는 전략적 시도를 한다는 점에서 구분된다면, 상업적 카지노 설계는 이에 딱 들어맞는 사례가 될 것이다. 다음 장에서 드러나는 것처럼, 몰입 패러다임과 그것의 정서 조절 논리는 도박 환경으로부터 도박 기술 자체로 계속 이어진다.

2장
경험 공학
이용자-중심 설계의 생산 경제

카지노 환경의 정교한 건축 및 분위기 특징이 손님을 도박 장치 앞으로 유인하도록 작동했다면, 장치 그 자체는 손님들의 놀이를 계속 유지하고, 존 상태가 지속되도록 작동한다. 여기에서 목표는 공간을 가로질러 사람들을 이동시키는 것이 아니라 그들을 한자리에 머물도록 만들고, 사람들이 시간을 들여 게임을 하도록 관리하는 것이다. 카지노 경영 자문가 레즐리 커밍스가 이야기하는 것처럼, 기계는 "지속적인 게임 생산성을 위해 이용할 수 있는 기술"이다. 그녀의 말에 따르면,

> 생산성이 종종 노동자 한 명당 산출량으로서의 기준을 뜻하지만 … 게임 생산성은 한 고객이 하나의 간격 당 내기를 거는 것을 의미한다. 신속화는 이용자가 더욱 생산성 높은 존재가 되도록 게임 활동을 증진하고 촉진하는 것을 말한다. 이는 그들의 놀이 속도가 더욱 빨라지고, 시간 간격을 늘리며, 그리고/또는 다른 경우에서 예상되는 것보다 게임을 할 때마다 더 많은 돈

을 걸게 되기 때문이다.[1]

"지속적인 게임 생산성"을 신속화하는 일은 커밍스가 분류하는 것과 같이 세 가지 상호 연결된 작업과 관련된다. 그 세 가지 작업을 이번 장에서 차례로 살펴볼 것이다. 즉 그것은 게임을 가속화하기, 시간을 연장하기, 소비 금액을 증가시키기이다.

도박이 "생산적"인 주류 산업이 될 수 있다는 생각은 20세기에 대중 여가가 성장하고 자본주의 경제에서 소비의 중요성이 증가하면서 발생했다. 이 시기에 도박은 비생산성과 낭비성을 앞세워 산업 시대와 결별하면서 스스로 하나의 산업으로 거듭났다. 위 인용문이 증명하듯 도박 산업은 19~20세기에 공장 노동력을 관리하기 위해 개발되었던 기법을 연상시키는 시간 및 에너지 관리 기술을 도입해왔다. 그러나 이 관리 기술은 그들이 상업적 영역에 적응함에 따라 미묘하게 수정되었는데, 이 영역 안에서 기업의 생존을 좌우하는 생산 활동(예: 내기를 거는 행위)은 사람들에게 임금을 지불해야하는 노동이 아니라, 소비자 자신이 구매하기로 결정한 하나의 경험이다.

앞 장에서 살펴본, 자신의 공간을 응용하는 현대 자본주의의 정서-기반 지향성에 발맞춰 도박 기계 설계자들은 도박자의 신체적, 감각적, 인지적 성향에 점점 더 많은 관심을 기울여왔다. 그들은 자발적인 놀이 행위로부터 수익을 얻는 것을 목표로 하는 가치 생산 모델을 따라—기자들과 게임학자 줄리안 디벨이 이야기하는 "유희 자본주의(ludocapitalism)"의 전형을 보여주는 모델이다—그들 산업의 생산 기제를 손님의 기호에 맞춰 조절

◇◇◇◇◇◇

1   Cummings 1997, 64, 63.

하고자 노력했다.[2]

이용자가 원하는 것: WMS 게이밍의 2006년 마케팅 캠페인에서 사용된 이 세 단어의 표제어는 기계 설계에 있어 "이용자—중심적"이라고 알려진 접근을 멋지게 요약한다. 같은 해 글로벌 게이밍 엑스포의 기술 관련 내용을 전시 중이었던 복도에서 이 표어는 하늘높이 솟아오른 기둥과 거대한 비디오 패널에서 수도 없이 위아래로 떠오르기를 반복하며 광고되었다. "[이것은] 단순한 하나의 표어가 아닙니다." 전시회 등록 접수대 옆에 붙어 있는 초대형 포스터에는 이렇게 적혀 있었다. "이것은 게임 개발에 매우 독특한 관점에서 지속적으로 접근해 온 결과입니다." 이렇게 자신들의 고유성을 주장함에도 불구하고, 이용자—중심 기계 설계는 사용자—중심주의에서 더 광범위한 경향을 따른다. 여기에서는 생산 설계자들이 증진된 소비자의 경험으로부터 가치를 생산하는 것, 또는 사회학자 나이젤 트리프트가 기술한 것처럼 "현상학적 기질(substrate)을 캐내고자 하는 것"을 추구한다.[3] "일반적으로 경제는 상품 생산과 서비스 전달을 넘어 경험을 창조해내는 것으로 이동하고 있습니다." 2009년 G2E에서 WMS 한 대변인은 경영 관련 베스트셀러 『경험 경제(The Experience Economy)』를 인용하며 이야기했다.[4] 그는 동료들에게 다음과 같이 주장했다. "그게 바로 우리가 할 일이라는 거죠—*경험 공학이 필요하다는 겁니다*."

도박 산업에서 경험이라는 언어는 흔히 사용된다. 나는 2007년 슬롯머신 제조업자가 하는 이런 이야기를 들었다. "우리는 모든 단계에서 이용자들의 경험을 하나하나 주의 깊게 살핍니다." 2008년에 한 카지노 운영

◇◇◇◇◇◇

2   Dibbell 2008.
3   Thrift 2006, 282.
4   Pine and Gilmore 1999, cited by Mark Pace of WMS, panelist for "CRM and Data Analytics: Make Me Money or Save Me Money," G2E 2009.

자는 이렇게 말하기도 했다. "그 존에 빠지는 경험을 만들어내는 게 저희 특기죠."[5] 다음 장에서 놀이 그 자체를 이끄는 내부 기제, 디지털 알고리즘, 게임 소프트웨어를 살펴보기 전에, 여기에서는 도박자들이 게임을 할 때 마주하게 되는 상호작용 요소의 이용자–중심 설계를 살펴볼 것이다. 여기에는 버튼과 빌 억셉터(bill acceptors), 음향 및 비디오 공학, 인체공학적 계기판과 좌석 요소, 자금 처리 및 접근 기술이 포함된다. 어느 산업 관계자가 동료들에게 조언하듯, "보조적 생산물들을 보조적으로만 보아서는 안 되며, 경험에 대한 하나의 통합체로 볼 수 있어야 한다."[6] 더 빠른, 더 긴, 더 강렬한 놀이를 선동하려는 노력 가운데, 도박 기계 인터페이스 설계자들은 존 경험의 현상학적 필요조건에 깊은 관심을 가지고 있다.

놀이를 가속화하다

속도는 존 경험에서 핵심 요소이다. "저는 게임 속도가 무지 빠르거든요." 중년의 회계사 셸리는 이렇게 말했다. "저는 기다리는 거 싫어하고, 다음에 뭐가 나올지 빨리 알고 싶어요. 기계가 느리면 더 빠른 걸로 옮겨요." 대학생 줄리는 또 이렇게 이야기 한다. "저는 보통 한 손으로 게임하는데, 제가 게임하는 거 보면 카드 뭐가 나왔는지도 안 보이실 걸요. 그만큼 제 속도가 빨라요(이 이야기를 하는 순간 그녀의 눈은 눈앞에 있는 가상의 화면을 응

◇◇◇◇◇◇

5 Mark Pace of WMS, panelist for "Slot Appeal: Applying New Technologies," G2E 2007; Kathlen McLaughlin of Las Vegas Sands, panelist for "Harnessing the Market: The Potential of Server-Based Gaming," G2E 2008.

6 Christopher Strano of AC Coin, panelist for "Boosting Machine Productivity: Creating an Environment," G2E 2007.

시하듯 커지고 눈빛이 반짝 빛났다. 검지 손가락은 버튼을 누르듯 굉장히 빠른 속도로 움직였다).” 도박 중독자들은 게임 속도를 일종의 기술로 이야기하는데, 심지어 그렇게 빨리 움직였기 때문에 이길 수 있는 게임을 졌을 때도 그렇다. “가끔씩 [비디오 포커] 머신 하면서 그 리듬을 타기 시작하면, 실수로 승리 패를 버려요.” 서문에서 소개했던 샤론은 이렇게 이야기했다. “게임에 있어서 제대로 선택을 하는것보다, 그 페이스를 유지하는 게 중요한 거죠.”

도박자들이 이야기하는 것처럼 "페이스를 유지하는 것”은 존 경험에서 아주 중요하다. “속도 자체가 좀 위안감을 줘요.” 네 자녀를 둔 뷔페 종업원 롤라는 이렇게 말한다. “정확히 말하면 그게 흥분감은 아니고요. 좀 차분해 지는, 좀 안정시켜주는 효과가 있다고 할까. 존에 들어갈 수 있게 해줘요.” 40대 후반 전기기사 랜달은 오래 전부터 어떤 장치든 속도감을 통해서 탈출감을 주는 것이라면 좋아했다. 때문에 그는 오토바이, 경주용 자동차를 좋아했고, 거기에는 비디오 포커도 포함된다. 그는 기억을 떠올리며 말했다. “참 역설적이죠. 속도가 빠르면 저는 이상하게 차분해지거든요. 내가 그렇게 움직이고 있다는 거, 그리고 그게 위험하다는 게 저한테는 뭔가 안정감을 줘요. 그리고 뭔가 기계적인 느낌이랄까요.” 그가 인지하고 있는 것처럼 기계적으로 매개되어 진행되는 속도는 놀이를 구조화하고 조절하는 일종의 예측가능성으로 기능하며, 위험을 리듬으로 변화시킨다. 도박자가 자신의 속도를 안정적으로 오랫동안 유지할수록, 속도는 존의 고정된 패턴 안에 도박자들을 붙잡아놓는다.

속도에-의한-계류의 기술적 조건은 다양한 양상을 보이며 시간이 흐름에 따라 변화했다. 주요 발전은 기어로 움직이는 당기는 방식의 핸들에서 전자식 누름 버튼으로의 전환이었다(그림 2.1 참고). “그냥 손을 버튼 위에 올려놓으면 됩니다.” 1992년 WMS 게이밍 대표는 이 기술에 대해 이렇게 말했다. "손을 전혀 움직일 필요도 없죠."[7] "더 빨라진 놀이에 있어서 효과의 차이는 아주 극적이다." 커밍스는 지적했다. "당기는 핸들로 게임을 하면 1분에 평균 다섯 번 게임을 하게 된다. 버튼을 누른다면 게임 횟수는 한 시간에 300회에서 600회로 그 비율이 두 배 증가한다."[8] 도박 기계에 비디오 기술이 도입되면서 놀이의 속도는 더욱 빨라졌고, 이용자는 기계의 릴이 돌아가는 시간을 기다릴 필요도 없어졌다. 숙련된 비디오 포커 도박자는 3~4초에 한 번씩 게임을 진행할 수 있고, 한 시간이면 900회에서 1,200회라는 놀라운 횟수를 달성할 수 있다. 가상의 릴이 매우 빠르게 "돌아가는" "비디오 슬롯"에서도 비율이 비슷하다.[9] 이러한 머신 중 일부는 아예 버튼 자체도 없고, 그 기계에 있는 터치 스크린은 너무나도 민감해서 손가락이 실제로 화면에 닿기 전에도 그 손가락이 어디쯤에 놓일지 감지할 수 있다. "게임 머신은 그 속도가 정말 빠르고요, 돈을 먹어치우는 장치라고 할 수 있죠." 발리의 대변인이 말했다. "한 판에 3.5초 이상 걸리면 안 됩니다."[10]

슬롯머신의 "돈을-먹어 치우는" 요소를 개선하는 작업은 게임속도를 빠르게 만드는 데 있어서 누르는 방식의 버튼과 터치스크린을 설치한 것만큼이나 중요한 작업이었다. 1960~1970년대에 뱅크 호퍼(bank hoppers)를 슬롯머신에 통합시키기 전까지는 20코인 이상 승리한 도박자는 게임을 멈춘 채 슬롯 종업원이 해당 도박자의 승리를 확인하고 당첨금을 지불한 뒤 다시 게임을 시작할 수 있을 때까지 기다려야했다. "그러한 과정은 단지 게임 속도를 늦추는 일 이상이었죠." 1994년 슬롯머신에 있어 선구

◇◇◇◇◇◇

7   Neil Nicastro, quoted in Bulkeley (1992, B1).
8   Cummings 1997, 76; Lehman 2007a.
9   Harrigan and Dixon 2009, 83.
10 Hans Kloss of Bally Technologies, quoted in "A Slot Maker for All Seasons" 1996, 18.

그림 2.1 비디오 포커 단말기 콘솔에 놓여 있는 도박자의 손. 그의 엄지손가락은 빌 억셉터에 놓여 있고 다른 손가락들은 "딜," "드로우," "최대 베팅" 버튼을 누르기 위해 놓여 있다. (사진 : 저자)

자였던 워렌 넬슨은 과거 기억을 회고했다. "그건 게임을 아예 멈춰버리는 일이었어요. … 손님들이 이제 이겼으니까 게임은 그만하고, 그 돈을 가지고 게임장 밖으로 나가는 거죠."[11] 새롭게 도입된 호퍼가 머신에 달려있는 접시에 코인을 200개까지 쏟아낼 수 있었기 때문에 "그렇게 쏟아져 나온 코인이 다시 머신 안으로 들어갈 가능성"은 증가했고, 동시에 도박자들은 놀이 경험의 흐름에 매우 중요한 내기 가속도를 모을 수 있었다.

빌 억셉터가 도박 머신에 도입되면서 게임 속도는 더욱 빨라졌고, 이용자들은 더 큰 액면가의 돈을 투입할 수 있게 되었으며, 한 번에 한 개씩 동

◇◇◇◇◇◇

11 Warren Nelson, quoted in Turdean (2012, 11).

전을 집어넣느라 멈출 필요 없이 디지털 계기판에 표시된 크레딧을 얻을 수 있게 되었다(그림2.1 참고). 실제 돈을 비물질화하여 즉시 가용한 크레딧 형태로 만든 것은 실제 현금의 가치를 은폐시켰고, 따라서 내기를 더욱 장려하게 되었다. 또한 도박 교환에서 거추장스러운 동전을 없애버림으로써, 수익에 방해가 되었던 인간 운동력의 영향을 감소시켰다. "어떤 사람들은 그렇게 운동 능력이 좋지도 못해요." 한 게임 설계회사의 대표가 말했다.[12] "5센트 동전 대여섯 개 먹는 기계가 있다 그러면, 그게 바로 이용자가 동전을 넣고 등록하기까지 걸리는 시간이죠." 다른 카지노 영업사원도 그 의견에 동의한다. "때로는 사람들이 엄청나게 빠른 속도로 동전을 집어넣거든요. 그리고 그게 바로 카지노에서 벌어들이는 돈과 관련돼 있는 거죠."[13] 1985년 한 상업 잡지의 기자가 행복한 논조로 적었던 것처럼, 동전 없는 슬롯머신에서 이용자는 "그저 게임을 시작"할 수 있다.[14] 그리고 그들은 "그저 게임을 계속 할" 수 있다. 이제 현금으로 직접 빼내는 것보다 이긴 금액을 다시 기계에 집어넣는 일이 쉬워졌기 때문이다. 슬롯머신에 장착된 빌 억셉터는 1990년대 도박 산업계에서 하나의 표준이 되었으며, 게임하는 데 걸리는 시간을 15퍼센트 단축시켰고 게임에 소비되는 금액을 30퍼센트나 증가시켰다.[15] 나중에 우리는 소위 '현금없는 도박(도박자들이 동전이나 현금이 아니라 티켓이나 자기-스트라이프 카드로 게임하는 것)'이 게임에 있어 현금 투입과 관련한 장애물을 어떻게 극복했는지 살펴볼 것이다.

이 장의 서두에서 이야기한 것처럼 기계 게임의 운동감각과 시간적 요

◇◇◇◇◇◇◇

12 Stuart Bull of Aristocrat, panelist for "The Video Future," World Gaming Conference and Expo 1999.
13 Jack O'Donnell, quoted in "Cashless Slot Machine" 1985, 14.
14 "Cashless Slot Machine" 1985, 14.
15 Palmeri 2003; Joseph Pitito, director of investor relations for Global Payment Technologies, quoted in Emerson (1998a, 31).

소를 능률적인 생산 경제로 조직화하려는 도박 산업의 피땀 어린 노력은, 19세기 공장 및 현대적 훈육 환경(학교, 군대, 감옥)의 행동 관리 기술을 닮았다. 미셸 푸코는 그러한 기술에 대해 다음과 같이 이야기한 바 있다. "각각의 움직임에는 방향과 적성, 기간이 주어진다; 연속된 순서들이 미리 규정된다. … 이것은 시간으로부터 가용한 순간들을 축출하는 문제, 그리고 각 순간들로부터 유용한 힘을 끌어내는 문제이다."[16] 개인의 몸으로부터 경제적 가치를 이끌어내기 위해 그들의 행동은 정확하게 인도되어야 하고 정량화 할 수 있는 시간틀에 끼워 맞추어져야 한다. 1860년 한 공장 관리자는 다음과 같이 칼 마르크스에게 보고한 것으로 유명하다. "각각의 순간들이 바로 수익의 기본 요소지요."[17] 시간적 훈육의 수익 논리를 반영하며, 도박 자문가 커밍스는 "각 시간 간격에 더 많은 게임을 [하도록 만들기] 위해, 놀이의 여러 단계에서 비생산적인 움직임 또는 죽은 시간을 없애버리는 것"에 대해 이야기한다.[18] 기계 노동자의 행동을 관리하는 것과 같이 머신 도박자의 행동을 관리하는 작업의 목표는 방대한 신체 움직임을 시간의 작은 단위에 압축하려는 것이다.

1993년 철학자이자 문화비평가였던 발터 벤야민은 반복적이고 연속적이며 더욱 속도가 빨라진 산업 기계 노동 과정과 도박의 더욱 큰 유사성을 드러냈다. 그는 "도박은 자동 작동에 의해 생산된 작업자 몸짓까지도 포함하고 있는데, 내깃돈을 내려놓는 행위나 카드를 집어드는 동작이 없다면 게임 자체가 존재할 수 없기 때문이다. 기계에서 철컹이는 움직임은 확률 게임에서 소위 게임 종료음과 같은 것이다."[19] 조립 라인의 쉴 새 없는

◇◇◇◇◇◇
16 Foucault 1979, 152-54.
17 Marx 1992 [1867], 352.
18 Cummings 1997, 76.
19 Benjamin 1968 [1939], 179n11.

운동에 꼼짝없이 갇혀버린 노동자들과 같이(찰리 채플린이 모던 타임즈에서 이 점을 아주 재치 있게 풍자했다), 도박자들도 베팅의 가치 없는 움직임 속에 붙잡혀있다고 그는 이야기한다. 다만 이용자-중심적인 계기판 앞에 앉아있는 머신 도박자들이 붙잡혀있는 대상은 조금 다른 게임이다; 벤야민이 마르크스의 언어를 바꾸어 표현한 것처럼, 그들은 "자동 장치의 한결같이 지속되는 움직임에 자신들의 행위를" 끼워 맞추려고 노력하는 것이 아니라, 스스로 자신의 게임 속도를 설정한다. (이러한 점에서 그들의 경험은 1980년대 셰리 터클이 이야기했던 초기 비디오 게임 형태와도 다르다: "속도는 결코 당신의 것이 아니다. 게임의 리듬은 머신에 속해있으며, 프로그램이 그것을 결정한다."[20])

1990년대 말 고안된 실리콘 게이밍(Silicon Gaming)의 "역동적인 게임 속도"의 특성은 이용자들이 놀이의 속도를 조절할 수 있도록 만든 혁신의 한 사례이다. 이러한 특성은 비디오 포커 머신이었던 팬텀 벨(Phantom Belle)로 통합되었는데, 이 머신에서는 게임 화면 위쪽에 위치한 보조 비디오 화면에 카드를 나눠주는 딜러의 손이 만화 영상으로 제공되었다. 그 손은 도박자가 게임하는 속도에 맞춰 카드를 배분해주었다. 게임 속도가 느린 사람에게는 천천히, 더 빠른 속도로 게임하는 사람에게는 더 빨리. 가장 빠른 도박자에게는 그 손이 너무 빨라 보이지도 않았다. 게임 공학자 스테이시 프리드먼은 2000년도 게이밍 엑스포의 한 부스에서 이 역동적 게임 속도의 진행 과정을 직접 보여주었다. "만약에 게임을 천천히 진행하시면, 카드 딜링 속도도 느린 거예요." 그는 설명했다. "좀 더 빨리 하시면, 게임이 그걸 감지해서 거기에 적응하는 거죠." 역동적 게임 속도에 대한 특허는 이 "적응적 조절 방식"의 기저에 있는 다음과 같은 설계 논리를 명시적으로 인정해주었다. 즉, "이용자가 정상적인 속도보다 더 빠르게 게

◇◇◇◇◇◇◇
20 Turkle 1984, 83.

임하고자 하지만, 이용자의 가속화된 신체적 상호작용(돈을 집어넣거나 레버를 당기는 것)이 게임 속도에 영향을 미치지 못할 때, 게임의 즐거움을 방해하는 수준의 좌절감이 생긴다."는 것이다. 그러나 게임이 "이용자의 투입에 적응하면, 이용자와 기계 사이의 한층 향상된 상호작용 감각이 발생한다."[21] 역동적 게임 속도 기능은 놀이 중 일시정지 후에 재설정되도록 설계되었으며, 그 다음에 이어지는 이용자의 속도에 맞출 수 있도록 준비한다.

민감한 경험 기반 카지노 설계가 고객의 공간적 움직임에 맞춰 "지속적인 건물의 조정"을 수반하듯, 이용자-중심적 도박 기계도 손님들의 고유한 베팅 속도와 범위에 맞춰 자신을 조정한다. 비록 도박 기계의 궁극적 목표가 제조업 기계와 동일하다고 하더라도(역동적 게임 속도 특허에서 언급된 것처럼 "기계의 소유주가 수익을 창출할 수 있는 수준으로 속도를 증가시키는 것"), 그 위치가 공장에서 카지노로 바뀌면서 설계자들은 이 목표를 달성하기 위한 접근을 달리한다. 후자의 맥락에서 카지노는 도박을 작동하는 사람의 주관적 상태—그의 욕망, 좌절, 즐거움, 상호작용하고 있다는 감각—에 대한 지대한 관심을 가진다.

기계에서 머무르는 시간을 늘리다

반복적 기계 도박자들은 속도전을 원하기도 하지만, 가능한 한 길게 놀 수 있기를 바란다. 도박 산업계에서 소위 "기계에서 머무르는 시간"이라고 부르는 것에 대한 그들의 욕망은 도박 산업의 지속적 생산성에 대한 욕망과 한 쌍으로 움직인다. "핵심은 놀이의 지속 시간이죠." 한 자문위원이

---

21 US Patent No. 5758875.

나에게 했던 말이다. "인간적 한계가 허용하는 한 계속 머물게 만드는 거죠—그게 바로 비법이자, 이용자를 결국 지게 만드는 겁니다."[22] "기본적으로 이용자가 계속 자리에 앉아있고, 그걸 유지하도록 하는 문제에요." 한 게임 설계자도 동일하게 이야기한다. "고객들이 편안함을 느끼게 하려고 신경을 많이 쓰죠. 어떤 보호막 안에 들어가 있는 것처럼요."[23]

이 안락하고 편안한 보호막을 만들어내기 위해 설계자들은 이용자들이 게임하는 도중에 느낄 수 있는 어떤 욕구나 필요를 충족시키기 위한 장비를 기계에 갖춘다. 지난 수년 동안 도박 장치에 장착된 다양한 블랙박스, 패널 인서트(panel inserts), 추가 버튼들은 이용자들의 모든 욕망을 예측하려는 노력을 상징적으로 보여준다. "손님들이 머신 앞에 앉아있으면서 뭐든 원하는 것이 생기면 그걸 바로 해결할 수 있도록 만드는 거예요." 슬롯머신을 운영하고 있는 라스베이거스의 한 주점 주인의 말이다.[24] 일부 머신은 "게임 기회를 결집"시키도록 프로그램되어 있다. 즉, 이용자는 "자리에서 일어날 필요도 없이 한 기계를 통해 다양한 게임의 종류를 탐색하고, 훑어보며, 시험 삼아 해볼 수 있는" 것이다.[25] 또 어떤 기계는 빙고 티켓 프린터(bingo ticket printer)를 장착하고 있어서 이용자는 티켓을 사느라 시간을 낭비할 필요 없이 그 자리에서 빙고 게임을 할 수 있다. 게다가 어떤 기계들은 자그마한 텔레비전 모니터까지 갖추고 있다. 커밍스는 1997년 다음과 같이 설명했다. "이 새로운 시스템은 이용자들이 한 기계에서 계속 게임을 하면서 간간이 텔레비전 쇼나 유선방송 특집 프로그램을 보거나, 개인 메시지까지 확인할 수 있다. 따라서 이용자들은 놀이 영역을 벗어날

---

22 Jim Medick, industry consultant, interview with the author.
23 Panelist for "Games and Expectations: The Slot Floor of the Future," G2E 2004.
24 Tony Testolin of Bally's West, quoted in Rutherford (1996, 83).
25 Cummings 1997, 68.

필요가 없어진다."²⁶ 이와 같은 장치들이 얼마나 효과적일지는 논란의 여지가 있을 수 있으나("지속적인 게임 생산성"이라는 과업을 수행해야 하는 이용자들을 산만하게 만들 위험이 있기 때문이다), 이러한 기계들이 발명되었다는 점은 도박자들이 자리를 뜰까 봐 도박 산업계에서 얼마나 불안해했는지를 증명한다. 한 기계 설계자는 다음과 같이 나에게 말해주었다. "산업 관점에서 보면 게임을 끝내고 기계 앞에서 일어서야 하는 정당한 이유는 화장실을 가거나, 공연을 보러 가거나, 게임할 돈이 다 떨어졌다는 것 정도겠죠."²⁷

게임을 종료할만한 이유를 줄이기 위해서 1990년대에는 도박 기계에서 사용할 수 있는 메뉴의 컴퓨터화가 개발되었다. 이는 이용자가 패드에 입력된 몇 가지 주요 요청 사항을 선택하는 방식으로, 직접 그리고 즉각적으로 자신의 특정 욕구(환전, 음료, 기계 문제 해결)를 "진동 장치"를 가지고 근접 거리에서 대기하는 직원에게 수신했다. 커밍스는 다음과 같이 기술했다. 이를 통해 "이용자는 자신이 게임하고 있는 게임 시스템으로 직접 신호를 전송함으로써 서비스 요청을 할 수 있다."²⁸ 최신 버전에서는 화면에 "서비스 창"이나 "호스트" 표기란을 따로 넣어서, 손님이 중앙집중 시스템으로 주문을 입력하면 실제 종업원을 파견했다. 이용자가 카지노에 자신의 욕구와 필요를 신호로 전송할 수 있는 수단의 장착과 그 기술적 자원 증대는 잠재적 방해 요인들을 게임을 더욱 지속할 수 있는 기회로 전환시킴으로써 게임의 중단을 방지했다.

이용자의 의식적 욕망을 예측함으로써 기계에 머무르는 시간을 연장하려는 노력에 덧붙여진 또 다른 일련의 설계 전략은 무의식적 수준에서 작

◇◇◇◇◇◇

26 Ibid., 73.
27 Nicholas Koenig, an indepent designer who has created Gambling machines products for IGT and Silicon Gaming, among other manufacturing companies.
28 Cummings 1997, 68.

동하는데, 이는 카지노 건축과 분위기가 가지고 있는 정서적 호소력과 유사하다. 무역박람회나 카지노 산업 관련 출판물에서 점점 더 주목받고 있는 이 전략들은 기계 단위를 그 자체로 현상학적이면서도 강력한 힘을 가진 미시-환경으로 다룬다. 하나의 예로 "사적 놀이의 세계"라는 인테리어 디자이너들의 용어와 "존"라는 이용자들의 언어를 상기시키는 발리사의 트레이드마크인 프라이버시 존 캐비넷(Privacy zone cabinet)을 들 수 있다. 이 장치는 게임 화면이 상자형 구조의 안쪽으로 움푹 들어가는 형태로 제작되어, 이용자들을 바깥세상으로부터 단절시키고 "주의집중을 방해할만한 것들을 제거하며, 자신만의 게임 환경에 이용자를 빠져들도록" 일종의 한 사람을 위한 극장을 만든다. 2007년도 G2E에서 "머신 생산성 증대하기: 환경을 창조하다"라는 제목의 패널 설명서에는 다음과 같이 적혀있다. "[기계는] 그 자체로 조명, 신호 체계, 음향 시스템을 완벽하게 갖춘 하나의 환경이 되었다."

인테리어 설계자들과 마찬가지로 기계 설계자들도 이용자들을 존의 균형잡힌 정서적 상태에 붙잡아놓기 위해 분위기 강도의 균형을 맞추고자 노력한다. 한 카지노 산업 전문가는 다음과 같이 이야기했다. "조작이 필요한 다섯 가지 요소가 있다. 그것은 색깔, 조명, 영상, 음향, 공간이다. 각 요소는 이용자에게 매력적인 요소로 작용할 수도 있고, 또는 짜증을 불러일으킬 수도 있다. 만약 슬롯머신에서 반짝이는 조명이 너무 빠른 속도로 움직이면 게임하는 사람의 신경을 곤두서게 만든다. 반대로 속도가 너무 느리면 졸음이 찾아올 것이다. 음향의 경우 소리가 너무 크면 귀가 아플 것이고, 그렇다고 너무 작으면 그 공간의 에너지 수준이 너무 떨어진다."[29] "손님을 과하게 자극시킬 수도 있거든요." 2006년도 G2E에서 "감

---

29 Witcher 2000, 25.

각의 과부하: 슬롯머신의 조명, 음향, 그리고 움직임" 패널의 이야기이다.

　과도한 시각적 자극을 방지하기 위해 영리한 설계자들은 너무 현란하거나 밝은 또는 지나치게 머신의 위쪽에 위치하는 표식 사용은 피한다. 그것을 쳐다보려고 손님들이 눈을 아래나 옆으로 움직여서 기계로부터 시각이 벗어날 수 있기 때문이다. 마찬가지로 전구가 너무 빠른 속도로 또는 지나치게 느린 속도로 깜빡이는 것도 피한다. 그들은 비디오 모니터 화소를 조정해서 부드럽게 보이도록 명도를 감소시킨다. 비교적 단기간에 256개에서 수백만 가지로 증가한 컬러 팔레트를 다루는 그래픽 엔지니어들은 기분을 좋게 만들어주는 음조와 이미지, 영상을 만들기 위해 고군분투한다. 이 중에서 손님이 게임하는 데 거슬리거나 불안정한 느낌을 주는 요소는 아무것도 없다. WMS는 최근 놀이를 강화하기 위해 게임의 결과에 따라 연출되는 "감정적 조명"을 장착한 기계들을 소개하기도 했다. WMS가 2006년 '손님이 원하는 것(What Players Want)' 캠페인에서 사용했던 G2E 잡지 광고에서 언급하듯이, 시각 자료는 "이용자가 원하는 것과 일치"해야 한다.

　광고 캠페인에서는 인간의 세 가지 감각을 다루는데, 그것은 종이 크기로 클로즈업된 여성의 눈, 귀, 그리고 목 뒤쪽의 맨살에 올려놓은 손으로 표현되는 시각, 청각, 촉각이다(그림 2.2 참고). 이 이미지들은 훨씬 더 크게 확대되어 같은 해 WMS의 전시회 부스 위쪽에 걸린 커다란 화면을 통해 홍보 영상으로 끊임없이 반복 상영되었다. 그 장면은 마치 그들이 설계 과정에서 자신들의 탁월성을 과시하는 것 같이 보였다. 또한 바로 밑에 있는 그들의 부스에서도, 전시중인 머신의 회전부 끝 부분에 부착된 약 150센티미터 길이의 플라즈마 스크린에서 영상은 계속 상영되었다. 캠페인에서 전하고자 하는 바는 분명했다. 도박자가 놀이 경험에 흠뻑 젖어들도록 만들기 위해서, 그럼으로써 그들의 생산성을 높이기 위해서는, 머신의 기능

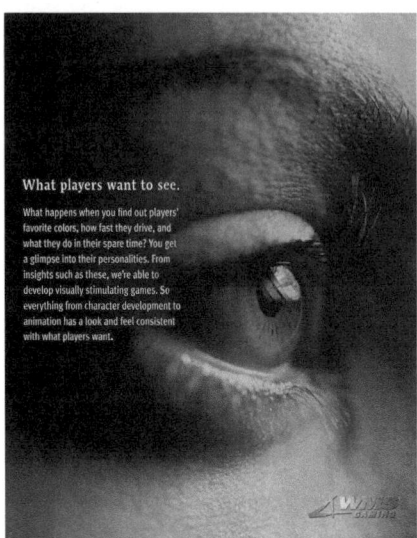

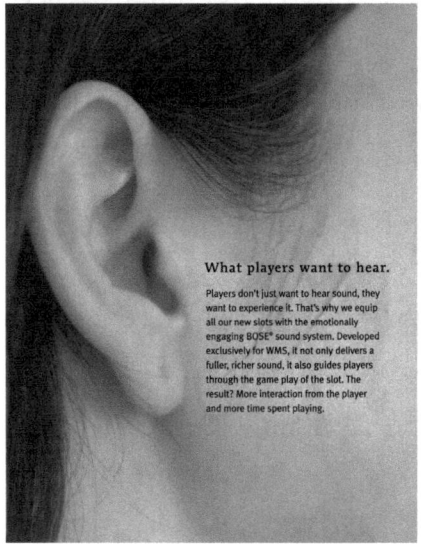
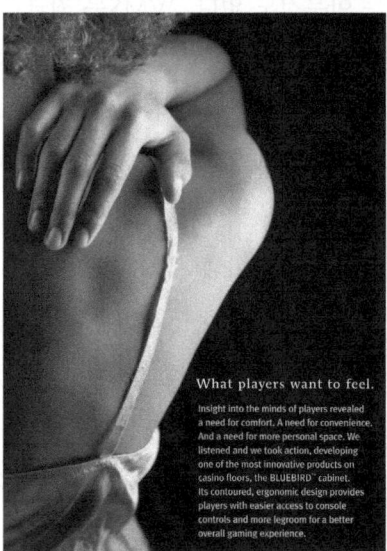

그림 2.2 "이용자가 원하는 것" WMS 게이밍의 캠페인. 2005년 글로벌 게이밍 엑스포 쇼 매거진에 출력된 사진.

과 인간의 감각 중추 사이의 일치도를 맞춰감으로써 (나이젤 트리프트의 표현을 사용하자면) 슬롯머신의 "감정적 지배력"을 늘려야 한다는 점이었다.[30] 경험 설계(Experience Design)라 불렸던 WMS의 이 최신 접근법은 "이용자의 경험을 증진하는 일련의 감각 혁신"이 특징이다.

기술의 진보는 감각 기관에 주의를 기울인 설계를 중시하는 경향성 증가에 크게 일조했다. 그래픽 디자이너의 컬러 팔레트와 픽셀 수가 기하급수적으로 증가한 것처럼, 음향 기술자들이 한 게임당 사용하는 음악의 개수도 10년 만에 15개에서 평균 400여 개의 독특한 "사운드 이벤트"로 증가했으며, 각각의 소리는 배경음으로 지속되며 이용자의 놀이를 부추기도록 조정되었다.[31] 도박 산업계 자문가 데이비드 크레인스는 음향을 적절한 수준으로 설정하면 "실제로 이용자의 기운을 북돋을 수 있으며, 그곳에 더 오래 머무르게 할 수 있다."고 하였다.[32] 오랫동안 머신 도박을 해온 한 여성 도박자도 자신의 게임 경험을 말했다. "음악이 괜찮으면 더 오래 게임할 수 있죠. 지난주에 제가 게임하는 도중에 음악이 꺼졌거든요? 거기서 꽤 나쁘지 않았는데, 기계 바꿔버렸어요. 조용한 기계에서는 게임 못 하거든요. 이전까지 느꼈던 같은 흐름을 느낄 수가 없어서요."

산업계의 음향 기법이 그다지 정교하지 못했던 동전으로 게임하던 시대에는, 소리는 주로 도박 기계의 존재를 알리거나 이용자에게 보상을 약속하기 위한 목적으로 사용되었다. 예를 들면 슬롯 관리자들은 스테인리스 철제 쟁반을 슬롯에 장착함으로써 돈이 그 쟁반에 떨어지는 소리를 통해 이용자의 승리를 알리고, 그로 인해 손님들이 도박을 하도록 자극시키려고 했다. 동전을 사용하지 않는 오늘날에는, 음향 기사들은 실제 동전

◇◇◇◇◇◇◇◇
30 Thrift 2006, 288.
31 Rivlin 2004, 47.
32 Kranes 2000, 33.

대신 디지털 사운드트랙을 이용해 쏟아지는 동전 소리를 들려준다. 어느 팀에서는 "25센트짜리 동전이 쟁반에 떨어지는 몇 가지 소리를 섞은 뒤에 지폐가 떨어지는 소리까지 더해서 소리를 더 풍성하게 만들었다."[33] 현대 음향 기술은 디지털 형식이라는 점을 넘어 그 기능도 과거와 달라졌다는 점이 특징이다. 즉, 그저 소리를 "풍성하게" 증폭시키는 것을 넘어서, 음향을 제어하여 도박자들의 도박 행위를 유도해내는 지속적인 흐름으로써의 신호를 제공하는 것이다. "안정적 게임으로 보상하는 음향 기술"이라고 이야기하는 인크레더블 테크놀로지 컨티뉴플레이(Incredible Technologies' ContinuPlay)가 그 좋은 예가 될 것이다. WMS 음향 광고가 우리에게 말해주듯, "이용자는 그저 소리를 듣는 것이 아니라, 소리를 경험하기를 원한다. 우리가 새로운 슬롯머신에 사람들의 감정을 사로잡을 수 있는 보스(BOSE) 음향 시스템을 장착하는 것은 바로 그러한 이유 때문이다. 이 시스템은 더욱 풍부하고 다채로운 음향을 전달할 수 있을 뿐만 아니라, 이용자들이 슬롯 게임을 하도록 이끌어 간다." 그러한 유도는 "이용자로부터 더 많은 상호작용과 놀이에 사용되는 더 많은 시간"을 촉발한다.

영리한 오디오 엔지니어들은 기계에 머무르는 시간을 촉진하기 위해 음향을 더욱 강하게 하는 것만큼이나 그것을 부드럽게 또 균형 잡히게 만들어야 한다는 점을 학습했다. 예컨대 1990년대 말, 신규 업체였던 실리콘 게이밍의 한 선견지명이 있는 오디오 감독은 비디오 슬롯을 프로그래밍하여, 서로 다른 모든 음향이 보편적으로 사람의 기분을 좋게 만들어준다고 알려진 C키로 재생되도록 만들었다. 카지노에서 흘러나오는 음악과 부드럽게 섞일 수 있도록 만들기 위해, 그는 다양한 슬롯 게임층에서 음향 표본을 추출했다. 그의 목표는 "전통적인 음향과 충돌하지 않으면서, 동시

---

33 Quoted in Rivlin (2004, 45).

에 새로우면서도 더 나은 트랙을 추가하는 것"이었다.[34] 비슷한 맥락에서 다른 이들도 소음 방지 기술을 응용하여 음향의 잠재적인 방해 요소를 제한하고자 시도했다. 크레인스의 말에 따르면, 이용자의 바로 앞에 직접적으로 사운드 콘(sound cone)을 형성하기 위해 스피커를 설치하는 것도 "외부 소리의 침투를 제한"하고 피로도를 줄일 수 있는 하나의 방법이다.[35]

시청각 기술과 같은 길을 따라, 새롭게 떠오르는 촉각 관련 기술도 도박자의 경험을 유도하고 조정하고자 한다. 이머전 코퍼레이션(Immersion Corporation)은 "이용자의 촉각에 연결됨은 시각적 자극이나 음향만으로는 불가능한 방식으로 그들을 끌어당긴다."고 주장하며, "(화면을 만진 이용자의 손을—옮긴이) 터치스크린이 다시 만지는" 경험을 만들어 "촉감을 인간 기계 인터페이스에 통합"하기 위해 촉각 피드백 기술을 사용한다. 접촉을 통해 이용자는 스크린 뒤에 있는 전자기적 작동 장치를 활성화시키는데, 각 작동 장치는 특정한 진동—촉각 프로파일, 또는 고유한 주파수, 파동, 규모, 시간의 "효과"를 전달한다. 화면 그래픽은 실제 버튼인 것처럼 눌리거나 다시 올라오는 것으로 보여지며, 이용자의 반사—속도 스냅, 맥박, 진동, 다시 화면을 누르는 행위에 반응한다. 이러한 효과는 이용자의 모든 행위에 대해 "확실한 교류"의 느낌을 주며, 그들이 더 오랫동안 게임을 할 수 있도록 "더욱 직관적이고 자연스러운 다감각 경험"을 만들어낸다.[36] 캐퍼시티브 터치스크린 시스템(Capacitive Touchscreen System) (이머전 시스템의 새로운 명칭이다)은 이용자의 지속적인 도박을 "가능하게 하는" 방식으로서

◇◇◇◇◇◇

34 Spencer Critchly, as paraphrased by his former colleague Nicholas Koneig in an interview with me in 2009.
35 Kranes 2000, 33.
36 Immersion Corporation promotional material and press release from 3M news, November 13, 2007.

놀이의 몸짓을 확실하게 만들어준다.

시각적 일관성, 음향의 조화, 촉각적 강화. 설계자들은 기술적 요소와 인간의 감각 사이에 긴밀한 반향을 창조함으로써 기계에 머무르는 시간의 확장을 추구한다. 인체공학적 특성은 도박 시간을 늘리기 위한 또 다른 하나의 수단이며, 이용자의 몸과 기계의 몸 사이에 밀접한 적합성을 만들어냄으로써 작동한다. 예를 들어 "이용자가 원하는 것"을 내세운 WMS의 광고는 도박자의 손가락과 화면의 접촉만을 이야기하는 것이 아니라, 이용자의 물리적 존재 전체를 다루고 있다. 훤히 드러난 여성의 등쪽에 나타나는 광고 문구에는 다음과 같이 적혀있다. "멋진 윤곽선의 인체공학적 설계는 전반적으로 더 나은 게임 경험을 위하여 이용자가 콘솔 조작에 더 쉽게 접근할 수 있도록 하고 다리를 놓을 수 있는 더 넓은 공간을 제공합니다."(그림 2.2 참고)

이보다 몇 년 전, VLC라는 회사는 WMS와 같은 목적으로 화면이 정확히 38도 기울어진 기계 몸체를 설계했다. "이용자의 피로는 곧 수익의 감소입니다."라는 제목의 광고에서 그들은 기계 설계 이유를 아래와 같이 설명했다:

> 왜 이용자가 앞으로 몸을 숙이도록 강요하나요? 그런 자세는 편할 수가 없습니다. 저희는 손님이 편안하게 *의자에 등을 바짝 붙이고* 앉을 수 있을 정도로 *화면에 더 가까워지게* 만들었습니다. ("버튼이 없는" 화면은 이용자와 화면 사이에 어떠한 장벽도 놓지 않기 때문에 이는 매우 쉬운 일이다). 이제 손님들이 의자에서 구부정하게 앉을 필요가 없기 때문에, 게임하는 도중에 쉽게 피로감을 느끼지 않습니다.

이용자가 허리를 똑바로 세우고 앉는 자세를 "강요"하는 대신, VLC의

지지적 설계는 기계를 이용자의 신체적 성향에 맞춤으로써 구부정한 자세를 방지한다. 머신과 사람 사이의 "장벽"을 제거함으로써, 그리고 "편안하게" 양자를 하나의 단위로 서로에게 맞춤으로써 장시간동안 게임을 하도록 하는 목적이 달성된다. IGT는 2003년에 이와 유사하게 기계의 윗부분이 경사진 머신을 개발했다. 한 광고 제작 감독이 자신의 웹사이트에 게시한 것처럼, "기존의 공학-중심적 설계 문화는 이용자들이 기계를 사용하기에 최상의 편안함과 용이성을 제공하지 못했다."는 것이다.(그림 2.3 참고) 그는 계속해서 이 "작지만 획기적인 성취"를 좇아, 산업계 설계자들이 인체의 자연스러운 곡선을 수용하는 하나의 방식으로써 "머신에 곡선을 적용"하는 경향이 높아졌다고 이야기했다.[37]

2005년도 G2E에서 "고성능 덫의 설치: 인체공학의 과학" 패널 중 아트로닉 게이밍(Atronic Gaming)을 대표했던 한 발표자가 자신의 회사에서 개발한 "이-모션(e-motion)" 머신을 설명하는 내용을 살펴보면 카지노 산업에서 곡선을 받아들이는 경향이 증가했음은 명백한 일이었다. 전 세계에서 수집한 포커스 그룹 면접 자료를 검토한 결과, 이용자들은 어떤 지지대도 없는 기계앞에서 게임하면서 팔의 통증을 호소했고, 머신의 날카로운 모서리와 딱딱한 금속 느낌 때문에 앞으로 기대기가 불편하다는 불만을 제기했다. "이용자의 편의 관점에서 보면," 그녀는 청중에게 말했다. "모든 것은 부드럽고 둥근 모양이어야 합니다." 이용자가 부드럽게 느끼는 경험을 증진하기 위해, 이-모션 시제품은 우레탄으로 만든 손목 받침대와 왼손잡이나 오른손잡이 손님 모두가 편하게 사용할 수 있는 버튼, 그리고 위아래로 움직여 조정할 수 있는 화면 기능을 갖추고 있었다. 이러한 기

◇◇◇◇◇◇

37 Nicholas Koneig, creative director for IGT's 2003 AVP slant top machine cabinet (see www.nkadesign.net).

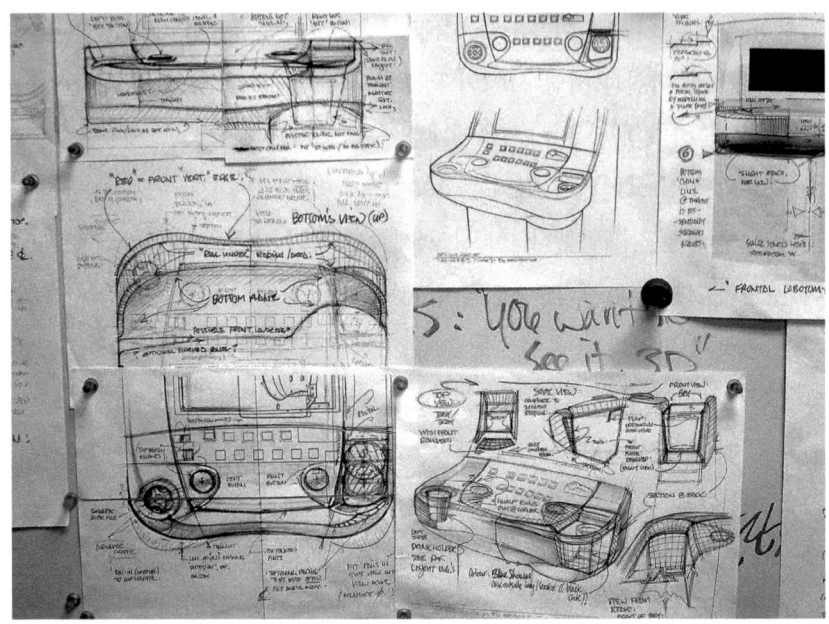

그림 2.3 인체공학적으로 매끈하게 기울어진 IGT의 기계 상단부 캐비닛 2003 AVP와 관련하여 프로토타입 개선사항을 게시한 화이트보드. "IGT는 자신이 제공하던 전통적인 머신을 면밀히 검토했고, 기존의 공학 중심적인 설계 문화가 머신 사용자들에게 최상의 편안함과 용이성을 제공하지는 못했음을 알아가고 있었다." 광고 제작 감독이 자신의 웹사이트에 당시 사업에 관하여 기록한 내용이다. 설계의 목표는 "모든 요소의 위치와 배치를 제작 편의가 아니라 이용자의 인체공학적 선호를 기반으로 재고하는 것"이다. 출처: 니콜라스 코닉, NKADesign 광고 제작 감독.

계로 이용자는 "쉽게 모든 게임 통제에 접근할 수 있다." 이용자가 리워드 카드를 넣는 구멍의 위치도 좀 더 낮은 곳으로 조정했다. 종종 손님에게 들러붙는 고무끈(카드 분실을 방지하기 위한 용도이다)이 그들의 팔에 걸리적거려서 게임을 방해하지 않도록 하기 위함이다. 빌 억셉터도 역시 그 위치를 조금 낮추었다. "손님이 지폐를 가능한 한 쉽게 기계에 넣을 수 있기를 바라시잖아요. 팔을 조금도 들어올리지 않고도 말예요." 시범 운영 결과 이-모션 기계는 인상적인 점유율과 기계에 머무르는 시간 수치를 보여주였다. 도박 산업 분야의 한 기자는 "인체공학이 슬롯 이용자들을 더 생산적으로 만들었다."고 적었다.[38]

이용자의 편의에 대한 관심이—밸리는 자사의 2009 컴포트 존(Comfort Zone) 콘솔의 상표등록 작업까지 진행했다—항상 도박 산업의 수익 문제와 연관되어 있었던 것은 아니었다. 1987년 개서 체어(Gasser Chair)의 CEO는 카지노 운영자들이 최근에야 "손님이 여기에 있는 모든 시간 동안 아주 편안하게 느끼는" 문제에 대해 관심을 가지기 시작했다고 지적했다.[39] 산업계에서 당시 출현하고 있었던, 기술과 환경을 인간 형태에 맞게 적용하려는 시도는 1980년대 인체공학 분야의 우선순위가 변화하고 있었음을 반영했다. 즉, 서비스직 노동과 소비자 경제에서 개인용 컴퓨터의 중요성이 증가하면서, 기계에 인간을 맞추려는 기존의 노력과 달리 인간에게 기계를 맞추려는 노력으로의 변화를 말한다.

일터에서와 마찬가지로 카지노에서 인체공학적 디자인의 초기 관심은 좌석이었다. 슬롯머신이 주변부적인 수익을 만들어내던 시절에는 머신은 그저 지나가다 잠깐 해보는 일시적인 게임이었고 보통 좌석이 없는 경우도 많았다. 1980년대 스툴이나 의자가 표준화되기는 했지만 당시에는 편안함보다는 견고함과 수명이 주안점이었다. 이러한 경향은 개서 체어가 사무실 의자의 새로운 인체공학적 지침을 카지노 맥락에 도입했던 1980년대 중반부터 바뀌기 시작했다. 이들은 "슬롯머신 손잡이와 관련해 좌석의 높이에 세심한 주의를 기울이"고, "다리의 동맥 부분과 맞닿아 혈액순환을 방해하고 다리를 저리게 만드는 딱딱하고 날카로운 모서리를 제거한" 의자를 설계하기 시작했다.[40] "혈액순환이 유독 안 되는 사람이라

◇◇◇◇◇◇

38 Corasmun 2003.
39 Quoted in Legato (1987, 15).
40 Ibid.

고 하면 문제가 더 심각해지죠." 1987년 개서는 자신의 회사에서 만든 의자가 특히 노인층 손님들을 위해 이점을 가지고 있다는 점을 직접 이야기했다. "슬롯머신 앞에 앉아서 몇 시간씩 게임하시는 분들인데요." 그의 언사는 말 그대로 도박자의 혈액순환과 카지노 기계로 흘러들어가는 돈과 시간을 연결시킨다: 인체공학은 곧 경제다. 엑스-텐디드 플레이(X-tended Play) 좌석 라인을 홍보하는 경쟁사의 개리 플랫도 그 말에 동의한다. "인체공학적 디자인은 기계에 머무르는 시간을 증가시킵니다."

인체공학적 머신 디자인처럼 카지노 좌석의 인체공학도 시간이 흐름에 따라 진화했다. "저희 슬롯 스툴은 진짜 멋있어요." 2006년 레드락 카지노 슬롯 관리자는 자신있게 자랑했다. "예술의 경지라고 할 수 있죠. 의자마다 버튼 위에 롤러가 있어서, 앉거나 일어서기에 쉽게 되어 있거든요. … [의자] 높이는 조정가능해서 딱 편안한 위치로 맞출 수 있고요. 사람이 일어나면 자동으로 펴져서 위치를 찾아가요."[41] 촉각의 정전식 논리를 자사 최신 게임의 좌석 요소에 통합한 IGT는 게임 중 발생하는 특정 이벤트에 맞춰 미묘하게 떨리면서 맥박이 뛰듯 진동해 이용자가 그 이벤트를 몸으로 직접 느끼도록 하는 의자를 만들어냈다. 슬롯 좌석 기능과 슬롯 머신의 기능을 통합하는 이 진동 의자는 IGT가 새롭게 상표등록한 개발 및 설계 과정인 인간-기계 접속(Human-Machine Interface, HMI)의 일환이다. IGT는 이 포괄적인 과정을 통한 제품 결과에 대해 이렇게 기술하고 있다. "이용자의 궁극적인 편안함, 편리함, 놀이성을 보장하기 위해 모든 측면은 이 분야에서 존경받는 산업 디자인 전문가들이 검토했습니다. … 좌석 높이와 버튼 표면, 키보드의 경사, 화면 크기까지 우리 엔지니어들은 이용자 경험을 극적으로 증진시킬만한 기계를 만들어냈습니다."

◇◇◇◇◇◇

41 Frankhouser, director of slot operations at Red Rock Casino, quoted in Wiser (2006, 36).

한 산업 관련자가 이야기하듯, 경험을 증진시킨다는 것은 곧 "경험을 화폐화하는" 방식, 또는 경험을 회사 수익으로 돌린다는 말이다.[42] IGT는 HMI의 원리를 다음과 같이 정확하게 설명한다. "신체적, 심리적으로 편안한 고객은 더 오랫동안 자리에 앉아있습니다. 이 사실은 사업 수익의 증가라는 말로 번역될 수 있습니다."[43]

돈의 흐름을 극대화하다

인테리어 디자이너가 건축학적 공간에 장애물을 제거함으로써 이용자를 슬롯머신으로 이끈다면, 머신 설계자들은 내기를 거는 행위에서 신체적·시간적 흐름을 방해하는 장애물을 제거함으로써 "지속적인 게임 생산성"을 촉진한다. 지금까지 우리는 버튼, 터치스크린, 인체공학이 이러한 기능에 어떻게 도움이 되는지 살펴보았다. 이번 장에서 마지막으로 살펴볼 보조적 기술, 현금을 다루고 접근하는 시스템은 도박자의 돈에 대한 접근을 간소화함으로써 그 과정에 일조한다. 더 정확하게 말하면, 이러한 기술은 이용자의 도박을 계속하고자 하는 충동과 도박을 지속하기 위한 수단 사이의 시간을 단축시켜, 일시정지된 순간에 발생할 수 있는 자신의 행위에 대한 재고나 스스로 정지할 가능성을 최소화한다. 한 사업 자문은 『카지노 엔터프라이즈 매니지먼트(Casino Enterprise Management)』에서 독자들에게 이렇게 묻는다. "만약 화폐를 집어넣고 게임을 시작하도록 손님들을 슬롯머신으로 유인하는 것, 그리고 그 돈을 다 잃은 다음에도 게임을 계속하도

---

42 Lars Klander of Tech Results, moderator for "CRM and Daya Analytics: Make Me Money or Save Me Money," G2E 2009.
43 IGT 2005, 43.

록 하는 것이 목표라면, 화폐를 받아들이는 요소를 완벽하게 기능하도록 만드는 것이 당연한 이치 아니겠는가?"[44] 도박자들은 존라고 부르고 산업에서는 게임 생산성이라고 부르는, 활동성(animation)이 유보된 상태와 관련하여 어떤 것에도 방해받지 않는 놀이 자금의 흐름은 놀이 행위 자체의 속도와 기간만큼이나 중요하다. 이러한 자금 흐름의 기술은 지난 25년 간 급속도로 발전했다.

1980년대 초까지만 해도 머신 도박자들은 돈이 떨어졌을 때 게임을 계속하려면 자리에서 일어나 현금을 인출하러 카지노 내에 위치한 현금자동인출기로 갔다가 환전소에서 동전 묶음을 구매하거나, 코인 카트를 가지고 이리저리 돌아다니는 종업원을 통해 현금을 코인으로 바꿔서 자리로 돌아가야 했다. 거기서 그들은 다시 한 번 코인 묶음을 풀어서 그걸 또 한 개씩 기계에 집어넣는 동안 어쩔 수 없이 게임을 쉬어야만 했다. 빌 억셉터와 디지털 크레딧 계수기(digital credit counter)가 도박의 교환 행위로부터 번거로운 동전을 없애주기는 했지만, 당첨금을 지불할 때 발생하는 동전 문제를 해결하지는 못했다. 한 슬롯 플로어 관리자는 코인으로 게임하던 시절 손님이 잭팟이 터질 것을 대비해 동전방출기를 가득 채워놓는 일이 얼마나 중요했는지를 저자에게 말해주었다: "사람들은 당첨금 받을 때 기다리는 걸 싫어하거든요. 그 사람들한테는 기다리는 순간은 3분도 20분 같은 느낌이니까요. 그들은 머신이 계속 굴러가기를 원해요. 그래서 저희는 할 수 있는 한 최대한 빨리 머신에 동전을 가득 채워놓는 거죠."

이용자 로열티 프로그램은 당첨금을 지급할 때 시간이 걸리는 문제를 해결해주었다. 이 프로그램에 등록한 사람은 게임에서 이기면 그 금액이 자신의 회원 카드로 직접 송금됐다. 또한 이 카드는 도박자들이 도박 자

---

44 Royer 2005, 43.

금을 충전하는 작업을 더 쉽게 만들어주었다. 캐시 시스템 캐시클럽(Cash Systems' Cashclub) 프로그램에서는 도박자들이 자신의 신용카드, 직불카드, 당좌예금계좌 정보를 직접 자신의 이용자 카드에 연결하는 구좌를 등록한다. 이 프로그램에 등록한 사람은 게임을 하다 돈이 다 떨어지면 카지노 ATM기로 가서 등록되어있는 카드나 계좌로부터 이용자 카드로 바로 송금할 수 있고, 기계로 돌아와 이용자 크레딧의 형태로 자금을 다운로드받을 수 있다. 이와 유사한 퍼스널뱅커(PersonlBanker) 시스템도 이용자가 자금을 계좌에 예치해놓는 방식으로, 그 돈을 슬롯머신에서 직접 인출할 수 있다.

한편 1999년 등장해 현재에는 대부분 카지노에서 활용하고 있는 티켓-인/티켓-아웃(Tikcket-in/Ticket-out, TITO) 기술의 등장으로 로열티 카드 없이 게임하는 도박자들조차도 동전으로 보상을 지급하는 방법은 한물간 기술로 느끼게 되었다. 이 기술은 기계에서 즉석으로 바코드가 찍힌 표를 인쇄해 크레딧을 지불하는데, 이용자는 이것을 셀프 서비스 키오스크에 가서 교환하거나 다른 기계에서 곧바로 사용할 수도 있다. 얼마 지나지 않아 TITO는 기계에서 "휴식" 시간(예: 코인을 획득하거나 그것을 처리하는 시간이나 당첨금을 기다리는 시간)을 감소시키고, 전반적인 게임 속도와 규모를 20퍼센트나 증가시킴으로써 수익 창출력을 증명해냈다.[45] 이 기술의 등장 이후 완전히 "현금을 없앤" 시스템은 "유례없이 이용자의 편의를 고려한" 방법으로 홍보되었다. "그들은 더이상 교환이나 수동으로 잭팟을 지급받는 데 걸리는 시간을 기다리지 않아도 되고, 코인이 들어있는 무거운 플라스틱 컵을 들고 다니거나 코인을 만져서 손을 더럽힐 필요도 없다." 이 시스템은 카지노를 위해 도박 수익을 올리는 것 이상의 작용을 해냈다. 즉,

---

45 Lehman 2007a.

코인이 막혔을 때 그것을 처리하거나, 이용자에게 코인을 제공하고, 또는 코인을 옮겨서 계수기로 세는 작업에 소요되는 직원들의 노동을 제거함으로써 비용 효율성도 증진했던 것이다. 또한 TITO로 인해 덩치가 큰 현금교환소를 자그마한 키오스크로 대체함으로써 더 많은 도박 기계를 들여놓을만한 공간도 확보할 수 있었다.[46]

이후 이러한 키오스크는 하나의 유닛에 여러 가지 현금 취득 방식을 종합하는 "원스톱" 다목적 ATM이 되었다. 이미 1997년부터 카지노는 직불과 현금서비스 기능을 통합한 ATM을 갖추고 있었다. 이 기계는 손님들이 매일 인출 한도를 우회하여 "얼마든지 그들이 원하는만큼의 현금"을 얻을 수 있게 해주었다. 뱅크 오브 아메리카(Bank of America) 대변인은 다음과 같이 말했다. "손님들이 ATM 한도에 도달하면 우리 시스템은 그들이 핀(PIN) 없이도 신용카드를 사용해 추가적 현금을 얻을 수 있도록 만들어 줄 겁니다."[47] 이후에 글로벌 캐시 엑세스(Global Cash Access)가 만든 새로운 버전의 시스템은 특별히 카지노에서 사용할 수 있도록 기획된 첫 번째 신용카드와 관련되어 있었다. 아리바(Arriva) 카드는 카지노 안에서 발생한 현금서비스를 "여가 구매(entertainment purchase)"로 처리했으며, 이 카드에 한에서는 다른 카드에 부과하는 것처럼 높은 수수료나 직접적인 이자로 패널티를 주지 않았고, 오히려 현금서비스를 받은 사람은 리워드 포인트를 받았다. 카드는 고객이 요청하기만 하면 언제든 발급해주었는데, 몇 분 내로 최대 1만 달러 신용 한도까지 제공했다. 글로벌 캐시 엑세스는 키오스크에서의 현금 획득과정을 간소화하기 위해 어떠한 노력을 기울였는지 다음과 같이 이야기했다.

◇◇◇◇◇◇

46 Eadington 2004, 10-12.
47 Steven Kile of Imperial Bank and Richard Lightowler of Bank of America, quoted in Parets 1996, 65.

이용자들의 요청을 거부하지 않고 이렇게 물을겁니다. 손님이 당일 한도는 초과했지만, 직불 거래를 원하느냐고요. 그럼 *더 많은* 돈을 얻을 수 있는 거죠. 어떤 사정이 있어서 그 한도도 초과된 경우에, 신용카드 현금서비스를 원하느냐고 한 번 더 물을 겁니다. 그럼 한도는 훨씬 더 상향되죠. 우리는 직불 카드, 그 시점에서의 직불 카드, 아니면 신용카드까지 *현금에 접근할 수 있는 모든 기회를 제공합니다.*

현금에 접근하는 데 발생할 수 있는 모든 장애를 피해가도록 프로그램된 이 시스템은 도박자가 비록 처음에는 거부되었다 할지라도 *계속해서* 거래를 할 수 있도록 보장한다.

도박자들이 증언하는 것처럼, 은행 계좌나 신용 정보를 통한 현금 인출은 도박 자금의 소진을 가속화시키는 경향이 있으며 그들이 존에 더 오랜 시간 머물게 한다. 지역 병원에서 간호사로 일하는 낸시는 자신의 한층 더 강렬해진 기계 놀이 경험을 카지노의 ATM 도입과 연결지었다(이로 인해 그녀는 결국 파산했다). "저는 보통 현금을 가져갔거든요." 1995년 한 일요일 아침 낸시는 자신의 집에서 나에게 이야기했다. "그리고 그걸 다 쓰면 선택의 여지가 없는 거예요. 그냥 일어나서 가야 되는 거죠. 근데 ATM이 들어오면서 다 바뀌었어요." 편지 한 뭉치 가운데서 그녀는 두꺼운 입출금 내역서를 꺼내서 우리가 앉아있던 식탁에 펼쳐놓았다. 여러 장의 종이를 여기저기 넘기다가 그녀는 예시로 보여줄만한 한 장을 찾았다. "지난 달 목요일이 여기 있네요." 그녀는 내가 읽을 수 있도록 내역서를 내쪽으로 180도 돌렸다. 왼쪽 열 아랫쪽에 적힌 기록은 저녁 9시부터 시작해 다섯 시간 반 동안 발생한 여러 번의 ATM 인출 내역을 확인해주고 있었다. 처음 인출한 돈은 100달러였고, 다음엔 60달러, 그 다음엔 40, 40, 40, 20달러였다. 이렇게 그녀는 자신의 한도 300달러에 도달했다. 자정 이후 한도가 갱신되자, 다시 한 번 한도에 다다를 때까지 계속해서 인출이 이어 졌다. 2시 30분에 그녀가 떠날 때 그녀 계좌에 남아있는 돈은 109달러였 다. ATM에 열한 번 왔다갔다 하며 지불했던 수수료까지 포함해 그날 밤 그녀가 잃은 돈은 627달러 50센트였다.

입출금 내역서는 낸시의 현금 인출 사실을 알려주는 연대기적인 재무 지표만이 아니었다. 그것은 그녀가 존으로 빠져 들어갔다는 주관적 경험 의 지표이기도 했다. 출금 내역을 알리는 행간에서 그녀가 게임하면서 느 꼈던 주기적인 감정의 변화를 읽을 수 있다—그녀가 ATM으로 가게 만들 었던 그 급박하게 치솟았던 순간들, 그리고 그 사이사이의 유보된 시간들 까지. 낸시의 존에 대한 접근은 현금에 대한 접근의 기능이었다. 도박 기 계가 먼저 그것을 매개했다면, 현금 자동입출금기가 두 번째로 그것을 매 개했다. 이 두 기계는 함께 그녀의 정서 조절뿐만 아니라 그녀의 돈이 카 지노로 이전되는 것도 용이하게 만들었다. 또 한 명의 도박자, 카트리나는 나에게 보낸 편지에서 ATM과 비디오 슬롯에 대해 이야기했다. "그 기계 들하고 상호작용을 하다 보면 현실에서 단절되는 것 같은 느낌을 만들어 내거든요. 그리고 실제 돈이 미묘하게 놀이 자금으로 변해버려요. TITO 와 같은 새로운 시스템이 이런 경향을 더 확장시킨다고 생각해요. 왜냐하 면 단절감이 훨씬 더 부드럽게 발생하거든요." 인테리어 설계가 이용자 경 험에 부조화스럽게 침투하지 않으면서도 그를 특정 방향으로 이끌도록 음 향과 조명을 세밀하게 조정하는 것과 같이, TITO와 그 외 재무 관련 도 구들은 도박자들이 사용하는 돈을 실제 사용되는 가치와 거리가 멀어지게 만들고, 실제 화폐가 존의 화폐로 전환되는 데 일조한다.

도박 산업의 관점에서 궁극의 자금 접근 시스템은 도박자들이 출금, 이 체, 예치, 현금서비스를 위해 게임을 멈추는 대신, 기계 앞에 머물면서 도 박 자금을 다시 보충할 수 있도록 만드는 시스템이다. 1997년에 이미 이용자들이 직접 머신에서 자신의 예금 계좌를 확인하고 하루에 천 달러까지 플레이 크레딧(play credits)의 형태로 이체가 가능해졌다.[48] 네바다주는 2003년 이 기술의 승인을 보류했는데, ATM의 기능을 슬롯머신에 통합하는 것을 금지하는 주법의 위반에 매우 가까웠기 때문이었다(이러한 기능이 이용자들의 "충동적 놀이"를 용이하게 할 수 있으며, 문제성 도박 행위를 악화시킬 수 있다는 이유였다).[49] 그러나 다른 많은 관할 지역에서 이러한 법적 장애물이 존재하지 않는다는 점을 알고 있었던 도박 기술 관련 회사들은 머신에서 직접 자금에 접근할 수 있는 이러한 시스템의 개발을 멈추지 않았다.

예를 들어, 캐시 시스템(Cash Systems)은 발리와 협력하여 파워캐시(Powercash)를 도입했는데, 이를 통해 이용자는 기계 앞에 계속 앉아서 다양한 수단(예: 은행 계좌, 신용 카드, 또는 직불 카드)을 활용해 자신의 클럽 카드로 직접 자금을 인출할 수 있었다. "파워캐시 거래는 게임 장치 바로 앞에서 처리됩니다. 당신의 이용자가 게임을 하는 데 더 많은 시간을 보낼 수 있도록 합니다."[50] 글로벌 캐시 액세스는 IGT와 협력하여 TITO와 함께 작용할 수 있는 자금 접근 시스템을 고안해냈는데, 이것이 바로 티켓-아웃 데빗 디바이스(Ticket-Out Debit Device, TODD)다. TODD는 슬롯 머신에 작은 단말기로 부착된다. 손님들은 자신의 은행 직불 카드를 그 단말기에 긋고 요청 금액을 입력하면 바로 기계에 직접 입금되는 방식으로 자금에 접근한다(전형적인 ATM과는 달리 가용 자금이 남아있는 한 한도는 없다).

슬롯 머신의 ATM 기능을 허용하지 않은 지역에서는, 머신이 늘어선 복도 끝자락마다 EDITH(Electronic Debit Interactive Terminal Housing)이라

◇◇◇◇◇◇◇

48 Parets 1996, 64.
49 Eadington 2004, 10-12.
50 Company promotional material (www.cashsystemsinc.com/powercash.asp, accessed January 2008).

는 기술이 자리잡은 곳도 있을 수 있다.[51] EDITH은 자금의 원천을 게임 유닛에 병합시키지 않으면서도 도박 기계에 돈을 더욱 가까이 가지고 온다. 도박자에게 돈을 더 가까이 가져다주는 것은, 캐시 시스템의 무선 휴대용 장치와 같은 모바일 ATM이다. "카지노 손님은 그저 스테이-앤-플레이(Stay-n-Play) 장치를 받고, 자신의 아이디나 신용 카드, 직불 카드를 긁은 뒤에 영수증에 서명한다."[52] 네바다주는 그와 같은 휴대용 장치를 허용하지 않았지만 다른 곳에서는 활용되고 있으며, 도박 산업은 그 장치가 모든 카지노에 언제가는 통합될 것이라고 기대하고 있다.[53] 한편 유럽에서는 흔히 슬롯머신에 자금을 무선으로 이체하기 위해 본인의 휴대 장치(스마트폰, 아이패드, 그 외 장비들)를 이용하도록 하는데, 사업계는 규제 관리자들이 "기술을 따라잡아" 미국에도 이 혁신적 조치가 도입되기를 바라고 있다. 2010년도 IGT 백서를 저술했던 한 저자는 이렇게 이야기한다. "규제는 카지노에서 현금-접근 편의성을 높이는 데 있어 방해가 되는 유일한 요소이다."[54]

그 사이 오토메이티드 커런시 인스트루먼츠(Automated Currency Instruments)라는 회사는 은행 기기와 도박 기계의 분리를 다른 방식으로 연결시키고자 시도했다. 그것은 ATM 자체를 "카지노에서 즐거운 경험을 할 수 있는" 장치로 만드는 작업이었다. 놀이와 은행 업무를 융합시키는 이 방식은 "[ATM] 장치 화면에서 계속해서 즐거운 영상이 나오도록 하여 이체가 완료될 때까지 기다리는 손님들의 기분을 좋게 만들어주거나 계속

---

51 Hodl 2008; Stutz 2007a; Grochowski 2006.
52 Aron Righellis, marketing manager for Cash Systems, quoted in Grochowski (2006, 32).
53 Stutz 2007a.
54 Legato and Gros 2010, 14.

흥미를 끌게 만든다."⁵⁵ 이 시스템은 도박 머신에 ATM 기능을 부여하는 대신 ATM에 즐거움의 기능을 부여하며, 그러한 시스템 안에서 자금을 인출하는 행위 자체가 놀이의 일환이 된다.

비대칭적 결탁

푸코는 기계를 작동하는 과정에서 공장 노동자가 스스로를 소외시킨다는 공업 생산에 관한 마르크스주의적 설명과는 다른 이야기를 내놓는다. 그는 인간과 훈육 기계 사이의 관계는 분리가 아니라 일종의 연결이라고 특징짓는다. 그 안에서 "생산 장치와의 강제적 연결"이 주어진 신체와 그리고 그 신체가 다루는 대상을 하나로 결합시키는 것이다.⁵⁶ 현대의 도박자-기계 관계를 설명함에 있어 분리보다는 연결이 더 적절한 개념이지만, 이 장에서 다루었던 연결은 강제보다는 일종의 결탁 관계를 통해 구축된다. 이는 곧 기계의 구조와 기능, 그리고 도박자의 인지적, 정서적, 신체적 능력 사이의 결탁을 말한다.

강제에서 결탁으로의 전환은 들뢰즈가 현대 사회의 특성으로 제시한 "자본주의의 변형" 개념과 같은 맥락에 있다. 그에 따르면 훈육과 규제의 논리는 지속적으로 유동하는 몸체, 감정, 자본을 조절하는 프로토콜을 위시한 통제의 논리에 밀려났다.⁵⁷ 기계 도박자는 카지노의 폐쇄된 공간 안에서 고정된 게임 콘솔 앞에 앉아 똑같은 틀에 박힌 과정을 반복하며 도박하지만, 그들은 자신을 존이라는 유동하는 비공간에 진입할 수 있게 해주

◇◇◇◇◇◇
55 Neal Jacobs, CEO of Automated Currency Instruments, quoted in Mcgarry (2010).
56 Foucalt 1979, 153.
57 Deleuze 1992; see chapter 1.

는 크레딧의 흐름 속으로 들어가는 것이다. 그리고 그러한 흐름 속에 들어가면서, 그들은 크레딧이 남아있는 마지막 순간까지 카지노를 위해 "지속적인 생산성"을 보유한 존재가 된다. 디벨은 그가 유희자본주의(ludocapitalism)이라고 불렀던 현상에 대해 다음과 같이 이야기했다. "교과서적인 자본주의의 착취는 평화롭고 생산적인 공존 속에서, 착취당하고 있는 자의 놀이-충동과 함께 번창한다."[58] 트리프트는 기계 도박의 '정서적 경제'라는 개념이 "자발적이고, 무임금에, 그 대상을 즐기면서 동시에 착취당하는" 오늘날의 가치 생산 표현 중 하나라고 이야기하기도 했다.[59] 지속적인 생산성을 위한 설계 전략은 도박자의 존을 지속시키고자 하는 욕구에 부합한다. 이 명제를 거꾸로 뒤집어도 그 관계는 성립한다; 도박자들은 산업 수익 최적화의 협조자들이다.

이른바 경험 경제학 학자들은 이러한 협업의 경향을 포착해냈다. 이 양자의 협업 안에서 기업의 관심사는 "이용자들이 원하는 것에 관해 쏠려" 있고, 상품은 역동적인 "공동-창조" 과정을 통해 발현되는 것으로 이해된다.[60] 예를 들어 사회학자 미셸 칼론과 그의 동료들은 소비자 상품 설계란 연속적인 적응 과정의 반복이라고 설명하였다. 이 과정에서 "한편으로는 소비자가 원하고 기대하는 것, 다른 한편으로는 그들이 제공받는 것 사이의 긴밀한 관련성이 추구된다."[61] 그들은 기업과 소비자가 평등하게 만나, 각자 자신의 욕망을 충족시키기 위해 대략적으로 동등한 입장에서 손을 잡는다는 점에서 이 관계가 "수요와 공급의" 대칭적인 "협력"이라고 보았다. 그들은 이용자-중심주의라는 기업의 언어를 반영하며 "회사가 제

---

58 Dibbell 2008, 3.
59 Terranova 2000.
60 Thrift 2006, 284, 279.
61 Callon, Michel, C. Méadl, and Rabeharisoa 2002, 202.

안하는 것과 소비자가 원하는 것 사이의 상호적 적응"을 이야기한다.[62]

이 장에서는 기업 설계자들이 옹호하는 '대칭'이라는 미사여구에 대한 회의적인 내용을 다루었다. 도박 기술의 이용자-중심적 설계, 그리고 그 설계를 소비자의 욕망, 감정, 신체에 맞춰 조율하는 것은 전통적 의미에서 착취적이지도 않았고(왜냐하면 타인을 도구적으로 이용하는 것은 강압적이기보다는 공모에 가까웠으며, 소외를 발생시키지도 않았기 때문이다), 또 대칭적이지도 *않았다*. 도박자와 기계의 공모 관계에서 그 관계에 대한 양자의 기여도는 평등하지 않다. 반대로, "이용자가 원하는 것"과 도박 산업에서 작동하는 생산성 및 효율성의 방식을 명백하게 일치시키는 것은 근본적으로는 서로 다른 양자의 목적을 모호하게 만든다.

심각한 수준의 머신 도박자들에게 게임 경험은 그 자체가 하나의 목표이다. 그것은 "지금 게임하고 있는 그 경험 자체를 지속하는 것 외에 다른 보상은 필요하지 않다."는 점에서 어떠한 가치도 넘어서는 "그 자체가 목적인" 존이다. 반대로 도박 산업에 있어 존은 목표를 위한 수단이다. 즉, 존는 그 자체로는 아무런 가치도 없지만, 그것이 있음으로 해서 가치를 끌어낼 수 있는 것이다. 그것은 커밍스가 기술에 대한 마르틴 하이데거의 말을 오묘하게 반영하여 표현하듯, 게임의 속도, 지속성, 강도를 "가속화(expediting)"함으로써 달성된다. "가속화는 항상 처음부터 다른 것을 발전시키는 방향, 곧 최소 비용으로 최대 수익을 달성하는 방향을 지향한다."[63]

사실상 무한정 존에 남아있고자 하는 도박자의 욕동은 완전한 고갈을 향한 도박 산업의 기술적 우회로를 따라 흐른다. 사이버뷰(Cyberview) 소속의 실비 리나드는 동료들에게 이용자-중심주의에 관해 이렇게 조언한다.

◇◇◇◇◇◇

62 Callon, Michel, C. Méadl, and Rabeharisoa 2002, 202.
63 Heidegger 1977 [1954], 15.

1부 설계 **119**

"이용자에게 맞춰 기계를 바꾸고 수정할수록 사람들은 끝장을 볼 때까지 게임할 거예요. 이 말은 곧, 수익이 극적으로 증가한다는 이야기죠."[64] 그녀가 언급했던 "끝장"의 지점은 이용자의 자금이 바닥날 때를 의미한다. 그 지점에서 기계는 더이상 이용자에게 응답하지 않고, 공모 관계의 비대칭성이 전면에 나타난다; 도박자는 승리하지 못할 것이고 애초에 이기려고 게임을 하는 것도 아니지만, 도박 산업은 계속해서 이기기 위해 그 놀이에 참여해왔다(커밍스의 말에 따르면 도박 산업의 목표는 "이용자에 비해 게임 운영에 최대한 더 많은 승률을 가지기 위해 이용자들이 더 많은 돈을 베팅하게 하도록 그들의 행위를 계속해서 순환시키는 것"이다.[65]) 이용자와 산업의 관계는 두 개 가치 체계의 충돌이 아니다. 그것은 시장 경제 규칙에 따라 작동하는 가치 추출의 체계와, 이용자들에게 있어 그러한 규칙들이 유보되는, 무가치한 순간적인 존 사이에 존재하는 비대칭적인 상호의존성의 관계이다. 들뢰즈는 다음과 같이 말했다. "인간은 더 이상 갇혀있는 존재가 아니라, 빚을 지고 있는 존재이다."[66]

◇◇◇◇◇◇

64 Sylvie Linard, panelist for "Slot Systems: New Innovation, New Experiences, New Efficiencies," G2E 2005.
65 Cummings 1997, 65.
66 Deleuze 1992.

3장
우연을 프로그램화 하다
마법의 계산

 나는 슬롯머신을 배우러 학교에 가기로 결심했다. 기계의 각 요소들, 와이어, 그 작은 부분들을 어떻게 해체하고, 어떻게 조립하는지를 배우는 일이었다. 나는 슬롯머신 정비공이 되었다. 나는 전자공학이나 수학에 꽤 소질이 있었다. 그곳에서 정말 많이 배웠다. 심지어 잠든 상태에서도 슬롯머신을 모두 해체했다가 다시 조립해낼 수도 있을 정도였다. 입학했던 학교에서 나는 유례없는 고득점자로 졸업했다.
 머신의 작동 원리를 배움으로써 나는 머신에 대해서 낱낱이 알게 되었다고, 더 이상 흥미로운 점이 없을 것이라고 생각했다. 나는 머신이 어떻게 작동하는지 정말 밑바닥까지 다 이해했기 때문이었다. 하지만 실상은 머신을 모두 분해했다가 그걸 다시 완벽하게 조립한다고 해도, 그것이 어떻게 작동하는지 잘 모른다고 해야 맞다. 슬롯머신을 조립하는 과정에서 내가 만들지 않았던 것은 칩이었다. 그게 도대체 무엇인지 설명해주는 이도 하나 없었고, 그 요상한 칩이 바로 릴을 돌아가게 만들고 카드를 섞는 역할을 했다.

나의 게임 속도는 줄어들 줄을 몰랐다. 학교에 슬롯머신이 두어 대 있었는데, 나는 쉬는 시간에 그 기계를 하곤 했다. 나는 슬롯머신 제조업체 야간직으로 취업했다. 나는 밤에는 기계를 조립하며 일하고, 낮에는 점심시간 내내 내가 조립했던 바로 그 같은 기계 앞에 앉아서 주구장창 도박했다. — 로즈

인테리어 디자인이 카지노 손님을 도박 기계 앞으로 유도하고 최적의 수준으로 조정된 인터페이스가 고객이 카지노에 머무는 시간과 소비하는 비용을 증가시킬 수 있을지 모르지만, 지속적인 놀이를 가능케 하는 것은 기계가 승패를 고객에게 전달하는 숨겨진 과정이다. 로즈는 기계의 내부 작동 원리에 대해 배우면 슬롯머신에서 벗어날 수 있으리라는 희망으로 슬롯머신 공학자가 되었다. 위 글에서처럼, 그녀는 자신의 프로젝트가 실패한 원인은 누구도 그녀에게 설명해주지 않았던 "요상한 칩" 때문이라고 생각했다. 여기에서 칩은 게임 확률에 관한 일종의 대본을 담고 있는 것, 한 설계자가 이야기한 것처럼 게임 결과를 결정하기 위해 "확률을 조작하는" 서로 맞물린 일련의 계산적 작동이다. 이 계획적인 대본은 두 가지 서로 다른 기능을 한다. 프로그램의 관점에서는 시간이 지남에 따라 카지노 운영자들이 얼마만큼의 수익을 기대할 수 있는지에 관한 정보를 제공하며, 확률에 대한 예측가능성의 수단을 부여한다. 다른 한편 시간 흐름 안에서 발생하는 놀이의 관점에서는, 확률을 더욱 불가해하면서도 마법과 같은 존재로 만든다.

20세기 초 사회학자 막스 베버는 "인간은 [신을] 쫓아버렸고, 이전 시대에는 운에 의해 결정되던 것들을 예측 및 계산 가능한 것으로 만들며 합리화했다."고 주장했다.[1] 계산 가능성과 예측 가능성의 힘은 점점 더 이 세상

---

1 Coser 1977, 233.

을 "탈주술화"하고, 세계는 "더 이상 신비로울 것도, 예측 불가능한 힘들도 없는" 곳이 될 것이라고 그는 예상했다.[2] 도박 기계는 베버 주장의 전형적 사례이면서도 동시에 반전이기도 하다. 기계는 "도박자가 내기에 건 돈을 정확하고, 정밀하며, '과학적인' 방식으로 다시 돌려주는 복잡한 계산적 장치"라는 점에서 탈주술화되었으며, 이러한 방식은 슬롯머신 운영자들이 수익을 위해 확률을 이용하고, 장기적 관점에서 정확하게 예상 소득을 계산할 수 있게 해주었다.[3] 그러나 도박으로 기계를 마주하는 순간 기계는 마법의 도구로 작동한다. 이는 지그문트 바우만이 이야기했던 "인간의 즉시성, 욕동, 충동, 예측과 합리적인 이유에 저항하려는 성향," 또는 베버가 "계산을 벗어나려는 비합리적이고 감정적인 요소"라는 말을 더욱 생생하게 만든다.[4] "신비스럽고 불가해한 힘"은 결코 도박 기계에서 사라지지 않았고 여전히 기계 안에서 살아 숨쉬고 있다.

현대 도박 기계에 주술적 측면이 존재한다고 해서 탈주술적 설계 과정의 실패를 시사하는 것은 아니다. 그 주술적 측면이 설계 과정의 직접적인 산물이기 때문이다. 이는 '위기'라는 주제에 천착했던 사회학자 울리히 벡의 언어를 빌어 말하자면 일종의 "제조된 예측 불가능성,"[5] 또는 문화인류학자이자 게임학자인 토마스 말라비의 개념을 빌어 이야기하자면 "기획된 우연(contrived contingency)"이다.[6] 브리티시 내셔널 로터리(British National Lottery)에 관한 기술에서, 한 베버주의 학자는 "합리적 논리와 과정이 스스로 그들 내부로부터 (재)주술화되거나, 또는 하나의 (재)주술화의 수단이

◇◇◇◇◇◇◇

2   Weber 1946 [1922], 139.
3   Woolley and Livingstone 2009, 48; Weber 1946 [1922], 139.
4   Bauman 1991, 125; Weber 1946 [1922], 216.
5   Beck 1994, 11.
6   Malaby 2007.

될 수 있다. (재)주술화는 철두철미하고도 합리적으로 조직된 사업이 될 수 있다."고 적었다.[7] 베버 자신도 이렇게 이야기했다. "더 이상 정신에 영향을 미치기 위해 마법적 수단에 의지할 필요가 없다. 기술적 수단과 계산이 그 역할을 맡을 것이다."[8]

앞으로 살펴볼 것처럼 도박 기계가 이용자에게 유발하는 마법과 신비의 감각은 확률을 매개하는 "수단과 계산"의 숨겨짐 및 불투명성과 큰 관련이 있다. 규칙과 확률이 뻔히 들여다 보이는 테이블 카드 게임과는 달리 도박 장치의 확률과 내부 기제는 항상 그 박스 안에 은폐되어 있었다.[9] 네바다주 게임 규제 담당자는 슬롯머신을 두고 이렇게 말했다. "네바다에서 이용자가 자신의 승률을 알 수 없는 게임은 단 하나밖에 없다. 그 확률을 게시하자는 생각에 동의하는 도박장은 한 곳도 없을 것이다. 그렇게 되면 게임에서 느낄 수 있는 미스테리, 흥분감, 즐거움, 게임을 하면서 감수해야 할 위험까지 모조리 사라질 것이기 때문이다."[10] 그의 이야기는 의도적인 혼동이 도박 기계 매력의 핵심임을 보여준다.

이 장에서는 로즈의 발자취를 따라가며, IGT의 설계공학 부대표가 "아름다운 금궤"라 불렀던 슬롯머신 내부를 탐험해 나아갈 것이다. 이 작업에서 확률을 하나의 마법으로 전환하고, 나아가 수익으로 연장하는 계산적 논리의 역설계를 시도할 것이다.[11] 이 이야기는 도박자들이 응시하고 상호작용하는 게임과 게임의 결과를 결정하는 실제 기제에서 순차적인 기술적 차단을 통해 (도박 산업이) 승률에 대한 더 큰 통제력을 가지게 되는 서사이

◇◇◇◇◇◇◇

7   Jenkins 2000, 18.
8   Weber 1946 [1922], 139.
9   Falkiner and Horbay 2006.
10 Commissioner Hyte quoted in HarriGan (2009, 73)
11 Joe Kaminkow, quoted in Rivlin (2004, 44).

다. 말라비는 게임의 임의성과 관련된 장치가 주사위를 굴리거나 카드를 섞는 것과 같은 "명시적" 수단으로부터 컴퓨터 프로그램과 같은 "암시적" 수단으로 전환되었다고 이야기한 바 있다.[12] 기계적 요소가 디지털 구조로 대체된 슬롯머신은 그야말로 그 논리에 딱 들어맞는다. 사회학자 리차드 울리는 다음과 같이 말했다. "이미 덧없이 일시적인 베팅이라는 상품은 컴퓨터화되면서 더욱 탈물질화되었다."[13] 기계적 구조에서 디지털로 이행하는 과정의 추적은 도박 산업과 도박자 사이의 비대칭적 관계가 마이크로칩과 그것의 프로그래밍이라는 아주 세밀한 차원에서 어떻게 작동하는지를 드러낼 것이다.

기계에서 디지털로: "진정한 새로운 신(神)"의 공학

현대의 도박 기계들은 1875년부터 1900년대 미국 산업 혁명 시기에 등장한 동전 자판기나 오락기의 가까운 친척으로 비유될 수 있다. 이러한 기계들은 음식물이나 휘발유, 사탕을 뽑는 기계들이었고, 때로는 마술 묘기나 운세, 애정운, 조언과 같은 다소 비물질적인 상품들도 취급했다.[14] 도박 기계는 돈 그 자체를 보상으로 제공하며, 이용자와의 거래에 확률의 요소를 추가함으로써 자신과 유사한 동전으로 작동되는 기계들과 차별화되었다. 도박 기계를 이용하는 소비자들은 사전에 기계가 얼마나 돌려줄지를 확신할 수 없었다. 이 공식은 도박 사업자들에게 엄청난 성공을 가져다주었다. 1950년 한 사회과학자는 다음과 같이 말했다. "이제까지 그토록 적은 노

◇◇◇◇◇◇

12 Malaby 2007, 108.
13 Woolley 2008, 143.
14 King 1964; Costa 1988, 21; Nassau 1993; Huhtamo 2005.

력과 투자로 이렇게까지 많은 수익을 냈던 기계는 발명된 적이 없다."[15]

근대적 도박 기계의 전신은 1880년대 초 브루클린에서 드로우 포커를 기반으로 발명되었다. 기계의 카운터탑(countertop)에는 50장의 카드로 구성된 다섯 개의 드럼이 있었고, 이용자가 옆에 달린 손잡이를 잡아당겨 드럼을 움직이면 바깥으로 난 조그마한 창으로 다섯 장의 카드가 뒤집혀 보여졌다. 다섯 개의 릴(reel)[16]에 카드가 부착된 이 모델의 다른 버전이 전국적으로 담배 판매대나 술집에서 인기를 끌었고, "5센트 슬롯(nickel-in-the-slot)"이라는 이름으로 알려지게 되었다. 장치는 다양한 승리 조합에 비례하는 보상을 읽어내고 분배할 수 있는 기능이 부족했기 때문에 이 기계를 보유한 업장에서는 이용자에게 음료수, 담배 또는 현금으로 따로 보상을 지급했다.[17]

1898년 바이에른 출신 이민자이자 기계에 관해서라면 특출난 재능을 가진 사람이었던 찰스 어거스트 페이는 단 세 개의 릴에 카드를 고정함으로써 자동 지불이 가능한 기계를 발명했고, 기존에 매우 광범위했던 승리 패 조합은 적정한 수준으로 감소되었다. 1년 뒤 그는 카드 앞면을 상징들로 대체하며 현대적인 릴 스피닝 슬롯 머신의 전형이자 그 이름도 유명한 리버티 벨(Liberty Bell)을 선보였다. 그 게임은 세 개의 스프링을 장착한 릴을 특징으로 하는데, 각각의 릴에는 다섯 개의 상징(말굽, 종, 하트, 스페이드, 다이아몬드)이 부착되어 있었다. 세 개의 종 모양이 중앙의 페이라인에 일렬로 맞춰지면 50센트가 제공되었다. 릴은 손잡이 장치와 제동 시스템에 연결된 철제 자루 옆에서 회전했는데, 릴이 멈추는 타이밍을 조정하는 막대가 릴을 왼쪽에서 오른쪽으로 한 번에 한 개씩 멈추도록 하여 게임의

◇◇◇◇◇◇

15 "Slot Machines and Pinball Games" 1950, 62.
16 (옮긴이 주) 슬롯머신 화면상에서 심벌이 그려져 있는 휠을 의미한다.
17 Fey 1983, 13.

긴장감을 더해주었다. 1900년대 중반에는 "슬롯계의 헨리 포드"라는 별명으로 알려진 허버트 스테판 밀즈가 각 릴에서 심볼의 개수 또는 "스톱(STOP)"의 개수를 열 개에서 스무 개로 증가시켰다. 이렇게 함으로써 이용자가 잭팟에 당첨될 확률은 낮아지면서 동시에 기존보다 더 큰 보상을 제공할 수 있었고, 그럼에도 여전히 기계가 만들어내는 수익은 유지할 수 있었다.[18] 밀즈는 또한 릴 위에 있는 게임창을 확대했고 이에 따라 이용자는 중앙 페이라인 아래와 윗쪽에 배치된 심볼들까지 볼 수 있게 되면서 "니어미스(near miss)" 경험을 할 가능성도 증가했다. 즉, 이길 수 있는 심볼이 페이라인 위쪽이나 아래쪽에 있는 것을 실제로 보게 됨으로써 거의 이겼는데 아깝게 졌다는 느낌을 가지게 되는 것이다.

슬롯머신의 인기가 좋아지자마자 그것은 당시 악에 대항하자고 주장하는 절제 운동(temperance movement)의 대상이 되었다. 1900년대 혁신주의자들은 큰 망치를 휘두르며 종종 리버티 벨을 실제로 부서뜨렸고, 그에 뒤이어 수많은 도시와 주에서도 리버티 벨을 금지시키기도 했다. 그러나 대체적으로 사람들은 도박금지법을 무시하거나 법망을 우회하는 방식으로 피해갔고, 기술은 계속해서 진화했다. 그것이 불법인 관할구에서는 도박 장치들은 풍선껌 자판기로 위장되었다. 릴에 부착된 심볼은 과일 모양(체리, 레몬, 오렌지 등)으로 대체되었고 당첨으로 받은 상품은 현금으로 교환되었다. 금지에도 불구하고 슬롯머신은 번창했고, 이러한 종류의 기발한 속임수는 1930년대 대공황시기에 절정에 달했는데 당시 이 기계들은 주유소, 약국, 그리고 다른 소매상들의 생존 수단이었다.[19] 전후(戰後)시기 슬롯 산업은 눈부신 번영을 이루었지만 1951년 존슨 법안(Johnson Act)이 실시되

18　Collier 2008.
19　Fey 1983, 1.

면서 그것이 불법이었던 여러 주에서 슬롯머신 암시장이 실질적으로 정리되었다. 1960년대에는 네바다주와 군부대를 제외한 모든 곳에서 슬롯머신은 금지되었다.

◇ ◇ ◇

1963년 기계적 스프링과 기어 대신 전기 모터와 스위치 회로 기판을 사용하여 릴의 동작을 제어할 수 있게 된 전자 기계 기술의 통합으로 슬롯머신은 중대한 전환기를 겪는다. 릴에서 운동 장치를 없애버리자, 슬롯머신을 기울이거나 흔드는 등, 결과에 영향을 미치기 위해 가해지는 외부의 물리적 힘으로부터 보호될 수 있었다. 한 역사가는 다음과 같이 이야기한다. 그러한 방식이 믿을만한 것으로 자리 잡자 "설계자들의 관심은 도박자들을 유인하고 그들을 붙잡아 놓기 위해 장치의 가능성을 극대화하는 방향으로 전환되었다."[20] 카지노 관리자들은 이용자들이 이 전자공학적 기계에서 부정한 수작을 부릴 수 없다는 점을 좋아했던 반면, 이용자들은 모터로 움직이는 호퍼가 최대 500코인까지 유례없는 수준의 자동 지불을 가능하게 한다는 사실을 환영했다. 그들에게 그 말인즉슨 더 크고 더 잦은 보상을 해준다는 의미였던 것이다.

　기계 도박에 있어서 디지털 마이크로프로세서(메모리를 가진 컴퓨터 칩)는 1978년에 등장했고, 이는 도박 장치의 안정성과 매력을 한층 증가시켜주었다. 모터와 스위치가 기어와 스프링을 대체한 것처럼, 이제는 전기의 디지털 펄스가 슬롯 릴 움직임의 원동력이 되었다. 이 기술의 발명자는 특허 신청원에서 그 논리를 이렇게 설명했다: "이용자에 관한 한, *기계식 슬*

20　Turden 2012, 46.

롯 머신과 거의 동일한 방식으로 작동할 수 있는 … 그러나 방해될 수 없는 오락 장치를 제공하는 것이 바람직하다."[21] 이용자들은 여전히 릴과 계속해서 상호작용하지만 스핀의 결과는 이제 그 작용이 이용자에게 철저하게 불투명한, 디지털 본체가 결정하게 된 것이다.

앞서 로즈가 "요상한 칩"이라고 불렀던 것은 게임의 특정 득점 구조와 미리 정한 홀드율(hold percentage, 하우스 엣지house edge라고도 한다)을 실행하는 수학적 알고리즘으로 프로그램되어 있는데, 게임의 결과를 생성하는 난수발생기(random number generator, RNG)와 함께 작동한다. 도박 장치가 작동하지 않을 때에도, 난수발생기는 릴 심볼이나 카드의 가능한 조합을 만들어내며 1초에 약 천 번 정도 순환한다. 장치는 영구적으로 계속 움직이고 있으며, 실제 이용자가 게임을 하는지 여부는 관계가 없다. 그러나 이용자가 핸들을 당기거나 스핀 버튼을 누르면서 게임을 시작하면 프로그램은 난수발생기에 "신호를 보내고," 난수발생기는 그 신호를 받아 정확히 그 순간에 (표시된 각 릴에 하나씩) 순환하고 있던 숫자를 생성한다. 일반적으로 1에서 40억까지의 범주에 포함되는 이 생성된 숫자들은, 그 숫자를 해석해서 마이크로프로세서의 "가상 릴"에 정지로 변환하는 알고리즘에 이르게 된다(컴퓨터 프로그래밍에서 "인다이렉션[indirection]" 또는 "인다이렉트 레퍼런스[indirect reference]"라고 알려진 과정이다). 이때 선택된 가상 릴의 위치는 그것과 연결되어 있는 실제 물리적 릴 위치로 전달된다. 이 모든 작업은 게임의 릴이 멈추기도 전에 즉각적으로 발생한다. 1980년 한 기자는 다음과 같이 설명했다. "기계를 작동하려면 손잡이를 당겨야 하지만, 그렇게 한 이후에는 더이상 도박하는 것이 아니다. 당신은 그저 정보 해독을

---

21 US Patent No. 4095795,

활성화시킨 것일 뿐이다."²²

전기공학 기술이 슬롯머신에 통합되고 1년 뒤 프랑스 철학자이자 사회학자 자크 엘륄은 기술의 자율성이 더욱 증가하였으며, 그것을 만들고 작동하는 인간의 역할은 축소되었다고 주장했다. 1964년 그는 다음과 같이 이야기했다. "인간은 촉매제의 수준으로 축소되었다. 인간은 슬롯머신에 투입된 가짜 토큰과 유사하다. 그는 기계의 작동에 참여하지 않고, 그 작동을 시작하는 역할을 할 뿐이다."²³ 엘륄은 컴퓨터화된 슬롯머신 도박에서 증가하는 기술적 자율성의 증거를 발견했을 것이다. 그러한 도박에서 이용자는 문자 그대로 자율적인 기계의 작동 과정에서 단지 그것을 매개하는 역할을 할 뿐이다.

그러나 도박 기업들은 기계적으로 작동되는 릴 장치가 보여주는 환상을 보존하고자 노력했다. 이는 기계가 역동적이고 생생한 직접적인 방식으로 이용자에게 반응하고 있다는 이용자들의 존재 감각을 영속화하기 위해서였다. 예를 들어 몇몇 회사는 자신들이 새로 개발한 머신 손잡이의 "스프링과 무게를" 조작했는데, "기존 제품의 감각을 활성화시키기 위함"이었다.²⁴ "다음 번에 발리의 슬롯을 할 때는," 1981년 발리의 대표가 이용자들을 대상으로 이야기했다. "손잡이를 아주 천천히 당기고 릴이 감기는 과정을 직접 느껴보세요. … 저희는 그 느낌을 유지시키기 위해 노력했습니다. 저희는 기계의 릴 조립에 대한 기계적 연결을 유지해 왔습니다."²⁵ 회전하는 릴을 보여주는 것과 주의깊게 구축한 핸들의 "느낌"은, 디지털

◇◇◇◇◇◇

22 Rogers 1980, 25.
23 Ellul 1964, 333.
24 Rogers 1980, 25.
25 President of Bally's Gaming machine division, quoted in "The New Generation of Slots" 1981, 28.

슬롯머신에 사용하기에는 구식이 된 기계적 인과성을 환시키긴다. 오늘날 몇몇 슬롯머신이 손잡이를 가지고 있기는 하지만(그렇게 손잡이가 달려있는 경우 그것은 "레가시 레버[legacy lever]"라고 불린다), 릴의 표시와 회전은 기계가 그들의 행위에 직접 반응하여 작동된다는 점을 지속적으로 암시하고 있다.

비디오 슬롯에서 그러한 착각을 유지하는 것은 더욱 어려운 작업이다. 비디오 슬롯은 컴퓨터 애니메이션을 통해 완전히 디지털화된 릴이 "회전"한다. 그러나 게임 제조업체는 이번에도 이것을 3차원으로 나타나게 하는 방법을 찾아냈다. WMS의 트랜시미시브 릴(Transmissive Reels)은 반투명한 비디오 스크린 뒤에 비어있는 3차원 릴을 위치시킴으로써 비디오 릴과 기계적으로 "결합"된다. 화면에는 그것들이 회전하면서 그래픽적으로 다양한 심볼이 보여지게 된다. 하이브리드 기술부서의 대변인은 다음과 같이 이야기했다. "저희는 비디오 또는 기계를 이용하는 이용자들이 소외감을 느끼지 않도록 확실히 하고 싶었습니다."[26] 발리의 트랜스패런트 릴(Transparent Reels, 지금은 인터랙티브 릴Interactive Reels로 불린다)도 마찬가지로 실제 전기공학적 릴에 화면을 덧붙이는 방식으로 "비디오와 기계-릴 슬롯 사이의 경계선을 불분명하게" 만드는데, 이는 보너스 게임 중 "릴 앞에 둥둥 떠다니는 영상 효과"를 만들어내기 위함이다.[27] IGT가 특허를 낸 릴데스(REELdepth) 기술은 조금 다르게 작동한다. 이 기술은 "두 개 이상의 리퀴드 크리스탈 디스플레이(Liquid Crystal Displays)를 독창적으로 겹치는" 방식을 통해 "진짜 깊이감"이 느껴지는 시각 효과를 만들어낸다―IGT는 이것이 "전쟁에 사용되는 다층적 지도"를 만드는 데 사용된 동일한 방식이

---

26 Mark Pace of WMS, panelist for "Slot Appeal: Applying New Technologies," G2E 2007.
27 Hodl 2009, 15.

라고 이야기한다. 릴데스 기술은 "기계적 장치가 가지고 있는 외양과 진동을 흉내냄으로써 이용자들이 릴 머신을 하고 있다는 착각을 만들어낸다."[28] 역설적으로 디지털 기술의 발전은 기계의 물리적 기능과 사실상 더는 존재하지 않는 게임에 대한 이용자의 통제력을 연결시킴으로써, 도박 기계가 기존의 아날로그적인 장치를 더욱 흉내낼 수 있도록 만들었다.

몇몇 슬롯머신은 통제의 환상을 강조하기 위해 릴이 알아서 멈추기를 기다리는 것이 아니라, 하나 또는 전체 릴의 회전을 수동으로 멈출 수 있도록 설계되었다. 이용자가 릴을 멈추기 위해 '스톱' 버튼을 누르거나, '스핀' 버튼을 두 번 누르거나, 비디오 스크린에 나타나는 한 개 이상의 릴을 직접 터치하는 방식이다.[29] 게임의 결과는 '스핀' 버튼이 처음 눌리는 그 정확한 순간에 결정되지만 도박자들은 '스톱'과 같은 특징을 사용하며 자신이 결과에 영향을 미칠 수 있는 것처럼 느끼고, 이 경우 그렇게 하지 않을 때보다 훨씬 더 오랜 시간 게임을 하는 것으로 알려져 있다.

또한 이용자가 강력한 영향력을 가지고 있다는 느낌을 만들어내기 위해 비디오 슬롯의 이차적 "보너스 게임"은 마치 도박자가 통제력을 가지고 있는 것 같은 행위를 수행하도록 한다(그러나 실제로는 그렇지 않다). 예를 들면 앵커 게이밍(Anchor Gaming)의 2000년도 게임 스트라이크 잇 리치(Strike It Rich)는 추적 장치를 사용하여 화면에서 볼링공의 궤적을 유도해가는 보너스 게임을 선보였다. 이용자는 이 장치를 통해 비디오 스크린상의 볼링공을 들어올려 조준하고 가상의 볼링핀을 향해 공을 굴리지만, 실제로는 공이 굴러가서 핀에 닿기 전에 난수발생기가 공이 어디로 떨어질지를 결정했다. 이와 유사하게 경주를 테마로 한 IGT의 보너스 게임도 이용자들이

◇◇◇◇◇◇

28 Reiner 2009.
29 Harrigan and Dixon 2009, 84.

조이스틱으로 자동차를 움직일 수 있도록 만들어, 실제로 자동차의 움직임에 영향을 미치는 것 같은 가짜 느낌을 만들어냈다. 2000년도에 한 기업의 제품 소개란에서 적혀 있는 바와 같이, 이러한 게임들의 핵심은 이용자들에게 "그들이 사건의 결과를 통제하고 있다는 느낌"을 주는 것이다.[30] 혹자는 그러한 감각이 마법과 같이 느껴지기보다는 환상을 깨트리는 것과 같다고 생각할지 모른다. 그러나 사실상 그러한 감각은 도박자에게 그들이 도박 기계에 "활기를 불어넣을" 수 있다고 느끼게 하고, 그렇게 함으로써 (도박자들에게 가려져 있으면서도 수수께끼와 같은) 확률의 결정을 넘어 어떤 마법적인 효력을 행사할 수 있다고 느끼게 한다.

도박기계가 도박의 결과를 만들어내고 전달하는 난해한 내적 작동은 도박자들 사이에서 온갖 추측과 경이로움의 원천이다. 이는 도박자들이 참여하는 인터넷 공론장에서의 끝도 없이 이어지는 토론에서도 분명히 드러난다. 로즈는 다음과 같이 이야기한다. "그게 컴퓨터화되었다는 걸 알았다고 해서 설명되는 건 아무것도 없어요. 오히려 더 아리송해질 뿐이죠." 도박 관련 잡지 카지노 플레이어(Casino Player)의 한 저자는 다음과 같이 적었다. "철학이 던진 위대한 질문 중 하나는 기계적이면서 실제의 몸을 가진 인간이, 그토록 덧없이 사그라지는 정신을 지니고 있을 수 있느냐는 것이다. 이 질문은 우리가 몸 안에 '영혼'이나 '신'을 가지고 있다는 명쾌한 하나의 명제로 이어져 내려왔다. 오늘날 슬롯머신도 이와 같다."[31] 난수발생기의 순간적이면서도 유령과 같은 어떤 의지를 연상시키며, 일부 산업계에서는 이를 진정한 새로운 신(Really New God)이라고 부르기도 한다.[32] "난수발생기가 컴퓨터 칩에서 계속해서 작동하고 있는 건데, 사람들은 마

---

30 "IGT product profile" 2000, 39.
31 Scoblete 1995, 5.
32 Ibid.

치 자신이 마법의 주문을 건 것처럼 행동하잖아요." 한 설계자가 나에게 했던 말이다.

기술학자들은 사람들이 컴퓨터화된 장치에 에이전시(agency)의 특질을 부여하는 경향이 있다고 지적했다(일찍이 사람들이 기계적으로 작동하는 자동장치에 에이전시의 성질를 부여했던 것처럼 말이다). 루시 슈만은 이러한 경향을 컴퓨터가 "내부적으로 불투명하고 예상치 못한 방식으로 작동하기 쉽다."는 사실과 연결짓는다.[33] 또 셰리 터클이 이야기한 것과 같이 아이들은 종종 전기 장난감이 자신의 예측대로, 일관적인 방식으로 작동하지 못하고 자신을 속이는 것처럼 보일 때 그 장난감을 의인화한다: "만약에 거짓말을 할 수 있다고 하면 그건 살아 있는 거잖아요." 아이들은 그녀에게 그렇게 말했다.[34] 그녀는 하나의 기계가 이용자에게 가져다 줄 수 있는 매력의 정도는 기계가 전달하는 예측불가능성 및 그것이 전달하는 생기와 직접적으로 관련된다고 주장한다. (확률을 사용자에게 전달하는 것이 목적인) 슬롯머신에 대한 컴퓨터 기술의 결합은 특히 마법과 같은 연합을 이뤄냈다. 프로그램화 되고 불규칙성을 내재한 디지털 도박 기계는 기존의 기계적 슬롯머신보다 더 강력하게 사람의 마음을 사로잡는다.

슬롯머신이 결과(특히, 난수발생기의 작업)를 이용자에게 전달하는 이 작업에 관한 호기심은 각종 인쇄물과 온라인 교육 자료의 왕성한 교류로 이어졌다. 특히 도박 관련 잡지에서 "머신의 미스테리," "으스스한 이야기," "초감각적 지각"(ESP, 도박자들이 기계와 관련해 "한계를 넘어서는 경험"을 공유하는 내용이다)과 같은 제목의 기사들이나, "슬롯 통계 101," "슬롯머신에 관한 오해와 신화," "아는 것이 힘이다"와 같은 제목의 기고문들은 기계가

---

33 Suchman 2007b; Turkle 1984, 2011; Ihde 1990; Nadarajan 2007.
34 Turkle 1984, 29.

어쩐지 의도성을 가지고 작동하는 것 같다는 도박자들의 신념을 반박하는 데 초점을 맞추고 있다. "난수발생기는 생물이 아니다." 잡지 스트릭틀리 슬롯(Strictly Slots)의 기고란 비기너스 코너(Beginner's Corner)에서 한 저자는 이렇게 이야기했다. "사전 설정된 규칙에 따라 고속으로 처리한 숫자에 불과하다. 슬롯은 언제 당신이 승리할지 또는 패배할지 알지 못한다. 또한 언제 누가 새로 자리에 앉아서 게임을 시작할지도 예측하지 못한다. 또 그런 점들에 대해 신경 쓰지도 않는다."[35]

전문가들은 교육 수준이 낮은 도박자들은 운이 없다고 판단해 자신이 일어선 기계에서 곧바로 다음 사람이 승리하는 것을 보고 화를 낸다고 종종 이야기한다. 응당 자신이 승리했어야 하는데 새롭게 온 사람이 그 승리를 "훔쳐갔다"고 느낀다는 것이다. 이어서 전문가들은 사실상 기존에 하던 사람이 계속해서 그 기계에서 게임을 했다고 하더라도 승리하지는 못했을 것이라고 말한다. 기존의 사람이 그 다음에 앉아서 버튼을 눌렀던 사람과 정확히 똑같은 순간, 그 천 분의 1초의 순간에 버튼을 눌러서 난수발생기가 승리의 결과를 만들어내도록 하는 것은 불가능하기 때문이다. "어떤 결과를 만들어내기 위해 언제 정확하게 버튼을 눌러야되는지 안다고 하는 사람들 만나게 될 거예요. 하지만 그런 일은 없어요." 한 설계자가 이야기했다.[36] 한때 게임 설계자였던 도박 관련 유명 저서의 한 저자는 다음과 같이 말한다. 일부 사람들이 그러한 것처럼 실제로 도박자가 난수발생기의 "주기"를 알아냈다고 하더라도, 도박자가 그 주기상 정확한 순간을 "포착"하는 것은 불가능하다. "평균적인 사람의 반응 시간은 50에서 350밀리세컨드이며, 머신에서 기계적이고 전기적인 지연은 16에서 50밀

---

35 Dancer 2001, 26.
36 Randy Adams of Anchor Gaming, quoted in Legato (1998b, 74).

리세컨드이다."³⁷ 그의 주장에 따르면 정보에 반응하고 처리하는 인간의 능력과 디지털 기술의 정보 처리 및 반응이 일치하지 못한다는 것이다. 나아가 이러한 불일치가 설계자와 이용자 사이의, 또 마법에 걸린 상태와 그 마법이 발가벗겨진 기술 사이의 불균형을 반영하고 있다는 주장도 가능할 것이다.

승산을 높이다: 가상 릴 맵핑

난수발생기의 작동을 이해한 사람이라고 하더라도 결국 슬롯을 이해하기 어렵게 만드는 것은 그 다음에 발생하는 사건이다. 그것은 거의 40억 개에 달하는 풀에서 무작위로 생성된 숫자를 훨씬 제한된 풀의 일부인 물리적 릴의 멈춤으로 변환하는 것이다. 실제로는 그렇지 않으면서도 마치 그 내부적 과정을 그대로 보여주는 듯한 화면(예: 릴 회전 시간을 지연시키는 것)과 더불어 기계 작동의 은밀한 성질은 이용자의 게임 경험에서 원인과 결과를 모호하게 만들면서 도박자들의 혼란을 가중시킨다. 무작위적 가치가 릴의 멈춤으로 전환되는 과정에서 실제로 벌어지는 일은 무엇인가? 게임계의 권위자 존 로빈슨은 머신 프로그래밍에 대해 다음과 같이 이야기한다. "어떤 원천에 직접 접근하는 대신 중간 단계를 거치는 것이다. 그 중간 단계에서 온갖 멋진 일들을 다 할 수 있다."³⁸

이 "멋진 일" 가운데 하나는 가상 릴 맵핑(virtual reel mapping)이라는 작업으로, 기계의 실제 릴과 독립적으로 게임의 승산을 통제하기 위해

---

37 Crevelt and Crevelt 1988, 17.
38 Robinson 2000.

1982년 특허를 받은 기술이다. 이 기술은 물리적 릴의 구조로 인한 지속적 한계를 극복하기 위해 발명되었다. 디지털 마이크로프로세싱 기술은 컴퓨터가 결정한 결과를 전시하는 방식으로 물리적 릴을 바꾸어 놓았지만, 아직까지 그것이 가지고 있는 '스탑' 개수와(1970년즈음 그 개수는 22개였다) 환영과 같은 아날로그 또는 "가상" 릴에 있는 것들 사이의 일대일 상관관계가 남아있었던 것이다. 슬롯머신에서 가능한 최대 조합 개수가 10,648(22×22×22)이었기 때문에, 머신에서 하나의 상징이 일렬로 멈춰 잭팟을 터트릴 확률은 10,648분의 1이었다. 그러므로 베팅금액 1달러짜리 기계의 잭팟 당첨금은 10,648달러보다 더 클 수는 없었고, 또는 손실을 볼 위험이 있었다. 즉 하우스의 수익을 보장하기 위해 잭팟 금액은 10,648달러 이하여야 했던 것이다.

게임 제조업체들은 어떻게 이 제약을 해결, 도박업계의 용어로 표현하자면 "승산을 높일" 수 있었을까? 한때 제조업자들은 더 많은 심볼을 삽입하기 위해 더 큰 릴을 장착한 머신을 제작하거나, 릴 개수가 많은 머신을 만든 적도 있었지만 이용자들은 그러한 모델을 기피했다. 이용자들은 더 큰 릴이나 더 많은 릴을 가지고 있는 기계와 상호작용하면서 자신의 확률이 추가적 심볼에 의해 감소된다는 것을 직관적으로 알아차렸던 것이다. 승산을 높이기 위한 또 다른 방법은 가짜 릴을 보여주는 비디오 화면으로 물리적 릴을 대체하는 것이었다. 이와 같은 가짜 릴에는 빈칸과 심볼을 무한대로 넣을 수 있었다. 이 작업은 1970년대에 비디오 게임의 등장과 함께 적용 가능하게 되었지만, 소비자들은 여전히 화면-기반 기술에는 친숙하지 못했고 불신하는 경향이 있었다. 소비자들의 불신은 1990년대 중반에 이르러 해소되었지만(다음 장에서 이 내용을 다룰 것이다), 발명가이자 수학자였던 잉게 텔네이즈는 그 이전에 "불균형 릴" 또는 "가중치가 부여된 릴"이라고 불렸던 가상 릴 맵핑이라는 형태의 충격적이면서도 잠정적

인 해결책을 내놓았다.[39]

이 기술을 사용하는 머신은 릴 하나에 22개까지 멈춘 그림을 보여준다(빈칸 11개, 심볼 11개). 그러나 가상 릴에는 설계자가 원하는대로 얼마든지 많은 그림을 설정할 수 있고, 때로 그 개수는 수백개까지 이른다. 모든 컴퓨터화된 슬롯머신에서 그런 것처럼, 도박자가 '스핀'이나 '벳' 버튼을 눌렀을 때, 그 순간 난수발생기에서 생성된 가치는 가상의 릴 그림(심볼 또는 빈칸) 중 하나로 번역되고, 각각의 스탑(stop)은 모두 동일한 확률을 가지고 있다. 그러나 실제 릴보다 가상 릴에 스탑의 수가 많기 때문에, 난수발생기에 의해 선택된 가상의 스탑을 실제 스탑으로 번역하기 위한 이차적인 "맵핑" 프로그램이 기재되어야만 한다. 이 중간 단계에서 벌어질 수 있는 "멋진 일"이란 바로 그 작업이다. 즉, 실제 물리적 릴 위에 존재하는 낮은 금액의 당첨금에 해당하거나 아예 당첨금이 없는 빈칸에, 훨씬 더 많은 가상의 스탑을 "그려(map)"넣는 것이다.(그림 3.1 참고).[40]

실제 릴과 가상의 릴 사이의 이러한 간극은 게임 제조업체가 게임 결과를 훨씬 더 정확하게 통제할 수 있도록 해주었다. 정말로 낮은 확률이기는 했지만 엄청난 잭팟을 이용자에게 약속할 수 있게 된 것이다.[41] 64개의 스탑 중 잭팟 심볼을 한 개만 그려넣은 릴을 보유한 머신에서, 세 개의 릴에 그 심볼이 일렬로 멈춰 잭팟이 터질 확률은 262,144분의 1이다. 따라서 머신은 손해의 위험 없이 262,144달러까지 잭팟 당첨금을 제시할 수 있게 되었다. 512개의 가상 스탑을 가지고 있는 기계에서의 잭팟 확률은 1억 3,700만분의 1 정도로 드물다. 2천만 또는 3천만 달러짜리 당첨금을

---

39 US Patent No. 4448419.
40 Turner and Horbay 2004, 16.
41 Ibid., 11. US Patent No, 4448419.

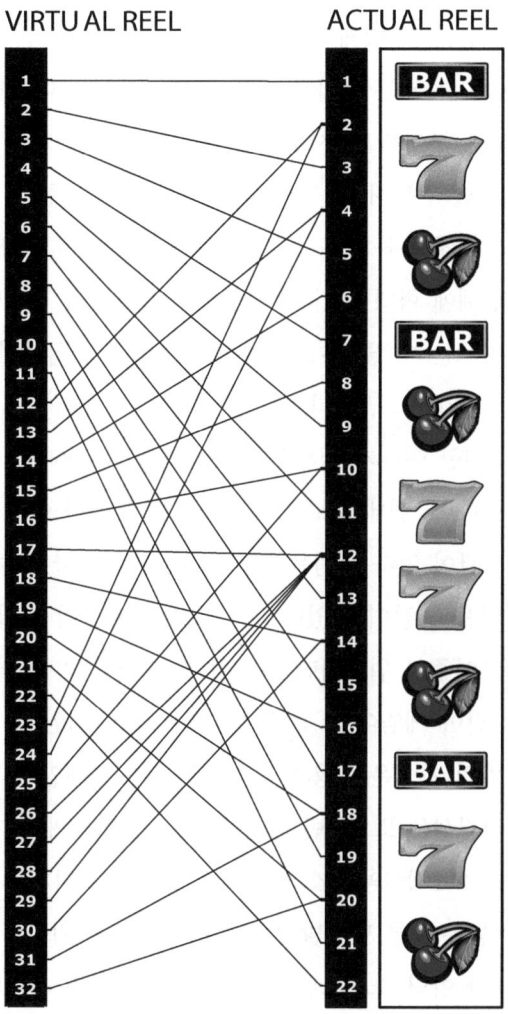

그림 3.1 32개 가상 스톱과 22개 실제 스톱을 가지고 있는 가상 릴 매핑을 이해하기 위한 교육용 도식 자료. 32개의 가상 릴 중 1부터 11까지는 실제 릴의 각 심볼에 매핑(연결)되어 있다. 그러나 나머지는 빈칸으로 연결되어 있어, 실제로 승리할 수 있는 심볼을 맞출 확률은 겉으로 드러나 보이는 것보다 낮다. 또한 "클러스터링(clustering)"이라는 기술을 통해, 가상 스탑이 불균형적으로 잭팟 심볼 바로 밑이나 위쪽 빈칸에 연결되어 있다. 이러한 방식은 온전히 확률에 따를 때보다 그것들이 페이라인 위쪽이나 아래쪽에 더 자주 나타나도록 만들어 이용자들의 "니어 미스" 감각을 더욱 강화한다. (출처: Game Planit, Inc.)

제공하기에 충분히 안전한 하우스 엣지(house edge)[42]를 주면서도 여전히 장기적인 수익을 보장할 수 있게 된 것이다.[43] 이 전례없는 수학적 유연성은 도박 기계에 그 이전까지는 찾아보기 힘들었던 "변동성(다른 말로 하면 극적인 승리의 가능성)"을 부여했고, 시장에서 이러한 도박 기계의 매력은 더욱 배가되었다. 이 기술의 특허권을 구매한 회사인 IGT의 한 직원은 가상 릴 매핑 기술이 "찰스 페이가 처음 슬롯머신을 발명했었던 그때와 마찬가지로 슬롯머신 산업계에 혁명을 일으켰다."고 이야기했다.[44] 도박 산업 전문가인 프랭크 레가토는 이 발명이 "슬롯머신의 인기가 급격하게 증가하는 주된 원동력이 되었다."고 말했다.[45]

난수발생기에 대한 이해가 릴의 회전이 게임의 결과와 전혀 관련이 없다는 점을 드러냈다면, 텔네(Telnae)의 매핑 기술에 대한 이해는 릴 자체도 게임의 결과와 상관이 없다는 점을 드러낸다. 그는 미국 특허청에 신청서를 제출하면서 다음과 같이 적었다. "이 발명에서 물리적 릴은 무작위로 생성된 숫자를 보여주기 위해서만 사용된다. 또한 물리적 릴은 표준적인 슬롯머신에서와 같이 게임이 그 자체가 아니다."[46] "게임 그 자체가 아니다."―가상 릴 매핑 기술은 이용자가 상호작용하는 게임과 그 결과를 결정하는 기제의 연결성을 또 한 번 제거한다. 창의적인 게임 개발업자들의 관심을 기계의 구조(손잡이의 느낌, 릴의 원주 등)로부터 기계의 수학적 프로그래밍으로 돌려놓은 것은 난수발생기보다도 바로 이 기술의 영향이었다. 최초로 하드웨어가 아닌 소프트웨어를 재배열함으로써 게임의 확률을 변

◇◇◇◇◇◇◇

42 (옮긴이 주) 하우스 퍼센티지(house percentage) 또는 하우스 오즈(house odds)라고도 하며, 도박장 측에 유리한 게임의 승산을 의미한다.
43 Turner and Horbay 2004, 21.
44 Wilson 2004a.
45 Legato 2004.
46 US Patent No. 4448419.

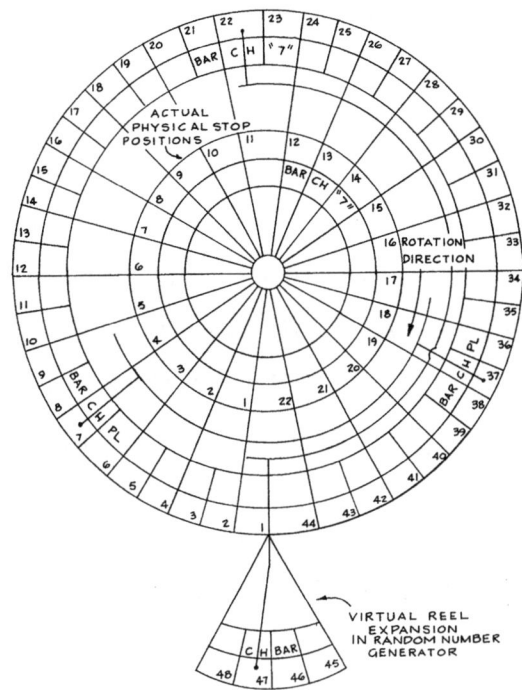

그림 3.2 가상 릴의 도식적 표현. 미국 특허 No.4448419, 잉게 텔네, 1984. (난수발생기 가상 릴 내 가상 릴 확장)

경하는 것이 가능해진 것이다.[47]

동시에 개발자들은 물리적 릴의 스톱에 대한 의존도를 없애고, 이용자들이 게임을 하면서 상호작용하는 릴 화면에 대한 의존도를 지속적으로 유지시키고자 (그리고 그것으로부터 수익을 보고자) 노력했다. 기존의 기계적 기능을 빼앗긴 릴은 시각적 왜곡을 만들어내기 위한 새로운 기능을 맡았다. 머신의 칩 안에만 존재하는, 또한 도박자들에게 불리한 방향으로 가중치가 부여된 "릴"은 그들의 앞에서 돌아가는 실제 릴에 압축되는데, 이로

---

47 Ernkvist 2009, 166-68.

써 도박자가 실제보다 훨씬 더 유리한 것처럼 보이게 된다(그림 3.1에서 보여주고 있는 것처럼, 이러한 릴은 종종 잭팟 심볼을 네 개까지 가지고 있다). 이용자가 보게 되는 각 심볼은 마치 동등한 확률을 가지고 나타나는 것처럼 보일지 모르지만, 사실은 그렇지 않다. 실제 릴은 단지 자신보다 훨씬 더 확장된 가상 릴에서 맵핑된 결정을 전달할 뿐이다. 텔네는 자신의 의도가 이용자의 왜곡을 초래하기 위한 것이라고 솔직히 밝혔다. "*실제보다 훨씬 더 큰 당첨 확률이 있는 것처럼 인식되는 머신을 만드는 것이 중요하다.*"[48]

컴퓨터 소프트웨어 알고리즘 전문가 케빈 해리건은 그것이 정확히 얼마나 더 큰지 계산하는 방법을 찾아냈다. 그가 스톱 64개를 가진 가상 릴에 대한 프로그래밍을 분석했을 때, 만약 스톱 22개를 가진 실제 릴이 나타나는 방식에 따라 당첨된다고 한다면, 이용자는 297퍼센트의 확률로 이길 수 있다.[49] 그는 머신에서 승산을 잘못 보여주는 것—이것을 "물리적 릴의 왜곡 요인(physical reel distortion factor, PRDF)"라고도 한다—이 인간의 지각 체계를 속이고 이용자들이 계속해서 게임하도록 하기 위해 작동했다고 주장했다.

일부 사람들은 가상 릴 맵핑과 관련된 교묘한 지각 조작과 확률의 변형적 왜곡이 일종의 첨단 기술 사기라고 특징지었다. 수은을 주입해서 "주사위의 무게를 증가시키거나," 몇 장의 카드를 더해서 "카드 덱이 편향되게 만드는" 대신에, 디지털 프로그래밍이 속임수의 수단이 된 것이다.[50] 네바다주 게임법에 따르면 "속임수"란 게임 결과를 결정하는 "우연의 요소, 선택이나 기준의 방식을 변경하는 것"이며, "확률을 계산하는 장치를 사용

◇◇◇◇◇◇◇

48 Ibid.
49 Harrigan 2007, 2008.
50 Falkiner and Horbay 2006.

하는 것"도 포함된다.⁵¹ 가상 릴 맵핑이 이 정의에 들어맞든 아니든지 간에 적어도 잠재적으로 오해의 소지가 있는 그래픽을 금지하는 이용자 보호법의 변형, "게임 결과에 대한 정확한 표시를 보여주어야만 한다."는 게임 위원회(Gaming Commission)의 규정은 위반하는 것으로 보인다.⁵² 앞서 인용된 텔네의 특허는 이용자가 오해하게 만드는 이 발명의 영향력, 또는 "실제 보다 더 큰 당첨 확률을 보여주는 것"을 강조하고 있다.

공교롭게도 네바다 게임 감독 위원회가 개최한 일련의 공청회에서 이 특허에 근거한 슬롯머신이 소개되었을 때, 게임 산업계의 저명인사들은 그것의 기능 측면이 시각적으로 속임수이며 비윤리적이라는 이유에서 반대했다. 당시 가장 큰 제조업체였던 IGT와 발리의 대표들은 이 기술이 이용자에게 결과를 잘못 전달한다는 점에 대해 우려를 표했다. 발리의 대표는 다음과 같이 증언했다. "시각적 관점에서 본다면 이것은 슬롯머신 이용자들을 호도하는 것입니다." 그는 계속해서 다음과 같이 설명했다:

> 역사적으로 릴 스피닝 슬롯머신이 그토록 성공적이었던 이유 중 하나는 이용자들이 손잡이를 몇 번이고 잡아당기는 과정에서 시각적으로 릴 위의 모든 심볼을 볼 수 있었기 때문이고, 또한 심리적으로 시간이 지나면 결국 마지막으로 나타나게 되는 실제 조합이 있을 것이라고 인식했기 때문입니다. 저희가 보기에는 만약 슬롯머신의 기계적 릴이 네 개의 7모양 심볼을 가지고 있는데 마치 7심볼이 한 개인 것처럼 전기적으로 작동한다면, 이용자는 시각적으로 현혹되고 있는 것입니다.⁵³

◇◇◇◇◇◇

51 Regulations 465.015 and 465.075 (Nevada Gaming Commission 2010b).
52 Regulation 14.040 (Nevada Gaming Commission 2010a).
53 Nevada State Gaming Control Board, 1983, 39.

IGT의 법률 고문도 "이러한 기계와 관련하여 속임수 문제가 있습니다."라고 동의했다.[54]

이처럼 당시 산업계 내부자들은 이 기술에 대한 경계심을 가지고 있었다(이러한 경계심은 의심할 여지 없이 정말로 속임수에 대해서 우려했다기보다는 경쟁과 관련된 차원의 걱정이었다). 그럼에도 불구하고 이후 네바다 게임 감독위원회 수석 변호사가 이야기 한 것처럼, 가상 릴 맵핑을 승인해 달라는 요구는 "기준에서 벗어났지만 허용 가능한 편차"로 간주되었다.[55] 한 감독위원은 공청회에서 이용자들이 머신으로부터 속임수를 기대한다고 강조하며 다음과 같이 자신의 의견을 내세웠다. "제 느낌에는 이 머신 괜찮은데요. 찬성하는 표를 던지겠습니다. 이 개념이 아주 흥미롭다고 봐요."[56]

슬롯머신에서 더 큰 잭팟을 제공할 수 있도록 만들어 준 가상 릴 맵핑 기술을 위원회에서 받아들인 사건은 미국 도박 시장에서 머신류 증가에 핵심적인 역할을 했다. 라스베이거스의 포 퀸즈 카지노에는 100대의 기계장치가 설치되었고 얼마 지나지 않아 가상 릴을 사용하지 않는 기존의 릴 머신보다 두 배나 많은 수익을 만들어냈다.[57] 네바다주의 규제 "황금율"에 따라 이와 같은 소득에서 발생하는 세금으로 돈 좀 벌어보고 싶었던 다른 주에서도 곧 이 소프트웨어를 허용하기 시작했다. "'실험실'이라는 이름으로 알려진, 게임산업계에 있는 사람이라면 모르는 사람이 거의 없을 정도로 유명한" 국제 게임 연구소(Gaming Laboratory International, GLI)과 같은 제3의 사설 시험 인증 기관도 이 과정에 일조했다.[58] 1989년 IGT는 텔네 특

---

54 Ibid., 41.
55 Nevada Gaming Commission 1989, 280.
56 Nevada Gaming Commission 1983, 88.
57 Turdean 2012, 31; Davis 1984, 18.
58 "Gaming Laboratory International: The Testing Standard" 1007, 72.

허에 대한 배타적 권리를 취득하자 이 기술을 창의적인 방식으로 활용하는 동시에 특허 위반으로 다른 슬롯 제조업체들을 고발하는 조치를 취하면서, 산업계에서 최강자가 되기 위해 노를 저었다. 2002년 IGT의 특허 독점권이 종료되자 이 소프트웨어는 전체 산업계에서 하나의 표준이 되었다. 1997년즈음에는 회전하는 릴을 가진 슬롯머신(오늘날 평균적인 카지노 슬롯 업장에서 35~40퍼센트를 차지한다)의 80퍼센트 이상이 이 알고리즘을 사용하고 있었다.

오늘날 가상 릴 맵핑의 수상쩍은 지각 왜곡 문제가 제기되면, 이에 대한 관련자들의 방어는 그저 제자리를 도는 이야기일 뿐이다. 주심판사는 모든 규제 관련 연구소에서 그것을 허가했기 때문에 그 행위가 사기는 아니라고 한다. GLI와 같은 규제 관련 연구소는 자신들은 그저 업계에서 의뢰가 들어오면 기계의 특성을 시험해보는 것일 뿐, 소비자 보호법을 옹호하거나 검토하는 것은 본인들의 역할이 아니라고 주장한다. 제조업자들과 카지노 운영자들은 규제가 자신들의 임무는 아니지 않느냐고 주장한다.[59]

손실의 재구성: 니어 미스

가상 릴 맵핑은 게임의 확률에 관한 이용자의 지각을 왜곡하는 것뿐만 아니라, "니어 미스(near miss)" 효과[60]를 만들어냄으로써 손실에 대한 감각을 왜곡하는 데 사용되어 왔다. "클러스터링" 기술을 사용해 게임 설계자들은 가상 릴 스톱을 실제 릴의 승리로 이어지는 심볼에 인접한 빈칸에 불균

◇◇◇◇◇◇

59 Bourie 1999.
60 (옮긴이 주) 성공에 거의 근접했다가 실패했을 때 크게 아쉬워하는 심리를 의미한다.

형적으로 직접 연결시킨다. 이러한 방식을 통해 빈칸이 중앙 페이라인에 나타났을 때 승리의 심볼이 온전히 우연에 따를 때보다 그 위쪽이나 아래쪽에 훨씬 더 많이 보여지게 되는 것이다. (그림 3.2 참고). 해리건은 다음과 같은 계산을 하였다. 만약 이용자가 64개의 스탑을 가진 가상 릴 머신에서 각각의 회전 이후에 페이라인 위쪽이나 아래쪽에서 심볼을 보게 된다면, 이용자들은 게임이 환급해주는 비중, 또는 "이용자에게 돌려주는" 비중을 192에서 486퍼센트까지로 가정하게 된다(1998년 한 산업 분석가는 IGT 머신을 분석하면서 이보다 더 높은 250에서 1,000퍼센트를 도출해낸 적도 있다).[61] 그는 이러한 승산에 대한 지각 왜곡을 "PWDFa/PWDFb(payline window distortion factor above/below)"라고 부른다.

1984년 공청회에서 IGT의 법률자문은 클러스터링과 니어 미스에 대한 문제를 제기했다. 그는 "아래나 위쪽에서 실제로 컴퓨터에 보이는 것보다 네 배나 많이 나타나는 잭팟의 그림은 … 아마도 이러한 기계들의 게임이 성공했던 이유를 설명할 수 있을 것이다. 유인책이 마치 유령과 같은 심볼인 한, 나는 이것이 거짓 광고라고 생각한다."라고 이야기하며 주의를 주었다.[62] 그러나 그는 공식적인 기록을 위해서는 다음과 같이 적었다. 만약 가상 릴 기술이 승인된다면, "그것이 경쟁 우위라고 생각하기 때문에 당연히 그것을 할 수 있기를 바랍니다."라고. (그리고 실제로 그들은 그 기술을 사용하기 위해 계속 나아갔고 큰 성공을 거두었다.)

손실을 이길 수 있는 가능성으로 바꿈으로써 니어 미스(일부 사람들이 이야기한 것처럼, 이것은 보다 정확하게는 "니어 윈"으로 인식된다)는 이용자가 게임을 계속하도록 만들었다.[63] "당신이 버튼을 계속 누르고 게임을 지속하기

◇◇◇◇◇◇◇

61 Harrigan 2007; Burbank 2005, 114.
62 Nevada Gaming Control Board 1983, 44.
63 Cote et al. 2003.

를 원하도록 만드는 거죠." 어느 연구에서 한 참여자가 했던 말이다. "희망 속에서 사는 거예요. 왜냐하면 진짜 거의 가까워진 것 같고, 계속 한 번 해보고 싶거든요. 패턴도 다 배웠겠다, 이제 그게 딱 맞아떨어지기만 하면 되거든요."[64] 행동심리학에서는 니어 미스가 그토록 강력한 이유를 "지속에 대한 좌절 이론(frustration theory of persistence)"으로 설명한다. 이 이론적 관점에서 니어 미스는 "그 즉시 뒤따르는 어떤 행동에 대한 생생한 또는 강력한 효과를 가지게" 된다. 또 다른 관련된 이론은 "인지적 후회(cognitive regret)"로, 이용자들이 게임에서 진 후에 곧바로 다시 게임을 함으로써 '거의 이겼는데'라고 생각한 후회를 회피하려고 한다는 것이다.[65] 1953년 행동주의 심리학자 B.F. 스키너는 다음과 같이 말했다. "거의 잭팟에 당첨될 뻔한 경험은, 머신 소유주에게는 아무런 비용도 들지 않는 강화물임에도 불구하고, 개인이 머신 게임을 할 가능성을 증가시킨다."[66]

게임산업계는 북미권 머신에서 니어 미스는 절대 발생하지 않는다고 주장한다. 그러나 이러한 주장은 니어 미스에 관한 매우 모호하면서도 협소한 정의를 기반으로 한다. 그 정의는 1988년 일련의 법정 공청회에서 출현했는데, 당시는 미국 내 타 경쟁사들의 요청으로 네바다 게임 감독 이사회가 일본 회사 유니버설를 소환했을 때였다. 유니버설은 참신한 방법으로 니어 미스 효과를 만들어내는, 굉장한 성공을 거둔 릴-스피닝 머신을 만들어냈다. 그 머신은 이용자들에게 릴이 회전한 결과를 보여주기 전에 이용자가 졌는지 이겼는지를 먼저 확인했다. 이용자가 졌을 때 장치는 2차 작동을 시작했다. 이 과정에서 기계는 이번에 진 게임이 거의 이긴 게임에 가까웠다는 점을 직접 중앙 페이라인 위에 보여주었다(예를 들면, 첫 번

◇◇◇◇◇◇◇

64 Blaszczynski, Sharpe, and Waler 2001, 86.
65 Harrigan 2009b; Reid 1986.
66 Skinner 1953, 297.

째와 두 번째에 7이 나오고, 세 번째 7은 플레이라인 바로 밑에 보여주는 식이었다).

유니버설은 자신의 경쟁사들도 앞서 기술한 클러스터링 기술을 통해 니어 미스 효과를 만들어냈다는 점을 지적했고, 그 효과로 "프로그래머는 단지 가상 릴에 더 많은 니어 미스 시나리오를 탑재하여 그것이 더 자주 나오게 한다."고 이야기했다.[67] IGT 법률 자문은 스스럼없이 그 점을 인정했다: "네. 저희는 페이라인 아래와 위쪽으로 잠재의식적으로 유도할 수 있는 방법을 썼고, 사람들은 사물을 지엽적으로 보죠."[68] 그러나 감독 위원회의 한 대변인은 그러한 니어 미스는 "자엽스럽게 발생"하는 것이라고 증언했다. 그것들의 소스가 회전이 발생한 이후에 이차적으로 소프트웨어가 적용되는 방식이 아니라, 회전에 선행하여 머신의 릴을 배열하는 것이기 때문이라는 이유였다. 유니버설은 니어 미스가 "자연스럽게" 프로그램되어 "지엽적으로" 화면에 표시되든, 이차적 소프트웨어와 중앙 페이라인에 표시하는 방식을 통해 프로그램된 것이든, 이용자에게 미치는 영향은 같은 것이라고 이의를 제기했다. 그들이 생각하는 한 가지 차이점이 있다면 자신들의 기술이 더욱 진일보된 기술이라는 점이었다. 또한 유니버설은 이번 일의 일환으로 네바다주 대학교 컴퓨터 테크놀로지 교수직을 후원하겠다고 제안했다; 그들은 피후원자가 기존의 규제 및 전문가가 전통적이고 기계적인 슬롯머신을 기반으로 하고 있는 현재 이사회의 교육 자문을 할 수 있을 것이라고 했다.[69]

이사회는 결국 유니버설에 불리한 쪽으로 결정을 내렸다. 이사회는 도박 기계에서 각 릴의 결과는 난수발생기에 의해 별도로 결정되어야 하며, 그러한 결과가 화면에 표시되어야 한다고 규정을 개정했다: "게임 결과

---

67 Thompson 2009.
68 Raymond Pike, quoted in Reich (1989).
69 Burbank 2005, 107, xvii.

가 선택된 이후에는, 게임 장치는 이용자에게 보여지는 결과에 영향을 미치는 가변적인 이차 결정 작업을 수행해서는 안 된다." 가상 릴 맵핑은 난수발생기가 가상 릴 스탑을 선택한 이후에 적용되는 컴퓨터 과정이고, 그런 의미에서 일종의 "이차적 편향 시스템"으로 기능한다고 할 수 있음에도 불구하고, 이사회는 니어 미스를 만들어내는 내장된 방식이 우연의 순수성을 훼손하지는 않는 것으로 간주하기로 결정했다. 게임법과 관련하여 미국의 선도적인 권위자인 I. 넬슨 로즈는 다음과 같이 자신의 견해를 밝혔다: "네바다주는 컴퓨터로 만든 페이라인의 니어 미스에는 제한선을 그었다; 그 외 다른 것들은 가능하다는 것이다."[70]

시간이 흐르자 이 판결은 니어 미스를 "불법화"하는 판결로 부각되었다. 당시 이사회의 수석 변호사였던 엘렌 휘트모어는 오늘날까지 자신이 니어 미스를 "금지"했다는 점을 스스로의 주요 업적 중 하나로 꼽는다. 그러나 사실상 이사회는 1989년 공청회를 마치면서 (당시 이미 산업계에 단단히 뿌리내리고 있었던) 가상 릴과 클러스터링 기술을 통해서 수행된다는 조건 아래 니어 미스를 합법적으로 허용해 준 것이나 다름 없다. 해당 판결을 비판적으로 바라보는 시각에서는 위원들이 자신들의 감시 아래 번창했던, 이용자를 호도하는 일련의 산업 설계 전략을 합법화 하면서도 이에 반대하는(또는 반대하는 것처럼 *보이는*) 입법을 추진할 수 있는 방법을 찾아낸 것이고, 또한 이러한 결정을 통해 이 산업계가 엄청나게 경제적으로 성장할 수 있는 데 기여한 것이다. 좀 더 냉소적으로 말한다면 법적 과정의 결과가 미국의 게임 회사를 외국 경쟁사들로부터 보호하려는 목적이었다고 볼 수도 있다. 조금 덜 비판적으로 말한다면 위원들이 오랫동안 지속된 기계적 설계 패러다임에 너무 익숙했던 탓에, 앞으로 규제해야 하는 새로운

◇◇◇◇◇◇◇
70 Rose 1989.

디지털 기술을 적절히 이해하지 못한 상태였다고 생각할 수도 있다. 어느 쪽이 사실이든지 간에 자신들이 규제해야 할 문제는 난수발생 기제에 초점을 맞추는 것이라고 결정한 이사회의 결정은 (무작위성을 *전달*하고 이용자가 그것을 인식하는 새로운 방식은 무시하는 노선을 취하면서) 그러한 방식을 허용하는 조건을 설정하는 방향으로 이어졌다.

맵핑 기능을 필요로 하지 않았던 초기 비디오 슬롯에서 게임 개발업자들은 (물리적 릴이 부재했고, 모든 릴이 가상이었기 때문에) 니어 미스 효과를 만들어내기 위해 그저 비디오 릴을 추가하기만 하면 됐다. 이길 수 있는 심볼이 왼쪽에는 "터지게 하면서" 오른쪽으로 갈수록 점차적으로 그것을 "없애 버리면," 이용자들은 심볼이 왼쪽에서 오른쪽으로 순차적으로 멈추는 것을 보면서 간발의 차로 졌다는 감각을 느낄 가능성이 높다.[71] 다시 말해 가상 릴 맵핑이 각 릴에서 수직적으로 니어 미스 효과를 만든다면, 멀티릴 비디오 슬롯은 릴을 가로질러 수평적으로 그 효과를 만들어내는 것이다. ("불균형적인" 또는 "편향된" 릴과는 반대로) "비평형" 또는 "비대칭" 릴이라고 알려진 이 기술은 각 릴의 결과가 독립적인 무작위 과정을 통해 결정된다는 조건에 부합했기 때문에 법적으로 허용되었다. 이 기술은 수많은 조합으로 자연스럽게 니어 미스를 만들어냈던 "릴"이 비디오 슬롯에 더 많아짐에 따라 점차 약화되었다. 현대의 비디오 슬롯 설계자들도 실제로 존재하는 것보다 더 큰 승산을 보여주기 위해 소위 '티저 스트립(teaser strips)'이라는 것에 의존한다. 더 높은 당첨금이 걸린 심볼에 가중치가 부여된 티저 스트립은 비디오 릴이 "회전"할 때 화면에 나타났다가, 릴이 멈추면 낮은 당첨금 심볼의 스트립으로 대체된다.

가상 릴 맵핑과 그것의 불균형적인 릴에서부터 비디오 슬롯의 비대칭

71　Falkiner and Horbay 2006, 10.

릴로. 정지 버튼과 조이스틱 조작을 통해 전달된 이용자의 통제력에 대한 환상으로부터 티저 스트립을 통해 전달된 확률적 착각으로. 모든 회사와 법적 장치, 규제 기구들의 지지를 받아온 이러한 방식들로 머신 설계자들은 승산 및 우연을 이용자에게 보여주는 작업에 있어 더욱 큰 통제력을 얻었고, 도박자들은 "통제력 환상", 승산에 대한 왜곡된 지각, 니어 미스 효과에 관한 더욱 강력한 마법에 걸리게 되었다. 설계에 의한 일종의 마법이라고 할만한 이 과정에서, 정교하게 조정되어 우연을 중재하는 기술은 "진정한 새로운 신"으로 기능하며 자신의 신도들을 사로잡는다.

마법에 사로잡힌 사람들

1922년 베버는 다음과 같은 질문을 던졌다. "오늘날 [합리화]라는 말은 우리가 미국 원주민보다 우리가 처해 있는 삶의 조건에 관한 더 많은 지식을 가지고 있다는 것을 의미하는가?"[72] 반대로 그는 합리화가 기술이 설계되고 구축되는 과정, 그리고 그것이 작동하는 방법에 대한 무지의 증가를 수반해왔다고 주장했다. 그는 이렇게 지적했다. "그가 물리학자가 아닌 이상 자동차를 운전하는 사람은 그것이 어떻게 움직일 수 있는지에 대해 전혀 모를 것이다. 운전자가 그것을 알 필요도 없다. 운전자는 자동차의 움직임을 '믿어도' 된다는 점에 만족하며, 이러한 기대에 따라 그의 행위를 방향짓는다; 그러나 운전자는 도대체 차가 어떠한 과정을 통해서 생산되기에 그것이 움직일 수 있는지는 전혀 무지한 상태인 것이다." 이 장의 서두에서 살펴본 것과 같이, 로즈는 어느 순간 더 이상 도박 머신의 "움직임

◇◇◇◇◇◇◇
72 Weber 1946 [1922], 139.

을 '믿을' 수" 없다고 느꼈고, 그것이 어떻게 그렇게 움직이게 되는지 생산 과정을 알아내고자 했다. 슬롯머신을 분해해서 내부 장치를 모두 떼어내 자신을 사로잡은 머신으로부터 벗어나기를 원하는 그녀의 희망은 어떻게 되었을까? 만약 그녀가 마이크로프로세싱 칩(슬롯 공학 교육과정에서는 마지막까지 이것에 대해서 가르쳐주지 않았다)을 이해하는 법을 배운다면, 이 지식이 마침내 그녀를 마법에서 풀려나게 만들고 놀이의 지속을 중단시킬 것인가?

1990년대 말 온타리오주의 전직 중독 상담사 로저 호베이는 도박 기계에 관해 이용자들과 정책 입안자들을 교육시키기 위해 소프트웨어 설계를 시작했다. 그는 자신이 중독 상담사이자 다른 상담사들을 훈련시키는 사람으로서 느꼈던 좌절감이 이 작업의 동기였다고 이야기했다. 장치 안에서 어떤 일이 벌어지고 있는지 무수히 많이 설명했음에도, 많은 사람들이 그 작동을 이해하지 못했다. 특히 사람들은 기계가 어떻게 확률과 무작위성을 배열하는지, 또는 앞서 나왔던 말라비의 언어를 사용하자면 "기획된 우연"의 개념을 이해하기 어려워했다. "무작위라면서 어떻게 동시에 편향될 수가 있는가? 우연에 의한 것이라면서 어떻게 하우스 엣지를 고정할 수가 있는가? 사람들이 그걸 이해하지 못하더라고요." 호베이는 기억을 떠올리며 말했다. 그가 컴퓨터 과학자 해리건을 만났을 때, 이 둘은 자신들만의 고유한 슬롯머신 모의실험 장치를 개발하자고 결심하게 되었다. "그런 생각이었죠. 우리들만의 게임을 만들자. 사람들이 투명하게 볼 수 있도록 하자. 실제로 전형적인 슬롯머신이 어떻게 작동하는지 직접 보여주자."

교육용 소프트웨어를 설계하는 일은 그렇게 간단하지도 쉽지도 않았다. 지적재산권을 이유로 기술을 보유한 기업들은 게임 승산이 어떻게 배열되는지, 그리고 어떻게 가상 릴이 맵핑되는지를 보여주는 PAR 시트

(Paytable And Reel Strips sheets, 확률 계산 보고[probability accounting reports]라고도 불림) 청구 요청을 거부했다. "비밀유지가 보통이 아니에요." 호베이는 말한다. "카지노는 제조업체에서 머신을 사더라도 PAR 시트는 얻을 수 없어요. 그것들은 꽁꽁 숨겨져있죠." 그와 그의 동료들은 산업박람회에 참가해 각 기업의 부스를 돌면서 필요한 지식을 수집하기도 했다. 결국 그들은 슬롯머신이 공적으로 특허를 부여받는 미국 특허청으로 갔다. 그들은 자신들만의 연구소로 특허를 받았고, 수학적 부분을 역설계 할 포렌식 과학자도 고용했다. 이렇게 만들어진 교육용 소프트웨어 세이프 앤 플레이(Safe@Play)를 통해 이용자들은 릴 머신의 내부를 관찰하고 그 기계들이 실제로 어떻게 작동하는지 알 수 있다. 실제로 "릴을 펼치"거나, "마이크로프로세서를 당겨서" 난수발생기가 어떻게 작동하는지 볼 수 있는 것이다―이 프로그램은 "게임의 감추어진 기능을 풀어헤친다."

숙련된 중독 상담사로서, 호베이는 자신이 만들어낸 이 장치의 한계(좀 더 심하게 이야기한다면 불합리성)를 인정한다. "교육을 통해서 머신에 대한 신화를 깨트려도, [충동적 도박자들은] 여전히 계속할 거예요." 나는 왜 그런지 이유를 물었다. "왜냐하면 일단 기계에 한 번 낚이면(hook in), 그걸 계속하게 만드는 다른 뭔가가 끼어들거든요. 다른 생각들은 싹 없어져 버리고, 딱 한 가지만이 지배하게 되죠." 호베이가 이야기한 그 "다른 뭔가"―존에 붙들리는 것―는 애초에 도박자가 처음 가졌던 우연을 이겨보고 싶다는 희망을 넘어서고, 머신의 프로그래밍은 지각 왜곡이라는 마법을 통해 그것을 강화했을 수 있다. 앞서 이야기했던 몰리의 사례처럼, 승리하고 싶다는 처음의 유혹이 반복적으로 도박 머신을 하게 만들었지만, 그 반복 수행을 통해 그녀는 머신이 존을 경험하게 해주는 능력을 발견했다. 끊임없이 지속되는, 승리로 얻을 수 있는 유한한 보상을 능가하는, 약해질 줄 모르는 그 상태를. 호베이는 도박 머신의 이 유혹적인 난해함이 이용자를 붙잡아둘 뿐만 아니라 기계에 낚아채듯 빠져들게 만든다고 본다. 그의 말에 따르면 "초기에 사람을 함정에 빠트리는 기제" 또는 "존으로 이끄는" 무엇인가가 있는 것이다. 그는 이렇게 사람을 덫에 빠트리는 기제가 신규 도박자들의 인지적 기대를 이용하여, 기계와 인간의 상호작용이 어떤 지점에 이르기까지 꾸준히 게임이 계속되도록 만든다고 믿는다. 그 지점에서, 승리라는 자기-극대화의 목표는 존의 자기-유동화(流動化)라는 목적으로 탈바꿈한다. 그는 자신의 소프트웨어를 "중독으로 진입하는 길을 차단하기 위한" 한 방편으로, 예방의 한 형태로 홍보한다. 그의 말에 따르면 일단 이용자가 반복 놀이의 고리에 들어서게 되면, "어떠한 합리적 행위도 불가능하다."

도박 중독자들은 그들이 존에 있을 때 이성을 넘어서 있다는 점을 익히 알고 있다. 또한 기계의 내부 기능에 관한 지식을 알고 있다고 하더라도 그들의 욕동이 꺾이지 않으리라는 점도 역시 알고 있다. "저는 그 원리에 대해서 궁금해하지도 않고, 걱정되지도 않아요." 뷔페 종업원으로 일하고 있는 롤라는 말했다. "머신이 컴퓨터화됐다는 건 알고 있어요. 안에 칩이 있다죠. 근데 그런 건 별로 상관 없어요. 사실, 제가 게임할 때는 그런 건 머리속에서 싹 사라져요. 그런 건 조금도 신경쓰지 않고, 그냥 다음에 나오는 카드를 보고 싶을 뿐이에요." 세무사인 셸리도 같은 이야기를 했다. "기계가 어떻게 작동하는지에 대해 사람들과 이야기를 나누기도 해요. 직접 기계를 프로그래밍하고 만드는 사람들하고도요. 하지만 제가 게임을 실제로 할 때는 기계 안에서 일어나는 일 같은 건 결코 생각하지 않아요." 앞서 등장했던 전기공학자 랠리는 머신의 내부를 조사해서 메모리 칩이 어떻게 작동하는지를 이해했다고 했다. "저는 꽤 똑똑한 사람이거든요. 저는 합리적인 사람이에요. 근데 도박할 때면 이성은 곧바로 저 멀리 훅 하고 날아가 버리거든요." 로즈는 자신이 머신의 신화를 깨트리겠다고 마음

먹었던 계획이 얼마나 헛된 일이었는지 깨달았다고 했다. "저는 학위까지 땄고, 기계 내부에서 무슨 일이 벌어지는지는 모조리 다 이해했어요. 제가 게임을 시작할 때 그건 하나의 의식적인 지식으로 존재하거든요. 컴퓨터 안에서 무슨일이 벌어지고 있는지 머리속으로 그려보는 거죠. 하지만 나중에는 그 지식을 딱 꺼버리는 거죠."

설계자들 자신도 종종 사람들이 자신이 설계한 머신에서 게임하는 도중에 지식을 "꺼버리는" 경험을 설명한다. 설계를 진행할 때, 그들은 계산적 합리성의 영역 안에서 작업한다. 그들은 머신의 색깔과 소리를 선정하고, 정교한 수학적 알고리즘을 만들어내고, 반환율과 위험 확률을 계산하며, 작동 과정을 면밀히 조사한다. (배버식 분석의 관점에서 보면, 그들은 "이전 세대에는 운에 의해 결정되던 것을, 계산 가능하고 예측 가능한" 무언가로 만들려고 노력한 것이다.) 그러나 실제로 게임을 할 때는 계산적 합리성은 사라진다. "저는 통계적으로 확률을 알고 있는데도요," 앵커 게이밍의 존 벨라조는 말했다. "저는 게임할 때 제가 위험부담 높은 행동을 하거나, 미신적 행동을 할 때 죄책감을 느껴요. … 제가 생각하기에도 도저히 말이 안 되는 이상한 기대감을 느끼거든요. 그리고는 실현 가능하지 않다는 걸 알면서도 그렇게 위험을 감수하는 거죠." 발리의 설계자도 같은 이야기를 한다. "내가 이 게임을 수학적으로 직접 설계했지만, 그건 아무 상관 없는 거예요. 제가 게임할 때는 위태롭고 비합리적으로 게임하거든요. 승산을 알고있는 것 자체는 제가 게임하는 데 끼어들 수가 없어요. 머신 앞에 딱 앉으면 어쨌든 지식이라는 건 별로 상관없어지거든요." 인간-기계 관계에 관해 쓴 글에서 슈만이 이야기한 바와 같이, "컴퓨터는 [내적 작동에 관한 지식을] 소유한 사람에게조차도 '환원될 수 없는' 무엇인가가 존재하는 인간이 만들어낸 인공물 중 독특한 사물 중 하나다."[73] 컴퓨터화된 도박 머신은 각 부품을 하나로 조립한 어떤 것을 넘어선다. 그것은 주술에 걸린 생명체로 거듭나 그것을 만들어 낸 설계자 앞에서도 생물처럼 살아 움직인다. 실리콘 게이밍의 가드너 그루트는 머신의 그러한 힘에 대한 감각이 어떻게 게임을 지속하도록 만들었는지 이야기했다: "제가 머신에 대해서 알고 있는 걸 차단해 버리는 적이 많죠. 왜냐면 제가 이게 완전히 무작위적으로 결정되는 사건이고 내 행위가 어떤 영향도 미칠 수 없다는 걸 인정하는 순간, 제가 원하는 경험을 할 수 없게 되잖아요. 그래서 말하자면 제 마음 속에 어떤 부분의 전원을 그냥 내려버리는 거죠. 그건 마치 제가 저 자신을 속이는 것 같은 현상이에요."

도박 머신과 마주한 그곳에서, 몇 겹의 속임수가 작동하고 있다. 산업 디자이너들은 적극적으로 도박자들을 속이기 위해 기술을 집약한다. 그들은 이 과정에서 (앞서 기술한 이사회의 증언 내용과 같이) 때로는 자신들이 속임수를 쓰고 있다는 사실을 걱정하기도 하고, 때로는 이것이 "도박자들이 원하는 것"을 주기 위한 방법일 뿐이라며 방어하는 전략을 쓰기도 한다. 도박자들도 자신들 나름대로 이 속임수에 공모한다. 그들은 자신이 추구하는 그 강력한 어떤 상태에 진입하기 위해, 머신의 내부적 작동 원리에 대한 지식을 "꺼버린다." 앞장에서 설명했던, 감각 및 정서의 차원에서 발생하는 같은 종류의 "비대칭적 결탁"은 바로 여기에서도 발생한다. 그러나 이 경우 비대칭성은 우연의 주술적 힘에 대한 두 가지의 서로 다른 현실적, 인지적, 시간적 지향의 만남 가운데 존재한다.

설계자들의 지향점이 계산적이고, 합리적이며, 수익을 보장하는 거시적인 통계적 지평에 초점을 맞추고 있다면, 도박자들의 지향점은 체험적

◇◇◇◇◇◇
73 Suchman 2007b, 42.

이고, 정서적이며, 바로 다음의 회전이 만들어내는 예측 불가능한 결과에 초점을 맞추고 있다. 그들이 게임에 더 깊이 빠져들수록 승리보다는 게임을 지속하는 것 그 자체가 관건이 된다. 두 도박 연구자가 분명하게 이야기하는 것처럼, 머신으로 게임하는 도박자들은 "그들의 전략이 복잡하고, 직관적이며, 적응적이라는 점에서" 그들의 반복 행위가 "비논리적"인 것이 아니다. 그러나 앞으로 살펴보겠지만, 이러한 전략들은 "탐욕스럽지도, 승산에 대한 '합리적인' 계산에 의존하지도 않는다."[74] 또 다른 연구자는 이렇게 말한다. "그 사람은 승산이 낮은 것도 '알고,' 시간이 지나면 필수불가결하게 패배한다는 것도 알고 있지만," 다른 "종류의 앎이 … 도박의 과정을 잠식하는 것일 수 있다. 특히 이러한 효과로 설계된 머신이라면 더욱 그러하다."[75] 계산과 직관, 그리고 합리성과 감성 사이에서 이용자가 존을 쫓는 동안 도박 산업은 수익을 쫓는다.

---

74 Livingstone and Woolley 2007, 369.
75 Borrell 2004, 181.

피드백

기계의 유형은 각 사회의 유형과 쉽게 들어맞는다. 기계가 그렇게 한정되기 때문이 아니라, 기계들이 그 자체를 만들어내고 사용할 수 있는 사회적 유형을 표현하는 결과물이기 때문이다.

— 질 들뢰즈

쥐인간

달레인이라는 이름의 한 도박자는 도박 중독자를 위한 회복 관련 웹사이트에 다른 아래와 같은 활동 일지를 올렸다.

- 새벽 3시. 거의 마지막 사람이었음. 화장실에 가고 싶음. 기계를 떠나고 싶지 않음.
- 새벽 5시. 아직도 거기. 담배연기에 질식할 것 같음. 배가 너무 고프고, 방광의 고통으로 경련이 일어남. 하도 앉아 있어서 엉덩이가 아픔.
- 새벽 6시. 결국 일어남. 코트를 입었지만 여전히 나갈 수가 없음. 오줌 누러 가는 동안 종업원에게 기계 좀 맡아달라고 함. 겨우 안정을 찾으며 거의 울음을 터트릴 뻔 함. 화장실 거울에 비친 나를 보고 충격 받음. 거울에 비친 그 여자를 다시는 보고 싶지 않음. 절망감과 담배 연기에 찌든, 화장실도

집에도 갈만한 분별력조차 없는 굶주린 여자. 계속 게임함. 일어나서 코트를 입음.
– 아침 8시. 조식 먹는 사람들 내려옴. 아는 사람 마주칠까봐 식겁함. 결국 나옴.

내가 도대체 어쩌다 이렇게 된 걸까요? 열다섯 시간? 애들 돌볼 때 빼고는 태어나서 어떤 것도 열다섯 시간 내리 해본 적이 없어요. 이미 그럴 시절은 훨씬 지났고 벌써 할머니라고 불릴만 한 나이에요. 게다가 무슨 할머니가 이래요? 이렇게 자기통제도 못하는 데다, 완전히 최면에 빠지고 마비된 바보 천치. 도대체 뭐 때문에요? 기계? 음악? 조명? **도대체 뭐야?**

저는 매력 넘치는 인생을 살았는데. 술도 안 먹고, 약 한 번 해본 적도 없고, 뭔가 조급하게 했던 적도 없고 어쩔 수 없이 그런 상황에 처했던 적도 없어요. 잘 나가는 자식들에. 기회도 많았고. 삶은 너무나 달콤하고 멋있고 축복받은 것 같았는데. 이해할 수가 없어요.

머신에 흠뻑 빠져들어 비참한 상태를 표현한 달레인의 게시글에 대한 답글은 동정과 격려의 말들로 이어졌다. 그러나 그녀의 급박한 질문—도대체 뭐야?—에 대답하는 사람은 없었다. 그녀는 다시 질문을 올렸다.

다들 "저도 그래봤어요." 하시는데요. 진짜에요? 움직일 수가 없는 그 같은 느낌을 진짜 경험하셨다고요? 그런 일이 왜 일어나는 거죠? 마비된 것 같은 느낌을 누가 좀 설명해주시겠어요? 최면에 걸린 것 같은 느낌 받은 적 있으세요? 이게 그냥 상상으로 만들어낸 게 아니에요. 진짜 그렇게 느꼈다니까요. 의자에서 일어날 수가 없었어요. 그게 얼마나 강력한 느낌인지 아세요? 화장실 갈 힘도 없었다니까요!

또 다시 답글이 달렸고 사람들은 달레인이 마비된 것 같이 느꼈던 경험을 재차 공감했지만, 여전히 질문에 대한 답은 달리지 않았다. 한 도박자는 이렇게 적었다. "무슨 느낌인지 알아요. 저도 비디오 포커 머신에서 하루 종일 앉아서 게임했거든요." 다른 사람은 또 이렇게 썼다. "기계 앞에서 도저히 일어날 수가 없었어요. 의자에 본드로 붙여놓은 줄 알았다니까요. 저는 10시간 내내 게임했는데, 화장실도 겨우겨우 가곤 했죠. 가끔씩 그냥 싸기도 했고요." 또 다른 사람의 답변이다. "무슨 느낌인지 알지. 카지노에서 그 망할 의자에 앉아서 **정말로 옴짝달싹 할 수가 없었거든**. 돈이 다 떨어져서야 일어날 수 있었어. **역겨운 일이지**."

달레인은 이러한 공감들에 아직도 만족하지 못하고 게시글을 계속 이어나갔다.

> 저는 아직도 "최면 걸린 것 같은" 현상이 궁금해요. 왜 그렇게 되는 건지 아는 사람 없나요? 왜 어떤 사람들은 시간, 책임감, 논리, 심지어는 움직임을 완전히 잠식해버리는 마비 상태에 붙잡히는 건가요? 소변 누고 싶다는 느낌을 무시하는 게 정상적이지는 않잖아요. 근데 지금 보니까 저 뿐만 아니라 많은 사람들인 그런 것 같은데요.

한 여성이 좀 더 진단적인 내용을 담은 답글을 등록했다. 이 글에는 증상과 관련된 생리학적 설명이 적혀있었다.

> 선생님이 말씀하신 카지노에 계속 있다보면 느낄 수 있는 증상(어지러움, 메스꺼움)은 다음과 같은 요소들이 한 개 또는 그 이상이 조합되어 나타날 수 있어요: 단식, 수면 부족, 카페인 과다 섭취, 부적절한 배설, 지나치게 오래 앉아있음, 과도한 자극(종소리, 조명), 승리와 패배로 인한 감정적인 급격한

변동. 흥미롭게도 여성 강박적 도박자들은 방광염, 질염, 세균성 감염증에 자주 걸려요(너무 오래 앉아있고, 물도 거의 마시지 않고, 소변도 보지 않죠).

그러나 이러한 의학적 추측성의 글도 그 이전에 달린 답변들과 마찬가지로 달레인의 궁금증을 해결하는 데는 실패했다. 그녀는 포기하지 않았다:

저는 계속해서 곱씹어보게 되네요. 비디오 머신이 만들어내는 최면 효과 말이에요. 저는 뭔가가 그렇게 강력할 수 있다는 것을 믿고 싶지는 않지만, 뭔가 우리를 한 순간에 제대로 낚아 채는 전체적인 뭔가가 설계되어 있다는 느낌을 지울 수 없어요. 이 머신들, 그리고 카지노의 분위기가 우리를 일종의 트랜스 상태에 빠지도록 계산된 것이 틀림 없어요.

마침내, 기존과 다른 종류의 답변이 달렸다.

달레인씨.

슬롯머신은 그저 사람들을 위한 "스키너 박스"에요! 왜 그 기계들이 당신을 그렇게 얼어붙에 만드는지 그건 미스터리지요. 기계는 그냥 그렇게 하도록 설계되어 있어요. 기계는 조작적 조건화의 원칙에 따라 작동된답니다. 원래 조건화에 관한 연구는 B. F. 스키너에 의해 수행된 쥐에 관련된 연구지요. 초등학교 때 배웠던 것 기억 나실 거예요. 외부 자극이 없는 상자 안에 있는 쥐에 관한 내용이요(카지노처럼요)! 상자 안에는 레버(또는 페달)가 있고요. 쥐가 레버를 당기면 알약(음식)이 나오는 거죠(슬롯머신과 동전 같은 거죠). 쥐는 레버를 누르면 보상을 얻는다는 것을 학습하는 거죠(정적 강화).

그런데 여기에 좀 교활한 부분이 있어요. 만약에 쥐가 레버를 누를 때마다 보상을 얻으면, 그냥 그걸로 끝이에요. 이제 그냥 배고플 때 레버 당기면 되는 거죠. 하지만 그건 조건화가 작동하는 방식이 아니에요. 간헐적 강화 개념을 찾아 보세요. 간단히 말해서, 보상(알약)이 무작위 스케줄로 주어지는 거죠. 어떨 때는 주지 않고, 어떨 때는 조금만 주고, 어떨 때는 엄청 많이 주는 거죠(익숙하시죠?). 언제 음식이 나올지 모르니까 쥐는 계속해서 레버를 당기는 거죠. 또, 또, 또, 또 한 번. 아무것도 나오지 않아도요. 쥐는 완전히 집착하게 되죠. 말하자면 중독되는 거죠. 이게 슬롯머신이 작동하는 심리적 원칙이고, 당신에게 적용됐던 거예요.

달레인은 이 글에 답변을 달았다.

!!! 세상에, 놀라워요! 행동주의 심리학 신입생이 된 것 같은 느낌이에요. 조건화와 반응에 대한 내용을 완전히 이해하지는 못했지만, "정상적인" 사람을 올가미에 빠트리는 뭔가 사악한 것이 작용하고 있었구나, 라는 걸 알게 됐어요. … 내가 실제로 느끼고 있던 걸 말로 표현해주었네요!
아마 우리는 우리 스스로 "쥐 인간"이라 부르는 한 집단을 하나 만들어야 될지 모르겠네요. 알약이 떨어지면 그게 청산가리도 될 수 있고 초콜렛이 될 수 있다는 걸 우리는 모두 알고 있으니까요. 마음 속으로 보여요. 예순한 살 먹은 암컷 쥐 인간이 말이에요. 지쳐 있고, 비참하고, 배고프고, 목마르고, 방광은 가득 차있고, 머리는 헝클어지고, 푸석한 피부에 니코틴에 잔뜩 찌든. 옷은 주름진 데다 허름하고, 그 망할 슬롯머신 앞에 구부정하게 앉아서 다음 알약이 나오기를 기대하면서 끝도 없이 레버 당기고 있는….

간헐적 강화에 대한 게시글은 달레인을 만족시켰을 뿐 아니라 이전에는 이 토론장에서 찾아볼 수 없었던 행동주의적 감성을 폭발적으로 증가시켰다. 이후 몇 주 동안 쥐 인간들은 반복적으로 모습을 비췄다. "도박할 때면 쥐덫에 잡힌 쥐처럼 느껴져요." 한 도박자가 말했다. 다른 도박자는 또 이렇게 올렸다. "맞아요. 저도 쥐 인간인 것 같아요. 어두컴컴한 구멍 속에 들어갔다가 돈이 다 떨어지면 표면으로 나오는 거죠." 수많은 쥐들―여기에는 전령 비둘기, 붉은털원숭이, 파블로프의 침 흘리는 개도 있었다―이 도박자들의 글에서 찬조 출연했다. 한 남성은 이렇게 적었다. "상품이 뭔지 확인하려고 맨 앞에서 레버를 당기는 게 바로 나일 거예요."

4장

시장에 일치시키다

혁신, 강화, 습관화

1998년 몰리와 내가 메인 스트리트 스테이션 호텔에서 무료 숙박권을 사용한 객실창문 옆에 앉아 있었을 때, 그녀는 자신이 어떤 과정을 통해 도박을 하게 되었는지 말해주었다. 그녀의 도박은 1980년대 중반에 시작됐다. 당시 그녀의 남편이 손잡이가 달려있는 비디오 포커 기계를 하는 방법을 알려줬다. "그 조그마하면서도 엄청난 기계를 하는 방법을 갈고 닦았죠. 결정을 내릴 때 어떤 공식을 사용해야하는지 알아내는 기술같은 거요. 예를 들면 나한테 4카드가 두 장일 때 킹카드를 가지고 있어야 할지, 퀸카드를 가지고 있어야 할지, 뭐 그런 거요. 저는 거기 완전히 낚여버렸죠. 정말 엄청나게 **빠져버렸어요**." 시간이 지나자 그녀는 실제 비디오 포커 머신을 하기 시작했고, 그 이후에는 듀스 와일드(Deuces Wild), 더블 보너스(Double Bonus), 그리고 가장 최근에는 트리플 플레이(Triple Play) 버전으로 옮겨갔다. 트리플 플레이에서는 세 개의 줄에서 동시에 같은 패로 승부를 볼 수 있다고 했다. 그녀는 나에게 설명해주었다: "줄이 세 개, 그리고 가능한 결과도 세 개. 술 마시는 거랑 비슷하게 이것도 내성 그런 거예요. 더 높은 강도를 필요로 하는 거죠. 그리고 머신은 그런 나한테 또 맞춰 주고요."

그 대화 이후 도박 기계와 관련된 "내성"이라는 단어를 들었던 곳은 1999년도 도박 산업 연례 회의장에서였다. 그곳은 미국 전역에서 모인 산업계 전문가 패널이 "비디오의 미래"를 가늠하기 위해 모인 곳이었다. "기술이 사회의 모든 영역으로 확장되고 있습니다." 한 패널이 말했다. "사람들은 자신의 주변에 있는 것에 맞춰 살아가고요. 이런 종류의 장치를 사용하는 게 정상이 되어가고 있는 거죠. 사실, 그들은 그걸 기대하고 있기까지 합니다. 기술에 대한 내성이 증가하고 있는 거죠."[1] 몰리가 증가하는 기술의 강도를 직면하며 자신의 의존성을 표현하기 위해 이 단어를 사용했던 것과는 달리, 여기에서 내성은 훨씬 더 복잡해진 게임으로 이어진 기술적 혁신에 대한 반응으로 시장의 적응력 강화를 의미했다. 사회자도 다음과 같이 말했다. "사람들은 더 복잡한 유형의 게임에 적응하고 있어요."[2]

중독 또는 적응 현상 중 어느 프레임으로 보든지 간에, 몰리와 패널들이 언급했던 내성은 게임의 "페이아웃 스케줄," 또는 승리를 전달하는(또는 전달하지 않는) 빈도를 결정하는 수학적 스크립트에 의해 강력하게 형성된다. 20세기 중반 행동주의 심리학자들이 전령비둘기와 실험용 쥐를 대상으로 한 실험에서 알아낸 것처럼(그리고 오늘날 도박 연구자들이 알아낸 것처럼), 주어진 "보상 스케줄"이 행동을 강화시키는 역량은 실험대상이 경험하는 득실의 총량보다는 보상이 주어지거나 주어지지 않는 패턴이나 빈도

◇◇◇◇◇◇◇

1   Stuart Bull of Aristocrat, panelist for "The Video Future," World Gaming Conference and Expo 1999.
2   Michael Pollack of *The Gaming Observer*, moderator for "The Video Future," World Gaming Conference and Expo 1999.

에 의존한다. 나는 이전에 IGT의 경영진으로 오래 재직했던 사람에게 어째서 어떤 게임이 다른 게임보다 유독 강력한가를 물었던 적이 있는데, 그는 심리학자 B. F. 스키너의 행동 강화 이론, 또는 "조작적 조건화"를 지목했다. 공교롭게도 스키너는 반대방향으로 지적한 적이 있는데, 1953년 슬롯머신을 대표적인 사례로 들어, 언제 보상을 받을 수 있는지, 또는 얼마나 큰 보상을 받을 수 있는지 알 수 없는 가장 강력한 강화 스케줄을 다룬 적이 있었다.

앞서 스스로를 "쥐 인간"으로 이야기했던 도박 중독자들의 온라인 공론장에서 언급된 것처럼, 이러한 종류의 스케줄은 도박자가 게임을 지속하기에 충분한 빈도로 보상을 제공하지만 기계가 손실을 볼 정도로는 지급하지 않는다. 스키너는 다음과 같이 말했다. "도박 산업은 베팅을 지속시키는 스케줄에 따라 보상을 지급하지만, 장기적으로는 지급된 총량은 내기에 걸린 양보다 작다."[3] 그는 강화 스케줄이 놀이를 지속시키기 위해 어떻게 "연장"될 수 있는지, 그래서 도박자가 잃기 시작함에도 불구하고 도박을 계속하게 되는지를 설명한다. "연장은 우연히 발생할 수도 있고(미묘하게 점점 나빠지기 시작하는 초기의 행운은 헌신적인 도박자를 만들어낼 수 있다), 또는 승산을 조절하는 누군가에 의해 비율이 고의적으로 연장될 수도 있다."[4] 앞서 살펴본 가상 릴 매핑의 발명은 게임 개발자들이 기계적 릴의 구조적 측면에 대한 의존성에서 벗어나게 해주었고, 그러함으로써 그들에게 승산에 대한 엄청난 수준의 통제력을 주었으며 혁신적인 페이아웃 스케줄을 실험해볼 수 있는 능력을 부여했다. 앞으로 살펴보겠지만 비디오 기술의 응용은 그들이 물리적 릴에서 완전히 벗어나게 해주었고, 그들의 실험

◇◇◇◇◇◇◇

3   Skinner 2002 [1971], 35.
4   Ibid.

이 한 걸음 더 나아갈 수 있도록 해주었다. 그것은 도박자의 놀이에서 게임 기간과 비율을 더욱 효과적으로 "연장"하는 강화 스케줄을 가진 게임을 만들어내는 일이었다.

낚아채기에서 붙잡기로

게임 디자이너 니콜라스 커닉은 다음과 같이 이야기했다. "제가 작살이라는 무기를 가지고 있다면, 수학은 작살의 가장 끝에 달린 날카로운 끝부분이라고 할 수 있습니다." 그는 이 말을 통해 이용자의 관심을 "낚아채는(hooking)" 데 있어, 슬롯머신에 숨겨진 수학적 프로그래밍이 핵심적이라는 점을 암시했다. 그러나 그의 말에 따르면 수학 기능은 (니어 미스 또는 승산을 시각적으로 왜곡하는 다른 식으로) 이용자에게 마법을 거는 고리, 또는 "작살"의 기능을 하기도 하지만, 붙잡기를 강화하는 기능도 있다. 그는 설명을 이어 나아갔다. "일단 그들을 낚아채고 나면, 그 사람들이 가진 돈을 모조리 쏟아 넣기를 바라겠죠. 일단 미끼를 물면 낚시대를 확 잡아당기는 겁니다." 그는 좀 덜 공격적인 비유를 사용하여, 수학이 이용자를 붙잡는 것은 완곡한 설득의 문제라고 이야기한다. "그러니까 이용자들이 수학 모델에 비스듬히 기대어 눕는다면 여러분은 이용자들이 편안하게 누울 수 있도록 만들어 주는 거죠. 그 사람들은 보이지 않는 구조물에 엄청난 돈을 투자하고 있는 겁니다. 그리고 그들은 자신들이 그 대상을 믿을만하다고 느껴야 하죠. 머신은 보상 전달을 통해 그 믿음을 전달해야 하는 겁니다." IGT 기술 담당 총책임자도, 핵심은 이용자가 "수학의 감각을 좋아하도록" 만드는 것이라고 말한다.[5] 또, 발리 최고경영자 마커스 프래터도 나와의 인터뷰에서 이렇게 말했다. "수학이 그들을 머물게 하는 거죠."

 게임의 수학이 사람들을 붙잡아두는 힘을 강화하기 위해서, 기계 제조업체들은 뛰어난 수학자들을 고용한다. 이들은 다양한 페이아웃 스케줄(payout schedule)의 효과를 촉진시키기 위해 소위 '수학 농장'이라고 불리는 곳에서 일하는 사람들이다. 이 작업에 대한 프래터의 설명에 따르면, 이곳의 활동을 통해 "수학을 시장에 일치시키고, 스케줄 유형에 이용자 유형을 일치시키는" 섬세한 인구학적 작동을 알 수 있다. "겉에서 보기에는 두 대의 기계가 비슷해 보일 수 있죠." 그는 말했다. "하지만 사실 그 두 기계는 완전히 다른 확률 공식에 따라 작동되고 있는 겁니다." 레지스터의 방향을 바꾸면서 그는 인간도 마찬가지라고 말했다: "서로 다른 유형의 사람들이 서로 다른 기계, 서로 다른 수학을 통해 자신을 발현하는 거죠. 하나의 커다란 생태계라고 볼 수 있습니다." 게임의 수학적 배열을 조정함으로써 설계자들은 도박장의 인간-기계 환경 안에서 유례없이 광범위한 인간의 기호를 다루고자 하는 것이다. 프래터는 말했다. "우리는 인간이라는 존재를 이해하고 있어요. 그리고 그들을 위한 수학을 창조합니다."(그림 4.1 참고)

 당시 앵커 게이밍에 있었던 존 벨리조는 슬롯머신을 하는 이용자들의 유형과 관련하여 "기본적으로 양 극단이 있고 그 사이에 점진적인 차이가 있다."고 말했다. 이중에 한 극단인 '액션 플레이어(Action Player)', 다른 이름으로 '잭팟 플레이어'나 '이기려고 게임하는 사람(play-to-win players)'은 크게 이기기 위해서 큰돈의 손실을 기꺼이 감수한다. 따라서 이들은 "높은 변동성을 가지고 있으면서 버튼을 누르는 빈도수는 낮은" 게임을 선호한

◇◇◇◇◇◇

5 Chris Satchell, quoted in Fasman (2010, 10)

그림 4.1 카지노 상업 잡지에 게시된 "슬롯머신 이용자의 뇌" (출처: Casino Journal)

다. 그러한 게임들은 당첨이 된다면 큰 금액으로 이용자가 감수한 위험도와 인내를 보상하지만, 오랜 시간 동안 패배가 이어질 수 있다. "그 사람들은 사소한 것들은 별로 신경쓰지 않아요." 밸리조는 이야기했다. "그 사람들은 잭팟을 노리고 있기 때문에 수백 달러 정도는 투자할 수 있다고 생각하는 사람들이죠." 반면, '시간을 보내려는 사람들' 또는 '놀기 위해 이겨야 하는 사람들(play-to-win-to-play players)'로 알려진 회피형 도박자들은 일정하게 승리하고 게임 시간을 연장하기 위해서라면 잭팟 같은 것은 포기할 수 있는 사람들이다. 따라서 이들은 "낮은 변동성과 버튼을 누르는 빈도수가 높은" 게임을 선호한다. 그들이 선호하는 게임은 지속적으로 낮은 수준의 당첨금을 지급하는 방식으로 프로그램 되어있다(스키너의 언어로 강화하는 방식이라고 할 수 있다).⁶ "찔끔찔끔 주는," "따분한," "조금씩 주는" 게임들로 알려진 머신들은 마침내 다 소진될 때까지 이용자의 예산을 조금씩 갉아먹는다. 밸리조는 또 이야기했다. "어떤 사람들은 좀 더 느린 속도의 지출을 바라는 거죠."

프래터는 밸리의 설계로 제작된 두 게임의 페이아웃 그래프를 보여주었다. 그의 말을 따르면 각 그래프는 "어느 정도의 위기를 감수할 것인가에 관해 뚜렷이 구분되는 집단"에 상응한다. 하나는 극단적으로 위쪽으로 치솟았다가 상대적으로 빠른 속도로 0점에 가까워지는 일련의 선을 가지고 있었다. 이 그래프는 금액 규모가 크면서도 낮은 빈도로 주어지는 잭팟과 상대적으로 기계에서 머무르는 시간이 짧음을 보여주는 것이었다. 다른 한 쪽의 그래프는 길게 이어지는, 점진적인 경사를 가진 선을 가지고 있었는데 비교적 낮은 수준의 당첨이 더 높은 빈도로 등장했다. 이것은 장시간 놀면서 안정적인 승리를 바라는, 위험을 피하는 이용자들의 선호에 맞춘 것이었다. "두 기계 모두 같은 곳에서 끝나죠. 0점에서요." 그는 설명했다. "단지 두 번째 기계에서는 0점에 이르는 시간이 더 오래 걸리는 거죠; 그러니까 돈을 더 느리게 쓰게 만드는 거라구요."(커닉는 직접 손으로 그려서 그래프를 설명하였다. 그림 4.2 중 위쪽 그림을 참고) 장기간 게임이 축적되면 두 유형의 게임 모두 도박 산업에는 수익을 가져다준다. 여기에서 그들의 임무는 시장의 선호에 부응하기 위한 특정한 혼합 제공 방식을 알아내는 것이다. "이것은 균형을 잡아가는 행위이다." 한 게임 설계자이자 자문가는 다음과 같이 적었다. "이 작업은 게임이 정확히 어떻게 진행되고 이용자가 어떻게 느끼는지 정확히 간파하는 주의력이 필요하다."⁷

⋄⋄⋄⋄⋄⋄

6   Ibid.
7   Wilson 2009a.

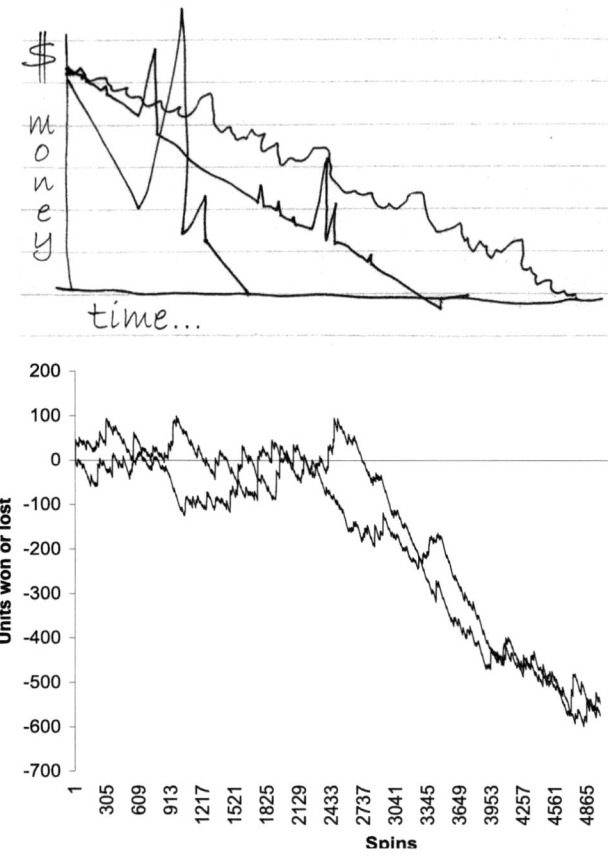

그림 4.2

(위) 처음에 같은 돈으로 시작했다고 가정했을 때, 세 가지 다른 게임이 보여주는 경향성. 가장 짧은 선은 "낮은 히트 프리퀀시"와 "높은 변동성"을, 가장 긴 선은 "낮은 변동성"과 "높은 히트 프리퀀시"를, 중간 길이의 선은 중간 정도의 변동성과 히트 프리퀀시를 의미한다. 게임 설계자 니콜라스 커닉이 연구자에게 직접 그림.

(아래) 홀드 퍼센티지[8]가 5퍼센트로 설정된 동일한 게임에서 두 사람의 도박자가 게임했을 때 어떻게 진행될 수 있는지 보여주는 모의 게임 결과. 각 도박자가 처음 베팅했을 때부터 시작해 5천 번의 스핀을 했을 경우를 보여주고 있으며, 게임 시간은 (머신과 놀이의 속도에 따라) 약 4시간에서 8시간 정도이다. 그래프의 전체적인 선이 아래로 경사를 이루는 양상은 게임 자금이 시간이 지남에 따라 소진되는 "휘젓기(churn)"를 보여준다. 두 도박자 모두 승리를 경험하지만, 도박자가 승리로 얻은 금액은 다시 게임에 투입되면서 이 금액은 결국 하우스 엣지로 말미암아 점진적으로 사라지고 만다. 한 번의 스핀에 3달러라고 가정했을 때, 끝까지 게임하면 평균적 손실액은 900달러에 달한다. 도박 분석가 나이젤 터너가 그린 그래프.

이 장에서는 게임 설계자들의 수학적 조정이 기존 시장의 기호에 부응하거나 추적하는 노력을 넘어서, 그러한 기호를 변환시키는 효과까지 가지고 있음을 보여줄 것이다. 탄탄한 피드백의 순환 과정 안에서 게임의 강화 스케줄은 이용자의 특정한 성향에 따라 형성되고, 동시에 이용자의 성향은 게임 내 프로그램된 특정 "확률 공식"에 반복적으로 확장 노출됨으로써 함께 형성된다. IGT에서 자사의 유망한 기술자들에게 배포하는 소책자에는 이렇게 적혀있다. "이용자, 시장, 게임의 특징은 자신들만의 경향성과 유행을 지니고 있는 하나의 역동적 실체이다. 새로운 게임은 지속적으로 도입되고 시장은 역동적으로 변화한다. 기술도 변하지만, 이용자들도 함께 변화한다."[9]

다음 부분에서는 도박 기술의 배열과 시장의 놀이 양식, 이 양자가 서로에게 상호적으로 반응하며 발생한 전환에 따른 특정한 변화의 궤적을 추적해보고자 한다. 합법 도박과 "반복 놀이"가 확산된 1980년대부터 게임 개발자들과 이용자들은 높은 히트 프리퀀시(hit frequency)[10]의 수학적 구조를 가진 게임으로 모여들었다. 개발자들이 그러한 게임들에서 더 큰 수익을 끌어낼 수 있다는 것을 알게된 것처럼, 머신 도박자들은 그러한 게임들에서 더 많은 시간을 보낼 수 있다는 것—또는 갑작스럽게 크게 치솟는 것보다는 조금씩 증가하면서 "돈을 갉아먹는" 것처럼 보인다는 점을 알게 되었다.(그림 4.2의 아랫쪽 그림 참고)[11] 비록 이러한 학습은—게임에 수학적 임시방편을 적용하고 그 임시방편에 대한 이용자의 반응 효과로서—대부

◇◇◇◇◇◇◇

8 (옮긴이 주) 도박자가 구매한 칩의 금액에 대한 도박장의 승리 금액의 비율을 의미한다.
9 IGT 2005, 48, 49.
10 (옮긴이 주) 슬롯머신 게임에서 도박자의 베팅 횟수에 대한 당첨 비율을 의미한다. 우리말로 번역하면 적중 빈도로 번역할 수 있다.
11 Reith 1999, 133; Findlay, 1986.

분 우발적으로 발생했지만, 도박 산업계는 전략적으로 이용자를 특정한 방향의 놀이로 몰아가기 위해(또는 그들의 언어를 따르면 이용자를 "이동시키기" 위해) 노력했다. 그들이 이용자를 몰아갔던 방향은 조금씩 돈을 다 쓰게 만드는 방식의 놀이로, 한 산업계 구성원이 "도박의 코스트코 모델"이라고 이야기했던 '물량으로 얻는 수입' 공식의 게임이었다.[12] 프래터가 이야기한 것처럼, 게임 개발자들이 "양질의 수학 경험을 전달하기" 위해 고안했던 수많은 매칭 전략은 단번에 이용자를 대상으로 적용되었고, 이용자들의 게임을 강도높게 만들었다. 아리스토크랫의 마케팅 매니저는 자사의 게임이 점점 더 복잡해지고 있다는 점을 언급하며 다음과 같이 말했다. "산업은 점점 더 성숙해지고 있어요. 이용자들도 마찬가지고요. 뿐만 아니라 더 많은 걸 요구하죠."[13] 이용자가 이 "성숙"의 과정에 들어오면서, 그들은 게임하면서 접하는 새로운 놀이의 강도에 내성이 생기고 결과적으로 설계자들의 노력이 배가되도록 만든다.

시간 보내기 게임: 비디오 포커

1998년의 어느 수요일, 롤라와 나는 샘스 타운의 한 카지노에서 머신들이 늘어선 복도를 지나고 있었다. 뷔페 식당에서 일하는 그녀의 교대 시간이 곧 다가오고 있었다. 어느 지점에 이르자 머신 위에 '놀고 먹기!(Play and Eat!)'라는 사인이 걸려있었다. 다른 곳에는 '스테이크의 밤!'이라고도 적혀 있었다. 1979년 라스베이거스의 남동쪽 사막에 있는 조용한 교차로에

◇◇◇◇◇◇

12 Jay Walker of Walker Digital, quoted in Legato (2007a).
13 Kent Young, panelist for "Content Is King: Developing the Games," G2E 2008.

서 개장한 이래 샘스 타운은 지역 주민들이 이용하는 가장 인기 있는 카지노 중 하나였다. 지역 주민들이 애용하는 다른 시설과 마찬가지로 카지노는 무료 식사 쿠폰이나 도박으로 많은 돈을 소비하는 사람들에게 특전을 제공하는 로열티 프로그램으로 손님을 유인했다. 그날 오후에는 카지노에 손님이 많지도 않았지만 그렇다고 아예 없지도 않았다. 머신 도박자들이 머신 구역마다 한두 자리씩 차지하고 앉아 있었다. "게임할 때는 아무도 서로 얘기 안 해요." 그들을 스쳐 지나가며 롤라가 말했다. "어디에 앉든지, 앉기만 하면 고립되는 거예요."

샘스 타운의 공간 계획은 단순했다: 기다랗고 좁은 길, 높은 가시성, 그리고 직선 통로. 증가하는 인구를 수용하기 위해 1970년대부터 나타나기 시작한 지역 카지노의 배치 원칙은 관광객용 시설에서의 원칙과 몇 가지 주요 측면에서 차이가 있다. 휴가를 맞아 찾아온 관광객들은 그들을 도박장 안으로 휘감고 들어가는, 미로와 같이 선회하는 오묘한 감각과 혼란스러운 공간의 느낌을 즐길지 모르나, 지역 주민들은 그러한 인테리어를 견딜 인내심이 부족하다. 1993년, 설계팀에 있었던 한 사람이 나에게 이렇게 이야기한 적이 있다. "지역 주민들은 쉽게 돌아다닐 수 있게, 확실하게 표시되어 있는 걸 좋아해요. 그들은 바로 주차하고, 들어가서, 도박하길 원해요. 말하자면 가축용 소처럼 딱 정렬되기를 바라는 거죠." 그는 과거에 지역에서 꽤 인기가 좋았던 한 카지노를 기억해냈다. 그곳은 라스베이거스 스트립에 있는 환상적인 다른 리조트들과 같이 순환적인 양식으로 카지노를 설계했으나, 그 이후 너무나 큰 손해를 보고는 다시 이전과 같은 격자무늬 양식으로 되돌아갔다. "지역 사람들은 그런 건 못 견뎌 해요. 그 사람들은 지름길을 찾거든요."[14] 관광객용 카지노 인테리어의 설정된 혼란

---

14 Author's interview with Butler DeRhyter in 1993.

스러움에 과도하게 노출됐기 때문이든, 이미 자신들이 가고자 하는 곳이 정해져 있기 때문이든, 단골들은 머신으로 이어지는 직접적이고 쉬운 길을 선호한다. 지역 시장을 표적으로 하는 카지노 설계는 손님들에게 주술을 거는 것을 목적으로 하지 않는다. 그들은 편의성과 습관을 고려하여 설계되었다.

비디오 포커는 주변 도박장에서 제공되는 기계 중 가장 지배적인데, 이는 이 게임에 대한 지역 주민들의 높은 선호도를 반영한다. IGT는 1979년 자사의 포커머신을 처음 선보이는 장소로 샘스 타운을 골랐고, 같은 해 카지노가 개장했다. 입구 가까운 곳에 열두 대의 장치가 실험적으로 설치되었는데, 놀랍게도 이 기계는 밤새 성황리를 이루었다. 한 설계자는 그 장면을 이렇게 기억하고 있다. "사람들이 그 기계 앞에서 24시간 내내 게임하더라니까요. 그 앞에 줄까지 서서요." 대부분 산업계에서 이용자가 멀어지게 만들 것이라고 생각했던 요소가 반대로 이용자를 끌어모았는데, 그것은 기계 게임에 대한 기술(skill)의 도입이었다. 도박 산업의 역사에 대해 연구하는 한 연구자는 이를 두고 "완전히 새로운 작업 특성"이라고 말했다.[15]

표준 비디오 포커 게임기는 화면을 가로지르는 선을 따라 다섯 장의 카드를 보여주는데, 이 카드들은 모두 등쪽으로 뒤집혀져 있다. 게임을 시작하려면 이용자는 딜(DEAL) 버튼을 누른다. 그러면 난수발생기가 52장의 가상 카드덱(간혹 여기에 한 장 이상의 만능패가 포함되기도 한다)으로부터 다섯 장의 카드를 "딜"한다. 각 카드의 그림이 화면에 나타나고, 각 카드를 그대로 가지고 있을 수 있는 홀드(HOLD) 버튼이 아래쪽에 있다.(그림 4.3의 왼쪽 위 그림 참고) 이용자는 승리할 수 있는 패를 만들기 위해 자신이 어떤

---

15 Ernkvist 2009, 146.

카드를 그대로 가지고 있고 어떤 카드를 버릴 것인지 선택하고, 쥐고 있는 다른 카드로 대체하기 위해 드로우(DRAW) 버튼을 누른다. 머신은 다시 한 번 난수발생기에 신호를 보내고 (이번에는 가상의 덱에 남아있는 47장의 카드 중 선택하게 된다) 버린 카드의 자리를 새로운 카드가 대체하면서 결과를 보여준다. 카드 조합에 따라 승리의 정도가 달라지는데, 카드 조합에는 쓰리카드(예: 8-8-Q-8-3)나 플러쉬(예: 다이아몬드 문양의 카드 다섯 장 조합) 등이 있다.

한 게임 개발자가 이야기한 것처럼, 고전적 릴 회전 기계의 순수한 행운 공식에 아무런 관심도 없던 도박자들에게 이 시장을 열어줌으로써 "비디오 포커는 도박 머신의 전체 방정식을 완전히 뒤집어 놓았다." "슬롯은 손잡이를 당기고 릴이 멈추기만을 기다리잖아요. 그런 게임은 별로 몰입감이 없었거든요." 오랫동안 라스베이거스에 거주한 한 주민도 그렇게 기억했다. 그는 이전에 수년 간 라이브 포커를 했던 사람이었는데, 비디오 포커가 도입되자마자 비디오 포커로 게임을 바꿨다고 했다. 선택과 기술의 요소는 존의 분열적 흐름과는 어울리지 못하는 것처럼 보이지만, 사실상 그러한 요소는 전통적 슬롯에서 수동적으로 결과를 기대할 수밖에 없는 이용자의 경험을 강력하고 상호적인 개입 경험으로 전환함으로써 사람들의 몰입을 증가시켰다. (이러한 역설은 6장에서 더 자세히 다룰 것이다.)

과거 "도박 산업계에서 메우지 못한 작은 허점을 착취해서" 수백만 달러를 땄으며 그와 같이 되고 싶어하는 열망을 가진 라스베이거스 지역 주민들을 위한 유명한 워크숍을 운영하고 있는 밥 댄서는 비디오 포커 이용자와 슬롯머신 이용자를 구별한다. "슬롯머신 하는 사람들은 말하자면 기사가 운전해주기를 바라는 사람들이고, 비디오 포커 하는 사람들은 자기가 직접 운전하려고 하는 사람들이죠." 그의 말하는 이 "다른 인종들"은 관광객 대 지역주민으로 구분되는 도식에 딱 들어맞는다. 즉, 한쪽은 가끔씩 게임하는 초보자들이라면, 다른 한쪽은 반복적이고 노련한 이용자들인 것이다. "관광객들은 새로움, 놀라움, 유흥을 원하죠." 밸리조는 말했다. "그 사람들은 기술 같은 건 필요 없는 게임을 좋아해요. 그냥 버튼을 누르고 그 결과를 보는 거죠. 관광객 시장은 그렇게 정교하지 않아요." 아리스토크랫의 설립자는 기자에게 다음과 같이 말했다. "두 가지 완전히 다른 상황이 존재하는 것이지요. 휴양지 시장에서는 사람들은 그냥 주어진 그대로 받아들입니다. 지역 시장에서는 그저 주어진 상황을 받아들이는 데서 그치지 않을 거예요."[16] 도박산업의 관점에서, 비디오 포커에 대한 선호도는 세 개의 릴이 돌아가는 기계의 종소리나 경적소리, 순전히 운에만 의존하는 릴의 회전에 더 이상 반응을 보이지 않는 "성숙한" 반복적인 기계 도박자들이 존재한다는 표식이 되었다. 그들은 관광객을 위한 도박장의 배배 꼬인 동선이나 이국적인 내부 설계에 동요되지 않는 것이다. 1999년 프래터는 나에게 이렇게 말했다. "지역 주민들은 비디오 포커 게임을 원합니다."

지역 주민들은 비디오 포커의 의사 결정 과정뿐 아니라, 게임에 능한 이용자들에게 제공되는 자유로운 승산에 매료된다. 실리콘 게이밍의 가드너 그루트는 다음과 같이 말했다. "더 잘하는 사람일수록 페이백 [퍼센티지]가 높아지는 겁니다. 그게 설계자의 [페이백] 퍼센티지에 도달할 때까지요." 그는 자신이 직접 설계한 게임을 하는 고객들의 승리를 두고 경탄하듯 이야기했다. "진짜 어떤 사람들이 정말 높은 점수를 받는 걸 보면 믿기지가 않는다니까요. 이건 프로그램된 게임이고 저는 그 분야에서 정상에 있는 사람인데, 여기에서 저를 날려버리니까요. 그 사람들이 게임하면서 카드를 넘길 때 그 속도가 너무 빨라서 보이지도 않아요. 그렇게 빠른

---

16 Len Ainsworth, quoted in Rutherford (2005a, 17).

속도로 게임하는데 정확하게 제대로 선택을 한다니까요!" 최적의 게임 전략을 활용할만큼 충분히 능숙한 이 사람들은 기계에서 보낼 수 있는 더 긴 시간을 확보한다; 그렇게 기술을 사용함으로써 그들이 얻는 보상은 잭팟을 터뜨리고 떠나는 것이 아니라, 게임 세션을 연장하는 것이다.

1978년 비디오 포커를 취득한 이후 경쟁이 치열했던 이 업계에서 사업에 착수했던 IGT(당시 SIRCOMA)의 게임 개발자들은 이용자들이 기계에서 머무르는 시간을 높이 평가한다는 점을 알아차리고 그것으로부터 자신들 나름의 가치를 얻어내기 위한 방법을 찾았다. "만약에 100달러 가지고 슬롯머신을 하면 대략 한 시간 정도 게임할 수 있겠죠. 하지만 비디오 포커는 똑같은 100달러로 두 시간 놀 수 있도록 설계되었어요." 게임 개발자 씨 레드는 이렇게 이야기했다.[17] 기계에서 보낼 수 있는 두 배의 시간을 제공하는 게임 공급은 페이아웃 스케줄(또는 보상을 전달하는 패턴) 설계의 일부분이다. 기계적이고 릴이 회전하는 기계 게임과 달리(이러한 기계 게임에서는 높은 수준의 잭팟이 터질 수도 있지만, 이용자들이 아무것도 얻지 못한 채 빠른 시간 안에 게임이 종료되기도 쉽다), 비디오 포커는 이용자에게 다양한 범위의 잭팟을 제공했으며, 이중에 많은 경우는 그 규모가 작거나 중간 수준이었다. 전통적 슬롯은 고작 3퍼센트의 평균 보상 빈도를 가지고 있는 반면, 새로운 비디오 포커 기계는 전형적으로 그 빈도가 45퍼센트나 되었다. 스키너가 이야기했던 것처럼, 행위의 지속을 연장하는 바로 그러한 종류의 스케줄인 것이다.[18] 단위 시간당 비디오 포커 머신은 릴 세 개짜리 슬롯보다 받아들이는 돈이 절반 정도밖에 되지 않았지만, 도박자들이 네 배나 더 긴 시간 동안 게임했기 때문에 두 배나 많은 수익을 만들어냈다. 보통 "돈

◇◇◇◇◇◇

17 Si Redd, quoted in Ernkvist (2009, 147).
18 Dickerson et al. 1992, 246; Griffths 1993, 101, 107; 1999, 268.

보다는 시간이 많은" 지역의 반복 도박자들에게 소개되었을 때, '기계에 머무르는 시간' 공식은 자신의 수익성을 증명해냈다.[19]

샘스 타운에 비디오 포커가 도입된지 10년 뒤, 이 게임의 수익은 라스베이거스의 지역 카지노 전체 기계 수익의 절반 이상을 차지했다.[20] 카지노를 넘어, 이 기계는 도시 내 식당 로비, 술집 카운터, 주유소, 빨래방, 약국, 슈퍼마켓까지 지역 "편의 시설" 소득의 상당 부분을 차지하게 되었다. 이러한 사업장들은 지역 주민들에게 별로 인기가 없었고 잦은 서비스를 필요로 했던 기존의 전통적 릴-회전 슬롯머신으로부터는 수익을 보지 못했다. 비디오 포커는 이제까지 어떤 게임도 해내지 못했던 수준으로 지역 주민 도박자들과 단골 손님들을 매료시키고 그들의 방문이 유지되도록 만든데다가, 필요로 하는 서비스도 최소한의 수준이었다. 도시 인구의 급격한 성장은 이 장치를 위한 대규모 지역 시장을 공급해주었다.[21] IGT 웹사이트에는 그 당시를 이렇게 기술하고 있다. "이 기계는 너무나 유명해졌습니다. 기존의 본체가 수직으로 서있는 모델은 바가 위쪽으로 올라온 모델로 바뀌었고, 지역 내 주점의 강력한 새로운 수익을 창출해냈습니다."[22] 1983년 지역의 한 사업가는 기자에게 이야기했다. "라스베이거스 바에 500대가 넘는 기계가 있는데, 그 중에 [릴-회전식] 슬롯머신은 딱 두 대 밖에 없습니다. 저도 이렇게 될 거라고 생각하지는 못했습니다만, 이 주변 술집에서 만날 수 있는 지역주민들처럼 노련한 이용자들 사이에서 전통적 슬롯머신은 수명이 얼마 남지 않은 것 같네요."[23]

---

19 Si Redd, quoted in Ernkvist (2009, 147).
20 Hevener 1988, 10.
21 Ernkvist 2009, 142.
22 IGT Website (www.igt.com, accessed June 2007).
23 Colin Foster, quoted in "IGT Unveils" 1983, 31.

이 기계가 도입된 지 5년이 지난 1984년, 라스베이거스 주민 도박자 중 32퍼센트가 비디오 포커 게임을 선호한다고 이야기했다. 1998년이 되자, 그 비율은 54퍼센트까지 증가했다(같은 질문에 동일한 대답을 했던 관광객은 11퍼센트였다).[24] 양방향으로 작동하는, 시간을 보낼 수 있는 기계 놀이에 대한 지역 시장의 기호는 확실히 드러났고, 그 길을 따라 게임 설계의 새로운 논리는 스스로를 증명해낸 셈이다.

앞서 IGT의 교육용 소책자가 슬롯머신 기술자들에게 이야기한 것처럼, 만약 "이용자, 시장, 게임 기능이 역동적인 실체"라면, 비디오 포커 설계는 이용자가 드러내는 기호에 맞춰 정확히 어떻게 진화했던 것인가? 법률상 난수발생기가 카드를 "드로우"하는 가상 카드덱은 반드시 정확히 52장의 카드여야 한다. 비디오 포커는 우리가 기계적인 슬롯머신이나 비디오 슬롯(이러한 기계들에서 릴은 심볼을 수백 개 포함할 정도로 확장될 수 있었다)에서 보았던 승산을 창의적이면서도 수학적으로 재배열한 것에 가깝다. 밸리조는 다음과 같이 설명한다. "비디오 포커 같은 게임에는 한정된 수학적 세계가 있어요. 그리고 거기서 쥐어짜낼 수 있는 수많은 정교한 결과물들이 있는 거죠. 통계적으로 그렇게 유연한 작업은 아니에요." 비디오 포커 설계자들이 할 수 있었던 작업은 서로 다른 승리 조합에 할당된 페이아웃 가치를 바꾸는 것이었고, 이후 기존 게임 형식의 변형들이 재빠르게 나타나기 시작했다. 몰리가 앞서 언급했던 듀스 와일드 변형에서, 2s는 만능패가 된다(그리하여 이기는 패의 승산은 상승하는 반면 이를 보상하기 위한 페이아웃은

---

24 Woo 1998, 4.

떨어진다). 더블 보너스(Double Bonus)라는 다른 변형 게임에서는, 더블 더블 보너스(Double Double Bonus)에서와 마찬가지로 포카드가 특히 좋은 패다. 작거나 중간 정도의 승리에 추가 가치를 부여함으로써 비디오 포커의 히트 프리퀀시는 증가했고, 동시에 강화의 기회도 증가되었다. (1장에서 등장했던 카지노 인테리서 설계자 빌 프리드먼도 다음과 같이 이야기했다. "낮은 수준의 잦은 당첨은 손님들을 더 강화시키는 것으로 보인다.")[25]

비디오 포커 페이아웃 스케줄의 진화와 더불어 자신들의 놀이 전략을 변화시키는 일군의 도박자들이 나타났다. 이들은 잭팟을 터트리는 것에서 중간 수준의 승리로 목표를 바꾸었다. "충분히 오랜 시간 놀다 보면, 기계가 어떻게 보상을 해주는지 감을 잡기 시작해요." 여가 시간에 도박을 즐기곤 하는 발리사의 수학자 돔 티베리오가 말했다. "우리 같은 주민들은 포카드로 플레이하면 기존 비디오 포커 머신에서보다 더 자주 이길 수 있다는 걸 학습하게 되죠. *그렇게 하면 더 오래 놀 수 있어요.*" 지역 주민들은 로열 플러쉬 잭팟 대신 더 작지만 더 많이 이길 수 있는 놀이로 방향을 전환했다. 산업계에서는 이러한 방식을 "성취 가능한 잭팟"이라고 부른다. (지역 슈퍼마켓에서 오랜 기간 슬롯 종업원으로 일했던 한 사람은 이용자들이 로열 플러쉬에서 전향한 결과를 다음과 같이 말했다. "예전에는 많은 손님들이 머신에 대고 화를 냈거든요. 기계를 때리고, 유리를 깨부수고, 저주를 퍼부으면서요. 그런데 그런 일들이 점점 줄어들더니 많이 없어졌어요. … 제 생각에는 사람들이 큰 잭팟을 그렇게 많이 노리지 않기 때문인 것 같아요. 그러니까 [승리] 패를 놓쳐도 그렇게 많이 화내지는 않는 거죠.") 2000년 티베리오는 나에게 이렇게 말했다. 도박자들이 이러한 방식으로 자신의 놀이를 조정하면서, "제조업체들은 소위 '페이 스케줄의 중상위 영역'이라고 부르는 것에 초점을 맞추기 시작했어요.

◇◇◇◇◇◇

25 Friedman 1982 [1974], 235.

이제 그런 걸 많이 보시게 될 거예요." 그해 지역 거주지를 사선으로 통과하는 기다란 간선도로를 따라 카지노 광고판들이 들어섰다. 이 광고판은 운전자들에게 다음과 같은 문구를 보여주었다. "*꼭 다섯 장을 고집할 필요가 있어?(Why Be Loyal to Royal)...*" 길을 따라 가다보면, 두 번째 광고판이 이 대사를 이어나갔다. "*네 장이면 충분한데!(When you can score the four?)*"

"도박하는 대중이 [로열 플러쉬] 잭팟에 내성이 생긴 것 같이 보인다." 1999년 헌터는 이렇게 이야기했다. 그는 계속해서 다음과 같이 말했다.

> 비디오 포커가 처음 도입되었을 때 일반적으로 이용자는 자신이 그동안 얼마나 많은 로열을 터트렸는지, 또는 그날 하루에 얼마나 많이 로열이 나왔는지 이야기했다. 요즘은 그렇게 많이 이야기하지는 않는다. 사실상 다른 기계들을 밀어내고 있는, 요즘 가장 인기가 좋은 비디오 포커 기계는 로열을 터트려 사람들을 유인하도록 프로그램되지 않았다. 이 기계들은 포카드, 더블 보너스, 트리플 플레이 딜로 사람들을 끌어들인다. *로열보다는 덜 강력한 강화물이지만, 더 자주 강화물을 얻게 되는 것이다.*

"이러한 종류의 강화물은 회피형 도박자들에게 안성맞춤이다." 그는 계속 이야기했다. "그들은 돈을 따는 것에는 별로 관심이 없기 때문이다— 그들에게는 가능한 한 오래 머무는 것이 중요하다. 카지노가 이 점을 알아차린 것 같다."

헌터는 도박 산업이 가장 헌신적인 고객들이 더 길게 놀고 싶어 한다는 욕망을 "알아차리고" 이에 따라 기계를 조정한 반응적 적응의 과정을 이야기한 것이다. 한편 고객들은 동시에 새로운 기계와의 상호작용을 조정하는 법을 (티베리오의 용어를 따르면) "학습했다." 장치가 시장의 기호에 더 정확히 적응할수록, 이에 따라 시장의 기호도 전환되었다. 역동은 피드백을 통한 미묘한 변경 중 하나였다. 게임의 히트 프리퀀시 증가는 놀이가 강화되는 속도를 증가시켰고, 이용자의 변화된 기대는 다음 번 새로운 설계의 근거가 되어 강화 속도는 더욱 빨라졌다.

시장의 기호와 게임 설계가 서로를 함께 만들어내는 미묘한 역동은 라스베이거스 도박 중독 인구 구성 변화에서 분명하게 드러났다. 1990년대 초까지만 해도 헌터의 진료소에서 약 97퍼센트의 여성과 80퍼센트의 남성이 비디오 포커를 하는 사람들이었고, 더 많은 남성이 기계를 하기 시작하면서 수치는 증가하고 있었다.[26] 과거의 전형적 도박 중독자가 스포츠나 카드를 주로 하는, 도움을 구하러 오기까지 10년이 걸리는 나이든 남성 도박자였다면, 지금은 진료실에 오기까지 2년이 채 걸리지 않는 두 아이를 키우는 35세의 비디오 포커를 하는 여성이다.[27] 규모가 크고 산발적인 보상보다는 강화 방식이 (그리고 수익이) 약소하지만 지속적인 보상에 의존한 게임의 도입 및 발전과 더불어, 도박 중독의 무대에서 새로운 도박자 군단이 등장하고 있었다. 극단적으로 보자면 이러한 인구학적 프로필은 활동적 놀이보다는 회피적 놀이로, 변동성보다는 기계에서 머무르는 시간으로의 광범위한 시장 중력의 변화를 상징하며, 이후 10년을 이끌어간 트렌드라고 할 수 있다.

◇◇◇◇◇◇

26 Buckeley 1992, B1.
27 Breen and Zimmerman 2002; Breen 2004, 48.

완만한 하강: 비디오 슬롯

비록 비디오 포커가 1980년대 동안 라스베이거스에서 반복적인 기계 도박꾼들의 선호를 지배하기 시작했지만, 일반적인 도박자들은 기계적 릴 회전 슬롯에 대한 선호를 고수하며 컴퓨터화되어 화면 기반으로 진행되는 게임을 경계하는 태도를 보였다. 당시의 가상 릴 기술을 고려할 때, 이 장치들은 큰 금액의 잭팟이 가능했지만 규칙적이면서도 확장된 게임을 지속 가능하도록 만드는 페이아웃 빈도에 부족함이 있었다. 미국 도박자들이 광범위하게 시간을 보내는 기계로 선회한 현상을 이해하기 위해서는 조금 돌아가더라도 다른 도박 시장을 살펴볼 필요가 있다. 여기에서는 미국 전역에 걸쳐 확산되기 이전부터 다른 형태의 비디오 도박이 개척되었다. 이러한 새로운 형태, "멀티라인" 비디오 슬롯은 히트 프리퀀시, 기계에 머무르는 시간, 강화 비율을 강화시킬 수 있는 새로운 길을 열었다.

1951년 미국에서는 존슨 법안이 통과되면서 네바다주에서 카지노 도박이 금지되었고, 이로 인해 국내 주요 슬롯머신 제조업체 대부분이 몰락의 길을 걸었다. 공교롭게도 이 법안의 통과는 얼마 지나지 않아 세계 슬롯머신 시장에서 2위를 차지한, 호주 뉴사우스웨일즈의 카지노 합법화와 시기적으로 맞물렸다. 아리스토크랫은(오늘날 세계 시장에서 IGT에 이어 두 번째 위상을 차지한다) 순식간에 국내 도박 기계 제조업계에서 선도적 업체로 자리매김했고 이후 수년 간 기술적 혁신으로 국제적 명성을 쌓아올렸다. 1990년대에는 호주의 도박 회사들이 국가의 경제를 활성화하기 위해 자금난에 처한 주 정부들과 협력하면서, 기계 도박은 탈규제화되었다. 거의 하룻밤 사이에 슬롯머신은 지역 시장의 전국 지역 회관과 클럽을 가득 채웠고 이와 함께 지역 시장은 번창했다. 아리스토크랫은 최대 생산량에 도달했고, 이후 생산 속도를 높여 머신에 대한 지속적인 수요를 충족시키기 위해 새로운 레이저 금속 절단기까지 구입하기에 이르렀다.[28] 1998년 즈음에는 호주인 중 80퍼센트가 도박했고, 40퍼센트는 정기적으로 도박했다.[29] "거기 가면 차에 치일 확률보다 슬롯머신에 치일 확률이 더 높을 걸요." 1999년 한 미국 게임 개발자가 글로벌 게이밍 엑스포에서 아리스토크랫의 번듯한 전시 부스를 훑으며 했던 말이다. 그 해는 호주가 전 세계 도박 기계의 5분의 1을 차지하고, 1인당 슬롯머신 비율이 미국의 다섯 배에 달했던 해였다.[30] 현재 호주는 약 성인 80명 당 슬롯머신 한 대로 주요 도박 지역의 어느 곳보다도 사람 대비 기계 비율이 가장 높다.

호주에서 비디오 포커는 기계식 릴 스피너와 마찬가지로 사실상 존재하지 않는다. 대신 거의 모든 도박 장치가 비디오 슬롯인데, 최근까지 미국에서는 호주형 또는 호주식 슬롯으로 알려져 있었고, 호주에서는 일상어로 "포키(포커를 기반으로 했던 첫 번째 기계적 도박 장치를 연상시키는 이름이다)"라고 불렀다. 비디오 슬롯은 1960년대 후반 발리가 자신의 기계 슬롯에 대중화한 "승수(multiplier)" 공식을 기반으로 만들어졌는데, 이러한 방식은 도박자들이 한 번에 여러 개의 동전(일반적으로는 3개, 때로는 5개를 건다)을 걸 수 있으며 게임에서 이기면 각각의 동전은 이긴 금액에 곱해진다. 1968년 발리는 다중-*페이라인*(또는 멀티라인) 기계를 도입하여 도박자들이 화면에 나타나는 여러 줄의 기호에 돈을 걸 수 있도록 만들었다(윗 줄에 3개, 중간에 3개, 아랫줄에 3개의 기호가 있는 식이다). 코인을 한 개 베팅하면 첫 번째 줄이 활성화되고, 두 개의 코인은 첫 번째와 두 번째 줄을, 코인 세 개는 세 줄 모두를 활성화시켰다. 얼마 지나지 않아 한 줄에 심볼 3개가 있는 3×3의 매트릭스에서 각 모서리에 있는 심볼을 대각선으로 연결

---

28 Dettre 1994, 3.
29 PC 1999, 12.
30 Ibid., 2.11.

해 두 줄의 페이라인을 추가한 다섯 줄짜리 변형 게임이 곧 등장했다. 이 게임은 스핀당 최소 한 줄에서 이길 확률을 50% 이상 제공했다. 이는 게임하는 사람의 예산이 (따라서 기계에 들이는 시간도) 크게 증가함을 의미했고, 또한 단일 라인 게임들보다 다섯 배 더 강화된 기계가 되었음을 의미했다.

1970년대 초 멀티라인 멀티플라이어는 미국에서 흔한 게임이 되었다. 그러나 기계적 릴의 물리적 한도는 추가적 공식 확장을 제약했고 미국의 이용자들과 제조업체들은 그러한 제약을 극복할 수 있는 비디오 형식을 기피했다. 그동안 호주에서 어떤 색다른 일이 발생한다. 비디오 아케이드 기계가 기계식 핀볼 머신에 경쟁할 정도로 빠르게 성장하고 있다는 것을 알아챈 아리스토크랫이 비디오 방향으로 도박 기술을 개발하기로 결정한 것이다.[31] 1987년 아리스토크랫은 기존에 자신들이 보유했던 두 개의 가장 인기 있는 기계식 스피닝 릴 게임처럼 보이고 느껴지도록 설계된 비디오 슬롯 머신을 도입했는데, 이 장치는 즉각적이고 엄청난 규모의 성공을 거둔다. 이 성공에 힘입어 아리스토크랫은 나아가 더 작은 규모의 보상을 더 자주 제공하는 페이 스케줄을 만들어 내는 비디오 기술을 실험하기 시작했다. 이는 1990년대 규제 완화 이후 호주 도박 시장에서 압도적 다수를 차지했던 소액으로 베팅하면서 반복적으로 게임하는 이용자들에게 그 매력을 어필했다.

1993년 아리스토크랫은 처음으로 아홉 줄짜리 비디오 슬롯을 선보였다. 이제 이용자들은 한 줄에 코인 세 개를 베팅하는 대신 아홉 개의 줄에 각각 최대 동전 다섯 개까지, 즉 한 스핀에 동전을 최대 마흔다섯 개까지 베팅할 수 있었다. 이 게임의 매력은 최적의 승률을 위해 더 많은 동전을

◇◇◇◇◇◇

31 Aristocrat Website (www.aristocrat.com.au/history.aspx, accessed February 2009).

베팅해야하는 것이 아니라, 승리 조합이 더 자주 나와서 더 장시간의 게임이 가능하다는 점이었다. 이후 비디오 슬롯 공식이 반복되는 과정에서 화면을 가로지르는 직선뿐 아니라 지그재그까지 선이 더해지면서 페이라인은 계속 증가했다. 비디오 형식은 릴의 더 긴 부분을 보여주기 위해, 또한 고동치는 형형색색의 줄들로는 이용자들에게 분명히 드러나지 않았던 승리의 페이라인을 강조하기 위해 더 많은 릴을 추가 (더 정확히 말하면 모방) 할 수 있게 만들었다.[32] 2006년 그림 4.3의 게임은 릴 다섯 개, 심볼 네 줄, 50개의 베팅 가능한 라인을 특징으로 한다.

비디오 슬롯에 각 라인이 추가됨에 따라 히트 프리퀀시와 강화 비율이 증가했고, 이와 더불어 비디오 슬롯의 인기도 높아졌다. 이 게임에서 이용자가 큰 잭팟을 터트릴 가능성은 더 낮아졌지만 동시에 갑작스럽게 연패하여 순식간에 탕진할 위험도 낮아졌다. 갑작스럽게 돈을 많이 잃는 일이 발생하는 경우에도(베팅된 크레딧과 게임 속도가 충분히 높고 빠르면 발생할 수 있는 일이다), 그것은 다른 수많은 증가와 함께 발생하여 게임의 흐름을 보존하면서, 내가 그동안 만났던 많은 설계자들의 표현에 따르면 도박자에게 소위 "완만한 하강(a smoother ride)"을 느끼게 하며 점진적으로 일어났다 (그림 4.2의 윗쪽 그래프 참고). 1999년 멀티라인 기계에 대한 아리스토크랫의 대표의 이야기와 같이, 게임은 이용자들에게 "자신의 돈이라는 돈의 가치를 느낄 수 있도록 하지만 그 돈을 다시 사람들로부터 순식간에 빼낼 수 있습니다."[33]

실제로 기계에 머무르는 더 많은 시간을 주는 것이든 아니면 그냥 그런 느낌이 있을 뿐이든지 간에, 멀티라인 슬롯의 비밀은 바로 이것이다: 기계

◇◇◇◇◇◇

32 Ibid.
33 Stuart Bull of Aristocrat, panelist for "The Video Future," World Gaming Conference and Expo 1999.

적 슬롯은 한 번 돌렸을 때의 결과가 어떤 보상도 주지 않거나 *처음에 베팅했던 양보다 엄청난게 많은 보상을 주는 것* 중에 하나였다면, 멀티라인 게임들은 뭔가 자주 보상을 주지만 *보통 이용자들이 처음 베팅했던 것보다 적은 금액을 주는 것이다*. 게임 설계자이자 자문이었던 한 사람은 이렇게 말했다. "이용자들이 게임에 걸었던 돈보다 더 낮은 보상을 받는 승리를 만들어냄으로써 사람들에게 이기고 있다는 느낌을 주면서 동시에 [그들이] 계속 돈을 잃게 만들 수 있다."[34] 이 "이기고 있다는 느낌"은 실제로 도박자가 이기고 있는 순간에 시청각적인 승리의 피드백(예를 들면 형형색색으로 깜빡이는 화면의 라인들, 음향 및 음악적 효과들)을 제공함으로써 전달된다. 앵커 게이밍의 랜디 아담스는 다음과 같이 말했다. "이러한 인식은 실제로는 이기고 있는 것이 아닌데도 계속 이기고 있다는 느낌입니다. 25니켈을 넣었다가 15니켈을 받고, 45니켈을 넣으면 30니켈을 받고. 그런 식으로 계속 되는 거죠."

가상 릴 맵핑 그리고 니어 미스와 함께, 랜디 아담스가 이야기한 "인식"에 성패가 달려있다. 그러나 이 경우에 도박자에게 전달된 인식은 보상을 주겠다는 기계의 약속에 그치는 것이 아니라, 어떤 의미로는 정말로 도박자에게 실제로 보상이 이루어진다. 즉, 기계는 연구자들이 (니어 미스와는 다른) "승리로 위장되는 실패(losses disguised as wins, LDSs)"라고 부르는 새로운 방식의 유사-승리를 제공함으로써 실제로 일어나고 있는 패배를 감추어버린다.[35] 멀티라인 비디오 슬롯의 절묘하고도 근본적인 이러한 혁신이 바로 도박자들에게는 패배를 승리로 드러나게 하는, 이용자들이 계속해서 지고 있는 상황에서도 이기고 있다는 경험을 강화하는 기계의 역량인 것

◇◇◇◇◇◇

34 Wilson 2010a.
35 Harrigan and Dixon 2009, 102; Dixon et al. 2010.

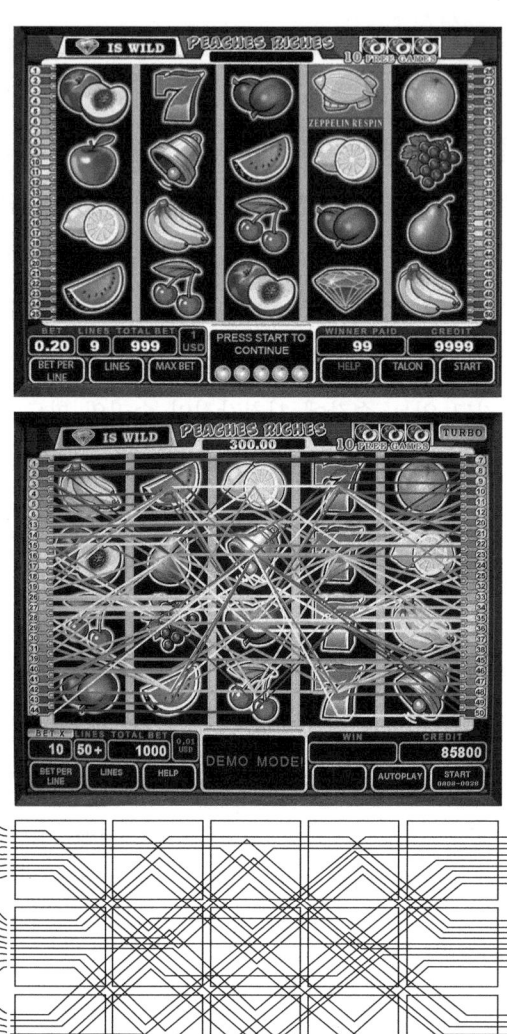

그림 4.3
(위) 2006년도 스핀 이후 멈춰선 50개 라인의 비디오 슬롯머신(저자의 사진).
(아래) 3×5 디스플레이 형식의 머신에서 보상이 주어지는 27개의 선을 도식적으로 표현함
(1996년, 미국 특허 번호 5580053, 필립 크로치).

이다. "정적 강화가 패배를 감추는 겁니다." 실리콘 게이밍의 한 설계자의 설명이다. 불빛, 음악, 시각적 그래픽과 같이 "승리"에 수반하는 주변적이고 감각적인 신호들이 이러한 강화를 더욱 심화시킨다. 비디오 슬롯을 하면서 도박자들이 경험하는, 일정하게 이어지면서도 부분적으로 발생하는 "승리"는 커다란 잭팟이 그래왔던 것처럼 도박자들의 게임을 방해하거나 제약하지 않는다. 오히려 기계에서 시간을 보내는 것이 목표인 "놀기 위해 이겨야 하는" 모드를 만들어낸다.

멀티라인 비디오 슬롯의 소위 "강화 잠재력"은 그것이 이용자에게 통제 가능한 일종의 수단을 허락하기에 더욱 심화된다. 즉 이용자가 라인 개수나 베팅하는 코인의 양을 변경할 수 있는 복잡한 버튼을 주는 식으로, 이용자는 비디오 포커 머신 게임이 실제로 어떤 기술이 필요한 일이 아님에도 불구하고 상호적으로 의사결정을 하는 듯한 매우 강력한 느낌을 준다. 이 장의 서두에서 다루었던 도박자들의 온라인 포럼에서 사용되는 언어로 이야기하자면, 그들은 "쥐 인간"들에게 그들을 위한 스키너 박스를 설계해 준 것이나 다름 없다. 한 호주의 연구자는 다음과 같이 지적한다. "슬롯머신에서 더 많은 라인을 구매함으로써 이용자는 강화 빈도를 증가시키고, 강화되지 않은 시도의 양은 감소시킬 수 있다."[36] 모든 라인에 베팅하는 것은 보상의 더욱 지속적인 비율만 보장하는 것이 아니다. 그러한 베팅은 베팅하지 않았던 라인이 이기는 조합이었을 때 이용자들이 느낄 후회에 대한 "보험"이다.[37] 오랫동안 슬롯머신을 했던 카트리나라는 이름의 호주의 도박자는 다음과 같이 말한다. "어떤 면에서 한 번의 게임이 작은 복권 추첨과 비슷한 거예요. 그러니까 사실상 모든 라인에 거는 건 당첨되자

---

36 Haw 2008a, 11.
37 Livingstone and Woolley 2008, 29; Woolley and Livingstone 2009, 44.

고 모든 복권을 사는 미친 논리에 빠지는 거나 다름 없죠. '혹시 모르니까' 어쩔 수 없이 모든 선을 다 사버려야겠다고 생각하게 돼요."

◇ ◇ ◇

처음에 미국의 도박 산업계에서는 이에 대한 우려도 없지 않았다. 복잡하고 난해한 옵션들, 그리고 큰 잭팟과 달리 분명하지 않은 게임 결과가 아직까지 대부분 관광객 위주였던 1990년대 중반의 시장에 잘 들어맞겠느냐는 걱정이었다. 1997년 회의주의적인 한 게임 개발자는 비꼬는 식으로 나에게 이렇게 말하기도 했다. "호주 시장은 아마 우리보다 수준이 높아서 그 새로운 형태의 기계들에서 나오는 엄청나게 복잡한 승리 조합을 전부 이해하나 보죠." 같은해 도박 산업 행사장에서 아리스토크랫의 전시 부스에 늘어선 비디오 슬롯 머신 앞에서 발리의 직원은 이렇게 이야기 하기도 했다. "제가 이 업계에서 먹고 사는 사람인데, 저도 이해를 못하겠다니까요." IGT 부스가 늘어선 복도 한 구석에서 IGT 직원은 호주 시장의 이러한 정교함이 놀이의 빈도 때문이라고 이야기했다. "그 사람들은 하루 종일 게임하잖아요. 일주일에 네다섯 번씩이요." 앵커 게이밍의 벨리조는 조심스럽게 문화적 설명을 제시했다. "전형적인 미국 이용자들은 복잡한 게임에 익숙하지 않아요. 미국인들은 깊이 생각하거나 전략을 짜는 일은 별로 좋아하지 않거든요. 미국인들은 단순 솔직한 편이죠. 하지만 최근에는 사람들이 복잡한 것에 좀 익숙해져서 저희도 호주 모델로 차차 움직이고 있습니다." 발리의 프래터도 이에 동의했다. "호주 시장은 여기 베이거스의 비디오 포커 시장과 비슷해요. 사람들이 카지노를 일주일에 세 번씩 가고 페이 스케줄도 다 이해한단 말이죠. 이런 기계들이 점점 확산될 수록 아마 미국도 그 길로 가야될지 몰라요."

"여기 북미에서 호주의 경험을 반복하게 될까요?" 1999년 도박산업 회의에서 "비디오의 미래" 패널의 사회자가 던진 질문이다.[38] 아리스토크랫의 홍보 이사는 대답했다. "비디오 도박이 점점 더 미국의 게임 관할권으로 진출하고 있지만, 이를 받아들이는 수용의 진화 단계는 각각 서로 다릅니다."[39] 아리스토크랫의 멀티라인 기계를 제일 먼저 받아들인 미국 내 지역은 중서부와 인디언 보존구역이었다. 인디언 부족이 운영하는 모헤간 선의 슬롯 사업부 부사장은 이 게임이 "기술 지향적이지 않은 고객"들에게나 어필할 것이라며 의심했지만 놀랍게도 이 기계는 연령, 성별, 계층을 넘나드는 다양한 사람들을 끌어들였다.[40] 라스베이거스의 카지노 경영자들도 네바다 게임 감독 위원회가 1996년 멀티라인 기계를 승인한 이후 똑같은 놀라움을 경험했다. "연령대가 높은 손님들이 그 기계들을 받아들였습니다." 1999년 팰리스 스테이션 슬롯 사업부 부사장이 했던 말이다. 빙고를 주로 하던 75세 노인들이 호주식 머신을 하기 시작한 현상을 이야기한 것이었다. "도박 자금은 그리 많지 않지만 일주일에 서너 번 카지노를 방문하시는 많은 지역 주민들이 있는데요, 그분들은 기계에서 시간을 보내려고 카지노에 옵니다." 그녀는 계속 말했다. "비디오 릴이 아주 주요한 전환점이 되었죠."[41] 2004년 컨퍼런스 참여자 중 한 사람은 시장의 새로운 머신에 대한 수용도를 가속화하기 위해 비디오 슬롯 게임 구조와 수학적 모델을 전통적인 (비디오를 사용하지 않는) 3개 릴과 5개 릴의 기계적 머

---

38   Michael Pollack of *The Gaming Observer*, moderator for "The Video Future," World Gaming Conference and Expo 1999.
39   Stuart Bull of Aristocrat, panelist for "The Video Future," World Gaming Conference and Expo 1999.
40   Frank Neborsky of Mohegan Sun, panelist for "The Video Future," World Gaming Conference and Expo 1999.
41   Brenda Boudreaux of Palace Station, panelist for "The Video Future," World Gaming Conference and Expo 1999.

신에 통합하자고 주장하기도 했다. 이러한 방식은 손님들이 비디오 형식에 익숙해지도록 만들고 자연스럽게 새로운 것으로 옮겨가도록 만드는 일종의 "관문 상품(gateway product)"이 될 수 있다는 것이다. "이용자들을 이동시키기에 좋은 방법이죠." 그 토론자는 이렇게 말했다. "적응을 도울 겁니다."[42]

이용자들이 비디오 슬롯으로 적응하는 속도에 가속도가 붙을 수록 페이라인은 더욱 현란해졌다. 2005년 글로벌 게이밍 엑스포에서 아리스토크랫은 자신들의 50주년을 기념하는 의미의 50줄짜리 비디오 슬롯을 소개했고, 2007년에는 100줄짜리 기계를 선보였다. (그들의 보도 자료에 따르면 "이용자들이 더욱 쉽게 기계를 사용하고 이해할 수 있도록 새롭게 특허를 받은 라인 표시기를 통합한" 기계였다.) 이른바 승수 잠재력(multiplier potential)을 비디오 슬롯에 더 많이 탑재하는 회사의 릴파워(ReelPower) 기술은 각 스핀에서 디지털화된 기호가 서로에 대해 위치를 변경하는 "페이릴(payreels)"을 특징으로 한다. 이러한 방식에서 이용자는 "릴, 라인, 그리고 그 둘의 조합"에서 243개의 서로 다른 승리 조합을 위해 가로 세로 모두 베팅이 가능하다.[43] 아리스토크랫의 웹사이트에는 다음과 같은 글이 게시되어 있다. "대부분의 이용자는 릴파워 릴의 다섯 개 모두를 구매합니다." 승수 잠재력을 더욱 증가시키는 "스캐터" 모드의 게임은 기호들이 어느 방향으로든 정렬될 필요가 없다. 스캐터 모드를 릴파워 공식에 적용한 수퍼 릴파워(Super ReelPower)는 도박자들에게 놀랍게도 3,125개의 승리 방식을 제공한다.

일부 머신 제조업체는 문자 그대로 다른 방향으로 기존의 방식을 전환했다. 예를 들어 인크레더블 테크놀로지(Incredible Technologies)의 "사이드

◇◇◇◇◇◇

42 Panelist for "Get Real: Reel Slots vs. Video Slots," Global Gaming Expo 2005.
43 Aristocrat Website (www.aristocratnz.co.nz/AUS/What/Games.asp, accessed July 2008.

와인더" 기계는 수평으로, "엔젤 페이" 기계는 윗쪽의 기호들 중 어느 곳에서나 시작해 오른쪽으로 비스듬하게 내려오는 방식으로 스핀하도록 만들었다. WMS는 랩 어라운드 페이(Wrap Around Pays)를 통해 머신에 놀이의 3차원 방식을 추가했다. 이 게임에서는 "페이라인들이 다섯 개의 릴 중 어디서든 출발해 다른 릴을 감싸듯 라인을 형성하여 이전에는 불가능했던 승리 조합들을 만들어낼 수" 있었다. IGT는 게임 화면이 4등분되어, 화면의 각 부분이 자기만의 높은 기초-게임 히트 프리퀀시를 제공하는 미니-멀티라이너를 특징으로 하는 멀티플레이(MultiPlay) 비디오 슬롯을 도입했다.[44] 각 매트릭스는 네 가지 다른 결과물을 제공하며 서로 독립적으로 회전한다. 2009년에 출시된 이 기계는 여전히 "기록을 넘어서는" 성과를 보여주고 있다. 그중에서도 엄청나게 인기가 좋은 한 모델은 이용자들에게 200개의 베팅가능한 라인을 제공한다. 카트리나는 다음과 같이 말했다. "라인은 이미 게임에서 이기고 있는지 지고 있는지 계산할 수 없는 수준으로 증가했어요. 화면을 제대로 살펴보기도 전에 다음 스핀을 위해서 버튼을 누르는 거죠."

페이라인의 수가 최고치를 경신하고 도박자들의 베팅 옵션이 더 많아질수록(어떤 모델은 스핀 한 번당 천 개까지 가능하다), 놀이의 액면가는 곤두박질쳤다. 비디오 슬롯이 부상하기 전 대부분의 도박산업계는 25센트에서 수 달러를 표준 액면가로 생각했다. 사람들은 5센트나 1센트는 옛날에나 사용하던 동전들이라고 생각했고, 가난한 사람들이나 노인, 위험회피형 도박자들을 위한 다소 저렴한 카지노에서나 찾아볼 수 있었다. 그러나 놀랍게도 높은 액면가 코인으로 베팅하던 이용자들도 5센트나 1센트짜리 머신으로 옮겨가기 시작했고, 그들은 더 낮은 액면가 코인으로 기계를 하는

---

44 Reiner 2009.

데도 다중코인 베팅 옵션으로 인해 더 많은 돈을 잃었다. 1999년 "비디오의 미래" 패널의 사회자는 자신이 카지노에 고용된 일화를 이야기했다. 평상시에 늘 이용하던 달러 단위 머신에서 갑자기 이용자들이 사라져버리자 카지노 경영자들은 불안감을 느꼈고, 그에게 이용자들을 추적해달라고 요청했던 것이다. 추적해본 결과 그는 기존 기계 이용자들이 25센트씩 베팅하는 새로운 세대의 기계로 하향 이동했지만, 스핀 한 번에 너무나 많은 크레딧을 베팅하는데다 훨씬 더 장시간 게임을 지속하기 때문에 하루 평균 400달러까지 돈을 잃는다는 점을 알아냈다.[45]

2000년 즈음에는 5센트 코인이 25센트를 제치고 가장 인기 좋은 액면가로 자리잡기 시작했다. 달러 단위 머신 이용자들이 25센트짜리 멀티라인 기계에서 시간과 돈을 더 많이 소비했던 것처럼, 25센트짜리 머신을 주로 이용했던 사람들이 5센트짜리 기계로 옮겨가 똑같은 일이 벌어진 것이다. 한 게임 개발자는 말했다. "이 머신들이 생기면서 5센트 고객들이 새로 생긴 게 아니라, 그 기계들이 25센트나 달러 이용자들에게 더 많은 가치를 부여하게 된 거죠."(그의 말은 도박 업자들이 더 많은 수익을 본다는 것을 의미했다.) 또 다른 이도 이렇게 지적했다. "한 번에 5센트를 90개 베팅해는데 5센트짜리 기계가 어떻게 5센트짜리겠어요."[46] 또한 1센트짜리 기계의 부상은 5센트짜리 기계를 바짝 따라잡았다. 액면가 2센트 또는 그 이하의 기계가 호주 시장의 거의 90퍼센트까지 차지한다. 2008년도 네바다 주에서는 전체 기계 중 약 18퍼센트 정도만이 1센트짜리 기계였다. 그러나 2004년에 6.3퍼센트, 2000년도에는 0.2퍼센트에 불과했던 것을 생각

◇◇◇◇◇◇

45 Michael Pollack of *The Gaming Observer*, moderator for "The Video Future," World Gaming Conference and Expo 1999.
46 John Giobbi of WMS, panelist for "The Video Future," World Gaming Conference and Expo 1999.

하면 이 수치도 엄청난 증가로 볼 수 있다.[47] 디지털 마이크로프로세싱과 가상 릴 기술이 게임 개발업자들에게 큰 잭팟을 약속하고 슬롯을 대중화하기 위해 필요한 승산에 대한 통제권을 주었다면, 멀티라인 비디오 슬롯은 베팅 금액 자체를 더욱 작은 단위로 분할하여 도박자들의 게임 시간을 증가시키고 결과적으로 업계의 수익도 증가할 수 있도록 만들었다. IGT의 게임 개발자는 이렇게 말했다. "프리퀀시가 정말 높아서 이용자들이 기계에서 엄청난 시간을 보내요. 얼마나 좋아하는지, 말 그대로 하루 종일 게임한다니까요."[48]

도박자들에게 낮은 액면가의 기계적 릴 회전기에서 "하루 종일 게임하라"는 마케팅은 과거에는 말도 안 되는 생각이었을 것이다. 그러나 비디오 슬롯이 떠오르자 도박 산업계에서는 도박자들이 얼마나 큰 돈으로 베팅하느냐에 수익이 달린 것이 아니라 그들이 게임하는 양에 달린 것임을 깨닫게 되었다. "사람들에게 적절하게 기계에 머무르는 시간을 제공한다면, 그들은 계속해서 자리에 남아 게임할 겁니다." AC 코인(AC Coin)의 대변인은 이렇게 이야기했다. "너무 빨리 진행하게 되면 사람들은 게임에서 지고 그냥 떠나버릴 거예요."[49] 이 장의 앞부분에서 기계 수학을 통해 고객들의 믿음을 만들어내는 작업의 중요성을 강조했던 커닉은 자신의 어머니와 관련된 이야기를 통해 기계에 머무르는 시간의 수익논리를 설명했다. "한 번은 어머니가 제 게임에 20달러를 넣었는데 그대로 그냥 다 잃은 거예요. 어머니는 화가 엄청 났고 손님으로 치면 저는 고객 하나 잃은 거죠. 제 입장에서 제일 좋은 건 그 첫 20달러를 다 가져오는 것이 아닌 거죠. 베팅한 금액을 대부분 돌려주는 게 좋은 거예요. 그래야 그 돈 다 잃을 때까지

---

47 Ernkvist 2009, 221.
48 Weinert 1999, 77.
49 Jerald Seeling of AC Coin and Slot, quoted in Green (2006).

계속 게임하죠." 도박자와 산업계 모두에게 놀이의 가치는 단일한 금전적 승리에서 시간적 지속의 축으로, 또는 변동성에서 양(from volatility to volume)으로 이동했다(그림 4.2의 위쪽 참고). 아리스토크랫의 마케팅 매니저는 2003년 기자에게 다음과 같이 말했다. "G2E에 있는 저희 게임 중 50퍼센트 이상은 1센트짜리 슬롯으로 바뀔 겁니다. 기계에 머무르는 시간을 증가시키기 위한 방법으로서 1센트 슬롯으로 산업계가 이동해가고 있음을 정확하게 반영하고 있는 겁니다."[50]

1센트 놀이의 르네상스는 비디오 기술뿐 아니라 새로운 금전-관리 기술의 발명에도 의존하고 있었다. 1센트 동전은 너무 얇아서 기계 내 호퍼 (hopper, 동전처리기)가 처리하기 어려운 측면이 있었고, 기계에 넣으면 안에서 걸리거나 보상을 지급할 때 오류를 발생시키곤 했다. 빌 억셉터와 토큰화 시스템이 1센트짜리 게임을 보다 수월하게 만들기는 했지만, 많으면 스핀당 1센트 코인 5백개씩이나 되는 새로운 게임 설계에 적당한 다른 뭔가가 필요했다. 1센트에서 가치를 끌어내기 위해 도박 산업은 1센트 자체가 사라지는 방법을 찾아야 했던 것이다. 2000년 IGT의 E-Z 플레이 (E-Z Play)와 같은 티켓-인/티켓-아웃 기술은 동전 (또는 지폐) 주입을 구시대적인 것으로 만듦으로써 1센트 동전의 비물질화를 의도치 않게 촉진했다. 이용자들이 TITO를 즉각 받아들이지는 않았지만, 그들은 그 기술이 당시 친숙해지기 시작한 낮은 액면가의 멀티라인 게임 이용을 촉진한다는 것을 알게 되면서 그 기술에 열광하게 되었다. 이것은 당시 막 허가를 받고 네바다 시장에 진입한 아리스토크랫이 미국 시장에서 우뚝 설 수 있는 새로운 발판이 되어 주었다.

아리스토크랫은 라스베이거스에서 독특한 접근 방식을 취했다. 영은 기

---

50 Kent Young, quoted in "Aristocrat Technologies to Display 140 Innovative Games" 2000.

자에게 말했다. "저희는 일시적 고객보다 반복적인 고객들을 표적으로하는 전략을 고수하고 있습니다. 모두들 스트립 안에서부터 시작해야만 한다고 이야기하지만, 그런 방식을 취하지 않았죠. 저희는 스트립 주변부를 둘러싸고, 사람들이 자주 게임하는 곳에 상품을 놓자고 이야기했습니다. 스트립이 결국 나중에 이 게임을 찾게 될 거니까요."[51] 도박 산업 대부분이 비디오 포커 및 액면가 25센트짜리 기계로 네바다 지역 시장을 이해했지만, 아리스토크랫은 자신들의 낮은 액면가의 호주식 비디오 슬롯으로 그 시장의 일부를 바꿀 수 있다고 확신했다. 2005년 스테이션 카지노의 슬롯 중 30퍼센트가 1센트짜리 기계였다는 점은 그러한 성공을 나타내는 지표였다. 그 해 도박 산업을 다루는 한 기자는 다음과 같이 이야기했다. "라스베이거스의 로컬 카지노만큼 1센트 기계에 열광하는 곳이 또 있을까요."[52] 2008년 라스베이거스 관광청(Las Vegas Convention and Visitors Authority)은 선호하는 게임 액면가를 묻는 주민 조사 응답에 "1센트"를 추가했다. 같은 해 지역 주민 중 43%는 여전히 25센트 짜리 기계를 한다고 응답하였지만, 벌써부터 꽤 많은 사람들이 1센트짜리 기계(23%)와 5센트 짜리 기계(22%)를 선호한다고 응답했다. 2년 후, 25센트 이용자는 38%까지 떨어졌고 1센트 이용자는 29%까지 증가했다. 게임 액면가가 하향 전환되면서 2008년 즈음에는 지역 주민들의 평균 베팅 수준이 스핀당 15.5 코인으로 10년 전 4.5 코인이었던 것에 비해 크게 증가했고, 2010년에는 사람들은 스핀당 25코인을 베팅했다.[53] 비디오 포커 트렌드를 반영하여, 지역의 비디오 슬롯 이용자들의 베팅 습관은, 앞서 헌터가 일종의 "내성" 형성이라고 표현했던 것처럼, 새로운 기술에 발맞춰 전환되는 것으로 보

51　Kent Young, quoted in Legato (2005b, 52, 50).
52　Legato 2005a, 74.
53　GLS Research 2007, 5; 2009, 20, 21; 2011, 20, 21.

였다. 호주 사회학자 리처드 울리가 이야기한 것처럼, "도박 행동은 새로운 베팅 옵션과 게임 특징이 제공됨에 따라 점진적으로 재형성되었다."[54]

대부분의 도박자들이 반복 이용자들고 사실상 모든 도박 기계가 비디오 슬롯이었던 호주에서는 행동 "재형성" 효과가 지역사회 도박 중독 안에서 명백히 드러났다. 공중보건 연구는 미니-맥시(mini-maxi)라고 알려진 베팅 공식에 따라, 문제성 도박자가 더 낮은 액면가의 크레딧과 더 높은 수의 라인을 선호한다는 결과를 지속적으로 보여주고 있다(미니-맥시란 걸 수 있는 최대치의 줄에 가장 낮은 또는 중간 정도의 크레딧을 베팅하는 것을 의미한다. 이것은 사이즈를 줄이는 반면 보상의 안정성을 증가시키는 방법이다). 한 연구에서는 그들이 액면가 1센트 크레딧 게임으로 90%의 시간을 소비하고, 손실액의 3분의 2가 그러한 낮은 액면가 게임 중에 발생한다고 드러났다.[55] 2005년 마크 쿠퍼 기자가 이야기한 것처럼, "예견한 바와 같이, 새로운 세대의 도박 기계들이 새로운 세대의 도박 중독자들을 양산했다. 이들은 높은 금액을 베팅하고 주사위를 굴리거나 카드를 뒤집으면서 치솟아 오르는 아드레날린에 짜릿함을 느끼는 사람들이 아니라, 끝도 없이 돌아가는 릴로 생성된 고요한 마비 상태를 열망하는, 멍한 상태로 '탈출하는' 사람들이다."[56]

---

54 Woolley 2009, 187.
55 Ibid., 104.
56 Cooper 2005, 128.

판돈 올리기: 기술에 대한 내성

낮은 액면가의 멀티라인 비디오 슬롯이 라스베이거스 내 지역 도박의 미시생태계 안에서 점점 더 자리를 잡아갔지만, 비디오 포커의 혁신(일부는 공공연하게 승수 공식을 모방했다)도 가장 규칙적으로, 그리고 가장 길게 게임하는 주민들 사이에서 게임의 선도적 위치를 유지시켰다. 오늘날에도 여전히 "논란의 여지 없는 비디오 포커의 제왕"인 IGT만 해도 50개에 달하는 다양한 버전의 게임을 제공하고 있다.

가장 인기가 좋았던 게임은 비디오 슬롯의 나누기와 곱셈 전략을 통합한 "멀티핸드(multihand)"류의 게임들이었다.[57] 첫 번째 기계는 1998년도의 트리플 플레이 드로우 포커(Triple Play Draw Poker)로 이용자들은 한 번에 세 개의 게임을 동시에 진행할 수 있었고, 3배나 많은 코인을 베팅할 수 있었다. "그 생각은 정말 갑작스럽게 떠올랐어요." 기계를 발명했던 어니 무디는 기억을 떠올리며 말했다. "만약 이용자들이 한 손으로는 서로 다른 세 개의 카드 덱에서 카드를 뽑을 수 있다면 어떨까? 만약에 진짜 좋은 패를 받았다면 그건 정말 좋은 거고, 나쁜 패를 받았다면 그걸 개선할 만한 기회를 많이 얻는 거잖아요." *다시는 두 기계를 [동시에] 할 필요가 없습니다!* IGT 웹사이트에 게시된 이 문구는 강도 높은 경험을 위해 인접한 두 대의 기계를 동시에 사용하는 단골 손님들을 암시한다.[58] 한 판에 세 개의 패를 압축함으로써 게임은 단번에 놀이를 가속화하고 히트 프리퀀시를 증가시킨다. 비디오 슬롯과 같이 이 공식은 게임의 강화 스케줄을 한층 더 강화시킨다. 다만 여기에서는 라인이나 릴, 보너스 기능을 곱하는 방식으

◇◇◇◇◇◇

57 Legato 2007a.
58 IGT website (www.igt.com, accessed May 2010).

로가 아니라 카드 덱을 더하는 방식이다.

전기 기사로 일했던 랜달은 이 장 서두에서 언급된 몰리의 이야기와 마찬가지로 자신의 게임 궤적이 어떤 방식으로 비디오 포커 형식의 진화를 좇아 트리플 플레이 포커로 정점을 찍게 되었는지 이야기했다. "제가 처음 게임할 때는 잭 오어 베터(Jacks-or-Better)밖에 없었어요. 나중에는 듀스 와일드(Deuces Wild)가 나오고, 그 다음에는 보너스 포커, 더블 보너스, 그 다음이 한 번에 세 개의 패를 가질 수 있는 트리플 플레이였죠." 또 무디는 이렇게 이야기했다. "일단 멀티 핸드 비디오 포커를 시작하면 패를 하나만 주는 게임으로 다시 돌아가기는 어려웠어요."[59] 몰리도 이러한 어려움을 경험했는데, 이는 그녀의 꿈에까지 나타났다. "꿈에서 괜찮은 슬롯 머신 찾으면서 카지노를 돌아다니고 있었거든요. 전부 싱글 플레이 포커더라구요. 트리플 플레이가 눈에 들어왔는데, 누가 제 앞에서 딱 앉아 버리더라고요. 다른 기계들도 해보려고 했는데, 이유는 모르겠지만 별로 저에게 맞지가 않았어요. 속도가 너무 느리거나, 아니면 돈을 너무 빨리 잃거나 그래서요. 아니면 그냥 아, 이거는 내 기계가 아닌데 싶은 것도 있었고요." 랜달 또한 트리플 플레이 기계에 머무르고자 하는 비슷한 욕구를 고백했다.

> 트리플 플레이 기계는 그동안 발명됐던 기계 가운데 최고라고 할 수 있죠. 그 기계 나온 다음부터는 잭 오어 베터, 듀스, 보너스, 어떤 기계도 할 수가 없어요. 지금 더블 보너스랑 트리플 프레이밖에 못 하거든요. 다른 기계들은 더이상 저한테 맞지가 않아요. 미래에는 어떻게 될지 궁금해요. 5년 뒤에는 10개 패를 가지고 게임하게 될까요?

---

59 Legato 2007b.

우리가 이야기를 나눈 이래 트리플 플레이는 실제로 파이브 플레이(Five Play), 텐 플레이(Ten Play), 피프티 플레이(Fifty Play), 심지어 헌드레드 플레이 포커(Hundred Play Poker)로 진화했다(그림 4.4 참고). 트리플 플레이에서와 같이 이러한 변형 게임들에서 첫 번째 패는 모든 덱에 걸쳐 동일하다. 이용자가 어떤 카드를 쥐고 있을지 선택하면, 이를 대체할 카드는 다른 여러 덱에서 선택할 수 있다. IGT의 웹사이트는 헌드레드 플레이 포커를 다음과 같이 설명한다. *포커의 끝판왕. 한 화면에서 100가지 다른 패를. 한 패당 10크레딧.* 피프티 플레이 포커는 싱글 핸드 포커 게임에 비해 30에서 40배 정도 빠르다(게다가 승리할 확률도 높다). 이용자는 여덟 시간에 한 번이 아니라 두세 시간이면 한 번씩 로열 플러쉬를 볼 수 있고 그보다 작은 규모의 승리 횟수도 더 많다.[60] 이런 게임들은 이용자들을 과하게 자극하기보다는 보상 빈도와 속도를 강화함으로써 게임의 흐름을 심화시킨다. 비디오 포커 전문가 밥 댄서는 멀티라인 비디오 슬롯에 관해 자주 언급되었던 내용을 반복하며 나에게 이야기했다. "완만한 하강인 거죠. 패가 하나뿐이면 울퉁불퉁한 길을 가는 거랑 비슷한 거구요." 랜달도 자신의 멀티라인 비디오 포커 경험을 다음과 같이 이야기했다. "요즘은 잭팟 터져도 눈 하나 깜빡 안 한다니까요. 박자감도 놓치지 않고요." 행동주의의 언어로 이야기하면 그는 더 높은 "사건 빈도"에 습관화되어, 놀이 중 발생하는 우연의 급증에 대한 내성(또는 감소된 반응성)이 생겼다.

아마도 지금까지 살펴본 곱셈 경향의 게임 중 최고봉은 스핀 포커(Spin Poker)의 비잔틴 게임일 것이다. 호주식 비디오 슬롯의 다중 페이라인의 특성과 비디오 포커의 다중 선택 특성을 결합시킨 이 게임은 릴처럼 회전하는 포커 패의 매트릭스를 보여주었다. 릴이 멈추면 이용자의 승리는 사선

---

60 Grochowski 2000.

과 갈지자형 줄을 포함해 아홉 개 줄에 걸쳐 계산되었다(그림 4.4의 오른쪽 아래 그림 참고). 트리플 스핀 포커(Triple Spin Poker)는 도박자들에게 한 화면에서 스핀 포커 세 게임을 한 번에 제공하면서 이용자의 선택과 높은 히트 프리퀀시의 혼합체를 또 다른 수준으로 끌어올렸다. IGT는 게임 홍보에서 "트리플 스핀 포커는 그 진화의 자연스러운 한 부분입니다."라고 언급하며 페이라인의 증가와 액면가 감소 경향을 분명하게 드러내 보인다.

설계자들이 계속해서 그러한 진화를 촉진함에 따라, 도박자들은 그러한 진화에 적응해갔다. 그 진화란 기계의 라인, 릴, 카드덱, 코인을 증가시키는 것, 놀이의 액면가를 감소시키는 것, 도박자들이 시간을 들여 돈을 투자하는 것을 극대화하기 위해 유례없이 정확하게 설정된 보상 공식으로 승리를 쪼개는 것을 의미했다. 도박자들이 달라진 조건에 따라 새로운 수준의 내성에 가지게 되면, 설계자들은 또 그에 대한 반응으로 추가적 혁신을 가하며 판을 키웠다. 우리가 이제까지 살펴본 설계자들은 이러한 피드백의 순환이 기본적으로 이용자 선호도의 "성숙"에 따라 추동된다는 점을 이해하고 있다("빠르게, 더 빠르게. 게임 속도를 더 빠르게 바꾸세요. 이용자들은 게임에 익숙해지고 또 금방 지겨워합니다." 사이버뷰의 실비 리나드가 했던 말이다 [61]). 그러나 도박 중독자들은 그러한 머신들 자체가 이 과정의 동인이라고 주장한다. "점점 더 강력한 걸 원하게 되는데, 기계가 저한테 맞춰서 그렇게 해주니까요." 앞서 몰리가 했던 말이다. 그녀가 보기에 자신의 중독은 인간과 기계가 상호적으로 적응해가는 지속적인 과정 가운데 출현한다. 이 과정 안에서 그녀 자신의 계속해서 변화하는 욕구(즉, 존에 들어가기 위해 그녀가 요구하는 것)는 설계에 의해 그러한 욕구가 "맞춰"짐으로써 더욱 불

---

61 Linard of Cyberview, panelist for "Slot Systems: New Innovations, New Experiences, New Efficiencies," G2E 2006.

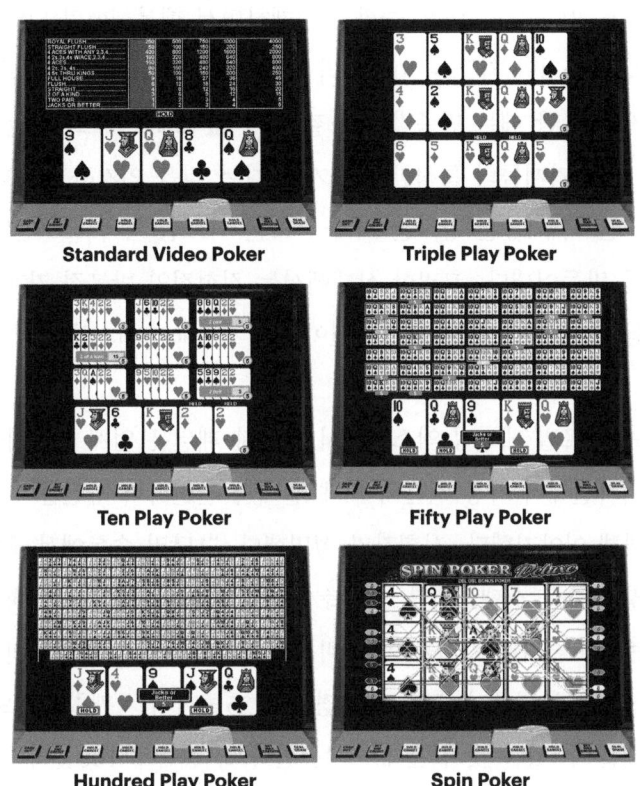

그림 4.4 왼쪽에서 오른쪽 순으로 점차적으로 더욱 복잡해지는 비디오 포커의 다양한 버전.
출처: Action Gaming / VideoPoker.com

타오른다.

도박자들은 그들의 내성이 기술의 발전을 통해 어떻게 지속적으로 구축되어 왔는지 정확히 설명한다. 예를 들면 호주 출신 도박자 카트리나는 게임 설계에 있어 아주 사소하면서도 무해한 변화들이 자신의 습관을 점점 더 높은 수준으로 끌어올리게 됐는지를 다음과 같이 회고했다. "저는 약 20년 동안 전자 게임 기계와 연을 맺어 왔어요." 2008년 그녀가 나에게 보낸 편지에 이렇게 적혀있다. "줄 하나짜리 기계하면서 만족했던 그 순간이 아직도 떠올라요. 아홉 줄짜리 기계하면서 행복해했던 기억도 스쳐 지나가고요. 하지만 지금은 20줄짜리 기계를 해요. 이 기계에 익숙해져서 기존의 게임들 할 때는 만족감을 느낄 수가 없어요." 카트리나는 자신이 견딜 수 없는 기계들의 특정한 강도가 있다는 것을 인지하고 있다. 너무 낮거나 또는 너무 높은 강도는 저자극 또는 과도한 자극으로 견딜 수 없는 상태를 만들어낸다. 그러한 상태에서는 전형적인 반복적 기계 이용자들이 경험하는, 놀이의 존에서 "자신이 사라지는(lose herself)" 경험을 할 수 없다.

2006년 글로벌 게이밍 엑스포에서 이용자 패널은 업계 대표자들로 가득찬 세미나실에서 가장 최근의 기계 설계와 관련하여 자신들의 내성 한계치에 대해 이야기했다. 사회자가 설명했다. "1달러 슬롯에서 좋은 점은 얼마나 많은 줄을 선택할지를 자유롭게 변경 가능하다는 거죠. 하지만 아직은 저는 100줄짜리 기계를 할 준비는 되지 않은 것 같네요." 한 나이든 여성이 청중에게 말했다. "저 같은 경우는 25줄까지는 괜찮거든요. 40줄짜리도 해볼 수 있을 것 같은데, 저는 진짜로, 진짜로 100줄짜리 게임은 피하려고 해요. … 돈의 흐름이 너무나 빠르거든요. 저는 일주일에 두어 번 좀 넘게 게임해요. 한 번에 6시간에서 8시간 정도요. 돈이 그냥 다 말라 버려요." 두 여성 모두 개인적으로 편안한 영역에서 벗어나는 게임당 라인의 수적 한계를 알아차렸다. 두 번째 여성은 너무나 많은 줄이 어떻게 비용 대비 시간에 지장을 주는지를 설명한 것이다. 동시에 두 사람 모두 새로운 우발성의 강도에 적응해 가면서 자신이 편안해 하는 영역이 시간에 따라 바뀌었다는 점을 인지하고 있었다("아직은 저는 100줄짜리 기계를 할 준비는 되지 않은 것 같네요."에서 그녀가 '아직은'이라고 표현한 것을 주목하라).

카트리나는 나에게 보낸 편지에서 특정한 기계 사건의 반복적 경험이 그녀의 행동에 연속적인 재조정을 유발하여 그녀의 놀이를 새로운 수준으로 끌어올리는 과정을 자세히 설명한다. 그녀는 어떤 패턴이 "나타나기 시작할 때"(또는 패턴이 나타나기 시작한다고 느낄 때) 자신이 사로잡힌다는 점을 강조한다.

> 기계를 어쩌다 한 번 하는 사람이나 수박 겉핥기 식으로 하는 사람들은 상대적으로 기계의 반복적 과정에 영향을 덜 받을 수 있어요. 하지만 만약에 꽤 자주 기계를 하는 사람이라면 이 모든 것들이 끊임없이 그 사람을 대상으로 작용하게 되고, 게임하는 사람은 그 모든 "임의성" 가운데 펼쳐지는 수많은 시나리오에 익숙해지게 돼요. 기계 앞에 앉을 때마다 그 이전에 게임이 어땠는지 수백 수천 가지 기억들을 다 가지고 있잖아요(만약에 게임을 오래했다면 말이에요). … 이게 어떻게 작동하는 건지 패턴들이 대략 떠오르기 시작하고, 그러면 어떤 특정한 일이 일어나기를 기대하는 자신을 발견해요.

카트리나는 자신의 중독을 기계 강화 강도가 약간씩 증가함에 따른 지속적인 인지적·정서적 적응으로 특징지었다. 이 과정에서 도박 산업계가 최종적으로 우위를 점하도록 만드는 것은 그저 그녀의 습관화나 소위 "기계에 대한 내성" 때문이 아니라, 내성이 발전할 때마다 기술적 혁신이 그러한 내성을 불안정하게 만드는 방식이다. 즉 새로우면서도 예상치 못했던 강도 증가, 그리고 놀라움의 요소를 교환에 도입하여 그녀의 내적 기대가 반응적으로 조정되도록 자극하는 것이다.

이 과정을 설명하기 위해 카트리나는 소위 "보너스 라운드" 또는 "무료 스핀"이라 불리는 비디오 슬롯의 일반적 특성이 자신의 놀이에 어떻게 영향을 미쳤는지 연관짓는다. 이러한 유형의 기능은 도박자들에게 당첨, 당첨의 기회, 무료 스핀을 제공하는 애니메이션 보너스 게임을 무작위로 제공하는데, 이 모든 것은 더 많은 시간을 기계에서 보내도록 만든다. "게임

속의 게임"은 기본 게임의 페이아웃 스케줄과 역동적으로 연동되면서 강화를 한층 더 쌓아올린다. 그녀는 다음과 같이 기억을 떠올렸다. "처음에는 무료 스핀이 그저 신선했어요. 만족스럽게 게임할만한 또 다른 개선점일 뿐이었죠. 그것들이 제 놀이의 역동을 어떻게 바꿔놓을지 알지 못했던 거예요. 하지만 곧 이런 기능이 없는 게임은 쳐다도 안 보게 되더라고요." 그 신선함은 "정상적인 게임이 매력을 잃는 정도"까지 놀이의 다른 측면들을 가려버리기 시작했다. "(정상적인 게임이) 여전히 중요하긴 하지만 그런 것들은 어느 정도 목적을 위한 수단이 되어 버렸어요. 그러니까 무료 스핀이 나올 때까지 시간을 들이기 위한 수단인 거죠." 요컨대 그녀가 습관화되었던 정상적 게임은 무료 스핀과 그것의 우발적 발생에 대한 기대로 추동되는 "시간을 들이기" 행위가 되어 버렸다.

카트리나는 게임에 사용하는 크레딧이 줄어들면서 이 우발적 발생에 대한 베팅 금액은 반대로 어떻게 증가하게 되었는지를 다음과 같이 설명한다.

> 크레딧이 감소하기 시작하면 공짜 스핀 기호들에 대한 집중과 기대는 높아지기 시작하는 거예요. 일반적인 방식보다 무료 스핀에서 보상이 훨씬 많으니까, 그것들이 일종의 구원이 되는 셈이죠. 무료 스핀 기능이 활성화되면, 안도감이 느껴져요. [스핀으로 인한] 결과물이 꽤 좋을 거라고 기대하면서, 당분간은 만족한 상태가 되고 무료 스핀 기호에 대한 집중도는 어느 정도 낮아지고요.

무료 스핀의 우발성에 대한 카트리나의 민감성은 증감하며 오르내렸다. 민감성이 강해질 때면 무료 스핀에 대한 추격(그리고 무료 스핀이 나왔을 때의 그것이 제공하는 "안도감")은 그녀가 슬롯 머신을 할 때 익숙했던 루틴을 아무것도 아닌 것처럼 보이게 만들었다.

그녀는 수년의 경험을 바탕으로 도박이 이루어지는 한 회기 동안 무료 스핀과 관련하여 벌어질 수 있는 다양한 "시나리오"를 신중하게 구분한다.

무료 스핀 기능은 기본적으로 예측 불가능하기 때문에 때로 무료 스핀 기회가 나오지 않는데도 수백 달러씩 기계에 넣을 때가 있어요. 아니면 "재수가 좋아서" 무료 스핀이 꽤 규칙적으로 나올 수도 있고요. 아니면 간헐적으로 무료 스핀이 나올 수도 있구요. 특정 기계에서 세션이 얼마나 길어지느냐에 따라 위에 세 가지 시나리오가 한 번 앉은 자리에서도 주기적이면서도 무질서한 방식으로 다 일어날 수 있어요.

이러한 다른 시나리오들은 카트리나의 외부적 행위를 이끌어가는 만큼 그녀의 내적 상태에 밀접하게 영향을 미친다. 이러한 지점은 그녀가 통찰력을 발휘하여 자신의 놀이에 대해 통찰력 있게 현상학적으로 설명한 내용에서 드러난다.

가끔씩 무료 스핀 기호들은 자주 등장하면서도 무료 스핀이 나오지 않는 경우들이 있어요. 그런 경우에는 무료 스핀을 나타내는 기호에 굉장히 집중하게 돼요. 미묘하게 무료 스핀 기호에 관심을 집중시키도록 만드는 게 있는데, 그건 바로 기호들이 화면에 나올 때 같이 재생되는 *특정한 소리들*이에요. 무료 스핀 기호들이 화면에 나타나면서, 그리고 *그 음악과 함께* 감정이 오르락 내리락 하는 거죠. 만약에 기대는 쌓여가고 집중하는데 그게 계속 이런 식으로 좌절되면, 크레딧을 억지로 끌어다 넣는 경향이 강해지는 거예요. 동시에 "콜렉트(collect)" 버튼을 눌러야 되나 말아야 되나를 마음속으로 계속 생각하는 거예요. 하지만 이런 고민을 하는 중에도 여전히 버튼을 누르고 있고, 뭔가 일어났으면 좋겠다, 무료 스핀이 나오면 좋겠다, 하고 기대하고 있기 때문에 이게 어려운 상황이죠.

다시 돌아올 수 없는 지점에 다다르게 되면 보통 더이상 [크레딧을] 모으는 거에는 관심이 없어져요. 가끔은 크레딧이 정말 거의 없어졌을 때 무료 스핀이 갑자기 나오는데, 만약에 나오지도 않고 크레딧이 없다, 그러면 이제 다양한 일들이 벌어지겠죠. 어떨 때는 그냥 일어나서 가겠지만, 돈을 더 넣을 때가 많아요. 그랬는데 무료 스핀이 얼마 지나지 않아서 나왔다, 그러면 이제 전부 다시 시작하는 거예요. 모든 일은 굉장히 순식간에 일어나요. 무료 스핀은 게임하는 아래로 휘몰아치는 소용돌이로 사람을 더 빠른 속도로 몰아가는 거예요.

기계 소리, 음악, 무료 스핀의 등장 기회. 이러한 각각의 우발적 게임 사건들은 카트리나의 경험, 기대, 행동을 조건화한다. 그녀의 놀이의 움직임(이 움직임은 항상 아래로 향하는 소용돌이의 궤적이다)은 기계와의 지속적이고, 신속하며, 민감하게 반응하는 상호작용으로 전개되며, 그녀가 생각하거나 멈출 수 있는 일시 정지의 순간이나 공간을 불가능하게 만든다.

카트리나가 분명하게 설명했던 마지막 무료 스핀은 기계 도박자들이 끊임없이 갈구하는, 우연을 넘어선 불가해한 흡수의 지점인 "존"을 불러일으킨다. 카트리나의 경우 그녀가 존에 도달하여 거기에 잠시 머무르기 위해서는 환경의 특정한 일련의 상황적 조건이 발생해야 한다.

최선의 시나리오는 무료 스핀이 계속 규칙적으로 나오고, 거기에 정상적인 게임도 잘 진행되고 있고, 또 이에 따라서 크레딧이 꽤 많이 쌓인 상황이에요. 바로 이게 딱 이상적이라고 느끼는 상황이죠. *이 지점이 크레딧을 많이 잃지 않으면서도 꽤 오랫동안 놀 수 있는 존으로 빨려 들어가는 곳이에요.* 이때 크레딧은 오르락 내리락 할 수는 있지만 비교적 높은 수준을 유지해요.

아이러니하게도 아주 위태로우면서도 동시에 '안전한' 이 놀이의 수준에서 편안하게 긴장이 풀어지고 자신을 '잃어버리게' 되고, 그 상태가 끝나지 않았으면 하고 느끼게 돼요. 물론 어느 정도 단계가 되면 불가피하게 급락하기 시작하지만요.

카트리나는 존이 "안전"하면서도 "위태로운" 것으로 이해하고 있다. 이용자 정서의 오르내림에 그대로 반영되는 크레딧의 완만한 오르내림, 이 두 가지 모두 한 순간에 가속도를 잃고 정지해버릴 수 있다. 존은 리듬감이 위험을, 편안함이 심리적 불안정함을, 습관화가 놀라움을 지배하는 임계점에서만 달성될 수 있다.

지금까지 살펴본 바와 같이 이 임계점은 이용자의 습관과 산업계의 기술 혁신 간 역동적 상호작용 기능으로 끊임없이 변화한다. 이 상호작용은 (합리적 소비자의 정적인 선호도로 이해되는) 시장의 수요가 공급을 조정하여 둘 사이에 균형 상태에 도달한다는 경제학의 수요 공급 법칙을 분명하게 벗어난다. 대신 반복적 기계 도박은 두 가지 다른 방식의 피드백 사이의 불균형적 상호작용이라고 할 수 있다. 즉 개인 도박자는 "부적 피드백"의 논리를 따르는 반면, 산업계와 설계자들은 "정적 피드백"의 논리를 따른다. 도박자들은 존의 항상성 균형을 획득하기 위해 지속적으로 자신들의 행위를 조정하는 한편, 산업계와 설계자들은 도박자들이 존을 획득하기 위해 요구되는 놀이의 강도를 단계적으로 증가시킨다. 이 두 가지 피드백 사이의 불균형에서 도박산업의 혁신과 이용자들의 기계에 대한 내성이 출현하는 것이다.

5장
라이브 데이터
이용자 추적과 놀이 유도하기

언젠가 밤에 크리스탈 팰리스에서 게임하고 있는데, 한 남자가 제 옆에 앉더니 "저, 제가 이 머신 발명한 사람인데요." 하더라구요. 그래서 물었죠. "근데 머신 게임하러 오신 거예요?" 그러니까 그 분이 "아, 저는 선생님 같은 분들 인터뷰 해요. 머신이 어떤 게 돼야 하는지, 아니면 이건 좀 아니다 싶은 게 있는지 여쭤보고 있거든요. 저는 어딜 가든지 모든 분께 물어봐요. 인풋을 좀 얻으려고요." 그분은 자기가 머신을 발명하고 그에 대한 피드백을 원하는 거였어요. 제가 게임하면서 어떻게 느꼈는지를 들으려고 막 흥분된 상태더라고요. 제가 말했죠. "아주 훌륭한 물건이죠. 새끈하고 매력적인데다 10분에 한 번씩 조그만 거라도 뭘 주니까 코인 넣을 필요가 없잖아요. 저는 손 더럽히기 싫거든요." 제가 그분한테 인풋을 드려서 좀 도와 드렸죠.

— 롤라

랜디 아담스라는 이름을 여기 저기서 많이 들었다. 발리의 마르쿠스 프래터는 "그 사람이에요. 그 사람이 바로 미스터 발명가에요."라고 말했다. 앵커 게이밍에서 일하는 그의 동료도 이렇게 말했다. "그 사람 아이디어가 진짜 많아요." 1999년 월드 게이밍 엑스포에서 한 토론자는 발표 중에 감탄하듯 말했다. "랜디 아담스는 50대 여성의 머릿속에 들어가서 그분이 뭘 원하는지 꿰뚫어볼 줄 안다니까요." 제랄도 리베라의 〈미국의 환상, 라스베이거스〉 재방송을 보고난 뒤 나는 아담스의 비서에게 연락했다. 그 프로그램에서 리베라는 라스베이거스의 심리학자 로버트 헌터를 인터뷰한 뒤, 중저음의 목소리로 게임 산업계와 "과학까지 아우르는 도박의 예술"을 보여주는 산업계의 심복들을 설명한다. 그는 아담스를 다음과 같이 소개했다. "혁신적 게임 설계자 랜디 아담스, 그는 조종의 달인입니다. 그는 오늘날의 비디오 세대를 사로잡기 위한 새로운 기술을 선보였죠. 아담스는 슬롯왕입니다."

앵커 게이밍 본부는 라스베이거스 공항 근처 파일럿 로드의 산업 단지에 위치해 있었다. 이곳은 발리 테크놀로지 및 다른 여러 회사들과도 가까웠다. 로비의 쇼룸에서는 비음이 강한 여성의 목소리가 주기적으로 울려 퍼졌다. "그쪽이 아니야! 그쪽이 아니야!" 아마도 전시중이었던 머신 중 한대의 보너스 사운드트랙이었을 것이다. 아담스는 진 와일더가 연기한 윌리 웡카와 같이 다소 정신 없어 보이는 상태로 도착했다. 말끔하게 면도한 40대 후반의 신사, 자그마한 골격에 금색과 회색이 섞인 그의 머리카락은 한껏 부풀려져 있었다. 그는 복도를 가로질러 자신의 사무실로 나를 데리고 갔다. 그의 사무실에는 엄청나게 많은 창문이 달려 있었고 그의 커다란 책상은 카지노 도면과 게임 안내 책자들로 뒤덮여 있었다.

그는 커다란 가죽 의자에 몸을 던졌다. 곧이어 키가 크고 말랐지만 배는 불룩한 한 70대 남성이 사무실 안으로 들어왔다. 아담스는 그를 가리키며 말했다. "첫 번째 포커 머신 개발한 분이 바로 저기 오시네요." 스탠

풀톤, 앵커 게이밍 회장인 그는 IGT가 설립됐을 당시 비디오 포커 개발에 참여했던 사람이었다. 이번엔 풀톤이 아담스를 가리키며 말했다. "그리고 당신은 슬롯머신의 미켈란젤로라 할 수 있지. 바로 저기 있잖아요." 그는 교회 목사님이 설교하는 것처럼 잠깐씩 말을 멈추며 극적으로 말을 이어 나갔다. "그는 고객들이 원하는 것, 바로 그것을 찾아내고, 그리고 그들이 원하는 걸, 그들에게 제공해주는 데 자신의 삶을 바쳤죠."

"바로 그거죠." 아담스가 말했다.

"그에게 좋은 저녁 시간이란" 풀톤이 계속 가리키며 말했다. "간단히 끼니를 때우고 카지노 안에서 사람들과 이야기 나누는 겁니다. *왜 그 기계를 좋아하세요?*" 풀톤은 홱 고개를 돌려 강렬한 눈빛으로 나를 바라봤다. "*왜 그 기계를 좋아하세요?*" 그는 천천히 돌아서서 긴 동선으로 사무실 안을 걷기 시작했다.

앞 장에서 살펴본 것처럼, 도박 산업의 "시장에 일치하기" 위한 탐구는 이용자의 변화하는 선호도에 따라 자신들의 상품을 조정 및 재조정하는 끊임없는 과정을 수반한다. 이 장에서는 초점을 이용자 중심 설계의 상품으로부터 이용자 중심 설계의 과정으로 초점을 돌려, 반복적 이용자들을 중심으로 이용자들에 대한 지식을 수집하는 도박산업의 다양한 방법에 특히 집중하고자 한다. 머신 설계와 마찬가지로 이러한 방법들은 지난 20년 간 눈부시게 진화했다. 1988년 IGT의 광고에는 자기가 좋아하는 기계 옆에 서 있는 도박자들의 사진하단에 아래와 같은 문구가 적혀 있었는데(그림 5.1 참고), 이 글은 그 당시 수면 위로 떠오르던 이용자-중심 접근에 대한 지식 수집의 중요성을 강조했다.

이 사람들 그리고 이들과 같은 수 천 명의 다른 이용자들이야말로 성공적인 카지노 게임을 어떻게 만들어야 하는가를 가르쳐주는 최고의 교사들입니다. 이것이 바로 카지노 슬롯 관리자들이 관찰과 경청에 그토록 많은 시간을 쏟는 이유입니다. 우리는 이용자들이 무엇을 좋아하고 싫어하는지 발견해냈습니다. 훌륭한 회사는 기술이나 비용보다는 이용자에게 가까이 다가가고자 움직입니다. 달리 표현하자면 우리가 [이용자에게] 가까워질수록 우리는 더 오랜 시간 게임에서 우위를 차지할 수 있는 것입니다.[1]

IGT 광고에서 이야기한 단순한 "관찰과 경청"은 정보통신 기술의 발달로 가능해진 소비자 추적 및 마케팅의 복잡한 공식이 대체했지만, "이용자에게 가까이" 머무는 것의 목표는 강화되었다. 2004년 IGT의 설계자는 다음과 같은 말을 반복했다. "우리는 이용자들과의 접점을 잃고 공학적 진공상태에 빠지면 안 됩니다. 이용자들과의 접점을 계속 유지해야 합니다."[2]

2006년 글로벌 게이밍 엑스포에서 "이용자의 목소리"라는 패널의 등장은 위와 같은 접점에 대한 필요가 20세기 들어서 얼마나 확고하게 자리잡았는가를 확실히 보여준다. 이러한 패널의 첫 번째 유형은 일반적 도박자들(대학생, 50대 남성 및 여성 기혼자, 40대 독신 여성 등)이 "머신에서 무슨 일이 벌어지고 있는지, 이용자 경험 그 자체"에 관한 통찰력을 제공하는 일반인 포커스그룹의 형태를 취했다. 패널에 대한 설명은 다음과 같았다. "이 컨퍼런스는 게임과 마케팅에 대한 의견을 공유하고자 하는 산업계 전문가들로 가득합니다. 하지만 최종 소비자는 어떻게 생각하고 있을까요? 슬롯

◇◇◇◇◇◇

1 IGT advertisement, in *Casino Gaming*, April 1988, 42.
2 Panelist for "Cashless Cow: The Next Stop in Ticket-In/Ticket-Out," G2E 2004.

그림 5.1 인터네셔널 게이밍 테크놀로지 광고 (출처: Casino Gaming, 1988년 4월)

머신 유경험자로 구성된 이 패널은 슬롯머신 담당자, 홍보 전문가 및 다른 여러 사람들에게 무엇이 성공적인 게임 경험을 만들어내는지에 관한 자신들의 느낌과 경험을 공개합니다. 진짜 '전문가'들에게 한 수 배우세요."
1988년 IGT 광고가 이용자에게 수동적 교사 역할을 부여했다면 여기에서는 이용자들이 자신들의 통찰력을 산업계에 "공개"하는 진정한 "전문가"의 역할이다. 그들의 전문성은 도박 기술에 친숙한 자신들의 경험에 축적되어 있으며, 자신들의 전문성을 공개적으로 드러냄으로써 향후 자신들의 경험에 관한 더 나은 공학 기술을 전달하겠노라 확언한다. 도박산업의 캠페인 목표와 동인이 이른바 소비자 인텔리전스로부터 가치를 추출하기 시작하자마자, 반복적 이용자들은 설계와 경험의 피드백 루프에 더욱 빨려들어간다.

직관에서 분석으로

앞서 기술한 G2E 패널의 대중적 형식이 독특한 형태임은 사실이지만, 포커스그룹은 오랫동안 게임 개발자들의 전략적 기술의 일부였다. 참여자들은 새로 출시된 게임을 이용한 뒤 기계의 특징을 평가했는데, 가끔은 선거전에서 대중의 의견을 파악할 때 사용되는 방식과 유사한 "인식 분석기"가 사용되기도 했다. 실리콘 게이밍의 가드너 그루트는 1998년 자신의 회사에서 바나나-라마(Banana-Rama)라는 게임을 개발할 당시 인터뷰했던 한 포커스그룹을 이야기했다. "저희는 전혀 예측하지 못했던 일이었는데요. 이용자들이 보너스 화면에 나오는 원숭이 영상을 무서워하더라구요." 나무에 앉아 나무 바깥쪽을 쳐다보는 원숭이들은 고개를 돌려 릴이 돌아가는 것을 바라보다가 릴이 멈추면 이용자쪽으로 고개를 돌렸다. 이용자가 승리하면 원숭이들은 웃음을 터트리며 춤을 추었지만 이용자가 패배하면 눈도 깜빡이지 않고 아무런 감정 표현도 없이 이용자를 그저 바라봤다. 몇몇 시범 이용자들은 이것이 "오싹하다"고 느꼈고 불만을 토로했다. "모든 사람이 무섭다고 느낀 건 아니었고, 또 그래픽과 애니메이션을 다시 작업하기에는 비용이 너무 많이 들거든요." 그는 기억을 떠올리며 이야기했다. "그래서 인터랙티브 스크린으로 원숭이를 간지럽히면 원숭이들이 웃는다거나, 원숭이 머리에 코코넛을 떨어트리는 것과 같은 몇 가지 요소를 추가했죠."

시간이 흐르며 여러 산업체들은 게임 설계 과정에서 포커스그룹이 과연 그만한 가치가 있는지를 재고하게 되었다. "사람들은 자기들이 뭘 원하는지 이야기하고 저희는 그거에 따라 만드는데 그게 별로 효과가 없는 거예요. 완전한 실패죠. 사람들은 자기가 정말로 뭘 원하는지 잘 몰라요."[3] 오늘날 포커스그룹은 게임 개발을 이끌어 가기 보다는 "감을 확실히 하기 위해" 더 자주 사용된다. 심리학 석사 학위를 가지고 있는 IGT의 고위 관리자는 참여 관찰과 같은 비교문화 인류학의 방법들이 게임 설계 과업에 더 적절하다고 이야기했다. 랜디 아담스도 동의했다. "파워포인트 같은 거 이용해서 발표할 수도 있고 아니면 작은 노트북 가지고 앉아서 사람들한테 어떤 버튼 누르면서 게임하라고 이야기하는 방식도 있겠지만요," 그는 말했다. "그런 식으로는 아무것도 얻을 게 없어요. 진정한 실험대는 [카지노] 업장 안에 있어요." 2000년도 존 벨리조는 자신과 동료들이 앵커 게이밍에서 일상적으로 수행했던 현장 조사를 설명했다.

> 카지노 객장은 확장된 포커스그룹과 유사하다. 우리는 함께 앉아서 게임하고, 관찰하며, 이용자들이 지금 하고 있는 머신이나 다른 머신에 대해 어떻게 생각하는지 묻는다. 전체 팀이 이 일을 수행한다. 다른 분야와 마찬가지로 음향 공학자들 또한 자신들의 고객에 대해 알아야 한다. 수학 관련 담당자들까지도 사람들을 관찰하고 질문하는 데 몇 시간씩 들인다. *사람들이 정말로 원하는 것이 무엇인지 이해하는 경험을 해야만 한다.*

아담스는 앞서 인용된 롤라의 이야기를 떠오르게 하는 자신의 현장 조사 방식을 이야기했다. "저는 거기 가서 그냥 머신 앞에 앉아요. 그리고 제 옆에 앉은 사람한테 말을 걸어요. *제가 이런 거 설계하는 사람인데요, 그래서 선생님 옆에서 한 20분 정도 게임했습니다. 이게 제가 하는 일이거*

◇◇◇◇◇◇

3   Gregg Solomon of IGT, panelist for "Sensory Overload: Light, Sound and Motion in Slot Machines," G2E 2005.

든요. 제가 새로 출시된 게임의 스토리보드를 좀 보여드려도 될까요? 선생님께서 어떻게 생각하시는지 좀 알고 싶습니다. 그럼 사람들이 전부 다 이야기 잘 해줘요."

1999년 한 베테랑 게임 설계자도 자신감과 방어적 태도가 뒤섞인 그러한 전략을 이야기했다. "저 참호에 있는, 그러니까 저 밖에 카지노 업장에 있는 사람들은 이제 막 들어온 MBA들 머리 꼭대기에 있을 수도 있어요. MBA들은 그동안 자기들이 받았던 경영 훈련 때문에 그냥 온실 속 화초들 같단 말이죠. 저는 그 사람들을 밖으로 내쫓아요. 매트릭스나 원형그래프 같은 거 하지 말라고요." 아담스도 이 카우보이 같은 설계자의 허세를 비슷하게 보여준다.

> 다른 회사들이 여기 와서 우리를 풋내기로 보고 자기들이 뭔가 본격적으로 할 수 있겠다고 생각하는데, 사실 전형적인 MBA 유형의 경영 철학 가지고는 이런 사업 운영 못해요. 각 게임 특성을 구상하겠다고 포커스그룹이나 위원회 열어서 설계 과정을 구분하고, 모든 음향이나 색조 가지고 끝도 없이 회의하고, 그런 식으로 하면 상품 하나 현장에 내놓을 때까지 얼마나 오래 걸리는데요. 그건 너무 관료주의적이죠.

1980년대와 1990년대에 슬롯 머신 제조사들이 때때로 표준적인 사업 조사를 수행하기는 했지만 그러한 방식은 설계 과정의 핵심이라기보다는 보충적 수단이었다. 가끔씩 포커스그룹 조사 자리를 마련하는 것 이외에도 그들은 설계와 관련한 선택들에 도움을 받기 위해 때로 도박자들이 게임하는 장면을 녹화해 분석하기도 하고, 게임 스토리보드에 대한 이용자들의 반응을 녹음하기도 했으며 도박자들의 선호에 대한 데이터 베이스를 축적하기도 했다. 머신 개발이 완료되고 실제로 카지노에 배치된 이후에는 시장에서 "라이브 데이터"를 수집하고 도태시킬 점을 찾기 위해 기계 내부적 자체 모니터링으로 실시간 평가가 이루어지기도 했다. 그러나 이러한 조사는 체계적이고 과학적 방식으로 적용되거나 자료를 수집하지 않았다. "우리는 가능한 정보를 흡수해요." 아담스는 어깨를 으쓱하며 말했다. "그게 전부 과학적이라고 말할 수 있다면 좋겠지만, 스탠이 저를 미켈란젤로라로 부르는 이유가 있어요. 저는 과학자보다는 일종의 예술가에요."

실리콘 게이밍의 그래픽 아티스트는 게임 설계의 이러한 예술적이고 우발적인 성질을 설명하기 위해 물고기 그림이 몇 번이고 색을 바꾸다 마지막에 색소폰을 들고 있는 모습으로 변경되었던 한 게임을 예로 들었다. "어떤 실질적 이유나 논리가 있었던 건 아니에요. 광고나 마케팅과 마찬가지에요. 모든 사람은 다 자기 의견이 있고, 절대적으로 옳은 사람도 틀린 사람도 없어요. 주관적인 거죠." 프래터는 한때 발리의 설계팀이 게임의 "딩"하는 음향효과를 완벽하게 만들기 위해 꼬박 한 달을 썼던 적이 있었다고 했다. "짜증스러운 느낌이 아니라 안정감을 주는 소리를 만들려고요. 하지만 어떤 규칙이나 실험같은 건 일절 없었어요. 그냥 그 소리가 우리 마음에 들때까지 계속 들어봤어요. 왜 어떤 소리는 괜찮은지는 잘 모르지만, 어떤 소리가 가장 괜찮다는 건 알게 그냥 되죠." 그는 그러한 접근을 되돌아보며 말했다. "경영 분야에서 10년, 20년, 30년 일했던 게임쪽 사람들이 있어요. 뭐가 먹히는지 알만큼 충분한 경력이 있는 사람들이죠. 이런 건 과학적이라기보다는 직관적이고, 직감의 문제에요."

그러나 지난 10년 동안 산업계에서 직감의 위상은 점차 하락하는 중이다. 2008년 한 산업 분석가는 "추측과 직감의 시대는 끝났을지 모른다."고 적었다.[4] 직감의 쇠락은 게임 개발뿐 아니라 카지노 운영 측면에서도

---

4 Wilson 2008.

명백하다. 운영과 관련하여 또 다른 분석가는 이렇게 적었다. "게임 경영에 있어 '새로운 종(種)'의 등장과 함께 현대적 관리 기술이 '판단적이고 직관적인' 운영 방식을 대체하고 있다."[5] 자신을 "분석가 스타일"이라고 간주하는 발리의 하버드 출신 MBA 브루스 로는 바로 이러한 새로운 종의 전형이다. 2007년 G2E에서 그는 나에게 말했다. "솔직히 말해서 이 산업계에서 대부분 기술자들은 분석적이지 못해요." 그가 추정하기에 그들 중 3분의 1은 고등학교를 겨우 졸업했다. 또 다른 3분의 1은 대학을 나왔고, MBA 교육을 받은 사람은 한 손가락 안에 꼽는다. 그는 상상을 초월할 정도로 복잡한 현대 도박 현장의 "조합 이론"과 이에 수반하는 일련의 엄청난 결정들(어떻게 적절한 수의 게임, 각 게임의 개수, 각각의 가격, 위치, 홀드 퍼센티지, 액면가 등을 역동적으로 혼합할 것인지)을 고려할 때 이것은 문제라고 조심스럽게 말했다.[6] (우리가 앞장에서 살펴본 것처럼, 액면가 하나만으로도 엄청나게 많은 수의 선택을 수반한다. 과거에는 최대 베팅 범위가 75센트에서 1달러 50센트까지로 좁았지만, 지금은 1센트에서 10달러까지다. 게다가 멀티코인 비디오 슬롯에서는 동일한 게임 안에서도 옵션이 가변적이다.) 브루스 로는 이러한 결정을 내리기 위해서는 "분석적 접근이 필수적입니다."라고 주장했다. 그의 "분석적"이란 말의 의미는 곧 명백하게 드러났는데, 소비자 데이터를 분석하기 위해 소프트웨어를 사용하는 접근법을 의미하는 것이었다. "기술의 보조 없이 이러한 결정들을 내리는 건 불가능한 일이 되어가고 있습니다." 그는 나에게 말했다. "자신의 직관과 가정이 자의적이거나 비합리적이지 않다고 생각한다면 분석가가 어리석은 거죠." 기술의 역할은 "이 복잡한 선택의 매트릭스 안에서 어떤 일이 발생하고 있는지 합리적 분석을 돕는 것"

◇◇◇◇◇◇

5   Eadington and Cornelius 1992, xxv.
6   Cardno, Singh, and Thomas 2010.

이다.

"이용자에게 가까이" 머무는 과업이 점점 더 분석적 기술에 위임됨에 따라 전통적 게임 개발의 암묵적 노하우는 자신들의 핵심적 역할을 상실하게 되었다. 이 장에서는 최근 도박 산업에서 개발하고 적용되어 온 정보 수집 기술과 분석 기법을 검토할 것이다. 여기에는 이용자 추적 시스템, 자료 시각화, 행위 지능 소프트웨어, 통신 네트워크에서 실행되며 다운로드 가능한 게임 설정을 통해 실시간으로 이용자 선호도를 감지하고 이에 반응할 수 있는 역량이 포함된다. 이러한 각 도구는 산업계가 더욱 높은 정확도로 기계 시장에 "일치"하는 일을 가능하게 한다. "우리가 그 전에는 손을 뻗칠 수 없었던 아주 새로운 영역입니다." MIT 경영대학원에서 학위를 받고, 전 하버드 경영대학원 교수이자 하라스 카지노의 최고경영자인 게리 러브만은 말했다. "과학이 직관이나 인간의 감을 대체한 거죠."[7]

이용자 추적의 부상

이용자 추적 시스템은 직관에서 과학으로의 전환에서 핵심적 역할을 했다. 그러한 시스템이 처음 형성된 것은 1985년 애틀랜틱시티의 하라스 카지노에서였는데, 당시 인기를 얻었던 항공사 및 신용카드의 보상 프로그램으로부터 영감을 얻은 것이었다. 클럽 이용자들은 잭팟을 터트릴 때마다 종업원들이 구멍을 뚫어주는 카드를 가지고 다녔고, 일정 횟수를 채우면 해당 카드는 식사나 다른 보상으로 교환할 수 있었다. 도박 산업은 그러한 클럽이 대량의 소비자 정보를 얻기 위한 방식일 뿐 아니라 (다른 사업

---

7 Nickell 2002.

들에서도 이미 이러한 방식을 사용하고 있었다) 보상 포인트를 제공함으로써 고객들의 지속적 이용을 장려할 수 있는 수단임을 재빠르게 알아차렸다. 도박 산업은 도박자들에게 슬롯머신을 할 때마다 기계에 넣을 수 있는, 각각 고유한 자기 띠(magnetic stripe)를 부여한 플라스틱 카드를 부여하여 해당 시스템을 전산화했다. 사람들은 보통 이 카드를 알록달록한 고무줄로 묶어 목이나 팔목에 두르고 다녔다. 소위 로열티 카드라 불렀던 이 카드는 도박자들을 중앙 데이터베이스에 연결하여, 그들이 얼마를 베팅했는지, 승리와 패배, 슬롯머신에서 플레이 버튼을 누를 비율, 언제 휴식하는지, 음료나 식사로 뭘 구매했는지까지 모두 기록했다. 이제 이용자들은 한번 자리에 앉아 베팅한 총량으로 포인트를 받는 대신 베팅한 시간에 따라 포인트를 받았다. 이러한 추적 기술로 인해 과거에는 고액 베팅자들에게만 주목했던 카지노 관리자들의 시야에 소액 베팅하는 "반복적 이용자"들이 들어오게 되었다.

도박자들의 기계 이용을 추적함으로써, 한 상업 저널 기자가 1990년도에 표현한 것처럼, 관리자들은 고객들에 관한 "생생한 정보"를 얻을 수 있게 되었다.[8] 그는 도박 기계들이 하나의 게임 박스로부터 네트워크로 연결된 "전기 감시 장치"로 변모했다고 적었다. 각 단말기는 여전히 사람들의 관심을 끌고 이용자를 흡수하는 대상으로 기능했지만, 예술 역사가 조나단 크레이리가 현대 비디오 오락을 보다 일반적 수준에서 고찰한 것과 같이, 기계들은 이제 "생산성을 목적으로 이목을 끄는 행동을 모니터링하고, 기록하며, 상호참조하는 능력까지" 가지게 되었다. 그는 다음과 같이 글을 이어나간다. "화면 앞에서 발생하는 모든 종류의 이목을 끄는 행동은 푸코가 '영속적 감시 네트워크'라 이야기한 것 안에서 지속적인 피드백과

---

8 "Player Tracking" 1990, 6.

조정 과정의 일부가 되고 있다."⁹

그러나 이용자를 추적하는 감시는 푸코가 이야기한, 카지노와 그 안에 숨겨진 보안 카메라로 익히 알려진 판옵티콘 방식과는 다르게 작용한다. 후자는 도박자들(그리고 카지노 직원들)에게 부정행위를 할 위험이 있는 사람들에 대한 폭로와 처벌을 위협하며 끊임없이 지켜본다. 이러한 규율의 설정 안에서, 감시당함에 대한 인지는 계속해서 스스로의 행동을 돌아보는 일종의 내면화된 카메라로서의 기능을 의미한다. 반대로 추적 기술은 도박자의 자유로운 놀이를 눈에 띄지 않게 기록하고 동시에 보상을 주면서 어떻게 기술이 지속적인 놀이를 더욱 잘 유도할 것인가에 대한 단서를 수집한다. 이 경우 도박자들은 자신이 감시당한다는 사실을 모르는 것이 최선이다.

추적된 도박자들은 개별적 주체보다는 들뢰즈가 말하는 "가분체(dividuals)"로 취급된다. 즉, (핀 번호, 코드, 비밀번호, 개인적 알고리즘과 관련된) 체계적으로 다른 이들과 비교될 수 있는 특성과 습관의 묶음으로서, 카지노는 이들을 더욱 정확하게 식별해낼 수 있고 또한 각 고객에게 차별화된 적합한 장소를 마케팅할 수 있도록 만들어줄 수 있다.¹⁰ 또한 카지노는 주어진 도박자 개인의 데이터와 그의 인구학적 데이터를 삼각화하여, 개인 맞춤형 마케팅과 게임을 제공하는 데 활용될 수 있는 프로필을 종합할 수 있다. 비록 도박자는 추적 과정에서 불연속적인 데이터 포인트로 분해되었지만, 마케팅 순간에 그는 모든 각도에서 검토될 수 있는 고유한 개별자로 재조합된다. 2007년 G2E에서 한 발표자는 이용자 추적을 통해 "고객에 대한 360도 시야" 확보가 가능해졌다고 이야기했다.¹¹ 하라스 카지노의

◇◇◇◇◇◇◇

9   Crary 1999, 76.
10   Deleuze 1992.
11   Ed McDonald of SAS Customer Intelligence, panelist for "Casino Operations: Leveraging

사업개발부 상무는 다음과 같이 말했다. "저는 모든 것을 다 봅니다. 전부 다 보여요."[12]

처음에는 단일 카지노에서 카지노 내부에 있는 고객들을 추적하기 위해 만들어졌던 추적 시스템은 얼마 지나지 않아 주점, 슈퍼마켓, 약국, 편의점에 있는 머신을 연결함으로써 다양한 공간을 가로지르며 고객을 추적할 수 있는 능력을 갖추게 되었다. 1997년 코네티컷주에서 널리 확산된 원주민 카지노 폭스우즈의 관리자들은 "손님들이 리조트뿐만 아니라 지역사회 내에서 모든 용도로 활용할 수 있는 상거래 직불 카드 WC(Wampum Card)를 사용하는 현금 없는 환경"을 구상했다.[13] 전체 "지역사회"를 라이브 데이터를 수집하기 위한 하나의 장으로 간주하는 이러한 비전은 이용자 추적 범위를 카지노라는 물리적 경계 너머로 확장한다. 이와 유사하게 하라스의 토탈 리워드(Total Rewards) 플랜은 자신들의 전지역 체인으로부터 정보를 수집하여 중앙 데이터베이스로 집중화시킴으로써 전국에 걸쳐 놀이를 추적한다.

2000년도에 나와 이야기를 나누었던 한 게임 개발자는 새로운 추적용 카드는 이용자 인식을 위해 기계에 삽입할 필요가 없어질 것이라고 예상했다. 대신 기계는 카드를 소지하고 지나가는 이용자를 감지하여 주어진 환경을 안에서 끊기는 지점 없이 그들의 이동을 추적하는 일이 가능하다는 것이다. "그 데이터를 한 번 생각해 보세요. 사람들의 이동선과 그 흐름을요. 정말 멋질 거예요." 6년 뒤 스테이션스 레드 락 카지노에서 열렸던 산업계 회의에서 회의 참가자들을 대상으로 RFID(Radiofrequency

◇◇◇◇◇◇

Analytic Technology," G2E 2007.
12 Quoted in Binkley (2008, 193).
13 Cummings 1997, 68.

Identification)가 시범 운영되었다.¹⁴ (RFID는 본래 범죄자의 이동 경로를 감시하고자 고안되었는데, 얼마 지나지 않아 소비자 상품의 구매 경로를 추적하기 위해 소매업계에서 이를 도입하였다.) 카지노에 적용되면서 RFID는 현실에서 손님들의 공간 이동 경로를 실시간으로 추적하기 위해 이용자 카드에 삽입된 추적용 태그를 사용했다.¹⁵ 거래 데이터와 이동의 흐름을 통합함으로써 카지노는 "자신의 고객들의 모든 움직임을 분석할" 수 있게 되었다.¹⁶

그러나 정확히 어떻게 그것을 분석해낼 것인가? 카지노 게임, 레이아웃, 마케팅 캠페인에 전략적으로 중요한 조정사항을 전달하기 위해 어떻게 "사람들의 이동선과 그 흐름"을 이용할 수 것인가? 과거에는 소위 조작적 조정이 시행착오 또는 "확률적 이동"과 같은 투사적 모델링(projective modeling) 기술을 기반으로 하고 있었다. 이때에는 머신 위치를 왼쪽으로 수 미터 옮긴다든지, 게임장 입구를 넓히는 등 제안된 설계 변경이 이루어지기 전이나 후에, 실제 행위를 표본화하여(주로 직접 메모를 하는 관찰자들을 통해 기록되었다) 생성된 이론적 개인을 가상 환경 시뮬레이션을 통해 추적했다.¹⁷ 그러한 기술에서의 쟁점은 특정 설계 변경에 따른 결과를 예측하기 위해 어떻게 기존 소비자 행동에 관한 올바른 정보를 충분히 수집할 것인가의 문제였지만, 추적 기술에 있어서의 과제는 그 성질이 다르다. 추적 기술에서는 소위 라이브 데이터라 불리는, 크기나 세부내용이 압도적으로 방대한 지속적인 흐름에서 어떻게 의미있는 통찰력을 이끌어 낼 것인가, 폭우와 같이 쏟아지면서 계속해 증가하는 날것으로의 정보 "저장고"를 어떻게 읽어 낼 수 있는 상태로 만들 것인가가 문제가 된다.

◇◇◇◇◇◇◇

14 Press release for G2E institute conference, February 7, 2006.
15 Andrefevic 2007, 89-90, 122-23.
16 Barrett and Gallagher 2004.
17 Brock, Fussell, and Corney 1992.

카지노 데이터 분석을 전문으로 하는 한 기업이 이 문제를 표현한 문장에서도 폭우 은유가 분명히 드러난다. "귀하의 사업에서 생성되는 고객 및 거래 데이터의 물결이 새로운 수준의 통찰력과 수익을 만들어내는 원동력이 되고 있습니까? 아니면 경영진이 파도에 휩쓸려 버리고 말았습니까?"[18] 2007년 G2E 회의에서 한 데이터 분석 전문가는 정보 흐름의 규모에 관해 동료들에게 인상적인 이야기를 남겼다. "업장에서 흘러 들어오는 [행동] 모델이 1초에 2만 개에 이르는 겁니다."[19] 2008년 또 다른 전문가가 그와 유사한 내용을 이야기했다. "정보가 너무나 많아요. 서로 다른 모든 시스템에서 정보를 수집하고 있어요. … 그걸 어떻게 통합해서 통찰력을 이끌어내야 할까요?"[20] 개인 전문가는 집단으로 일한다고 하더라도 그만한 정도의 정보를 모을 수도 없고, 분석은 더욱 불가능하다. 데이터에는 직관과 논리를 모두 배제한, 인간의 눈으로는 인식할 수 없는 행동 패턴이 들어 있다. 이 어마어마한 데이터를 고속으로 처리하는 기술만이 그러한 패턴을 드러내고 이를 수익으로 전환할 수 있는 방법을 제시할 수 있다. 기술은 더 많은 기술을 필요로 한다.

행위 분석: 능동형 지능

도박 산업이 추적 기술의 발달로 형성된 정보의 심해를 항해하는 것을 돕

◇◇◇◇◇◇
18 Compudigm International website (www.compudigm.com, accessed June 2007).
19 Javier Saenz of Mariposa, panelist for "Increasing Slot Revenue: New Techniques," G2E 2007.
20 Tracey Chernay of Transact Technologies, panelist for "CRM Part Ⅱ: Technology and Application," G2E 2008.

기 위해 점점 더 많은 행동 분석 소프트웨어 제품들이 개발되었다. 마리포사(현 IGT의 협력사)가 개발한 정보 시각화 시스템은 자사 시스템 사용자들에게 "단편적이고 주먹구구에 임시방편적인" 마케팅을 극복하고 "이용자 행동 패턴을 완전히 이해하고 예측할 수 있다."고 약속한다.[21] 회사 소책자에는 다음과 같이 적혀있다. "최적화된 이용을 위한 예측 모델을 기반으로 귀하의 업장 내 배열을 변경할 수 있다고 상상해 보십시오. 데이터 시각화는 실시간으로 … 귀하의 고객들이 누구인지, 그들이 어디에서 왔는지, 어떤 게임을 하고 싶어하는지 문자 그대로 보여줄 것입니다."[22]

시스템은 도박자를 카지노 업장 지도에 배치된 체스판 말 모양처럼 그래픽 아이콘으로 표현한다(그림 5.2 참고). 아이콘 또는 "이용자 위치"를 클릭하면 해당 이용자에 대한 상세 프로필 창이 열리는데, 여기에는 특정 기간 동안 그 이용자가 얼마나 많이 방문했는지, 방문 요일, 방문 시각, 나아가 해당되는 경우 배우자가 선호하는 도박 종류까지 표시된다. 도박자들이 이야기한 자신의 "선호 게임"는 그들의 "계산된 선호도" 위에 목록으로 표기된다. 예를 들어 그림 5.2의 "헬렌 이용자" 프로필에는 그녀가 스핀당 50센트짜리 수직 화면의 릴 게임을 좋아한다는 그녀의 기호가 적혀 있는데, 이는 액면가 1~2센트짜리 비스듬한 화면의 비디오 포커를 선호한다는 계산된 선호도와 일치하지 않는다. 이러한 통찰의 중요성을 강조하며, 소프트웨어 웹사이트는 카지노 관리자들이 "이용자가 스스로에 대해 알고 있는 것보다 이용자를 더 많이 알 수 있다."고 주장한다. 화면의 오른쪽 윗편에는 카지노 업장 관리자들이 "실시간 자료 현황"을 클릭하여 헬렌이 게임한 기록을 모두 볼 수 있다.

⋄⋄⋄⋄⋄⋄⋄

21 Scheri 2005, 145; IGT 2007, 47.
22 Mariposa website (http.mariposa-software.com/software_datavis.html, accessed June 2007).

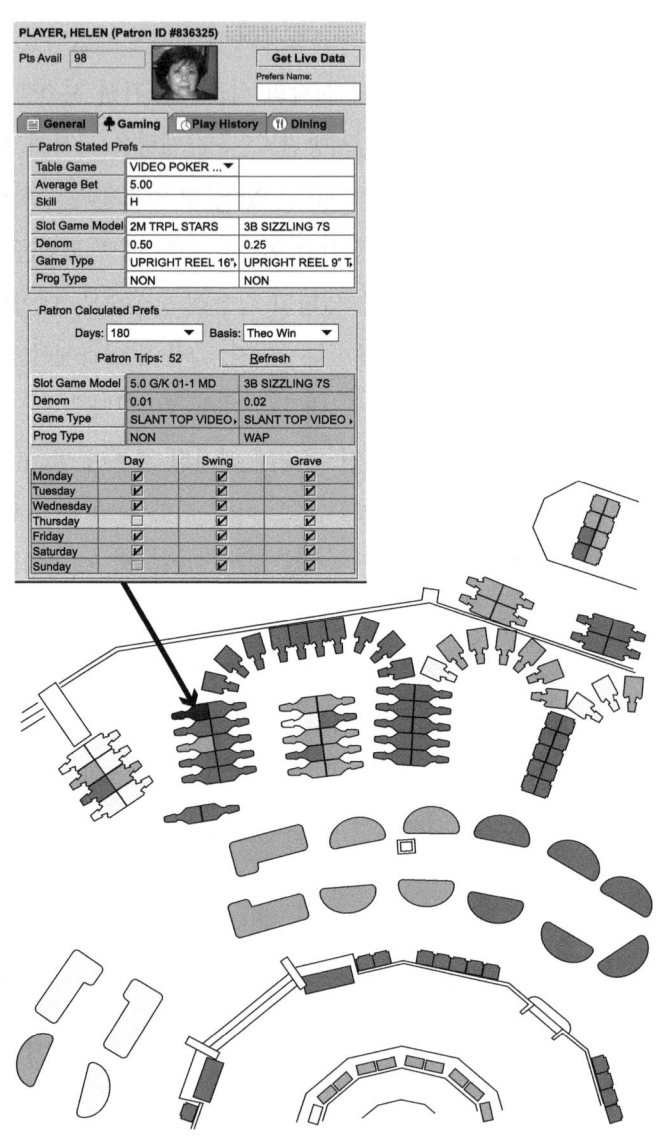

그림 5.2 카지노를 위한 데이터 시각화 시스템(마리포사, IGT 협력사). 도박자들이 카지노 업장 내 아이콘으로 지도화되어 있다. 카지노 관리자들은 아이콘을 클릭하여 해당 이용자의 선호도 프로필에 접근할 수 있다. (출처: 마리포사 웹사이트, 2007년 6월)

현재 발리의 협력사인 콤푸다임이라는 회사는 씨파워(seePower)라는 비즈니스 인텔리전스 도구를 만들었다. 이 도구는 한 언론사에서 이야기한 것과 같이 집단의 "경향과 선호도"를 밝히기 위해 다양한 도박자들의 데이터 분석을 전문으로 한다. 이 기술은 방대한 양의 이용자 추적 정보를 시간의 흐름에 따른 손님들의 집합적 행동을 나타내는 다채로운 열지도로 변환하는 방식으로 작동한다(그림 5.3 참고). 시각화는 매일 밤 추적된 정보를 데이터 저장고에 다운로드하여 생성되는데, 특정 질문 유형에 답하도록 준비하는, 카지노가 구체화한 매개 변수를 통해 정보가 "걸러진다." 그 질문이란 예를 들면, 특정 요일이나 시간에 자녀가 있는 30대 여성은 어떤 게임을 주로 하는가? 은퇴한 노인은 어떤 머신을 좋아하는가? 등이다. 시각 자료 형식으로 주어진 정보는 업장 내 슬롯머신 재배치나 새로운 마케팅 프로모션에서 재정적 통찰력을 촉진하기 위해 조직된, 기술자들의 용어로 말하자면 "능동형 지능(actionable intelligence)"이 된다.

씨파워는 "숫자보다는 그림이나 영상을 더 빨리 해석하는 인간 두뇌의 기능을 활용"하기 때문에 카지노 관리자들이 다른 방식으로는 보기 어려운 패턴이나 이상 현상을 빠르게 이해할 수 있도록 만든다.[23] 2007년 글로벌 게이밍 엑스포에서 콤푸다임 직원은 자신의 노트북을 가지고 이 소프트웨어를 설명해주었다. 그녀는 "게임 시간—여성"이라는 제목의 열지도를 끌어올렸다. 그것은 24시간 주기로 한 카지노의 슬롯머신 게임장 안에 있는 여성 이용자에 관한 데이터를 담고 있었다. 이용자가 가장 오래 이용했던 기계 주위로는 얼룩과 같이 검붉은 색의 원형 무늬가 나타났고, 비교적 짧은 시간 이용했던 기계는 점점 "더 밝은" 색조들의 띠로 둘러졌는데,

---

23 Founder and chief technology officer of Compudigm Andrew Cardno, quoted in "Harrha's Sees Success," 2003.

16시간은 더 밝은 빨간색, 12시간은 분홍색, 8시간은 주홍색과 같은 식이었다(그림 5.3 참고). 저속 촬영 영상에서 이러한 색색의 윤곽들은 서로 다른 머신들에서 나타났다 사라지며 마치 파도가 치는 것과 같은 양상을 보여주었다. 영상을 통해 같은 영역을 5일 연속으로 지켜보자 흥미로운 패턴이 드러났다. 매일 밤 거의 같은 시간에 30세 미만의 여성 이용자들이 한쪽에 배치된 인기 좋은 슬롯머신으로부터 다른쪽으로 이동했고(또는 한꺼번에 자리를 떴고), 50세 이상 남성들이 그 자리를 차지했다. 추가 조사 결과, 머신 근처에 있는 극장에서 공연이 마치자 쏟아져 나온 남성들이 젊은 여성들에게 추근댔다는 것이 드러났다. 그 직원은 나에게 말했다. "콤푸다임이 없었다면 이걸 절대 보지 못했을 거예요." 카지노 관리자들은 여성들이 좋아하는 머신을 모아놓은 다른 공간을 만들어 "그 여성들을 위한 완전히 새로운 보호 공간"을 만듦으로써 이에 대응했고, 이러한 보호구역을 홍보하기 위해 이용자들에게 메일을 보냈다. 카지노는 기존의 수익 기점을 회복한 것을 넘어서, 이전보다 더 많은 돈을 벌어들였다.

표적 마케팅 캠페인에 정보를 제공하기 위해, 씨파워의 데이터 시각화는 표적 집단의 행동을 조명함으로써 "내부 지도"를 보완하는 "외부 지도"를 생성해내며 카지노의 물리적 제한을 넘어 확장한다. "55세 이상 여성들에게 수익성이 있는지 보고 싶다고 가정해 보죠. *이 여성들은 누구인가? 그들은 어디에 사는가? 어떻게 하면 그들을 더욱 잘 겨냥할 수 있을까요?*" 씨파워 직원은 "1층, 장년 여성, 놀이 시간 확인"이라는 제목의 모 도시의 지도 영상을 보여주었다. 상부 왼쪽에 있는 시계가 돌아가면서 지도 위 도시는 색 변화를 보이며 고동치듯 번쩍였고, 하루 동안 어느 카지노 1층에서 머신 게임을 시작하고 끝낸 장년 여성 도박자들의 집 주소가 등록되었다. 자정을 넘어 새벽 시간이 되자 지도 위 곳곳에 작은 점들이 표시되었는데, 그중에 붉은 색 점들은 현재 시점으로 현장 이용자가 가장 많

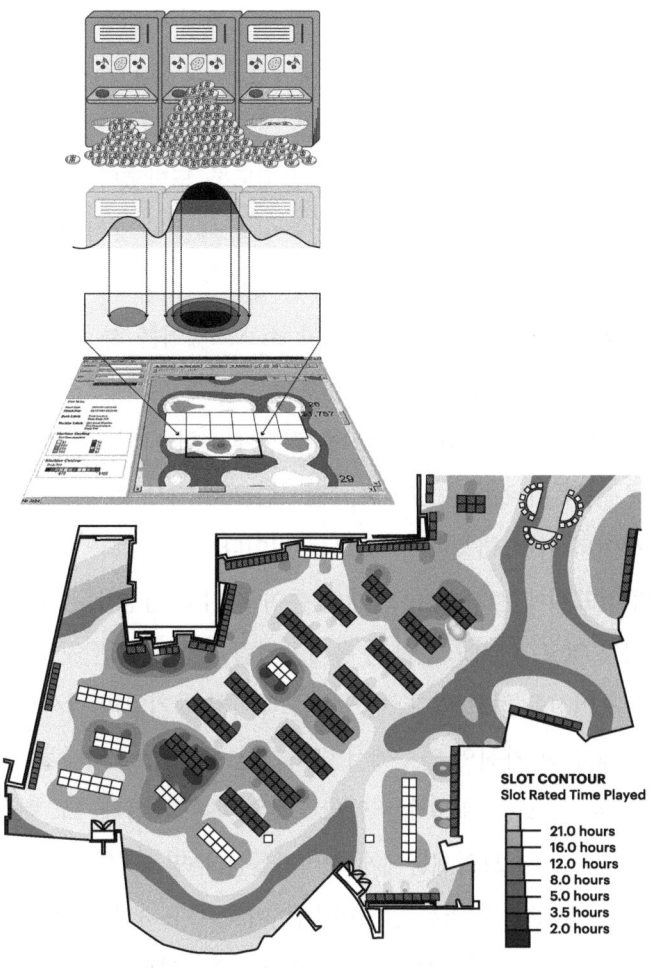

그림 5.3 열역학적 데이터 시각화를 위한 씨파워 시스템(발리 협력사인 콤푸다임 개발)

(위) 개별 도박 기계에서 수집된 데이터가 점진적 색띠를 통해 시각적으로 보여지고 있다. 각기 다른 강도와 베팅 시간을 표시하기 위한 색깔의 차이가 있다.

(아래) "열지도"로 표시된 카지노 업장. 24시간 주기로 가장 오래 이용된 기계를 보여주기 위해 점점 더 어두운 색을 사용했다. (출처: 발리의 행위 지능 견본 CD, 2007년 글로벌 게이밍 엑스포에서 배포)

2부 피드백 **235**

은 지역을 나타냈다. 아침 8시부터는 지도의 중앙이 밝은 색의 붉은 꽃이 피어나는 것처럼 바깥쪽으로 색이 번져나갔고, 오전 11시에 제일 크게 번졌다가 저녁이 되자 다시 줄어들었다. 도시 전역에 걸쳐 여기 저기 분산된 지리적 구역 안에서 "장년 여성"들은 밤새도록 도박했다. 이러한 정보로 무장한 카지노는 이 특정 이용자군의 놀이 스케줄에 맞춰 자신들의 공물을 조정할 수 있는 위치를 점했다.

콤푸다임은 대부분의 카지노가 해당 소프트웨어를 사용하여 8개월 안에 거의 20퍼센트에 달하는 추가 세수를 올렸다고 자랑스럽게 이야기한다. 자신들의 부지에 데이터 저장고를 직접 설치한 카지노들은 "가장 최근의 정보로 무장"한 것이고, 따라서 "실시간으로 회사 전체 수준에서 원자 수준의 테이터"까지 대응할 수 있다는 것이다.[24] 시스템을 홍보하기 위한 소책자의 겉표지에는 커다란 두 개의 손이 카지노 업장을 감싸고 있는 그림이 그려져 있고, 카지노 안에는 유리공처럼 생긴 커다란 구체 안에서 한 사람이 슬롯머신을 하고 있다. 마크 안드레비치가 기업의 감시 및 자료 수집 시스템에 관한 자신의 연구에서 이야기한 것처럼, 소비자들을 "분류하고, 표적으로 삼으며, 배제하는 알고리즘은 매우 복잡해지고 불투명해졌음에도 불구하고, 홍보업체들에게 소비자들은 투명해졌다."[25] 이하 부분에서 더 드러나겠지만, 그러한 알고리즘은 이용자가 가장 편안함을 느끼는 장소의 경향과 선호도뿐 아니라 개별 이용자의 경향과 선호도 또한 식별하고 분석한다.

---

24 Compudigm press release, August 31, 2005. Compudigm executive Rob Berman quoted in "Harrha's Sees Success," 2003.
25 Andrejevic 2007, 4, 33.

터치 포인트 : 관계 관리

초기의 이용자 카드 시스템으로부터 최첨단 데이터 관리 소프트웨어에 이르기까지, 추적 기술은 시장을 조사하는 도구를 넘어서 "관계 관리"의 도구로도 기능한다. 다른 서비스업계에서와 마찬가지로 "관계"란 본질적으로 고객은 자신의 개인 정보를 포기하고 회사는 그들에게 더 나은 마케팅을 제공하며 이에 따른 고객의 "충성도"를 얻기 위해 그 개인 정보를 사용하는 전략적 교환에 대한 완곡한 표현이다. 예를 들어 마리포사가 생산한 지식은 "프로그램 성능을 최상으로 유지하는 순환을 종결시키는" 방법으로 "완벽한 '결합' 도구"를 만든다. 소비자 추적 기술은 각 도박자에게 맞춤형 관심사를 제공하기 위한 정보를 얻는 것 뿐만 아니라, 도박자들이 게임할 때 그러한 관심사를 가지고 직접적으로 소통함으로써 "결합"을 가능하게 한다. 코나미 게이밍의 직원은 이렇게 말했다. "기술은 이 모든 새로운 접점을 가능하게 합니다."[26]

이용자들과 "접점"을 만들고 그들을 분석하는 능력은 로열티 프로그램에 대한 이용자들의 자발적 참여에 달려있기 때문에 산업계는 그들의 등록을 최대치로 이끌어내기 위해 고군분투한다. 도박자 가운데 로열티 클럽 카드를 이용하는 비율은 70퍼센트에 달하며, 이 수치는 지속적으로 증가하고 있다(라스베이거스 지역에 한정하면 수치는 80퍼센트를 상회한다). 만약 어느 도박자가 카드 없이 게임한다면 마리포사나 씨파워와 같은 시스템이 미등록자들을 식별해내고, 슬롯 관리자들이 직원을 파견해 이들이 카드를 만들도록 설득한다. 2005년 추적 기술을 찬성하는 G2E의 한 청중은 이

---

26 Thomas Soukup of Konami, panelist for "Casino Operations: Leveraging Analytic Technology," G2E 2007.

렇게 말했다. "익명의 이용자들은 비용을 발생시킵니다. 하지만 카드를 사용하는 이용자들은 다르죠. 그 사람이 뭘 원하는지 알고, 어떤 게임을 좋아하는지도 아니까요. 표적 홍보 접근 관점에서 그 사람이 원하는 걸 겨냥해서 제대로 맞출 수 있는 거죠. 이런 방식이 아니라면 표적도 없이 그냥 여기저기 막 총을 쏴대는 거랑 비슷해요. 그러면서 생각하겠죠. 어떻게 이 사람을 잡아들이지?"[27]

익명으로 남아있는 것보다 알려지는 편이 더 좋다는 점을 손님에게 확신시키기 위해, 카지노는 이용자에게 편의 서비스와 그들이 응당 받아야 할 보상을 획득하는 수단으로서 이용자 추적을 제시한다. 2008년 한 산업계 구성원은 "관계"라는 단어 뒤에 숨어 있는 수익 동기를 적나라하게 드러내며 이렇게 말했다. "로열티 프로그램은 소비자들에게 자신의 정보를 내어줄 이유를 제공하는 겁니다. 그 자료를 사용해 돈을 벌 수 있도록요."[28] 안드레비치는 말한다. "상호작용이 반드시 양방향 통행로는 아니다. 대개 그것은 더 상세한 정보 수집에 기꺼이 또는 무의식적으로 순종하는 대가로 편의를 제공하는 것과 같다."[29]

당사자의 로열티 클럽 신청 여부와 관계 없이 이용자를 추적하는 발리의 방식은 "무의식적 순종"이 무엇인지 보여주는 하나의 충격적인 사례가 될 수 있다. 시스템은 중앙 데이터베이스에 연결된 소형 카메라를 통해 도박 기계와 생체 인식을 통합한다. 이용자가 이용자 카드 없이 머신을 시작하면 카메라는 "이용자의 이미지를 캡처하여 그들이 하는 게임과 함께 그것을 저장"하며 "이름없음" 파일을 만든다. 카지노는 손님의 진짜 이름을

◇◇◇◇◇◇

27 Panelist for "Bonus Bonanza: How Bonusing Software Is Changing," G2E 2005.
28 Brian Macsymic of Progressive Gaming International Corporation, panelist for "Patron Rating: The New Definition of Customer Value," G2E 2008.
29 Andrejevic 2007, 4.

모르지만, "고객의 가치를 총체적으로 보기 위해" 시간의 흐름에 따른 그의 행위를 추적할 수 있다.[30] "이용자에게는 불투명한" 이 시스템은 카드를 사용하지 않는 손님과의 관계가 상실되지 않도록 보장한다.

가장 수익성 높게 이용자 관계를 관리하기 위해 도박 산업은 그러한 관계의 구체적 가치를 결정해야만 한다. 하라스의 최고경영자는 2008년 G2E에서 다음과 같이 묻는다. "특정 소비자의 당신에 대한 관계는 무엇을 의미하나요? 또 그들에 대한 당신의 관계는 어떤가요? 그 소비자가 수익성이 있습니까, 없습니까?"[31] 앞서 등장한 브루스 로 역시 이와 유사하게 말한다. "그 이용자의 가치 순서가 어떻게 됩니까?"[32] 통계적 모델링을 통해 카지노는 각 이용자에게 "소비자 가치" 또는 "이론적 이용자 가치"를 할당하고 서로 다른 매개 변수를 기반으로 이용자들을 "배열"한다. 즉, 가치란 그들이 만들어낼 가능성이 있는 이론적 세수를 기반으로 한다. "고객 평가: 소비자 가치의 새로운 정의"라는 한 패널에서 어느 전문가는 손님의 가치를 측정하는 자신의 시스템을 공유했다. 그는 카지노가 각 소비자에게 "신규 점수(얼마나 최근에 소비자가 방문했는가?)", "빈도 점수(얼마나 자주 방문했는가?)", "현금 점수(얼마나 많이 소비했는가?)"를 부여하고, 이러한 변수들로부터 개인 맞춤형 홍보 알고리즘을 만들 것을 권장했다.[33] 하라스의 리처드 머만은 한 기자에게 이렇게 말했다. "우리는 모든 관계를 최대화하고 싶습니다."[34]

◇◇◇◇◇◇◇
30 Reiner 2009.
31 Tim Stanley of Harrah's, panelist for "CRM Part Ⅱ: Technology and Applications," G2E 2008.
32 Bruce Rowe of Bally, panelist for "Increasing Slot Revenue: New Techniques," G2E 2007.
33 Jeff Cohen of Konami, panelist for "Patron Rating: The New Definition of Customer Value," G2E 2008.
34 Richard Mirman, quoted in Nickell (2002).

주식의 미래 가치를 예측하기 위해 사용되는 방식과 유사한, 이용자 가치를 결정하기 위한 하라스의 통계적 모델은 산업계에서 가장 발달되어 있다. 자사 고객을 서로 다른 90개의 인구학적 집단으로 분류해 보유하고 있는 카지노 프랜차이즈는 이용자 가치가 놀이 빈도, 게임 유형, 스핀당 또는 한 번의 게임에 베팅하는 코인의 수와 가장 강력하게 관련되어 있다는 점을 알아냈다. 높은 게임 "속도"를 보이는 도박자들(즉, 머신의 버튼을 아주 빠르게 누르는 사람들)은 더 많은 도박을 하도록 설득하기 쉽고 따라서 회사 입장에서는 특별히 가치있는 사람들이다.[35] 이용자 가치 알고리즘은 한 사람의 이용자가 언제 얼마나 도박을 할 것으로 예상되는지에 관한 예산과 일정표를 결정하고, 해당 이용자가 어떤 종류의 유인책에 반응할 것인지 제안하는 "행동 변경 보고서"를 생성한다. 방문 "기한이 지난" 도박자는 우편물을 받고, 이후 전화도 이어진다. CEO 게리 러브만은 한 기자에게 이렇게 말했다. "우리는 사람에게 동기부여 합니다. 관찰된 빈도 패턴으로 돌아가도록요."[36]

하라스는 이용자의 "예측된 평생 가치," 또는 이용자가 자신의 카지노 프랜차이즈에서 평생 얼마나 잃어줄 것인가를 계산하는 방법을 개발했다. 가장 수익성이 높을 것으로 보이는 소비자는 특별 대우를 받는데, 예를 들면 전화상담에서 발신 번호를 확인하여 소비자 데이터베이스에서 가치 계층에 따라 발신자를 배치해 먼저 응답하도록 하는 시스템 등이 포함된다. 이러한 방식으로 "모든 이용자는 그들이 게임하는 부지 안에서 자신의 가치에 따라 설명되거나 무언가를 받는다." 이와 유사하게 발리는 자신이 수집한 고객 데이터를 "이용자-중심 보너스"의 기반으로 사용한다. 머

---

35 Binkley 2008, 175
36 Ibid., 175.

신이 그 앞에 앉은 사람이라면 누구에게든 임의적으로 보너스를 제공하는 게임-중심 보너스와 달리, 이용자-중심 시스템은 각 사람의 고유한 지출 프로필에 따라 개인을 범주화하고 이에 따른 보너스로 그들에게 보상을 제공한다. 해당 시스템의 홍보문구에는 다음과 같이 적혀 있다. "고객과 더 심층적이고 더욱 수익성 높은 관계를 구축하여 홍보에 들어간 비용을 극대화하십시오."

2005년 하라스는 각 놀이의 세션 범위 안에서 이용자의 가치를 측정하고, 이에 영향을 주어 최적화하는 방법을 고안해냈다. 소프트웨어는 실시간 관계 관리의 파블로프적 시스템을 실행하여 이용자가 얼마나 많이 잃을 수 있는지, 돈을 잃고도 여전히 만족감을 느끼는지를 계산하는 알고리즘을 통해 이용자 데이터를 입력하고 이에 따라 개인별 "고통점(pain point)"을 설정한다. 이용자가 고통점의 한계치에 가까이 왔다는 것을 소프트웨어가 감지하면 그것은 "행운의 대사(Luck Ambassador)"를 파견해 식사 쿠폰, 공연 티켓, 도박에 사용할 수 있는 바우처 등을 보상으로 제공한다.[37] 어느 직원은 다음과 같이 설명한다. "고통점에 가까워지면 대사가 와서 말해요. '오늘 좀 힘드신 것 같네요. 선생님 스테이크 좋아하시죠? 자, 제가 선생님과 남편분 모시고 지금 바로 식당으로 모시겠습니다.' 고통을 없애주는 거죠. 이게 긍정적인 경험이 될 거고요."[38] 바우처는 도박자가 계속해서 놀이의 과정에 남아있을 수 있도록 하는 작은 "승리" 기능을 의도한 것이다.

행운의 대사도 두 번째 보너스 게임과 매우 유사하게 강화 스케줄로 보강을 통해 주요 게임의 보유력을 증진시키고자 한다. 그러나 사전에 프로

---

37 Ibid., 177; Kontzer 2004; Freeman 2006.
38 Quoted in Freeman (2006).

그램되어 임의적으로 발생하는 두 번째 보너스 게임과 달리, 그것은 각 이용자에 대한 맞춤형 방식으로 역동적으로 반응한다. 일각에서는 패배하고 있는 이용자들에게 그들이 더 오래 게임을 하도록 보상을 제공하는 것이 윤리적으로 바람직한지 문제를 제기한다. 그들은 게임이 진행되는 과정에서 게임의 수학적 승산을 조정하는 것은 불법이라는 점을 지적한다.[39] 그러나 시스템은 엄밀하게 말하면 홍보의 한 형태로 간주되기 때문에, 규제 관할권의 사안으로 포함되지 않는다. 어느 방식으로 분류되든지 간에, 그것은 라이브 데이터를 역사적 데이터와 통합함으로써 이용자의 정서를 모니터하고, 전략적으로 계산된 시의적절한 개입을 통해 지속적으로 놀게 하도록 그 정서를 최적화하는 수단을 카지노에 제공한다.

한 스탠포드 교수는 기술적으로 더욱 진일보한 하라스의 행운의 대사 버전을 만들었다. 이것은 마이크로 씨파워(Micro seePower)라는 휴대용 장치로, 이 장치는 기계에서 이용자들이 어떤 경험을 하고 있는지 카지노 직원에게 지속적으로 알려준다. 콤푸다임 시스템과 통합된 이 장치의 화면에는 작은 노란색 얼굴이 나오는데, 특정 이용자의 현재 가치에 관한 핵심 정보를 갖가지 다른 표정으로 표시한다(그림 5.4 참고). 예를 들면 양쪽 눈이 서로 멀리 떨어져 있으면 그 이용자가 매우 수익성이 높다는 의미이고, 반대로 눈이 가까이 붙어 있으면 수익성이 없다는 의미이다. 아래를 향한 얼굴은 게임이 하향세임을 나타내며, 지속적인 놀이를 유지시키기 위해 이용자에게 약간의 격려(보너스 보상의 형태로)가 필요할지 모른다는 신호이다. "직원은 계산을 할 필요가 없어요." 발리의 직원은 말했다. "기계가 대신 해주니까요." 카지노 전체를 범위로 한 데이터 시각화와 마찬가지로, 기술은 잠재적으로 혼란스러운 행동 정보의 흐름을 즉각적으로 활용가능

◇◇◇◇◇◇

39 Kontzer 2004.

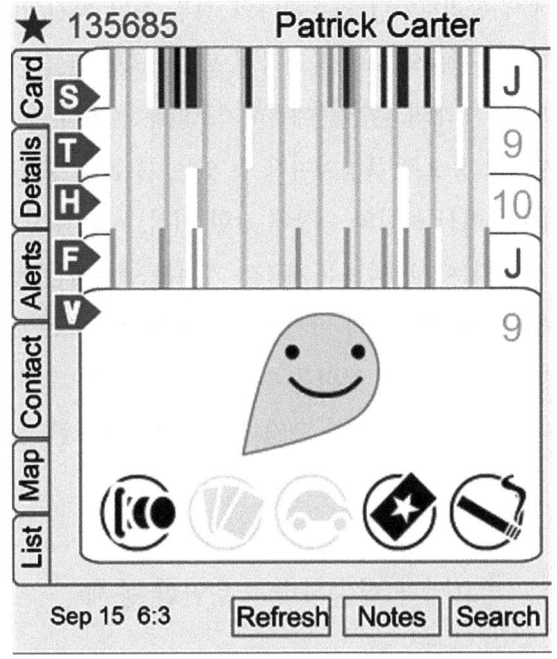

그림 5.4 마이크로 씨파워. 화면에 실시간 "이용자 가치"를 보여주는 휴대용 장치. (출처: 발리의 행위 지능 견본 CD, 2007년 글로벌 게이밍 엑스포에서 배포)

한 지식으로 전환함으로써 카지노 업장 관리자가 도박자를 시각적으로 볼 수 있도록 만든다. 더이상 게임 화면 앞에서 게임하는 도박자를 직접 관찰하면서 직관에 의존할 필요가 없다. 관리자 역시 도박자가 눈으로 직접 확인할 수 있는 이모티콘으로 나타나는 화면을 참고한다. 어느 산업 분석가는 다음과 같이 말했다. "시각적 분석은 사업 분석과 예측에서 감정이나 추측을 제거합니다."[40]

한편 도박자들은 "감정과 추측"의 직관적 영역에 남아있다. 지난 장의

◇◇◇◇◇◇
40 Wilson 2007.

마지막 부분에서 살펴보았던 카트리나의 경우 자기 자신의 라이브 데이터에서 펼쳐지는 사건들의 패턴을 전략적으로 처리할 만큼 충분히 벗어나 있지 않다. 그녀는 미래의 수입을 예측하기보다는 놀이의 존, 분석적 영향력보다는 정서적 적응으로 특징지어질 수 있는 그 존의 영속적 현재 시제 가운데 작동한다. 머신 놀이의 승산에 관한 지식, 시간의 흐름에 따라 도출될 것으로 예상되는 (정서적 또는 재정적) 가치를 예측하는 통계적 계산을 수행하는 능력에 있어 도박자와 카지노 간의 비대칭은 서로에 대해 "아는" 능력 사이의, 또한 강도 높은 분석을 수행하고 그 지식으로부터 가치를 도출하도록 실시간으로 놀이 환경을 조정하는 능력의 심오한 불균형이다.

고객과 접속하다 : 유연한 통제

이 책의 편집이 마무리되어 가는 시점에서 다운로드 가능한 게임이 출시되었다. 이 게임은 "카지노 업장에 인터넷의 힘을 가져다 주고", 그렇게 함으로써 도박 산업에 실시간으로 사용가능한 라이브 데이터를 생성하는 새로운 방식을 제공한다.[41] 네트워크 게임 또는 서버 기반 게임이라 불리는 이 기술을 장착한 카지노에서는 게임이 더이상 머신 본체에 저장되는 것이 아니라 온라인 서버 또는 "주크박스"로부터 다운로드 될 것이다. 한 기자는 다음과 같이 설명했다. "과거에 슬롯머신 교체는 기계를 열어서 안에 있는 칩을 바꿔 끼우고 게임의 주제를 홍보하는 유리 화면을 바꾸는 일을 포함한 복잡한 작업이었다. 이러한 교체 작업은 … 기계를 조정하

---

41 IGT's Andy Ingram, quoted in Green (2007, 34).

기 위해 부품을 주문하는 일부터 시작해 수천 달러까지 비용이 들었다."⁴²사이버뷰의 "고르기, 클릭하기, 전환하기"와 같은 프로그램을 이용하면 카지노는 이용자들이 나타나고 전환됨에 따라 그들의 기호에 맞추기 위해 약 20초 정도 되는 짧은 시간에 게임 요소(예: 액면가, 하우스엣지, 글씨 크기)를 조정할 수 있다.⁴³ IGT의 앤디 인그램은 다음과 같이 말한다. "[저희 고객에게] 맞춰 게임을 자동으로 조율하는 일이 가능해질 겁니다."⁴⁴ 카지노 업장의 게임 내용은 더이상 정적이지 않을 것이며, 손님의 정서와 우발적 행동에 대해 "역동적으로 반응적"이게 될 것이다.

네트워크 기반 게임의 반응적 역동성은 그것이 "게임 전달 시스템으로서뿐만 아니라 슬롯 게임장에서의 수행을 분석하는 작업에서 [카지노] 운영자를 위한 도구로 개발된" 것에서 시작되었다.⁴⁵ IGT의 직원은 지속적인 피드백을 설명해주었는데, 그 피드백에 의해 분석은 게임 전달에 관한 정보를 제공한다. "게임이 업장에 배치되면, 그 배치에 대한 분석이 있고 그 다음에 업장에 조정이나 변경을 할 건지에 대한 결정을 할 수 있죠. 저희는 항상 이 메카니즘을 통해 이용자의 인풋에 반응합니다." 이것은 "어떻게 적응, 조정, 재설계, 재배치할 것인가"의 문제이다.⁴⁶ 다운로드 게임 기술로 최초의 규제 인증을 받았던 회사 사이버뷰(2008년 IGT가 인수함)의 임원들은 그 기술이 카지노 관리자들에게 가져다주는 "유연한 통제력"을 강조했다. 이 기술은 관리자들이 실시간으로 시장의 우발적 상황을 감지하고 이해하며 그에 반응할 수 있도록 한다. 유연한 통제력이라는 개념

◇◇◇◇◇◇◇

42 Richtel 2006.
43 Macomber and Student 2007a, 28.
44 Quoted in Green (2007, 34).
45 Legato 2005b, 47.
46 Neil Crossman of IGT, panelist for "Evolution of Revolution: How Technology Will Impact Asian Casinos," G2E Asia 2010.

은 기계 공학에서 (보다 일반적으로는 사이버네틱스에서) "적응적 통제(adaptive control)"의 정의를 상기시킨다. 그것은 어떤 상태에 대한 선행 지식에 의존하지 않고도 변화하는 환경에 자신을 적응시킬 수 있는 제어의 한 형태를 의미한다. 더 구체적으로 말하자면 그것은 "유연한 전문화"의 증가, 또는 표준화된 상품을 포디즘적으로 대량 생산하는 방식으로부터 소비자의 수요 및 변덕스러운 취향 변화에 따라 자신의 생산량을 조절할 수 있는 생산 방식으로의 전환과 공명한다.

온라인 서버로부터 게임 내용을 수신할 수 있는 슬롯 업장을 갖춘 카지노 관리자들은 어떤 게임을 설치할지를 선택할 때 미래 고객들의 선호도를 추측할 필요 없이, 시장에서의 도박 행위가 전개됨에 따라 그에 맞춰 게임을 변경할 수 있는 능력을 갖게될 것이다. "주간에는 지역 주민들이 많으니 비디오 포커가 필요할지 모르잖아요. 밤에는 슬롯이 더 많아야 할지 모르고요." 2006년 이 기술이 시범적으로 사용되었던 트레져 아일랜드의 슬롯 부서 임원이 했던 말이다.[47] 행동과 트래픽 패턴이 발생하는 그 순간 그것을 감지하고 이에 반응하는, 즉 바쁜 시간대에는 게임의 승산을 높이고 한가한 시간대에는 승산을 낮추거나 실적이 저조한 게임을 모두 변경하는 이러한 능력은 24시간 내내 카지노를 손님들로 북적이게 할 것이다. "카지노 수익에서 들쑥날쑥한 부분이 없어지면서 갑자기 치솟거나 급락하는 일이 없어질 거예요." 사이버뷰 직원이 말했다. 실시간 스트리밍 게임과 함께 수신되는 라이브 데이터의 흐름은 "수익의 흐름을 더욱 매끄럽게 만들 것이다."[48] (이용자들과 마찬가지로 도박 산업 역시 완만하고 덜 불안정한 여정을 원한다.)

◇◇◇◇◇◇

47 Justin Beltram, quoted in Richtel (2006).
48 Todd Elsasser of Cyberview Technology, panelist for "Server Based Gaming Ⅱ: The State of the Industry," G2E 2007.

게임 콘텐츠를 다운로드할 때 실제 기계 본체의 폭이 감소된다는 사실 덕분에 수익 증가는 더욱 가속도를 얻을 것이다. 업장에서 "기계 차지 공간"을 감소시키고 이에 따라 관리에 있어 "줄어든 공간에 직원을 둘 필요도 없고, 그 공간에 들어가는 난방, 조명, 전력 비용도 지불할 필요가 없으므로" 운영 비용도 감소된다.[49] 나아가 카지노의 모든 본체가 동일하게 다양한 게임을 제공할 수 있게 되므로 더 적은 기계로 더 많은 도박자에게 서비스를 제공할 수 있을 것이다. "카지노가 슬롯으로 가득 찬 망망대해처럼 거대한 공간일 필요는 없다." 도박 산업 기술에 관한 논평지 《플로어 오브 더 퓨처(Floor of the Future)》에서 한 저자는 앞서 1장에서 다루었던 빌 프리드먼의 공간 용어를 언급하며 이렇게 적었다. "오히려 슬롯은 높고 낮은 영역들에서 수직으로 층을 이뤄 배열되거나 그리고/또는 수평면을 따라 작은 영역으로 분할될 수 있다."[50] 이러한 영역은 온도나 조명에서부터 내부 장식과 천장 높이에 이르기까지, 특정 인구학적 집단이나 민족의 공간적, 환경적, 문화적 기호에 맞게 설계될 수 있다. 예를 들면 노인들을 위한 영역은 "지팡이, 보행기, 휠체어, 전동 스쿠터를 이용하는 사람들"을 수용하기 위해 설계될 수 있는 한편, "국소적 환경은 게임 장치 본체, 표지, 직원 유니폼, 카페트, 벽지, 천장 설계를 통해 서로 다른 문화권의 기호에 맞게 개발될 수 있다."[51] 기계들은 실제로 신코 데 마요(Cinco de Mayo)나 중국 춘절과 같은 특별한 행사를 위해 사실상 "탈바꿈" 될 수 있고, 이러한 방식으로 다양한 "인간-역동과 기호가 충족[될 수] 있다."[52]

게임 다운로드 기술은 카지노가 집단의 기호에 맞출 수 있도록 도움을

---

49 Macomber and Student 2007a, 28.
50 Ibid., 30.
51 Ibid., 28.
52 Ibid., 30.

주는 것 못지 않게, 개인의 사적인 내용을 머신 콘솔로 전송함으로써 각 개인의 기호를 충족하는 데 도움을 준다. 어떤 사람들은 특정 손님이 머신 옆을 지나가면 머신의 센서가 그를 감지해 그 사람이 가장 좋아하는 게임을 가동하고 그의 이름을 메시지로 띄워 게임을 하도록 유도하는 일이 가능한 미래를 꿈꾼다. 한편 다른 사람들은 새로운 "유연한 통제"가 사람들에게 알려지거나 가시화되면 소비자들이 불편감을 느낄지 모른다며 걱정한다. "자신들의 뒤에서 기술이 자신을 조종하고 있다고 느끼지 않을까요?" 2006년 G2E 회의에서 한 청중이 던진 질문이다. 2007년 회의에서는 한 슬롯 관리자는 다음과 같이 지적했다. "사람들은 우리가 사무실에서 큰 버튼을 누르면 게임이 변경되는 걸로 생각하던데요, 네트워크 기반 게임에서는 이게 실제로 정확하게 그렇게 되는 겁니다. 이제 우리는 그 커다란 버튼 기능을 정말로 가지고 있어요."[53] 2008년에는 IGT 직원이 이러한 우려를 또 다른 말로 표현했다. "이용자들은 이미 지하실에 큰 다이얼이 있다고 믿고 있어요. … 그들이 우리가 정말로 그런 다이얼을 구축하고 있다는 걸 알아내면 무슨 일이 일어날까요?"[54] 기계 도박자들이 "누군가 커튼 뒤에 숨어서 게임의 환경 설정을 조작하고 있다는 두려움"을 가지고 있다는 점을 고려할 때, 어떻게 하면 그들이 확실하게 이 기술을 받아들이도록 만들 수 있는가?[55]

사이버뷰의 토드 엘새서는 조심스럽게 한 가지 해결책을 제안했다.

---

53 Peter Ing, director of slot operations at Fallsview Casino Resort and Casino Niagara, panelist for "Boosting Machine Productivity: Creating and Environment," G2E 2007.
54 Javier Saenz of IGT, panelist for "Server-Based Gaming: Beginning to Begin," G2E 2008.
55 Christopher Strano of AC Coin, panelist for "Boosting Machine Productivity: Creating and Environment," G2E 2007.

이 일을 사람들 몰래 할 수는 없습니다. 예를 들면 어떤 사람이 음료수 마시러 간 사이에 뭔가를 바꿔놓는 식으로 말이죠. 일이 어떻게 되어야 하는가 하면, 이용자 자신이 자발적으로 게임의 변화를 요청해야 합니다. 뒷방에서 퍼센티지를 바꾸는 것 자체는 어려운 기술이 아닙니다. 그러나 이용자 자신이 요청하도록 하는 것이야 말로 다운로드 기술이 가져올 근본적 변화죠. 어쩌면 그는 큰 잿팟보다는 계속해서 돈을 돌려받고 지속적인 게임의 흐름을 원할지도 모릅니다. 옵션을 세팅하고 그것들을 이용자들에게 시각적으로 아주 분명하게 드러냄으로써 (그에게 선택권을 주는 것―당신이 원하는 것을 말씀만 하세요, 그러면 우리가 그걸 골라 드릴게요) 이용자가 충분이 의식적으로 선택할 수 있도록 만드는 거죠. 이제 이용자는 자신을 위해 어떤 것을 내놓으라고 당신에게 더 잘 이야기할 수 있습니다. 그가 완전한 통제력을 가지고 있는 거죠.[56]

이용자가 자발적으로 자신의 게임을 설정하도록 불러들이고 그렇게 함으로써 그에게 "완전한 통제력"을 주면 누군가에게 조종당하고 있다는 이용자의 두려움을 중화시킬 것이라고 엘새서는 제안한다. 이 논리는 "쥐 인간"이 박스의 존재를 알게되는 위험을 감수하는 대신, 쥐들이 자신만의 스키너 박스를 설계하도록 한다.

사이버뷰의 COO 실비 리나드는 그 전략을 다음과 같이 이야기한다.

"이용자들은 굉장히 똑똑해요. 그러니까 이용자들에게 투명하게 공개해서 [카지노] 운영자들과 같이 조작하고, 우리와 함께 게임을 추가하는 방식으로

---

56 Todd Elsasser of Cyberview Technology, "Slot Systems: New Innovations, New Experiences, New Efficiencies," G2E 2006.

하면 어떨까요? 어떤 사람들은 무료 스핀을 좋아하고, 어떤 사람들은 인터랙티브 보너스 판을 좋아해요. 그러니까 이용자들도 이 방정식에 넣어서 그들이 필요로 할 때면 언제든지 자신만의 게임을 만들지 않겠냐고 물어보면 어떻겠냐는 거죠. 이건 그들을 실제 성인처럼 간주하겠느냐, 그들도 같이 동참하도록 하겠느냐의 문제인 거예요."[57]

《플로어 오브 더 퓨처》의 저자도 같은 맥락에서 다음과 같이 추측한다. "이용자들이 점점 더 많은 지식을 가지게 되면서 그들은 언제든 자신의 기호에 따라 PAR(paytable and reel stripts), 히트 프리퀀시, 변동성을 선택할 역량을 갖추게 되었다. 간단한 게임 생성기를 통해 이용자가 자신만의 게임을 개발하는 것을 상상하는 일은 이제 그리 무리가 아니다."[58]

현재 네트워크 기반 도박은 이용자들이 온라인 라이브러리에서 게임을 고를 수 있도록 하지만, 다운로드 가능한 게임의 특성(액면가, 강화 스케줄, 변동성)들은 개인이 게임 중 생성한 라이브 데이터보다는 시장 선호도의 총합을 기반으로 사전에 설정되어 있다. 다시 말해, 다운로드 가능한 종류의 게임들은 집단의 수학적이고 미학적 선호도 분석(집단 내 구성원들의 가중 평균으로 구성된다)에 따라 반응할 수 있지만, 아직까지 실시간으로 특정 이용자의 신호도에 반응할 수는 없다. IGT의 리치 슈나이더는 다음과 같이 말했다. "지금으로서는 머신이 앞에 앉은 사람이 누구인가에 대한 정보 없이 완전히 그 자체로 [게임에 대한] 결정을 내립니다. 하지만 이용자는 좀 더 나은 걸 바란다는 것을 저희는 알고 있습니다." 게임 요소 설정에 이용자를 관여시키는 일은 도박 산업을 "광범위로 방송"하는 대략적 기술

◇◇◇◇◇◇◇

57 Sylvie Linard of Cyberview, panelist for "Slot Systems: New Innovations, New Experiences, New Efficiencies," G2E 2006.
58 Macomber and Student 2007b.

로부터 보다 정제된 소비자 맞춤 기술로 이동시키며, 네트워크 기반 도박의 적합성 또는 "유연한 통제"를 완전히 새로운 수준으로 끌어올릴 것이다.[59]

《플로어 오브 더 퓨처》의 저자는 다음과 같이 이야기한다.

> 이용자는 시스템 안에서 "나의 게임"을 지정할 수 있을 것이고, 시스템은 이용자가 원하는 곳에서라면 어디에서나 그 게임을 다운로드할 수 있다. 이용자가 주간에, 또는 여러 날에 이은 여행 중에도, 아니면 같은 카지노 가맹점에서라면 여행 중간 마다 게임을 시작하고, 멈추고, 이동하고, 떠났다가 돌아오는 일을 상상해볼 수 있다. … 이용자가 게임을 무기한으로 하는 일도 상상해 볼 수 있다.[60]

"각 이용자가 좋아하는 것이 무엇인지 알고 그것을 그들에게 준다고 상상해보세요." 슈나이더는 말했다. "와우! 그들이 원하는 것을, 그들이 원할 때, 아니면 *그들에게 제가 그걸 주기를 원할 때* 그들에게 그걸 주는 거죠."[61]

게임 개발자들은 이용자들이 자신의 게임을 설정하도록 함으로써 얻게 될 새로운 지식과 배움을 강조한다. 리나드는 다음과 같이 이야기했다. "이용자들로부터 더 많이 들을 수 있게 될 거예요. 그들이 기계가 뭔가 재밌는 걸 해주길 원할 때 그걸로부터 뭔가 배울 수 있거든요. *사람들이 원*

---

59 David Durst of IGT, panelist for "Slot Systems: New Innovations, New Experiences, New Efficiencies," G2E 2006.
60 Macomber and Student 2007b.
61 Rich Schneider of IGT, panelist for "Slot Systems: New Innovations, New Experiences, New Efficiencies," G2E 2006.

하는 것으로부터 배우는 거죠."[62] 다시 한 번 말하지만, "사람들이 원하는 것"이 게임 설계의 끊임없이 폐쇄되는 피드백 루프에서 핵심적 요소다. 관찰과 경청에서부터 이용자 추적, 행위 지능 소프트웨어와 게임 다운로드 기술에 이르기까지—리나드가 앞서 표현했던 것처럼, 이용자를 "방정식에" 넣는 움직임이 일고 있다. 이용자에게 자신의 게임을 조합하는 선택권을 부여하는 것은 이용자-중심주의의 최첨단을 정의한다. 그러한 능력은 도박 산업이 통계적 규범을 벗어나는 개별 욕망의 특이성을 수용하는 일을 가능하게 하며, 도박 기계를 사적 보상 장치로 전환시킬 것이다.

이용자에게 주는 옵션의 확장과 이용자가 자신의 게임을 스스로 설계할 수 있다는, 리나드나 앨새서의 경사로운 비전을 도박 산업계 모두가 믿는 것은 아니다. 일부 게임 개발자들은 도박 산업의 증가하는 "유연한 통제"로 이용자들이 조종당하고 있다는 느낌을 받을까봐 두려워한다면, 다른 이들은 이용자에게 게임 설계에 관한 통제력을 주면 그들이 선택의 바다에서 길을 잃었다고 느낄까봐 걱정한다. 예를 들어 이용자들은 기다란 목록에서 게임을 선택하라고 할 때 어려움을 느낄 수 있다. 기술적 문제에 대한 어려움 뿐만 아니라, 선택 자체를 어려워 할 수 있는 것이다. 2004년 오랫동안 슬롯 운영부 관리자로 일했던 부치 위처는 우려를 표했다. "사람들은 자기가 원하는 걸 찾아내지 못할 거예요. 선택지가 너무나 많아지니까요."[63] 2007년 도박 산업의 개척자 믹 로머는 이렇게 물었다. "이용자들이 정말로 더 많은 선택지를 바랄까요? 때로는 이용자들에게 너무 많은 선택지를 주게되면 사람들은 헷갈려해요. 그리고 그것 때문에 존을 벗어

◇◇◇◇◇◇

62 Sylvie Linard of Cyberview, panelist for "Slot Systems: New Innovations, New Experiences, New Efficiencies," G2E 2006.
63 Butch Witcher, moderator for "Games and Expectations: The Slot Floor of the Future," G2E 2004.

나 버리죠."[64]

복잡성에 적응하는 도박 시장의 역량을 익히 알고 있는 호주의 게임 개발자는 손님들이 여러 선택지 사이에서 선택하는 능력을 걱정하지는 않았다. "사람들은 들어와서 게임 목록에서 고를 거예요. 그리고는 저는 바로 이 게임을 원하고, 이 정도 액면가였으면 좋겠고, 또 바탕색은 초록색이면 좋겠다고 얘기할 거고요. 그건 문제가 아니에요."[65] 그러나 그 목록은 어떤 형태여야 하는가? 발리의 브루스 로는 너무 광범위한 선택 목록을 보여주는 일을 경계했다. "결정장애를 유발하지 않으려면 어느 정도의 선택지를 이용자에게 주어야 할까요?"[66] 그는 심리학자 배리 슈워츠의 저서 《선택의 역설: 더 많은 것이 어째서 더 적은가(The Paradox of Choice: Why More Is Less)》를 인용하며 계속 이야기를 이어 나갔다. WMS의 알 토마스도 같은 책을 인용했다. "선택의 폭군이라는 개념이죠. 사람에게 선택지를 많이 줄수록, 정말로 만족할만한 선택을 할 가능성은 줄어들게 돼요. 그러니까 그러한 결정을 할 수 있도록 그들을 도와주어야만 해요." 소비자 선택이라는 성배는 무한한 옵션 구성의 주크박스는 아닐 거라고 그는 주장한다. 산업계 내 다른 이들과 마찬가지로 그는 선택-안내 모델의 전형적 사례로 애플의 아이튠즈나 인터넷 서점 아마존을 지적한다. "거기에서 모든 노래나 책을 그저 보여주기만 하는 게 아니잖아요. 그들은 길을 찾아서 선택할 수 있게 도와주고, 제안도 하고, 당신에게 어떤 경험이 되어야 하는지 결정하는 데 도움을 주죠."[67] 핵심은 선택을 조정하고, 이끌며, "결정하는 데

◇◇◇◇◇◇

64 Mick Roemer, moderator for "Slot Appeal: Applying New Technologies," G2E 2007.
65 Panelist for "Games and Expectations: The Slot Floor of the Future," G2E 2004.
66 Bruce Rowe of Bally, panelist for "Server-Based Gaming III: The Potential," G2E 2007.
67 Al Thomas of WMS, panelist for "Brave New World: Emerging Games and Alternative Technologies," G2E 2008.

도움을 주는" 것이다.

　인크레더블 테크놀로지는 2009년 버사틸 볼라틸리티(Versatile Volatility)라는 슬롯머신을 위한 비-네트워크 방식의 선택 안내 시스템을 도입했다. 시스템은 이용자에게 '어떤 방식으로 승리하고 싶나요?'라고 질문하고 이용자에게 *자주*(낮은 변동성, 더 많은 시간), *일정하게*(중간 정도의 변동성), *크게*(높은 변동성)로 세 가지 옵션을 제공함으로써 "수학의 신비를 제거한다." 한 논평가는 플렉시블 매스(Flexible Math)라는 절묘한 이름의 소프트웨어로 실행되는 이 시스템이 "카지노 운영자와 이용자들이 가장 갈망하는 것, 곧 통제를 제공한다."고 적었다. 그는 곧이어 역설적 톤으로 계속 이어나간다. "버사틸 볼라틸리티는 이용자를 교육하고 통제력을 강화하기 위해 만들어진 것이다."[68] 회사 웹사이트에서 주장하는 바와 같이, 이 기능은 "비디오 슬롯 이용자에 대한 권한부여가 실제로 가능하며, 무엇보다 중요하게도 수익성이 있다는 것을 증명한다." 한 개발자는 다음과 같이 이야기했다. 목표는 이용자들이 "뚜껑을 약간 열어 볼 수 있도록 하는 거예요. 혼란스러워지거나 겁먹을 때까지는 아니고요. 그들이 그래, 나는 고액으로 베팅하는 사람은 아니고, 소액 베팅하는 사람이야. 나는 놀이 경험을 고를 수 있어, 라고 말할 수 있을 정도로요."[69] 슬롯 머신을 위한 이용자 추적 시스템 발명가로 자주 언급되는 한 남성이 이끄는 탈로 네바다(Talo Nevada)라는 회사 역시 도박자들이 욕망하는 놀이 속도를 충족하는 슬롯머신을 위한 방식을 개발해냈다. 그러나 여기에서는 도박자가 자신의 변동성을 고르도록 권한을 부여하는 것이 아니라, 머신이 "이용자가 어느 정도의 속도를 좋아하는지 측정하고 그의 욕망에 따라 게임을 조정하기" 위

68　Green 2010, 28.
69　Larry Hodgson, quoted in Grochowski (2010).

해 이용자 추적을 활용한다.[70] 미래의 네트워크 기반 시스템에서 게임 선택의 폭이 얼마나 확장되거나 또는 제한적일지, 이용자가 그러한 선택을 하는데 얼마나 권한을 부여받고 안내를 받을 것인지는 아직 지켜봐야 할 문제로 남아있다.

이용자들이 자신들의 기호를 네트워크 기반 시스템과 직접 소통할 수 있느냐 여부과 관계 없이, 시스템은 *그들과* 직접 소통이 가능해질 것이다 ― 여기에는 맞춤형 게임 제공뿐 아니라 맞춤형 마케팅까지 포함될 것이다. 사실상 다운로드 가능한 도박은 게임 인터페이스를 라이브 마케팅과 다른 형식의 관계 관리를 위한 하나의 포털로 전환시킬 것이다. 도박 산업의 한 직원은 다음과 같이 말했다. "본질적으로는 소비자 관계 관리 시스템의 핵심 부분이 되기 위해 도박 기계의 질을 떨어트린 거죠." G2E의 〈새로운 혁신, 새로운 경험, 새로운 효율성〉 패널에서 한 연사는 마리포사나 씨파워와 같은 행동 분석 도구로 가능해진 홍보 메일 수신이나 보다 일반적인 카지노 홍보와 달리, 게임하는 중에 직접 스트리밍되는 홍보는 "이용자가 게임하는 도중에 실시간으로 소통하는 방법"이라고 이야기하기도 했다.

IGT 슈나이더는 말했다. "이제 우리는 소비자가 실제로 상품을 소비하고 있는 동안 그에게 말을 걸고 마케팅할 수 있는 일련의 도구를 [카지노] 운영자들에게 제공할 수 있습니다." 게임에 내장된 IGT의 마케팅 시스템 익스피리언스 매니지먼트(Experience Management)는 기술 혁신, 소비자 경험, 수익 효율성을 연계하기 위한 도박 산업의 노력의 일면을 드러낸다.[71] 시스템은 "[카지노] 운영자들에게 모든 접점에서 이용자 경험을 최적화하

◇◇◇◇◇◇

70 Velotta 2009.
71 Rich Schneider of IGT, panelist for "Server-Based Gaming Ⅲ: The Potential," G2E 2007.

는 능력을 제공하기 위해," 그리고 그렇게 함으로써 카지노 수익을 최적화하기 위해 설계되었다. 앞서 설명한 행운의 대사 시스템의 완전한 디지털 버전처럼 기능하는 이 소프트웨어는 카지노가 "결정의 바로 그 순간 소비자와 대화할 수 있게" 해주며 "게임에서 그들의 행동에 정말로 영향을 주기 시작한다"고 한 산업계 임원은 말했다.[72] 예를 들어, 카지노는 이용자가 개인적인 "고통점"에 도달했을 때 즉시 보상을 제공할 수 있다. WMS의 마크 페이스는 말한다. "저는 정확한 순간에 어떤 것을 제안하고, 그걸 바로 화면에 띄울 수 있습니다. 저는 실시간으로 이용자의 경험을 조작할 수 있는 거죠."[73] 카지노 인테리어, 기계의 하드웨어, 게임 소프트웨어와 마찬가지로, 추적과 홍보 시스템은 이용자 경험을 형성하는 하나의 방식으로서 그 경험에 반응하도록 설계되어 있다.

◇ ◇ ◇

도박 산업이 네트워크 기반 도박과 그것의 새로운 경험 가능성을 위해 카지노 업장을 재정비하려는 노력에 집중함과 동시에, 무선 또는 "모바일" 도박이라는 또 다른 현상이 출현하고 있다. 게임 다운로드 기술이 카지노에게 어느 영역에서든 이용자에게 게임을 가져다주는 능력을 주었다면, 무선 게임 기술은 이용자들이 수영장에 가거나 뷔페에서 차례를 기다리는 등 이동하면서도 게임을 휴대할 수 있도록 만들었다. 라스베이거스의 몇몇 카지노에서는 도박자가 실제 기계 앞에서 게임하던 중에 부지 내 다른

◇◇◇◇◇◇

72 Kathleen McLaughlin of The McLaughlin Gaming Group, moderator for "Host in a Box: Interface to the World," G2E 2010.
73 Mark Pace of WMS, panelist for "The possibilities: The Impact of Networked Gaming, Part Ⅱ," G2E 2009.

곳으로 이동해야 하거나 그러길 원하는 경우 특수 제작된 휴대용 장치에 하던 게임을 옮겨서 가져갈 수 있다. 이용자 중심주의를 새로운 수준으로 끌어올리는 이 휴대용 장치는 물리적 공간을 가로질러 이용자와 동행하는 일종의 착용 가능한 게임 기술로 기능한다. 카지노는 내부 GPS 기능 또는 "동글(dongles, 카지노가 배포하는 작은 목걸이)"을 통해 고객의 휴대전화에 시스템을 통합하는 일이 법적으로 허용되는 날이 오기를 고대하고 있다.[74] 게임이 물리적 공간을 순환할 수 있게 만듦으로써, 무선 도박은 "모든 공간을 자산의 수익 증가 동인으로" 전환한다. 다시 말해, 그것은 이동하는 도박자의 지속적 생산성을 만들어낸다.

라이브 데이터를 모으는 것, 그리고 그 데이터를 기반으로 한 마케팅 또한 이동성을 가지게 될 것이다. 2007년 G2E에서 마이크로소프트사 소속인 한 토론자는 다음과 같이 말했다. "그것은 상호작용적 경험이면서 또한 고객 관계 관리(CRM, customer relationship management)의 황금이기도 합니다. 사람들은 상호작용하고, 동시에 저는 엄청난 데이터를 모으죠. 저는 가능한 한 많은 정보를 긁어모아 손에 쥐고 그가 저와 함께 머무르는 동안 그의 경험을 개인화할 겁니다."[75] 부지 내에 있는 소비자의 정확한 위치를 알 수 있게 되면 특정 영역으로 향하는 사람들에게 그곳에서 베팅하도록 유도하는 쿠폰을 활용하는 "위치에 민감한 모바일 마케팅"이 가능할 것이다.

모바일 도박의 미래, 그리고 기존의 이용자 추적 시스템, 행위 지능 시스템, 게임 다운로드 시스템의 개선에 대해 산업계는 고객, 기술, 환경에

---

74 Robert Bittman of IGT, panelist for "Future Watch: Electronic Gaming in the 21st Century," G2E 2007.
75 Kevin Kerr of Microsoft, panelist for "Future Watch: Electronic Gaming in the 21st Century," G2E 2007.

관한 더욱 유연한 형태의 통제가 가능할 것이라 예측한다. 현대 카지노의 네트워크화된 인프라는 (이 장에서 다룬 소비자 추적과 마케팅 기술이 기반으로 하고 있는) 디지털 정보와 소통 기술이 일상의 장면에 등장하던 1990년에 들뢰즈가 설명한 것처럼 "통제 사회"에 생기를 불어넣는 일종의 힘을 전형적으로 보여준다. 같은 해 한 산업계 논평가는 당시 등장하던 이용자 추적 시스템에 관한 자신의 의견을 이렇게 밝혔다. "관리자에게 이용자의 게임 습관을 조종하는 더 많은 통제력을 주기 위해 카지노 안에서 이용자가 가지는 힘은 감소 및 재분배될 수 있다."[76] 이 "조종하는 통제력"은 실시간 모니터링과 조절의 네트워크 시스템으로 진화했다. 2004년 G2E에서 한 청중이 게임 개발자에게 말했다. "전체 반응 기록을 가지고 계시니까 이 질문에 대답하실 수 있겠죠. *우리가 그들에게 원하는대로 그들이 하도록 유도했나요?*" 시스템은 적응해가며 유연해져서, 조종 키 앞에 이용자를 앉히고 동시에 그들의 움직임까지 조종할 수 있다. 즉 그들의 손에 (정확히 말하자면 손가락 끝에) "완전히" 통제권을 맡기면서 동시에 카지노의 뒷방에서 디지털 다이얼을 돌리며 그 손들의 움직임을 이끈다. 통제 사회에서와 같이, 정보 소통 기술의 보이지 않는 그물은 "훈육하고 처벌"하기 위해서가 아니라 조장하고 보상을 주기 위해 작동한다. 들뢰즈는 다음과 같이 이야기했다. "통제의 인간은 지속적인 네트워크에서 파동형으로, 궤도에 들어서 있다."[77] 달리 표현하면 '존 안에 들어서다'라고 할 수 있지 않을까.

도박 산업의 기술 시스템은 위와 같은 통제가 의존하는 추적 형식의 전형을 보여줄 뿐 아니라 그것을 개척하기도 한다. 1999년 도박 산업을 다루는 한 잡지는 구글, 아마존, 페이스북과 같은 인터넷 기업들이 소비자

---

76 "Player Tracking" 1990, 6.
77 Deleuze 1998, 18.

모니터링에 관한 혁신으로 유명해지기 이전부터 다음과 같이 주장했다. "아는 것이 힘이다. 그리고 아마도 게임 산업보다 이 점이 분명하게 드러나는 곳은 없을 것이다."[78] 카지노에서 처음으로 사용되었던 수많은 감시와 마케팅 혁신이 나중에서야 공항, 금융 거래업, 소비자 쇼핑몰, 보험회사, 은행, 홈랜드 시큐리티(Homeland Security)와 같은 정부 프로그램을 포함한 다른 영역에 적용되었다. 한 도박 산업 구성원은 어째서 카지노가 그렇게 자주 이러한 새로운 형태의 추적과 통제를 위한 혁신과 실험의 장이 되는지에 관한 한 가지 설명을 제시한다. "우리 산업의 독특한 이점은 일주일이나 한 달 안에도 수 백 번, 연간으로 치면 수천 번에 이르는 이르는 접점을 가지고 있다는 점입니다. 따라서 다른 곳에서는 있을 수 없는 방대한 자료를 가지게 되는 거죠."[79] 이 장에서 살펴본 것처럼, 이처럼 "방대한 자료"를 얻어내고 이를 동원하려는 도박 산업의 끊임없는 탐구는 도박 산업과 도박자들 사이의 비대칭적 결탁이 펼쳐지는 또 다른 기록의 장이 된다. 더욱 개선된 반복 루프 안에서, 추적당한 이용자들은 도박 산업의 일반적 용어로 그들 자신의 "이용자-유도 행위"를 통해 자기에게 더 잘 맞는 기계, 공간, 서비스를 만드는 데 기여한다. 도박자의 정서와 행동은 하나의 조건임과 동시에 시스템에 의해 조건화된다.

◇◇◇◇◇◇

78 Parets 1999, 19.
79 Lars Klander of Tech Results, moderator for "CRM and Daya Analytics: Make Me Money or Save Me Money," G2E 2009.

6장
완벽한 우연
통제부터 충동까지

심리학자 미하이 칙센트미하이는 일상의 문제와 걱정, 시간 감각까지 희미해질 정도로 관심이 하나의 활동에 완전히 집중되어 있는 흡수 상태를 설명하기 위해 "몰입(flow)"이라는 용어를 사용했다. 그는 "몰입은 일상의 혼돈으로부터 탈출구를 제공한다."고 말했다.[1] 칙센트미하이는 몰입의 네 가지 "전제 조건"을 발견했다. 첫째, 활동의 각 순간은 작은 목표를 가져야 한다. 둘째, 그 목표를 달성하기 위한 규칙이 분명해야 한다. 셋째, 활동은 그 활동을 하는 사람이 매 순간 자신이 어디에 있는지를 확신할 수 있도록 즉각적인 피드백을 제공해야 한다. 넷째, 활동의 과업은 작업 기술에 부합되어야 하며, 통제력과 도전의 감각을 동시에 주어야 한다.[2] 이제까지 살펴본 기계 도박은 이러한 특성을 모두 갖추고 있다. 각 판이나 스

---

1 Csikszentmihalyi 1993, 184; 1985; 1994.
2 Csikszentmihalyi 1993, 182.

핀은 이용자에게 작은 목표를 제공한다. 규칙은 제한적이면서 확실히 정의되어 있다. 매초마다 베팅이 결정되고 이루어지는데, 이는 이용자에게 그들의 행위에 대한 즉각적인 피드백을 제공한다. 릴이 멈추는 기능, 반응형 터치 스크린, 그리고 멀티라인이나 멀티코인 베팅 옵션은 이용자가 게임에 부여된 우연의 사건에 대한 잠재적 통제 감각을 제공하며, 비디오 포커는 실제 기술 요소를 도입하여 이러한 효과를 강화한다.[3]

강도 높은 기계 도박의 "존"은 당연하게도 정신생리학적 전환과 몰입의 탈주체화 효과로 특징지어진다. 도박자들은 "스스로를 망각하고" 마치 자신이 기획하지 않은 안무에 따라 움직이고 있는 것처럼 느낀다. 자신이 붙잡고 오르는 바위와 한 몸이 되는 것 같이 느껴진다는 등산가들이나 음악에 따라 "춤이 추어지는 것"처럼 느껴진다는 무용수들과 같이, 도박자들도 "기계에 의해 놀아지는(played by the machine)" 것처럼 느낀다.[4] 그러나 도박자들의 경험은 칙센트미하이의 저서에서 다루는 과학자, 운동선수, 예술가들의 경험과는 매우 다르다. 이러한 전문가들에게 몰입은 삶에 대한 확신감을 느끼게 하고, 원기를 회복하게 도우며, 삶을 풍요롭게 만든다. 그들에게 몰입이란 매일의 삶에서 자율성을 증진시키는 "최적의 인간 경험"의 상태이다. 반대로 반복적 기계 도박자들은 고갈시키고, 덫으로 옭아매는 듯하며, 자율성의 상실과 관련된 것으로 몰입을 경험한다. 이러한 결정적 차이의 이유는 무엇인가?

칙센트미하이는 어떤 몰입 활동이든 그것이 지루함, 불안, 혼란, 또는 그가 "정신적 엔트로피"라고 부르는 부정적 정서 상태를 정지시키는 힘에 의존성을 불러일으켜 "잠재적으로 중독성이 있다"고 인정했다.[5] 그런데도

◇◇◇◇◇◇◇

3   Griffiths 1993, 1999; Morgan et al. 1996; Parke and Griffiths 2006.
4   Csikszentmihalyi 1994, 62-66.
5   Csikszentmihalyi 1985, 495; 1994, 69, 61.

그는 자신의 이론에 녹아있는 실존주의적 경향에 따라 그러한 의존성이 주어진 몰입 활동의 특별한 속성 때문이 아니라 개인의 성향에 기인한 것이라고 간주했다. 자기실현을 향해 나아가는 개인은 긍정적이고 중독적이지 않은 몰입에 참여하며, 새로운 현실을 창조함으로써 당면한 현실의 제약을 초월하며 "앞쪽으로 탈출(escape forward)"하는 반면, 세상으로부터 움츠러들려는 경향이 있는 사람들은 부정적인 몰입 활동에 참여하거나 "뒷쪽으로 회피(escape backward)"한다. 후자는 힘이 나게 하는 감정적 상태나 새로운 가능성으로는 이어지지 못하는 행동의 반복을 통해 현실의 경험들을 지루하고 재미없는 것으로 만들어버린다.[6] 그는 몰입에 대한 중독이 몰입을 촉진하는 도구보다는 몰입의 기저에 있는 동기에서 출발한 것이라고 주장한다. 앞으로 탈출할 것인가 또는 뒷쪽으로 회피할 것인가는 그 대상보다는 주체와 관련된 문제인 것이다.

중독을 주체의 교착 상태로 특징짓는 것은 적절하기는 하지만 여전히 불완전하다. 이 책의 서두에서 이야기한 것처럼, 중독은 주체와 객체 사이의 지속적 상호작용으로 발전된 하나의 상태이다. 각자 자신의 방식으로 작동하는 상호작용의 양측 모두 중요하다. 앞선 장에서는 기계 도박의 물질적 설계와 컴퓨터 설계의 특징이 어떻게 "지속적인 게임 생산성"을 촉진하기 위해 몰입을 형성하고 조절하는지를 집중적으로 살펴보았다. 칙센트미하이는 특정 활동이 몰입 상태를 만들어내기 위해 "보상 구조를 제공할 수도 있"으며 "몰입에 관한 이해는 여가활동의 상품 및 서비스 설계와 관련된다"고 했지만, 사용자 몰입의 설계 뒤에 있는 수익 동기를 자세하게 설명하지 않을 뿐만 아니라, 이러한 동기가 어떻게 사용자의 탈출 동기를 "뒷쪽" 방향으로 끌어가 이용자가 자기실현에 도달하지 못하고 자신을 잃

◇◇◇◇◇◇

6   Csikszentmihalyi 1993, 30.

어버리게 만들 위험이 있는 상품과 서비스로 이어지는지를 성찰하지도 않았다.[7]

이 장에서는 (이 책의 여섯 번째 장이자, 기계 앞에 앉은 이용자를 살펴보기 전의 마지막 장이다) 기계 도박의 중독 경험에서 이용자 통제 요소라는 몰입의 특정한 측면과 그 역할에 초점을 맞춰 앞서 분석한 내용을 한층 더 쌓아 올릴 것이다. 어떻게 "정전식(capacitive)"이라는 특징이 (도박 산업 전문가 레즐리 커밍스는 이러한 특징을 "이용자가 일부 게임의 측면에 대하여 통제력을 가지고 상호작용"하는 "자율성의 감각"을 촉진하는 것이라고 정의했다) 도박 중독자들이 설명하는 존으로 진입하는 지점이 되는가?[8] 상호작용이 몰두로, 자율성이 자동성으로, 조절이 충동으로 전환되는 기술적 조건은 무엇인가?

즐거움을 넘어서

"이용자가 원하는 것"에 관한 지속적인 대화에도 불구하고, 게임 개발자들이 이용자가 원하는 것이 정확하게 무엇인지를 설명하려고 할 때면 그들 자신이 말하는 것과 이용자들이 가장 끌려하는 설계의 측면들 사이에는 상당한 모순이 발생한다. 개발자들에게 직접적으로 물어보면 그들은 이용자들이 위험, 선택, 참여하고 있다는 감각으로부터 비롯된 자극적인 관여로 정의되는 "즐거움"이나 "재미"를 원한다고 일관적으로 주장한다. "즐거움이 공통분모죠", 랜디 아담스가 나에게 했던 말이다. 또 가드너 그루트는 인터뷰에서 같은 의견을 다음과 같이 자신있게 말했다. "사람들은

---

7   Csikszentmihalyi 1975, 18; 1994, 5.
8   Cummings 1997, 74.

즐거움을 원해요. 즐거움이야말로 사람들이 원하는 거예요." 하지만 우리의 대화가 끝무렵에 이르자 그는 정확히 정확히 반대되는 이야기를 했다. "우리가 처음부터 이해할 수 없었던 건 사람들이 실제로는 즐거운 경험을 원치 않았다는 거예요. 우리의 최고 고객들은 즐거움에 관심이 없어요. 그들은 완전히 흡수되는 것, 리듬감에 빠지는 걸 원해요."

최고 고객들이 원하는 리듬감 있는 흡수에 대한 욕구를 포착하지 못할 때 발생하는 도박 산업의 실패는 고객들이 그들의 혁신을 거부할 때 표면화된다. 2000년도 마르쿠스 프래터는 나에게 다음과 같이 말했다. "게임에서 이기면 애니메이션과 함께 보너스를 주는 설계를 하는데 시간 많이 들였거든요. 근데 어떤 사람들은 그걸 별로 안 좋아하더라구요. 그냥 계속 게임이 이어지기를 원해요." 아리스토크랫의 전 CEO도 비슷하게 이야기했다. "이차적인 보너스 게임에 대한 초반의 흥분시키는 부분이 있거든요. 그런데 사람들이 짜증내요. 사람들은 그걸 10~20초 동안 머신이 정지된 걸로 느끼더라구요."[9] 프래터의 언어를 빌리자면, 특히 "정말로 심각한, 게임에 완전히 빠져들어 있는 비디오 포커 이용자"는 이러한 정지 시간을 견디지 못한다. "그들은 방해받는 걸 싫어해요. 그 사람들은 모니터, 자신들의 선택, 보상 스케줄에 완전히 갇혀버리길 원해요." 이러한 이용자 중 가장 빠른 집단이 실리콘 게이밍의 역동적 놀이의 속도를 참을 수 없는 지경이 되자(게임의 영상화된 손은 서로 다른 놀이의 속도에 "적응"하도록 설계되었음에도 불구하고 그들의 번갯불 같이 빠른 속도를 따라잡기에는 역부족이었다), 설계자들은 그 기능을 변경할 수밖에 없었다. 1999년 G2E의 자사 부스에서 설계자 스테이시 프리드먼은 실제로 우리 앞에 있는 머신에서 미친듯이 빠른 속도로 버튼을 눌러대는 사람을 흉내내며 이렇게 말했다. "자, 이용자

---

9 Kent Young, former CEO of Aristocrat, quoted in "Super Slots" 2005, 50.

가 이렇게 빨리 하면요, 그 기능을 비활성화하고 애니메이션 없이 카드가 팝업돼요."

2005년 믹 로머는 말했다. "우리 분야에 할리우드나 실리콘 밸리의 정신을 주입하는 건 이용자가 계속하도록 만든다고 증명되지 않았어요. 사실 그건 그들을 지루하게 만들어요. … 사람들은 특정한 존에 들어가는 걸 좋아해요."[10] G2E의 한 패널에서 어느 카지노 운영자도 비슷하게 이야기했다. "도박은 영화가 아니에요. 도박은 놀이를 지속하는 것에 관한 거죠." 혁신적 디지털 장치들을 짜증나고 성가시게 여기는 이용자들은 공학자들과 그들의 즐거움의 철학에 이의를 제기한다. IGT의 한 직원은 카지노 관리자들이 "'그거 좀 켜줄래요?'보다 '그것 좀 꺼줄래요?'라는 질문을 더 많이 받는다"며 다소 실망한 투로 말하기도 했다.[11] 대개 이용자들은 그들의 놀이가 심화될수록 "즐거움"을 의도한 기능과 효과들이 배경으로 사라져 버리길 바란다. 〈감각의 과부하(Sensory Overload)〉라는 패널의 한 연사는 다음과 같이 말했다. "우리는 가끔 수익에 별로 좋지 못한 아주 인상적인 것들을 생각해내곤 해요. 그런 것들은 게임하는 데 별로 좋을 게 없거든요. 만약 사람들한테 '계속 게임하기' 버튼을 안 주면 진짜 심각한 문제가 생길 걸요."[12]

앞 장에서 설명했던 행운의 대사 프로그램이 바로 그 좋은 예이다. 시스템 조사 및 평가를 위해 하라스에 고용되었던 한 자문위원은 어째서 이것이 설계자들이 희망했던 것만큼 도박자들에게 그다지 매력적이지 못했는지를 아래와 같이 설명했다.

◇◇◇◇◇◇

10 Mick Roemer, quoted in Legato (2005b, 58).
11 Gregg Soloman of IGT, panelist for "Sensory Overload: Light, Sound and Motion in Slot Machines," G2E 2005.
12 Panelist for "Games and Expectations: The Slot Floor of the Future," G2E 2004.

시스템이 지고 있는 이용자를 확인하면 대사는 그 사람에게 접근하여 *안녕하세요! 오늘 기분 괜찮으세요?* 하며 5달러를 제공할 것이다. 대체로 이용자들은 미친사람 보듯이 하는데, 이는 5달러를 받기 위해 양식을 기입해 채워 넣어야 하고 그 전 과정을 모두 겪어야 하기 때문이다. 한 여성은 너무나 귀찮은 나머지 직접 자신의 5달러를 기계에 넣고 그 화면이 사라지게 만들어 게임을 다시 시작했다. 또 다른 이용자들은 화가 나서 그냥 그대로 떠나버렸다.[13]

행운의 대사 소프트웨어는 개인의 놀이 시간을 방해할 뿐 아니라, 소프트웨어를 점검할 때 전체 카지노의 컴퓨터 시스템을 반복적으로 정지시켰다는 점에서도 실패였다. 이렇게 소프트웨어를 점검할 때면 어떠한 놀이도 추적할 수 없었는데, 이용자 보상 카드에 정확하게 자신의 놀이가 기록되고 이에 따라 보상받기를 원하는 손님들을 보유한 사업체로서는 처참한 시나리오가 아닐 수 없다. 경영자들은 이용자들에게 접근한 행운의 대사에 이용자들이 긍정적으로 반응하지 않는다는 것보다는 위와 같은 실패 경향에 초점을 맞췄다. 그들은 시스템이 정지되는 것만 해결할 수 있다면 이 소프트웨어가 제대로 먹힐 거라고 믿었다. "하지만 저는 분명히 알았어요." 평가조사자는 말했다. "그 사람들은 이용자가 뭘 추구하는지 이해하지 못했다는 거죠." 놀이를 장려하기 위한 하라스의 혁신적 프로그램의 맹점은 그것이 바로 사람들의 놀이를 방해하는 방식이라는 점이었다.

네트워크 기반 도박과 그것이 가능케 하는 직접적인 형태의 소통 및 홍보에 관한 산업계의 논의에서도 비슷한 문제가 거론되었다. WMS, 하라스, IGT에서 경영자로 일했던 케틀린 맥로클린은 2008년 G2E 회의에서

---

13 Anonymous executive, interview with the author, 2005.

직접 마케팅에 관한 경계심을 표현했다. "사람들이 노는 도중에 그들에게 말을 걸 수 있다는 건 멋진 생각이지만, 그들이 놀고 있는 시점에 그들을 산만하게 만들지 않기 위해 조심해야 해요."[14] 그녀는 일부 카지노에서 이용자들이 드라마나 스포츠 경기를 볼 수 있다면 더 길게 머무르리라는 생각에 기계에 작은 텔레비전 화면을 달아놓았던 과거를 이야기했다. "사람들은 놀다가 채널을 돌리다가 하면서 산만해졌고, 평방 피트당 수익은 감소했어요." 그녀는 도박자들에게 거슬리는 홍보 팝업창을 띄우거나 그들이 페이스북 계정에 접근할 수 있도록 만드는 것이 이러한 부정적 효과를 반복하게 될 거라고 경고했다.

발리의 브루스 로우 또한 마찬가지로 홍보 개혁가 동료들 사이에 기술적 혁신에 대한 눈에 띄는 열정에 반대했다. "혁신은 머신으로 인한 수익이라는 우리 사업의 주요 목적을 억제해서는 안 됩니다. 이용자들 관점에서의 주요 목적, 즉 머신을 하면서 노는 것으로부터 분리시키는 기능을 이용자 앞에 가져다 놓는 건 수익을 떨어지게 만들 수 있습니다. *우리는 엔터테인먼트 사업을 하는 게 아닙니다. 이건 여전히 도박이에요.*"[15] 그의 동료 라미쉬 스리니바산은 더욱 경건한 논조로 자신의 생각을 밝혔다. "어떤 희생이 따르더라도 성스러움—게임의 신성한 본질—은 보호되어야 합니다."[16] 맥로클린은 도박자의 "존"에 향한 갈망을 존중하는 일의 중요성을 더 자세히 설명했다.

---

14 Kathleen McLaughlin, panelist for "Harnessing the Market: The Potential of Server-Based Gaming," G2E 2008.
15 Bruce Rowe of Bally, panelist for "Server-Based Gaming Ⅲ: The Potential," G2E 2007.
16 Rameesh Srinivasan of Bally, panelist for "Host in a Box: Interface to the World," G2E 2010.

제 생각에 도박은 충동성을 가진 비합리적 행위에요. 안타깝게도 망가진 도박자들은 청각적으로나 시각적으로 방해받고 싶어하지 않아요. 제가 이제까지 보았던 모든 연구에서도 말하고 있지만, 그들이 정말로 원하는 건 노는 거, 잊어버리는 거, 자신을 잃어버리는 거예요. 그러니까 제가 그들이 집중하는 걸 방해하는 청각적·시각적 신호들을 더 많이 퍼부을수록 존에 들어가려는 욕망 또는 충동에 더 부정적 영향을 미치게 되는 거죠.[17]

그녀의 진술이 명백하게 보여주는 것처럼 소비자 목표로서 "즐거움"의 중요성에 대한 그들의 강조에도 불구하고, 내부자 상당수는 그들의 가장 열성적인 고객 가운데 많은 이들이 다른 경험을 추구한다는 걸 인식하고 있다. 이 경험은 주체의 자극, 참여, 만족이 아니라 방해받지 않는 흐름, 흡수, 자기-제거를 특징으로 한다.

완벽한 우연

도박자들은 자신의 행위와 기계의 기능이 구별되지 않게 되는 그 순간 존으로 가장 쉽게 들어간다. 그들은 이 지점을 자신의 의도와 기계의 반응 사이에 발생하는 일종의 우연적 사건으로 설명한다. 롤라는 머신 릴에 대해 이렇게 말했다. "제 눈이 화면 위에서 바(bar)들을 줄 세우는 것처럼 느껴져요. 그것들이 돌아가는 게 보이고, 멈추고, 그것들이 제 영향력 안에 있는 것처럼요. 마치 그 안을 맴돌면서 직접 멈추는 지점을 결정하는 것

---

17 Kathleen McLaughlin, panelist for "Harnessing the Market: The Potential of Server-Based Gaming," G2E 2008.

같은 느낌이랄까요." 몰리는 소통의 진동이라는 측면에서 자신의 비디오 포커를 이야기했다. "가끔은 제가 원하는 것과 발생하는 사건 사이의 진동으로 느껴져요." 한 도박 심리학자가 이야기한 것처럼 그것은 "마치 이용자가 기계와 조화를 이루어 노는 가운데 기계 사건의 '그림자가 되는 것'과 같다."[18] 랜달은 자신의 도박을 사람과 악기가 보통의 리듬으로 조화롭게 일체를 이루는 음악 연주에 비유하며 똑같은 언어를 사용해 이야기했다. 비록 도박자의 결정적 행위로 릴 회전이나 카드 뒤집기가 시작되지만, 기계 반응의 즉각성은 인간과 기계를 폐쇄 작동 회로로 결합시켜 통제 소재(locus of control)를—그러므로, 행위 주체를—식별할 수 없게 된다. 게임학자 고든 칼레야가 디지털 온라인 게임에 관한 그의 연구에서 이야기한 것처럼, 자율적 행동으로 시작한 것은 "행위자의 자동적 행동 및 반응의 일부가 되고" 결과적으로 "자아감의 상실"로 이어진다.[19]

미즈코 이토는 어린이 게임 소프트웨어에 관한 연구에서 통제감을 주는 기능을 통한 의도성의 행사와 게임 중 자신을 잃어버리는 감각 사이의 반(反)직관적 관련성을 탐색한다. 그녀는 "*그 효과의 결과를 통제하거나 조작할 수 있다는 경험을 주기 위해* 작동하는 상호작용과 청각 특수효과"를 가진 게임 설계 경향에 주목한다. 이러한 효과가 수동적 참여보다 적극적 참여를 유도하는 것으로 보이지만, 사실 그것들은 이용자와 게임 사이의 경계를 흐리게 만들어 심사숙고에 따른 의사 결정보다는 흡수적인 자동적 상태를 야기하는 경향이 있다는 것이다.[20] 이토의 주장에 따르면 그것들은 "고유의 반응성" 방식으로 이를 수행하는데, 이는 "사용자를 다른 사람으로부터 분리하고 기계와 차별되는 감각을 없애버리는 매우 강력한 방법으

◇◇◇◇◇◇◇

18 Dickerson 1996, 147.
19 Calleja 2007, 256.
20 Ito 2005, 85.

로 사용자의 행위를 증폭하고 꾸며낸다".[21] 초기 비디오 게임에 관한 자신의 기념비적 연구에서 셰리 터클이 이야기한 것처럼, "당신의 손길에 즉각적이고 정확하게 반응을 보이는 게임 경험, 또는 반응은 항상 일관된 컴퓨터의 경험이 장악할 수 있다."[22]

반응의 즉각성, 정확성, 일관성. 기계 도박에서 게임 반응과 이용자 자극의 거의 완벽에 가까운 일치는 "완벽한 우연"의 사례로 이해될 수 있다. 완벽한 우연이란 아동발달 관련 문헌에서 어떤 행위와 그 행위에 대한 외부 반응 사이의 완전한 정렬이 이루어져, 둘 사이의 구분이 붕괴되는 상황을 설명하기 위해 발전된 개념이다. 정신분석가 D.W.위니컷은 초기 유아기를 어머니의 신체와 (나아가 더 광범위한 환경과) 일체된 것으로 보이는 상태라고 설명했는데, 이는 아이의 필요, 욕구, 몸짓에 대한 어머니의 반응이 물흐르듯 자연스럽게 이루어지는 데서 기인한다. 시간이 흐르고 어머니가 점차 반응의 즉각성을 감소시키면 (즉, 일치의 완벽성이 약화되면) 아이는 점차적으로 자신이 세상에 대해 마법과 같은 통제력을 가지고 있지 않다는 것을 받아들이고 유보와 예측 불가능성, 좌절, 다른 사람과 효과적으로 관계맺기 위한 중요한 단계들을 배워간다.[23] 아동 연구자들은 생후 3개월이 지난 아이들이 "불완전한 우연"을 *선*호한다는 것을 오랫동안 관찰해왔는데, 불완전한 우연에서는 환경의 반응이 강도, 정서, 속도 면에서 아이들 자신의 음성이나 몸짓 행위와 밀접하지만 완전하게 일치되지는 않는 상태를 의미한다. 이중에서 자폐 아이들은 예외다. 그들은 외부에서 발생한 실재가 그 자체로 생명력을 가지고 있다는 점이 증명될 때 괴로워하며, 특히 사회적 우발성 또는 다른 사람의 관점이나 의도의 예측 불가능성

21　Ibid., 96.
22　Turkle 1984, 4, 14.
23　Winnicott 1971.

을 견디지 못한다. 같은 것, 반복, 리듬, 루틴을 선호하는 그들은 몸을 흔드는 것과 같이 스스로 만들어내는 순환적이면서 완벽한 우연으로, 또는 공 튕기기나 버튼 누르기처럼 완벽에 가까운 자극-반응의 우연을 가능케 하는 물체 기반 상호작용으로 후퇴한다.

어떤 이들은 자폐증에서 비디오 게임, 특히 "전략적 및 운동감각적 작동이 매우 단순하고 치밀하게 결합되어" 있으며 복잡한 인지를 요구하지 않으면서 투입과 산출의 반복되는 순환으로 구성된 게임에 극단적으로 흡수되는 현상에 대한 통찰력을 얻고자 한다(스페이스 인베이더스[Space Invaders]라는 단순한 게임이 하나의 사례가 될 것이다).[24] 심지어 진화하는 사회적 내러티브 방식으로 여러 참여자들이 관련되는 온라인 롤플레이 게임조차도 예측가능한 투입/산출 각본을 포함하는 협소화된 상호작용 과정을 제공한다. 이 과정에서 이용자들은 한 게임 학자가 이야기한 것과 같이 "기계적이고 조작적인 놀이에 익숙"해지고 "기능적으로 자폐증"이 된다.[25] 이토도 이와 유사하게 아동용 게임 소프트웨어가 "이용자와 기계의 긴밀한 조합에 의존하는, 종종 [다른 사람들의] 희생을 대가로 다소 반사회적이" 될 수 있는 놀이를 촉진할 수 있다고 이야기했다.[26] 터클은 이렇게 말한다. "대화가 융합으로 대체되는 것이다."[27] 비디오 게임이 금전적 내기와 관련되지는 않지만, 그것의 과정적 특징은 강도 높은 기계 도박과 비교할 만한 지점—위험을 감수하거나 돈을 따는 스릴보다는 존의 정서적 평형과 더욱 관계되는 활동—이 있다(다음장에서 살펴보겠지만, 여기에서 돈은 관

◇◇◇◇◇◇

24 Calleja 2007, 241.
25 Post by William Huber on March 31, 2004, at http.ludonauts.com/archives/000038.shtml, accessed April 2008.
26 Ito 2005, 95.
27 Turkle 1984, 70.

련이 없다고 이야기하려는 것은 아니다).

현대 기계 도박의 운영 논리, 정전식 유도성, 상호작용적 리듬은 도박 기계에 "계산적 특수성"을 부여하여, 터클의 용어를 빌어 말하자면 완벽한 우연의 "기능적 자폐증"으로 후퇴하기에 용이한 수단이 된다. 난수발생기의 펄스로 불필요한 부분이 모두 제거되어 간결하게 형성된 회로, 그것이 결정한 승리와 패배의 이진법, 그 결정을 등록하는 크레딧 계량기의 증가와 감소, 그러한 오르내림을 따라가는 도박자의 걱정하는 마음, 도박자가 손가락으로 두드리는 리듬. 이러한 것들은 도박 활동을 수학적 인지적, 감각적인 근원으로 축소시킨다. 4장에서 살펴본 것처럼, 신중하게 조정된 페이아웃 스케줄은 일정하게 주어지는 작은 승리들로 서로 분리된 우연한 사건들을 흐릿하게 감추며 잠재적인 "울퉁불퉁한 길"을 "완만한 하강"으로 바꾸어놓는다. 속도가 충분히 빠를 때 반복적 이용자는 이러한 사건들을 불연속적인 사건으로 받아들이는 일을 중단하고, 심지어 그러한 사건들을 자신의 의도와 구분하는 것도 멈춘다. 칙센트미하이가 몰입에 대해 쓴 것처럼, 사건들이 자동적으로 또는 "마법과 같이" 발생하는 것이다. 롤라는 나에게 말했다. "저는 거의 최면에 걸려서 그 기계가 된 것 같았어요. 마치 저 자신과 마주보고 게임을 하는 것 같다고 할까요. *사람이 곧 기계고, 기계가 곧 사람인 거죠.*" 기계와 다르다는 차이의 감각은 너무나 효과적으로 제거되어 도박자들의 흡수는 일정 시간 동안은 거의 완전에 가깝게 된다.

하라스의 혁신 담당 부사장은 2006년 G2E의 청중들 앞에서 다음과 같이 시인했다. "마법의 핵심은 기술을 활용하여 고객의 선호에 맞춰 행동하되 [동시에] 그것을 가능한 한 눈에 띄지 않게 하면서 (또는 *자동—마법 같이*)

경험하도록 하는 방법을 알아내는 것입니다."²⁸ 2008년에 그가 이에 관해 한 번 더 언급한 내용에 따르면, 설계자들은 "인바운드-아웃바운드 채널을 통해 어떤 일이 자동-마법과 같이 발생하도록 하는" 사업에 종사하고 있는 것이다.²⁹ 놀이의 몰입이 외부적 또는 과도한 자극으로 인해 방해받을 때, 도박자들은 자신에게 가해지는 장치들을 확실히 알아차리게 되고 존에 빠져들어가는 마법은 깨진다. 가장 효과적인 설계는 기술철학자 돈 이드가 "이타성(異他性) 관계" 또는 자기 자신과 기술적 대상을 구별하는 감각이라고 부르는 것을 사라지게 만들어 경험을 매개하는 장치에 대한 도박자들의 알아차림을 최소화하는 것이다.³⁰ 3장에서 살펴본 것처럼 이 관계는 초기에 머신 이용자들이 기계에 매혹당하는 데 핵심적인 역할을 하는데, 이용자들은 겉으로 보기에 살아있는 것처럼 보이는 기계와 그것이 전달해 주는 기회들에 이끌린다. 그러나 놀이가 반복되면서 기술적 대상이 자신의 인지나 심지어는 운동 능력의 연장이라고 생각하게 되는, 이드가 "체화된 관계(embodied relation)"라 부르는 개념에 가까운 무언가가 기계의 생명력을 대체한다. 이드는 체화의 감각을 촉진하기 위해 설계된 기술에 관해 다음과 같이 말했다. "기계는 신체적 벡터를 따라 완벽해지고, 인간의 인지와 행동에 맞추어 만들어진다. 비가시성과 투명성이 높고, 이 기술이 허용하는 신체 감각의 연장(extension)에 가까울 수록 더 좋다."³¹ 랜달은 나에게 말했다. "제 손이 기계를 터치하고 있다는 걸 더이상 느끼지 못할 때까지 가요. 게임하고 있으면 제가 기계에 연결된 것처럼 느껴

---

28 Tim Stanley of Harrah's, panelist for "Future Watch: Technology and the Drive for Improved Customer Experience," G2E 2006.
29 Tim Stanley of Harrah's, panelist for "CRM Part Ⅱ: Technology and Applications," G2E 2008.
30 Ihde 1990.
31 Ibid., 74.

요. 그 기계가 나의 연장인 것처럼, 물질적으로 저와 기계가 분리될 수 없는 것처럼요."

가장 극단적인 기계 도박자들은 이드와 랜달의 연결과 신체적 연장에 관한 내러티브와는 다른 신체를 벗어남의 측면을 이야기한다. 이들은 자신들이 기술과 맺는 관계가 "체화"보다는 "탈신체화(disembodied)"가 더 적절한 설명이라고 주장한다. 예컨대 보험설계사 이사벨라는 존에 들어가는 자신의 경험을 SF 프로그램에서 등장인물이 비디오 화면으로 빨려 들어가는 장면에 비유했다. "TV에서 보면 등장인물이 *잡아당겨지*는 걸로 표현되잖아요. 몸이 실제로 사라지면서 화면으로 들어가고 그 안에서 컴퓨터 게임으로 들어가는 거잖아요. 기계 도박을 한다는 건 그런 거랑 관련되는 거예요. 제가 그곳에 있었던 시간 동안, 저는 거기에 없었던 거죠. 전 사라져버렸던 거예요." 롤라도 비슷하게 자신의 몸을 벗어나서 기계로 들어가는 것을 일종의 잡아당김으로 표현했다. "화면으로 들어가요. 그게 자석처럼 사람을 잡아당기는 거죠. 화면 안에서 걸어다니면서 카드 사이를 돌아 다니는 것처럼 그 기계 안에 있는 거예요." 그녀는 계속 이야기했다. "제 몸은 기계 바깥에 있지만, 동시에 저는 킹 카드와 퀸 카드가 뒤집어지는 바로 그 기계 안에 있어요." 인간의 자연스러운 자세에 맞춰 제조한 인체공학적 좌석과 콘솔, 사람을 빠져들게 만드는 청각 효과, 거래를 확인하는 손가락의 움직임에 반응하는 정전식 터치 스크린과 같은, 도박자의 감각과 신체에 대한 이용자 중심 설계의 높은 관심은 역설적으로 그들의 신체 및 감각 알아차림을 *감소시키며*, 전자 놀이의 연속성이 유기적 존재의 물리적·시간적 연속성을 대체하는 존에 도박자들을 유보시킨다.

콘솔, 화면, 게임 과정이 존 상태를 만들기 위해 지속되면서, 이용자의 신체 뿐 아니라 기계의 본체도 배경으로 물러난다. "심지어 머신도 거기 있는 게 아니에요." 줄리는 이야기했다. "처음에는 기계를 보고 있으니까 그게 중요하긴 하지만, 머신 게임을 할수록 그 중요성은 점점 더 줄어들어요. 머신으로 시작해서, 그 다음에는 카드(어떤 카드를 가지고 있을지 고르는 거죠), 그리고 그 다음에는 게임. 그냥 계속 게임하면서 노는 거예요." 처음에 느껴지던 머신의 이타성(異他性)은 게임 초기에 카드를 고르는 이용자의 행위에 따라 놀이의 존으로 소멸된다. 터클은 다음과 같이 적었다. "물질적 기계와 물질적 이용자는 존재하지 않는다." 이용자는 게임에 따라 행위하는 것이 아니라, 그 자신이 게임이 된다.[32] 이것이 발생하는 순간이 도박자가 존에 들어가는 순간, 곧 이타성과 주체가 희미해지는 순간이다.

자동 플레이

많은 도박 중독자들은 시간이 흐를수록 존에 들어가 "게임 되기(becoming the game)"의 감각을 느끼기 위해 기계와 상호작용할 필요성이 줄어든다는 점을 알아차린다. 어떤 이들은 그저 두어 판 정도 게임하거나 그저 기계에 동전을 넣는 것만 해도 충분하다. 낸시는 말했다. "거의 자동적이었어요. 한 번 누르면 그대로 가 버리는 거예요."

호주 슬롯 머신에 자주 탑재되는 "자동 플레이" 기능은 낸시가 설명한 자동성을 글자 그대로 보여준다. 이 기능은 이용자가 돈을 기계에 넣고, 크레딧이 등록되기까지 기다렸다가, 버튼을 누르거나 화면을 터치하여 게임이 자동으로 실행되도록 할 수 있다. (비디오 포커에서 이에 상응하는 동일한 기능인 "오토홀드"는 참여자가 받은 카드에서 어떤 카드를 계속 유지할지 결정하는 일을 머신이 맡는다) 자동 플레이 기능이 공식적으로 기계에서 제공되지

---

32 Turkle 1984, 4.

않는 관할지역에서는 도박자들이 이 기능을 만들어내기 위해 머신에 돈을 잔뜩 넣어놓고 게임이 지속되도록 이쑤시개로 '스핀' 버튼을 고정시켜 놓는다. 여기에서 게임 개발자들이 현대적 게임을 구분하기 위해 이야기하는 선택과 도전의 요소는 전통적 슬롯 머신의 원시적 우연으로 미끄러져 들어간다. 차이점이라면, 오늘날 이용자들은 직접 손잡이를 잡아당길 필요도 없다. 대신 그들은 크레딧 측정기가 오르내리는 걸 바라보기만 하면 된다. (증가하는 기술의 자율성에 대한 자크 에륄의 말이 떠오른다. "인간은 촉매제 수준으로 축소된다. … 사람은 어떤 일에 참여할 필요도 없이 작동을 시작한다.")

이제까지 우리는 도박자가 참여하는 특성이 어떻게 스스로를 제거하는 놀이의 몰입으로 그들을 이끌어가는지 살펴보았다. 개인의 행위 동인(agency)을 거의 처음부터 없애버리는 자동 플레이는 어떻게 기계 도박이 이용자의 참여를 거의 무(無)에 가까운 수준까지 축소하도록 이용자를 지속적으로 강제할 수 있는지 실제 사례를 제공한다. 더이상 게임을 통제하는 행위 주체가 없는 것으로 보이는 상황에서 (즉, 놀이가 "자동 플레이"될 때) 기계 도박이 의미 있도록 만들려는 설계자들의 노력은, 즐거움을 자극한다는 그들의 미사여구와 존의 리듬감 있는 지속성에 대한 이용자의 선호 사이의 충돌을 보여준다. 가드너 그루트는 말한다. "자동 플레이에서 즐거움이란 건 없습니다. 그건 우연의 결정체인 거죠. 출납원에게 돈을 주면서 계산하도록 하고, 그저 *이게 이긴 돈이고, 이게 잃은 돈입니다*, 라고 말할 수도 있겠죠." 나는 프래터가 게임의 미래는 재미, 관여, 이용자 참여와 관련된다고 이야기했을 때, 호주 머신의 자동 플레이 기능의 매력은 어떻게 설명할 수 있겠느냐고 물었다. "어떻게 설명해야 할지 잘 모르겠네요." 그는 한참 동안 말을 멈추었다가 말을 이어나갔다.

그 안에 베이거스 지역 시장이 약간 있는 것 같아요. 비디오 포커하는 사람들 보셨죠. [그는 테이블 위를 양쪽 손가락으로 빠르게 두들기며 눈을 크게 뜨고 앞을 응시했다.] 그 이용자들은 즐거움이나 보너스에 관심이 없어요. 사실 보너스는 그 사람들을 방해하죠. 그 사람들은 속도에 미친 사람들이에요. 그 사람들이 트리플 플레이 포커 하는 거 보세요. 정말 미친듯이 빠르다니까요. [그는 테이블을 두드린다.] 그건 자동이에요. 그건….

그가 말끝을 흐릴 때쯤, 나는 그가 비교해 제시했던 이야기에 대해 혼란을 느낀다고 말했다. 방금 그는 지역의 비디오 포커 이용자들이 기계 도박에서 선택과 기술의 사용을 추구한다고 하지 않았던가? 이제와서 자동 플레이의 경우에는 이용자들이 뭔가를 결정하지는 않는다고 이야기하는 건가?

아, 그런 게 아니라 결정을 하긴 해요. 사실 모든 건 선택이나 결정과 관련이 있어요. 하지만 그건 … 그러니까 … 성냥개비로 플레이 버튼을 계속 누르고 있기도 하니까 그렇게 보이지 않기도 하네요. … [한동안 침묵] … 그 사람들이 뭘 위해서 노는지 설명하기가 어렵네요. 어떤 때는 그냥 그저 노는 걸로 보이거든요. 자동 플레이처럼요. [그가 손가락으로 테이블을 빠르게 두드린다.]

비디오 포커에 관한 논의에서 랜디 아담스도 마찬가지로 자동적 특질과 행위 주체적 특질을 연결짓는다. 한편으로 "그건 의사결정 과정이 있기 때문에 독특한 게임이에요. 어떤 카드를 선택하느냐에 따라 달라지는데, 그게 바로 자극적이고 도전의식을 불러일으키면서, 재미를 주는 거죠." 다른 한편으로 "자신만의 리듬과 패턴을 발전시킬 가능성이 많죠. 의식이 멍해지는 거예요." 비디오 포커에 대한 설계자들의 설명에 드러나는 모순은 지역 내 반복적 이용자들에 대한 상반되는 두 가지 관점과 일치한다. 즉, 한편으로 도박자는 놀이에서 가장 높은 수준의 도전과 자율성을 추구하기에 비디오 포커를 고르는 노련한 전문가면서, 다른 한편으로는 게임 자체가 지속되기를 바라는 것 이외에 아무런 목적도 없이 수동적이고 이끌려가는 대로 도박을 하는 자이다. 이러한 두 종류의 이용자 모두 결국 하나의 동일한 존재로 귀결되는데, 이러한 난제가 프래터를 당혹시킨 것이다. 적당한 말이나 숫자를 찾을 수 없는 무언가를 이야기하기 위해 그는 페이아웃 스케줄과 확률계산 보고서가 놓여 있는 탁자를 빠른 리듬으로 두드린다.

그는 그 *자신*의 도박을 이야기할 때 그 현상을 더 분명히 표현한다. 즐거움보다는 다른 무언가를 극대화하는 듯한 게임에 대한 자신의 죄책감을 털어놓으며, 프래터는 카지노에서 현장 조사를 수행할 때 저지르기 쉬운 자신의 이상한 행동을 하나 이야기한다.

> 20달러, 40달러 넣어서 어떻게 진행되는지 보고 보너스 화면까지 가려고 하겠죠. 이 새로운 하이-코인 게임에서 저도 좀 꺼림직한 점이 … 그런 거 있잖아요. [여기서부터 탁자를 반복적으로 두드린다.] 30코인 받고 "다시 시작" 기능 사용하고. 여기서 크레딧이 자동으로 전부 한꺼번에 등록되도록 바로 플레이 버튼을 누르는 거죠. 그것들이 하나씩 하나씩 올라가도록 기다리는 게 아니라 계속 게임할 수 있게요. *그러니까 내가 승리했다는 기쁨을 경험하는 것도 아닌 거예요. 사실상 그걸 그냥 없애 버리죠. 다시 게임으로 돌아가려고요.*

프래터와 마찬가지로 일단 이용자가 존으로 흡수되면, 처음에 그들을 끌어들였던 심미적이고 자극적이며 정전식적인 기능은 더이상 중요하지 않다. 작동상 몰입이 행위 주체적인 만족을 압도하는 것이다. "저는 정말로 게임이 보이지 않을 때까지 가요." 랜달은 말했다. "자동 조종 장치로 가는 거예요. 한 번은 잭팟이 터졌는데, 카드가 뭐였는지도 기억이 안 나더라니까요."

자동성으로의 전환은 놀이의 각 세션 안에서뿐 아니라 시간의 흐름에 따른 기계 이용에 대한 반복적 이용자의 지향에서도 분명히 드러난다. "충동적이 되면 게임이 자극이라든가 뭔가 이기고 싶다든가, 처음에 느꼈던 것들은 없어져요." 아담스는 확고하게 말했다. "그래서 그렇게 많은 후세대 비디오 포커가 비디오 키노로 전환되면서 퇴행해 간 거예요. 그 게임에는 정말 뭐 할 게 없거든요. *그건 자동이에요.*" 그가 이야기한 것처럼, 충동적·비충동적 도박은 같은 연속선상에 있다. 이용자는 반복적 놀이를 통해 충동적이게 "되고" 더 빠르고 완벽하게 존으로 들어갈 수 있도록 하는 방식의 놀이와 게임으로 "전환"한다.

비디오 포커 중독 말기에 샤론은 자신만의 자동 플레이 형식을 고안해 냈다.

> 심지어 카드를 보지도 않아요. 그냥 지폐 넣고, 크레딧 받아서 빠른 속도로 계속 버튼을 누르는 거예요. 딜, 드로우, 최대 베팅, 딜, 드로우, 최대 베팅. ["최대 베팅"은 각 패당 최대 크레딧을 선택하는 버튼을 말한다.] 그냥 크레딧 측정기가 올라갔다 내려갔다 하는 거 봐요. 제가 이기는 패 받으면 그게 올라가는데, 그럼 생각하죠. *돈 다 떨어지기 전에 이거 몇 번이나 누를 수 있지?* 화면, 선택, 결정, 기술, 처음에 끌어들였던 이런 모든 것들은 다 사라져 버려요.

기본적으로 샤론은 비디오 포커를 완전히 임의적인 슬롯머신으로 바꾸는, 그것을 탈기술화하는 방식을 찾아냈다. 애초에 그녀를 게임으로 이끌었던 통제 요인들을 우회하며, 그녀는 통제불가능한, 기회의 확률적 흐름으로 자신을 내몬다(토마스 말라비의 용어로 말하자면 그녀는 "수행적 우연[performative contingency]"를 "완전한 우연[pure contingency]"과 교환했다). 난수발생기에 대항해 이기기 위해 베팅하는 주체이기를 중단한 그녀는 비디오 포커의 디지털 과정과 일치를 이루었고, 그렇게 그녀의 놀이는 문자 그대로 기계의 놀이가 되었다.

1991년 《사이보그 선언(A Cyborg Manifesto)》이라는 자신의 에세이에서 기술 이론가 도나 해러웨이는 다음과 같이 주장했다. 인간은 기술과 매우 깊이 뒤얽혀 있기 때문에, 인간을 단지 자연의 유기체가 아니라 "사이버네틱 유기체" 또는 사이보그로 간주해야 한다. 존재의 "자연적" 측면은 항상 그것에 피드백을 제공하고 그것을 변경시키는 기술적인 면과 결합되어 있다는 것이다.[33] 그녀는 인간이 기술로 인해 제한을 받지 않을 때 가장 진정성 있는 존재라는 개념을 일축하고, 생물학, 군사, 정보 기술들이 우리에게 가할 수 있는 위험성을 인정한다. 또한 우리가 점점 더 기계와 얽히게 되는 일이 우리가 세상과, 다른 이들과, 그리고 우리 자신과 공정하고 공생적 관계를 맺는 것을 희생해서는 안 된다고 이야기했다. 그녀는 다음과 같이 조심스럽게 낙관론을 제시했다. "기계는 인공적 장치, 친근한 부품, 또는 친밀한 자기(selves)가 될 수 있다."

이용자 중심 도박 장치는 어떠한가? 앞서 살펴본 것처럼 그것의 친근하고 친밀한 접근에도 불구하고, 더 빠르고, 저 길고, 더 집중적인 베팅을 위

---

33 Haraway 1991.

한 각본은 칙센트미하이가 몰입의 이상적 결과로 묘사한 "자기 실현"보다는 자기 제거를 향한 길을 반복적 도박자 앞에 펼쳐 놓는다. 기계 도박 중독을 특징짓는 멈추지 않는 몰입 또는 "앞쪽으로 탈출"은 이용자 동기 부여만을 위한 기능이 아니다. 그것은 기계의 구성과 관련되며, 기계의 프로그램적 상호작용 변수는 도박자에게 전략이나 수행의 즉흥성을 거의 허용하지 않는다. 야외 운동장의 다양한 질감의 땅에서 달리는 것이 아니라 체육관의 러닝머신에서 돌아가는 똑같은 고무 벨트 위에서 뜀박질하는 것처럼, 도박 기계와의 상호작용은 도박자가 "놀이"할 수 있는 공간을 그다지 많이 남겨두지 않는다. 대신 기계는 사람이 행하는 모든 동작을 예측 및 측정하고 그에 반응하면서 게임의 가능성을 관리하고 인간의 동작을 하나의 방향으로 돌린다. 이것은 칙센트미하이가 말했던 생기 넘치고, 확장적이며, 힘을 주는 경험이거나 하라웨이가 자신의 사이보그 선언에서 상상했던 공생적 연합이 아니다. 이것은 덫에 빠지게 하고 결국은 전멸시키는 하나의 충돌(encounter)이다.

도박자가 더 오래 기계 도박을 할 수록, 에너지, 자원, 활력이 고갈된 상태로 그곳으로부터 벗어날 가능성이 더 크다. 이러한 고갈은 이용자의 은행 계좌에도 기록될 뿐만 아니라 신체에도 남는다. 앞서 롤라는 자신의 몸이 일종의 육체적 찌꺼기와 같다고 이야기했다. "내 몸은 거기 있었죠. 머신 바깥에." 이러한 방식으로 방치된 그녀의 신체는 계속 기능했고 또 자신을 표현했는데, 때로는 비참한 방식이었다. 그녀는 게임 중에 두 번은 자신의 셔츠 윗쪽에 구토했고, 한 번은 앉은 자리에서 소변을 보기도 했다. 로버트 헌터는 기계 안으로 빠져 들어갈 때 이미 그 전부터 자신의 육체적 존재를 방치하려는 준비를 했던 한 환자를 이야기했다. "그 환자는 매력적인 75세 여성이었는데요, 평균 도박 시간이 72시간이었습니다. 그녀는 울로 만든 두 겹짜리 바지를 입곤 했어요. 다른 사람 몰래 소변을 보려고요." 은퇴한 소방수이자 당뇨병이 있었던 피트라는 남성은 한창 게임을 하다 혈당이 낮아진 걸 느꼈지만 놀이를 중단하고 기계에서 돈을 인출하지 못했던 날이 있었다고 기억했다. 그는 크레딧이 모두 없어질 때까지 세 시간을 더 머물렀고, 그 시점에 당뇨병성 혼수상태에 빠졌다. 헌터와 함께 치료실에서 일했던 보 버나드가 이야기한 것처럼, 때로 도박자의 신체에 기계 놀이가 미치는 영향은 극적이지는 않지만 축적된 방식으로 나타나기도 한다. "[도박자] 두 명은 과도한 비디오 포커 게임으로 게임하는 오른쪽 팔이 약 15도 정도 움직이는 수근관을 가지고 있어요. 비디오 도박 중독에 대해 이야기할 때 인간 신체의 한계에 대해 이야기하게 되죠."[34]

이러한 사례들은 개인 도박자들의 병적 과잉을 보여주는 것 이상이다. 도박 상호작용을 매개하는 기술에 대한 상세한 설명에 따라 생각해보면, 기술이 그 과잉을 촉진하고, 형성하며, 증폭하는 데 어떠한 역할을 하는지 실마리를 얻을 수 있다. 심리학자 마크 디커슨은 말했다. "끝없는, 또는 과도한 도박의 기회는 [도박 기계] 기술의 구조적 특징과 설계에 내장된 [도박 기계] 소비의 기본적 구성이다."[35] 강력한 흡수와 신체 자각의 약화는 다른 많은 활동의 특징임에는 틀림없지만, 그 모든 활동이 기술 그 자체와 관련되는 것은 아니다. 칙센트미하이는 말한다. "경기에 참여한 체스 선수는 몇 시간이고 자기가 깨질듯한 두통이 있는지 방광이 꽉 찼는지 알아차리 못한다. 게임이 끝나야만 신체적 상태에 대한 자각이 돌아온다."[36] 그러나 체스, 의례(ritual)를 치르며 경험하는 무아지경의 상태, 수술 집도와 같이 자연스럽게 끝나는 지점이 있는 활동들과는 달리, 기계 도박은 도

---

34 Comments made as moderator for "The Problem Gambler: Emphasis on Machine Gambling," 11th International Conference on Gambling, 2000.
35 Livingstone and Woolley 2008, 18.
36 Csikszentmihalyi 1985, 491.

박자의 돈이 다 떨어졌을 때에야 비로소 확실히 종료되는, 잠재적으로 고갈이란 걸 모르는 활동이다. 기계의 작동 논리는 도박자가 (일부 경영진이 "전멸"이라고 부르는) 그 끝에 도달할 때까지, 마지막까지 앉아있도록 프로그램되어 있다.

때때로 산업계 전문가들은 무심코 "지속적 도박 생산성"을 위한 설계 각본 기저의 비뚤어진 논리와 그것이 야기하는 비참한 결과의 가능성을 적나라하게 드러내기도 한다. 1998년 상업 저널 『글로벌 게이밍 비즈니스(Global Gaming Business)』의 편집자 프링크 레가토는 다가올 도박 기술에 대한 희극적 설명 서두에서 자신이 노예-도박자 역할을 맡아 도박자가 놀이를 계속 하도록 하기 위해 자신의 산업이 어느 정도의 노력까지 할 수 있는지 미래지향적으로 설명했다.

> 어제밤 꿈에 내가 슬롯 머신에 묶여있는 꿈을 꾸었다. 나는 계속해서 돌리고, 돌리고, 또 돌리도록 … 계속해서 빌 억셉터에 돈을 넣도록 강제됐다. 사람들이 내가 있는 슬롯으로 음식을 가져다 주었다. … 내가 보유한 은행 계좌에 잔고가 하나도 남지 않을 때까지 내가 그곳을 떠나는 것이 허용되지 않았다. 아니면 내가 죽을 때까지. 그게 더 빠르겠지. … 미래의 카지노는 당신의 엉덩이를 슬롯 머신 의자에 붙여두고 계속해서 도박장에 돈을 기부하도록 설계될 것이다. "신체 기능 문제"는 어떻게 하느냐고? 그들은 그 문제까지도 고려할 것이다. "남성용 요강"을 쓸까. 아니면 기념품 가게에서 "손잡이 달린 기저귀"를 팔지도 모르지.[37]

그의 이야기는 이 책의 서두에서 등장했던 심장 제세동기 일화를 무의

---

37 Legato 1998a, 98.

식적으로 떠오르게 하는 다음과 같은 이야기로 마무리된다. "자동 CPR이 떠오른다. … 슬롯 종업원들을 전문응급구조사로 훈련시켜라. 만약 심장마비가 온 것 같으면 슬롯 본체 위의 '플랫 라인(flat line)' 버튼을 눌러라." 희극적인 어조에도 불구하고 자동화 도박에 관한 레가토의 디스토피아적 비전은 수익을 추구하는 사업을 수행하는 그의 산업계의 어두운 면을 지적한다: "강제된" 놀이와 머신에 "묶여"있다는 그의 언급과 달리, 이용자 중심적 주의 집중에 의거해 방해받지 않도록 만들어진 사업을. 도박 기계가 특정 사용자의 입력에 대한 반응 출력을 조정하는 데 점점 더 능숙해질수록, 해당 사용자는 점점 더 그들의 "전멸"을 위해 결탁된, 자신을 위해 계획된 과정에 묶여버린다.

중독

바닥치기를 경험한 [중독자의] 극심한 공포는 자신이 타고 있는 운송수단에 통제력을 가지고 있다고 생각했는데 갑자기 그것이 자신의 통제력을 벗어나 움직이는 걸 느꼈을 때의 공포이다. 이제까지 브레이크라고 알고 있던 것을 밟으니 갑자기 자동차가 더 빨리 달리기 시작하는 것 같다. 그것은 자신보다 더 큰 무언가를 (자기 자신에 운송수단을 더한 하나의 시스템을) 발견했을 때의 공포다. … 그에게서 "자기 통제"라는 인식론이 무너진다.

— 그레고리 베이트슨

도박 편의점

럭키 슈퍼마켓, 새벽 1시

파란색 유리문을 열고 한 손님이 가게 안으로 들어와, 슈퍼마켓 입구의 복도 양쪽에 늘어선 비디오 포커 스무 대 중 하나를 골라 그 앞에 앉는다. 슬롯이 모여있는 곳 구석에 있는 높은 책상 뒤에 있는 의자에서, 잰은 서랍을 열어 잭팟 로그를 확인하고 그 사람을 부른다. "베티, 저기는 오늘 세 번 터졌고, 4시에 로열 플러쉬 나왔어요!" 베티는 다른 기계로 옮겨간다.

잰은 짤막하고 풍성한 갈색 곱슬 머리에 안경을 끼고 치아교정장치를 하고 있는 40대 여성이다. 그녀는 밤 11시부터 아침 7시까지, 잔돈을 교환해주는 야간 근무자로 2년을 일했다. "단골 손님들은 주로 밤에 와요." 그녀가 나에게 말했다. "쇼핑하러 오는 거 아니고, 게임하러 오는 거예요." 그러한 사람 중 대다수는 여성인데, 잰은 그들이 외로운 사람들일 거라고 추측한다. 나는 그들이 서로 이야기를 나누는지 묻는다. 그러나 밤 11시부터 새벽 3시까지 간간이 대화를 나누는 몇몇을 제외하고 대부분의 경우 홀로 시간을 보낸다. 한 여성 노인은 집에 병든 남편이 있는데, 밤에 잠에 들지 못한다. 그녀는 남편을 침대에 눕히고 옆에 있는 탁자에 슈퍼마켓 전화번호를 남겨 놓은 뒤 도박하러 온다. 또 다른 한 여성은 꼭 새벽 3시가 되면 나타난다. 그녀는 어린 자식이 넷인데, 아이들은 가게에 들어가서 물건을 사거나 게임중인 엄마의 관심을 끌기 위해 벤치에 앉아 소리를 질러대곤 한다.

지난 주에는 한 새로운 손님이 3일 연속으로, 그러니까 잰이 화요일 근무를 시작할 때부터 목요일 교대 근무가 끝날 때까지 게임했다. "옷도 잘 차려입고, 부동산 중개인 같던데요. 근데 한 번도 집에 안 가고 옷도 안 갈아 입었어요. 코티지 치즈랑 커피, 크래커 같은 거 사러 가게에는 몇 번 들락거리더라구요." 그녀는 신용카드 세 개를 최대치로 사용했고, 결국 은행이 문을 여는 다음날 아침까지 기다려야 할 때가 되어서야 마침내 자리를 떠났다.

잰이 가장 좋아하는 손님은 스트라토스피어 카지노에서 일하는 젊은 여성 종업원이다. 어려서 피아노를 배운 그녀는 한 번에 머신 두 대로 게임을 하는데, 앞에 놓인 머신 두 대는 마치 피아노를 연상시킨다. "몇 시간이고 계속 보게 돼요." 잰은 말한다. "손가락이 어찌나 우아한지, 버튼 위에서 미끄러지듯 움직인다니까요." 잰은 엷은 미소를 띠고 유리창 너머로 음악을 연주하는 손가락을 상상하듯 한 무리의 머신을 바라본다.

스미스 슈퍼마켓, 오후 4시

마지는 예쁘게 생긴 50대 여성이다. 머리카락은 금발로 염색하고 반짝이는 오버사이즈 파란색 스웨터에 이리저리 흔들리는 금귀걸이, 한쪽으로 구부러진 베레모를 착용한 그녀는 스미스 슈퍼마켓에서 10년 동안 교환원으로 일했다. 그녀는 어느 손님이 어떤 머신을 고를지, 또 얼마 동안 게임할지 맞출 수 있다. 어떤 사람은 한 번에 며칠씩 게임한다. 그녀는 집에 갔다가 교대 근무하러 왔을 때 똑같은 사람이 기계에 계속 앉아있는 걸 보곤 한다. 어제는 한 여성이 식료품을 카트에 한가득 담아 구매했는데, 가진 것을 모두 잃자 모든 식료품을 환불해 그 돈을 기계에 넣었다. 한 남자는 두 어린 아이를 데리고 왔는데, 아이들은 신발도 벗어재끼고 가게 안을 여기저기 뛰어다녔다. 종업원이 그들을 계속해서 아빠에게 데려다 주었지만, 아이들은 다시 카트 밖으로 나와서 다시 달아났다. 그는 곧 나가겠다며 반복해 이야기했지만 계속 머물렀다. "그 남자는 주변에서 무슨 일이 일어나고 있는지 의식하지 못했어요. 한 꼬마가 주차장으로 뛰쳐나갔고, 제가 경찰을 부르겠다고 겁을 줬죠. 제가 그 사람한테 말했어요. *집에 가서 베이비시터 구해요. 제가 그 기계 맡아 놓고 있으면 되잖아요.*"

도박하려고 라스베이거스로 이사한 마지는 쉬는 날이면 자신도 비디오 포커 게임을 한다. 마지는 앵커 게이밍으로부터 기계를 대여하는 업장에서는 게임하지 못하는데, 스미스 슈퍼마켓에서도 그곳의 기계를 운영하기 때문이다. 그러나 그녀는 카지노 환경을 좋아하기 때문에 그런 점은 별로 상관 없다. "식료품점이나 주유소에서는 사람들이 너무 말을 많이 걸어서요. 게임할 때 누구 왔다고 아는척 하거나 이야기하고 싶지도 않아요. 저는 익명성이 좋아요."

새본 약국, 오후 2시

　70세가 훨씬 넘어보이는 데다 수척해 보이는 바니는 커다란 밝은 빨간색 조끼를 입고 마치 유령처럼 걸어다닌다. 그는 얼마 전 라스베이거스로 이사했고, 세 달째 플라밍고 로드의 새본 약국 슬롯 부서에서 일하고 있다. 그는 가게 입구 근처에 말굽 형태로 옹기종기 모여있는 비디오 포커 기계를 손가락으로 가리켰는데, 그곳에서는 도박자들이 조용히 푸른색 화면에 집중하고 있다. "저도 예전에 포커를 했어요. 사람들이랑 같이, 라이브 포커요. 참 잘했죠. 이기기도 했고. 하지만 기계로 하는 포커는 승리가 중요한 게 아니에요." 그는 눈곱이 낀 눈을 돌려 나를 바라보기 전까지 손님들을 지그시 응시했다. "그건 자기의 운명으로 들어가는 더 직접적인 방법이라 할까요."

메리랜드 파크웨이 식당, 아침 11시

　O.B.는 간이 식당에서 나로부터 몇 자리 떨어진 좌석에 앉아 25센트짜리 한 묶음을 침착하게 기다리고 있었다. 그 돈을 받으면 식당의 조그만 입구에 놓인 머신에서 비디오 포커를 계속 할 참이었다. 커다란 사각 금테 안경 때문에 그의 뺨에 붙어 있는 밴드가 더 부각되었다. 그는 목에는 금목걸이를 두르고, 셔츠와 자켓, 세미플레어 핏의 웨스턴 팬츠를 입고, 카우보이 부츠를 신고 있었다. 그는 다리를 앞쪽으로 길게 뻗고 있었는데, 발목을 서로 교차해 살짝 구부린 다리를 꼬고 있었고, 맞잡은 그의 양 손은 무릎 위에 놓여 있었다. 그는 얼굴에 붙어 있는 밴드를 설명하며 이야기의 물꼬를 텄다. 어제 오후에 얼굴에서 작은 혹을 제거했다고 했다. "놔두면 암이 될 수도 있다고 하던데, 또 없애면 흉터가 남을 위험이 있다고

하더라구요." O.B.는 웃으며 손을 들어 올렸다. 커다랗고, 구릿빛에 갈색 털이 나 있는 한 쪽 손의 손가락에는 금반지가 끼워져 있었는데, 다른 한 쪽은 크기도 작고 털도 없는데다 분홍색으로, 제대로 발달되지 못한 손이었다. "흉터라면 제가 또 전문가죠." 그는 작은 손을 큰 손으로 감싸쥐고는 다시 무릎 위에 두 손을 올려놓았다. "그래서 그냥 빨리 떼버리라고 했죠."

남부 캘리포니아에서 어린 나이에 볼링 챔피언이 된 O.B.는 그의 장애로 말미암아 "Onearm Bandit(슬롯머신을 뜻하는 구어-옮긴이)"이라는 별명을 얻었고, O.B.는 그 줄임말이었다. 그가 얻은 이 이름이 결국 그의 슬롯머신 중독으로 이어졌다는 역설이 그에게는 크게 중요하지 않았다. 그는 이러한 역설을 넘어서 자신의 볼링과 슬롯머신 사이의 연결점을 알아냈다. "옛날에는 문제가 생기면 볼링장에 가서 게임에 집중하면서 친구들하고 어울리곤 했어요. 요즘은 문제가 생기면 여기에 와요. 여기 아니면 주유소나 카지노에요. 비디오 포커 하려요. 저는 잊어버리려고, 좀 벗어나고 싶어서 게임 하는 거예요." 그가 잊고 싶어하는 건 자신의 깊은 외로움, 성인이 된 아들과의 신경전, 약물 중독, 집에서 기다리고 있는 다른 상황, 즉 자신 외에는 돌봐줄 사람도 없이 병들어 침대에 누워 있는 친구의 존재였다. "저에게 있어서는 기계가 연인이자 친구이자 데이트 상대라고 할 수도 있겠죠. 근데 실상은 그렇진 않아요. 저한테서 삶을 다 쪽쪽 빨아먹는, 또 삶에서 저를 빨아들여 버리는 진공 청소기죠."

7장
도박으로 날리다
사라진 삶

초록색 눈동자에 흑갈색 머리카락의 40대 중반 여성 팻시는 1980년대에 넬리스 공군 기지에 재배치된 장교 남편과 함께 캘리포니아로부터 라스베이거스로 이주한지 얼마 지나지 않아 곧 도박을 시작했다. 비디오 포커 머신은 1970년대 후반 지역 도박 시장에 도입되었는데, 그녀는 식료품점에 갔다가 기계를 알게 되었다. "남편은 음식이나 우유 같은 거 사라고 돈을 줬는데, 저는 그 돈 가지고 상점 들어가는 길에 있는 기계 앞에 꼼짝 못하고 앉아 버리고, 돈은 20분 만에 없어지는 거예요. … 저도 같이 없어지는 거죠. 스크린 안의 존으로 들어가서 사라져 버리는 거예요."

10년 뒤, 팻시의 도박은 출근 전, 점심시간, 쉬는 시간, 퇴근 후, 주말 내내 비디오 포커를 하는 정도까지 진행되었다. "저의 삶은 기계를 중심으로 돌아갔어요. 저의 식습관까지요." 우리가 만났던 G.A. 회합장 밖에서 그녀는 기억을 떠올리며 나에게 말했다. 팻시는 남편과 딸아이를 카지노에서 만날 수 있을 때만 함께 외식을 했다. 그녀는 급하게 식사를 먹어치우고는 도박을 하기 위해 화장실에 가야겠다며 핑계를 대곤 했다. 그녀는 주로 혼자 도박했고, 주차장에 세워둔 밴에서 잠을 잤다. "머신 꿈을 꾸고, 밤새도록 숫자를 두드렸어요." 홀로 먹고, 혼자 자면서 팻시는 일종의 리비도적 자율성을 획득했다. 그녀의 시간, 그녀의 사회적 교환, 그녀의 신체 기능, 그녀의 꿈조차 도박을 지향하고 있었다. 그녀는 말했다. "게임 안 할 때는 저의 모든 존재가 그 존으로 다시 들어가는 쪽을 향해 있었어요. *그건 기계 삶(machine life)이었어요.*"

1930년대 말 네덜란드 역사학자 요한 호이징가는 놀이는 "'실제 삶'을 벗어나 그 자체의 성향을 가진 활동의 일시적 영역으로 들어가는 것"과 관련된다고 적었는데, 그는 그 영역을 종종 "마법의 원(magic circle)"이라고 불렀다.[1] 20년 후 어빙 고프먼은 "그 가능성의 입증에 우리를 몰두하게 함으로써" 삶을 예행연습 하는, "세계를–구축하는 활동"으로 확률 게임을 특징지으며 놀이와 실제 삶 사이의 덜 분절된 관계를 제안했다.[2] 1971년에 미하이 칙센트미하이와 공동저자는 두 가지 접근의 여러 측면들을 통합하며, "확률 게임은 물리적 도구와 규칙 모두를 통해 놀이의 당사자가 예측 가능한 방식으로 대처할 수 있는 현실의 한 조각을 성공적으로 경계짓는다. … 게임의 가능성을 예견할 수 있게 됨으로써, 놀이의 당사자는 환경에 대한 통제 수단을 획득한다."라고 이야기했다.[3] 더욱 최근에 이루어진 한 민족학 연구에서 인류학자 토마스 말라비는 이와 유사하게 도박이 "일

---

1 Huizinga 1950 [1938], 8.
2 Goffman 1961, 27, 34.
3 Csikszentmihalyi and Benner 1971, 49.

상 경험의 위태로운 본성에 대한 절반쯤 경계지어진(semibounded) 굴절, 수많은 우연이 존재하는 삶을 표면적으로 더욱 이해 가능한 형태로 만드는 일종의 정제 과정"을 제공한다고 주장한다.[4] 그는 다음과 같이 더욱 자세히 설명한다. 일반적으로 게임은 "부자연스러운 방식으로 결합되기는 하지만, 다른 곳에서 우리의 경험을 포화시키는 동일한 종류의 제약과 예측 불가능성을 포함한다."[5]

그들의 차이점에도 불구하고, 광범위한 분야의 학자들은 놀이와 삶의 관계의 본성, 그리고 어떻게 놀이가 삶과 단절되는지, 아니면 삶을 예행연습하거나, 삶을 경계짓기 또는 굴절하는지에 관심을 가졌다. 앞서 등장한 팻시는 자신의 삶으로부터 극단적으로 단절되거나 삶을 예행연습 하는 것, 또는 그녀의 일상 경험을 분명하게 경계짓거나 굴절하는 것도 아닌 놀이의 한 형태를 설명한다. 대신 그것은 그녀의 식사와 수면 일정을 제멋대로 휘두르며 심지어는 꿈의 내용까지 관장하는, 삶으로 쏟아져 들어온 어떤 것과 비슷했다. 그것은 그녀의 삶이 되어버린 무언가였다. "저의 삶은 기계를 중심으로 돌아갔어요."라고 그녀는 기억한다. 팻시의 일상적인 삶과 기계 도박 사이의 구분이 점차 사라지자, 또 다른 유형의 삶이 출현했다. 그것은 이쪽이나 저쪽으로 명확하게 구분지을 수 없는, 그녀의 마음을 통째로 빼앗아 버리고 그녀가 완전한 충동성으로 경험했던 "기계 삶"이었다.

앞선 장에서 존의 건축학적, 기술적, 정보적 측면을 다루었다면, 이 장에서는 도박자 삶의 더 광범위한 맥락과 관련하여 기계 삶이 우리에게 무엇을 말해줄 수 있는가를 살펴볼 것이다. 일상 세계와 존이라는 또 다른

---

4   Malaby 2003, 147.
5   Malaby 2009, 208.

세계 사이에 끼어있는, 고립되어 있으면서도 무언가에 떠밀리는 듯한 존재 형태에서, 우리는 집합적 고난과 집착에 관한 어떤 단서를 찾게 될 것인가? 우리는 강도 높은 기계 도박이 현대 생활의 주요한 요소들(시장을 기반으로 한 교환, 금전적 가치, 그리고 통상적 시간)과 그에 수반되는 자기 극대화, 위험 관리 행동에 대한 사회적 기대까지 중단시키는 것을 보게 될 것이다. 그 활동은 이러한 요소들과 수행될 것으로 기대되는 행동 양식을 다른 어떤 것으로 상쇄하거나 초월함으로써가 아니라, 그들을 고립시키고 그들이 다른 어떤 것으로 전환되는 지점까지 그들을 심화시킴으로써 (또는 말라비의 용어를 따르면 "정제[distilling]"함으로써) 그러한 중단을 실현한다. 이 과정을 따라가다 보면, 공유된 사회적 조건과 규범적 행위 이상(理想)이 겉으로 보기에 일탈적인 도박 중독자의 "기계 삶"을 형성하는 데 어떻게 기여하는지 추적하고, 그러한 삶에서 광범위한 불만족에 대한 일종의 내재적 비판을 분별하는 일이 가능해 질 것이다.

선택의 중단

1970년대 후반부터 정부 규제가 감소하고 개인의 자기 통제와 책임성에 대한 기대가 증가하면서, 자본주의적 민주주의 국가의 시민들은, 사회주의자 니콜라스 로즈의 말을 빌어 표현하자면, 자신을 "계산된 행위와 투자를 통한 존재 자체의 증진과 자본화를 추구하는 일종의 사업체"로 간주하기 시작했다.[6] 막스 베버가 재무 회계와 경영 생산성의 방법들로 여겼던 "계산적 태도"에 따라(그는 이것이 자본주의적 현대의 특징이라고 생각했다), 삶

---

6   Rose 1999, 164.

의 선택은 "소득, 배분, 비용, 저축, 심지어 수익"과 같은 용어로 표현되고 평가된다.[7] 오늘날의 진취적 자아와 관련된 계산적 기술은 위기 분석과 관리 도구를 포함한다. 한 학자는 현대적 자아를 일종의 "개인화된 보험통계주의"로 특징짓기도 하는데, 여기에서 개인은 회계 감사, 기업 또는 정부 관료의 재정 건전성을 보증하는 데 사용되는 동일한 기법을 반사적으로 자신의 삶에 적용한다.[8]

보험, 금융, 정치 분야에서와 마찬가지로, 개인의 삶에 대한 위험 평가 기법 적용은 포스트 포디즘적이고 금융을 기반으로 하는 자본주의에서 특정한 우연의 사건을 통제하는 (심지어는 그것으로부터 이득을 얻는) 수단이다. 특히 보험 통계적 자아 모델은 "유연하고" 단기적인 서비스 기반 노동 체제의 출현과 사회복지 프로그램의 쇠퇴에 따른 실업 위험 증가에 대한 보상을 해줄 것으로 기대되는 한편, 동시에 이러한 우발적 상황에 대해 유연하고 때로는 위험한 방식으로 대응함으로써 경제적 보상을 얻는다. 이러한 두 가지 기대를 충족하려면 개인은 극단적인 자율성을 가지고 있어야 하고, 매우 합리적이어야 하며, 자신과 스스로의 결정에 통달한 언제나 깨어있는 사람이어야 한다. 여기에서는 우연에 대한 지속적 관리가 하나의 과업이 된다.

사실 이러한 과업은 선택의 관점에서 구조화된 것이다. 사회학자 말란 헌트는 말한다. "매일의 위험은 우리에게 끝도 없어 보이는 일련의 선택을 해야만 하는 필요성을 제시한다." 점점 더 많은 삶의 영역이 그것을 요구함에 따라, 선택은 피할 수 없게 되어버렸다.[9] 동료 앤써니 기든스에 이어 로즈는 다음과 같이 덧붙인다. "현대의 개인은 그저 '선택할 자유'만 있는

◇◇◇◇◇◇

7 Rose 1999, 152.
8 O'Malley 1996, 198.
9 Hunt 2003, 169.

3부 중독   299

것이 아니다. 그들은 선택의 관점에서 자신의 삶을 이해하고 살아가도록, 자유로울 의무가 있다."[10] 심리학자 베리 슈워츠가 지적한 것처럼, "숨막히도록 넘쳐나는" 선택을 철저히 가려내라는 압박은 폭군과 같은 것이자 인간의 심신을 쇠약케 하며, 잠재적 실망, 후회, 죄책감을 증가시키고 자신의 삶을 "도저히 어찌할 수 없는 느낌"을 받게 한다.[11] 다른 이들은 그것이 단지 부담스러울 정도로 다양한 선택의 문제가 아니라고 지적한다. 정말로 부담스러운 것은 현대 자본주의 사회 시민들이 대개 그들이 그토록 권장받는, 보험계리적 자기-기업 극대화를 이루기 위한 지식이나 선견지명, 자원 없이 어떤 선택을 해야만 한다는 것이다. 수많은 선택과 위험에 직면한 그들의 행위는 계산적 합리성만큼이나 감정, 정서, 반사 작용을 기반으로 한다. 헌트는 그러한 조건 아래서의 선택은 불안과 불안정성을 야기한다고 지적한다.

사람을 당혹스럽게 하는 선택의 상황, 개인이 우연한 사건을 관리해야 한다는 문화적 명령과 강도 높은 기계 도박의 존을 어떻게 연결지을 수 있는가? 이 책의 전반부에서 제시된 것처럼, 만약 도박 장치가 기술적으로 고안된 우연을 이용자에게 제공한다면, 놀이 그 자체는 "기술적으로 고안된 우연한 사건의 관리"의 일종으로 이해될 여지가 있다. 놀이 중에 개인은 중대한 선택을 지속적으로 내리는 위치에 있다. 그 선택이란 옳은 결정과 그른 결정 사이의 선택, 연승을 지속하거나 연패를 끝내는 것, 투자의 규모와 속도를 높이거나 줄이는 것 등이다. 이러한 의미에서 기계 도박은 현대 자본주의 사회에서 주체에게 요구되는 일종의 반사적인 위험 감수와 선택의 기회를 배가시킨다. 동시에 기계 도박은 (6장에서 다룬 내용의 의미

---

10 Rose 1999, 87.
11 Schwartz 2005, 44.

로) 우연적 사건이 "완벽"하고, 그 결과가 말 그대로 1페니 단위로 측정되는 디지털화되고 프로그램화된 게임으로 위험과 선택을 정제하여 우연 관리 과업의 무게를 더욱 가볍게 만든다. 앞서 살펴본 바와 같이, 도박 기계는 위험한 선택의 범위와 판돈의 증분을 너무나 작은 단위로 수축시켜 그들의 변동성은 "완만해지고" 이용자의 자금 침식은 감추어진다. 비록 도박이 당사자의 매일의 삶에서 실질적인 결과로 이어지기는 하지만, 매순간 반복되는 놀이의 과정 속에서는 비논리가 지배한다. 순조로운 기계 도박의 존에서, 선택은 세속적 결정과 일상적으로 걱정하는 위험들을 외면하는 수단이 된다. 무릇 모든 선택은 존을 지속하기 위한 선택이 된다.

사회적 교환의 중단

기계 도박의 존 안에서 세속적 선택, 우발적 상황 및 그 결과를 외면하는 일은 타인을 배제하는 일에 달려있다. "저는 인간과의 접촉을 원치 않아요." 네바다대학교 심리학과 학생인 줄리는 말했다. "존 안으로 다른 사람이 들어오는 건 참을 수 없어요." 기계 도박자들은 자신의 고립을 보장하기 위한 엄청난 노력을 기울인다. 어떤 이들은 구석진 곳이나 맨 끝에 있는 기계를 선택하기도 하고, 또 다른 이들은 다른 사람이 앉지 못하도록 옆에 있는 기계의 동전 그릇을 뒤집어 놓기도 했다. 랜달은 말했다. "누가 제 트랜스 상태를 깨트리면 화가 치밀어 올라요." 그는 게임 중에 누군가 자신에게 말을 걸면 돈을 뽑아서 다른 기계로 옮긴다. 팻시는 다음과 같이 기억을 떠올렸다. "제가 이겼을 때도 조용한 머신이 좋아요. 그래서 제가 이겼다는 걸 아무도 모르게, 누가 나한테 말 걸지 않도록요." 샤론은 칵테일 종업원이 자신을 방해하지 않도록 하려면 머신 앞에 앉기 전에 펩시

1리터짜리와 담배 두 팩을 사야한다는 것을 배웠다. "한쪽에 발을 올려놓는데, 그게 최후의 장벽이라고 할 수 있죠. *날 좀 내버려 둬*, 라는 의미에요. 제 등에다가 '방해하지 마시오' 표시라도 걸어두고 싶다니까요."

그들이 추구하는 존이 궁극적으로는 자기에 대한 감각을 지워버리지만, 기계 도박자들의 엄격한 관계성 배제는 적어도 초기에는 극단적인 자율성과 심지어 이기심의 행동으로 나타난다. 이러한 의미에서 기계 도박자들은 자기를 최대화한다는, 즉 인간적 유대, 헌신, 의존에 방해받지 않고 자신의 목표를 추구할 것으로 기대되는 존재라는 각본에 들어맞는 것으로 보인다. 라이브 카드 게임을 하는 줄리는 이렇게 이야기한다. "다른 사람이 몰입을 방해하면 참을 수가 없어요. 자리를 옮겨서 다른 사람이 저지하지 않는, 저를 멈추려고 간섭하지 않는 곳, 자유로운 통제권을 가질 수 있는 기계로 가야 해요. 아무런 장애물이 없는 데로 가는 거예요." 타인은 그녀의 기호를 방해하는 일종의 "간섭"이다.

여기에는 타인으로부터 방해받지 않는 존을 추구하는 기계 도박자의 이기적 욕구와 동시에 자기 보호와 사회적 관계에 대한 불신이라는 강력한 흐름도 존재한다. 이점은 전통적 카드 도박과 비교하면 곧장 분명해진다. 카드 도박은 고프먼이 "눈과 눈이 마주치는 생태학적 집단"으로 묘사한 집중적인 인간 관계이다. 각 참여자는 "그를 바라보는 다른 참여자들을 인식"할 수 있으며, 무심결에 공개된 상대 전략의 징후를 가장 잘 해독한 사람이 성공한다.[12] 줄리도 이와 비슷하게 이야기한다. "라이브 게임에서는 다른 사람도 계산에 넣어야 돼요. 의사결정을 하는 다른 사람들의 심리요. 어떤 프로모션을 두고 경쟁하는 거랑 비슷해요. 어떤 게 최선일지 결정하는 다른 사람들을 상대하고 있다는 거죠. 그들의 마음 속에 들어갈

---

12 Goffman 1961, 18.

수도 없고, 그 사람들 버튼을 대신 누를 수도 없고, 뭐 아무것도 할 수 없 잖아요. 그냥 앉아서 어떤 걸 바라고 기다리는 수밖에요. 하지만 머신에서는 사람을 상대로 싸우는 게 아니잖아요." 이러한 설명에서 "라이브 게임"은 타인에 의해 대체되거나 제외되지 않기 위해 "다른 사람도 계산에 넣어야" 할 것을 요구하는 가차없는 인격들 간의 경쟁이지만, 그에 필요한 계산의 근거나 베팅에 관한 대비책을 마련할 명확한 피드백을 제공하지 않는다. 이와 대조적으로 기계 놀이의 몰입 존은 사회적 상호 작용의 모호하면서도 위험한 계산적 매트릭스를 일시적으로 유예시켜, 타인의 감시하는 눈으로부터 그녀를 보호하고 동시에 남을 감시해야 하는 필요성으로부터 그녀를 자유롭게 한다.

앞서 등장했던 뷔페 종업원 롤라는 이러한 유예를 일종의 휴가로 묘사한다. "다른 사람들하고 매일 일하는 사람이라면, 쉬는 시간에 다른 사람과 이야기 나누고 싶지 않잖아요. 사람들 자체로부터 좀 휴가를 얻고 싶은 거죠. 머신 앞에 있으면 나한테 말대답하는 사람도 없고, 사람하고의 접촉도, 관여도, 소통도 없이, 그냥 작은 박스 하나에 화면 하나 있는 거잖아요." 롤라와 같은 기계 도박자들은 종종 자신의 직업상(부동산, 회계, 보험, 영업, 그리고 다른 서비스 분야) 요구되는 높은 수준의 사회성에 기계 놀이의 로봇적이고 반사회적인 과정에 대한 자신들의 선호를 연결시켰다. 1970년대에 사회학자 다니엘 벨은 탈산업화 사회의 경제는 공장 노동보다는 서비스 제공에 의해, 곧 기계 대 사람보다는 사람 간 교환으로 움직인다고 특징지은 바 있다.[13] 벨의 통찰력에서 한걸음 더 나아가 1980년대 알리 혹스차일드는 조립 생산 라인에서 서비스 제공으로의 전환은 육체적 노동으로부터 "서비스를 제공하는 감정적 방식이 서비스 그 자체의 일부"

---

13 Bell 1973.

인 "감정 노동"으로의 전환을 수반했다고 주장했다.[14] 육체적 기계 노동이 자신의 신체로부터의 소외 위험을 가지고 있는 반면, 감정 노동은 그들이 사회적 관계라는 시장에서 관리되고 처리되면서 자신의 감정이나 정서로부터 멀어질 위험을 가지고 있다.

보험설계사 조시도 자신의 고객들을 설득하고 안심시키는 노동에서 비슷한 종류의 감정적 소진을 경험한다. "저는 하루 종일 사람들 재무나 학자금 문제를 도와줘야 해요. 그들이 책임을 다할 수 있게 돕는 거죠. 저는 보험도 팔고, 투자 상품도 팔고, 그 사람들 돈을 제가 맡는 거잖아요. 저는 제가 팔고 있는 게 진짜라고 그 사람들이 믿을 수 있는 위치에 있어야 하거든요. 퇴근하면 저는 머신 하러 가야 돼요." 그곳에서 그녀는 자신의 직업에 수반하는 끊임없는 보험 계산 업무와 사람으로부터의 압박으로부터 휴식을 취할 수 있다. 1996년부터 네바다주 문제성 도박 위원회(Neveda Council on Problem Gambling)의 이사로 재직하고 있는 캐롤 오헤어는 과거에 기계 도박자였는데, 한 기자의 말에 따르면 그녀 역시 똑같은 휴식을 얻었다고 한다. "주간에 그녀는 컴퓨터를 사러 온 부모들에게 램의 장점이나 컴퓨터의 작업 속도를 설명하며 컴퓨터를 판매했다. 오후 다섯 시가 넘으면 그녀는 비디오 포커 머신 앞에 앉아서 포커 패를 고르고 버리는 리듬으로 자신을 치유했다."[15] 조시는 더 자세히 설명한다. "머신 앞에서 저는 안전하고 어딘가 멀리 떠나 있었어요. 아무도 나한테 말 안 걸고, 저한테 뭘 물어보지도 않고, 제가 킹 카드나 에이스 카드를 계속 가지고 있을 건지 결정하는 것 이상의 더 큰 결정을 요구하지도 않았죠." 도시 역사가 마이크 데이비스가 "탈산업화 경제의 디트로이트"라 불렀던 라스베이거스라

---

14 Hochschild 1983, 5, 11.
15 Quoted in Benston (2009).

는 도시에서, 기계가 사용자를 소외시키는 생산 수단이 되기보다는 사회적 노동의 소외로부터 사람을 구제하는 수단이 된다는 점은 공교로운 지점이 아닐 수 없다.[16]

팻시는 저소득층을 대상으로 한 네바다주 식권 배급 사무소에서 복지사로 일했던 자신의 경험을 이야기했다. "하루 종일 먹을 게 없다, 원치 않는 임신을 했다, 폭력을 당했다는 슬픈 이야기를 들어요. 근데 제가 머신에 하도 빠져 있으니까 이야기들이 귀에 안 들어오고 흘려 듣는 거죠. 저는 그냥 로봇 같았어요. '다음분이요.' 딸깍. '우편번호요?' 인간이라고 볼 수가 없었죠." 도박 기계와의 단순화되고 기계적인 교환 안에서, 그녀는 복잡하고 때로는 어떤 해결책도 없어 보이는 다른 사람의 이야기와 걱정들로부터 자신을 격리시켰다. 이러한 격리는 자신이 로봇처럼 되어 인간의 고통과 그것을 어찌할 수 없는 자신의 무능력에 휘둘리지 않는 지점까지 나아간다. "기계가 꼭 천국 같았죠." 팻시는 기억했다. "제가 기계에 대고 말할 필요도 없고, 그냥 돈만 먹여주면 되잖아요." 이러한 "먹여주기"와 그에 대한 반응의 디지털화 된 과정은 사회적 과정의 불확실성과 불가해성이 부재하는 교환의 한 형식이다.

오헤어는 기계 놀이가 그녀의 직업적 교환에서 느끼는 부담뿐 아니라 가족들 사이에서의 교환에서 오는 부담을 어떻게 덜어주었는지 이야기했다. 그녀는 한 여성이 시끄럽게 울려대는 전화기 소리, 아이들의 고함 소리, 개가 짖는 소리를 뒤로 제치고 행복한 미소를 띠고 거품 목욕을 하는 1980년대의 한 광고를 예로 들었다. 광고에서 여자는 말한다. "칼곤, 저 좀 데려가요." … 따뜻한 거품 목욕물 안으로 미끄러져 들어가듯이, 비디오 포커는 경제적으로 어려운 미혼모로서 겪는 여러 가지 삶의 절박한 요

---

16 Davis 2002.

구들을 해소시키는 해리성 거품 속으로 빠져들게 했다. 오헤어와 마찬가지로 다른 기계 도박자들도 어린 아이들을 집에다 두고 나온 경험, 유산이나 대학 등록금을 도박으로 모두 탕진한 경험, 심지어는 기계를 하며 노는 동안 자신의 이름조차 잊어버렸던 경험들을 이야기했다. "놀기 시작하면 제일 먼저 잊어버리는 게 아들이었어요." 문제를 일으키는 10대 아들을 둔 아버지가 했던 말이다.

1980년대에 중독 치료 현장에 기계 도박자들이 나타나면서, 임상가들과 연구자들은 인간 관계의 세계에서의 벗어남이라는 그들의 서사가 고프먼의 『행위는 어디에 있는가』, 지금은 고전이 된 헨리 레지외의 『추격』, 그리고 도박 중독에 관한 다른 심리학 및 사회학 저서에 묘사된 경쟁적이고 높은 지위를 추구하는 인간상에서 벗어나 있다는 점에 주목했다.[17] 레지외가 기계 도박 중독자들을 연구하기 시작했을 때 그 대상은 대부분 여성들이었다. 그들의 이야기는 "활동형 도박(action gambling)"과 그가 "회피형 도박(escape gambling)"이라 부르는 것 사이의 성별 구분을 가정하도록 이끌었다. 이에 따르면 남성은 라이브 게임(카드, 경마, 상품 거래)을 좋아하는 활동형 도박자인 반면, 여성은 기계를 선호하는 회피형 도박자다. 남성은 사교성, 경쟁, 자아 강화를 추구하는 반면, 여성은 고립과 익명성을 추구한다. 남성은 스릴과 흥분, 감각을 좇는다면 여성은 자신의 감정을 마비시키고, 고통스러운 문제를 회피하며 지나친 사람 관계에서 오는 부담으로부터 벗어나고자 한다.[18] 레지외는 회피를 추구하는 남성 도박자들, 특히 운행 중에 휴게소에서 쉬면서 비디오 포커를 하는 장거리 트럭 운전사를 만나기 시작하면서 활동형-회피형 구분에 대한 가정을 완화했다. 오히려 이러한

---

17 Goffman 1967; Lesieur 1977; Custer 1984, 35-38.
18 Lesieur 1988.

도박자들은 사회성의 과잉보다는 외로움으로 힘들어했는데, 이는 극단적 기계 놀이가 성별화된 사회적 요구로부터의 탈출이라기보다는 (사람을 괴롭히는 과잉이든 고통스러운 결핍이든) 모든 사회적 유대의 세계로부터의 탈출이라는 점을 암시했다.

앞서 등장한 슈퍼마켓, 주유소, 약국의 장면들에서 이러한 회피는 명백하게 드러난다. 외롭고 고립된 사람들로 붐비는 만큼이나 사회적으로 무거운 짐을 지고 있는 사람들도 북적이는 공간. 앞서 O.B.의 이야기에 따르면 그는 암울한 돌봄자의 역할에서 벗어나고 싶을 뿐 아니라, 소원해진 아들과의 관계나 이성 교제에 대한 갈망으로부터도 벗어나고 싶어 도박한다고 했다. 한편 록키는 가족 안에서의 고립, 친구들에게 느끼는 환멸, 사회 전체에 대한 단절감으로 도박에 빠졌다고 이야기한다. 그는 1970년대 에너지 위기 사태로 빛을 보게 된 지구과학 분야에서 성공적인 커리어를 쌓았지만, "1980년대 중반에 아랍이 금수 조치를 완화하고 원자로에서 문제가 발생하기 시작하면서 인원 감축의 대상이" 되었다. 저 멀리에 있는 지정학적 세력이 그에게 새로운 지평선을 열어주었다가 이내 갑자기 문을 닫아버렸던 것이다. 또한 그의 아내도 해고되어 아이들을 데리고 친정 부모님의 집으로 돌아갔다. 록키는 당시를 이렇게 기억한다. "저는 산산조각 났어요. 엉망진창이었죠." 그는 에너지국에 취업하기 위해 라스베이거스로 이사했지만, 얼마 지나지 않아 유카산 실험장에서 핵폐기물을 처리하는 비윤리적인 관행에 환멸을 느껴 은퇴하기로 결정했다. 그는 집에서 혼자 TV로 모니카 르윈스키 재판을 보게 되었는데, 이 경험으로 그는 "우리 사회의 도덕 규범이 정도를 벗어났구나"하는 느낌을 더욱 강하게 받았다. 그는 지역 술집에서 아침, 점심, 저녁으로 비디오 포커를 하며 시간을 보내게 되었다. 그는 사람들과의 교제를 위해 그곳에 가는 것이라고 스스로에게 되뇌었지만, 그곳에 가서 다른 사람들과 거의 대화를 나누지 않았다.

그는 기계에서 세상으로부터의 탈출구를 찾았다.

"인간 관계처럼 교환이 복잡하지 않았어요." 샤론은 자신이 애인과 어렵게 헤어졌던 과정에서 비디오 포커를 했던 자신의 경험을 이야기했다. "머신은 내 돈을 가져가고, 그럼 나는 고립과 카드 패를 만들 기회를 얻는 거죠. 상호작용은 아주 명확했고, 그 방식은 깔끔하게 정의되어 있었죠. 내가 어떤 카드를 계속 가지고 있을지 아니면 버릴지 결정하면 그걸로 끝이잖아요. 나는 오직 '예' 아니면 '아니오' 버튼 가운데 하나만 고르면 돼요. 그리고 그 버튼을 누를 때 저는 제가 필요로 하고 욕망하는 반응을 얻을 수 있으리라는 걸 알고 있었어요." 기계 도박 중독자들은 공통적으로 기계가 제공하는 복잡하지 않고 "명확"한 교환을 강조했다. 이러한 교환은 이런 저런 요구들, 의존성, 위험으로 가득 찬 다른 인간들과의 관계와는 대조되었다. 샤론은 말했다. "기계를 할 때면 다른 사람들과 있을 때와는 달리 안전하다고 느꼈어요. 이길 수도 있고, 질 수도 있겠죠. 제가 지면 그 관계는 끝나는 거죠. 그건 알고 있어요. 계약의 한 부분이니까. 그럼 이제 다시 새출발을 하면 되는 거죠." 기계 도박자들은 일종의 안전 지대에 들어간다. 그곳에서 선택은 불확실성과 그 뒷감당의 그물에 그들을 연루시키지 않는다. 디지털화된 선택은 다른 사람들과는 관계 없이 이루어지며 또 누구에게도 영향을 미치지 않는 것으로 보인다. 이러한 방식의 선택은 보험통계적 자기의 자율성을 단번에 정제해내면서 또 그것을 해체한다. 그 행동은 더 이상 자기를 극대화하는 행위이거나, 위험을 감수 또는 경쟁적인 행동이 아니라, 자기 분해적이고, 위험을 완충하는 것이며, 반사회적인 것이기 때문이다.

현금 가치의 정지

기계 도박은 관계로부터의 단절에 이르기까지 교환의 본질을 바꾸어놓음과 동시에, 사회에서 돈이 갖는 역할의 성격까지 바꾸어 놓는다. 돈은 일반적으로 타인과의 교환을 촉진하고 사회적 정체성을 성립시켜주는 기능을 하지만, 반사회적이고 격리된 도박 기계와의 접촉에 있어 돈은 타인이나 심지어 자신과도 단절시키는 화폐가 된다. 클리포드 기어츠가 도박이란 돈의 가치를 사회적 지위와 세속적 의미로 공개적으로 전환하는 것이라고 해석한 것과 달리, 기계 도박의 단독 거래는 가치의 집단적 형식을 중단시키는 수단으로 돈을 전환한다. 비록 처음에는 돈의 전통적 가치가 놀이를 시작하는 수단으로서 중요하기는 하지만, 도박 연구자 거다 리스는 "일단 게임에 들어가면 그것은 즉시 탈가치화 된다."고 이야기했다.[19] "20달러짜리 지폐를 기계에 넣으면 그건 더 이상 20달러 지폐가 아니에요. 그런 의미에서 그건 가치가 없어지는 거라고 할 수 있죠." 줄리는 1990년대의 빌 억셉터에 관해 이야기했다. "마치 토큰과 같은 거예요. 돈의 가치라는 걸 철저하게 배제하는 거죠." 또 다른 이의 말에 따르면 크레딧 플레이에서 "돈은 아무런 가치도 없고, 중요하지도 않고, 그냥 하나의 물건이에요. 제가 존 안에 들어가게 되는 거, 그게 다에요." 카트리나도 유사하게 이야기한다. "존 상태에서는 진짜 돈이라는 건 없어요. *유지되어야 하는 크레딧만 있을 뿐이에요.*"

샤론은 돈의 가치가 존의 가치로 전환된다는 점의 진실성을 인정하며, 잭팟이 나오면 그것을 돈으로 받기보다 "연장전"을 한다고 이야기한다. 잭팟은 그 돈을 받으려고 기다리는 동안 그녀의 놀이가 멈춘다는 것을, 또

◇◇◇◇◇◇

19 Reith 1999, 146.

는 기계 잔고가 얼마 남지 않았을 경우에는 직원이 와서 그녀에게 돈을 전달해 줄때까지 기다려야 함을 의미하기 때문이다. 롤라는 말한다. "이상하겠지만 이기는 게 더 실망스러운 거예요. 특히 제가 곧바로 이겨버렸을 때 말이에요." 우리가 이미 살펴본 것처럼, 너무 많이, 너무 빨리, 너무 자주 승리하는 것은 놀이의 템포를 방해하고 존의 조화로운 규칙성을 저해한다. 줄리는 설명한다. "그냥 보통의 날이라면—이기고, 지고, 이기고, 지고 하는 날이요—같은 속도를 유지하게 되죠. 근데 크게 이겨버리면 존에 머물지 못하게 돼버려요." 거다 리스는 도박에서 돈이 "그 자체로 목적이 아니라 반복적 놀이에서 지속적인 소비를 허용하는 능력으로서 가치 있는 것이다."라고 말했다.[20] 만약 일상의 경제에서 시간은 돈을 벌기 위해 사용된다면, 존의 경제 안에서 돈은 시간을 벌기 위해 사용된다. "돈 때문에 하는 게 아니에요." 줄리는 말한다. "크레딧을 위해서 하는 거죠. 크레딧이 있어야 더 길게 앉아있을 수 있고, 그게 바로 목적이죠. 승리가 문제가 아니라 계속 놀 수 있느냐의 문제인 거예요."

역설적이게도 돈이 무언가를 획득하는 수단으로서의 가치를 상실하기 위해서는 그 가치가 도박 교환에 걸려 있어야 한다. 호주의 도박 연구자 찰스 리빙스톤은 마르크스주의적으로 다음과 같이 설명한다. "그 거래에는 반드시 돈이 관여되어야 한다. 돈은 우리 시대에 있어 가장 중요한 의미를 가지고, 사회적 관계의 물질화이며 따라서 현대에 있어야 할 모든 것과 모든 사람을 연결하는 다리이기 때문이다."[21] 즉 기계 도박에서 금전적 가치 감각이 정지되는 것은 실제로 물질적 돈 자체가 부재해서가 아니라, 그 활동이 일반적이지 않은 방식으로 돈을 동원하기 때문이다. 돈은 모든

◇◇◇◇◇◇

20 Reith 2007, 42.
21 Livingstone 2005, 533.

사람과 모든 것으로부터 멀어지는 다리가 되고, 어떤 사회적·경제적 의미도 없는, 가치를 초월한 존으로 이어진다. 존에서 돈은 자기 결정권을 위한 도구로 기능하는 대신, 리빙스톤이 이야기한 것처럼, "지속적인 불확정성"을 위한 도구가 된다.

피터 아담스는 기계 도박자들이 놀이를 통해 시간과 공간의 제약, 상호주관적 시선, 자신의 죽음에 얽매임과 같은 유한성의 한계를 넘어서려고 한다고 주장함으로써 이러한 불확정성의 본질을 명확히 설명한다. 그는 존 상태가 (제한된 금전적 예산으로 구현된) 유한성, 그리고 각 스핀이나 패를 받을 때 발생하는 초월의 가능성 사이의 미묘한 긴장에서 생긴다고 주장한다. 아담스는 말했다. 존은 "정교한 균형 상태이며, [도박 기계들은] 그것을 달성하기 위한 이상적 도구이다." 기계는 도박자가 개인적, 사회적, 재정적 한계를 초월하는 상태에는 도달하지 않으면서도 그러한 초월 상태에 지속적으로 접근하도록 하는 베팅 규모와 속도를 지속적으로 재조정할 수 있도록 함으로써 존의 "정교한 균형"을 촉진한다.[22] 줄리는 일반적인 놀이 과정에서 발생하는 그러한 재조정에 대해 다음과 같이 단숨에 이야기했다.

> 제가 네 번에 걸쳐서 에이스 카드 네 장을 받았는데, 그게 한 번에 200달러짜리였고, 각각이 800크레딧이었으니까 총 800달러를 현금으로 받을 수 있는 거였거든요. 하지만 그렇게 맞을 때마다 저는 800크레딧을 200크레딧으로 낮춰요. 그리고 이렇게 말하는 거죠. "에이스 한 번만 더 맞으면 일어나야지." 그러고는 포카드를 받으면 이제 크레딧이 437크레딧이잖아요. 그러면 또 *"400까지만 가고 일어나야지."* 그리고 400에서 버튼을 또 눌러서 400 밑

◇◇◇◇◇◇
22 Adams n.d., 35.

으로 떨어져요. 그러면 "*400 밑으로 떨어졌으니까 400 될때까지만 하고 돈 빼야겠다.*"해요. 그러다 이제 300에 가까워져요. 그러면 "*300 밑으로 떨어지면 가야지.*" 그러다 더 밑으로 떨어지면 "*그냥 계속 해야겠다. 벌써 날려버릴 거 다 날려버렸잖아. 에이스 받을 때까지 하는 게 낫겠어.*" 그리고 그렇게 계속 하는 거예요….

자신이 정한 종결 시점에 도달할 때마다 줄리는 그것을 다시 설정했고, 따라서 놀이를 정지하고 현금을 인출하는 지점까지 도달하지 못한다. 크레딧이 아무리 많다 하더라도 "기계에 머무르는 시간"을 위한 토큰으로서의 그 가치는 크레딧의 시장 가치(이 가치가 처음에는, 그리고 궁극적으로는 그녀의 놀이를 위한 조건으로 기능했음에도 불구하고)를 지배한다. "장기적으로는" 리빙스톤은 말했다. 존의 "불확정성의 흐름이 결정되지만, [기계] 도박자는 즉각적인 것에 집중하고, 말하자면 버튼을 누르는 바로 그 순간에 불확정성이 지배하게 된다."[23]

돈의 확정성이 전면으로 부각되고 다시 한 번 문제가 되기 시작하는 것은 크레딧 수준이 지나치게 낮아졌을 때다. "20크레딧밖에 안 남았다, 그러면 엄청 날카로워지는 거예요." 롤라는 말한다. "긴장과 불안이 제 안에서 싹트기 시작해요. 그럴 때 제가 원하는 건 딱 하나, 계속 놀 수 있는 크레딧이 있으면 좋겠다는 거예요." 줄리도 다음과 같이 이야기한다. "게임에서 지기 시작할 때 속도가 더 빨라져요. 크레딧은 점점 더 떨어지고, 돈도 떨어져가고, 추격매수하기 시작하는 거죠." 돈의 세속적 가치-변화가 존에 침투해 들어오면서, 무긴장 상태와 분리가 추구되는 곳에 긴장과 관계성이 들어선다. "머리 한 구석에서 이게 끝나겠구나 라는 걸 알아요. 이

---

23 Livingstone 2005, 530; Adams, n.d.

제 전환이 다가오고 있구나 하는, 더이상 존의 세상이 아니라, 진짜 세상으로 간다는 걸요. 처음에 제가 회피했던 것들이 다시 제 머릿속에 하나둘씩 떠올라요."

세상만사가 그렇게 다시 돌아오더라도, 존이 결정적으로 깨지는 순간은 항상 갑작스러운 사건처럼 느껴진다. 크레딧이 전부 떨어지기 전에는 잔액이 아주 작더라 하더라도 여전히 기회는 남아있는 것이다. 정말로 모든 돈을 잃으면 그제서야 돈은 실질적인 한계이자 의존의 매개체로 되돌아온다. 리빙스톤은 말한다. "돈은 존으로 사라지지만, 돈이 없어져버리는 순간 '존'도 없어져 버린다."[24] 현실 세계의 관습적 화폐는 여전히 존에 접근하기 위한 수단이기에 돈은 스스로의 가치를 한 치의 오차도 없이 다시 내세운다.

돈의 현실 세계 가치가 존 가치에 영향을 받지 않은 상태로 남는다고 이야기하려는 것은 아니다. 랜달은 말한다. "도박이 제가 돈과 맺고 있는 관계를 바꿔놓았어요. 도박할 돈 마련하려고 기름을 아끼다보니까, 정기적으로 식료품점에도 안 가고 월마트 가서 한꺼번에 다 사려고 기다리는 거예요. 그렇게 하면 한 번 이상은 기름값 아낄 수 있잖아요. 절약하는 거죠." "기계 삶"에서 매일의 절약 행위(위기를 관리하는 자아의 책임성 있는 회계 행위)는 존의 비최대화(nonmaximizing), 자기-청산 목표에 구속된다. 로키는 말한다. "가게에서는 최대한 아껴 쓰고, 돈 모으려고 밥도 안 먹고, 할인하는 제품만 찾아요. 그러면서도 100달러를 기계에 넣고 그게 10분만에 없어지는 걸 보는 거는 아무렇지도 않은 거죠." 이자벨라도 자신의 과거를 기억하며 말한다. "돈은 도박의 수단이 돼요. 그게 전부에요. 어떤 때는 우유를 일부러 쏟아버려요. 식료품점에 가서 도박할 핑계를 찾느라

---

24 Livingstone 2005, 533.

구요." 존과 일상 세계의 경계에 갇혀버린 도박자들은 명확한 기준이 없는 가치의 영역 안에서 "절약"을 도모한다. 팻시는 자신의 놀이 과정에서 수행했던 충동적 예산 관리 의식(儀式)에 관해 이야기했다.

> 저는 돈을 구하는 것까지가 전체 과정의 한 부분이었어요. 은행에 가서 천 달러든 4백 달러든 있는 만큼 빼와요. 그냥 20달러만 뺀다든지, 43달러만 쓴다든지 이런 거는 이상하게도 못했어요. 백 단위로 써야 하는 거예요. 또 제가 좀 이상한 게 하나 더 있는데 … 만약에 제가 이기면, 5백 달러까지는 쓸 수 있는데, 또 6백 달러는 하려고 안 해요. 8백 달러를 다시 넣는 건 괜찮은데 그럼 또 어느 정도는 수중에 가지고 있어야 하고요. 금전적 부분에서 말하자면 그런 식으로 이상한 사소한 규칙들, 아무런 의미도 없는 그런 것들이 정말 많았어요.

도박이 끝나면 팻시는 앉아서 자신의 돈을 세어보곤 했다. "운전하면서 빨간 불에 멈추면 그 어두운데서 무릎위에 수백 달러를 세보고 또 세보는 거예요. 이걸로 뭐하지?" 돈은 교환 가치로부터 탈주하여 일종의 맹목적 숭배의 대상이 된다. 그녀가 위에서 이야기한 것처럼 어떤 분명한 목적을 가지고 기능하지 않는 "이상한 것"인 것이다. "진짜 돈 생각 많이 했거든요. 만지기도 많이 만지고, 계좌에 돈 확인하려고 은행에 전화도 많이 걸고, 수표가 언제 정확히 결제됐는지 시간도 확인하고, 세보고 또 세보고…. 근데 사실 진짜로 그걸 세고 있지는 않았던 거예요." 단도박 이후 그 다음해에 팻시는 체납된 세금을 납부했는데, 그녀는 "세고" 있지 않았던 6개월의 도박 기간 동안 자신의 손실 금액이 1만 달러를 넘는다는 사실을 알고는 충격을 받았다고 했다.

문화역사학자 잭슨 리어스는 자신의 책에서 미국의 도박에 관해 다음과 같은 질문을 던진다. "선택과 책임이 칭송받고 자본 축적이 의무이자 현금이 신성시되는 우리 사회에서 돈을 그저 게임에서 사용하는 패로 축소시키는 것만큼 체제전복적인 활동이 또 어디에 있겠는가?"[25] 그는 도박자들은 돈을 *위해서*가 아니라 돈을 *가지고* 노는 것이기 때문에 그들이 미국 문화 최대 정신에 도전장을 던지는 것이라 결론짓는다. 그러나 그들의 "기계 삶"이 우리에게 보여주듯, 겉으로 보기에는 돈을 포기한 듯 보이더라도 그들의 행위는 (그것이 얼마나 뒤틀린 방식이든 간에) 주류 화폐 가치 시스템 안에서 지속된다. 이는 도박자들이 금융 및 은행 관련 업무에서 사용하는 방식과 다양한 요령을 생각해보면 쉽게 드러난다. 『추격』에서 레지외는 도박 수단을 획득하기 위해 도박자가 사용하는 전문가 수준의 기법을 민족지학적으로 매우 상세하게 그려냈다. 그중에 일부는 완전히 또는 부분적으로 불법이지만, 대부분 주류 금융 기관과의 복잡한 조정 과정을 포함한다. 오늘날과 마찬가지로 도박자들은 금융 시스템 내부에서 담보 대출, 신용 카드, 은행 대출, 위자료들을 곡예부리듯 조작한다.

팻시는 말한다. "저는 매주 항상 수입이 있었어요. 꽤 됐죠. 주급 600달러에 아동수당 500달러, 남편 퇴직금까지요. 저희는 항상 신용카드 세 개를 사용했기 때문에 만약에 제가 운이 안 좋다, 그러면 카드로 썼어요." 기존의 금융 생활 방식 자원은 팻시의 충동적 도박이 가능하도록 만들었고, 때로는 그 반대의 일도 가능했다. "한 번은 제가 카드 세 개 전부 한도까지 이미 써버렸는데 잭팟이 터져서 그걸로 다 갚았어요." 이러한 재정적 분류가 보험계리적 자아의 논리를 전복시키는 것은 아니다. 오히려 그것은 그러한 논리를 강화하거나 "한도까지" 치닫게 한다. 비록 그것이 겉으로는 계산적 합리성에 반대되는 것으로 보이지만, 그것은 미국인들이 일

---

25 Lears 2003, 8; Lears, 2008.

반적으로 수행하는 여러 출처의 부채를 정리하는 일과 비슷하기도 하다. (그것은 또한 현대 자본주의의 중심에 존재하는 허가된 고액 투기 관행—주식 및 채권 교환, 파생상품 및 기타 이국적 금융 상품 거래, 헤지 펀드, 일반적 은행 거래—과도 공통점이 있다. 이러한 관행들은 현실 사회 및 경제적 제약에 관계 없이 "장난칠" 수 있는, 자유롭게 유동하는 일종의 토큰으로 돈을 취급하며, 종종 모든 가치관을 왜곡할 정도로 아찔한 부의 변동을 일으킨다.)

비록 도박 중독자들이 돈을 다루는 방식이 일상적인 가치 시스템 작동을 깔끔하게 포기하지도 또는 되풀이하지도 않지만, 그것은 불만과 모순을 전면에 내세우는 방식으로 그 체계를 변경한다. 이 지점에서 앞서 조시가 했던 이야기를 다시 살펴볼 필요가 있다. "저는 하루 종일 사람들 재무나 학자금 문제를 도와줘야 해요. 그들이 책임을 다할 수 있게 돕는 거죠. 저는 보험도 팔고, 투자 상품도 팔고, 그 사람들 돈을 제가 맡는 거잖아요. 저는 제가 팔고 있는 게 진짜라고 그 사람들이 믿을 수 있는 위치에 있어야 하거든요. 퇴근하면 저는 머신 하러 가야 돼요." 매일같이 그녀는 다른 사람들에게 미래 손실에 어떻게 대비하는 것이 가장 좋은지에 대해 조언하지만, 그녀가 자신이 판매하고 있는 것을 별로 신뢰하지 않는다는 느낌을 준다. 마치 생명이나 투자와 관련해 보험 산업이 설정한 위험 수준이 명시된 것보다는 항상 더욱 불안정하다는 점에 대한 그녀의 인식이 개인적 수준에서 더욱 큰 재정적 위험을 감수하도록 만드는 것처럼 보인다. 그녀의 도박은 보험의 계산적 논리와 그것을 뒷받침하는 금전적 가치를 이용하면서도 동시에 거부한다. 그녀는 말했다. "도박 이전의 삶에서 돈은 거의 신과 같은 존재였어요. 돈을 너무나 원했죠. 하지만 도박을 하고 나니 돈은 가치도 없고 중요하지도 않고, 그냥 하나의 사물에 불과한 거예요. 저를 존에 들어갈 수 있게 해주는 거, 그게 다에요. … 가치가 완전히 사라질 때까지 가치를 잃어버려요. 존은 예외에요. 존이 바로 신이죠."

시계 시간의 정지

시간이라는 요소는 도박 중독자가 기계 놀이를 통해 재평가하는 계산적 자아의 또 다른 자원이다. 다시 한 번, 그것은 시간의 세속적 가치가 완전히 다른 가치를 띠게 되는 지점까지 정제됨으로써 발생한다. 리빙스톤은 말했다. "시간은 문제성 도박자의 기본적 통화(currency)가 되기 위해 정산된다. 그것은 아마도 가장 중요하면서도 의미 있는 통화일 것이다. 그러나 그러한 시간은 세션 기간 중에 생략되어 버린다. 그것은 사회적으로 인식 가능한 형태로 존재하기를 그만둔다."[26] 도박 중독자들은 기계에서 17시간 아니면 심지어 주말 내내 머물면서 게임할 수 있지만, 그렇게 장시간 이어지는 (그들의 표현에 따르면) "시계 시간"은 "더이상 중요하지 않음", "가만히 있음", "사라짐", "상실됨" 등으로 측정된다. 랜달은 말했다. "오후에 퇴근하면 [25센트짜리 동전] 한 묶음만 해야지 생각해요. 하지만 곧 멍한 상태가 되어 버리고 나중에 시계를 보면 출근 두 시간 전인 거예요. 몇 시간 동안이나 거의 필름이 끊긴 상태에서 도박을 한 거죠."

기계 존의 시간은 크로노스의 질서(들뢰즈와 가타리의 설명에 따르면 이는 "사물과 사람을 위치짓고 형태를 발전시키며 주체를 결정하는 측정의 시간")에서 벗어난다. 그 대신 시간은 "상대적 빠름과 느림"으로 측정되는 "사건의 무한한 시간"을 따라 "다른 모드에서 시간이 상정하는 크로노미터적 또는 연대기적 가치와 별개로" 진행한다.[27] 칙센트미하이는 이와 유사하게 몰입활동 중에는 시간이 역으로 그 사람의 경험에 "스스로를 적응시키는" 것으로 보이며, "그 활동이 지배하는 리듬에 의해 밤이나 낮과 같은 외부 사건

---

26 Livingstone 2005, 527.
27 Deleuze and Guattari 1987, 262.

이나 시계의 질서정연한 진행을 토대로 측정하는 객관적이고 외부적인 지속 시간과는 무관한 상태가 된다."고 말했다. 몰입 활동은 "시간이라는 폭군으로부터 자유"를 달성하며 자기 자신만의 속도를 드러낸다.[28] 거다 리스는 카지노에 시계가 없는 특징을 이야기하면서 "시계는 인간 관계와 그 주변의 흐름에 질서를 부여하는 객관적이면서도 공유된 시간 합의의 지표이다."라고 말했다. 글을 계속 이어진다. "시간이 부재하는 카지노의 공허함 안에서 게임의 길이(또는 놀이의 속도)는 도박자의 시간 척도가 되어 그들만의 내적 '시계'를 구성한다."[29] 돈과 마찬가지로 존에서의 시간은 기계 놀이의 리듬에 맞춰 그 가치가 전환되는 일종의 크레딧이다. 도박자들은 *시간의 소비, 확보, 낭비*에 대해 이야기한다. 랜달은 자신의 비디오 포커와 레이싱카 운전이 현상학적으로 유사하다는 점에 주목하며 두 활동 모두 자신이 시간을 "구부러뜨리는" 것처럼 만든다고 말했다. "다른 시간 프레임으로 들어가요. 슬로우모션처럼요. … 그건 완전히 다른 시간 영역이에요."

도박자들은 존이 진행되는 가운데 "지속적 불확정성"을 유지하기 위해 충분한 현금 크레딧을 가지고 있어야 하는 것처럼 충분한 시간적 크레딧 또한 보유해야 한다. 교대 근무로 출근해야 한다든지, 예약된 병원을 방문한다든지, 학교에서 아이를 데리고 와야 한다는 이유로 시간이 너무 짧다면 현실이 존에 지장을 줄 것이다. 아래 줄리의 인용문에서 나타나는 것처럼 시간이 "바닥나기" 시작하면 이용자들은 그것으로부터 더욱 더 많은 놀이를 뽑아내기를 원한다. 기존에 설정한 목표에 도달할 때마다 새롭게 크레딧 목표를 재설정해 존을 확장하는 것과 같은 방식으로, 그녀는 지속

⋄⋄⋄⋄⋄⋄

28 Csikszentmihalyi 1994, 66, 67.
29 Reith 1999, 124, 122.

적으로 놀이의 종료 시점을 재설정하며 존 시간을 확장한다.

> 일어나야 할 시간이 다가오면 제가 회피하던 일들이 다시 머릿속에 떠올라 와글대기 시작해요. 그럼 저는 합리화하는 저 자신을 발견해요. *뭐, 꼭 오늘 해야되는 건 아니잖아.* … 그리고는 종업원한테 기계 좀 맡아달라고 얘기하고 공중전화로 뛰어가서 시간을 더 버는 거예요. 그리고는 돌아와서 계속 게임하고. 이제 세 시간이 더 있는 거죠. 그리고선 이제 그 세 시간도 다 되간다, 그러면 생각해요. *다른 약속들 취소한다고 전화하려면 전화비를 아껴야 돼.* … 어떻게 하면 약속들 조정해서 거기 계속 있을까 생각하는 거예요. *어떻게하면 절약할까 하고요.*

그녀의 놀이를 위협하는 긴장의 간극에서 줄리는 시계 시간과 존 시간이라는 두 가지 시간의 기록을 동시에 생각한다. 어떻게 하면 시계 시간을 존 시간으로 늘릴 수 있는가? 또는 위에서 그녀가 이야기한 것처럼, 어떻게 절약할 것인가? 존의 가장자리에서 줄리는 시계 시간을 비우고 더 많은 존 시간을 살 수 있는 전화 통화 비용을 충당하기 위해 "아껴야" 하는 동전을 염두에 두어야 한다. (우리는 다시 한 번 존이 경제 시장 계산법을 완전히 상실하는 것은 아니라는 것을 알 수 있다. 실제 돈이 존 시간을 구매할 수 있는 시계 시간을 구매하기 때문이다.)

더이상 시간을 구매할 수도 없고 현실의 요구들이 그녀를 압박하면 줄리는 크레딧이 위험 수준으로 낮아질 때 그런 것처럼 속도에 의지하게 된다. "제가 정말 어디는 꼭 가야된다 그러면 자리에서 일어나기 전에 할 수 있는 한 최대한으로 놀아야 되는 거죠. 추격매수를 시작하는 거예요. 더, 더 빨리 놀아요. 어떡해, *15분밖에 시간 안 남았잖아, 이제 10분….*" 자신이 시간을 "시간을 구부러뜨"릴 수 있다고 느끼는 랜달처럼 줄리는 놀이

3부 중독

의 "사건 빈도"를 늘림으로써 도박 시간의 경험을 강화할 수 있다고 믿는다. 그녀는 놀이 사건들 사이에 지연이나 중단이 적어질수록 더 많은 것이 발생할 수 있다고 추론하는 것으로 보인다.[30] 존 안에서 그녀는 시계에 의해 움직이는 것보다 사건에 의해 움직이는 것으로 시간을 체험한다.

더 광범위한 사회역사적 맥락에서 사건에 의해 움직이는 시간을 이해하려면 20세기 중반 제조 기술에 관한 월터 벤야민의 분석을 생각해보는 것이 도움이 될 것이다. 그는 조립 라인 노동과 도박의 일시적 시간성을 비교했다. 두 활동 모두 "그것이 정확한 반복이라는 바로 그 이유로 선행 작업과 아무런 관련성도 없는" 지속적인 일련의 반복 사건을 포함한다.[31] 그는 공장 작업에 대해 다음과 같이 말했다. "기계에서의 각 작업은 확률 게임에서 큰 승리가 그 이전의 사건으로부터 분리된 것과 같이 선행하는 작업으로부터 차단되어 있다. … 임금 노동에서 그러한 것처럼 처음부터 완전히 다시 시작된다는 것은 게임의 규정된 사고방식이다." 여기에서 "처음부터 완전히 다시 시작된다는 것," 그 이전의 모든 시작들과 불연속적인 끊임없는 시작은 각 노동 행위 또는 놀이 행위가 "시간을 벗어난" 비연대기적 사건으로 체험된다는 것을 의미한다. 제작 공정은 정확하게 측정되고 분할될 수 있도록 시계에 의존했음에도 불구하고, 바로 그 측정과 분할의 방식은 그 순간들을 다른 순간들로부터 "차단"함으로써 시간을 지워버렸다. 또한 벤야민은 각 도박 "순간"이 나머지들로부터 분리되면서─"다음 칸으로 굴러들어가는 구슬, 맨 위에 놓여있는 다음 카드"─도박자들이 일반적인 시간 흐름에서 제거된다고 주장했다.

벤야민은 도박이 시간을 단절된 일련의 사건으로 변화시킴으로써 시간

◇◇◇◇◇◇◇

30 Ibid., 140.
31 Benjamin 1968 [1939], 178-79n11.

을 비연대기화(dechronologize)하는 방식에 집중했다면, 고프먼의 후기 분석은 행위와 성과가 단 하나의 순간으로 압축되는 도박 사건들 자체의 일시성에 초점을 맞췄다. "일단 내기가 수행되면 *그 결과의 확정과 그에 대한 보상이 거의 동시에 주어진다는 것이* 게임과 경쟁의 독특한 특성이다."[32] 오늘날 기계 도박은 불확실성의 시간 범위를 더욱 축소하여 버튼을 빠르게 누름과 함께 베팅 사건을 즉시 결정한다. 호주 도박 연구자 제니퍼 보렐이 이야기한 것처럼, "빠른 속도로 이어지는 기대와 완성이라는 사건들의 연속"은 불확실한 미래를 계속해서 현재로 무너뜨린다.[33] 기계 도박자들은 잉여 순간들이 기술적으로 주입된 것으로 시간을 체험하며, 자신이 얼마나 빨리 또는 느리게 게임하느냐에 따라 그 과정을 바꿀 수 있다고 느낀다.

화폐에서 그러한 것처럼 기계 존의 시간 탄력화는 현대의 사회 및 경제적 삶의 핵심 요소를 정제한다. "시간은 돈이다." "시간이 부족하다." "인생은 너무나 짧다"와 같은 클리셰는 기계 도박이 하나의 사례가 되는 어떤 현상을 포착하는데, 그것은 자본주의가 점점 더 빠른 속도로 작동한다는 것이다. E. P. 톰슨은 산업 사회로의 전환에 수반되는 새로운 시간 관계에 관해 이야기했다. 이러한 사회에서 노동 관습은 시간이 흘러 지나가는 것이 아니라 화폐와 같이 소비되는 것이라는 점에서 재구성된다. 그는 "기술적 조건화 안에서의 시간 감각"에 관심이 있었다.[34] 그의 저술 이후 디지털 정보, 의사소통, 교통기술의 발전은 이전 시대에서라면 상상도 할 수 없을 정도로 생산, 여행, 소비, 금융 거래를 가속화했다. 디지털 기술은 영원한 순간들을 서비스 기반 금융 노동, 미디어와 유흥, 사적인 삶으로 포장

---

32 Goffman 1967, 156.
33 Borrell 2008, 213.
34 Thompson 1967.

함으로써 시간을 "압축"했다.[35] 그러한 조건들 아래 보험계리적 자아는 또한 시간을 최대화하는 자아(time-maximizing self)여야만 한다. 그는 빠른 속도를 유지해야만 하며, 속도를 유지하지 못하면 자신이 되어야 할 진취적인 존재가 되지 못하고 말하자면 "시간 뒤로" 추락한다. 혹자는 기계 도박 산업이 이와 같은 명령의 왜곡된 형태를 도박자들에게 공급함으로써 (그들 중 일부는 중독이라는 대가를 치르는 방식으로 반응한다) 수익을 본다고 이야기할 수도 있을 것이다. 그들이 어떠한 존재든 간에 심각한 기계 도박자들은 지속적으로 빠르게 행동하라는 이 명령을 구현해내는 개인들이다. 이처럼 그들은 속도에 대한 광범위한 사회적 가치 평가의 만연함과 실존적 위험을 동시에 드러낸다.

현실 세계의 시간적 경향이 존 안에서, 그리고 존에 대한 도박자의 중독에서 자신을 드러낸다면, 기술적으로 가속화된 머신 존의 시간성이 도박자들의 현실 세계 시간 경험에 침투하고 그것을 포화시키는 것 또한 사실이다. 샤론은 다음과 같이 강조한다. "비단 제가 게임할 때뿐만이 아니라 일반적으로 시간이 많이 왜곡돼요. 시간을 아주 쉽게 조작할 수 있다고, 작은 시간 단위에서 제가 실제로 할 수 있는 것보다 더 많이 확보할 수 있다고 느껴요. 그러니까 카지노 가면서 식료품점 가고, 거기 있으면서 핸드폰으로 병원 예약 하고, 또 집에 오면서 필요했던 구두끈 사오고…. 제가 하는 모든 게 도박에 관련되게 돼요." 레지외가 이야기한 것처럼, "[도박자가] 자신의 총체적 상황을 돌아볼 때 수지를 맞춰가는 과정이 그가 생각하는 전부이다. 따라서 그는 각각의 즉각적 상황과 자신이 수행할 다음 베팅에 집중한다. *시간 범위는 짧은 주기의 추격과 자신이 속한 구체*

---

35 Harvey 1989; Giddens 1990; Virillio 1995; Castells 1996; Wacjman 2008.

적 사건으로 축소된다."³⁶

팻시는 말했다. "일에 점점 더 늦고, 늦고, 또 늦어지는 거예요. 쉬는 시간이면 상사한테 물어봐요. 은행 갔다와도 될까요? 그러면서 벌써 문 밖으로 나와 있어요. 제 시간 감각이 완전히 바깥쪽에 있어요. 그냥 계속 감겨들어가는 거예요. 로열[플러쉬]로 이겨도 종업원들이 와서 지급해 줄 동안 기다려야 되니까 시한폭탄처럼 째깍거리면서 화가 나요. 제가 다시 회사 가면 다른 직원들이 이렇게 시계 보잖아요. 그럼 생각하는 거예요. *시계 뭐하러 보는데? 남 일에 신경 꺼.*" 팻시는 기회가 있을 때마다 시계 시간을 탈출하려고 했고 그렇게 그녀는 자신이 거의 시계 자체가 되어버렸다. 그녀는 "감겨들어" 갔다. 그녀는 잭팟 보상금을 기다리는 동안 시계가 가는 것처럼 "째깍"거렸다. 다시 직장에 복귀했을 때 화가 난 동료 직원들은 날카롭게 시계를 쳐다봤다. 이 장 서두에서 인용된 그녀의 말을 다시 생각해보자. "게임 안 할 때는 저의 전 존재가 그 존으로 다시 들어가는 쪽을 향해 있었어요. *그건 기계 삶이었어요.*"

기계 삶

기계로 움직이는 조립 라인과 확률 게임에 대한 비교에서 벤야민은 팻시가 이야기한 기계 삶의 초기 윤곽을 포착했다. 그는 말했다. "확률 게임 참여자들이 자신을 내맡기는 이 기제는 그들의 신체와 영혼을 사로잡고, 심지어는 그들의 사적 영역까지도 장악한다. … 그들은 오직 반사작용만 할 수 있을 뿐이다. … 자신의 기억을 완전히 제거해버린 그들은 … 로봇

∞∞∞∞∞
36 Lesieur 1977, 14, emphasis mine.

으로서 살아간다."[37] 그 사용자를 사로잡고 그들의 경험을 제거해버리는 "기제"로 도박을 묘사한 벤야민의 설명은 오늘날 기계 도박자들의 서사와 공명하는 측면이 있다. 팻시는 말했다. "저는 좀비처럼 다녔어요. 뭔가 행동을 다 하긴 하는데 진짜로 살아있는 건 아니었어요. 다시 기계로 돌아가려고 온 생각이 한 데 쏠려있고 엄청난 터널 비전에 빠져있었거든요." 샤론도 비슷하게 이야기한다. "일어나면 하루 전체가 집에서 나와서 도박하는 걸 중심으로 짜여지는 거예요. 밤에는 꿈에 기계가 나오구요. 카드가 뒤집어지는 거, 전체 화면이 다 보여요. 어떤 카드를 계속 유지할지 아니면 버릴지 계속 결정하면서 노는 거예요."

샤론의 이야기에서 게임 인터페이스는 그녀가 깨어있는 동안의 삶뿐만 아니라 순간마다 "결정"이 이어지는 끝없는 흐름으로 그녀의 꿈속까지 구조화한다. 이 장에서 이제까지 논의한 것처럼 기계 도박을 구성하는 기술적으로 매개된 작은 결정들, 그리고 보험계리적 자아가 자유시장 사회에서 직면하는 끊임없이 확산되는 선택, 결정, 위험들 사이에는 복잡한 관계가 존재한다. 기계 도박은 선택의 폭을 좁혀 제한된 규칙의 세계로, 곧 하나의 공식으로 축소시킨다. 기계 도박 활동은 선택을 배가시키기는 하지만, "선택"이 부재한 상황에서 펼쳐지는 반복적 행위의 자기해체적 흐름으로 디지털을 활용해 그 행위를 재형성한다. 이러한 의미에서 도박 중독자들은 선택 너머에 존재하는 것이 아니다. 머신에 의해 형성된 그 선택 자체가 그들의 충동에 있어 매개체가 되는 것이다.

샤론은 말했다. "저는 *결말이 어떻게 될지 아는 상황에서* 뭔가 깔끔하게 결정내리는 거에 중독됐던 것 같아요." 이 책의 서두에서 인용되었던 그녀의 말을 다시 한 번 살펴보자. "대부분 사람들이 도박을 순수한 운으로

◇◇◇◇◇◇
37 Benjamin 1968 [1939], 155-200.

정의하잖아요. 결과는 모르는 거라고요. 그런데 머신을 하다 보면, 결과는 뻔해요: 게임에서 이기거나 지거나 둘 중에 하나겠죠. … 그러니까 사실 그건 도박이 아니에요. 오히려 기계 도박은 내가 뭔가에 대해서 확신할 수 있는 몇 안 되는 공간 가운데 하나에요." 심리학자 클리멘스 프랑스는 1902년 자신의 에세이 『도박 충동』에서 모든 도박의 기저에 있는 "안전을 보증하는 확고한 신념에 대한 열망"을 이야기한 바 있다.

> *불확실한 상태는 열망되고 그에 진입하게 되지만 항상 그 종결이 마음 속에 남아있다. 사실 확실성을 믿고자하는 열망은 너무나 강렬해서 자신의 안전을 시험하기 위해 계속해서 불확실성에 들어가도록 강요된다. … 그러므로 역설적으로 들릴지 모르겠지만 도박은 확실하고 분명한 것(예: 확실성에 대한 감각)을 위한 투쟁이다. 단지 불확실성에 대한 열망은 아니다.*[38]

도박자의 "확실하고 분명한 것을 위한 투쟁"—또는 고프먼이 이야기한 것처럼 "불확실한 결과의 확실하고도 빠른 해결"—은 기계 도박 기술에 의해 더 심해진다.[39] 이어지는 두 개의 장에서 도박자들이 계속 이야기하는 바와 같이 그들이 추구하는 것은 그들이 사회적, 재정적, 개인적 삶에서 경험하는 불안정을 없애주는 믿음, 안전, 정서적 고요함의 존이다. 현대 자본주의와 서비스 경제의 중심이 되는 삶의 측면들—개인간 경쟁적 교환, 교환의 주요 상징 또는 형식으로서의 돈, 그것이 수행되는 또는 그 가치가 평가되는 현실의 시장 기반 체제—은 기계 도박 안에서 유보된다. 기계 도박 활동은 이러한 삶의 측면들을 그 기본적 형식(즉 위험을 기반으로

---

38 France 1902, 397, emphasis mine.
39 Goffman 1961, 261.

한 상호작용, 보험계리적인 경제적 사고, 그리고 압축적이면서도 탄력적 시간)으로 정제하며, 그러한 형식을 하나의 행위 과정에, 곧 자기-기업을 위한 도구로서의 기능을 중단시키고 그 대신 지속적 놀이를 위한 수단으로 기능하는 방식으로 형성된 행위에 적용한다. 티지아나 테라노바가 그와 유사한 현상에 대해 기술한 것과 같이 정제와 유보의 과정은 "후기 자본주의에 총체적으로 내재된 돌연변이"에 해당한다. "널리 퍼진 문화경제적 논리의 단절이라기보다는 강화, 즉 돌연변이이다."[40]

이 돌연변이에서 보험계리적 명령의 유보는 절대로 완벽하게 완수되지 않는다. 이러한 불완전성은 도박자들이 도박하는 동안 직면하는 "선택"에 대한 그들의 양면적 표현에서 드러나는데, 그들은 선택을 해방적이면서도 덫에 걸린 것으로, 전멸시키는 것이면서도 어떤 권능을 부여하는 것으로, 재확신을 주면서도 악마적인 것으로 이야기한다. 뷔페 종업원 롤라는 "기계에서 쉰다"고 이야기하면서도 나중에는 비디오 포커가 자신의 관심을 "낚아채고", "붙잡고", "사로잡"으며 쉬지않고 카드를 선택하라고 명령하는 하나의 흐름이라고 설명한다. 줄리도 이렇게 이야기한다. "스크린에 집중하는 것 말고는 선택권이 없어요. 어떤 카드를 가지고 있기로 선택할지, 아니면 어떤 카드를 버리기로 선택할지 그거 이외에는 아무것도 생각할 수가 없어요." 도박 중독자는 존에서 자신의 일상에서 직면하는 일련의 선택들에서 벗어나고자 노력하지만 여전히 진취적 자아라는 곤란한 처지에서 벗어나지 못한다.

◇◇◇◇◇◇
40 Terranova 2000, 54.

8장
쾌락을 넘어서
추격매수, 탕진을 향한 놀이

매일 아침에 휴대용 비디오 포커 게임으로 눈을 떠요. 그게 제 하루의 리듬을 정해주는 거죠. 일어나면서 일단 그걸 손에 잡고 게임 세 판 해요. 세 판 했는데 두 번 이겼다, 그러면 럭키(슈퍼마켓)에 가서 게임 해야돼요. 아침마다 일하러 갈 건지 게임하러 갈 건지 정하려고 그놈의 게임하고 있는 저 스스로를 보면 저도 한심해요. 이게 중요한 문제라고 저 자신을 세뇌하다시피 했지만 사실은 어쨌든지 간에 게임 하러 가는 거예요. 하루는 그걸 주차장에서 담벼락에 대고 던져버렸어요. 다시 차를 몰고 가보니까 그대로 거기 있더라구요. 그 빌어먹을 게임도 계속 켜져 있구요. 진짜 그만해야 되나 싶었어요. 그래서 다른 사람한테 선물로 주겠다면서 줘버렸어요. 근데 이게 웬걸? 다른 사람이 또 내 생일 선물이라면서 사 주는 거예요…. 그것도 다른 사람 줘 버렸죠. 어떻게든 조절을 좀 해볼라고 그렇게 바보같은 짓들 하면서 노력하는데, 결국은 소용 없어요. — 랜달

도박자들의 이야기에서 조절의 장소는 보통 일정하지 않다. 롤라는 "조절을 해"보려고 비디오 포커를 한다고 이야기했다. 하지만 잠시 뒤 그녀는 어떤 모순점도 느끼지 못하고 자신이 스스로 결정하는 능력이 없는 로봇이면 좋겠다고 털어놓았다. 위 인용문에서 랜달은 자신의 하루를 "정하려고" 비디오 포커 머신을 했다고 이야기한다. 그러면서도 그는 자신의 노력을 좌절시킨 기묘한 게임의 존속에도 불구하고 자신이 게임을 "그만해야 되나 싶었"다고 말한다. 충동적 도박자들의 서사에서 이러한 역설은 반복적으로 발생한다. 즉 그들은 통제력을 찾으려고 하는 동시에 그것으로부터 벗어나려고 한다. 일종의 역동적 긴장 상태에 있는 이 두 가지 욕동은 도박 기계와의 교환 과정에서 자신을 드러낸다.

이 책의 전반부에서 살펴본 것처럼 조절 기회는 도박 기계 안에 옵션, 선택, 여러 "정전식" 기능들로 내장되어 있다. 우리는 또한 이러한 조절의 반복적이고 가속화된 수행은 통제력이 사라지는 일종의 흡수 상태로 이어질 수 있음을 보았다. 이러한 사라짐은 부분적으로는 삶에 수반되는 여러 사건들, 어려움들, "해결하기 어려운 것들(우발적 사건들)"로부터 인지적·심리적으로 사실상 자유로운 상태를 마법과 같이 만들어낼 수 있는 기계의 역량에 기인한다. 그러나 도박자들도 통제력이 허비되어 버리는 그 과정과 마법에 함께 협력한다. 이 장은 그들이 어떻게 그렇게 하는지, 그리고 왜 그들이 그것을 그토록 끈질기게 지속하는지를 살펴볼 것이다.

앞서 랜달의 서사에서 나타나는 것처럼 도박 중독자들의 생애사는 굴곡진 통제력의 사연들로 가득차 있다. 그들은 조절을 하다가도 조절 밖으로 벗어났다가 다시 굴복한다. 그들은 통제력을 획득했다가도 그것을 상실하고, 다시 통제력을 얻고자 노력하다가 그것으로부터 벗어나려고 한다. 이러한 우여곡절 가운데 우리는 도박자들이 도박 기계와의 충동적 관계 안에서 결탁한 심리적 실체, 곧 무엇이 그들을 존으로 향해 가도록 하는 경향이 있는지, 그리고 우리가 앞서 살펴본 외부 기술적 장치가 그에 딱 맞아 들어가면서 나란히 작동한다는 것을 포착해낼 수 있다. 도박 중독자의 삶에서 (그리고 그들의 기계 놀이에서) 작동하는 조절과 상실의 역동은 때로 아주 극단적이다. 그러나 이러한 역동은 단순이 병리학과 관련된 감성을 표현하는 것은 아니다. 왜냐하면 그 역동들은 기계 도박의 전형적 과정과 경향을 더 일반적으로 보여주는 것이기 때문이다.

이사벨라의 이야기

트리메리디언 문제성 도박 클리닉의 저녁 치료 집단 모임 시작을 몇 분 앞두고 한 신입 회원이 들어와 자리에 앉았다. 이사벨라는 38세라는 자신의 나이보다 더 어려보였고 창백한 안색에 청바지와 스웨트셔츠를 입은 마른 체격의 여성이었다. 고무줄로 금발의 머리를 질끈 동여맨 그녀는 안경을 끼고 화장기 없는 맨 얼굴이었다. 그녀는 다른 사람들과 약간의 거리를 두고 탁자에서 다소 떨어진 의자에 앉아 자리를 잡았다. 다리와 양 팔을 꼬고 앉은 그녀는 무슨 생각을 하는지 알 수 없는 무심한 표정이었다.

그날은 이사벨라가 모임에 처음으로 참석한 날이었기에 상담사는 그녀에게 자기 소개를 부탁했다. 그녀는 자신을 소개하며 흔들림없는 눈빛으로 사람들을 바라보았고, 이야기를 전달하는 동시에 스스로의 언어를 편집하는 것처럼 문장과 문장을 재단하듯 이야기했다. 그녀는 자신이 프리랜서 보험설계사로 일하고 있으며 그녀의 어린 아들, 경도 지체장애인 여동생, 여동생의 어린 자녀, 그리고 5년 전 그녀가 입양한 15세의 딸과 함께 살고 있다고 했다. 그들은 모두 경제적으로 이사벨라에게 의존하고 있는 상태였다. 그녀가 말을 이어나갈수록 그녀의 목소리는 내용의 솔직함과는 어울리지 않는 방어적인 기미를 보였다.

2주일 후 이사벨라는 집단 모임에 나오지 않았다. 추수감사절에 예고도 없이 그녀의 차는 압류되었고 집밖에 나가거나 일도 할 수 없게 되어버린 그녀는 복지 서비스를 신청할 수밖에 없었다. 나는 그 다음 달에 라스베이거스 북서쪽 서민층이 주로 거주하는 지역에 위치한 침실 세 개짜리 그녀의 집에서 이사벨라와 이야기를 나누었다. 그녀에게 어떻게 도박을 시작하게 되었는지 묻자, 그녀는 아들을 이동식 아기 침대에 눕히고는 침실로 들어갔다. 예전에 트리메리디언 치료 집단에서 과제로 작성했던 자서전 묶음을 가져오기 위해서였다. 그녀는 수기로 작성한 다섯 장의 종이를 나에게 건네며 말했다. "제가 말씀드릴 수 있는 이야기는 여기 이미 그대로 적혀 있어요."[1]

우리 넷은 모두 서로 다른 주에서 태어났다. 내가 어렸을 때는 루이지애나 주에서 살았다. 우리는 참담할 정도로 가난했다. 아버지는 떠돌이 용접사로 한 주에 20에서 30달러를 벌었고 우리는 빈곤하게 살았다. 더럽고 벌레가 들끓으며 불성실함, 나태와 우울로 가득찬, 글로 표현하기 어려운 그러한 가난함. 하지만 우리는 좀 더 높은 곳으로 올라갈 수 있기를 바랐다. 나의 유년기는 그렇게 모순적이었다.

아버지는 내가 아는 사람 가운데 가장 똑똑한 사람이었지만 감정에 있어서는 무지했다. 아버지는 알코올 중독자였고 가능한 한 집에서 멀리 떨어져 지냈다. 또 아버지는 폭력적인 사람이었고 두들겨 맞는 건 일상이었

---

1 이사벨라의 허락을 받아 그녀가 수기로 작성한 자전적 이야기를 여기에 그대로 싣는다.

다. 우리는 아버지의 것, 그의 소유물이었고 아버지는 우리에게 뭐든 원하는대로 할 수 있었다. 열여섯 살 때 아버지가 나를 무릎 위에 앉혀 놓고 프렌치 키스를 하려했던 게 생각난다. 아버지가 나에게 접근하지 못하도록 하는 법을 터득하게 됐지만 그 후 제일 힘들었던 건 아버지가 스스로를 방어할 수 없는 나의 언니 D를 건드리기 시작했다는 것이었다. 아버지는 약한 사람들을 좋아했고 강한 사람이더라도 그를 취약한 상태로 만드는 일을 즐겼다. 그에겐 그게 다였을 뿐이라는 생각을 하면 아직도 화가 치밀어 오른다. 내게 벌어진 일들의 실체를 알만큼 그리고 그에 대해 목소리를 낼 수 있을 정도로 나이 먹었을 즈음 나는 어떤 식으로든 나에게 가까이 침투해 들어오는 모든 인간 존재들을 차단시켜버렸다.

나는 실패해서는 안 된다고 생각했지만 어떤 일을 계획하면 언제나 실패했다. 그때마다 나는 가치없는 사람이라고 느꼈으며 그것은 그 뒤에 올 또 다른 실패의 토대가 되었다. 열일곱 살에 나는 대학에 가기 위해 떠났다. 처음에는 잘 해냈지만, 곧 술에 취해 해변가에서 흥청망청 놀았다. 장학금은 끊겨버렸고 대학을 그만둔 뒤 보험회사에서 일하기 시작했다. 거기서 남편을 만났다. 그는 경쟁에서 나를 이긴 유일한 사람이었고 그래서 나는 그와 결혼하기로 결심했다. 그를 설득하는 데 2년이 걸렸다. 그는 안정적인 사람이었고 돈 관리를 잘 했으며 미래가 있는 사람이었기에 나는 그를 선택했다. 그는 다른 주에 있는 회사에서 일자리 제안을 받았는데 "같이 가든가 아님 여기 있어도 돼. *나는 상관 없어.*"라고 말했다. 나는 그를 따라갔다. 현실에서 우리는 서로 사랑하지 않았다. 우리의 관계는 어떤 지루한 연합 같은 것이었고 시간이 갈수록 서로에게 무관심해졌다.

우리는 베이거스로 이사했고 그는 바텐더로 일했다. 수많은 여자들과 코카인 사이에서 남편은 자신의 지루함에서 벗어날 길을 찾았다. 나는 도박에서 그 길을 찾았다. 그것은 또한 복수이자 의도적 괴롭힘이었다. 나는 내가 도박으로 얼마를 날려버렸는지를 이야기하며 엄청난 고통과 쾌락을 동시에 느꼈다. 그런 행위가 그이로부터 유일한 감정을 이끌어냈다. 그는 대단히 무미건조한데다 어떤 이유로든 감정을 드러내보이지 않았고, 그저 리모콘만 손에 쥐고 TV앞에서 앉아있는 사람이었다. 하지만 그는 내가 도박한다는 것은 두려워했던 것이다. 손실액은 점점 커져서 한 달에 2천에서 4천 달러까지 점점 더 늘어갔다. 삶은 너무나 피폐해졌다. 그는 내가 그랬던 것처럼 별 감정 없이 나와 이혼했다. 우리 둘 모두에게 정말로 쓸모 없이 허비한 6년의 시간이었다.

이혼 후 나는 뭔가 앙갚음을 해야겠다고 느꼈다. 나는 과거에 누군가 다른 사람을 해치거나 학대한 적이 있다고 생각되는 모든 남자와 잠을 잤다. 섹스는 내가 통제를 위해 사용하는 어떤 것으로 변해버렸다. 나는 그들과 감정적으로 엮이지는 않았고 그들은 그런 여성들에게 빠지는 타입인 듯했다. 나는 혼자서 먹고 살 수 있는 능력이 있었고 내면에는 분노를 가지고 있으면서 지적인 사람이었다. 딱 한 명만 빼고 나는 상대방을 내 맘대로 조종했으며 상대방이 결국엔 눈물을 보일 때까지 그렇게 했다. 나는 그렇게 할 수 있다는 것이 너무나 좋았다. 그건 일종의 권력이었던 것이다. 또한 나의 모든 친절함과 공감은 거의 사라진 상태여서 나는 심술궂고 대하기 어려우며 폭력적이면서 거짓말을 일삼는 사람—정말이지 한심한 인간이었다. 지금은 그 남자들의 이름조차 기억나지 않는다. 그들 역시 약물 사용자였고 술을 퍼마시거나 여자를 때렸고, 자기 자신 뿐 아니라 만나는 모든 사람을 학대했던 사람들이었다. 그들은 되갚음을 당해 마땅한 자들이었고, 내가 그것을 아주 제대로 갚아준 것이다. 이 시기에 나의 주변에는 사람이 있었지만 나는 혼자였다. 나는 아직까지 인생에서 서로를 믿어주는 상호적인 남자와 사귀어본 적이 없었다. 필요하다면 나는 그들을 조종할 수 있었다. 마치 그들의 다음 희생양인 양 나에게 관심을 집중시킨 뒤에 그들을 끌어내리는 일은 나에게 엄청난 만족감을 주었다.

빌은 세차장에서 만났다. 그는 내 걸음걸이를 좋아했다. 나도 그가 걷는 모습이 좋았고, 그의 기다란 다리, 탄탄한 엉덩이, 멋진 차도 좋았다. 내가 그에게 전화를 걸었고 우리는 함께 데이트를 했는데, 이제는 내가 거짓말의 대상이 되었다. 지금 와서 생각해보면 어쩌면 이번에는 내가 당할 차례였는지도 모르겠다. 그는 만나는 여자마다 족족 성관계를 가졌다. 그러면서도 나에게 내가 듣고 싶어하는 말들을 너무나 잘 해주었다. 그는 나보다 똑똑하고 세상 물정에 밝은 사람이었고 나는 그를 원했다. 결코 그를 사랑한 건 아니었다. 나는 그에게 집착했다. 나는 그의 그 비열한 영혼을 길들일 수 없었고 그를 통제할 수 있는 수단을 찾아낼 수 없었다. 그렇게 3년의 세월이 흘렀다. 학대와 위안, 그리고 또 다른 학대와 위안. 마침내 나는 무너지고 말았다. 어느 이틀 동안 나는 완전히 텅 비어버린 상태로 있었는데 다시 정신이 돌아왔을 때는 죽은 사람이나 마찬가지였다. 아무런 감정도, 마음도, 생각도 없는 그런 상태. 나는 내가 가진 것은 아주 작은 것까지 모두 그가 소유하도록 허락해 버렸다. 그래서 내 안에는 더 이상 남아있는 것이 없었다. 또 한 번 나는 나를 이용해 먹은 남자를 만난 것이었고, 나는 완전히 고갈되어 버렸다.

짐을 싸서 노스 캐롤라이나에 있는 할머니댁으로 걸어서 가기 시작한 때가 그 즈음이었다. 할머니는 유일한 나의 보호자였으며 다른 사람이 접근하지 못하도록 할 수 있는 사람이었다. 가는 길은 93번과 95번 고속도로를 이용했다. 3일을 걷자 발에 물집이 엄청나게 잡혔다. 할머니댁에 도착했을 때는 할머니와 친언니 D가 나를 돌봐주었다. 할머니는 그 다음해인 1993년에 돌아가셨다. 아버지도 그때 그곳에 계셨는데 한 달 뒤 석면으로 인한 폐암 말기 진단을 받았다. 아버지는 여행용 트레일러로 방을 옮겨 자신이 만나야 할 사람들을 그곳에서 만났다. 그는 나를, 그리고 나는 그를 분노를 발산하기 위한 대상으로 삼았다. 나는 아버지에게 나와 우리 형제들에게 사과해야 한다고 말했다. 그는 자신이 누구도 학대한 적이 없으며 내가 왜 그러한 결말을 원하는지 모르겠다고 했다. 1년 뒤 아버지는 사망했다.

내가 다시 라스베이거스로 돌아왔을 때 나는 학점 평균 4.0으로 대학을 마친 상태였다. 나는 상사의 명령을 기다리며 컴퓨터가 하는 작업을 지켜보는 쉬운 일자리를 하나 얻었다. 우리는 카지노를 위한 마케팅 작업을 했는데 나는 모든 데이터를 표로 만들어 온갖 지저분한 일들을 가려내는 일을 맡았다. 나는 태도가 좋지 못하다는 이유로 해고되었는데 오히려 회사를 떠날 수 있어 기뻤다.

나는 지금 우리 아들의 아버지를 만난 이후부터 다시 도박을 시작했고 도박을 하면서 그가 퇴근하기를 기다리곤 했다. 처음에는 점진적으로 진행되었지만 반 년 만에 통제할 수 없는 수준까지 치달았다. 일주일에 20달러씩 게임하다가 나중에는 900달러씩, 월급 전체를 기계에 쏟아부었다. 내가 사랑에 빠지기 시작했을 때, 그는 우리 관계를 그만두었다. 나는 나중에야 임신한 사실을 알게 되었는데 그에게 한 번도 말하지 않았다.

나는 프리랜서 보험설계사로 일하려고 시도했지만, 사람들을 상대하려는 어떤 욕구도 없었다. 사람들하고 한 약속을 지키기 위해 일을 하러 나가긴 나갔지만 너무나 몸이 좋지 않고 무거웠으며 피곤했고, 그래서 일하러 가는 대신 카지노에 갔다. 소다에다 라임을 조금 넣어 마시고는 게임하면서 메스꺼움을 떨쳐내려고 했다. 나는 너무나 몸집이 불어서 사람들은 나를 보고는 "이제 바로 여기서 곧 출산할 거 같은데요."라고 이야기하곤 했다. 사람들은 내가 카지노에 오면 안 된다고 이야기했지만 나는 그저 그들에게 내 얼굴에 담배 연기나 불어재끼지 말라고 소리를 질렀다. 그 냄새가 나중에 정말 역겨웠다.

나는 출산 바로 전날까지 임신 기간 내내 도박했다. 주변 사람들이 담배를 피워댔지만, 나는 열다섯, 열여섯, 열일곱 시간씩 앉아있었다. 아들은 뱃속에서 움직이고 내 다리는 마비되었다. 나는 내가 그 당시 얼마나 불편한 상태였는지도 알지 못했다. 건강한 음식을 먹으려고도 노력했지만 도박을 할 때는 뭘 먹느냐가 중요하지 않았다. 음식을 먹는 대신 제산제를 먹곤 했다. 쓰러질 것 같으면 컵 하나를 머신 위에다 거꾸로 뒤집어 올려놓고 기념품점에서 쿠키를 사왔다. 먹는 데 시간을 소비하고 싶지 않았기 때문이다. 나는 얼른 머신 앞으로 돌아가고 싶었다.

아들이 태어난 이후에도 나의 도박은 멈출 줄 몰랐다. 애는 집에다 언니에게 몇 시간이고 맡겨 놓았다. 나중에 돈 다 잃고 일어나 보면 가슴에서 모유가 흘러나와 엉덩이까지 적신 흔적이 보였다. 아들은 집에서 배고파하고 있는데 나는 허구헌 날 도박이나 한 것이다. 이제야 나는 도박을 그만두려 한다. 하지만 가게에서 아들 줄 이유식 살 때 머신 때문에 너무나 거슬린다. 눈을 질끈 감고 그것들을 지나쳐보려 하지만 소용이 없다.

아들이 태어난 이후 언니 D가 죽었다. 말기 폐암. 우리 중 누구도 예상치 못했던 일이었다. 용접사로 일했던 아버지의 일로부터 온 석면증이었다. 아버지는 그것들을 옷에 묻혀 집 안에까지 가지고 왔던 것이다. 석면은 가족 모두의 폐 안에 들어있다. 나도 언제든지 걸릴 수 있다. 18개월 안에 갑자기 튀어나와서 나 역시 언제든 죽을지 모르는 일이다. 나에게는 나쁜 일들은 일어난다고 믿을 권리가 있다. 왜냐하면 그런 일들은 실제로 일어나기 때문이다. 정말로 그렇다는 걸 나는 알고 있다.

이사벨라의 과거는 그녀에게 해가 되는 통제력 상실의 이야기로 점철되어 있다. 그녀는 다른 사람들, 그들의 욕망이 그토록 자주 모호하고 변덕스러웠던 타인에 대한 의존은 위험한 일이라는 걸 학습했다. 그녀는 자신의 관계를 패자가 존재해야만 하는 제로섬게임이라고 이야기했다. 그녀는 전 남편이 자신과의 경쟁에서 이겼기 때문에 결혼했다고 했다. 그가 한 일이라고는 "그저 리모콘만 손에 쥐고 TV앞에서 앉아있는" 것일 때, 그녀는 자신이 도박에서 얼마나 많이 잃었는지를 이야기하며 그를 도발했다. 이것이 그녀에게 있어서는 자신의 '리모콘'이었던 것이다. 그들의 결합이 해체된 후 그녀는 "앙갚음"을 하기로 한다. 그녀는 "통제할 수 있는 수단"을 찾을 수 없었던 한 남성을 만나기 전까지 만났던 모든 남자들을 학대했다. 그녀는 그 관계가 그녀가 "당할 차례"의 시간으로 이해했다. 그 관계가 끝났을 때 그녀는 완전히 텅 비어 "고갈되었다." 그녀가 마침내 누군가와 사랑에 빠졌지만 그는 "그만두었다." 아이를 임신한 동안 그녀는 기계에서 "자신을 떨쳐내며" 모든 것을 잃을 때까지 게임했다.

대화를 마칠 즈음 이사벨라는 자신이 아들에 대하여 무조건적인 상호의존을 느낀다는 사실을 새롭게 깨닫고는 크게 놀랐다. 그 사실은 그녀에게 두려움을 느끼게 했다. 한편으로는 그것이 지속되지 않으리라는 두려움, 다른 한편으로는 이전의 애착 상실과 그것을 연관시켰기 때문이다.

> 진짜루요, 애 키우는 게 굉장히 좋기는 하지만 익숙해지는 데 시간이 걸려요. … 저는 살면서 제 몸, 제가 생각하는 방식, 제 삶, 제 모든 것에 대해서 권리를 가지고 있다고 생각하는 사람들을 상대해 왔어요. 그 사람들은 그게 원래 제 것이라는 거 자체를 이해하지 못하는 것 같았어요. 하지만 그걸 되찾기 위해 정말 힘들게 싸웠어요. 그러고서는 이제 아들이 있는데 갑자기 제 몸이 더 이상 제 것이 아니게 된 거예요. 이제 그 애가 제 몸을 소유하고 있네요.

그러나 그녀의 아들이 "배고파 하며 집에 있을 때" 이사벨라는 머신 앞에서 모유를 흘려보내며 "도박으로 모두 소비해 버렸다"(그녀의 돈을, 그녀의 모유를). 그녀는 이전에 다른 이들과 겪었던 통제의 역동이 자신의 아들과의 관계에까지 이어질까봐 두려워하고 있었으며 그런 일이 일어나지 않도록 하기 위해 고군분투하고 있었다.

우리 아들, 너무나 소중하죠. 그치만 제가 아들을 학대하게 될까봐 겁이 나요. 그렇게 하지 않을 거예요. 하지만 그런 충동이 제 안에 있고 저한테 선택권이 없는 것처럼 느껴져요. 저는 정확히 제 아버지랑 닮았어요. 학대를 저지르기 쉬운 거죠. 가끔 비열함이 어디선가 꿈틀거리고 올라와서 다른 사람에게 잔인하게 대해요. 항상 제 자신이 통제 불가능하게 될까봐 두려워요. 저는 그걸 논리와 연민으로 이겨내려고 하고 있어요. 어떤 일을 할 때 공정하게 하려고 과도하게 노력하는 편이고 공정한 게임을 하려는 사람을 이용하지 말라고 강조하곤 해요. 그게 제가 보험을 팔 때, 그리고 제 삶에서 지키려는 하나의 규칙이에요.

앞서 조시가 말한 것처럼 기계 놀이의 존은 이사벨라가 삶의 위험과 규칙으로부터 "안전하고 벗어난" 느낌을 받을 수 있는 곳이었다. 그러나 그녀가 벗어나려고 했던 바로 그 위험, 손실, 통제, 의존의 역동이 그녀의 놀이의 동인이 되는 것으로 보였다. 앞서 두 개의 장에서 살펴본 것과 같이, 기계 도박은 이러한 역동을 삶보다 더욱 기계적인 것, 관리 가능한 것, 예측 가능한 것으로 축소시킴으로써 안전한 어떤 것으로 만든다. 이사벨라와 같은 도박자들이 도박을 지속할 것인지 멈출 것인지의 선택에서 통제력을 상실한 것처럼 느낀다 해도, 기계를 하면서 놀고 있는 동안에는 어떻게든지 간에 책임을 지고 있는 것이다. 그 경험이 제한적일지는 모르지만,

그들이 경험하는 통제력은 손실에 대한 그들의 관계를 변화시킬 기회를 제공하고 있다—즉, 손실을 멈추거나 역전시키는 것이 아니라 그것을 수행함으로써.

손실에 대한 의지

표면적으로는 도박자들의 행위 논리에 역설이 있는 것으로 보인다. 그들은 자신들이 경험하는 손실의 종류를 흔히 두 가지로 구분한다. 첫 번째는 예상치 못한 사건으로 접하는 손실이라면, 또 다른 하나는 자신들이 기계와 상호작용함으로써 게임을 하며 그들 스스로 만들어내는 그러한 손실이다. 그들은 예상치 못했던 사건(지리적 이탈, 질환, 폭력, 유기, 죽음)에서 손실에 휘둘린다고 느끼는 반면, 자신들이 스스로 도박하면서 야기되는 손실에는 통제력을 느낀다. 그들은 후자가 전자로 말미암아 발생된 수동적 고통을 보다 능동적이고 처리 가능한 것으로 전환시키는 수단이라고 이야기한다. 케네스 버케는 삶의 우연한 사건들에 대한 일상적 관계에 관해 다음과 같이 말했다. "만약 누군가 장애물에 걸려 넘어진다면, 그건 행위가 아니라 단지 몸의 움직임일 뿐이다." 그는 도박자들이 손실을 떠맡고자 하는 욕망을 건드리며 계속 이야기한다. "그러나 그가 추락하는 과정에서 갑작스럽게 스스로 추락의 의지를 가지게 된다면 단순히 사건이었던 것을 어떤 행위로 … 전환시킬 수 있다."[2] 도박 중독자들은 버케가 지적한 것처럼 우발적이고 원치 않았던 손실을 자신이 "원하는" 손실로 전환하는 하나의 수단으로서 기계 놀이를 종종 언급하곤 한다. 로라의 말을 들어보자.

◇◇◇◇◇◇

2 Burke 1969, 14.

"다른 것이 [저를 해하는 게] 아니라, 제가 제 자신을 망치고 있는 거예요. 그걸 통제하는 건 바로 저라구요."

알렉산드라의 도박 문제가 발달하는 과정은 "손실에 대한 의지"의 경로를 따라갔다. 우리가 이야기를 나눴던 시점으로부터 5년 전, 당시 성인이었던 그녀의 아들이 갑작스럽게 병환을 얻어 사망하고 말았다. 그는 이 사건이 자신에게 미친 영향을 기억하며 말했다.

> 우리 아들 아픈 건 내가 통제할 수가 없는 거잖아요. 제가 할 수 있는 게 아무것도 없으니까요. 여기서 "통제"라는 건 만약에 아들이 다리가 부러지면 그거 고쳐주려고 노력을 할 거 아니에요. 병원에도 데려가고, 치료 받게 하고, 제가 이제 상황을 통제하는 것들이 되는 거죠. 근데 이건 어떻게 고칠 수가 없었어요. 아무도 할 수 없는 일이었죠. 정말이지 너무나 통제를 벗어난, 너무나 고치기 어려운 첫 번째 사건이었어요. 그거랑, 도박이요.

아들의 죽음에 절망한 알렉산드라는 카지노 딜러로 일했던 직장에서 퇴직했다. 이후 그녀는 자신의 집에서 가까운 앨버트슨 슈퍼마켓에서 매일 밤을 새워 아침까지 24시간을 보냈다. "말하자면 그 머신들에서 피난처를 찾은 거예요. 놀면서는 생각 안 하니까요. … 아무것도요." 아들의 죽음과 같이 도박이 "통제를 벗어난다"는 것을 알게 된 순간에도 그녀는 기계 도박이 그녀에게 주었던 역설적인 통제력을 인식하고 있었다. "희한한 게 도박하면서 통제력을 *정말로 느꼈어요.* 그러니까 그게 컴퓨터니까 제가 정말로 기계에 대한 통제력을 가지고 있다는 말은 아니지만, *저의 … 손실에 대한 통제력이 있었죠."*

사회복지사이자 세 아이의 어머니인 마리아는 자신의 도박에 작용하는 비슷한 종류의 "통제력 상실"을 발견했다. 그녀는 학대를 일삼는 남성들과의 반복적 관계에 관한 이야기로 이를 설명하는데, 이는 이사벨라의 이야기를 떠오르게 만든다.

> 걔네들이 언제 저한테 무슨 짓을 할지 두려움을 가지고 살아가는 것보다는 차라리 걔네들이 그런 짓을 할 거라는 걸 아는 곳에서 시작하는 게 낫죠. 그리고 맹세코 *누가* 그렇게 할 건지, *언제* 그 일이 벌어질지 제가 고를거였으니까요[그녀는 단어들을 강조하기 위해 리듬에 맞춰서 손으로 자신의 허벅지를 내려 친다]. 저는 위험한 사람들에게 끌리곤 했어요. 그들이 아니라 거의 *제가* 저의 손실을 발생시킨 것처럼요―도박처럼, 그걸 통제하는 사람은 저였어요.

기계 놀이를 통해 마리아는 자신의 손실의 상황을 연출했고, 버케가 말했듯 그럼에도 불구하고 손실된 내기로 끝나야만 하는 "어떤 행위로" 그것들을 전환했다.

상실을 재현함으로써 트라우마적 상실 또는 그것의 상황을 다루는 현상, 또는 상실이 또다시 발생할 가능성이 높은 상황으로 자신을 밀어넣는 것은 지그문트 프로이트가 자신의 가장 유명한 "반복적 강박" 이론에서 이해하고자 했던 현상이다.[3] 이 이론은 프로이트가 자신의 어린 손자 에른스트가 만들어낸 한 게임에서 영감을 받았는데, 그 게임에서 아이는 어떤 사물을 반복적으로 던지고 그것이 "없다(Gone)!" 하고는 소리를 질렀다. 게임의 후기 버전에서 에른스트는 줄에 매달린 사물을 던지고는 줄을 감아 다시 그 물건을 자신에게로 가지고 오면서 "여기 있네(Here)!"라고 외쳤다. 손자가 어떤 것이 "사라졌다"라고 만듦으로써 만족의 방식을 찾아냈

---

3   Freud 1961 [1920].

다는 점에 주목하며 ("여기 있다."라는 건 에른스트에게 부차적인 중요성을 가진 것으로 보였다), 프로이트는 게임이 어머니의 잦은 부재에 대한 반응이라고 추정했다. 에른스트가 자신의 실타래가 "사라졌다."고 선언할 때, 그는 사라진 사물의 부재와 그 부재로 인해 버려졌다는 느낌에 대한 지배의 감각을 획득한 것이다.[4]

이사벨라, 알렉산드라, 마리아의 이야기는 도박 중독이 기계를 사용한 "사라졌다" 게임과 유사하다는 점을 분명히 보여준다. 삶에서 발생하는 우연한 사건들이 사람, 여러 상황들, 그리고 그들로부터 오는 확실성을 갈라놓는 것처럼, 그들은 디지털로 매개된 내기 과정과 그러한 장치들이 제공하는 재(再)내기를 통해 자신들의 상실을 "반복(replay)"한다. 에른스트의 게임은 중독자 행동의 내적 기제뿐 아니라 그것의 외적 기제 또한 분명하게 드러내며, 도박 기계가 그들이 경험했던 절대적 손실을 약화, 취소, 또는 숙련시키는 데 어떻게 기여하는지에 관한 이해를 돕는다. 프로이트의 설명이 보여주는 바와 같이 에른스트는 상실 하나만 가지고는 게임할 수 없었다. 어머니의 현존을 좌지우지하는 일을 반복하기 위해 그는 풀었다가 다시 감아들일 수 있는 어린이용 실타래와 같은 물질적 인공물을 필요로 했다. 이 단순한 기술을 함께 생각할 때 현대의 도박 기계는 일종의 복잡하고 디지털화된 실타래다. 그것의 "정전식"이라는 기능은 도박자들이 "없다"고 여기는 것에 대해 스스로 통제력을 가지고 있다고 느끼게 만든다.

앞서 다른 장에서 설명한 것처럼 도박자들은 내기의 강도를 순차적으로 재조정함으로써 (예를 들면 한 번에 5크레딧 대신 1크레딧을 베팅하는 것) 놀이의 임의적 획득과 손실에 대응할 수 있으며, 이러한 방식으로 그들은 자

---

4   Freud 1961 [1920], 9-15.

신이 게임에 휩쓸리기보다는 자신이 게임 크레딧의 우발성을 조종하고 있다고 느끼게 된다. 또는 그들은 내기의 속도를 조절하여 놀이의 종결에 대한 영향력을 가지고 있다는 느낌을 얻는다. "기계 앞에 앉아 있는 느낌은 쿼터 동전이 다 떨어지면 내쳐질 것이라는 걸 스스로 알고 있는 거래소에 앉아있는 느낌이라고 할까요." 마리아는 말했다. "저에게 있어 도전 과제, 충동은 그걸 연기하는 거였죠. *언제 끝을 볼 것이냐를 통제하는 거요.*" 이러한 방식으로 경제적 손실의 시간표를 관리함으로써 그녀는 다른 위험한 상황을 교묘히 빠져나갈 수 있는 통솔의 감각을 얻었다. 이전 장에 등장했던 줄리는 기계 놀이를 통해 승산에 영향을 미치는 자신만의 고유한 전략을 발달시켰다.

> 카드를 하나 버리고 새로 한 장을 받기로 하면 기계가 미친듯한 속도로 전체 덱을 셔플하고 *셔플을 멈추려고 버튼을 누르는 그 순간* 카드가 나와요. 타이밍이 중요한 거죠. 타이밍을 잘 맞춰서 그걸 딱 잡아야 되니까 엄청 서둘러야죠. 제 생각에 유일하게 통제할 수 있는 건 속도에요. 어떤 일이 벌어질 지는 이미 알고 있는데 [그녀의 목소리가 느려지며 점점 속삭이듯 이야기한다] 단지 그게 *언제* 일어날지를 모르지만, 얼마나 빨리 발생하게 할지는 통제할 수 있죠. 나머지는 다 운이에요. 그리고 속도가 *운을 통제하기 위한 유일한 방법이고요.*

만약 우연이 우리를 놀래키고 우리를 시간으로 낚아챈다면, 위 말에 따르면 머신으로 가속화된 속도는 우리를 놀라게 하는 것을 앞질러 가고 반대로 우연의 순간을 낚아채는 방식—이를테면 우연을 떠맡는 방식이다.

통제를 넘어서

조사 중 만난 사람들 가운데 아마도 가장 인상적이면서도 고의성이 높은 "상실에 대한 의지"를 보여주는 사례는 샤론일 것이다. 샤론은 이탈리안계 미국인 40대 여성으로 그녀가 10대 후반일 즈음 그녀의 가족은 라스베이거스로 이주했다. 그녀의 이야기는 이제까지 우리가 살펴본 손실에 대해 통제력을 행사하는 문제에 관해서는 동일하지만, 이사벨라와 같은 도박자와는 상당히 다른 방향에서 강박적 기계 놀이에 도달하게 된다. 살면서 어떤 사건에 대한 영향력의 결핍을 경험한 적이 거의 없는 샤론은 오히려 *과도한* 영향력으로 고통받는 것으로 보였다. 샤론은 자신의 자기-최대화 욕구와 자신의 삶에서 일어나는 모든 것을 통제하고자 하는 열망의 한계를 직면하면서 중독의 소용돌이 속으로 빠져들었다.

"제 이야기는 제가 결코 가지지 못했던 어떤 것에 대한 이야기가 아니에요." 샤론은 말했다. "제 이야기는 제가 소유했던 것 그리고 *낭비한 것*에 관한 이야기에요." 그녀는 자신의 삶을 통제를 위한 노력으로서 설명했는데, 그것은 성취되기도 했고 또한 허비되기도 했다. 샤론은 이야기했다. "제 처음 계획은 대학교에서 학위 몇 개 취득하고 최고의 의대에 다니면서 성공적이고 유명한 의사가 되는 거였어요." 여름학기 수강생 중 가장 많은 학점을 들었던 학생이 19학점을 들었다는 걸 알게된 그녀는 그렇게 해서는 안 된다는 여섯 건의 청원서를 받아가면서 24학점을 수강했다. "이제까지 한 번도 그런 일은 없었고 상상할 수조차 없는 일이었던 거죠." 그녀는 동시에 카지노 딜러로 풀타임으로 일하고 쉬는 시간에 틈틈이 공부를 하면서 그 난국을 헤쳐 나갔다.

모든 것에 통달하고자 하는 샤론의 욕구는 교육을 넘어서 자신의 신체까지 확장되었다. 그녀는 기억을 떠올렸다. "그때는 제 자신을 완벽하게 만드는 일에 사로잡혀 있었어요." 그녀는 용의주도하게 신체적 섭취와 배출을 관리했다. 음료는 유기농 주스만, 먹는 건 자연식만 먹었고 체중은 56킬로그램이 넘지 않도록 관리했으며, 하루에 약 10킬로미터씩 뛰고 아침마다 양조 효모를 먹었다. 그녀는 자신의 체내에서 물을 제거하는 방법과 근육량을 늘리고 지방을 줄이는 방법을 알고 있었다. "저는 바깥에 있는 것만 통제하려고 했던 게 아니에요. 저는 제 몸의 거대분자를 조정해서 아미노산의 X염색체를 만들어낼 수 있었어요. 제 몸에 어떤 독소도 남기지 않으려고 했죠." 그러나 어느 시점에 이르자 그녀는 자신의 진취성의 한계를 마주하게 되었다.

> 제가 완벽함을 계속 유지할 수는 없다는 걸, 자연의 힘을 거스를 수 없다는 걸 깨달았을 때 저는 완전히 다 포기해 버렸어요. 제가 패배했다는 걸 알고 있었죠. 왜냐면 제가 성형수술 받으러 갈 수 있을만큼 돈을 모았거든요. 또 저는 한 번 가면 몇 달 동안 지내는 특수요양시설 같은 데도 가야 했어요. 단, 제가 이런 일들을 진행하기 위한 재정적 수단이 부족하기 때문에 한계에 부딪혔다는 게 명확해졌죠. *제가 그걸 완전히 통제할 수 없다는 걸 느꼈을 때 완전히 다 놔버렸어요.*

그녀가 어떻게 강박적 기계 도박에까지 이르게 되었는지 보여주는 샤론의 이야기 궤도에서, 그녀가 자연을 상대로—그리고 최종적으로는 불가피한 노화와 죽음을 상대로—지는 게임을 하고 있다는 현실 지각은 하나의 전환점이 된다.

이 현실 지각은 샤론이 다른 주에서 의대에 다니던 마지막 학기에 더욱 강화되었는데, 당시 그녀의 가장 친한 친구가 자살했고 형제 한 명은 살해당했다. 이러한 사건들이 일어난 뒤 그녀는 자기-완벽 프로젝트를 완전폐기하고 자기-소멸의 길로 돌아섰다. 그녀는 자신의 손실을 계획하기 시작했고 그렇게 함으로써 손실 자체가 하나의 이겨야 할 게임이 되었다.

의대 다니던 마지막 해에 전 정말 최선을 다했어요. 왜냐면 제가 그동안 극한의 수준으로 성취한 것들, 그게 무엇이든지 간에 오랫동안 기억되어야 했거든요. 그리고 저는 앞으로 도박의 어머니가 될 거였거든요. 저는 1년 동안 계획을 세웠는데, 저 말고는 아무도 그건 몰랐어요. 앞으로 가게 될 그 길이 철저하게 자기 파괴적인 여정이 될 거라는 걸 전 알고 있었어요. 바로 그게 제가 마지막 해에 그렇게 열심히 할 수 있는 동기가 됐죠. 그 이후부터는 수업도, 취득해야 할 학위도 없었어요. 교육쪽으로는 이제 전 할만큼 했다고 생각한 거죠.

시계가 밤 12시 정각을 딱 가리키자마자 저는 모든 의무와 책임에서 벗어나 백지상태가 됐어요. 씻지도 않고, 옷도 안 갈아입고, 뭐 다 상관없다. 왜냐하면 이제부터 제 인생의 2부가 시작된 거거든요. 그때 계좌에 남아있던 800달러 싹 다 끌어모아서 U-Haul 트럭 빌렸어요. 거기다 짐 다 싣고 잠도 안 자고 주 3개를 건너서 집으로 차를 몰았어요. 열여섯 시간 전에 중환자병동에서 입고 있었던 더러운 수술복 그대로 입구요. 본가 앞에 차를 대고 U-Haul 렌트 계약서를 읽어봤는데 제가 특정 시간 안에 차를 갖다주면 59달러를 돌려준다고 하더라구요. 그래서 차고 열어서 차 대고 트럭 짐칸 열어서 안에 있는 박스 전부 침실로 옮겨놨어요. 두 줄로 가지런하게 잘 쌓고 그 위에 천 하나 덮어놓고요. 스웨터 하나 급하게 걸치고 트럭으로 다시 돌아와서 그대로 다시 출발. 4박 5일 동안.

그길로 비디오 포커 기계 앞에 앉아서 그동안 제가 모았던 거, 집에서 저를 기다리고 있던 모든 것들 다 털어넣어 버렸어요. 훤히 보였어요. 도미노 효과처럼, 제가 선을 넘었구나, 10년 꼬박 공부한 거 다 던져버리고 있구나.

저는 감정적으로, 신체적으로, 경제적으로, 심리적으로 스스로를 완전히 파괴했어요.

샤론은 많은 것을 성취하기 위한 통제를 위하여 관습적인 전략의 실패를 직면했을 때, 그 대신 그만큼 높은 수준의 파괴로 피신한 것과 같이 보인다. 그녀는 형제와 가장 친한 친구를 갑작스럽게 상실한 고통에 대항하고, 그것을 중화하며 지워버릴 수 있을 정도로 그녀 자신의 완전한 "파괴"를 기꺼이 원했다. 자신의 이야기를 마치고 그녀는 농담 반 진담 반으로 이렇게 물었다. "인터뷰 하셨던 분들 가운데 제가 가장 역기능적인 중독자 아녜요? 중독자 중에서 A+ 맞나요?"

한바탕 흥청망청 시간을 보낸 뒤 샤론은 한때 아버지가 핏보스로 있었던 카지노에서 블랙잭 게임 딜러로 일했다. 거기서 벌어들인 소득은 얼마 지나지 않아 그녀의 삶에서 다른 모든 부분을 퇴색시켜버린 비디오 포커 게임을 하는 데 소비되었고, 우리가 짧은 이야기를 나누게 되었던 그 시점까지 게임은 그녀가 옴짝달싹 할 수 없게 갇혀버린 자기-제거를 위한 지속적인 일상이 되어버렸다. "기계로는 승산이 없어요." 그녀가 말했다. "질 거라는 걸 알기 때문이에요. 그게 오히려 더 안전하게 만들어주는 거예요―제가 질 거라는 그 사실을 거의 통제하고 있다고 느꼈어요. 그러니까 제가 할 일은 카지노에 가서, ATM에서 돈을 얼마 뽑아서, 비디오 포커 머신에 가서 그거 다 잃는 거라는 거죠. 아주 깔끔한 자금 거래잖아요. 만약에 저한테 그 통제를 계속 할 수 있을 돈이 있었으면 아마 지금도 여전히 게임하고 있을 거예요. 단지 잃을 수 있는 돈이 다 떨어졌을 뿐인 거죠."

샤론의 "손실에 대한 의지" 모드는 앞서 살펴보았던 사례들과 공명하는 지점이 있으면서도 다른 점이 있다. 그녀는 자신의 손실의 비율과 타이밍을 관리하려고 시도하는 대신, 운에 완전히 자기 자신을 내맡겨버렸다. 충격적인 상실에 직면하여 통제하려는 노력 이상으로, 그녀의 놀이는 지속되는 죽음에 대한 투쟁의 맥락에서 실존적 역경에 굴복하는 것이었다. 그녀가 운을 통제할 수 있다는 가능성이 아니라, 기계 도박을 통해 그것이 불가능하다는 것을 궁극적으로 되풀이한다는 의미에서 "통제를 넘어서" 나아갔다.

샤론의 이야기가 극적으로 전달하는 바와 같이 손실에 대한 숙달이라는 가설이 도박자들의 기계 놀이에 대한 투자를 설명함에도 불구하고 이는 새로운 질문을 떠오르게 만든다. 그들의 놀이에서 살펴본 것처럼, 그러한 숙달된 상태는 결코 달성되지 않으며, 심지어 가능성이 없는 것처럼 보인다. 마리아는 이야기했다. "슬픈 일이지만 사실상 통제할 수 있는 건 게임이 얼마나 빨리 끝나게 할 것이냐, 그거 밖에는 없죠." 기계가 그들에게 허용하는 미약한 통제에 대한 도박자들의 인식에도 불구하고 그들의 놀이는 이어진다. 이는 사실상 "통제"라는 것이 그들에게 무엇인지, 그들이 통제에 의해 성취하려고 하는 것은 무엇인지에 대한 재평가를 요구한다.

우리가 이미 인정한 것처럼 기계 자체도 여기에서 중요한 역할을 한다. 그것은 단지 도박자가 자신의 욕동을 실현해 보이는 수동적인 매개체가 아니다. 그것은 "이용자 전멸"을 위해 강력하게 자신의 프로그램을 실행하는 상호작용적 힘이며, 프로그램을 실행함으로써 놀이의 가능한 결과를 제한한다. 그러나 도박 기계의 이용자 전멸을 위한 각본 이외에, 무엇이 통제를 그 반대로 "전환"시키는지를 설명할 수 있는가? 알렉산드라는 이 문제를 아래와 같이 표현한다.

처음에는 제가 원하는 만큼 앉아있든지 언제 일어나든지 통제력이 있었어요. 심지어 이겨서 가는 날도 있었구요. 그런데 그러다가 뭔가 다른 게 상황을 통제하게 됐어요. 날이 밝으면 저 자신한테 물어봐요. *이제 집에 가고 싶은데. 뭐가 날 앉아있게 만드는 거지? 나는 여기 왜 앉아있는 거지?* **뭔가**가, 이 **뭔가**가 너한테 들어와서, 그리고 너는 또 게임 하고 또 하고 … 이 '뭔가'가 저를 사로잡고, 중독시키고, 거기 계속 머물게 하는 거예요. *저를 통제하는 이 '뭔가'가 뭘까요?*

프로이트도 이 문제를 당혹스럽게 받아들였다. 만약 에른스트의 "없다" 게임의 목표가 숙달이었다면, 어째서 해소될 길이 없어 보이는 상실을 계속해서 반복하려는 욕구에 추동되었을까? 무엇이 겉보기에 허무해보이는 그의 진취성을 이끌어갔는가?

그는 아이의 절망적이고 고통스러운 사건을 해소하려는 "기계적" 추진력은 "쾌락의 원리를 넘어서는 반복에 대한 강박"을 암시한다고 그 질문에 답했다. 프로이트는 초기 작업에서 모든 인간의 노력 뒤에 있는 고통을 피하고 욕망을 만족시키고자 하는 욕구를 표현하기 위해 "쾌락 원리" 개념을 공식화했다. 이 원리에 따르면 고통의 회피와 만족은 존재가 영속적 운동에 머무르는 것을 동기화하는 "삶의 본능"이다. 그러나 에른스트의 행위는 프로이트에게 이 움직임의 궁극적 목적이 (그의 설명에 따르면, 자아의 기초가 되는) 모든 필요와 욕동이 상쇄된 휴식, 고요함, 평화의 상태로 돌아가는 것이라는 점을 제시했다. 그는 손자의 놀이에서 작동하고 있는 삶의 본능이 궁극적으로는 "죽음 본능"으로, 삶의 흥분감을 가라앉히고 정지상태로 회귀하고자 하는 보다 원시적인 일련의 경향성으로 기능한다고 생각했다. 그는 자신이 죽음 욕동(때로는 "열반 원칙[nirvana principle]" 또는 "운명에 대한 강박")이라고 불렀던 것은 자기 파괴적인 섬뜩한 갈망이나 바람이 아니라고 분명히 밝힌다. 그것은 존재가 "내부의 긴장을 없애거나 축소시키려는, 또는 일정하게 유지시키기 위한 노력"을 표현한 것이다.[5] 죽음 충동은 그것의 목표가 자아의 욕망을 다른 방식으로 숙달하거나 만족시키기 위함이 아니라 그것들을 방출하고 중화시키는 것이라는 점, 그러므로 자아를 모두 사라지게 한다는 의미에서 쾌락 원리를 "넘어서" 있다. 완전한 자아의 소멸은 죽음을 수반하므로, "죽음"은 삶의 역설적 목적으로 이해될 수 있다.

그러나 여전히 수수께끼는 남는다. 만약 그것이 사실이라면 어째서 그러한가? 프로이트는 다음과 같은 의문을 가졌다. "살아있는 유기체는 사건들에 대항해 가장 힘차게 투쟁하는데 … 무엇이 일종의 지름길을 통해 그 유기체의 삶의 목표를 빠르게 달성하는 데 도움이 되는가?"[6] 그는 한 존재의 자기 보존 행위는 그 존재가 세상에서 우연히 마주친 특정한 자극들을 상쇄하고 그에 따라 휴식의 상태로 돌아가기 위해 필요한 여러 단계들로 이해되어야 한다고 결론 지었다. 다시 말해서, 겉에서 보기에 존재의 삶을 구성하는 "빙 돌아가는 길"이나 "우회로"는 마지막 도달점인 "평화"로 가는 여정의 특정한 경로를 나타낸다. 이른바 죽음에 대한 충동은 (삶을 좌절시키기 보다는) 삶, 그리고 긴장과 해소를 오가는 삶의 영원한 진자운동에 *생명력을 불어넣는 것*이다.

이러한 분석적 관점으로 본다면 중독자들은 죽음 충동의 병적 강화로 이해될 수 있으며, 그 안에서 개인은 프로이트의 언어를 빌리자면 "일종의 지름길을 통해 삶의 목표에 빠르게 달성"하려고 우회적인 투쟁을 건너 뛰고자 시도하는 것이다. 중독자들은 (우리가 잠시 뒤에 보게될 것처럼, 죽음

---

5   Ibid., 55-56.
6   Freud 1961 [1920], 32.

이 중독자의 중독에서 문자 그대로 핵심적인 역할을 하는 경우도 있기는 하지만) 보통 말하는 의미에서 죽음을 욕망하는 것이 아니라, 존재의 혼란스러운 우연한 사건들과 불확실성으로부터 벗어남을 욕망한다. 알코올, 마약, 기계 도박과 같이 사람을 몰입하게 만드는 활동은 이러한 우연의 사건들과 불확실성을 잠재우는 잠재적 수단으로 기능하며, 인지적이고 정서적인 긴장감을 소멸하고 자아 감각을 유보시킨다. 즉, 우리가 탈주체화의 상태, 그리고 6장에서 "완벽한 우연"이라는 이름으로 검토한 세계와의 마법적인 "하나됨" 상태를 달성하기 위함이다. 샤론과 다른 이들에게 있어 비디오 포커 게임은 존의 영(零)상태에 방해받지 않고 접근할 수 있는 기제가 된다(앞서 약국의 슬롯 관련 종업원 바니는 "운명에 다가가는 좀 더 직접적인 방법이죠."라고 말했었다). 정신분석학자 릭 루스가 도박 중독자들에 대해 기술한 바와 같이, 그들은 "지름길을 선택하며, 그 길은 너무나 짧아 일종의 단선로를 만들어낸다."[7]

자기-해체를 향한 욕망은 (도박자들의 앞으로 나아가는 "추격매수"에 표현된) 탈주 가속도를 집결한다. 이 가속도는 앞선 장에서 등장한 팻시의 언어를 따르면 "기계 삶"이 되는 지점까지 긴장과 해소의 진자운동을 통제하는 것까지 넘어서는 수준으로 삶을 밀고 나아간다. 도박자들이 기계 도박이 제공하는 삶의 단선로에 대한 내성을 발달시키면서, 그들은 삶의 여러 여러 우회로들, 곧 그들의 놀이를 방해하면서 발생하는 사회적 교환의 담론적 굴곡, 빙글빙글 돌아가는 카페트 디자인과 같은 공간적 우회, 크레딧을 "기록으로 보여주"거나 보너스를 애니메이션으로 보여주는 시간적 지연 등에 대해서는 점점 더 참을성이 없어진다. 카트리나의 이야기는 프로이트의 이론을 상기시킨다. "제가 관찰했던 대부분의 사람들은 자기가 이

---

7   Loose 2002, 153.

겼다고 해서 그걸 기록으로 보여주는 걸 기다리고 싶어하지 않았어요. 대신 그들은 동시적으로 보상 기록을 남기기 위해 계속 버튼을 누른다거나, '테이크 원' 버튼을 사용한다거나, 또는 일부 기계에서는 보상이 기록되는 동안 코인이나 지폐를 삽입하면서 그 과정을 '단선화'하죠." 우리가 앞서 살펴보았던, 도박자가 자신의 모든 통제력을 포기하고 그저 게임이 그 자체로 진행되도록 놓아둠으로써 놀이의 과정에 완전히 자기 자신을 맡겨버리는 자동실행 모드는 기계 이용자가 삶의 "우회로"를 참아내지 못하는 표면적 한계, 그리고 그들이 "기계 삶"에 완전히 자신을 내맡기는 지점을 드러낸다. 샤론이 결국 받았던 카드를 확인하는 것을 멈춰버렸다는 이야기를 기억해 보라. "내가 어떤 것에 대한 통제를 가지고 있다는 착각조차 하지 않는, 패배로 끝날 때까지 기계에 자신을 묶어놓고 머무르는 극한의 지점까지 가는 거예요. … 처음에 사람을 끌어당기게 만들었던 뭐 화면이라든지, 선택, 결정, 기술 같은 것들은 다 없어지고, 운이라는 확실성을 받아들이는 거예요: *끝은 결국 0이라는 게 그 증거죠.*"

이제 우리는 도박자들의 긴장을 "사라지게" 하려는 욕망이 손실을 길들이거나 숙달하려는 욕망보다 더 깊은 수준으로 치달을 수 있다는 점을 이해할 수 있다. 프로이트의 통찰력과 같은 선상에서 생각할 때, 그들의 "통제를 위한 도박"은 모든 통제를 완전히 벗어나려는 욕구에 의해 뒷받침되는 것으로 보인다. 이러한 관점에서 그들이 도박하는 동안 계속되는 금전적 손실은 단지 통제력을 얻기 위한 노력의 부수적인 결과가 아니라, 보다 심오한 목표를 가지고 있다. 이렇게 인식한다면 기계 도박의 가장 반직관적인 측면은, '참을 수 없는 승리'라는 의미로 이해될 수 있다. 예전에 라스베이거스에서 살다가 "비디오 포커 기계로부터 탈출"하기 위해 중서부로 이사간 알빈은 자녀를 방문하러 마을을 지나가는 길에 단도박모임에 들렀다. 그는 지난 번 여행에서 있었던 일을 이야기했다. 집으로 돌아가는 비행기를 타기 바로 직전에 그는 공항 게이트 옆에 있는 비디오 포커 머신에서 6천 달러 잭팟이 터졌다. 그는 비행기를 타고 집으로 돌아갔지만 미드웨스턴 공항에 도착했을 때 그 딴 돈을 가지고 있다는 걸 견딜 수가 없었다. 그 돈은 감당할 수 없는 무게와 같이 그를 짓눌렀다. "제가 그 돈을 갖고 왔다는 사실에 어떻게 할 수가 없었어요. 그러니까 아직 뭔가 딱 끝나지 않은 느낌. 그걸 다 잃어야 하는 거죠. 돈을 돌려주는 거예요. 그래서 딱 그렇게 했어요. 다시 비행기 타고 돌아가서 기계에 돈을 되돌려줬죠." 라스베이거스에서 출발했다가 다시 돌아가는 그의 선형 운동은 승리가 열어놓은 회로를 닫으려는 그의 욕망의 우회로를 그려낸다.

샤론은 의대에서 돌아온 후 나흘에 이은 폭주 이후 비슷한 경험을 했다고 이야기한다. "정말 끝까지 다 잃었을 때 집에 왔어요. 제가 꼭 시체처럼 느껴졌고, 공허하고 완전히 소진되어 있었어요. 이삿짐 위에 누워서 자려고 하는데 고개를 돌리니까 저기 박스 옆에 동전 세 개가 거울에 비쳐 보이는 거예요. 그때 엄청나게 아드레날린이 솟구쳐 올라오는 걸 느꼈어요. **아직 다 잃은 게 아니구나.**" "희망이 다시 되돌아온 걸까요?" 내가 물었다. "아니요. 희망은 아니고—희망으로 느껴지지는 않았어요. *아직 다 끝난 게 아니구나*라는 느낌이랄까. 그러니까 아직 쉴 수 없다, 그런 느낌. 그때가 새벽 3시였는데 기름도 없는 차에 다시 타서 가장 가까이에 있는 카지노로 갔어요. 그리고 그 동전 세 개도 다 잃었죠."

로키는 말했다. "가끔씩은 너무 지쳐서 그냥 잃고 싶어요. 집에 좀 가게요. 거의 다 잃었는데 또 이기면, *얼씨구 잘한다, 다 잃을 때까지 또 앉아 있어야겠네*, 라고 생각하죠." 알렉산드라는 설명했다. "때때로 제가 졌는데도 약간 이상한 만족감이 있거든요. 아니, 만족감이라기보다는, 어떤 안도감인데요. 다 잃으면 제가 더 이상 놀래야 놀 수가 없잖아요. 그럼 이제 집에 가서 잘 수 있잖아요." 도박에 사용되는 크레딧은 그녀가 깨어있도록 하는 흥분의 원천이며, 모든 에너지는 해소를 향해 묶여 있다. 그것이 다 소진되어야만 그녀는 잠들 수 있다. 은퇴한 소방수 피트는 크레딧이 제발 다 떨어지게 해달라고 (도박을 계속하려는 충동의 손아귀에서 그가 풀려날 수 있는 유일한 방법이었다) 기도까지 했다고 이야기했다.

> 기계 앞에서 열네 시간을 앉아 있었잖아요. 너무 피곤해서 눈도 거의 못 뜨고 주머니에 돈은 없지, 차에 기름도 없지, 집에는 먹을 것도 없지. 근데도 기계에 400크레딧이 남아 있으니까 일어날 수가 없는 거예요. 그래서 그거 다 없어질 때까지 또 한 시간을 앉아 있어요. 제발 잃게 해달라고 기도하면서요. 하느님 제발요. 제가 집에 갈 수 있게 이 돈 좀 가져가 주세요. 왜 출금 버튼을 누르지 않느냐고 물어보시겠죠. 그런 건 절대 생각하지 않았어요. 그건 선택 사항이 아니었어요.

그는 설명했다. "아직 놀 수 있는 돈이 남아 있으면 제가 기계에 풀로 딱 붙여놓은 것처럼 되는 거예요. 막 거기에 불이 나고 난리가 났다 그래도 크레딧이 있다 그러면 저는 안 일어나요. 아마 이렇게 얘기할 걸요. *어쩌라고. 기계를 같이 가져갈 수 있는 게 아닌 이상 나는 안 나가. 질식사해서 죽기나 하겠지.*" 랜달은 다음과 같이 말했다. "출금 버튼 누르고 싶어도 그렇게 못 해요. 만약에 옛날처럼 돈이 이렇게 접시 위에 놓여있는 방식이다 그러면 좀 더 나가기가 쉬울지도 모르죠. 그렇지만 기계에 크레딧으로 들어있으면 절대로 그거 못 빼요." 마리아는 언젠가 거의 잃을 때까지 게임했다가 여러 번의 승리가 그녀를 다시 휘저어 놓아서 다시 그녀가 게임하게 되었던 경험에 대해서 이야기했다. "제가 원금 200에 200달러를 더 얹어서 베팅했거든요. 근데 1달러까지 내려갔다가 그걸로 다시 100달러를 이긴 거예요. 그 100달러 다 잃을 때까지 계속 했잖아요. 그게 다 사라질 때까지 떠날 수가 없었어요."

일부 도박자에게 승리는 철학자 조르주 바타유가 "저주받은 몫"이라고 부르는 것, 즉 그것의 소유자가 헛되이 그것을 교환하거나 취소, 또는 다른 방식으로 처분하고자 시도하는 불안정한 과도함의 감각을 만들어내는 과잉의 무게를 지닌다.[8] 도박 중독자들은 기계와의 상호작용을 통해 바로 그것을 시도하는 것이다: 크레딧을 만회하고, 빚을 갚고, 순환을 중단시키며, 영점으로 돌아가는 것. 알렉산드라의 사례에서 그녀가 도박을 통해 탈출하고자 하는 '참아낼 수 없음(intolerability)'의 더욱 깊은 원천을 확인하는 것은 어렵지 않다. 그녀가 도박으로 버린 것은 아들의 생명보험금 4만 5천 달러로, 아들의 사망 이후 그 사실을 알게 되기 전까지는 존재하지 않았던 "저주받은 몫"이다. 이 쓰라린 유산을 잃는 것이 도박에서 그녀의 목표의 일부였다는 것을 인정하면서, 그녀는 쿼터 머신에서 1,100달러의 잭팟을 얻었을 때 느꼈던 좌절감을 기억했다. "1달러짜리 머신으로 옮겼어요. 돈을 더 빨리 잃으려고요. *그냥 막 던져버리듯이 게임을 한 거예요.*"

2장에서 보았던 낸시의 은행 계좌를 기억해보자. 그 기록은 그녀가 여섯 시간 동안 기계에서 게임하면서 그녀의 전체 계좌 잔고가 고갈되기까지 일련의 ATM 인출 기록, 영(零)을 향한 그녀의 욕동을 보여주는 일종의 인쇄된 기록물이라 할 수 있을 것이다. "자동차세, 보험료, 임대료. 저는 다 잃었어요. 하룻밤만에 ATM과 기계를 네다섯 번 왔다갔다 하면서요. 다 잃는데 다섯 시간 정도 걸렸어요. 5센트짜리 슬롯 아래서 놀다가 죽은 거죠."

◇◇◇◇◇◇
8   Bataille 1991, 25-26.

죽음의 놀이

프로이트는 "죽음 충동"에서 "죽음"이라는 단어를 문자 그대로라기보다는 보다 비유적인 의미로 사용했지만 도박 중독자는 기계 존에 대해 설명할 때 종종 문자 그대로의 죽음을—특히 그들 자신의 죽음을—이야기한다. 그들은 암시("확실한 자기-파괴적 여행"), 연관("그보다 먼저 연기 들이마셔서 죽을 거예요"), 비유("놀다가 죽은 거죠."), 직접적 언급을 통해 죽음을 언급한다 (잠시 뒤에 보게 될 것이다). 도박자의 서사에서 이러한 주제의 만연함은 실제 죽음에 대한 그들의 관계와 마치 죽음과 같은 존의 상태에 대해 그들이 맺고 있는 관계가 연결되어 있을 가능성을 암시한다. 이하 부분에서는 이러한 연결이 가히 충격적이라고 할만한 사례들에 집중할 것이다. 이는 이러한 사례들로 구성된 하나의 부류를 구분하기 위함이 아니라, 이러한 사례들이 보다 일반적으로 도박 행위를 관통해 흐르는, 근본적인 죽음에 대한 집착을 드러내 보여주기 때문이다.

"제가 세상에서 도태된 것 같았어요." 조안은 자신이 기계 도박을 했던 기간 중 최악의 시간을 나에게 이야기해주었다. 공교롭게도 당시 그녀는 세상에서 떨어져 나온 경험에 꽤나 익숙한 상황이었다. 어떻게 라스베이거스에 오게 되었느냐는 나의 질문에 그녀는 대답했다. "사실 저는 여기 있으면 안 돼요. 저는 사망 선고를 받은 사람이거든요. 저는 걸어다니는 의료적 기적 사례예요. 그 사람들이 제 사례로 전세계 여기저기서 강의도 하고 그래요. 제가 지금 여기 있을 거라고 누구도 믿지 않을 거예요." 조안은 그녀가 38세가 되었던 바로 다음날 그리 복잡하지 않은 일상적 수술을 위해 병원에 입원했는데, 그녀가 눈을 뜬 건 6개월 후 수백 마일이나 떨어진 병원에서였다. 처음에 그녀의 수술을 집도하던 의사는 약물에 취한 상태였고, 그녀는 수술 중 신체 전반으로 엄청난 장기 부전과 감염이 되었다고 했다. "봉합된 부분이 터져서 이쪽 엉덩이부터 저쪽 엉덩이까지 절개된 상태였어요." 그녀는 말했다. "의대 학생들이 그 안에가 어떻게 생겼나 와서 봤겠죠." 조안은 코마상태였고 대재앙과 같은 수술을 받기 위해 항공 이송될 때 몸무게는 거의 38kg까지 빠졌다. 의사는 그의 위중한 상태를 보고 놀랐고 그녀가 살아날 수 있을지 의심했다. 이후 몇 년 동안 그녀는 스물여섯 번의 수술을 받았다. 4년 간 제대로 된 음식을 먹지 못했고, 두 번의 인공항문형성술을 받은 뒤 마지막으로 한 번 더 수술을 받았다. 그 다음엔 탈장이 왔고, 그녀의 장기를 붙잡아 두기 위해 철망을 삽입하는 수술이 이어졌다. 현재 그녀의 배는 거의 흉터로 뒤덮여있다.

"그 모든 일을 겪어오면서 제가 어떤 불사의 느낌을 가지게 된 거 같아요." 그녀는 회고하며 말했다. "저는 제가 특별한 사람 같고, 나를 해칠 수 있는 건 없구나, 생존자구나. 번개 맞은 거랑 비슷한데, 전 살았잖아요. *사람이 이렇게까지 운이 안 좋으면서 또 이렇게 운이 좋을 수가 있을까요?*" 그녀는 자신의 현재 행동과 과거의 죽을 고비를 분명하게 연결지었다. "제가 위험한 짓을 좀 하거든요. 예를 들면 기름이 없는데 그냥 운전해서 집에 간다든지, 아니면 운전을 좀 위험하게 한다든지. 그러니까 빨간 불에 서긴 서는데, 가끔씩은 보지도 않고 차를 확 돌려 버리거든요. 도박도 일종의 그런 행동인 거예요. *나 자신을 위험에 처하게 하는 거, 나 자신의 죽음을 가지고 노는 거죠.*" 그녀는 계속 말했다. "기계는 사람을 막아 서지 않으면서 그런 위험을 감수할 수 있게 해줘요." 머신은 반복된 놀이를 통해 거의 죽을 뻔했던 트라우마를 통제하는 수단임과 동시에, 모든 트라우마를 넘어서 존 상태로 그녀를 데려가는 수단이었다.

다이앤의 이야기에서도 비슷한 관계가 드러난다. 키가 크고 붉은 머리카락을 가진 40대 칵테일바 종업원 다이앤은 자신이 마주친 도박 장치를 통해 외부적으로 활성화되기까지 그녀가 스스로 자신의 안으로 가지고 들어온 일종의 운명으로 자신의 중독을 이해하고 있었다. "제가 기계라는 걸 알지 못할 때에도 이미 그걸 제 안에 가지고 있었다는 거죠." 그녀는 설명했다. "그러니까 기계가 그걸 한 게 아니라, 제가 이제까지 경험해본 중독 가운데 가장 만족스러운 거고, *기계가 그 제 안에 있는 걸 더 커지게 만들고 장악하게 된 거예요*." 이 "안에 가지고 있는 것"이 무엇인지에 대한 설명이 이어지면서 그녀의 이야기는 수많은 트라우마 경험과 죽을 고비들이 이야기에 나타나기 시작했다. 3남 3녀 중 넷째인 그녀의 삶은 세 형제의 죽음으로 한 번씩 구두점이 찍힌다. 한 명은 그가 어렸을 때 죽었고, 다른 한 명은 열세살 때 약물과다복용으로 사망했으며, 마지막은 성인으로 자라났지만 볼더 고속도로에서 도저히 일어나지 않을법한 교통사고로 사망했다. "셋째 오빠가 죽었을 때 놀라지도 않았어요." 그녀는 말했다. 이야기는 여기에서 끝나지 않는다. 아버지는 다른 삼촌들이 그랬던 것처럼 자살했다. "징글징글한 가족 전통이죠." 그녀는 그들의 자살을 씁쓸하게 비꼬듯 말했다. 우리가 만나서 이야기를 시작하기 얼마 전에는 "애가 다섯에 도박 문제가 진짜 심각했던" 그녀의 사촌은 후버댐에서 뛰어내렸다고 했다. (그녀는 이렇게 덧붙였다. "이상한 건 다리에다 차 세워놓고 뛰어내렸는데 차에 3천 달러가 있었대요. … 아마 그걸 다시 써버리지 않는 방법은 죽음밖에 없다는 걸 알았겠죠.") 마침내 다이앤은 그녀 자신도 열일곱 살에 낯선 이로부터 강간과 목졸림을 당하던 상황에서 가까스로 죽음에서 벗어났는지 말해주었다. 그녀는 말했다. "기분이 이상하죠. *누군가 당신을 죽이려고 했고, 그렇게 그냥 죽으라고 내버려뒀다고 생각하면요.*"

그녀는 이 "이상한 기분"을 자신의 10대 아들에 대한 끊임없는 걱정과 연결시켰다. "밤에 잘 때 애가 숨 쉬고 있나 서너 번은 가서 확인해요. 아들 혼자 있으면 너무나 신경 쓰여요." 다이앤은 머신에서, 오로지 머신 앞에서 아들에 대한 걱정을 멈출 수 있다는 걸 알게 되었다. "약간 마비된

3부 중독   357

느낌의 안도감이랄까요. 아들을 잊을 수 있는 다른 방법은 정말 없거든요." 돈이 다 떨어지고 놀이가 멈추면 그녀의 머릿속에 가장 먼저 떠오르는 건 바로 아들이다. "내가 거기 없는 동안 아들한테 무슨 일이 있었으면 어쩌지? 그게 항상 제일 먼저 떠오르는 생각이었어요. 그럼 바로 집에 가서 확인해야 돼요." 다이앤의 언니 역시 그녀와 비슷한 집착적 걱정으로 고통받았던 경험이 있었다. "언니는 우리가 사람들한테 어떤 일이 벌어질 수 있는지 알기 때문에 이런 성향을 가지고 있다고 생각해요. 다른 가족들은 사람이 알아서 성장해서 애도 갖고 모든 게 괜찮다고 생각하겠죠. 하지만 우리는 그게 다가 아니라는 걸 알고 있으니까요."

그녀의 삶의 경험을 맥락으로 할 때, 다이앤의 도박은 통제력을 얻고 그럼으로써 가족의 반절을 잃은 고통과 자신의 아들 역시 비슷하게 빼앗길지도 모른다는 끔찍한 예감을 떨쳐버리기 위한 노력으로 이해할 수 있다. 아니면 그녀의 도박이 죽는다는 것에 대한 "마비된 안도감," 즉 더 이상의 상실을 예측할 필요가 없는 상태에 더 가까이 다가가려는 그녀의 방식으로 이해할 수도 있을 것이다. 그녀는 자신이 미스터리 소설의 결말에 매력을 느낀다고 설명하는 과정에서 그러한 가능성을 암시했다. "저는 거꾸로 읽어요. 결말을 먼저 보고, 그러고 나서 나머지 부분을 읽는 거예요. 작가가 그 지점에 이르기까지 어떻게 생각했는지를 알고 싶은 거예요." 그녀는 작가들이 자신이 목표하는 지점까지 이야기를 이끌고 나가가기 위해 사용하는 순환적 경로인 이야기 구성(emplotment)의 시간적 기제에 매료되었다. 그녀는 결말에 어떻게 도달했는지를 알기 위해 어떻게 결말이 펼쳐지는지는 매순간 찾아본다고 했다. "저는 시간을 앞으로 감았다가 다시 뒤로 되돌려서 각 단계마다 제가 어디로 가고 있는 건지 알고 싶어요. *라이브 게임들보다는 기계가 그걸 가능하게 해주니까요. 기계들은 결말까지 시간을 더 빨리 앞당길 수 있게 해줘요.*" 그녀의 언어는 삶을 지배하고자 하는 욕망과 삶이 그만되었으면 하는, 종결되고 *"없어져버렸으면"* 하는 욕망 모두를 다시 한 번 표명한다. 결국 프로이트는 자신의 손자 에른스트가 거울 아래쪽으로 웅크리고 숨어 자신의 모습이 보이지 않게 하여 *자기 자신*이 사라지게하는 방법을 발견했다고 이야기하지 않았던가. 어떤 의미에서는 도박자들은 이것을 기계로 수행하고 있는 것이다.

다이앤과 마찬가지로 샤론도 세계란 어떤 사고가 발생할지 모르는 곳이라는 느낌에 끊임없이 시달리며 위태로운 존재의 본성으로 돌아섰다. "금방이라도 소멸될 것 같은 느낌, 그런 일이 눈 앞에 와 있는 것 같아요. 제 머릿속에서 펼쳐지는 회색 영역, 미지의 것, 불안과 앞으로 벌어질 일들에 대한 예상, 함께 벌어질 파국들, 가능한 종말 시나리오들에 대한 예측…. 머릿속이 온통 지뢰밭이에요." 다이앤과 마찬가지로 그녀는 도박 기계가 제공하는 일련의 선택에 참여하는 일이 머릿속에서 휘몰아치는 위험한 폭주 시나리오를 멈추게한다는 것을 알게 되었다. 앞서 그녀가 말했던 것처럼, "상호작용은 아주 명확했고, 그 방식은 깔끔하게 정의되어 있었죠. 내가 어떤 카드를 계속 가지고 있을지 아니면 버릴지 결정하면 그걸로 끝이잖아요. 나는 오직 '예' 아니면 '아니오' 버튼 가운데 하나만 고르면 돼요." 기계 놀이는 반복적으로 스위치를 껐다 켰다 하는 일의 위험도를 감소시켰다. 온/오프, 예/아니오, 승리/패배, 열기/닫기, 있다/없다—일단 어떤 위험을 감수하기만 하면, 그 결과는 곧 드러나고, *사건은 종결되는 것이다*.

샤론은 이러한 폐쇄 효과(closure effect)를 그녀의 "기계 삶"의 다른 영역에서도 똑같이 적용하고자 시도했다. 예를 들면 그녀는 자기 전에 만일의 사태가 비집고 들어올 수 있는 모든 관문을 막아야 했다. 즉 차의 주행 기록계를 "0으로 맞추고", 집 안에 있는 모든 문과 창문은 다 잠그고, 모든 전화선도 뽑아 놓았다. "저는 완전한 분리가 필요했어요." 그녀가 설명했다. "저는 그걸 '외부적으로 나의 내적 현실 세팅하기'라고 불러요." 알빈이나 다이앤처럼 그녀도 '나머지'를 견딜 수가 없었다; 즉 비디오 포커 기계 안에 남아있는 크레딧, 거울 속에 비친 자신의 침대 아래 있던 15센트짜리 동전, 56킬로그램이라는 자신의 몸무게 제한에서 조금이라고 초과하는 것, 매일의 이동을 기록하며 주행 기록계가 올라가는 것들. 그녀가 안식을 찾기 위해서는 불확실성과 덧없음 가운데 남아있는 삶의 흔적—그 중 일부는 파괴적 사건들의 '나머지'였다—은 0점으로 맞춰져야 했다.

"0으로 맞추"려는 샤론의 강박은 그녀 자신에게까지로 확장되는데, 그녀의 통제 의례를 가속화한 내적 자기-취소 충동을 다시 한 번 암시한다. 그녀는 종종 자신의 죽음에 대한 환상을 가지는 데까지 나아갔다. 그녀는 그것이야 말로 완벽하고도 완전한 제거라고 말했다.

> 때론 제 전존재의 총체, 제가 유명해지는 건 제가 죽을 때라고 생각하곤 해요. 저의 세속적인 소유물을 파악하는 건 아주 쉬운 일일 거예요. 왜냐면 그것들은 조직화되어 있고 분류되어 있으며 깨끗하고 말끔하게 정리되어 있을 거거든요. 그것이 바로 제가 성취한 모든 것일 거예요. 왜냐하면 저의 처음 의도가 고통과 혼란을 피하는 것이었거든요. 어떤 사람들은 죽은 다음에 그 망자의 일을 정리할 때 완전히 엉망진창이라는 거 아세요? 음, 저한테 있어서는 그러한 무질서가 그 사람이 어느 정도 수준으로 살았냐를 알려주는 설명과 같은 거거든요. 제가 죽으면 제가 했던 일들은 무엇이든지 간에 이미 달성되고, 분류되고, *사라지고 없을 거예요.* 저는 지금도 제 생명보험 전화번호도 소지하고 있거든요. 제 장례식 계획이요. 아마 누가 와서 제 모든 잡다한 일들 정리하는 데 한 두 시간 정도면 충분하다고 생각해요. 그리고 샤론이라는 전존재를 지워버리는 거죠. *그렇게 종결되는 거죠.*

샤론의 판타지는 마치 그녀의 삶이 이 세상에 없었던 것처럼 그녀 자신과 자신의 개인적 영향들이 완전히 정리되고, 경계지어지며, 삭제된다는 것이었다. "제가 퍼즐에서 큰 부분을 놓친 걸까요?" 그녀는 나에게 물었다. "그렇게 삶을 정리하기 위해 산다는 게 가장 질서있고 안전한 방식일까요? 다른 방식으로 사는 데서 논리와 안전함을 발견해보려고 노력했지만, 아직까지 다른 방법은 모르겠더라구요."

비디오 포커에 대한 샤론의 강박적 얽힘은 자신이 직면한 삶을 어떻게 살 것인가에 관한 "퍼즐"을 반영한다. 기계 도박은 그녀를 단번에 우연의 선상에 위치시키고, 그녀에게 확실성과 해소의 감각을 부여하는 방식으로 그 우연을 중재한다. 이 책의 서두에서 인용된 그녀의 이야기를 다시 한 번 기억해보자.

> 대부분 사람들이 도박을 순수한 운으로 정의하잖아요. 결과는 모르는 거라고요. 그런데 머신을 하다보면, 결과는 뻔해요: 게임에서 *이기거나 지거나* 둘 중에 하나겠죠. 기계가 동전을 계속 *잡아먹거나*, 반대로 다시 *뱉어낸다*는 사실은 별로 중요한 게 아니에요: 내가 새로 동전을 넣으면, 새로 카드 다섯 장을 받고, 그리고 버튼을 누르면, 내가 *계속*할 수 있다는 거, 그게 중요한 거죠. 사실 그건 도박이 아니에요—오히려 기계 도박은 내가 뭔가에 대해서 확신할 수 있는 몇 안 되는 공간 가운데 하나에요. 만약에 내가 그게 확률에 관한 것이라고 믿었다면, 그게 언제 어떤 방식으로든 움직이는 가변성이 있는 거라고 생각했다면 무서워서 도박 안 했겠죠. *머신을 못 믿겠다고 하는 사람은 예측불가인 인간 세상에나 살아가는 편이 낫겠죠.*

기계에 대한 샤론의 "의존"은 다음과 같은 사실로 우리를 되돌아가게 만든다. 즉 도박자가 기계 놀이에서 경험하는 통제의 우여곡절들—통제하기 위한 노력들, 통제력의 상실, 심지어 통제를 넘어선 존을 향한 가장 극단적인 밀어붙임—은 그저 통제력과 관련해 기존에 존재하는 집착의 표현만이 아니다. 그보다는 위와 같은 우여곡절들은 이러한 집착과 게임 설계 사이의 상호작용의 산물(라투르의 용어를 빌어 이야기하자면, 도박자와 기계의 "공동-산물")이다. 도박자들의 정신역동적 과정과 기계 놀이의 과정 사이에는 선택적 친화력 같은 것이 존재하고 있다.

기계에 대한 도박자의 의존은 장치가 약속을 지키지 않을 때, 또는 샤론이 앞서 이야기한 것처럼 "계약"을 지키지 않을 때 더욱 확실해진다. 샤론은 그러한 계약 위반이 발생했을 때 그녀가 받은 영향을 아래와 같이 설명했다.

> 코인이 막히거나 후퍼가 비어버리거나 하면 그 순간에 진짜로 마비된 것 같이 느껴요. 다른 머신으로 옮긴다든지 정비사가 오길 기다린다든지 하는 문제가 아니에요. **이거 왜 안 움직이지?!?!라는 문제죠**. 식기세척기나 차가 고장난 것보다 훨씬 심각해요. 비디오 포커 기계에 관해서라면 어떤 오작동도 참을 수가 없어요. 왜냐하면 이게 내가 의존하는 **단 하나**의 물건이니까요. 기계가 오작동하거나 기계에 돈이 다 떨어지면 기계를 믿지도 못하고 안전하게 느껴지지도 않아서 그 머신에서 일어나야 하거나 심지어는 카지노 자체를 벗어나야 해요. 왜냐면 기본적 계약이 깨진 거잖아요. 그 사실을 직면했죠. **너, 통제가 안 되는구나**. 그런 순간에 저는 정말로, 진짜 엄청나게 제 중독에 빠져드는 거예요. 왜냐면 제가 의존했던 행동 반응이 일어나지 않았으니까요.

샤론의 이야기가 전하는 바와 같이, 기계가 제대로 작동하지 못하는 순간에 전면에 드러나는 것은 도박자의 취약성이나 의존성만이 아니다. 그 순간에는 허술함, 믿음직스럽지 못함, 예측불가능성, 배신할 수 있는 능력과 같은 인간적인 측면을 취하는 것으로 보이는, 기계의 취약성과 의존성도 함께 드러난다.

때로 이러한 배신은 기계적 오작동과는 다른 형태를 취하는데, 도박자들이 하러 온 게임을 기계가 마지못해 하게 내버려두는 듯한 양태로 나타난다. 즉 그 안에서 자아/기계 간의 구분이 사라지는, 완벽한 우연의 게임인 것이다. 예컨대 이사벨라는 다음과 같이 이야기한다.

> 그렇게 흥청망청 노는 게 끝날 때 즈음에 저는 고장난 것처럼 울음을 터트려 버렸어요. 진짜 바로 머신 앞에서요. 그날 기계는 제가 원했던 걸 주지 않았어요. 돈을 너무나 빨리 다 가져가 버린 거예요. 하느님께 기도 드리고 있었는데, 바로 마지막 코인까지 싹 다 먹어 버리더라구요. 눈물이 터져나오면서 막 흐느껴 울었어요. *이러면 머신이 꼭 신경써줄 것처럼 머신 앞에서 앉아서 울다니 얼마나 바보같은 짓이야?* 하고 생각했죠. 제 주변에 비디오 카메라가 엄청 많은 것도 알았고 사람들은 절 보고 웃음을 터트리고, 근데도 눈물이 자꾸만 더 나더라고요. 그 뒤로 딱 2주만 더 도박했어요. 새롭게 시작하려고, 일부러 돈을 다 잃었거든요.

이 장면에는 도박 자금의 손실보다 더 커다란 뭔가가 걸려있다. 샤론과 마찬가지로, 이사벨라는 완벽한 우연과 자기-정지(self-suspension)를 추구했다; 그러나 마지막 코인을 잃으면서 그녀는 찌꺼기와 같이 다시 세계에 남겨졌고, 그 세계에서 그녀는 기계에서 "사라질" 수 없다는 불가능성을 직면해야만 했다. 이때 그녀가 느꼈던 배신의 감각은 기계적 성공에 의해, 그러니까 기계가 설계된대로 잘 작동하여 그녀의 자산을 소멸시키는 프로그램이 성취됨으로써 촉발되었다; 그 대신 "고장난 것처럼" 되어버린

건 이사벨라였다. 그녀의 자기–청산(self-liquidation) 프로그램은 그 프로그램이 추진력을 얻을 수 있도록 허락했던 바로 그 장치에 의해 방해받았던 것이다. 놀이의 중단과 존의 붕괴는 그녀와 도박 기계 간의 비대칭적인 결탁 관계를 드러냈다. 그녀는 자신의 절망을 녹화하는 숨겨진 비디오 카메라들의 눈으로 스스로를 보게되면서, 그녀는 급작스럽게 세계 내 한 주체로서의 자신을 알아차리게 되었다.

그러나 이사벨라는 손실에 대한 통제력을 어느 정도 얻을 수 있는 가능성으로 그 상황을 전환하며, 충격적으로 명확하게 드러난 이 지점을 넘어 다시 한 번 원기를 되찾았다: "그 뒤로 ⋯ 새롭게 시작하려고, 일부러 돈을 다 잃었거든요." 자신을 탈출시키려는 바로 그 시도 안에서, 그녀는 애초에 그녀를 그곳에 데리고 갔던 같은 욕동을 반복한다.

◇ ◇ ◇

알렉산드라의 질문으로 다시 돌아가보자. *저를 통제하는 이 '뭔가'가 뭘까요?* 이 "뭔가"는 완전히 인간의 안에 있는 것만도, 완전히 기계에 대본으로 쓰여진 것만도 아니며, 양자가 모두 기여하는 혼합된 힘으로 보인다. 기계 도박에 있어서 이용자의 자산을 소멸(또는 "이용자를 전멸")시키는 산업계의 목표는 이용자 자신이 자기–청산(또는 "자기–전멸)로 향해 밀어붙이는 일종의 협력관계 안에서 작동한다. 이러한 의미에서 기계 설계의 효력은 인간 정신에 외래적이거나 오염된 힘을 주입하는 것이 아니라, 도박자들에게 이미 존재하고 있는 성향을 이끌어내고 그것이 일정한 방향으로 흐를 수 있도록 만드는 능력에 있다. 앞서 다이앤이 이야기한 것처럼, "[기계가] 제가 이제까지 경험해 본 중독 중에 가장 만족스러운 거고, 기계가 그 제 안에 있는 걸 더 커지게 만들고 장악하게 된 거예요." 도박 기계는 프로이트가 설명한 것처럼 죽음 충동의 정신 경제(psychic economy)를 정제하여, 삶의 불안정한 순환을 존을 향한 순탄한 경로로 전환한다고 할 수 있다.

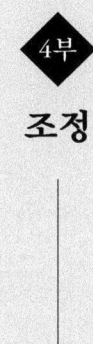

4부
조정

만약 인간의 조건이 주어진 것이든 인간이 만든 것이든 모든 것이 즉시 그의 더 깊이 있는 존재의 조건이 되는 조건화된 존재로 구성되어 있다면, 인간은 기계를 설계한 순간 그것의 환경에 "적응"한 것이다.

― 한나 아렌트

테리의 기계

짧은 회색빛 머리칼에 깊은 푸른색 눈동자, 자그마한 몸집의 60대 초반의 여성 테리는 라스베이거스 북쪽 아키 그랜트 프로젝트에 위치한 스튜디오 유닛의 1층에 거주하고 있다. 밤이 깊었고, 깜깜한 아파트에서 불빛이라곤 우리가 앉아있는 의자 사이에 있는 전등 불빛과 텔레비전 화면의 빛밖에 없었다. 그녀는 120s 담배를 피웠고, 떨어지는 담뱃재를 자신의 무릎 위에 놓인 검은색의 커다란 재떨이에 털었다. 커튼과 카펫으로 이루어진 공간 전체에 담배 연기가 스며든 것 같았다. 테리의 코로 연결된 산소 호흡기는 그녀의 귀를 돌아 턱에서 만나는 얇은 플라스틱 튜브로 고정되어 있다. 튜브는 그녀의 실내복을 따라 내려가다 발 주위에서 한 번 감긴 다음 모니터의 전자음과 물이 흐르는 소리가 있는 방향으로 이어진다. 어둡게 그림자 진 저쪽 끝 공간에서 웅웅대는 것, 나는 그것이 그녀의 산소 장치 가운데 일부일 거라고 추측해 본다. 텔레비전 세 개로 만든 피라미드 뒤에는 커다란 약상자가 놓여있다. 그중 하나에서 영화 터미네이터가 상영 중이고, 아놀드 슈왈츠제네거의 강철 얼굴이 우리 쪽을 바라본다. "우리가 터미네이터 없애 버리죠." 테리는 리모콘 버튼을 눌러버리고, 그의 얼굴은 화면의 깜빡임과 함께 사라진다.

"우리 집안에는 중독자의 피가 흘러요." 그녀가 이야기를 시작한다. 담배 연기를 내뱉는 중간중간 그녀는 여섯 명의 자녀들이 어떤 의존을 가지고 있는지 말해준다. 막내 아들은 약물중독자였다가 지금은 알코올 중독자다. 첫째 딸은 빙고에 미쳐있는 데다 복권을 사들인다. 또 다른 딸은 이 남자 저 남자 만나고 다닌다. 다른 두 딸은 폭식 문제가 있다. 막내 딸은 이것 저것 중독된 게 많다. 크랙 코카인, 술, 폭력을 휘두르는 남자, 키노 기계, 그리고 비디오 포커까지. "아마 저 자신이 그런 것들에 가장 많이 중독됐는지도 모르죠." 그녀는 혼잣말하듯 말한다. "정도가 좀 다른 거지."

테리와 나는 그 전 주에, 샘스 타운 카지노 근처 볼더 하이웨이에서 약간 벗어난 곳에 위치한 중독자 자조모임 센터 및 카페 트라이앵글 클럽에서 있었던 단도박모임에서 만났다. 그녀는 1983년에 일리노이에서 라스베이거스로 이주했다. 주치의가 그녀의 만성적 폐질환에는 건조한 사막 기후가 더 낫다고 권고한 이후였다. 그녀는 회계로 막 학위를 받은 참이었고 라스베이거스는 일을 시작하기에 적당한 지역이라고 생각했다. 그녀는 잠깐 동안은 계획했던 대로 회계 장부 담당자로 일했다. "그러고는 저는 잘렸어요. 다 컴퓨터화 되면서요. 저는 컴퓨터 사용법은 못 배웠거든요." 그녀는 매일 도박하기 시작했다. 아이러니하게도 그녀는 컴퓨터로 작동하는 비디오 포커 머신을 좋아했다. "릴 돌려서 7이 나오길 쳐다보고 앉아 있는 기계들은 쳐다도 안 봤어요. 비디오 포커를 해야 제가 좀 더 통제를 할 수 있다고 생각했거든요." 게임의 기술 요소에도 불구하고, 디지털 칩이 승률을 좌우한다는 걸 깨닫기까지 오랜 시간이 걸렸다. "아직도 이해를 못하겠어요. 어떻게 칩으로 그렇게 컨트롤 되는 건지…. 제가 기계에 대한 통제력을 가질 수 있다고 생각했다는 게 얼마나 바보같은 짓이에요?"

테리의 도박은 꾸준하게 지속되었다. "제가 진짜로 중독된 날짜를 정확하게 짚으라 그러면 1988년 4월 25일이라고 할 수 있죠. 그날 쿼터 프로그레시브 기계에서 로열 플러쉬 나와서 2,495달러 땄거든요." 테리가 그 날짜를 정확하게 기억한 건 그녀가 그만큼의 돈을 땄을 뿐만 아니라 그 날이 딸의 생일이기도 했으며, 여동생이 사망한 날이기 때문이기도 했다. "그런 건 잊어버릴 수가 없죠." 이러한 일련의 비극적 사건들 이후 그 봄 내내 승리의 연속이 지속되었다. 그녀가 "두 번째 고향"이라고 부르는, 엘 코르테즈 카지노에서 테리는 수없이 많은 잿팟을 터트렸고, 그녀에게 제공되는 무료 식사를 감당할 수 없을 정도였다. 그러다 갑자기, 행운이 등을 돌렸다. 테리가 마지막 무료 저녁 식사 티켓을 집어들었을 때, 카운터에 있는 여자가 그녀에게 말했다. "다음 번에 잿팟 터지기 전까지는 이게 마지막 식사에요."

여름이 끝나갈 무렵, 테리는 이긴 돈으로 샀던 차도 팔 수밖에 없었고 400달러를 마련하지 못하면 아파트에서도 쫓겨날 처지에 이르렀다. 거리에 나앉을까봐 두려웠던 테리는 교회로 갔고 그곳에서 돈을 빌렸다. 그 이후 지난 10년 동안 테리는 도박에서의 손실을 통제하기 위해 애를 썼다. 그 노력에는 단도박모임, 개인 상담, 라디오에서 들었던 치료 집단 프로그램도 포함되어 있다. 그러나 모두 그렇게 큰 도움이 되지 못했다. 그녀는 말했다. "기법이 발전한다고 해도 별로 도움이 안 돼요. 그리고 그런 데 많이 참여한다고 해도요."

"모든 촉발 요인들로부터 멀어지는 게 저한테는 더 나을지 몰라요." 그녀는 말했다. "하지만 그렇게 되면 제가 받을 수 있는 지원에서 다 멀어지게 되잖아요. 라스베이거스는 문제성 도박 회복의 훈련 캠프와 같은 곳이니까요. 그러니까 저는 여기에서 옴짝달싹 못하게 되었다고 봐야죠."

9장

균형잡기

치료의 이중구속

G.A.모임은 스트립 동부로 몇 마일 떨어진 작은 상가 2층에서 진행되고 있었다. 밤색 정장 바지에 장식용 수술이 달린 금목걸이를 차고 온 한 부동산업자는 매일 아침 집에서 나설 때마다 자신이 그날 도박을 할지 아닐지에 대한 확신이 없다고 했다. "약속들 사이에 틈이 있을 때 뭔가가 저를 확 돌변하게 만들어서 어느 순간에도 제가 게임하러 가게 만들 수 있어요. 뭐가 절 촉발시킬지는 알 수 없죠. 밖에 나가면 위태롭고 조마조마한 느낌이에요."

파란색 청바지와 스웻셔츠를 입은 중년의 남성도 이 위태로운 느낌이라는 주제를 이어 받았다. "[G.A.] 규칙은 알죠. 카지노에 가지 마라. [도박]기계 옆에 가지 마라. 하지만 제가 베이거스에 사는데, 그게 어떻게 가능해요? 가끔은 바에 가서 술도 한 잔씩 하는데 거기서 저를 쳐다보고 있는 그 망할 기계가 없는 곳이 없다구요. 제기랄, 약국 가도 기계가 있는데요. 처방 받으러 갈 때마다 몇 시간씩 기계 앞에 앉아 있을 위험을 감수한다구요."

"식료품점은 밤새 열잖아요." 60대의 자그마한 여성이 입을 열었다. 그녀의 무릎 위에서 반짝이며 빛나는 커다란 지갑을 얼마나 꽉 움켜쥐었는지 반지를 낀 손가락 주변은 피가 통하지 않아 하얗게 변했다. 그녀는 성공한 은행가인 남편이 출장으로 집에 없을 때 식료품을 사러 가는 일이 얼마나 공포스러운지를 이야기했다. 럭키 슈퍼마켓 주차장에서 그녀는 차를 세워놓고 이렇게 기도한다고 했다. *저는 먹어야 합니다, 뭔가 먹어야 해요.* 그러고는 입구부터 늘어서 있는 비디오 포커 머신을 후다닥 지나쳐 가게 안으로 들어간다는 것이었다.

식당 유니폼을 입은 30대 여성이 다음 차례로 말했다. "주변이 온통 도박 투성이에요. 그 안에서 살고, 그 안에서 일하고, 끝이 없어요. 직장 동료들도 맨 그 얘기들 뿐이고, 식당에 온 손님들도 그 얘기만 하고, 출근했다 나와서 차에 들어갈 때까지 온통 그 얘기 뿐이에요. 집에 가는 동안에도, 볼더 스테이션 지나가면서, 다른 모든 장소들 지나가면서 제 마음은 전쟁터에요. 차를 멈추지 않고 지나가려고 일부러 한 차선으로만 다니고 있어요."

"매일, 매순간 경계를 늦추지 말아야 합니다." 수 년 간 G.A.에 참여해 온 나이든 남성이 말했다. "잠깐 잡일하러 운전하러 갈 수도 있잖아요. 그런데 계획 없이 주유소에 갔다가 몇 시간씩 거기 걸려들 수도 있어요. 마치 다른 사람이 내 몸을 움직이고 저는 그냥 거기 따라가는 것처럼 느껴진달까요. 제가 요즘 쓰는 방법은 기계가 있는 장소들을 지나갈 때 양손에 자유를 주지 않는 거예요. 예를 들면 뭔가 다른 물건을 잡고 있거나 주머니에 손을 넣거나 하는 식으로요." 이야기하며 그는 손가락을 안으로 구부려 주먹을 꽉 쥐고 팔을 들어올려 보였다.

◇ ◇ ◇

앞서 테리는 라스베이거스를 "문제성 도박 회복의 훈련 캠프"라고 이야기했다. 그녀의 말대로 도시의 광범위한 기계 도박 인프라 위에는 그 장치에 붙잡혀 강박적이게 된 자들을 위한 열성적인 치료 네트워크가 한 꺼풀 덮여 있다.

내가 1998년에 방문했던 한 주유소에는 인근 주민을 대상으로 한 비디오 포커 기계를 운영했는데, 기계들이 늘어선 벽 윗쪽에는 자조모임, 무료 진료소, 도박문제를 치료하기 위한 지역 내 다른 치료 자원들에 대한 홍보용 전단지들이 붙어있었다. 기계 자체에도 라스베이거스와 교외에서 일주일에 약 100개에 달하는 회합을 진행했던 단도박모임(Gamblers Anonymous, G.A.) 번호 1-800이 붙어 있었다. 1997년 문제성 도박을 위한 트리메리디언 리소스(Trimeridian Resources for Problem Gambling)라는 영리집단이 다양한 개인 및 집단 상담을 제공하는 라스베이거스 진료소를 열었다. 지역 주민들은 라디오 광고를 통해 엘리 릴리 제약회사가 트리메리디언을 통해 이중맹검법 실험에 참여할 지역 내 비디오 포커 이용자를 모집하고 있다는 걸 알게되었다. 이 실험에는 자이프렉사라는 약물이 관련되어 있었는데, 이는 항정신병 약물로 연구자들은 이것이 도박에 대한 갈망 역시 감소시키를 바라고 있었다. 임상실험은 차터 병원에서 진행되었는데 이 병원은 1986년부터 전국적으로 해당 병원 체인이 폐원했던 1998년까지 문제성 도박자들을 위한 입원 치료 클리닉을 운영했다. 차터 병원의 폐원 후 클리닉에서 전직 이사로 있었던 로버트 헌터는 시내 인근의 황폐한 지역에 비영리로 문제성 도박 센터(Problem Gambling Center)를 설립했다. 집단 상담 한 회기에 5달러밖에 받지 않는 이 센터는 스테이션 카지노와 지역의 다

른 도박 사업체들의 재정적 지원으로 설립되었다.[1]

　얼핏 보기에는 치료 사업체들이 상업적 도박과 반대되는 목적을 가지고 운영하는 것처럼 보인다. 도박 산업이 더 많은 소비를 이끌어내기 위한 기술과 기법을 설계한다면, (연구자들, 재정 지원 단체, 입원 및 통원 치료 집단, 개인상담소들로 구성된) 회복 산업은 이 소비의 멍에를 가볍게 해주리라고 약속하는 기술과 기법을 설계한다. 양자의 목적이 너무나 극명하게 반대되기 때문에 혹자는 두 산업체들이 사용하는 방식 또한 완전히 다를 것이라고 기대할 수 있다. 그러나 양자는 두 가지 핵심적인 특징에 있어 유사함을 보인다. 첫째, 양자 모두 행동이 외부적 조정을 통해 수정될 수 있다는 개념을 중심으로 돌아간다. 도박 기계와 같이, 치료 상품은 "이용자-중심"적으로 설계되어 있으며 개별 고객 맞춤형을 따른다. 둘째, 양자 모두 이용자들에게 내적 및 외적 동요로부터 단절되는 정서적 균형 상태를 유발함으로써 작동한다.

　기계 도박자들이 사용하는 도박 기술과 치료 기술 사이에 나타나는 공명은 중독과 회복을 명백하게 구분해 내는 경계선이 불분명해지는 부분을 분명하게 드러낸다. 두 가지 모두에서 도박자들은 지속적이고 항상성을 가진 상태를 만들어내고 위험한 일이 발생하지 않도록 자기-조절의 수단을 찾는다. 앞으로 살펴볼 것처럼, 그들이 "회복"이라고 특징짓는 이 용의주도한 균형 상태는 그들이 "존"이라고 부르는 긴장감이 부재한 상태와 이상할 정도로 닮았다. 테리는 말했다. "제가 [치료에] 참여하면서 느꼈던 고요함은, 제가 기계할 때 느꼈던 고요함이랑 가장 비슷해요." 도박 중독자의 기계 놀이는 그들의 치료와 동형일 뿐만 아니라, 둘 사이에는 특정한 공모 관계, 심지어는 상호교환의 가능성까지 발달하여 자기-상실과 자

1　Simpson 2000; Strow 2000.

기-회복의 영역을 병합한다. "어려운 문제죠." 지역의 한 치료자는 말했다. "왜냐하면 저는 기계하면서 놀 때 탈출했다는 감각을 더 강하게 느끼려고 처방받은 항불안제 쓰는 사람들도 봤거든요."

라스베이거스의 회복자들은 동시에 두 세트의 "자기-치료"에 연결되며 이중 구속의 상태에 처한다: 즉 중독의 종결로 나타났던 지점이 다시 그것의 원천으로 선회하여 돌아가는 모양새를 보인다. 몰리는 이 책의 서두에 인용되었던 그림에서 이러한 선회를 시각적으로 드러내 보여주었는데, 이 그림에서 진료실과 G.A. 회합 장소는 카지노와 슈퍼마켓의 슬롯으로 돌아가는 길과 같은 선상에 있다(그림 i.4 참고). 테리나 도박을 그만두고 싶어하는 다른 이들과 마찬가지로 그녀는 이 출구 없는 길에서 위험은 피하면서 치료에는 참여하기 위해 어떻게 방향을 잡아야 할 것인가에 대한 도전을 직면하고 있다. 이 장에서는 그러한 도전과 그 결과를 살펴보고자 한다.

목록 조사와 위험 관리

토요일 아침, 트리메리디안 사무동의 창문 없는 회의실에서 도박 중독 분야에서 오랫동안 치료자로 종사한 줄리안 태버가 그의 집단 프로그램에 참여한 참가자들에게 네 장짜리 문서 복사본을 나눠주었다. 그 종이에는 줄리안이 소비자 생활 지수와 욕망의 목록이라고 이름붙인 중독성을 가진 각각의 항목이 나열되어 있었다. 여러 항목은 딱히 어떤 순서에 따라 정리된 것은 아니었고, 각 항목 오른쪽에는 "6-12개월 사용"과 "평생 사용"을 체크할 수 있도록 되어 있었다(그림 9.1 참고). 나를 포함한 열 명의 참여자들은 함께 목록을 읽으며 각자 가지고 있는 의지의 약한 지점을 표시했고,

그 뒤에 이어 새로운 항목들도 추가했다. 목소리가 유난히 컸던 한 젊은 여성은 "소비를 위한 소비"와 "특정한 물건을 검색하고, 구매하고, 수집하기"가 새로운 두 개의 범주—"쇼핑을 위한 쇼핑"과 "샀다가 환불하기"—로 묶여야 한다고 주장했다. 그녀가 생각하기에 이것들은 이러한 강박적 경향들과 한가족이나 다름 없지만, 목록에 이미 포함된 두 가지와 약간은 다르다는 것이다. 중독자 행위의 비생산적이고 순환적인 특징을 강조하며 태버는 "반품을 *위한* 구매"라는 표현이 두 번째 습관을 표현하기에 더 정확할 수 있다는 점을 지적했고, 이는 목록에 추가되었다. 나를 포함해 회의실 안에 있는 참여자 중 절반이 그 항목에 체크했다.

앞서 등장했던 은퇴한 통신 기사 다니엘은 "탄수화물"과 "비타민/기타 건강 식품"도 목록에 포함되어야 한다고 생각했다. 그는 전자는 몸에 나쁘고 후자는 몸에 좋다고 하더라도 어쨌든지 간에 둘 다에 모두 중독되었다며 중얼거렸다. 보다 젊은 연령층의 한 남성은 당연히 포함되어야 했을 "비디오 게임"과 "인터넷"이 빠져있다고 지적했고, 부드러운 목소리의 한 여성은 그보다는 덜 명백해보이는 "아이 돌봄"이 포함되어야 한다고 말했는데 이 항목은 리스트에 추가되기 전에 잠깐의 침묵이 흐르기도 했다. 또 모든 참여자는 "자조(비디오와 문학, 기술, 개인 및 집단 프로그램을 포괄하는 전반적인 범주)"가 포함되어야 한다는 데 동의했다. 그때쯤 이르자 더 이상 추가되어야 할 것을 이야기하는 사람은 없었고, 한 시간 정도 걸린 집단적 인벤토리 조사 훈련이 끝났다. 우리는 일어서서 스트레칭을 하고 화장실에 가거나 밖에 나가 담배를 피우는 사람도 있었다.

• 코카인	• 파이프, 시가, 담배, 코담배 또는 씹는 담배
• 헤로인	• 알코올, 맥주, 와인, 독주, 위스키 등
• 암페타민 또는 비슷한 각성제	• 바르비투르 또는 유사한 진정제
• 모르핀 또는 아편 같은 약물들	• 환각제 (LSD, PCP, 메스칼린 등)
• 돈 따려고 도박하는 것	• 카페인 (차, 커피, 콜라 음료 등)
• 마리화나	• 운동, 조깅, 스포츠, 신체단련
• 다른 사람과 섹스하거나 그럴 기회를 만듦	• 소비를 위한 소비
• 포르노를 보거나 찾아봄	• 바쁜 상태를 유지하는 일
• 말하기 위한 말하기	• 화, 다툼, 논쟁
• 특정 물건을 검색, 구입, 수집함	• 다른 사람을 통제하거나 조종하려는 것
• (특별한 이유 없이 하는) 거짓말	• 그저 관심받기 위해 관심 받으려 애쓰기
• 아스피린 또는 다른 비처방 진통제	• 읽기를 위한 읽기
• 설탕이 많이 들어간 음식 (사탕, 베이킹류, 아이스크림)	• 다른 사람이 날 돌보게 하거나 날 위해 뭔가 하게 만드는 것
• 완화제	• 항히스타민제 또는 다른 충혈 완화제
• 훔치기, 쇼핑하기, 좀도둑질	• 제산제, 소화제
• 통제된 진통제 사용 (처방약)	• 과속 또는 난폭 운전 (약물 비사용 상태)
• 코막힘용 스프레이 또는 흡입제	• 바륨, 리브리엄, 소신경안정제
• TV 보기	• 신체적 폭력
• 고지방, 기름기 많은 음식	• 기침 그리고/또는 감기약
• 소금통 안의 소금 그리고/또는 짠 음식	• 종교 활동

그림 9.1 줄리안 태버가 도박 중독 치료 프로그램에서 사용하기 위해 만든 소비자 생활 지수와 욕망의 목록.

우리가 스스로 적어보는 이 연습을 통해 얻은 교훈은 (사회학자 앨런 헌트가 이야기한 것과 같이) 소비자들이 직면한 "매일 같이 위험한 것들이 늘어난" 상황에 직면하고 있다는 것, 그리고 중독은 1980년대부터 문화적 순환으로 유입되어 계속해서 그 정의가 확장되고 있다는 점이었다.[2] 항목의 많은 갯수와 다양성으로 알게된 첫 번째 교훈은 *어떤 것에도 중독이 될 수 있다*는 것이었다. 어떤 물질이나 행위도 그 자체로 나쁜 것은 아니었지만, (일상에서 조금씩 또는 규칙적으로 수행되었을 때 그것이 얼마나 필요하고, 자애로운 일이 될 수도 있으며 또는 삶을 증진시키는 일이라고 하더라도) 어떠한 소비자 행위도 과도하게 수행되었을 때, 또는 "그저 그 자체를 위한" 행위가 되었을 때 문제가 될 수 있다. "어떤 것이든 너무 많이 하는 건 좋지 못해요. 달리기도 너무 많이 하면 그건 중독이에요." 다니엘이 말했다. "종교도 마찬가지에요. 매일 같이 교회에 가야만 한다고 하는 사람들 있는데, 그것도 중독이에요." 참여자들이 만장일치로 자조가 중독의 목록에 들어가야 한다고 동의했을 때 이 교훈은 그들 사이에서 확정되었다. 그것이 암시하는 바는 그야말로 아찔하다: 중독이 될 수 있는 잠재성이 그것을 치료하기 위한 치료법에도 존재한다면, 중독은 어디에서부터 시작하고 어디에서 끝나는 것인가? 또 어떻게 그것을 저지하거나 그것으로부터 회복할 수 있는 것인가?

두 번째 교훈은 *누구라도 중독자가 될 수 있다는 것*이었다. 한 노인 참여자는 이렇게 말했다. "어느 정도는 우리 모두 중독적 성향을 타고 나지 않나요? 어떤 사람한테는 그게 쇼핑이고, 어떤 사람은 청소, 어떤 사람은 일하는 데 중독되죠. 저는 그게 도박과 담배인 거고요." 다니엘도 동의했다. "중독이나 강박성은 모두에게 있는 것으로 보입니다. 어떤 사람들은 이걸 하고 또 다른 사람들은 다른 걸 하는 거죠. 심지어 정상적인 사람들도 중독을 가지고 있어요." 핵 과학자 록키는 중독에 대한 민감성이 정상성의 일부를 구성한다는 데까지 나아갔다. "저는 우리 모두가 어떤 행동에

◇◇◇◇◇◇

2 Hunt 2003, 185.

있어서는 과도하게 할 수 있는 잠재성을 가지고 있다고 생각해요. 단지 우리는 그걸 균형을 잡아줄 다른 행동을 하는 거죠. 제가 이리저리 생각해보고 있는 [건강] 개념은 평형 개념이에요. 어떤 복잡한 방식으로 다른 행동들이 특정 행동들의 균형을 맞춰 준다는 거죠." 그가 이해한 건강은 본질적으로 좋지도 나쁘지도 않은 행위들 사이의 균형 기능이었다. 우리가 배운 것은 중독 가능성이 하나의 일탈이 아니라 모든 인간이 가지고 있는 하나의 골칫거리(liability)라는 점이다. 중독은 체질이나 환경 가운데 단일 요인으로만 결정되는 것이 아니라 이 두 가지의 상호작용 결과이다; 따라서 중독은 변덕스러우면서도 그 사람의 상황적 조건과 관련되어 있으며, 특정한 객체에만 고정되어 있지 않고 애착과 대체물의 증식하는 사슬에 열려있다. 이 두 번째 교훈에 포함된 또 다른 내용은 개인은 하나 이상의 민감성을 가지는 경향이 있다는 것, 또는 태버가 이야기한 것처럼 "다양한 의존 가능성"을 가질 수 있다는 것이다. (G.A. 회합 참가자들은 전형적인 자기-식별인 "강박적 도박자"에서 "강박적인 사람," 또는 심지어 더욱 확장된 "모든 것에 강박적"으로 그 의미를 확대해 나아갔다.)

이 두 가지 교훈—세상은 잠재적으로 중독적 요인들의 장(場)이며 인간 존재는 잠재적으로 의존의 장(場)이라는 점—은 가장 중요한, 중독에서 우리가 자신의 역할을 어떻게 이해해야하는가에 관한 세 번째 교훈의 토대가 된다. 회합이 끝나갈 즈음 태버는 이 교훈을 다음과 같이 말했다. "중독은 당신 자신의 삶을 관리(govern)하는 자신의 문제입니다. 그걸 당신을 위해 대신 해주는 정부의 문제가 아니고요." "관리"라는 단어를 쓰며 그가 의미했던 것은 도박자들이 모든 잠재적인 중독 행위를 금욕해야 한다는 의미는 아니었다(그것은 삶을 금욕하는 것이기에 불가능한 과업일 것이다). 그가 의미했던 것은 그들 스스로 경계를 늦추지 않고 자신을 모니터하고 관리해야 한다는 것, 그들의 행위를 조정하고 필요하면 치료를 받아야 한다는 것이었다. 이 마지막 교훈은 개인이 자신의 행동(경제, 법률, 의료-심리적 영역에 이르기까지)에 대한 책임을 지면서 열성적으로 소비 시장에 참여해야 한다는 신자유주의 사회의 일반적 요구와 정확히 일치한다. 우리가 7장에서 살펴보았던 보험계리적 자아라는 틀에 따라, 회복 중인 도박자들은 도박 사회학자 거다 리스가 이야기한 것처럼 "자신의 내면 상태를 지속적으로 검토하고 스스로의 행동을 조정하는" 작업을 하리라고 기대된다.[3] 인터넷 회복 포럼에 한 도박자가 게시한 글은 이러한 명령을 반향한다.

> 지금은 병에 차도가 있고 나의 질병을 유지하면서 억제하고 있다. 우리 아들이 ADHD 약 먹으면서 그렇게 하고 있는 것처럼, 남편이 당뇨약 먹으면서 그렇게 하고 있는 것처럼, 또 우리 시어머니가 암환자 지지모임에 나가면서 그렇게 하고 있는 것처럼. 암, 당뇨, 심지어는 일반적인 감기에 걸린 사람들처럼 나는 내 자신을 **돌봐야만 한다**. 나는 약을 **먹어야만 한다**. 나는 매일같이 약을 먹는다—상담, 기도, 다른 사람이 쓴 글 읽기, 회원들과 이메일 주고받기, 회합 나가기, 내 자신에 대해 배우기, 다른 회원 도와주기, 그리고 심지어는 나의 불안/강박 행동을 잠재우기 위한 약 먹기. 지금은 다시 아픈 상태로 돌아가지 않기 위한 "약들"을 먹고 있다.

단순히 개인이 자신의 회복에 대한 책임을 져야 한다는 12단계 프로그램의 친숙한 규칙을 반복하는 것을 넘어서, 위의 개인적 교리문답은 책임이란 일련의 치료 기술과 기법을 이용한다는 것을 의미한다고 명시하고 있으며, 이러한 기법과 기술들은 "약"이라는 기표에 해당된다. 여기에서의 과업은 행동적 위기의 순간이 왔을 때 어떤 기술과 기법이 필요한 조정을

---

3 Reith 2007, 48.

가능하게 할 것인가를 식별하는 것이다.

　이처럼 기술적으로 변형된 중독 회복의 비전은 신자유주의적 명령뿐 아니라 건강 개념의 광범위한 변화와 관련된다. 시간이 갈수록 건강은 기본값이 있는 상태나 단정적으로 성취 또는 "회복"되었다고 이야기될 수 있는 무엇이라기보다는, 의료기술적 개입을 통해 지속적인 모니터링과 조정이 요구되는, 균형을 잡는 행위로 간주된다. 인류학자 조세프 듀밋은 이러한 건강의 공식을 "의존적 정상성(dependent normality)"라는 용어로 정의하는데, 앞서 록키가 건강이란 항상-위태로운 평형을 유지하는 것이라고 이야기했던 내용을 떠오르게 한다. 그는 이러한 방식의 건강의 주체를 "약학적 자아"라고 명명하는데, 그 자아는 자신의 증상을 "나쁜 것들의 균형을 잡고 생화학적으로, 증상적으로 적정한 수준을 달성하기 위해 … 자신이 마치 나쁜 약을 복용하고 있는 것처럼, 어쩌면 세로토닌이 너무 적다거나, 좋은 약이 필요한 것처럼" 자신의 증상을 경험한다.[4] 회복 중인 도박 중독자는 이와 유사하게 건강의 균형—일종의 항상적 영(零)의 상태(앞으로 보겠지만 존과 완전히 다른 상태는 아니다)—이 유지될 수 있는 다양한 기법이나 기술을 추구하도록 촉구된다.

　중독 회복을 (그리고 보다 넓은 의미에서 건강을) 기술적 자기-관리의 문제로 이해하는 것은 현대 자본주의의 자기-기업 문화로부터 많은 영향을 받았다. 예컨대 트리메리디안에서 상담사들이 클라이언트를 무장시키다시피 하는 도구인 일일 및 주간의 "갈망 척도"는 소비자가 미래를 계획하고 자신의 삶을 관리(예: 비용-편익 분석, 회계감사, 재정 전망, 또 다른 회계 또는 보험계리적 기술들)하는 데 활용하도록 권장되는 더 광범위한 계산 도구 세트

◇◇◇◇◇◇

4　Dumit 2002, 126.

문제성 도박 갈망 척도

(100mm 비주얼 아날로그)

"0" = 전혀 그렇지 않다   "100" = 항상 그렇다

0 _____ 100
"도박을 하고 싶다."

0 _____ 100
"가까운 미래에 도박을 할 것이다."

0 _____ 100
"도박을 하면 기분이 좋아질 것이다."

0 _____ 100
"도박은 내가 느끼는 불편감을 없어지게 한다."

0 _____ 100
"이제 도박을 조절할 수 있을 것 같다."

그림 9.2 병적 도박의 일상적 갈망 척도. 라스베이거스 트리메리디언 문제성 도박 클리닉에서 사용되는 클라이언트의 자기 모니터링 도구.

에서 차용했음이 명백하다.[5] 척도는 자신이 중독적 행위와 관련해 어느 정도 위험한 상태에 있는지 현재의 상태를 더욱 잘 측정하기 위해, 중독자들에게 일련의 주관적 측정 항목에 따라 도박 충동의 빈도, 강도, 기간을 양적으로 평가하도록 한다(그림 9.2 참고). 금융 대차대조표에서와 마찬가지로 "도박을 하면 기분이 좋아질 것이다"나 "도박은 내가 느끼는 불편감을

◇◇◇◇◇◇

5   Valverde 1998, 175; Miller 2001.

없어지게 한다"의 측정에서 목표값은 0이었다. 앞서 언급되었던 목록 조사 연습에서 이 자기-평가 기법은 중독자들이 자신의 중독과 관련해 증상적인 불균형을 감지할 수 있도록 돕기 위함이었다. 그렇게 함으로써 기저 질환을 없애려는 것이 아니라, 그들이 계속해서 확인할 수 있도록 하기 위함인 것이다.

다니엘이 어떻게 트리메리디안의 회복 프로그램에 등록하게 되었는지에 관한 이야기는 도박 중독자들이 수행하도록 권장되는 일종의 계산적 자기-검토의 사례를 보여준다. 다니엘은 슬롯머신에 1년에 2,400달러, 또는 한 달에 200달러까지는 쓸 수 있겠다고 계산했다. 이후 그는 도박할 때마다 신중하게 장부를 적어서 살펴보았는데, 그 결과 1년에 약 세 달, 한 번에 평균 다섯 시간에서 일곱 시간 동안 게임하면서 이미 그 한도를 초과해버렸다는 것을 알게 되었다. 좀 더 자세히 살펴보니 그는 자신이 1년에 도박에 사용한 금액이 1만 5천 달러에서 2만 달러 사이라는 걸 확인했다. 비용편익분석에 따라 그는 차등제로 12회기에 평균 천 달러 정도 하는, 트리메리디안의 5주짜리 집중 외래 치료 프로그램에 등록하는 것이 더 낫겠다고 결론지었다. 일단 프로그램에 등록하자 트리메리디안의 갈망 척도를 사용하여 수행한 자기-감사(self-audits)는 어떻게 전략적으로 접근할 것인가를 돕는 개인 및 집단 치료 프로그램에서 더욱 보강되었다. 여기에서 전략은 어떻게 하면 그의 삶에서 특정한 중독 "촉발제"를 없애거나 피할 수 있을 것인가, 그리고 그가 0으로 되돌아갈 수 있도록, 또는 그의 말에 따르면 "빨강에서 나와 검정으로 갈 수 있도록"(운동, 의약품, 취미, 기도, 가족이나 친구와의 활동과 같은) 어떤 대항 행동을 할 수 있을 것인가에 관한 것이었다.

이 장의 나머지 부분에서는, 우리가 앞선 장에서 분명히 보았던 것처럼 "스스로를 0의 상태로 돌아가게 하는 것"이 또한 기계 놀이의 존을 특징짓는다는 사실로 말미암아 도박 중독자들의 치료 프로젝트가 얼마나 복잡하게 전개되는지에 관해 다룰 것이다. 표면적으로 존은 보험계리적 자아를 거부하고, 회복 프로젝트는 보험계리적 자아의 예시로 보이지만, 도박자들은 이 두 상태 모두를 그들이 지속적으로 자기-조정을 수행하면서 유지하는 역동적 평형상태라고 이야기한다. 중독 행위를 수행하는 이들과 같이, 회복하는 주체의 미세한 기술은 시스템 안에서 그리고 과도한 정서를 "0으로 만들면서" 심리적 동요를 잠재우기 위해 기능한다. 이러한 유사성은 양자 간 구분을 약화시키고 양자가 서로 연결되어 있음을 암시한다. 7장에서 살펴본 것처럼 집중적 기계 도박은 보험계리적 자아의 방식들을 반복하기 때문에, 일상적으로 이용자에게 부과되어 있는 보험계리적 자아의 방식으로부터 쉽게 벗어날 수 없다. 같은 맥락에서 중독 회복의 "균형잡기"는 그가 극복하고자 했던 바로 그 탈출 기제를 반복한다.

자기-치료 순환의 딜레마

도박자들은 자신의 기계 놀이와 치료의 적용을 모두 자기-처방의 관점에서 이야기한다. 그들의 이야기를 듣다 보면 어느 자기-처방의 사례가 (칙센트미하이가 "후향적 탈출"이라고 불렀던) 자기-파괴적인 탈출, 아니면 자기-돌봄적인 회복과 같은 선상에 있는지 매번 분명하게 드러나지는 않는다. 그들이 추구하는 일종의 정서적 균형과 그 균형을 유지하기 위한 수단은 각 사례에서 아주 유사해서 각각의 경계가 모호해 보이기도 한다. 몰리의 이야기에서 이러한 모호함은 명시적으로 드러난다. 그녀는 이야기했다. "G.A. 안내집을 소리내 읽을 때 나오는 그 아주 흔한 '실수(slip)'는 (우리가 명상[mediTAtion]대신) 우리가 간절히 원했던 것과 약물(mediCAtion)을 추구했다고 말하려는 거예요. 우스운 일이지만 진실이죠. 왜냐면 우리는 전부 자기-처방을 많이 해왔거든요."

자넷은 이 자기-처방을 자신의 내적 상태를 조정하는 다양한 기법들을 지속적으로 조율 및 재조율하는 것으로 이야기했다. 두꺼운 안경에 청력 보조 장치를 하고 있는 젊은 여성으로서 그녀는 거의 지속적인 불안에 시달렸다. 그녀가 다른 사람들의 이야기를 잘 듣지 못했을 때 사람들에게 다시 말해 달라고 부탁하는 일이 부끄러웠고, 자신이 바보 같아 보일까봐 두려웠기 때문이다. 우리가 인터뷰 할 당시 그녀는 이 불안에서 벗어나기 위해 식료품점에 있는 비디오 포커에서 매일 같이 게임을 하고 있었다. 그녀는 자신의 청력 보조 장치를 껐을 때, 또는 "다른 주파수"로 했을 때 가장 효율적으로 존에 들어갈 수 있다는 것을 알게 되었다. 비디오 포커를 하면서 청력 보조 장치의 주파수를 맞추고, 남편이 밀매하는 암페타민이나 아들이 주의력 결핍 장애로 먹는 리탈린을 곁들이면 그러한 안정의 상태에 훨씬 더 빨리 도달할 수 있었다.

도박 중독자들이 자신의 기계 놀이의 효과를 의약품의 효과와 유사하게 이야기하는 일은 그리 드문 일이 아니다. 랜달은 말했다. "기계는 진짜 효과가 빠른 진정제랑 비슷해요. 일단 놀기 시작하면 사라지거나 잊어버리고, 무감각해지는 데 2분 밖에 안 걸려요. 자신의 현실을 바꾸기에 훌륭한 방법이죠. 즉각적인 기분 전환제잖아요." 또한 기계 놀이는 신체의 감각도 전환시킨다. 앞장에 등장했던 간호사 낸시는 어느날 볼더고속도로를 달리다 갑자기 통증을 느꼈던 경험, 그리고는 도박하기 위해 주유소에 정차했던 이야기를 했다. 게임을 시작하자마자 그녀는 무감각해졌고 그 상태는 마지막 동전이 떨어질 때까지 유지되었는데, 그 뒤 갑자기 극심한 통증이 느껴져 아래를 내려다 보았을 때 자신이 출혈하고 있다는 걸 발견했다. 그녀는 머신에 대해서 진통제에 관한 관용어를 적용하며 말했다. "통증 수용기나 아니면 뭔가 다른 거에 간섭하나 봐요."

대부분의 중독적 물질과 마찬가지로, 기계 도박이 자기-치료의 목적으로 사용된다는 사실은 그것을 치료하기 위해 적용되는 치료법과의 구별을 어렵게 만든다. 이는 단순히 기술적으로 활성화된, 존의 자기-치료적 평형 상태와 회복 모델에 따른 평형 상태가 서로 비슷하다는 것이 아니라, 두 가지가 서로 얽혀있다는 의미이다. 이하 부분에서는 어떻게 중독자들의 기계 도박이 치료에서 하나의 역할을 맡고, 심지어는 치료를 사주하는지, 그리고 반대로 어떻게 그들의 치료가 그들의 기계 중독 경험에서 하나의 역할을 맡으며 또는 때때로 그 경험을 강화하는지 살펴볼 것이다.

몰리는 자기-상실의 놀이 중 사용되는 동일한 욕동의 조합으로 자기-회복에 접근하는데, 이때 그녀는 여러 도구와 기법들을 조합하여 일종의 균형 상태를 이룬다.

> 어떤 사람들은 제가 다른 약 먹어야 된다고 그래요. 어떤 사람들은 불안과 사회공포증 게시판에 들어가 보라고 그러구요. 또 다른 사람들은 제 삶에는 하느님이 필요하대요. 또 어떤 사람들은 제가 12단계에만 들어가면 괜찮아질 거라고 하구요. 아마 다 맞는 말이겠죠. 집단 그리고/또는 개인 상담, 약물 치료, G.A., 인터넷에서 하는 온라인 가상 치료, 이게 다 중요한 거겠죠.

도박 중독자를 위한 온라인 포럼에 게시된 몰리의 글은 포럼에 있는 다른 도박자들 또한 자신의 치료 조합을 공유하도록 만들었다. 제프라는 한 남성은 자신을 중독으로 몰고 가는 신체적, 심리적 소요를 다스리기 위해 다음의 여러 기법들을 두서없이 사용한다고 했다: "명상(호흡-관조 수련), 두 시간 동안 마음에서 떠오르는 잡생각을 자제하기. 운동도 마찬가지. 나는 거대한 엔돌핀 러쉬가 필요하기 때문에 요새는 핸드볼을 한다. 또 동네 체육관에 가서 근력 운동도 하고 수영도 한다. 체육관에는 요가 교실도 있다. 이 모든 것들이 도움이 된다." 명상, 다양한 운동, 그리고 요가는 모두 제프를 위한 맞춤형 자기-돌봄 전략의 장치들이었으며, 그가 존에서 벗어나고 세상에 계속 속해 있을 수 있도록 그의 엔돌핀, 잡생각, 의지력을 균형상태로 만들기 위해 설계되었다.

당시 게시되었던 여러 글 가운데 일부 사람들의 글에서는 향정신성 약물이 언급되었다. 포럼에 참여하는 도박 중독자들은 자신들이 처방받은 각기 다른 약물(자낙스, 뉴로틴, 팍실, 졸로프트, 프로작, 페르코셋, 리탈린)에 관해 준전문가적인 조언을 주고받는 경우가 많다. 한 여성은 다음과 같이 적었다. "말씀 들어보니까 회복하시려면 항우울제가 더 필요할 거 같은데요." 다른 사람은 또 말한다. "의료보험만 가능하다면 뉴로틴 먹고 싶어요." 많은 이들은 자신의 복용량을 얼마나 해야할지 그리고 어떻게 조정해야할지에 관해 정확한 통찰력을 길러왔다는 것을 알 수 있었다. "저는 제가 약을 얼마나 먹는지 꼼꼼하게 기록해 놓거든요." 록키가 말했다. "자낙스를 반으로 잘라서 4시간에 한 번씩 먹으면 된다는 그 포인트를 알아냈어요."

도박 중독자들이 이야기하는 것처럼 중독 치료는 그들이 경험하는 중독의 기계적 대상, 즉 각 요소들이 이용자의 즉각적인 정서적 요건에 부응하기 위해 배열 또는 재배열되는 이용자-중심 게임과 다르지 않다. 반직관적인 일이지만, 명상, 요가, 운동, 약물 관리와 같은 평정을 지향하는 치료법들은 기계 도박자들이 강박적 기계 도박에서 존 상태에 도달하는데 ('숙달되어 있음에도 불구하고'가 아니라) 숙달되어 있기 때문에 그들에게 잘 맞을 수 있다. 앞으로 보게 되겠지만, 문제는 이러한 치료들이 존으로 돌아가는 길을 다시 내어줄 수 있다는 점이다.

사실상 많은 치료가 중독과 동일한 원칙(즉, 평형을 유지하기 위한 지속적인 기술적 자기-조정)에 따라 이루어지기 때문에, 몰리, 제프, 록키와 같은 도박자들을 치료하기가 지독하게 어렵다는 사실은 그리 놀라운 일이 아닐지 모른다. 중독에서 벗어나게 만들어주겠다는 그 계획은 그들이 다시 길을 잃어버릴 수 있는 게임으로 변질될 위험을 담보하고 있다. "가끔은 어떤 운동이나 [자조] 단계에 너무 열중해서 제가 이걸 하고 있는 목적이 뭔지를 잊어버릴 때가 있어요." 몰리는 자신이 참여하고 있는 치료적 수행들이 기계 도박과 유사한 강박적 특징을 가지고 있다는 점에 주목하며 말했다. 매 순간 그녀의 치료 궤적은 의도했던 목적에서 다른 방향으로 전환되기 쉽고, 깨어있는 참여에서 탈출로 방향을 바꾸어 버린다. (이러한 관점에서 보았을 때, 칙센트미하이가 구분한 "몰입"의 두 가지 양식, 자기-실현과 자기-파괴는 그가 제안했던 것처럼 직선적이 아닌 것처럼 보인다. 도박자들은 "앞으로 탈출"해 나아가면서 때로는 다시 "뒷쪽으로" 선회해 가는 자신을 발견한다. 들뢰즈가 약물 중독에서 관찰했던 것처럼, 중요한 점은 자기-파괴적으로 "변할" 수 있다는 것이다: "마약 중독자들은 능동적 활주선[lines of flight]을 만들어낸다. 그러나 이러한 선들이 모습을 드러내면서, 블랙홀로 변하기 시작한다."[6])

이러한 민감성은 마리아가 직면한 딜레마의 핵심이다. 마리아는 회복 도구로 약물이나 명상을 이용하는 것을 꺼리고 있었는데, 다시 그녀가 중독될까봐 두려웠기 때문이었다. 그녀는 원치 않았던 임신과 이혼으로 인한 심리적 고통을 줄여보고자 도박을 시작했다. 그녀는 도박을 멈추려고 시도했을 때 공황증상을 경험했고, 그녀는 이것이 "기계로부터의 금단 증

---

6 Deleuze 2007, 153.

상"의 일부라고 생각했다. 그 증상이 가라앉지 않자 그녀는 약물 치료를 권하는 의사에게 진료를 보았다. 그러나 마리아는 자신이 기계에 중독되었던 것처럼 약물에 중독될까봐 "약을 먹기를 거부"했다. "약은 문제가 되기 쉽상이잖아요." 그녀는 말했다. 그녀가 마음껏 할 수 있었던 비약물적, 명상과 같은 치료 또한 그녀에게는 위험한 것으로 인식되었는데, 이는 그녀가 자신이 중독되어 있는 동안 그것들을 "이용"했던 방식이 있었기 때문이었다.

> 어느 회복 단계에서는 이렇게 이야기하거든요. "당신이 이해한 대로의 신과 의식적 접촉을 증진하기 위해 명상하고 기도하십시오." 회복 단계에서 영성이 중요한 역할을 해요. 그런데 저의 딜레마는 저한테는 도박 자체가 처음부터 영성과 관련되있다는 거예요. 도박할 때 다음 날 기계에서 나올 카드를 미리 보겠다고 밤에는 명상하고 그랬어요. 유체이탈과 같은 경험은 아니었지만, 저는 이렇게 날아가서 갑자기 기계 앞에 있고, 비전 같은 게 보이는 거예요: 특정 카드 조합도 보이구요. 그래서 저는 회복하는 동안에 기도하거나 명상하는 게 좀 무서워요. 제가 도박할 때 했던 그 접촉을 하는 거니까요. *그 단계는 안 하는 게 저는 더 좋을 거 같아요…*.

명상을 하는 바로 그 행위에 마리아의 중독 위험이 존재했다. 그 활동은 그녀가 너무나 긴밀하게 연관된 기계 존 상태를 만들어낼 위험이 있었기 때문이다.

이러한 위험의 또 다른 예는 항불안제 졸로프트와 몰리와의 관계에서도 찾을 수 있다. 그녀가 애초에 이 약을 처방받았던 이유는 기계 도박을 통해 피하려고 했던 사회적 관계에 더 잘 적응할 수 있도록 하기 위함이었으나, 결과적으로는 세상으로부터 더욱 멀어지게 되었다. 전체 의족을 사용하면서 지팡이를 짚고 다녔던 몰리는 비디오 포커 기계가 자신이 다른 사람들로부터, 그리고 자신의 신체로부터 벗어나도록 돕는 기능을 했다고 순순히 인정했다. 그럼에도 불구하고 한편으로 그녀는 그 놀이가 쾌락적인 신체 감각을 자극한다는 점을 발견했다. "기계에서 미니-오르가즘이라고 부를만한 걸 느낀다고 할까요—꽉 끼면서도 아주 작고, 사람을 흥분시키면서도 풀어지게 해요. 그런 상태는 제가 특정한 조합의 카드를 받으면 발생해요." 안전하게 보호된 놀이의 공간 안에서, 몰리는 사회적 상황이나 다른 이들과 친밀감을 느끼는 순간들에는 느끼기 어려운 방식으로 자신의 신체를 경험할 수 있었다. 사회적 고립을 극복하기 위해 먹었던 졸로프트는 남편과 성관계를 하는 동안 오르가즘을 느끼지 못하게 만들어 결국 그들 사이의 친밀성을 약화시켰고, 결과적으로 오히려 고립을 악화시켰다. 몰리가 졸로프트를 먹기 시작한 이후부터 섹스는 "엄격히 기계적인" 일이 되어 버렸다. 그녀는 성적 감각이 그녀를 위험하게 노출시키고 "너무 가깝게," 지나치게 자극된다는 점에서 그것을 더 선호했다. 이런 식으로, 그녀가 사회적 관계를 견뎌내고 다시 형성하는 걸 돕기 위해 처방된 바로 그 약은 그녀가 다른 이들과 단절되고 보다 절제되어 있으면서도 사적인 방식으로 자신의 신체를 다시 경험하기 위해 그녀가 사용한 도박 기술과 나란히 이용되었다.

    도박자들이 약물을 먹는 과정에서 그것이 얼마만큼이나 도박 행위를 보완할 수 있는지, 심지어 존 경험을 촉진할 수 있는지 깨닫게 되면, 의약품은 '회복의 조건'으로부터 '중독의 요소'로 "변한다." 예를 들면, 팻시는 처음에 자신의 기분을 "잠재우고" 그녀가 기계 도박을 하게 만든 불안을 조절하려고 팍실을 먹기 시작했다. "팍실 먹기 전에는 기계로 좀 나아지려고 했어요. 하지만 놀고 나면 턱이랑 귀에 이상한 통증이 느껴지는 거예요. 생리 주기랑 식욕도 불규칙해지구요. 팍실은 잘 들었어요. 완전히 기적 같았죠. 그게 제 뇌속으로 들어가서 불안이 형성되는 걸 막는 걸 제가 직접 느낄 수 있었고, 다른 모든 통증도 사라졌어요." 그녀의 이야기에 따르면 기계 도박은 그녀의 감정적 그리고 신체적 불안정 상태를 치료하기 위한 일종의 약으로 시작되었다. 비디오 포커가 이러한 불안정 상태를 어느 정도 수준까지 완화하긴 했지만, 그것은 오히려 상태를 악화시키고 새로운 불균형과 불안정한 상태를 만들어냈으며 더 많은 "약"의 필요성을—이번에는 기계가 아니라 진짜 의약품의 필요성을 증폭시켰다. 팍실은 처음에는 성공적인 치료적 효과를 내는 것처럼 보였지만, 이 약이 그녀가 죄책감 없이 도박하는 지점까지 그녀의 기분을 안정되게 만들자 일이 더 복잡해졌다. 또한 그녀는 약을 먹었을 때 존 상태에 더 빨리 접근할 수 있다는 걸 알아냈다. "약 먹고 하면 거기까지 가는데 그렇게 오래 걸리지 않아요."

기계 도박에 대한 갈망을 줄이려고 처방된 약이 그 효과를 더 강화시키는 기능을 한다는 더욱 충격적인 경우는 바로 에이미의 사례다. 최근 이혼하였으며 작은 사업체를 운영 중인 50대 여성 에이미는 도박을 통해 없애려 했던 불안에 대항하고자 자낙스를 처방받았다. 그러나 거의 곧바로 그녀는 약물을 도박 과정에 통합시켰다.

> 기계를 할 때 불안이 너무 높아져서, 공황까지 왔어요. 의사가 자낙스를 처방해주더라구요. 그거 먹으니까 그렇게 좋을 수가 없어요. 8년 동안 거기 폭 빠져 있었어요. 도박할 때도 먹었죠. 잃기 시작하면 제가 패닉에 빠지거든요. 이겨도 마찬가지구요. 흥분감이 너무나 과도하게 오는 느낌이랄까. 그러면 자낙스 두세 알 먹어요. 그럼 바로 안정돼요. 그때 하루에 네 알 먹었거든요. 원래는 하나만 먹으라 그랬는데. 의사는 제가 도박하는 걸 몰랐고 약을 어떻게 먹는지도 몰랐어요. 그냥 처방전 달라고 하는 거죠. 처방받은 약이

다 떨어졌다. 그러면 제가 라스베이거스에 아는 사람이 있거든요. 1~2달러만 주면 약 사다줄 수 있는 사람이요.

의사가 처방해 준 치료약을 중독된 대상의 효과를 증가시키기 위해 먹는다는 에이미의 이야기는 처방된 약이 치료에서 "비공식적이고 불법적인 네트워크(약물 경제)"로 이동하는, 앤 로벨이 "약물 유출"이라고 불렀던 현상을 보여준다.[7] 이 유출 과정에서, 두 가지 "약물들"은 상호적으로 강화하는 작용에 동참했다. 그녀가 이기고 있을 때나 돈을 잃기 시작할 때 자낙스가 효율적으로 "흥분감이 너무나 과도하게 오는" 것을 막아준다는 것을 에이미가 알게 되었을 때(그녀에게 있어 두 사건 모두 정서적으로는 동일한 혼란스러움을 야기했다), 약물은 그녀의 놀이 과정의 일부가 되었다. 동시에 그녀의 기계 도박은 자낙스의 안정 효과를 조정했고 그렇게 함으로써 약리학적 과정에 들어섰다.

약물의 정서-조절 특성과 기계 사이에 형성된 예상치 못한 상호의존성은 자기-돌봄과 강박의 구분을 어렵게 만든다. 자크 데리다가 상세히 설명한 "파르마콘(pharmakon)"이라는 개념은 치료제가 약이 되기도 하고 독이 되기도 하는 가망 없는 곤경의 상태를 잘 드러낸다. 그는 다음과 같이 말했다. "파르마콘은 결코 그냥 이득만 가져다주지 않는다. … 긍정적인 것을 생산하고 부정적인 것을 제거하기로 되어 있던 것은 부정적인 것을 대체함과 동시에 배가시켜, 확산의 원인이었던 결핍으로 이끄는 것(이기 때문이다)."[8] 도박자들이 인지한 것처럼, (의학적이든 명상과 관련된 것이든) 그들이 스스로 적용하는 치료제들은 다양하면서도 정확히 규정하기 어려운, 궁극

---

7 Lovell 2006, 138.
8 Derrida 1981, 100.

적으로는 위험한 효과를 야기한다. 그것들은 존의 평형을 붕괴시키고 애초에 약물을 찾게되었던 그 이유를 강화시키거나, 또는 그저 사람을 마취시키는 악순환의 효과를 강화시킨다.

이 장에서는 "변화" 또는 치료적 실패의 사례에 초점을 맞췄지만 도박 중독자들의 자기돌봄 노력이 언제나 또는 필수불가결하게 실패하지는 않는다는 점을 유의해야 한다. 그럼에도 불구하고 우리의 논의에서 그들이 경험하는 승리의 순간 조차 위태로운 진퇴양난의 흔적을 보여주는 경향이 있다. 예를 들면 인터넷 포럼의 한 게시글에서, 과거 온라인 비디오 포커에 중독된 적이 있는 한 도박자는 자신의 컴퓨터가 한 때는 중독의 수단이었지만 나중에는 회복의 수단으로 변했다고 이야기했다. 그녀는 다음과 같이 적었다. "지난 몇 달 간 컴퓨터 앞에서 완전히 고립돼서 도박만 했거든요. 그곳이 제가 바로 바닥을 친 곳이었고, 그게 온라인 회복 사이트가 저한테 그토록 중요한 이유에요." 그녀가 말한 것처럼, 그녀의 회복의 조건은 중독의 조건 안에 뿌리내리고 있었다. 포럼의 다른 도박자는 이러한 진퇴양난의 상황이 은연중에 그에게 부과한 도전에 대해 설명한다. "*도박*이나 *도박자* 같은 단어를 키워드로 사용해서 도박 사이트를 걸러내려고 했거든요. 근데 그렇게 하니까 제 회복을 위해서 정말로 중요한 역할을 하게 된 온라인 회복 사이트에도 접근을 못하게 되는 거예요. 계속해서 좀 어려운 상황이죠."

라스베이거스 지역 주민들은 온라인보다는 일상적으로 살아가는 공간에서 이런 어려움을 겪는다. 테리가 앞서 이야기한 것처럼, "촉발시킬 수 있는 모든 것으로부터 아예 멀리 벗어날 수 있다면 좋겠지만, 그렇게 되면 제가 받을 수 있는 지원을 받지 못하게 될 거고. 그러니까 저는 여기 갇혀 버린 거죠." 회합이 끝나갈 즈음 그녀는 최근에 도박했던 일화를 하나 이야기했다. 그녀가 폐병으로 산소 탱크를 가지고 처방받은 약을 받으러 세이본 약국에 갔을 때였다. 담배를 가지고 오는 걸 깜빡한 그녀는 어딘가에선가 꽁초를 주워서 담배를 피울 수밖에 없다는 사실에 좌절했다. "앉아서 주운 꽁초로 담배를 피울 수 있는 곳이 포커 머신 앞에밖에 없는 거예요. 머신 가까이에 가는 게 현명한 일은 아니죠. 거기서 100달러를 빠트려 버리고 또 빈털터리 됐어요. 원래 약국에 왔던 목적인 약도 살 수 없고, 집에 갈 택시도 못 잡고, 그렇다고 다시 걸어서 집에 갈 수도 없고. 산소도 거의 다 떨어졌구요." 그녀는 주차장에서 한 여성에게 집에까지 태워다 줄 수 있느냐고 부탁했는데, 나중에 알고보니 단도박모임에서 만나 서로 아는 사이였다. 테리와 비슷한 폐병을 앓고 있던 그 여성은 어떤 카지노에서는 단골 손님들에게 무료로 산소 탱크에 산소를 채워준다는 이야기, 또 다른 어떤 카지노에서는 슬롯 클럽 카드에 이용자가 "벌어들인" 크레딧 수에 따라 무료로 처방약을 리필해준다는 이야기를 해주었다.[9] 테리는 카지노로도 기능하는 약국, 그리고 약국으로 기능하는 카지노들 사이에서 오도가도 못하는 것처럼 보였다.(그림 9.3 참고)

앞서 살펴본 것처럼 도박자 및 치료 프로그램이 지향하는 바, 즉 중요한 것들로부터 독성을 "걸러내고," 치유로의 연결은 보존하면서 질병으로의 연결은 제거하고자 하는 희망은 실패할 위험이 높다. 앞서 등장했던 소비자 생활방식 지수를 기억해보라. 여기에서 참가자들이 추가했던 각각의 새로운 중독 요소는 긍정적인 것으로부터 부정적인 것을, 건강한 것으로부터 건강에 해로운 것을 분리시키고자 하는 이러한 바람을 다시 한 번 보

◇◇◇◇◇◇
9   Rivlin 2004, 45.

그림 9.3 비디오 포커를 홍보하는 라스베이거스의 약국 (사진 출처: 저자)

여준다. 그러한 훈련이 주는 (치료 그 자체가 위험한 행위 목록에 포함되었을 때 부지불식간에 결론지어진) 최종적 교훈은 중독과 중독을 통제하고자 하는 수단이 지속적인 회로로 움직인다는 맥락에서, 그 두 가지가 그렇게 명확하게 구분될 수 없다는 것이다.

계산적 중독자

처음 테리를 만나고 몇 달 후 두 번째 만남은 그녀의 집에서 이루어졌다. 최근 어떻게 지내고 있는지 묻는 질문에 아파트를 가득 메우고 있는 희미한 형체들을 향해 손짓하며 기기들 목록으로 답했다. 그녀에게는 감히 멀리 나갈 생각을 하지 못하게 하는 새로운 산소 탱크들이 생겼고, 그것들을 끌고 다니는 것은 너무 큰 에너지가 들었기 때문에 외출을 많이 하지 않았다. 겨우 장만한 차는 도둑맞아서 처방약을 사러 가는 것도 어려운 처지였다. 그녀가 "꽤 많이 의존하게 된" 전자레인지는 지난 주에 작동을 멈췄다. 그녀는 컴퓨터도 없고 오로지 고장난 타자기 하나밖에 없었으며, 라디오도 고장났다. 그녀는 고장난 가전 제품들을 바꿀만한 돈이 없지만 "적응하는 법을 배우고" 있다고 했다. 그녀가 가지고 있는 세 개짜리 텔레비전 세트는 그나마 그럭저럭 작동하고 있었다. "만약에 이것도 고장나면 ─언제 고장나도 이상할 게 없지만─그거에 적응하는 법을 또 배워야죠, 뭐."

테리가 살아가면서 이용하는 그리고 그 가운데서 살아가는 기계적 기술들은 (그중에 일부는 기능을 하지 못하고 또는 거의 제 기능을 못할 수준에 이르렀다) 고갈과 소생의 원천이었다. 비디오 포커 머신은 그녀의 자산을 빨아들이는 동안 보상과 통제를 약속했다; 새로운 산소 탱크는 그녀의 삶을 유지시켜주었지만 그녀의 움직임을 제한했다; 카지노는 무료 식사와 산소 탱크, 처방약을 제공했지만 이용자 카드에 충분한 크레딧을 쌓았을 때만 그렇게 해주었다; 약국은 의약품과 동시에 기계 앞에서 쉴 수 있는 장소를 제공했다. 잠재적으로 중독될만한 요인들이 자기-돌봄의 과업에서는 전략적 요소이며, 임시방편적 요소들도 잠재적으로 중독될 가능성이 있는 세계에서, 그녀는 "적응"하기 위해 기술적 상호작용을 배열 및 재배열해야 하는 과제에 직면하고 있었다.

이 장에서 다룬 회복 중인 도박 기계 중독자들의 딜레마는 그 효과성과 상호작용을 예측하기 힘든 수많은 상품과 서비스의 장(場)에서 선택을 해야만 하면서 또 동시에 선택을 관리해야 하는 일반적 소비자들의 어려움을 상기시킨다. 기계 중독자들은 이러한 어려움에 직면했을 때 보험계리적 자아를 필요로 하는 일종의 적응력을 보여주는 사례가 된다. 일반적으로 중독자들은 건강한 자아가 이 세상을 성공적으로 헤쳐 나가기 위해 필요한 자기-조정 기술이 결핍된 자로 정의되기에, 언뜻 보았을 때 이러한 주장은 반직관적으로 보일지 모른다. 사회학자 니콜라스 로즈는 다음과 같이 말한다. 그들은 "자신의 삶을 이끌어 나아가고 자신에게 닥칠 위험을 관리하려는 의지가 없거나 그것이 불가능한, 책임감 있는 자기-관리(self-government)를 수행할 능력이 없는 버림받은 자들"이라고.[10] 그는 "중독에 대한 관리(goverment)"는 "개인이 일상의 회로로 재진입하도록 하며, 그곳에서 그 또는 그녀는 교육, 취업, 소비, 여가에 내재된 통제의 사이버네틱스와 다시 결합하게" 되는 개입의 형태를 취한다고 말한다.[11] 그러나 도박-기계 중독자들의 행위가 자기 주도성(enterprise)과 책임이라는 이상과 상충되기는 하더라도, 결코 일상생활에 내재된 "통제의 사이버네틱스"의 주변부에 머물지 않는다. 사실상 그들의 행위는—회복을 수행함에 있어서나 중독 그 자체에 있어서나—소비하라는 호소에도 흔들리지 않으며 갈등 없이, 일관성 있는, 본래적 욕망을 익숙하고 합리적으로 최대화하는 "소비자 주권"의 신화적 형상보다는, 그들을 현대적 보험계리적 자아에 보다 적합한 대변인으로 만든다. "위험 사회"의 다른 소비자들과 마찬가지로, 도박 중독자들은 극대화를 위해서라기보다 관리를 목적으로 행위한다; 그렇기 때문에 그들은 환경적 피드백에 대한 반응으로 자신들의 행동을 지속적으로 재측정하며, 변화하는 환경과 우연의 사건들에 대해 자신을 유연하게 적응시킨다.

◇◇◇◇◇◇◇

10 Rose 1999, 259, 263.
11 Rose 2003, 431.

10장
처방에 처방을 더해도
위기 관리를 위한 비결들

때는 2004년. 라스베이거스 컨벤션 센터 회의실에서 호주의 기업 아리스 토크랫의 스튜어트 불이 수행한 시장에서 점점 더 증가하는 "기술에 대한 관용"이라는 주제 발표를 들은 뒤 5년이 지났다. 이번에는 또 다른 호주 도박 회사 경영자로부터 도박 산업계 기술과 관련하여 "불관용"이 증가하고 있다는 이야기를 들었다.[1] "기술적으로 호주 상품들은 세계 최고에요. 저희가 게임 시장을 이끌어 나가죠. 하지만 사람들을 위해서 좋은 건 무엇인지에 관해서는 걱정이 좀 있어요." 그는 북미권 동종업계 동료에게 경고하듯 말했다. "알고계세요. 우리나라에서는 이런 진지한 토론이 있단 말입니다. 릴 속도를 늦추고, 특정 시간이 지나면 기계가 멈추게 하고, 화면에 이런 식으로 팝업창이 뜨는 거에요. '자, 두 시간 게임하셨으니 이제 정말 게임을 계속할 것인지 이제 정말 생각을 해보셔야죠.' …." 청중들의 웃

◇◇◇◇◇◇

1   Panelist for "Games and Expectations: The Slot Floor of the Future," G2E 2004.

음 소리가 잔잔하게 퍼져 나갔다. "농담 아니라니까요." 그는 익살맞게 말했다. "진짜로 10분 동안 기계가 중단되게 만들거예요. 매 10분마다 '*도박은 위험할 수 있습니다. 잠시 멈추셔야합니다.*'라는 메시지도 화면에 나오구요…."

미국 청중들은 이를 웃어 넘겼지만, 실제로 호주의 독립 연방 위원회는 5년 전 슬롯머신의 특정 기능 사용을 최소화하거나 제한하는 방식으로 도박 중독을 완화하기 위해 몇 가지 입법 조치를 취했다.[2] 5년 뒤, 2차 정부 위원회는 도박 환경과 기술에 대한 광범위한 조정을 권장하는 두 권짜리, 1,110쪽 분량의 보고서까지 출간했다.[3] 이러한 조정은 호주뿐 아니라 캐나다, 영국, 노르웨이, 스웨덴, 스위스에서도 권고되었다. 이 국가들은 모두 1990년대 재정적 목적을 위해 도박이 자유화 된 곳들인데 (몇몇 국가에서는 국가가 도박 산업을 운영한다) 나중에는 공공의 골칫거리가 되었다.

심지어 민간 영역이 상업 도박을 주도하고 탈규제 윤리가 지배적인 미국에서조차 도박 산업과 그 상품이 문제성 도박 행위에 일부 책임이 있을 수 있다는 생각이 점차 증가하고 있다. 어떤 면에서 이러한 생각은 슬롯머신이 일상적으로 압수되어 폐기되기까지 법원의 명령을 기다리며 이후 공개적인 장소에서 부숴지거나 수로에 대량으로 버려졌던 20세기 초반을 상기시킨다. 도박 기계는 그 자체로 과실이 있는 하나의 독립체로 여겨졌으며, 문자 그대로 재판에 회부되기도 했다. 그러나 오늘날 미국과 다른 자유시장 민주주의 국가들에서 과실에 관한 생각은 상대적으로 약한 형태의 규제로 이어진다. 국가가 그것들을 금지하거나 엄격하게 규제하기에는 기계로부터 나오는 세금에 의존도가 너무나 높으며, 일상의 자유화가 증가

◇◇◇◇◇◇

2   PC 1999.
3   PC 2010.

함에 따라 도박에 대한 대중의 인식도 변하여 그러한 활동은 소비자로서 할 수 있는 다른 모든 선택지 가운데 하나로 간주된다. 그리고 그것에 대한 책임을 져야하는 건 바로 그들, 곧 소비자들이다. 이러한 분위기에서 금지나 그것을 비난하는 보여주기식 의례는 폐해 최소화에게 자리를 내주었다. 이 규제 전략은 소비자가 계속해서 도박 시장에 관여할 것이라고 가정한다. 앞 장에서 다룬 치료적 기술과 마찬가지로, 그것의 목표는 위험을 뿌리뽑는 것이 아니라 위험을 관리하는 것이다.

그러나 위험 관리가 정확히 어떤 형태여야 하는지에 관해서는 치열한 논의가 이어지고 있다. 앞서 호주 도박 회사 경영진이 비웃었던, 이른바 기술적 처방의 옹호자들은 특히나 가장 큰 폐해를 초래한다고 간주되는 기존의 기계 기능에 엄격한 제한을 부과하려고 한다. 당연하게도 도박 산업계는 기술이 문제의 일부일 수 있다는 가능성, 혹은 그 설계를 조정하는 것이 하나의 해결책일 수 있다는 생각을 공격적으로 일축해 버린다. "문제는 그들이 남용하는 상품에 있는 것이 아니라, 개인에게 있습니다." 미국 게임 협회는 이렇게 주장한다. 이에 따라 로비는 앞 장에서 논의했던 치료 접근법과 똑같은 자기–관리 과정을 따르는 위험 관리 형태를 선호했다.[4] 소비자 옹호론자들은 안전을 위한 경고, 승률, 심지어는 기계 확률에 관한 수업과 같은 "정보적 처방"이 있다면 도박자들이 자기–관리를 더 잘 수행할 수 있을 거라고 주장한다. 일부 사람들은 단순히 정보를 넘어서서 이용자가 게임하는 중에 자기 보호를 강화할 수 있도록, 기존의 기계 기능에 덧씌우는 "조절 보조" 장치가 설계되어야 한다고 주장하기도 한다. 또 다른 접근법은 주로 도박 회사들이 주의 의무를 입증함으로써 향후 소송에서 자신들의 책임을 줄이려는 동기에서 출발했는데, 위험도가 높은 게임

---

4   Reith 2008, 150; Volberg and Wray 2007, 67; Borrell 2008.

을 모니터링하고 이에 개입하는 초기 책임을 카지노가 가지고 있는 이용자 추적 및 마케팅 시스템에 할당한다.

이러한 테크노크라시적 규제 논쟁의 행간에는 도박 기계에 있어 누가 또는 무엇이 통제권을 가지고 있느냐, 그리고 누가 또는 무엇이 통제력 상실에 대한 책임을 가지고 있느냐에 관한 더 깊은 문화적·정치적 긴장이 흐르고 있다: 그것은 기계인가? 이용자인가? 그들의 상호작용인가? 무엇이 규제되어야 하며 그 방식은 어떠해야 하는가? 앞으로 살펴볼 것처럼, 비난을 피하는 다양한 방식은 문제성 도박을 "고치는" 다양한 방식들로 이어지며, 그 반대도 역시 마찬가지다. 또한 보게 되겠지만 책임의 특성 차이에도 불구하고 대부분 접근법은 최종적으로 개인의 행위를 개입 및 조정의 대상으로 간주한다. 심지어 기계 작동 방식을 조정하는 접근조차도 근본적으로 그들의 소비 조건을 변경하기보다는 소비자의 자기-관리를 촉진하는 방식을 추구함으로써 개인의 행위를 개입 및 조정의 대상으로 본다.

책임에 관한 캠페인

1996년 미국 연방 정부는 전국적인 도박 확산의 영향으로 양당을 아우르는 전미 도박 영향 평가 연구 위원회(National Gambling Impact Study Commission)를 구성하여 합법 도박과 이에 관련된 사회적 병폐를 조사 목적으로 500만 달러의 연구비를 지원했다. 이에 대응하여 당시 워싱턴에 있었던 프랭크 파렌코프는 도박 산업을 보호하고 증진하기 위해 미국 게임 협회를 설립했다. 그는 협회의 임무 가운데 핵심은 도박 중독 문제와 관련하여 산업계를 전략적으로 위치시키는 문제임을 인식하고 있었다. 미국 게임 협회를 설립한지 얼마 지나지 않아 파렌코프는 라스베이거스의 산업계 주요 경영진을 대상으로 발표를 진행했는데, 여기에서 그는 문제성 도박은 그들의 사업에서 "아킬레스 건"이라고 이야기했다.[5] "우리 산업의 성장은 이 문제로 인해 분명한 위험에 처해 있습니다." 그는 경고했다. "산업의 존재 여부가 여기에 달려 있다고 해도 과언이 아닙니다."

파렌코프는 담배 산업에서 저질렀던 실수를 본인들은 피해야 한다고 촉구했다. 그는 1994년 의회 위원회에서 저명한 담배 업계 임원들로 구성된 패널이 니코틴과 중독 사이의 연관성을 부인하기 위해 만장일치로 손을 들어 의견을 표명했던 악명 높은 장면을 상기시켰다. 1990년대 중반 도박 산업은 (주류 사업이 이미 수십 년 전에 그랬던 것처럼) 일부 개인이 수행하는 자신들의 생산품에 대한 과도한 소비와 관련된 의학적 진단이 소비를 촉진하는 상품의 잠재적으로 문제가 되는 역할로부터 관심을 돌리고, 소수 고객들의 생물학적, 심리적 취약성으로 주의를 돌리는 데 도움이 되리라는 사실을 간파하고 있었다. 지금은 고인이 된 샤논 바이비(전직 네바다 게임 통제 위원회의 카지노 규제 담당자, 카지노 대표, 슬롯머신 제조업자을 대표하는 경영진이자 네바다 문제성 도박 위원회의 초대 회장이었다)는 1988년 그러한 입장을 옹호했다. "도박하려는 충동에 저항하는 데 실패한다는 말은 그 문제가—그리고 그 해결책도—개인 안에서 찾아질 수 있다고 봅니다. 도박을 통제할 수 없는 사람은 행동 장애로 고통받는 사람일 것임에 틀림없고, 심지어는 아마 질병을 가진 사람일 겁니다."[6] 그의 단어 선택은 분명 1980년 미국정신의학회에서 채택한 "병적 도박"이라는 진단 용어로부터 나온 것이었다. 파렌코프는 미국 게임 협회 회원들을 대상으로 한 발표에

◇◇◇◇◇◇

5   AGA website (www.americangaming.org/Press/speeches/speeches_detail.cfv?ID=88, accessed January 2008)
6   Bybee 1988; 304, Castellani 2000, 130, 125.

4부 조정   **405**

서 도박 산업은 그러한 질병이 있다는 것을 수용해야 할 뿐 아니라, 이 영역에서 연구 노력을 기울여야 한다고까지 주장했다.

미국 게임 협회는 위와 같은 방향으로 한 발짝 더 나아가 1996년 전미 책임도박 센터(National Center for Responsible Gambling, NCRG)를 창설했고, 같은해 의회는 전미 도박 영향 평가 연구 위원회를 소집했다. 전미 책임도박 센터는 "향후 도박 장애에 관한 위험 요인을 찾아내고, 환자에게 심장마비가 오기 한참 전에 의사가 위험한 심혈관 질환자를 식별하듯이, 장애를 치료하고 예방하는 방법을 결정하는 연구"를 지원하기 위해 설립되었다.[7] 이 헌장은 문제성 도박 행위를 도박 환경 또는 기술과 소비자의 상호작용 결과라기보다는 소규모의 "위험한" 개인 집단에 국한된 문제라고 설명하고 있다. 센터의 첫 번째 상은 하버드 정신의학과 교수 하워드 셰퍼가 수상했다. 그 결과 산업계는 미국과 캐나다의 도박장애 유병률에 관한 "처음으로 신뢰할만한 통계치"를 얻게 되었는데, 이에 따르면 성인 인구의 1.14에서 1.60퍼센트의 사람들이 병적 도박의 진단 기준을 충족시켰다. (서론에서 이야기한 바와 같이, 이 비율은 성인 *도박 인구*로 보자면 훨씬 높을 것으로 추정된다.) 이 수치는 1998년 국가위원회(National Commission)에 제출되었고 이후 업계 대표들은 반올림된 수치인 "1퍼센트"라는 문구로 소리높여 선전했다. 2003년 글로벌 게이밍 엑스포의 "산업 현황" 기조 연설 패널에서 산업계 인사들로 구성된 수많은 청중에게 하라스 CEO 게리 러브만은 이렇게 말했다. "최근 하버드에서 연구된 결과에 따르면 일부 개인에게 소인이 있으며, 대다수의 사람들은 사실상 도박에 중독될 위험이 없다고 밝혀졌습니다."[8] 그 발표에서는 연구의 다른 결과물들은 다루지 않았다: 거

---

7   NCRG website (www.ncrg.org/, accessed January 2009).
8   Gary Loveman, speaker for keynote panel "State of the Industry," G2E 2003.

의 4퍼센트에 달하는 성인이 "문제성 도박"의 보다 느슨한 기준에는 부합했다는 점(일부 연구자들에 따르면 보수적인 추정치였다), 그리고 ("현재" 기준이 아니라) 성인 중 "평생" 기준으로 문제성 도박 비율이 1977년부터 1997년 사이에 두 배나 증가했다는 점도.[9] 셰퍼도 다음과 같이 수긍했다. "도박을 지지하는 사람들은 낮은 수치에 집중하는 경향이 있다."[10]

설립된 이래 미국에서 도박 중독과 관련해 수행된 대부분의 연구를 지원했던 전미 책임도박 센터는 자신들의 이사회에 대규모 도박 산업(MGM 리조트, 하라스 엔테테인먼트, 인터네셔널 게이밍 테크놀로지, 게이밍 래보래토리 인터네셔널, 스테이션 카지노, WMS 게이밍, 아리스토크랫, 윈 리조트 외 다른 여러 산업체들)의 대표자들 뿐만 아니라 미국 게임 협회의 최고 이사들도 포함시켰다. 보이드 게이밍은 10년 간 87만 5천 달러를 약속하며 착수금을 제공했다. 2008년 미국 게임 협회의 웹사이트에는 다음과 같은 문구가 자랑스럽게 게시되었다. "전미 책임도박 센터에 2천 2백만 달러 이상 투입되었으며, 이는 민간 영역으로부터 도박 연구를 위한 지원금으로서는 전례 없는 수준의 금액입니다."[11] 일부 연구자, 윤리학자, 산업에 대한 비판적 시각을 가지고 있는 사람들은 이러한 대규모의 투자가 야기하는 잠재적인 이해 상충 문제에 대해 불안감을 표현했다. 문제성 도박과 관련해 선도적 연구자인 앙리 레지외와 리처드 로젠탈은 1997년, 자금 할당과 관련한 산업계의 영향에 대한 우려로 전미 책임도박 센터 자문위원회에서 사임했다. 그들은 특히 센터가 문제성 도박과 관련하여 도박 접근성의 역할이나 머신 설계의 역할과 관련된 주제에 연구비를 지원할 것인지에 관해 의구

---

9   Shaffer, Hall, and Vander Bilt 1999.
10 Howard Shaffer, quoted in Gold and Ferrell (1998, A1, A8-A10).
11 AGA website (www.americangaming.org/programs/responsiblegaming/history.cfm, accessed January 2009).

심을 품고 있었다.[12]

　편견에 대한 암시에 대항하고자 미국 게임 협회는 2000년도에 셰퍼가 이끄는 하버드 의과 대학의 중독 분과를 기반으로 병적 도박 및 관련 장애 연구소(Institute for Research on Pathological Gambling and Related Disorders)를 설립했다. 연구소의 역할은 연구신청서와 전미 책임도박 센터의 자금 지출 내역을 검토하고, 이에 따라 "도박 산업과 어떤 연구가 지원을 받아야 하는지에 대한 결정 사이에 존재하는 기존의 방화벽을 더욱 강화하는" 것이었다.[13] 전미 책임도박 센터의 이사회 구성원이 직접 연구사업을 고르거나 연구 결과에 영향을 미치는 것은 아니었지만, 그럼에도 불구하고 지원 우선순위에 있어 산업 친화적인 기조가 있었음은 아주 명백하다. 레지외는 2008년 한 기자에게 이렇게 말했다. "서로 다른 게임들이 가지고 있는 중독적 성격에 관한 연구는 찾아볼 수 없죠. 왜 비디오 머신을 하는 사람들이 더 빨리 중독되는지에 관한 연구도요."[14]

　연구비가 사실상 도박 산업의 상품과 그것이 문제성 도박에서 할 수 있는 역할에 대한 연구에는 주어지지 않을 뿐 아니라, 연구소는 그러한 연결성이 존재한다는 사실조차도 명백하게 부정한다. 최고 이사 크리스틴 릴리의 말이다. "사물에는 중독성이 없습니다. 그냥 그런 거예요." 그녀는 알코올 중독의 원인이 술병이 아닌 것처럼, 도박 중독의 원인도 기계가 아니라고 주장한다. "저도 머신을 10분 해봤는데 너무 지겨워서 죽을 지경이었어요. [그러한] 취약성이 없다면, 중독될 가능성은 없습니다."[15] 그녀가 보기에는 연구소의 목적은 그 취약성의 뿌리를 캐내는 것이다. 그리고

12　Personal communication with Lesieur (2008) and Rosenthal (2000); Mishra (2004).
13　NCRG fact sheet (http.ncrg.org/press_room/factsheet.cfm, accessed January 2009).
14　Henry Lesieur, quoted in Strickland (2008).
15　Christine Reilly, quoted in Strickland (2008).

그녀는 그 취약성이 (특별히 도박 중독 뿐만 아니라) 모든 중독에 있어 일반적이라고 생각한다: "객관적인 측정 기준이 있다면 좋지 않겠습니까? 혈액 검사나 유전적 표시 같은, 어떤 사람이 중독 소인을 가지고 있다고 말해주는 것들요." 이러한 질문을 추구하는 가운데 전미 책임도박 센터 연구비의 큰 몫은 중독을 결정하는 유전학, 신경과학, 심리학에 투자된다. 문제성 도박을 결정하는 사회적 및 환경적 요인에 관한 연구에 배정된 아주 작은 금액의 연구비만이 2004년 셰퍼가 수행했던 연구(새로운 지역에 도박이 도입된 후 중독은 초기에 급증하며 시간이 지날 수록 지역 주민이 새로운 유혹에 노출되어 "적응"하면서 감소되기 시작한다는 연구였다)와 같은 사업에 지원된다.[16]

로스앤젤레스 타임즈의 한 저자는 1998년의 폭로에서 다음과 같이 지적한다. 전미 책임도박 센터가 셰퍼에게 접근하기 전까지는 그는 "도박이 성장함에 따라 초래되는 부수적 폐해에 대해 학계에서 가장 엄중한 경고의 목소리를 내는 사람"이었다고.[17] 이 책의 서두에서 살펴본 것처럼, 셰퍼는 최초로 비디오 포커에 "도박계의 크랙 코카인"이라는 이름을 붙였으며, 여러 상황에서 그 말을 반복해 사용했다. 사실 도박 산업계와 관련된 사람이 된 이후에도 그는 때때로 도박 기술의 설계가 문제성 도박이 발달하는 데 중요한 역할을 한다고 기자들에게 몇 번 이야기한 적이 있다. 2001년 그는 슬롯머신에 대해 다음과 같이 말했다. "빠른 게임들이죠. 순식간에 게임할 수 있고, 비교적 사적이며, 매우 큰 중독 장애 가능성을 가지고 있습니다. 왜냐하면 그것들은 가장 위협적인 방식으로 신경생물학적 체계에 작용하기 때문이죠." 2004년 초에는 이와 비슷하게 이렇게 말했다. "빠르게 작용하는 이 게임들은 빠르게 작용하는 약물과 같아요. 자

⋄⋄⋄⋄⋄⋄

16 Shaffer, Hall and Vander Bilt 1999; Shaffer, Labrie, and LaPlante 2004a; Shaffer 2005; LaPlante and Shaffer 2007.
17 Gold and Ferrell 1998, A-1.

연이 우리에게 준 단단한 신경들이 전자 게임 장치들까지는 예상치 못한 거죠."[18] 그 이후 출간된 그의 저작물들에서는 기술이 도박자들에게 미치는 영향에 관해 셰퍼는 좀 더 조심스러운 태도를 취하며, "기술과의 과도한 관련성보다 정신 병리가 불균형적으로 선행한다."고 주장한다.[19] 중독은 주체와 객체의 상호작용 관계로 보아야 한다는 그의 초기 주장에도 불구하고, 최근 쓰여진 그의 글이나 발표는 도박 기계 중독의 기술적 차원을 명백하게 부인하거나 그 중요성을 덜 강조한다. 셰퍼의 예전 동료는 나에게 이렇게 말했다. "외부 요인들에 대한 그의 침묵을 보면 산업계로부터 받는 지원금과 관련이 있다고 의심하게 되죠. 요즘 그분 말 들어보면 연구자보다는 로비스트 같아요."

하라스와 아리스토크랫 대변인들과 함께 G2E 폐막 기조연설 패널로 등장했던 2003년에는 이전의 "가혹한 경고"는 명백한 방어로 바뀌어 있었다. 패널을 조정하는 역할은 공화당 여론조사원이자 대중 여론 형성 전문가 프랭크 런츠가 맡았는데, 그는 최근 카지노 업계에 대한 미국인들의 인식을 조사하여 미국 게임 협회에 보고서를 제출하는 사업을 수주했다. 학계의 동료들이 셰퍼의 연구에 대해 적대적이지는 않냐고 런츠가 묻자 셰퍼가 대답했다. "[도박의] 부정적인 측면만 연구하려는 경향이 있습니다. 하지만 긍정적인 면도 있지요. 단순히 경제적인 면을 떠나서요." 그는 최근 게임이 아이들 뿐 아니라 어른과 노인에게도 중요하다고 지적했던 연구들을 인용했다. 게임이 생리학적 자극으로 심혈관 건강에 도움이 되며, 인지 기능과 문제 해결 능력을 연습할 기회를 제공한다는 연구들이었다. 그는 청중에게 말했다. "도박은 약간의 양으로도 약효를 발휘할 가능성이

---

18 Quoted in Dyer (2001); Rivlin 2004, 47.
19 Shaffer 2004, 10.

높죠."

  2006년 전미 책임도박 협회는 산업계 회원들, 학계 연구자들, 치료자들, 정책가들, 게임산업 규제 담당자들 간 상호작용을 증진하기 위함이라는 목적으로 연례 회의 날짜를 영구적으로 글로벌 게이밍 엑스포 개최일과 동일하게 맞췄다. 당시 전미 책임도박 협회 의장이었던 필 사트르(그는 과거 하라스 엔터테인먼트의 회장이자 CEO였으며, 이후에는 IGT의 회장이기도 했다)는 이렇게 말했다. "행사 일정을 G2E와 맞춤으로써 우리는 도박 연구 분야 안에서 생각의 교환을 더욱 증진시키고자 하며, 궁극적으로 카지노 공동체 안에서 필수적 연구들의 긍정적 영향을 확장하기를 희망합니다."[20] 그러나 학계의 회의주의자들이 지적하는 것처럼, 그곳에서 발생하는 교환이란 매우 제한적일 수밖에 없다. 컨퍼런스에는 오로지 초대받은 발표자들만 참여하는데다 연구자 가운데 아주 소수의 인원만 참여하기 때문이다. 2007년 전미 책임도박 센터는 G2E와의 "동맹"을 더욱 공고히 하여 두 회의 모두에 특가로 콤보 패스를 제공하고 라스베이거스 컨벤션 센터의 G2E 본부에서 여러 번의 세션을 진행했다—같은 모노레일 라인의 파리 카지노 리조트(Paris casino resort)에 있는 자신의 본부에서 그리 멀리 떨어지지 않은 바로 그곳에서. 같은 해 셰퍼는 이사회 회원들로부터 전미과학상(National Scientific Achievement Award)를 수여 받았다. 수여식은 IGT의 후원으로 화려하게 꾸며진 연회장에서 MGM-미라지 제작사에서 만든 10분짜리 헌정 영상이 상영되는 가운데 진행되었다. 영상은 셰퍼가 자료와 "과학에 헌신한" 사람이라고 칭찬했다. 도박 중독은 개인적 소인에 뿌리를 둔 별개의 질병이라는 이해를 둘러싸고 산업과 학계 사이에 강력한 동맹이 형성된 것이 분명했다.

◇◇◇◇◇◇

20 Phil Satre, quoted in AGA. (2006, n.p.).

전미 책임도박 센터가 병적 도박자를 차단하기 위해 사용하는 정신 및 생물학적 병리학의 결정론적 언어는 그 나머지 인구는 문제에 면역되어 있다는 점을 암시함에도 불구하고, 센터의 교육 프로그램 시리즈는 (여기에는 책임도박 국가 교육 캠페인, 책임 게임 자원 가이드, 책임 게임 교육 주간, 책임 게임 강의 시리즈를 포함된다) 이와 모순되게도 만약 우리가 책임감 있게 행동하지 않는다면 누구나 문제를 경험할 수 있다고 제시한다. 이러한 모순은 "재미있게 놀기: 책임 게임을 위한 가이드"라고 적힌 소책자에서도 드러난다. 이 책자에서는 다섯 명의 도박자를 제시하는데, 각자 책임성을 드러내는 서로 다른 메시지를 전달한다. 세 명은 백인이다. 한 늘씬한 여성 노인은 다소 부끄러운 듯한 미소를 띄며 이렇게 말한다. "*도박은 제한을 정해놓고 그걸 지킬 때 더 재밌어요.*" 머리가 약간 벗겨지고 남색 스포츠 자켓을 입고 있는 40대 남성은 이렇게 말한다. "*한계를 정해놓지 않으면 쉽게 정신이 팔려버려요.*"(그림 10.1 참고) 한 손을 허리에 올리고 원피스를 입은 여성은 양 손을 허리에 올리고 이렇게 말하고 있다. "*제가 감당할 수 있는 수준 이상으로 잃지 않아요. 그러니까 결코 지지 않는단 의미죠.*" 보다 편안한 복장의 30대 아시아 여성은 자신감 있는 포즈로 말한다. "*누구나 자기가 어떤 시스템을 가지고 있다고 생각하죠. 저의 방식은 제가 감당할 수 있는 만큼만 가져오는 거예요.*" 폴로 셔츠를 입고 양 손은 엉덩이 쪽에 둔, 얼굴에 편안한 미소를 띄운 한 흑인 남성은 이렇게 말하고 있다. "*큰 재미를 보려고 큰 위험을 감수할 필요는 없잖아요.*"

책임 게임 "행동 수칙"으로 무장한, 스스로 제약을 두고 자금을 관리하는 사람으로 묘사된 도박자들은 모범적인 소비자 행동의 모델을 제시한다 (우리가 앞서 살펴본 것처럼, 이러한 행동은 회복 중인 문제성 도박자들이 그토록 열심히 수행하는 자기-모니터링, 자기-통제 행동과 동일하다). 그들은 위험을 감수하면서 동시에 자기 자신을 관리한다; 도박은 곧 위험 관리 과업이 된 것

그림 10.1 AGA의 "재미있게 놀기" 책임 게임 캠페인 책자 이미지. 미국 게임 협회 웹사이트에서 다운로드 가능

이다. 각 이미지 아래 동일한 글귀가 적혀 있다. "재미를 유지하기 위해서는 시간과 돈의 한계를 정해놓고 그걸 꼭 지키세요. 승률을 이해하세요. 외로울 때, 화날 때, 우울할 때 도박하지 마세요. 판단력을 흐려지게 만듭니다." "대다수의 사람들은 사실상 도박에 중독될 위험이 없다고 밝혀졌습니다."라고 했던 러브만의 언명에도 불구하고, 이 광고들은 모든 도박자들에게 위험이 존재함을 제시하며, 문제가 발생하지 않기 위해서는 스

스로 경계해야한다고 이야기한다.

셰퍼는 도박과 도박의 위험성이 개인의 책임감을 배양하고 훈련할 수 있는 귀중한 *기회*를 제공한다고 이야기하는 데까지 나아간다. 다음은 그가 2005년에 썼던 글이다. "유혹적 활동(예: 도박, 투자, 성관계)의 가치는 그 유혹거리가 자기-통제를 배우고 품성을 기를 수 있는 기회를 제공한다는 데 있다. 자기-통제는 유혹에 대한 완만한 상호작용에서 발현한다. 그러한 접근이 없다면 사람들이 자신을 통제하는 방법을 배우는 일은 불가능하지는 않더라도 더욱 어려운 일이 된다."[21] 그의 이야기에 따르면 도박 기계와 인간 사이의 "완만한 상호작용"은 무책임과 통제력 상실이 아니라 책임과 통제로 자연스럽게 이어진다. 그의 서사는 자율적 개인은 스스로에 대한 책임을 진다는 강력한 도덕 논리를 따르고 있다.

"정도를 넘어섰다는 걸 어떻게 알 수 있나요?" 2003년 기조 패널에서 런츠가 셰퍼에게 물었다. "어떤 표시가 나타날까요?" 셰퍼는 자신이 처음에 생각했던 것보다 더 많이 지출하는 것, 자기가 가지고 있는 재산보다 더 많이 도박하는 것, 그 활동에 대한 갈망을 보이는 것이 경고 표시라고 대답했다. "카지노가 그런 표시들에 대해 사람들에게 경고하려는 노력을 충분히 하고 있습니까?" 셰퍼는 그것이 카지노의 의무는 아니라고 생각한다고 대답했다. 런츠는 청중쪽 조명을 밝혀달라고 요청하며 청중에게 같은 질문을 한 번 물어보겠다고 했다. "어느 정도 과한 지점에 도달했다고 손님에게 경고하는 것이 카지노의 의무일까요? 아니면 이정도면 됐다고 아는 것은 개인의 책임일까요?" 거의 모든 사람이 "개인의 책임"이라고 손을 들었다. 이러한 장면이 증명하듯, "책임 도박"을 둘러싼 논의는 과학으로부터 도덕과 정치의 영역으로 쉽게 미끄러져 들어갔고, 어떤 종류의 규

---

21 Shaffer 2005, 1229.

제로 상업적 소비 영역을 규정해야 하는지에 관한 사회적 논쟁에서 업계 참여자들은 명확한 입장을 취하고 있다.

도박 산업이 책임 도박 증진에 진정성이 있든, 아니면 그러한 캠페인 뒤에 (주류나 담배 산업의 유사한 캠페인의 기저에도 그러한 것들이 있었던 것처럼) 소비자의 문제성 행위에 대한 비난으로부터 자신들의 상품을 보호하고자 하는 동인이 있든 없든, 바로 그러한 행위로부터 엄청나게 불균형적인 비율의 수익이 발생하는 것은 사실이다. 한 연구에 따르면 "책임 도박 행동 수칙"을 지킬 수 있는 도박자들은 업계 도박 수입의 고작 4퍼센트 정도를 차지한다.[22] 해당 연구의 저자는 라디오 기자에게 다음과 같이 말했다. "만약 책임 도박이 성공적이라면 도박 산업은 수입이 없어서 문을 닫아야 할 겁니다."[23] 도박 산업계의 책임성에 대한 미사여구, 그리고 무책임성으로부터 그것이 얻어가는 수익 사이에서 드러나는 상충은 책임 도박에 대한 홍보가 다른 어떤 것들보다도 수익을 보호하기 위해 만들어진 홍보 전략에 지나지 않는다는 냉소적인 결론으로 이어진다. 도박을 주로 연구하는 캐나다 학자 제임스 코스그레이브에 따르면, 국가와 도박 산업에 있어 "책임 도박은 개인 그 자신을 위해, 개인을 대상으로 한 위험 관리 교육의 한 형태지만, 그것은 위험 관리의 하나의 방식이기도 하다."[24]

22　Schellinck and Schrans 1998, 11.
23　Tracy Schrans, interviewed by Lane, 2006.
24　Cosgrave 2009, 60.

소비자 선택에 대한 정보제공

소비자 보호 접근은 책임성 있는 소비자 모델을 지지하며, 책임성을 다하는 선택을 행사하는 능력은 충분한 정보에 달려 있다고 주장한다. 무책임한 도박에 대한 이른바 정보적 처치라는 것은 도박 기계 특성, 즉 그것들의 작동과 실제 비용이 이해되지 않을 수 있다는 점에 관해 표지판, 화면, 소책자를 사용해 그들을 교육시킴으로써 "도박자들이 현명한 소비자가 되도록 돕는 것"이다. 법학 교수이자 소비자 보호 옹호자인 커트 이거트는 다음과 같이 말한다. "합리적인 소비자가 되기 위해서 도박자들에게 충분한 가격 정보가 주어져야 합니다."[25]

기계가 특정 심볼이나 카드 조합으로 얼마나 받을 수 있는지 지급 상세를 보여주기는 하지만, 테이블 게임과 같이 그 조합이 적중하는 승률을 보여주지는 않는다. 기계는 "이론적 지급 퍼센티지" 또는 "이용자에게 돌아가는 몫(return to player: RTP)"의 퍼센티지를 표시할 수 있지만(예: 89 퍼센트), 그것의 홀드 퍼센티지(다른 이름으로는 "하우스 어드밴티지" 또는 "하우스 엣지"라고 알려져 있다)를 보여주는 법은 없다. 2007년 타호 호수에서 개최되었던 국제 대회(International Conference on Gambling and Risk-Taking)에서, 호텔 로비에 있는 스타벅스 키오스크 근처에서 한 무리의 업계 종사자들이 커피를 들고 앉아 다음 세션을 기다리며 시간을 보내고 있을 때가 있었다. 한 사람이 바로 전에 참가했던 패널 주제를 회고하며 이렇게 말했다. "기계의 승률을 보여준다고 해서 산업계가 타격을 받을 거라고 생각하지는 않아요. 대부분 사람들이 승률이 자기들에게 유리하지 않다는 걸 이미 알고 있거든요." 옆에 있던 다른 사람이 말했다. "맞아요. 하지만 사람들

---

25 Eggert 2004, 286.

은 베팅을 *하고 또 할 때* 가능성이 없어진다는 걸 깨닫지를 못하죠." 다시 말해, 이용자는 기계 홀드의 *누적되는* 본성을 쉽게 이해하지 못하는 것이다. "90% 환급 퍼센티지"는 100달러를 가지고 시작한 이용자가 특정 세션이 끝날 때 10달러만 잃을 가능성이 있다는 걸 의미하는 것이 아니다. 그 말은 도박자가 *베팅을 할 때마다* 10%를 잃을 가능성이 있다는 이야기고, 결과적으로 4장에서 보았던, 이용자의 자금이 점차적으로 0으로 감소되는 "휘젓기 효과"(그림 4.2)로 이어지는 것이다.[26]

도박자가 스스로 기계의 홀드 퍼센티지를 추적하기란 거의 불가능에 가깝기 때문에 (이거트의 보고에 따르면, 제조업자는 소비자 모르게 게임의 홀드를 다섯 배 증가시킬 수 있다[27]), 일각에서는 주류 제조업체들이 제품에 알코올 함유량을 부착하도록 하는 것처럼, 이용자들이 도박할 때 누르는 버튼 바로 옆에 손실 비율이나 시간당 평균 비용을 게시해야 한다고 주장하기도 한다. 다른 이들은 "역동적 가격 게시"를 제안하는데, 슬롯머신의 승률은 도박자가 얼마나 많은 크레딧을 베팅했는지, 얼마나 많은 라인에 베팅했는지에 따라 달라지기 때문이다. 그렇게 보여주게 되면 환급 또는 홀드 퍼센티지가 아니라 달러와 센트 단위로 변화하는 "가격"을 보여주게 될 것이고, 따라서 이용자의 예산을 마구 "휘젓는" 재정적 효과를 실시간으로 전달하게 될 것이다.

또 어떤 이들은 소비자를 위한 정보가 그저 게시되는 수준을 넘어서 *설명*되어야 한다고 주장한다. 이것은 임의성, 승리 가능성, 니어 미스, 멀티라인 슬롯의 "승리로 가장된 손실", 가상 릴 맵핑에 관한 스크린을 활용한 교육 모듈을 통해 가능할 것이다. 도박자를 위한 교육용 소프트웨어 세이

---

26 Eggert 2004, 267.
27 Weatherly et al. 2004; Turner 2011.

프 앤 플레이(Safe@Play) 설계자 로저 호베이는 위험 관리의 형태로서 해당 소프트웨어가 모든 기계에 추가되어야 한다고 제안했다. 전통적 릴-회전 슬롯에 관해서라면 릴에 나타나는 빈칸과 심볼의 숫자가 승률을 보여주는 것은 아니라는 경고 문구를 포함할 것이다. 다중 시뮬레이션 릴을 특징으로 하는 비디오 슬롯에서는 터치스크린 링크가 각 릴이 실제로 멈추는 배열을 그래픽으로 보여줄 수 있고, 그렇게 하면 이용자는 릴이 전반에 걸쳐 심볼의 분포와 심볼에 가중치가 붙는 것을 아주 쉽게 확인할 수 있을 것이다. 이러한 투명성이 없는 기계는 다른 유사한 상품에 요구되는 소비자 안전 기준을 위반하는 잘못된 그래픽을 이용자에게 보여주는 것이라고 그는 주장한다.

문제성 도박 위험 관리에 관한 또 다른 "정보적" 접근은 전미 책임도박 센터의 책임성 캠페인에서 사용된 것 같은 유사한 문구를 통해 도박자들의 이성에 호소하는 메시지를 주기적으로 화면에 띄우도록 머신을 프로그래밍하는 것이다: *확률 게임의 결과를 통제할 수 없습니다; 도박은 수입의 원천이 아니라 오락입니다; 이러한 게임을 하는 데는 비용이 듭니다; 당신이 승리하는 것보다 더 많이 가져갈 겁니다; 더 많이 게임할 수록 더 많이 비용을 지불합니다; 예산을 세우고 그걸 지키세요; 다른 활동에 쓰려고 했던 돈을 여기에 쓰지 마세요; 정기적으로 휴식하세요.* 호베이는 자신이 만든 위험 관리 인터페이스의 교육적 메시지를 사고가 났을 때 운전자를 붙잡는 안전벨트나 에어백이 아니라 "사고가 발생하기 전에 사람들을 깨우는" 기능을 하는 고속도로의 요철에 비유했다. 정보를 탑재하고 있는 기계는 이미 문제적인 게임 패턴에 붙잡힌 도박자들에게 책임 도박 관련 팁과 문제 사정 가이드라인, 상담 자원 및 의뢰에 관한 정보, 전화상담 정

보, 출입통제와 자조 모임에 관한 정보를 제공할 수 있다.[28]

모든 정보를 활용한 처치(홀드 퍼센티지를 게시하는 것, 역동적 가격 게시, 교육 모듈, 화면에 게시되는 메시지)들은 문제성 도박이 소비자의 합리적 선택을 촉진함으로써 다루어질 수 있다는 신념을 공유한다. 그러나 이러한 방법을 옹호하는 사람들도 애초에 무엇이 합리적 선택을 약화시키는지에 관한 이해에 따라 두 부류로 나뉜다. 첫 번째 부류는 정보 제공을 왜곡된 인지를 교정하는 것으로 보며, 두 번째 부류는 정보 제공을 기계 설계의 기만적 왜곡을 교정하는 것으로 본다. 도박 산업계의 지지를 받는 첫 번째 부류는 문제성 놀이가 인지적 오류와 휴리스틱의 결함 기능(통제에 대한 환상, 잘못된 결과 평가, 확률에 대한 비합리적 도식, 임의적 사건을 통제할 수 있다는 잘못된 믿음, 인과적 연결에 대한 오귀인, 그리고 다른 "오류적 인식")으로 인한 것이라는 도박 중독 학계의 지배적 관점을 고수한다. 셰퍼와 그의 동료들이 기술한 것처럼, "도박에 있어 정보에 입각한 선택 프로그램이 잘못된 인지를 표적으로 삼는 것은 매우 중요하다."[29] (이러한 관점의 지지자들은 일반적으로 어떤 형태의 정보가 실제적으로 작동하고 어떤 것이 역효과를 낼 수 있는지를 결정하기 위한 향후의 "증거-기반 연구"에 도움이 되는 내용, 즉 그러한 인지가 정확히 어떻게 표적이 되어야하는지에 관해서는 구체적으로 밝히지 않는다.[30])

소비자 보호의 두 번째 부류에게는 도박자가 아니라 도박 기계가 개혁의 표적이다. 이러한 관점에 따르면 문제성 놀이는 기계의 불투명성과 기만적인 내부 기제(가상 릴 맵핑, 니어 미스, 그리고 다른 것들)의 기능이다. 호베이는 말한다. "인간의 처리 과정은 정확합니다. 기술이 거짓말 한다는 것, 바로 그것이 문제입니다." 그는 기계가 인간의 인지 체계에서 유효한 기대

---

28 Blaszczynski et al. 2008, 114-15.
29 Blaszczynski et al. 2008, 112.
30 Ibid., 109.

를 만들어놓고 그 기대를 저버린다고 주장한다. 그렇게 함으로써 도박자들의 비합리성이 아니라, 합리성을 먹이로 삼는다는 것이다. 따라서 기계는 도박자들을 교육하고 도박자들의 왜곡된 사고를 교정하는 죄없는 하나의 매개체가 아니다. 기계는 제품 투명성을 통해 스크립트된 왜곡을 상쇄시켜야 하는 전략적으로 구성된 하나의 기술이며, 그에 따라 도박 교환에 내재하는 정보적 불균형이 감소된다. 그러나 소비자 보호 관점에 있어 보다 급진적인 이 후자의 관점은 기계가 책임이 있다고 간주하기는 하지만, 궁극적으로는 역시 소비자의 행동을 표적으로 한다. 정보적 처치는 도박자의 합리성에 호소하는 방식으로 기계 작동을 드러내면서도 기본적인 기계 특징과 기능은 그대로 유지한다.

도박 업계 구성원 대부분은 정보적 조치—특히 정적이고 "수동적인" 종류—를 수익에 대한 심각한 위협보다는 문제성 도박에 대한 책임에 대항하는 하나의 가치 있는 수단으로 간주한다. 일부는 화면에서 지속적으로 떠오르는 메시지와 같이 놀이 과정 중에 "적극적" 방식으로 전달된 정보가 산업계 수익을 결정하는 "[게임의] 휴식과 자기-인식을 증가"시킬 거라고 우려를 표했다. 다시 말해 그들은 도박자의 합리성에 지나치게 과도한 방식으로 호소하는 것은 기계로부터 얻는 수입을 감소시킬 거라고 걱정하는 것이다.

그러나 임상적 측면에서 정보적 처치를 비판하는 사람들은 소비자가 한 번 정보를 제공받는다고 실제로 지속적인 도박 과정 중에 그들이 자신의 행동을 바꿀 것인가에 대해 의문을 제기한다. 보 버나드(라스베이거스 네바다 대학교에서 국제 게임 연구소[International Gaming Institute, IGI]를 통솔하며, 오랫동안 지역의 문제성 도박 치료와 관련해 일해 왔다)는 도박자에게 "그들이 가지고 있는 옵션을 고려하고 게임의 사이클을 깨는 기회"를 제공하기 위해 설계된 화면 게시 메시지가 "그들의 뇌에서 합리성을 담당하는 부분이 꺼져 있을 때" 합리성에 호소한다는 점을 지적한다. 알코올 중독자가 술을 마시고 정신을 잃었을 때 그에게 이야기를 하려고 하는 것과 마찬가지라는 것이다.[31]

심리학자 마크 디커슨은 기계 도박의 "가격"을 충분히 보여주든 그렇지 않든지 간에, 기계 도박은 "기계가 제공하는 다음 게임을 구매하는 데 관한 합리적인 선택을 유지하는 이용자의 능력을 약화시킨다"고 주장해왔다.[32] 그는 도박 기계와 기계들이 경험을 형성하는 방식은 "책임 도박 전략과 직접적으로 상충되며" 따라서 정보적 조치들의 잠재적 효용성을 약화시킨다. 호베이는 슬롯머신용 책임 게임 메시지를 설계하기 위해 노력했던 자신의 과거를 되돌아보며 말했다. "이것은 도박자들에게 엑셀과 브레이크를 동시에 밟으라고 요구하거나, 시속 200마일로 속도 조절을 유지하라고 하는 것과 비슷하죠."

기술적 처방

정보적 처치 옹호에서 한 발짝 더 나아간 일부 사람들은 기계 설계 그 자체가 도박자 보호를 위해 조정되어야 한다고 주장한다. 도박자에게 가속 페달을 살살 밟으라고 하는 대신에 속도를 만들어내는 페달의 능력치를 감소시키면 안 될 이유가 있는가? 기술적 처방은 도박자가 책임성 있는 행동을 하도록 하거나 게임에 대한 자신의 인지적 해석을 교정하는 것보다, 더 빠른, 더 긴, 더 강렬한 놀이를 위해 만들어진 기계의 스크립트 수

---

31 Bernhard, Lucas, and Jang 2006, 516.
32 Dickerson 2003, 40.

준에서 개입할 수 있을 것이다. 디커슨이 "올리고, 증가시키며, 확장하는 경향"으로 특징지어지는 "'중독적'인 일련의 사건들"이라고 표현한 바로 그 스크립트에.[33]

놀이의 속도를 감소시키는 조정은 비디오 릴이 "회전"하는 속도를 느리게 만들고, 회전 가운데 릴이 잠시 동안 멈추도록 하며, 베팅과 그 결과 사이의 시간 간격을 증가시킬 것이다. 게임의 *지속*을 감소시키는 조정은 특정 구간에서 중간 휴식 시간을 가지도록 하고, 화면에 디지털 시계가 계속 표시되도록 하며, 주기적으로 팝업 메시지를 띄워 이용자가 얼마나 많은 돈과 시간을 소비했는지 보여주도록 할 것이다(더 엄격한 시간 기반 방법은 145분 동안 지속적으로 게임을 하면 강제로 현금 인출을 의무화하고 5~10분 동안 경고를 표시하는 방법이 있다). 베팅의 *강도*를 감소시키기 위해서는 스핀당 최대 베팅 금액을 축소시키고, 빌 억셉터를 제거하고(또는 더 작은 단위의 지폐로 제한하고), 크레딧으로 놀게 하는 것이 아니라 베팅 총액을 실제 돈의 가치로 보여주고, 승리했을 때 그걸 모두 현금으로 지급하거나 다시 도박하는 데 쉽게 사용되는 토큰이나 티켓으로 주는 것이 아니라 현금과 체크 지불 또는 전자 은행 송금을 하는 방법으로 조정될 것이다; 멀티라인, 멀티코인 게임들은 베팅 라인 개수 감소가 필요할 것이며, "최대 코인 베팅" 기능을 삭제해야 할 것이다. 또 다른 종류의 조정은 기계의 수학적 속임수를 다룰 것이다. 즉 니어 미스 효과를 제거하거나, 승리로 가장한 손실을 제한하거나, 비디오가 아닌 릴 슬롯에서 가상 릴 맵핑을 점차적으로 없애거나, 비디오 슬롯이 이용자의 직관에 맞춰 모두 똑같은 심볼을 포함하여 "릴의 균형을 맞추도록" 할 것이다. "환경적" 조정이라고 알려진 다른 일련의 조정들이 아직 남아 있다. 이러한 조정은 슬롯 영역에 자연광이 들

---

33 Dickerson 2003, 40. Livingstone and Woolley 2008, 29.

도록 하고, 그곳을 금연 구역으로 만들며, "충동적 인출"을 제한하기 위해 "환금 통제"를 하게 될 것이다(예: ATM 위치를 덜 가깝게 하고, ATM에서 출금할 수 있는 금액에 제한을 두거나, 신용카드 접근성에 제한을 걸어두는 것).[34]

우리가 지금까지 살펴본 다른 "해결책"과는 달리, 문제성 도박에 대한 이러한 처방은 그것을 반드시 근본적으로 변화시키거나 제거하는 것은 아니지만, 그 효과를 약화시키는 방식으로 도박 기술과 환경의 물질적 설계 기능에 초점을 맞춘다. 자동차의 에어백처럼 이러한 조정의 핵심은 위험한 행동을 멈추도록하는 것이 아니라, 역효과를 최소화하는 것이다. 정확히 어떻게, 그리고 어느 정도로 이러한 폐해 최소화가 진행될 수 있는가의 문제는 너무나 지루한 기술적 세부 사항들을 다루는 주제가 될 것이다: 얼마나 릴 회전이 느려져야 하는가? 2.14초? 2.5초? 5초? 각 스핀 사이의 "공회전 시간"은 최소 1.5초로 맞춰져야 하는가 아니면 2초로 맞춰져야 하는가? 기계의 빌 억셉터 상한선은 20달러로 해야 하는가? 아니면 50달러, 또는 그보다는 더 되어야 하는가? ATM의 출금 한도는 어떠한가? 그 것들은 200달러로 설정되어야 하는가 400달러로 설정되어야 하는가? ATM은 도박 기계로부터 특정 거리만큼 떨어져 설치되어야 하는가? 머신 구역에서는 아예 금지되어야 하는가? 아니면 도박장 내에서 전부 금지되어야 하는가? 이론적으로 각 개입의 목표는 도박 기계 자체와는 별 문제가 없는 이용자들을 쫓아내지 않으면서 충동적 기계 베팅을 억제할 수 있는 균형을 찾는 것이다. 예를 들면 여기에서 희망하는 바는 "낮은 현금 입력 수준과 그에 따른 짜증"이 "광적인 속도로 게임하거나 해리된 상태에 있는 도박자들에게는 그 대가를" 정확하게 치르게 하지만, 가벼운 수준으

◇◇◇◇◇◇
34 IPART 2003; PC 2010, 13.4.

로 게임하는 이용자들에게는 눈에 띄지 않도록 하는 것이다.[35]

도박 산업계는 이러한 주장을 의심스러운 눈으로 바라보며 그러한 조치들이 어디로 이어질 것인가에 대해 걱정한다. 2006년 G2E 회의 마지막 일요일 아침 8시, 보 버나드는 "종소리, 휘파람, 경고: 안전한 도박 기계"라는 제목의 패널을 소개했다. 당시 모임의 주제는 그의 설명에 따르면 "사람을 보호하기 위한 도박 기계의 안전벨트 첫 세대"였다. IGT의 책임 도박 이사 (그러한 지위를 확립한 최초의 회사였다) 코니 존스가 첫 번째 발표를 맡았다. 그녀는 보기만 해도 지치는 기다란 조정 목록을 가지고 발표를 진행했는데, 도박 기계를 위해 계획되었던 조정 내역이었다. 그녀는 각각이 그것을 지지할만한 어떤 경험주의적 근거가 없다며 하나씩 제거해 나갔다. 또 더 심각한 점은, 문제성 게임을 지양하도록 만드는 게 아니라 오히려 더 권장하게 만드는 의도치 않은 결과를 가져왔다고 했다. 그녀는 문제성 도박 센터를 방문했던 이야기를 했는데, 그곳에서 화면에 보여지는 시계나 시간 제한 세션을 듣고는 낄낄거리며 웃었다던 한 기계 도박자의 이야기를 해주었다. "글쎄요. 만약에 제가 시간이 없다는 걸 알게 되면, 베팅을 두 배로 할 거 같은데요." 같은 이유로 존스는 회전 당 베팅 크레딧 수에 제한을 두는 건 소비를 감소하기보다는 게임을 연장시킬 수 있다고 추정했다. 또 릴의 속도를 감소시키는 건 더욱 공격적인 놀이를 야기할 수 있으며, 임의적으로 휴식시간을 주는 건 도박자가 다른 새로운 머신으로 이동하는 일을 유발한다고도 추정했다. 그녀는 문제성 도박자는 기계에 프로그램화된 어떤 제한도 우회할 수 있는 방법을 찾아낼 거라고, 자신들의 과도한 행동을 집요하게 계속할 거라고 확신했다.

다음 발표자는 전미 책임도박 센터에서 재정적 지원을 받는 하버드 연

---

35 PC 2010 11.38.

구기관의 크리스틴 레일리였다. 그녀는 안전을 위한 조정을 에어백에 비유하며 의도치 않은 결과들이라는 주제로 발표를 이어갔다(사람의 생명을 지키기 위한 장치임에도 불구하고 때로 어린 아이들에게 심각한 부상을 입히거나 심지어는 사망에 이르게 한다는 내용이었다). 두 발표자가 "의도치 않은 결과들"이라는 주제로 자신들의 발표 주제의 틀을 정한 것은 우연한 일이 아니었다; 두 발표자 모두 사회자인 버나드가 "문제성 도박 정책의 잠재적으로 절제하게 만드는 결과들(Potentially Sobering Consequences of Problem Gambling Policy)"라는 부제를 붙인 자신의 학술 논문에서 다룬 사회학적 개념 논의를 염두에 두고 있었다.[36] 보 버나드는 2006년 캐나다 기업 테크링크 엔터테인먼트(Techlink Entertainment)로부터 자사 기계에 적용하기 위해 개발한 다양한 안전 조절 장치에 관한 연구를 수행해 달라는 의뢰를 받았다. 해당 연구의 한 참가자는 도박자의 누적 손실을 표시하는 조정이 의도치 않은 결과를 초래한다는 것을 예리하게 발견했으며, 이 기능이 "'그 손실을 되찾기 위해' 더 많은 돈을 도박하는 데 사용하는 추격매수를 촉발할 수 있다"고 추정했다.[37] 그는 자신이 실제로 얼마나 소비하고 있는지 현실적인 총합을 도박자에게 제공하고자 했던 표시가 의도치 않게 소비를 증가시킬 수 있다고 경고했다.

존스와 레일리의 발표가 있은 이후 미국 게임 협회는 기계에 안전을 위한 조정을 하는 것에 대한 반대 논거로 의도치 않은 결과들이라는 이 개념을 받아들였다. "기계를 바꾼다고 사람에게 도움이 되지 않습니다." 미국 게임 협회 대변인은 2008년 호주의 포커 폐해 최소화 법안에 반대하는 편지에 이렇게 적었다. 왜냐하면 "도박자들은 그들의 도박을 제한하려는 기

---

36 Bernhard and Preston 2004.
37 Bernhard 2006, 22.

술-기반 시도를 보상하기 위해 자신들의 행위를 조정할 것이기 때문입니다."[38] 진정으로 효력이 발휘되기 위해서는, 정책은 "그들의 행동을 간접적으로 조정하기 위해 노력하는 것보다는," "문제를 가진 사람들을 돕는 데 집중해야 한다."고 그들은 주장한다.

그들이 이 문제에 관해 옳은지 여부를 떠나 의도치 않았던 해로운 결과가 없을 것이라는 어떤 근거도 부재한 상황에서, "그들의 행동을 간접적으로 조정하기 위해 노력"하는 것이 정확히 그들이 자신들의 상품을 설계하는 모든 단계에서 수행하는 작업이라는 사실에서 그들의 이야기는 심각하게 그 기반이 취약해진다. 소비자 행동을 유도하는 기술에 적극적으로 투자하면서 동시에 "정상적인" 소비자는 그러한 기술들과의 상호작용에서 강한 책임성을 가진 자기결정 주체로 간주하는 것은 무시하기 어려운 모순을 야기한다. "사람이 무책임하게 행동하도록 기계를 만들어놓고 어떻게 책임성 있게 도박하기를 기대하는 거예요?" 데니스에서 만났던 셸리는 이렇게 물었다. 그녀는 재떨이에 담배를 비벼 불을 껐다. "그들은 도박이 문제가 아니라고 이야기하죠. 우리 잘못이라고요. 왜냐하면 우리는 정상적인 사람들처럼 도박할 수가 없다고요. 저는 거기 앉아서 이렇게 생각하는 거예요. *웃기는 소리하고 있네.* 기계 앞에 앉아서 버튼을 누르면서 돈을 집어넣는 일이 어디가 어떻게 정상이란 말예요?"

셸리의 이야기는 무책임한 행위를 유도하는 유인책이 기계 도박의 설계에 내장되어 있다는 점을 제시하고 있다. 한 연구자는 다음과 같이 지적했다. "의도한 대로 [도박 기계를] 플레이하면 과지출하게 되는 것은 정상적인 결과이다."[39] 앞서 인용된 2010년 호주의 연방 도박 위원회 최종 보고

---

38 AGA 2008b, 1, 5.
39 Tracy Schrans, interviewed by Lane, 2006.

서에서도 이러한 점을 똑같이 이야기한다: "대부분 보통 소비자인 도박자가 경험하는 문제는 한편으로 그들 자신의 특성의 결과이기도 하면서, 한편으로는 게임의 기술적 측면, 게임에 대한 접근성, 사업장의 성격과 경영 방식으로 인해 초래되는 결과이기도 하다."[40] 앞서 검토한 기술적 처방은 도박 상품과 환경이 문제성 도박에 핵심적 역할을 한다는 인식을 기반으로 한다.

그러나 기술적 처방은 소비자 책임성을 기반으로 한 다른 조치들을 고려할 때 급진적으로 보일 수 있기 때문에, 이러한 처방은 위험을 완전히 제거하는 것보다는 위험 관리를 시도하는 규제 전략을 향한 더욱 광범위한 전환의 일부가 된다. 조정된 기계는 기계 도박에서 잠재적으로 문제를 일으킬 수 있는 기능을 제거하지는 않지만, 도박자에게 두 가지 대립되는 "스크립트"를 제시한다. 하나는 더 길고, 빠르고, 강렬한 놀이를 위해 작동하는 스크립트를, 그리고 다른 하나는 그들의 속도를 낮추고, 더 빨리 멈추게 하며, 베팅을 더 작게하는 방식으로 작동하는 스크립트를.

책임 게임 장치

문제성 도박을 위한 여러 처방의 장(場)에서 상대적으로 새로운 접근법 가운데 하나가 존재하는데, 그것은 기술적 처방과 관련해 모순적 스크립트에 대한 해결책으로 스스로의 모습을 드러낸다. 그 접근법은 특정 방식으로 도박 기계를 *고치는*(fix) 대신, 기계를 위기 관리와 책임성을 위한 하나의 매개체로 *사용*(deploy)한다. 즉 통제의 대상이 아니라 하나의 도구가 되

---
40 PC 2009, xxvii.

는 것이다. 기계의 기술적 작동에 관해 자세히 설명해주는 여러 장치를 기계에 장착하는 정보적 전략을 넘어서, 이러한 접근법은 기계에 이용자들이 자발적으로 자기-관리(self-governance)를 수행할 수 있는 소프트웨어(예를 들면 예산 관리, 자기 출입통제, 또는 개인별 위험 평가)를 설치한다. 2008년 호주의 폐해 최소화 법안과 관련한 보고서에서 해당 국가의 두 연구자는 다음과 같이 기술했다. "도박 문제를 가지고 있는 사람, 또는 문제를 일으킬 위험이 있는 사람들을 위해 사용될 수 있는 잠재적 '도구'로서의 [전자 도박 기계] 기술적 시스템에 대한 관심이 높아지고 있는 것으로 보인다."[41]

캐나다의 도박 기계 제조업체 테크링크 엔터테인먼트는 이러한 도구를 2004년에 처음 설계했고, 그 도구에 책임 게임 장치(Responsible Gaming Device, RGD)라고 이름을 붙였다. 이 장치는 게임 단말기에 장착된 자그마한 터치스크린 형태로, 도박자들은 이 장치를 통해 자신이 도박에 얼마나 많은 돈과 시간을 소비하고 있는지 추적, 관리, 모니터링 할 수 있었다. 테크링크는 이 장치를 상호작용적이면서도 이용자 중심적인 도구라고, 이것이 "자연스럽게 이용자가 경험하는 환경의 일부가 되며", "사적 네비게이터"로 기능하고, "충동적 놀이와 게임에서 '길을 잃을' 가능성을 감소시킨다"고 설명했다.[42] (회사 웹사이트의 다른 페이지를 보면 "혁신적인 보너스 판으로 확장된 플레이와 더 높은 수준의 상호작용이 가능하다"는 서로 어울리지 않는 게임 광고도 게시되어 있다.) 테크링크의 웹사이트는 이 발명을 아래와 같이 더 광범위한 사회적 및 정치적 맥락에 위치시킨다.

새로운 기술은 새로운 분야로의 노력을 촉진하고, 국가의 사회적 및 경제적

---

41 Livingstone and Woolley 2008, 154.
42 Techlink website (www.techlinkentertainment.com, accessed June 2007).

특성을 쉴 새 없이 변화시키고 있습니다. 새로운 밀레니엄이 시작되는 이번 10년 안에 이루어질 일은 기존과 같은 평범한 사업일 수만은 없습니다. 또 평소와 같은 게임일 수만도 없습니다. 변화를 받아들이고 이에 적응해야 할 필요성이 분명해졌습니다. 사회는 그 이상을 요구하고 있으며, 통제를 벗어난(unfettered) 문제성 도박을 용인하지 않는 경향이 강해지고 있습니다.

일종의 "통제(fettering)" 필요성에 대한 반응으로, 테크링크의 장치는 "본질적으로 무책임한 놀이의 결과로 발생하는 개인의 피해를 최소화하는 억제 장치를 이용자에게 제공"한다. 동시에 그것은 "이용자로부터 불필요한 관심을 끌지 않고 놀이에 방해가 되지 않으면서 만족스럽고 즐거운 게임 경험"을 제공한다. 다시 말해, 그것은 불가능해보이는 것을 약속한다: 사행산업의 경제적 최대화 동인을 방해하지 않으면서 소비자의 합리성 또한 극대화하는 것—심지어 전자는 소비자의 자기-포기에 의지하고 있는 것으로 보이지 않는가. 그 장치는 "이용자들이 자기-통제를 수행할 수 있도록 역량을 강화"함으로써 도박자들의 즐거움이 (그리고 산업계의 수익도) 계속 남을 것이라고 약속한다. 책임 게임 장치는 제품의 투명성에 대한 소비자 옹호자들의 요구와 도박산업계의 개인적 책임에 대한 요구 사이의 일종의 절충안에 해당한다. 즉, 어떤 제한도 필요 없는 자유 시장을 믿는 자들과 소비자에게는 어떤 "통제"가 필요하다고 믿는 자들 사이의 절충안인 것이다. 이 절충안은 도박자의 "자기-통제(self-fetter)"를 도와주는 방식으로 기계에 무엇인가 장착된 형태를 취한다.

"스마트카드"를 삽입하여 활성화되는 시스템은 이용자에게 "각 게임 세션에서 [그들의] 통제력을 증진하는 디지털 도구"를 제공한다(역설적이게도 이 카드는 카지노에서 이용자를 추적하는 수단으로도 기능한다). 앞서 살펴보았던 다른 접근법들(책임 게임 행동 수칙, 기계가 어떻게 기능하는지에 관해 도박자를 교육시키는 정보적 처방, 기계 작동을 조정하는 기술적 처방)과는 달리, 책임 게임 장치나 새롭게 등장하는 그와 유사한 시스템은 도박자들이 게임하는 과정에서 기계와의 반영적 상호작용(reflexive interaction)을 통해 자신의 행동을 관리하는 것을 가능케 한다. 두 명의 사회학자가 이야기한 것처럼, "이러한 수단은 도박 기술과 도박자 사이의 관계에 반영적 요소를 구축하고자 하며, '책임감 있는' 도박자가 정보를 제공받고, 스스로를 모니터링하며, 자기-관리하는 소비자가 되는 능력을 제공한다."[43]

시스템의 예산 관리 도구에는 *마이 어카운트(My Account)*라는 것이 있는데, 시간에 따라(일별, 주별, 월별, 연도별) 손실, 승리, 베팅 활동을 추적하는 프로그램이다. *라이브 액션(Live Action)*이라는 프로그램은 현재 플레이 세션에서 가장 최근까지 지출한 내역을 추적한다. *마이 머니 리밋(My Money Limit)*이라는 프로그램은 도박자가 특정 시간 동안 지출할 수 있는 한도를 정해놓을 수 있다(한도에 도달하면 시스템은 전체 관할구역에서 머신 게임을 할 수 없도록 만든다). 추가적 도구에는 *마이 플레이 리밋(My Play Limit)*이 있는데, 이용자는 특정 기간에 게임을 할 수 없도록 설정해 놓을 수 있다(예를 들면 폐장까지, 월급날까지, 아이들 생일까지, 일요일까지). *스톱(Stop)* 기능은 신청하는 그 즉시 24시간, 48시간, 72시간 동안 도박장으로부터 출입제한(또는 "쿨-다운[cool-down]" 기간이라고도 한다)을 걸어놓을 수 있는데, 화면을 터치하는 그 순간부터 효력이 발생하며 한 번 신청하면 되돌릴 수 없다(그림 10.2 참고). 자신이 문제성 도박자일지 모른다고 생각하는 사람들은 화면에서 이루어지는 위험 평가를 스스로 진행하기 위한 도구도 사용할 수 있고, 프로그램의 다양한 대처 기제 가운데 하나를 선택할 수도 있다; 기계 콘솔에서 치료도 즉시 가능하게 된 것이다.

◇◇◇◇◇◇
43 Livingstone and Woolley 2008, 31.

직접 도박산업을 운영하는 노바스코샤 주정부는 해당 시스템을 도입하기 위해 테크링크와 9천 만 달러짜리 계약을 맺었고, 그 이름을 "정보를 제공받은 이용자의 선택 시스템(Informed Player Choice System)"으로 변경했다. 시스템을 개발했던 개발자 중 한 명은 익명을 조건으로 나에게 이런 이야기를 했다. 입법가들은 그것을 받아들이는 것 이외에는 "다른 선택권이 없었"다는 것이다. 도박 세수에 의존하고 있는 상황에서 문제성 도박이 존재한다는 사실은 그들이 "주의 의무"를 다하고 있는가에 대한 의구심을 일으켰고 문제성 도박 문제가 너무 광범위하여 무시할 수 없게 되었던 것이다. "그래서 이렇게 생각한 거죠. 그걸 설치해서 이용자들이 스스로 문제를 관리하게 하자. 안전벨트가 있는데도 사람들이 안 한다고 할 수도 있잖아요. 그거랑 비슷한 거죠." 일군의 연구자들이 이야기한 것과 같이, 테크링크의 시스템은 "비자발적인 '에어백' 안전 요소(들)를" "도박자들이 사용할 것인지 선택할 수 있는 자발적인 '안전 벨트' 유형의 기능"으로 바꾸어 놓는다.[44]

"이 차세대 도박자를 위한 안전벨트는 자유 선택을 보호합니다." G2E 청중에게 보 버나드는 말했다. "원하기만 한다면 클릭 한 번 해서 지금 균형을 잡고 있는지 확인할 수 있어요." 그의 2006년 연구에 따르면 이용자들은 몇몇 강제적인 기능에는 거부를 보였지만, 자발적인 방식은 받아들였다. "여러 가지 옵션을 주는 거잖아요." 한 참여자의 이야기이다. "그러니까 제 말은 요즘 세상 사람들은 옵션을 좋아하잖아요."[45] 버나드와 동료들은 그 시스템이 "도박 인구 전체에 어떤 것을 강요하는 기능은 상대적으로 적고" 그것이 이용자에게 "개인의 책임성을 '수행'"할 기회를 제공한다

---

44 Hancock, Schellinck, and Schrans, 2008, 65.
45 Bernhard 2006, 27.

는 점에 찬사를 보냈다.[46] IGT의 존스도 그와 유사하게 긍정적 목소리를 냈다. "자기출입제한이나 자기-제한을 할 수 있도록 하는 기능은 행동을 단속하려고 하는 것이 아닙니다. 그것들은 책임을 이용자에게 직접 부과하죠." 호주의 2010년 위원회에서 강조하듯, 이 접근은 "각 도박자가 그 또는 그녀에게 적절한 한계가 무엇인지에 관한 선택권을 가지기 때문에 소비자 주권과 일치한다."[47]

노바스코샤 주정부가 책임 게임 장치를 받아들이기 이전에, 2007년 한 현장 연구에서 6개월 간 그 장치를 사용한 1,854명의 성인을 모니터하여 3만 세션의 게임을 녹화했다.[48] 버나드의 연구에서와 마찬가지로, 이용자들은 마이 어카운트와 라이브 액션의 "자발적 기능"을 선호했다. 신기하게도 해당 시스템 이용은 80퍼센트의 더욱 긴 플레이 세션, 그리고 베팅 활동의 132퍼센트 증가와 관련되었다. 그러나 시스템은 지출 비율의 감소와도 관련되었기에 연구자들은 증가된 시간과 베팅 강도에 관한 연구 결과를 실패로 해석하지 않았다. 반대로 "이용자들은 더 높은 수준으로 관여된 상황에서 더 적게 지출했다 … (때문에) 기능 사용은 놀이 가치 증가와 관련되어 있었다."[49] 이와 같은 순수한 경제적 평가에서, "놀이 가치"는 놀이 시간 대비 놀이 비용의 비율 함수로 해석되었다; 이용자들이 더 긴 시간 놀았으면서도 더 적게 지출했기 때문에, 그 경험은 그들에게 긍정적인 것임에 틀림없다는 것이다. 그들의 보고서에는 이렇게 적혀있다. "짐작건대 고객들이 계속해서 이 기능을 사용하기로 한다면 가치를 얻을 것이다." 중독에서는 활동의 지속이나 강도와 그 활동이 개인에게 부여하는

◇◇◇◇◇◇

46 Bernhard 2006, 11, 20.
47 PC 2010, xxx.
48 Schellinck and Schrans 2007.
49 Ibid., 48; vii; Hancock, Schellinck, and Schrans 2008, 65.

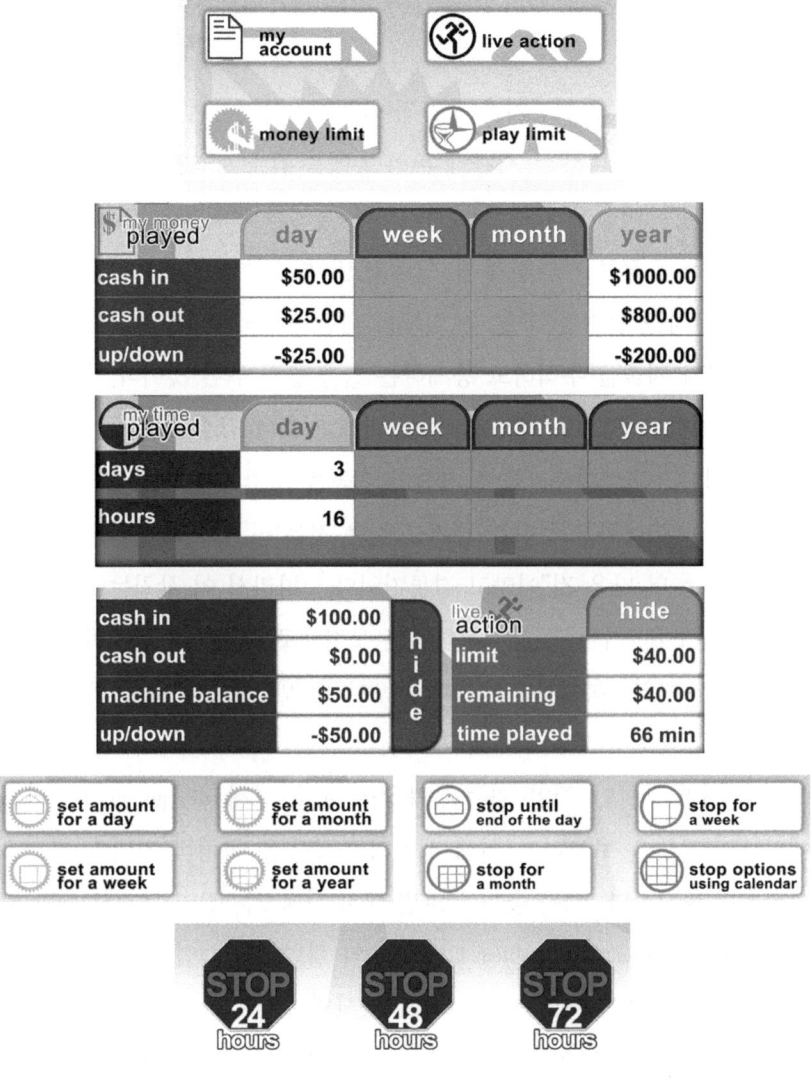

그림 10.2 테크링크 책임 도박 시스템의 화면. 원래는 "책임 게임 장치"라고 불렸고, 지금은 "게임플랜(Gameplan)"이라고 부른다. (출처: Techlink Entertainment, Inc.)

가치 사이의 연관을 추정할 수 없다는 점을 생각해본다면 이상한 결론이 아닐 수 없다.

보고서는 책임 게임 장치를 성공적이라고 이야기하며, 그것의 "기능이 도박 그 자체에 소비하는 '시간과 돈의 총액을 감소'시키기 위해 만들어진 것이 *아니라*," "이용자가 예산을 지키도록 '동기를 부여'하고 이에 관한 정보를 제공하는 *정보 기능*을 통해, 그리고 *만약* 그들이 그 기능을 사용하고자 한다면 지출 관리를 도울 수 있도록 하는 추가적인 *통제 기능*을 통해 … 이용자가 지출을 추적하고 통제하는 일을 돕기 위한 것이다."[50] 연구자들은 비록 시스템을 사용한 사람들에 의해 지출이 감소되었다는 것도 분명한 이점이지만, "이용자들이 자신의 행동을 조절하기 위해 효율적으로 그 시스템을 이용하고 있다는 증거를 찾은 것은 … 시스템의 가치와 영향을 보여주는 더 나은 것"이라고 결론지었다.[51] 따라서 이 장치는 도박자들이 자신의 도박 "가치"를 최대화하려는 목적으로 자신의 보험계리적 역량을 발휘할 수 있도록 하는 (단, 그들이 원할 때에만) 일종의 통제 보조 또는 합리성 보철물로서 제시되었다.

책임 게임 장치의 '책임' 기능은 재정적 자기-규제(self-regulation)의 과업에서 도박자들을 보조하기 위해 제공되는 수많은 독립적 기법과 기술을 보완하고 확장한다. 예를 들면 글로벌 캐시 엑세스는 전미 문제성 도박 위원회(National Council on Problem Gambling)와 협력하여 책임 게임(Responsible Gaming) 프로그램을 도입했다. 그들은 자사의 현금서비스 장치에서 "결정의 순간 메시지"를 보여주고(여기에는 24시간 운영되는 무료 헬프라인 전화번호도 포함되어 있다), 문제성 도박자가 스스로 ATM 신용카드나 현금카드를

---

50 Schellinck, and Schrans 2007, 12, emphasis in the original.
51 Ibid., 49.

DATE	TIME	PLACE	MACHINE		AMOUNT SPENT	AMOUNT WON	NET LOSS	NET GAIN	WITNESSES / COMMENTS
			TYPE	NO.					

그림 10.3 기계 도박자들을 위한 돈 관리 차트. 출처: 『슬롯 머신 마니아』, 드와이트와 루이스 크레벨트, 1988, pp.107

이용한 현금서비스 접근을 차단하는 방법을 제공하는 거래 정지 프로그램(Self-Transaction Exclusion Program, STEP)을 실시하였다.[52] 이와 같은 이른바 유동 자산 조절의 보다 초기의 원시적 방식은 1988년 전직 머신 설계자가 작성하여 유명해진 저서 『슬롯 머신 마니아(Slot Machine Mania)』를 통해 저자들에게 알려진 일종의 간단한 자금 관리 차트이다. 해당 내용에는 지침도 포함되어 있다. "작은 달력을 챙겨서 게임한 날 총 얼마를 이기고 얼마를 잃었는지 기입하시오. 또 어디에서 어떤 종류의 게임을 했는지도 함께 기입하시오. 필요한 데이터를 쉽게 적을 수 있는 양식이 있는 작은 노트를 지갑이나 가방에 넣고 다니는 것도 하나의 효율적인 방법이 될 수 있습니다."(그림 10.3 참고)[53] 자신이 게임했던 자료를 기록하고 추적하는 것이 통제의 수단인 것이다.

◇◇◇◇◇◇

52 Global Cash Access website (www.globalcashaccess.com/press_apr19_06.html, accessed July 2007).
53 Crevelt and Crevelt 1988, 106.

『오직 슬롯(Strictly Slots)』라는 잡지에는 빌 버튼이 도박 지출 관리 방법에 관해 조언하는 "현금 관리(Controlling Your Cash)"라는 제목의 정기 칼럼이 있다. 해당 칼럼에서는 도박자들이 오직 도박 자금으로만 사용할 수 있는 "401-G"라는 계좌를 만들고, 퇴직 계좌에 정기적으로 입금하는 것처럼 그 계좌에 직접 돈을 예금하라고 이야기한다. 버튼은 그러한 계좌로 1년 치 도박 예산을 주별 또는 일별 착수금으로 쪼개는 공식을 제공한다. 그의 동료이자 역시 『오직 슬롯』에 자주 기고하는 짐 힐더브랜드라는 사람은 도박자들이 "종료 시점"를 설정하거나 사전에 결정한 도박 자금의 50퍼센트만큼 이겼을 때 현금을 빼내는 방법을 개발했다. "크레딧, 티켓, 나간 돈을 관리하는 건 쉽다." 그는 다음과 같이 글을 이어 나갔다.

> 어려운 것은 … 그만두는 것, 의자에서 일어나는 것, 이긴 돈을 모아서 나가는 것이다. 의자들이 나쁘다. 그것들은 편안함을 제공하며 자금에 위험한 것들이고 더 많이 잃어버리게 만드는 원인이다. 나의 경우 종료 시점에 도달했을 때 그만두는 것이 어려우면, 일단은 의자에서 일어나서 티켓을 다 모은다. 그리고, 진짜로 어쩔 수 없다면, "마지막으로 딱 한 번만 더" 하는 게 도움이 된다.[54]

앞서 논의한 책임 게임 캠페인과 매우 유사하게, 힐더브랜드의 칼럼은 (문제성 도박자뿐 아니라) 그의 독자 전체가 무책임한 도박 행동에 취약함을, 또 위험 관리 처방이 필요한 사람들일 수 있음을 암시한다.

『오직 슬롯』이나 수많은 다른 출판물들에서 보통의 도박자들을 위해 제시된 팁, 도구, 기술이 임상 현장이나 자조모임 세팅에서 회복 중인 도박

---

54 Hildebrand 2006, 39.

자들이 사용하도록 권장되는 갈망 척도와 같은 방식으로 기능한다는 점을 생각할 때 문제성 도박과 일반적인 도박 사이의 경계는 더욱 불투명해진다. (앞서 등장한 글로벌 캐시 엑세스가 이름 붙인 스텝[STEP]이라는 것도 그러하다. 12단계의 용어와 기묘하게도 닮지 않았는가.) 자기-회계(self-accounting)나 자기-규제에 필요한 보험계리적 사고를 강화하도록 설계된 이러한 시스템은 말하자면 도박자-소비자가 자신의 손실 "목록을 조사"하도록, 또 "자신의 균형 상태를 추적"하도록 돕는다. 앞서 보았던 책임 게임 장치는 이러한 접근을 게이밍하는 과정으로 통합하여, 도박자는 그러한 놀이 경험 밖에서 뿐만 아니라 경험 안에서도 자신을 반성적으로 모니터링할 수 있다. 이러한 의미에서 그것은 자기-규제를 위한 하나의 도구로 기능한다.

그러나 모든 치료적 도구와 유사하게, 도박자가 이러한 기법들을 애초에 의도되었던 대로 사용하는가는 또 다른 이야기이다. 랜달의 이야기를 들어보자.

저는 제 기록을 추적해요. 스프레드 시트 사용도 유지하고요. 제가 머신에서 얼마를 이겼는지 상세하게 다 적죠. 매일 제가 얼마나 게임했는지에 대한 계좌도 따로 있고요: 어느 카지노에서, 그날 이긴 기계 목록, 보상 포인트 얼마나 받았는지, 그런 것들요. 그거 다 추적하고 또 각 연도별 상위 열 개도 추적하기 때문에 어떤 머신이 이길지, 또 어느 카지노에서 제가 잘 할지에 대한 추정을 할 수 있죠.

그렇지만 대부분 저는 그냥 알기를 원하는 거예요. 그렇게 하면 제가 진행해 온 걸 볼 수 있고, 얼마나 도박이 늘어났는지 확인할 수 있죠. 해가 지날 수록 내가 얼마나 점점 더 심해지고 있구나라는 걸 확인할 수 있어요.

랜달이 꼼꼼하게 자신의 재정 기록을 했던 것이 도박에 대한 그의 통제력을 높여주지는 않았지만, 그 작업은 그가 해가 거듭될 수록 "점점 더 심해지고" 있다는 것을 "알게" 해주었다. 호베이는 말했다. "이러한 예산 관련 도구들이 진짜로 하는 일은 이용자에게 자기가 얼마나 지출하고 있는지, 그리고 얼마나 오래 거기서 머물고 있는지를 알도록, 그리고 더 머물면서 소비할 건지 자기가 선택하는 것처럼 느끼게 만드는 도구를 제공하는 거예요." 이러한 의미에서 랜달은 일종의 "보험계리적 중독자"다. 도박에 대한 자세한 지출 기록이 자신의 손실을 드러내는 역할을 했던 다니엘이나 도박을 위해 저축 하려고 "절약"했던 줄리처럼. 지난 장에서 살펴본 것처럼 자기-모니터링, 자기-관리(self-managing) 주체의 도구는 중독의 순환에 연루되어 있다.

책임 게임 장치도 예외가 아니다. 공교롭게도 테크링크의 책임 게임 장치에 관한 노바스코샤 주정부의 현장 연구에서 문제성 도박자가 다른 도박자들에 비해 *라이브 액션* 기능을 3~4배 더 많이 사용하여 시스템 기능의 가장 높은 활성화 비율을 보여주었다. 테크링크의 한 기술자가 나와의 대화에서 이야기한 것처럼, *라이브 액션*과 그것의 끊임없는 피드백은 "중독의 전략"이 되는 것처럼 보인다. 그러나 문제성 도박자들은 시스템의 제한 설정 도구를 사용하려는 경향은 보이지 않았다. 연구자들은 자신들의 이러한 흥미로운 결과에 대해 다음과 같이 추측했다.

> 문제성 도박자들은 책임 게임 시스템으로부터 다른 가치를 도출하는 것으로 보인다. … 게임 중 "라이브 액션"의 반복적 사용은 이 기능이 특히 문제성 도박자들에게 있어 놀이 가치와 도박 경험을 증진했고, [그 외에] 그들은 이 *기능을 자신들의 현재 진행형 도박 행위를 모니터링하고 통제하는 것보다는*

즉각적인 게임 세션에 대한 피드백을 얻기 위해 사용했다.[55]

라이브 액션을 사용하여 실시간으로 재정적 균형을 추적하는 일은 자기-조정(self-modulation)과 존의 균형으로 반영되는 것으로 보인다. 랜달이 스프레드 시트에서 그랬던 것처럼, "수표가 언제 처리되는지 정확한 시간을 알아보기 위해" 하루에 열 번씩 은행에 전화하고 게임 세션 동안 자신의 전체 베팅 금액을 지속적으로 다시 짰던 팻시처럼, 자신들의 행위에 대한 실시간 피드백은 그저 문제를 증폭시키는 "통제"가 되었다. 통제를 부여하는 기능이 작동될 것이라는, 그리고 그러한 기능이 어떻게든 의도치 않은 결과들에 대한 면역이 생기게 할 거라는 버나드와 존스의 믿음에도 불구하고, 이러한 기능들이 위험 역시 수반한다는 것은 분명하다. 앞선 장에서 우리는 이른바 정전식 게임 효과(예: 이용자가 상호작용, 통제, 조정할 수 있는 효과를 가능케 하는 것)가 종종 게임에 흡수되는 일을 고조시키거나 정체감을 상실하는 일과 관련됨을 보았다. 이와 유사하게 책임 도박의 선택 기반, 자기-추적, 예산-설정 기능은 역설적이게도 충동적 행위의 원천이 되며, 도박자의 자기-통제를 약화시킨다.

책임 도박 장치와 같은 반성적 위험 관리 기술들의 실패는 궁극적으로 애초에 개인의 책임성에 문제를 발생시키는 기계의 인터페이스를 통해 개인의 책임성을 호소함으로써 폐해를 줄이려고 시도했다는 사실에서 비롯된다. 나아가 우리가 지금까지 살펴보았던 대부분의 처방들과 마찬가지로, 책임 도박 장치와 다른 통제 보조 도구들은 문제성 도박에서의 인간-기계 상호작용에서 한 가지 측면만 표적으로 삼았다. 캐나다의 한 연구 집단이 지적한 것처럼 책임 도박 장치가 관리의 도구로 도박 기계들을 사용

―――――――
55 Schellinck and Schrans 2007, 83, 84, emphasis mine.

하고 있지만, 책임 게임 장치는 "(정보, 접근, 관리와 관련된 것 이외의) 근본적인 게임 기술보다는 *도박자*들의 변화"에 지속적으로 초점을 맞추고 있다.[56] 서구 자본주의 사회에서의 규제 경향과 같은 맥락에서, 위험과 관리 의무는 또 다시 개인의 어깨에 지워졌다.

위험을 추적하다

문제성 도박에 대한 가장 최근의 기술적 접근이자 이 장에서 마지막으로 살펴볼 내용 역시 반성적 정보 추적에 의존한다. 그러나 이번 접근에서는 이 과업을 이용자나 기계에 부과하는 대신, 기계와 이용자 모두가 연결된 네트워크에서 실행되는 이용자 추적 소프트웨어가 그 역할을 맡는다. 5장에서 살펴본 것처럼 추적 역량은 1980년대 중반에 도박 기계의 기능을 확장하기 시작했고, 기계를 단순한 게임에서 감시 모니터이자 자료수집기, 홍보 수단으로까지 변화시켰다. 그런데 우연히도, 이러한 발전은 기계들을 또 다른 과업을 위해 준비시킨 셈이 되었다. 즉 실시간 플레이 데이터를 모니터링하여 문제성 도박 행동을 나타내는 패턴을 찾아내는 일이 가능해진 것이다. 소프트웨어를 개발한 캐나다 게임 회사 아이뷰(iView) 홍보 책자에는 다음과 같이 상세한 설명이 기록되어 있다.

> 전통적인 이용자 보상 프로그램은 슬롯머신에서 고객들의 플레이 데이터를 카지노에 제공합니다: 하루에 몇 시간 게임을 하는지, 얼마나 소비했는지, 승패 결과, 그들이 어떤 기계를 선호하며 베팅 빈도는 어떤지 등. 대부분 카

◇◇◇◇◇◇◇

56 Ibid., 34.

지노는 이러한 정보를 홍보 계획을 위해 활용하며, 이용자의 습관을 기반으로 보상 프로그램을 개별화합니다.

카지노의 이용자 추적 시스템이 실시간 데이터를 빠르게 처리하고 홍보 목적으로 "이용자 가치" 순위를 생성하는 반면, 아이뷰 시스템은 같은 데이터를 문제성 도박 위험이 있는 이용자를 확인하고 평가하기 위해 사용한다.

이러한 평가는 여러 단계를 통해 생성된다. 첫째, 시스템은 이용자 카드 데이터를 수집한다. 다음으로 예측 알고리즘(Intelligent Gaming Measurement Index, iGMind)이 고위험 도박 패턴을 확인하기 위해 이 자료를 심층분석한다. 노바스코샤 주정부가 책임 도박 장치 테스트를 의뢰했던 동일한 캐나다 기업 포컬 리서치 컨설턴트(Focal Research Consultants)가 이 알고리즘을 개발했다. 알고리즘 개발을 위해 회사는 2년 반 동안 서스캐처원 주의 카지노들에서 모은 방대한 이용자 추적 데이터를 활용하여, 5백 개가 넘는 행동 변수를 분리해냈다. 여기에는 머신을 했던 기계 도박자 인원, 그들의 총 세션 시간, 그들의 머신 베팅 속도, 일주일에 며칠 그들이 게임을 했는지 등이 포함된다. 최초의 위험 평가 자동화 도구인 이 시스템은 이용자의 실시간 데이터를 그의 과거 데이터와 비교한다. *그가 가장 길게 연패했던 적은? 그는 보통 연패한 뒤 다음날 다시 카지노에 돌아오는가? 평소에 보통 얼마나 소비하는가? 몇 시간이나 하는가?* 프로그램은 0~3점의 범위로 각 이용자별 위험 지표를 생성한다.

만약 어떤 위험이 감지되면 시스템은 카지노의 자동화된 마케팅 모듈(그 이용자에 대한 모든 광고를 중단한다), 카지노 관리 모듈(이용자 카드를 중단시킨다), 그리고 카지노의 얼굴 인식 모듈(출입이 거부된 또는 스스로 출입을 정지한 이용자를 감지하기 위해 실시간 바이오메트릭 감시를 수행한다)과 소통한다.

또한 시스템은 카지노 관리자에게 분석 대상이 된 손님을 표시하기 위해 색깔별로 코딩된 위험 알람을 보낸다. 슬롯 구역의 활동을 열화상 카메라로 보여주는 것과 같이, 또는 이용자가 지고 있는지 이기고 있는지 표시하기 위해 캐릭터 얼굴 모양이 위 또는 아래로 향하는 발리의 자그마한 장치와 같이, 아이뷰의 기술은 (회사의 홍보 책자를 인용하자면) "모호한 것을 구체화시킨다." 이 경우 기술을 통해 카지노 직원이 읽어낼 수 있게 된 이 "모호한 것"은 마케팅 기회가 아니라 중독 행위가 된다. (카지노가 서베일런스 시스템에 통합하고 보안요원들을 훈련시켜 심장마비로 인한 사망률을 감소시켰던) 자동 체외 제세동기와 달리, 아이뷰의 알고리즘은 눈에 잘 띄지 않는 문제성 도박 위험을 선별하고 개입한다.

시스템은 위험 감지라는 무거운 과업을 소프트웨어에 할당하는 한편, 위험한 행동을 포착하기 위해 카지노를 순찰하는 훈련 직원들의 관찰을 통합한다. 비록 문제성 도박은 (술 취한 사람이 발음을 불명확하게 하거나 걸음걸이가 불안정한 것처럼) 신체적 표지로 명확하게 식별가능한 것은 아니지만, 포컬 리서치 컨설턴트는 신뢰도 높은 "시각적 단서 분류법"이라는 것을 들고 나왔다. 이러한 분류법 중 문제성 놀이의 가장 높은 지표들은 ATM에 반복해서 가거나 신용카드를 사용해 현금을 얻으려고 하는 것, 3시간 이상의 도박, 한 번에 머신 두 대를 하는 것, 한숨과 끙끙거리는 신음소리, 자동으로 계속 머신이 돌아가도록 하기 위해 조치를 해놓는 것 (6장에서 다룬 바 있다), 메스꺼움, 신체적 떨림, 안구 건조이다.[57] 그러한 행동 관찰이 도박자의 컴퓨터화된 위험 점수에 삼각화되면, 문제성 도박자를 정확하게 식별하는 신뢰도 수준은 무려 95퍼센트에 이른다.

"모든 인원은 위험한 게임 행동을 인식할 수 있도록 훈련받아요. 심지

---

57 Hancock, Schellinck, and Schrans 2008, 61.

어 객장 안 청소부까지도요." 2007년 G2E 아이뷰 엑스포 부스에서 만난 로리 노만이 나에게 했던 말이다. 말하는 속도가 매우 빠른 활기찬 30대 여성 노만은 시스템을 사용하도록 의무화 한 캐나다 서스케처원주의 카지노에서 문제성 도박 상담사로 일하고 있었다(이 시스템은 아이뷰의 책임 게임 모듈 아이케어[iCare]로, "보건 전문가를 현장에서 일하도록 고용하여 이용자에게 정보를 제공하고, 교육하며, 필요시 의뢰하도록 하는 책임 게임 센터"를 수반한다).[58] 노만에게 위험한 상황이라는 알람이 뜨면, 그녀는 해당 도박자에게 다가간다. 알고리즘 개발자이자 마케팅 교수인 토니 셸릭의 이야기에 따르면, 시스템은 "개입의 장이 진료실에서 카지노 객장으로 변화된 것이다."

노만의 개입 전략은 다양하다.

> 이용자들에게 기계에 대해서, 임의성이나 카지노가 어떻게 돈을 버는지에 대해서 가르쳐 드리기도 하고요. 더 도박을 많이 할 수록 더 많이 잃는다는 이야기도 하죠. 세이프 앤 플레이 영상을 보여주기도 하고, 어떤 때는 실제 기계 내부를 보여주기도 해요. 때로는 펜이랑 종이 가져가서 임의성이라는 걸 하나의 강으로 그림 그리기도 하죠. 승리와 패배의 집합적인 연속은 없다고 말씀 드려요. 언제 손을 대야 하는지 본인은 절대로 알 수 없는, 끊임 없는 우연의 흐름이라고요.

때때로 노만의 전략은 도박자에게 그가 총 얼마를 잃었는지에 관한 정보를 제공하는 것이다. 그중 25만 달러를 기계에 넣었던 한 농부가 있었는데, 시스템으로 손실 총액을 보여주었을 때에도 그는 별로 놀라지 않았다고 했다. "그분은 인식을 못하고 있다거나 부인한다거나 하는 문제

---

58 Austin 2007, 4.

가 아니었어요. 그래서 그분하고는 예산 짜기 전략을 사용했죠." 아이케어 개입의 목표는 이용자들이 도박을 그만두록 설득하는 것이 아니라, 노만의 말에 따르면 "그들이 좀 더 중도적인 놀이를 하도록 만드는 것"이다. 이 장에서 살펴본 다른 처방들과 마찬가지로, 시스템은 병리적 진단보다는 위험 관리 논리를 따른다. "진단이 아니에요. 위험 감지죠." 그녀가 설명했다. "만약에 의사한테 갔는데 콜레스테롤 수치가 높아서 위험한 수준이라는 걸 알았다고 해요. 그러면 더 나쁜 상황을 예방하기 위해서 행동을 바꾸겠죠. 매일 맥도날드 먹는 걸 그만둔다거나 하는 식으로요."

만났던 도박자와 헤어지면 그녀는 시스템에 자신의 기록을 적어, 다른 직원들을 위한 메시지와 후속 조치시 기억해야 할 사항들을 남겨놓는다. 시스템은 이용자의 위험 수준이 낮아졌는지 확인하기 위한 이용자의 위험 코드에 따라 이러한 기록을 추적함으로써 그러한 개입들이 효과가 있었는지 "학습"할 수 있다. 아이케어 소개 책자에 적혀있는 바와 같이, 이용자의 위험 점수는 "관련된 의존 및 행동을 기반으로 확대 및 감소될 수 있는 … 양방향으로 역동적이다." 회사는 카지노 운영자들이 시간의 흐름에 따라 위험을 추적함으로써 "그들이 문제성 도박으로 접근하고 있는지 지속적으로 측정, 평가, 모니터하고, 상황을 개선할 수 있다."고 설명한다.[59] 아이뷰의 추적 시스템이 궁극적으로 도박자를 자기-관리 프로그램으로 집어넣기 위해 작동한다 하더라도, 그것은 반성적 모니터링과 위험 상황에서의 개입에 대한 초기 책임을 도박자로부터 카지노로 이양한다.

카지노 운영자들은 어째서 이를 받아들이는가? 사실 그들 가운데 많은 이들은 자신들의 이용자 추적 데이터를 이러한 방식으로 쓰게 됐을 때의 전망에 대해 상당히 불안해하고 있다. 셸리닉은 시스템을 우려하며 그들

◇◇◇◇◇◇
59 Ibid., 13.

이 그에게 표현했던 불안의 장황한 서사들을 이야기해주었다. "우리가 우리 수입 중 70퍼센트, 이용자 중 50퍼센트를 차지하는 것이 문제성 도박자라는 걸 발견하게 될까요? 이 시스템을 사용하면 우리 최고의 고객들이 문제성 도박자로 식별될까요? 만약 우리가 이 사람들에게 접근하게 되면, 그 사람들이 달아나 버리게 만들고 그게 우리 수익에 안 좋은 영향을 미치게 될까요?" 그러나 이러한 시스템을 도입함으로 얻는 인센티브가 위와 같은 위험들보다 더 크다. 먼저 노만이 일하는 곳과 같은 카지노들은 장기 이용자 보유를 고려하는 지역-지향 시설들이다. "건강하고 사회적인 행복한 도박자를 원하는 거죠. 그래서 그들이 평생 동안 고객이 될 수 있게요. 그 사람들을 찍어 내보내서 그들의 미움을 사기는 싫은 거죠." 그녀가 나에게 말했다. 아이뷰의 보도자료에서도 이야기하고 있는 것처럼, "아이케어 프로그램은 세계적으로 게임이 확산되는 가운데 지속가능성을, 게임 산업이 평생 이용자를 유지해야 한다는 개념을 기반으로 하고 있습니다."

그러나 아이뷰가 자신의 홍보 책자에서 강조하는 바와 같이 가장 즉각적인 인센티브는 "문제성 도박과 관련된 잠재적 소송을 다루기 위한 효과적인 위험 관리 전략"을 확립한 것이다. 아이뷰가 관리하는 주요 위험은 도박자가 경험하는 위험이 아니라 산업계의 위험이다. 이러한 위험은 도박자가 더 많이 게임할 수록 카지노가 그에게 더 공격적으로 마케팅할 수 있도록 구축된 카지노의 추적 및 홍보 시스템 구조에 있다. 일군의 캐나다 연구진은 다음과 같이 설명한다. "손실이 증가함에 따라 도박에 대한 유인이 증가하는 경우, 도박산업은 '의존 가능성이 높은 도박자에게 적극적으로 호객 행위'를 하는 것으로 보일 수 있다."[60] 도박 산업이 열렬히 받아들인 것의 의도치 않은 결과라는 역설적 반전으로, 홍보 목적으로 축적된

◇◇◇◇◇◇
60 Hancock, Schellinck, and Schrans 2008, 63.

카지노의 이용자 행동 추적 데이터베이스는 그들에게 잠재적인 법적 책임이 된다. 특히 그것이 이용자의 게임을 지속시키기 위해 실시간으로 도박자에게 즉각적인 보너스 또는 다른 인센티브의 형태로 사용될 때는 더욱 그렇다. "소송을 위한 잠재적인 자료의 보고라고 할 수 있죠." 호베이는 말한다. "추적된 자료를 소환할 수 있을 것인가? 그 자료의 소유주는 누구인가? 그것을 분석하지 않은 것은 범죄적 태만 행위로 간주될 수 있는가?"

호주에서 이러한 질문에 대한 도박 산업계의 두려움은 하나의 스캔들로 이어졌다. 이 스캔들에서 선도적 게임 회사의 전직 법인 업무 부서 부장이자 내부고발자 필 라이언은 변호사들이 문제성 도박자를 식별할 수 있는 권한에서 발생하는 법적 책임에 대해 경고하자, 자신의 회사에서 이용자 추적 시스템을 폐쇄하기 위해 다른 이들과 공모했다고 주장했다. "우리측 변호사는 모든 수집된 데이터를 익명화하기 위해 각 이용자와 수집된 정보 사이의 전기적 연결을 끊어버리자고 주장했어요." 라이언은 주장했다. "만약에 우리가 그렇게 하지 않으면 주의의무 관련해서 소송에 휘말리게 될 거고, 그렇게 되면 우리 네트워크에서 문제성 도박자를 제거할 수밖에 없게 되니까 수익 감소로 힘들게 될 거라고 조언했어요."[61]

캐나다의 카지노 보험회사들은 자신들의 클라이언트가 가지고 있는 실시간 이용자 데이터가 문제성 놀이 패턴을 증명할 수 있다는 것을 인지하자 소송에 대한 보장을 철회했고, 호주 게임회사들이 두려워했던 바로 그 "주의의무 조치"를 수행하도록 압박했다. 다음은 서스케처원 게임 조합(Saskatchewan Gaming Corporation)의 보도자료에 적혀있는 내용이다. "보험회사들이 [카지노] 운영자들에게 더이상 문제성 도박자와 관련된 청구

⸻⸻

61　Ferguson 2008.

를 맡아주지 않으면서, [카지노] 운영자들은 위험을 관리하기 위한 주의의무를 다루어야만 한다." 기계와 도박자, 추적 프로그램과 직원, 직원과 이용자 사이의 상호작용에 관한 아이뷰의 문서는 "카지노가 그들 자신을 보호하면서 이용자 또한 보호하고 있다는 증거를 제공할 것"이라고 약속했다.[62]

기업 친화적인 미국에서 기업에게 주의의무를 하라는 요구는 드물지만, 미국 도박 회사들은 자신들의 추적 관행이 가지는 법적 위험에 점점 더 적응해 가고 있다. 일부 회사는 향후 법적 소송에 대하여 자신들을 보호하기 위해 사전 조치를 취하기도 했다. 예를 들면 홍보에서 이용자 추적 데이터 의존성이 높은 하라스는 간부들이 도박자들의 재정 및 은행 정보를 마케팅 목적으로 사용하는 것을 금지했다. 그렇게 함으로써 도박을 감당할 수 없는 사람들, 또는 높은 수준의 가처분 소득을 가지고 있는 사람들을 표적으로 그들이 게임을 하도록 권장하고 있다는 소송에서 자신을 보호하려고 하는 것이다.[63]

또한 회사는 5장에서 살펴본 행운의 대사 마케팅 시스템을 새로운 목표에 맞게 조정함으로써 아이뷰 시스템의 기본 버전을 도입했다. 도박자를 추적하거나 그들이 *계속해서* 게임을 하기 위해서는 인센티브가 필요하다고 판단될 때 그들에게 접근하는 대신, 새로운 '대사 부대'는 그들이 자기 파괴적인 방식으로 게임을 하고 있다고 판단될 때 도박자들에게 접근하여 잠시 휴식시간을 가지며 자신의 행동에 대해 이야기를 나누자고 권한다. 아이뷰의 추적 시스템이나 상담사와 같이, 이러한 방식은 도박 장치의 기제를 방해하지도 않고, 이용자들이 게임을 하는 동안 스스로를 관리할 것

---

62 Austin 2007, 8.
63 Binkley 2008, 192.

을 요구하지도 않는다. 대신 그들은 조용하게 놀이를 모니터하고 위험이 감지된 순간에만 개입한다. 위와 같은 하라스의 프로그램이 보여주는 개입주의적 계획은 미국의 업계에서 일반적으로 강조되는 자기출입정지, 자조, 자기-규제에서는 벗어난 것으로 보이지만, 이는 가장 우선적으로 법적 책임을 피하려는 욕구에서 비롯된 것이다.[64] 일단 도박자가 식별되고 그에게 접근하면, 그들은 자신의 행동을 조절하는 과정에 참여하지 않겠느냐는 질문을 받는다.

이 장에서 살펴본 다른 방법들과 마찬가지로 위험-추적 방식도 플랫폼 자체를 바꾸려는 것이 아니라, 애초에 도박자에게 그러한 행동을 권유하는 플랫폼 위에 보호 프로그램을 구축하려는 역설적 시도를 보여준다. 아이뷰의 시스템에는 이러한 역설이 내재한다. 아이뷰의 중독-탐지 알고리즘과 그것이 동원하는 반응 네트워크는 회사의 운영이 가능하도록 하는 바로 그 이용자 추적 시스템의 주요 마케팅 목적에 반하여, 또 작동 방식이 그들의 행동을 촉발하는 바로 그 도박 장치의 유도에 반하여 작동한다.

위험 관리의 단선들

도박 산업의 기업가들, 규제 기관, 연구자, 소비자 옹호자, 도박자, 그리고 점점 더 많은 변호사들 사이에서 불거지고 있는, 문제성 기계 도박을 어떻게 규제할 것인가에 대한 논쟁 가운데 책임에 관해 여러 가지 서로 불일치한 서사들이 경쟁하고 있다. 여기에서 도박자, 도박 기계, 도박장의 내적 작용이 논쟁 거리가 된다. 소비자들이 책임성 있는 수행을 통해 자신

---

64 Benston 2006.

의 놀이를 직접 규제해야 하는가(또는 책임성 있는 놀이에 실패한다면 치료적이고 약리학적인 처방으로 그렇게 해야 하는가)? 아니면 대안적으로, 규제 기관은 프로그램화된 승률과 기계에 대한 착각에 관하여 소비자에게 정보를 전달하는 메시지를 기계에 띄우도록 요구해야 하는가? 책임 게임 장치와 같은 "통제 보조 도구"가 기계에 추가되어 소비자가 반성적으로 자신을 더 책임감 있게 감시하고 조절할 수 있도록 도와주어야 하는가? 아니면 여러 법적 책임을 관리하기 위해 위험한 놀이를 추적하는, 백그라운드에서 실행되는 알고리즘에 이러한 작업을 할당해야 하는가? 또는 이용자를 잠재적 폐해로부터 보호하기 위해 기계 설계가 재구성되어야 하는가?

  도박 기계를 둘러싼 논쟁은 자유시장 정신과 소비자 주권의 이상이 유해한 소비자–제품 상호작용과 설계–소비 사슬에서 나타나는 뚜렷한 비대칭이라는 현실과 자주 충돌하는 서구에서, 더 광범위한 소비 분야를 문제삼는 긴장을 드러낸다. 그러나 그 차이에도 불구하고, 기계를 둘러싸고, 또는 그 내부나 외부에 기입된 서로 경쟁하고 있는 모든 처방들(책임성에 관한 메시지를 팝업의 형태로 띄우는 것, 승률을 게시하는 것, 릴에 브레이크를 거는 것, 예산 관리 차트, 사전 조치된 카드들, 네트워크화된 추적 소프트웨어)은 위험 관리의 규제 논리를 따른다. 이 논리에서 목표는 폐해를 제거하는 것이 아니라 최소화하는 것이며, 개별 소비자 행동이 궁극적인 고려 대상이다. 이제까지 살펴본 여러 방식 가운데 단지 몇 가지만이 기계 자체의 행위를 다루며, 심지어 그렇다 하더라도, 그러한 방식은 머신에 프로그램화된 핵심 사용 모드를 문제삼는 것이 아니라 특정 기계 요소의 폐해를 완화시키는 것에 초점을 맞추고 있다. 도박 상품의 소비자들은 회복 중인 중독자들의 방식과 유사한 처방들에 머물러 있다: 그들은 그러한 경향을 자극하기 위해 설계된 활동에 참여하면서 자신의 경향을 통제해야 하는 임무를 맡고 있는 것이다.

결론
판을 키우다

2007년 NCRG 회의는 파리 카지노 리조트 뒤편의 컨퍼런스 시설에 딸린 넓은 방에서 타운홀 포럼으로 시작되었다. 하워드 셰퍼가 회의를 주재했고, 그의 목적은 문제성 도박에 관한 "전통적 지혜에 도전"하는 것이었다. 보건 전문가(24%), 연구자(24%), 도박 산업계 회원(27%), 정부 관료(14%), 기타 다른 전문 영역의 참가자(11%)들로 구성된 약 400명의 참가자들이 그 자리에 모였다. "같은 공간에 모든 이해관계자 여러분이 모이니 참 좋습니다." 그 인원 가운데 도박자의 부재는 무시한 채 셰퍼는 이렇게 말했었다.

회의 진행을 보조하는 직원들이 연회장 입구에서 "응답의 혁신(Response Innovation)"이라는 클릭할 수 있는 기기를 배포했다. 셰퍼가 기존에 널리 퍼져있는 여러 믿음에 대해 참가자들에게 질문을 던졌을 때(예를 들면, 합법 도박의 확산이 문제성 도박의 급증으로 이어진다는 생각) 우리는 그 휴대용 기계의 작은 버튼을 눌렀다. 참가자들의 응답은 한 곳으로 전송되어 집계되고 연회장 앞쪽의 커다란 화면에서 그 결과를 보여주었다. 각 질문이 끝난 뒤, 셰퍼는 "전통적 지혜"의 입장을 대변하는 청중을 호명하여 중앙 통로 쪽에 놓여 있는 마이크를 사용해 이야기를 해달라고 했고, 앞으로 열릴 여러 패널 세션에서 방금 언급된 그들의 믿음이 하나씩 시험대에 오를 것임을 약속했다.

몇몇 청중들은 그 틀에서 벗어나 질문을 통해 반대로 셰퍼에게 도전했다. 한 중년의 남성은 문제성 도박에 관한 연구를 지원하는 산업계의 동기에 대한 의구심을 표현했다. "요전에 저희가 이 카지노를 좀 둘러봤는데요, 들어보니 하루 수익이 2백만 달러라고 합니다. 도박 산업이 그토록 많은 돈을 벌어들인다면 그걸 보호하려는 게 당연지사 아닐까요? 그에 반하는 뭔가를 장려하는 데는 인센티브가 거의 없지 않겠습니까?" 이에 대한 대답으로 셰퍼는 청중에게 물었다. "큰 돈을 벌면서 *동시에* 도박 관련 폐해를 감소시키는 것이 가능하지 않을까요?" 대본에 없던 이 질문에 대한 답을 구하면서 그는 앞서 나누어주었던 기계를 누르는 대신 직접 손을 들어보라고 말했다. "큰 돈을 벌면서 동시에 도박 관련 폐해를 감소시키는 것이 가능하다고 생각하시는 분은 몇 분이나 계십니까?"

또 다른 청중이 마이크를 잡았다. "하워드 선생님, 이건 단순히 수익을 내는 문제가 아닙니다. 수익을 *최대화*하는 문제죠. 그리고 그게 문제의 시작점인 겁니다." 셰퍼는 물었다. "한계가 있나요? 그렇다면 한계란 무엇인가요?" 회의실 뒷편에 있는 누군가가 대답했다. "*산업에서 한계란 없죠.*" 앞줄에 앉아 있던 한 여성이 자리에서 일어나 수입이 폭발적으로 늘어나고 있으며 이전보다 세 배나 증가했다는 점을 지적했다. "그것에 동의하지 않는 것은 아닙니다." 셰퍼가 말했다. "하지만 선생님께서 하고 있는 건 비판이 될 수 없습니다. 디즈니도 그렇게 하고 있는 걸요." 그 여성은 계속 자리에서 일어나 그 말에 반박했다. "디즈니 놀이기구에는 분명히 한계선이 있는데요." 또 다른 많은 사람들이 발언권을 얻기 위해 손을 들었지만, 셰퍼는 대화를 중단하고 계속 회의를 진행했다.

만족을 모르는 확장

도박 산업과 그 대표자들이 문제성 도박 행위로부터 자신들의 수익 최대화 관행을 완전히 분리할 수 있는 윤리적 틀을 확립하려는 셰퍼의 시도는 그의 바람보다 더 많이 중단되었다. 아마도 청중 가운데 산업계와 관련이 없는 참가자들이었으리라. 앞서 살펴본 것처럼 산업계 구성원의 대다수는 자신들의 목소리를 내는 자리에서 중독 문제를 애초에 차단하려는 경향이 있다. "우리 게임 개발자들은 중독 문제는 생각조차 하지 않습니다." IGT의 코니 존스는 소개하는 순서에서 이렇게 말했다. "발리나 다른 경쟁업체들을 어떻게 하면 이길 수 있을까를 생각하죠. 기계가 더 많은 수입을 창출하기를 원하는 아주 창의적인 사람들이랍니다."[1] 한 기자가 회사에서 선도적인 입지를 차지하고 있는 설계자 조 카민코브에게 언젠가 기계가 너무나 강력해질 수 있지 않겠느냐고 묻자 그는 다음과 같이 간결하게 답했다. "그게 도대체 무슨 질문이죠?"[2]

그러나 내가 연구를 진행하며 만났던 대부분의 게임 개발자들은 카민코브보다는 덜 무신경한 사람들이었다. 그리고 그들 가운데 많은 이들은 자신들의 창의적인 수입 극대화 노력이 가지고 있는 잠재적 후유증을 진심으로 걱정하고 있는 것으로 보였다. 소비자의 선호를 형성하는 산업계

---

1   Quoted in Rotstein (2009).
2   Quoted in Rivlin (2004, 74).

의 집중적 프로그램과 소비자 주권의 불가침성에 대한 주장의 불협화음 가운데 사로잡힌 그들의 이야기는 자신들의 기술적 기량과 그러한 기술이 가지고 있을지 모르는 어떠한 힘에 대한 불편감을 오갔다. 이하 내용에서 드러나는 것처럼 문제성 도박 행위와 그들의 설계, 홍보, 관리 혁신 사이의 가능한 연결점을 물었을 때 일부는 방어적이거나 냉소적이 되었고, 다른 이들은 빈틈없는 원칙적 입장을 고수했다. 종합하면 '개인의 자유라는 이상'과 '자신들의 신념을 실천하는 일' 가운데 어두운 영역을 탐색하려는 그들의 다양한 시도는 소비자 사회의 광범위한 윤리적 결함들을 그려낸다.

전미 책임도박 센터가 글로벌 게이밍 엑스포 컨퍼런스 날짜에 맞춰 자신들의 컨퍼런스 날짜를 바꾸기 이전인 2001년 12월, 전미 책임도박 센터의 연례 회의가 라스베이거스의 미라지 컨벤션 센터에서 개최되었다. 회의 주제에는 단도박모임 세션이 포함되어 있었고 컨퍼런스 참가자들은 해당 세션에 초대되었다. "와, 뭔가 생각할 거리를 주네요." 세션이 끝날 때쯤 내 옆에 앉은 한 남성이 말했다. "제가 일하는 분야에서는 정말 듣기 힘든 먼 이야기들이에요." 데니스는 턱수염에 안경을 낀 잘 생긴 40대 남성이었는데, 이제 막 시작된 남성 탈모를 가리기 위한 멋진 헤어 스타일을 하고 있었다. 그해 그 세션에 참가한 사람들은 대부분 연구자, 임상가, 문제성 도박 상담사들이었기에 나는 그가 카지노 운영자라는 사실을 알게 되어 놀랍다고 말했다. "맞아요. 전 돈 버는 용병이나 다름 없죠. 돈 버는 게 제 중독이라고 할까요. 그러니 제가 여기 있는 게 좀 이상하죠. 하지만 이 시장은 계속 진화하고 있고 진취적인 사람은 선두에 있어야 하는 거거든요. 제 영역에서 충동성은 필요치 않아요. 사람들의 삶을 망가뜨릴 필요는 없는 거잖아요."

 사람들의 소음으로부터 멀어지며 컨벤션 시설의 카펫이 깔린 복도를 지나 미라지 카지노 업장으로 나왔을 때 데니스의 사색적 태도는 온데간데없이 사라졌다. 그는 자신의 카지노 객장을 어떻게 만들었는지를 설명하며 슬롯머신, 카펫, 벽을 향해 활기찬 몸짓을 보여주었다. 그의 이야기를 들어보니 그는 빌 프리드먼의 카지노 내부 설계 원칙을 고수했음이 분명해졌다. "노란 벽돌로 바닥을 깔면 사람들이 게임 영역으로 들어오지를 않아요. 사람들은 그게 무슨 절벽에서 떨어지는 것처럼 생각하거든요. 저는 핀볼 게임처럼 세팅했어요. 공간을 여러 영역으로 나누고 카펫으로 각 공간을 연결하는 거죠." 데니스는 이러한 일에 뛰어나서 수익에 문제가 있는 다른 카지노들은 그에게 일상적으로 설계 자문을 의뢰한다고 했다. "카지노는 커다란 세탁기와 같아요. 그 안에서 사람들을 빙빙 돌려서 그들로부터 돈을 얻어내는 거죠." 그는 슬롯머신에 사용할 수 있는 공식으로 특허를 받기도 했는데, 잭팟은 계속해서 높이면서 승률은 계속 낮추는 방법을 발명했다고 했다. 데니스는 말했다. "기술이 도박자들의 편집증을 따라잡고 있어요."

 단도박 모임 세션에 참여했던 한 무리의 참가자들이 우리가 서 있던 슬롯머신 대열 옆을 지나가는 것을 보고는, 그는 도박 중독으로 대화의 주제를 바꾸었다. "핵심은 충동성을 어떻게 걸러내느냐죠. 그냥 좋은 시간을 보내러 오는 사람들이 아니라, 진짜 도박을 위한 도박을 하러 오는 사람들, 자기가 가진 거 다 털어넣으러 오는 사람들요." 데니스는 한 연구자가 자신의 카지노를 문제성 도박에 관한 연구를 수행하는 "시험장"으로 사용하는 걸 허락했다고 했다. "일종의 연구소 같은 거니까, 공유해도 좋을 것 같아서요." 그는 자신이 운영하는 카지노에 대해서 이렇게 이야기했다. "그 연구하는 사람들, 저 좋아해요. 전 윤리적 관점에서 어떤 책임을 맡고있다고나 할까요." 데니스에게 있어 윤리적 갈등은 없었다: 충동성으로 가득찬 도박자들이 그의 부지 안에 들어오면 그들은 "걸러"내야 한다; 나머지 사람들은 무리 없이 "빙빙 돌려서" 그가 고안한 용병적 전략을 적용해 그들의 돈을 빼낸다.

하라스 사업개발부 전무 리처드 머멘은 자신의 분야에 존재하는 모호한 윤리적 문제에 대해 보다 덜 확고한 태도를 가지고 있다. 10퍼센트의 단골 도박자들로부터 90퍼센트의 수익을 끌어내는 프랜차이즈 사업을 이끌어가고 있는 그는 우려를 표했다: "우리가 옳은 일을 하고 있는 걸까요? 사람들에게 도박하도록 인센티브를 주는 게 맞는 일일까요?" 자신이 신경쓰는 문제를 가지고 선임에게 의논했을 때, 그녀는 우리가 앞선 장에서 살펴보았던 이용자의 책임과 관련된 준비된 윤리적 탈출구를 제시했다. "*사람들이 자신이 원하지 않는 걸 억지로 하도록 만들 수는 없는 거예요.*" 그는 말했다. "*저를 말로 설득시키더라구요.*"[3] 그러나 머멘은 여전히 그 문제에서 벗어나지 못했는데, 이는 특히 그가 자신의 고객들과 대면했을 때 더욱 불거졌다. 2008년 한 기자는 머멘이 "최고의 고객" 세 명과 함께 회의를 했던 현장을 기술했다. 고객 중 한 명이었던 로비는 퇴근 후 투니카에 있는 하라스에 일주일에 두세 번 차를 끌고 방문했다. 그녀는 밤새도록 도박하고, 아침이면 다시 운전해서 일터로 돌아간다. 그녀가 카지노에서 게임하는 동안 직원들은 그녀의 상태를 확인하고 때로는 그녀가 머신을 떠날 필요가 없도록 계속해서 음료와 먹을 것을 가져다준다. 직원들은 휴대폰으로 직접 전화를 하기도 한다. "*로비, 뭐 필요한 거 없어요?*" 하라스는 실제로 그녀가 돈을 더 필요로 할 때 다른 최고의 손님들을 *고용하*

---

3   Quoted in Binkley (2008, 184, 197).

여 도박을 중심으로 근무 일정을 조정할 수 있도록 했다.[4] 머멘은 기자에게 "(그의) 최고 고객들이 도박을 어떻게 하는지 이야기하는 걸 듣고있자니 메스꺼운 느낌이 들기 시작했다"고 인정했다.[5] "도박을 하는 사람이 누군지 보이기 시작하는 거죠." 루이지애나와 인디애나의 지역 카지노에서 시간을 보내던 중 그는 이야기했다. "특히 우리의 VIP들요."[6]

가드너 그루트는 다른 동료들이 "신기술을 이용해 사람들의 취약점을 이용할 줄 아는 천재에요. 사람들이 다섯 시간이 아니라 24시간 그 앞에 앉아있게 만드니까요."라고 평하는 사람이었는데, 그 역시 자신이 만든 기계로 게임을 하는 도박자들을 만났을 때 비슷한 메스꺼움을 느꼈던 경험을 기억했다. 회사 연구실에서 도박 기술을 연마하는 동안에는 자신이 "엔터테인먼트" 산업에 종사하고 있다는 느낌이 유지되었다. 그러나 그는 기억을 떠올리며 말했다. "이 직업에서 제게 가장 어려운 건 포커스그룹 만날 때에요. 왜냐하면 거기에서는 제가 누구를 대상으로 이 게임을 만드느냐가 보이잖아요. 자신이 만든 게임을 24시간 내내 한다는, 복지 수급 받는 여자를 만나서 이야기를 나누는 거예요. 우리가 이걸 왜 하고 있지라는 질문이 생기죠. 다 싫어지는 거예요. 하지만 우리는 또 그걸 합리화하는데 능숙하죠." 2001년 다시 만났을 때 그는 도박 산업을 떠나 장난감 제조업체에서 종사하고 있었다.

"슬롯계의 미켈란젤로" 랜디 아담스는 자신의 설계에 잠재적으로 존재할 수 있는 폐해에 다른 방식으로 접근한다. 폐해를 부정하거나 합리화하는 대신, 그는 그것을 적극적으로 알아내려고 노력한다. 데니스가 미라지에서 단도박자모임 세션에 참여하기 훨씬 전인 1980년대에 아담스는 로

---

4   Binkley 2008, 194-195.
5   Ibid., 198.
6   Ibid.

버트 헌터가 차터 병원에서 진행하는 도박 중독자 집단 프로그램에 정기적으로 참여했다. "제가 충동적 도박자인 것처럼 집단 프로그램에 등록했어요. '제가 기계 설계하는 사람입니다.'라고 이야기하지는 않았죠. 그냥 그 사람들과 같은 부류의 사람처럼 행동했어요. 거기 앉아서 사람들 이야기도 듣고 도박 중독자들하고 이야기를 나누는 거죠." 나는 아담스에게 그곳에서 무엇을 배웠는지 물었다. "이게 제가 한창 게임 설계를 할 때 얘기거든요." 그는 말했다. "저는 충동적 측면을 찾아내고 싶었어요. 저는 정말로 중독적인 뭔가를 만들어내고 싶지는 않았거든요. 저는 개인적으로 그런 거에 완전히 반대해요. 도덕적으로요. 저는 뭘 해서는 **안 되는**지를 알아보러 거기에 간 거예요. 저는 기계를 그렇게 만들고 싶지는 않았거든요."

아담스의 진심을 믿든지 말든지 간에 "중독적인 뭔가를 만들고 싶지 않았"다는 그의 바람은 문제성 도박 행위에 있어 상품의 설계가 핵심적 역할을 하고 있다는 걸 직접 인정한 것이다. 그러나 이 지점에서 아담스는 일관적이지 않았다. 그는 "*어떤 사람들은 재미가 중독으로 전환되는 그 부분을 통제할 수 없어요.*"라고 말하며 중독을 사람 안에 위치시키기 시작했다. "재미가 중독으로 전환되는 그 부분"에 대해 좀 더 구체적으로 설명해 달라고 요청하자 그는 이렇게 답했다. "*그건 게임 설계에요.*" 그리고는 이러한 설계의 특성이 "*우리쪽에서 의도한 건 아니고, 그저 그것이 진화한 방식인 거예요.*"라고 덧붙였다. 그는 처음에는 사람을, 그 다음에는 상품을 암시한 뒤 상품 설계와 인간의 의도 사이의 연결점을 끊어내는 방식으로 이야기를 마무리지은 것이다. 다른 많은 게임 개발자들의 서사와 마찬가지로 중독 행위에 대한 책임은 한 지점에서 다른 지점으로 뜀박질하며 결코 고정되지 못하는 양상을 보였다.

책의 앞부분에서 우리가 만났던 또 다른 게임 개발자 니콜라스 코닉은 그답지 않게 책임에 관한 자신의 추정에서 일관성을 보여주었다. "제가 만든 게임이 중독적이라는 건 인정해요. 제가 처음 시작했을 때 제가 하고 있는 일의 도덕성에 대해서 깊은 의구심을 가지기도 했어요. 여전히 그래요. 그걸로 심각하게 고민하고 있죠." G2E가 한창 진행되고 있던 2009년 우리가 라스베이거스 컨벤션 센터 입구 바깥쪽에 있는 시멘트 구조물에 앉아 있을 때 보라색 벨루어 바지를 잎은 한 여성이 우리를 지나쳐 걸어갔다. "방금 지나간 여성분이 최고의 손님군에 들어가죠." 그가 말했다.

> 50대에서 70대 사이, 쓸만한 돈 좀 있고, 저는 그녀를 낚아챌 수 있는 방법을 알아요. 뭐랄까 저런 자그마한 나이든 여성들의 심리적 취약점을 먹잇감으로 삼는 것에 대해서 그리 기분이 좋지는 않아요. 저는 그렇게 대놓고 말할 수 있어요. 그거에 대해서 자랑스럽지 않아요. 그냥 여기서 제가 *저는 폭탄에 나사만 끼우고 탄두만 조립하는 사람인데요*, 이렇게 말할 수는 없어요. 왜냐하면 제가 만들어낸 것이 어딘가에서 사람들의 삶을 파괴했다고 확신하기 때문이에요.

자신의 업무 수행으로 인한 폐해를 솔직히 인정함으로써 두각을 나타낸 또 한 사람의 업계 이해관계자로는 리차드 슈에츠가 있다. 그는 한때 라스베이거스 스트라토스피어 호텔 카지노(Las Vegas Stratosphere hotel and casino)의 CEO였다. 2000년도에 열린 제11회 국제 컨퍼런스(International Cenference on Gaming and Risk Taking) 오찬 시간에 그는 엄숙하게 고백하듯 이렇게 말했다. "일종의 집착, 중독, 도박 문제를 가지고 있는 게임 인구 비율에 관한 많은 논의가 있었습니다. 홍보 담당자이자 관리자인 저에게 이것은 언제나 바보 같은 질문이었죠." 그는 계속했다. "저에게 중요한 건 수익, 아주 명백하고 간단한 문제였습니다. 그리고 사실 수입의 아주 주요한 부분은 도박과 관련해서 문제를 가지고 있는 사람들로부터 나왔죠. 그런 사람들이 제 사람들이었고 저는 그들을 뒤쫓았습니다."[7] 신랄한 자기고발을 통해 슈에츠는 업계의 수익 추구가 다른 우려 사항들을 제치고 자신들의 행동을 결정한다는 "명백하고 간단한" 사실을 지적한다. 한 도박자가 나에게 이야기했던 것처럼, "기업들이 다 장악했잖아요. 그리고 그들은 오로지 돈만 신경 쓰죠. 그들이 사람들을 의도적으로 충동적 도박자로 바꿔놓으려는 악의 세력이라고 이야기하려는 건 아니에요. 전 전혀 그렇게 생각하지는 않아요. 하지만 큰 수익을 보는 게 그들에게는 좋은 일이겠죠." 슈에츠의 이야기와 유사하게, 그는 이 문제를 이렇게 요약했다. "그들은 돈을 벌려고 하는 거고, 사람들이 도박하길 바라는 거예요. 아주 단순한 문제죠." 진단은 쉽겠지만 해결책은 그리 간단하지 않다.

공론의 장에서 상업적 도박업체, 그리고 그들로부터 세금을 거둬들이는 정부가 도박 수입에 "중독되었다"는 이야기는 흔하게 접할 수 있는 일이 되었다. 두 명의 캐나다 연구자들은 다음과 같이 기술하고 있다. "도박 자금을 극대화하고 보존하는 것에 대한 집착을 고려할 때, 도박 조직들은 중독적 세계관을 습득하고 개인 중독자와 유사하게 행동하기 쉽다."[8] 셀리는 자신과 같은 도박 중독자의 통제되지 않는 행위와 자사의 발전을 위해 더 많이 베팅하도록 유도하는 상업적 도박 기업들의 통제되지 않는 행위를 서로 연결했다. "그 사람들은 도박자들에 대해서 이야기하죠, 그렇게 많이 했는데도 우리가 만족을 못한다고요. 하지만 만족 못하는 건 그들이에요. 그들이 신경쓰는 건 수백 수천만 달러 벌어들이는 것 뿐이잖아요." 델라웨어의 대변인도 말했다. "우리는 도박 수입에 취해있는 거나 다름

⋄⋄⋄⋄⋄⋄

7   Schuetz 2000.
8   Smith and Campbell 2007, 98.

없습니다." 사우스 다코타의 상원 의원도 말했다. "[도박 세수에] 의존되어버린 정부가 가장 큰 중독자입니다."[9] "그들은 슬롯머신 하는 사람들하고 완전히 똑같이 되어버렸어요." 사우스 캐롤라이나 도박연구 센터(South Carolina Center for Gambling Studies) 이사 프랭크 퀸도 말했다. "그들은 장기적으로 보아야 하는 문제를 빨리 해결해버리기를 바라죠. 중독자들이 그러는 것처럼 그들도 추격매수를 해요. 자신들의 현실 감각을 유보시키고요."[10]

어떤 이들은 수익 추구를 극대화하고자 하는 가속도에 사로잡힌 산업 이해관계자들이 자신의 행동을 합리화하는 것을 두고 전형적인 중독의 방어기제를 나열하기도 한다. 여기에는 "다른 사람을 비난하기, 반대되는 관점을 과소평가하기, 부정적 결과에 대한 책임 부인, 갈등 상황 회피, 직설적이고 솔직하며 직접적으로 이야기하지 못하는 것"이 포함된다.[11] 과거 스스로 중독자였던 슈에츠는 카지노 경영자로서의 자신의 행동을 기억하며 말했다.

> 저는 카지노 데이터베이스를 볼 수 있었기 때문에 문제의 본질적 수준까지 제대로 알 수 있었어요. 하지만 저는 최소화, 합리화, 부정을 사용했죠. 그저 게임하는 인구의 작은 일부일 뿐이잖아, 자기 돈을 어떻게 쓸지 결정하는 건 개인의 **권리야**, 나는 "엔터테인먼트 사업"에 종사하는 사람이잖아. 연구요? 연구 당연히 필요하죠. 엄청 많이요. 하지만 저의 목표는 어떤 이해를 얻는 것이 아니라, 변화가 발생하지 않도록 하는 거였어요. 만약 [도박 산업이] 양심도 없는 것처럼 보인다면 그게 맞는 거예요. 제가 중독자일 때 양심

---

9 Butterfield 2005; Goodman 1995b.
10 Quoted in Green (2004).
11 Smith 2008; Borrell 2008, 2013.

이 없었거든요.

    지난 수년 간 기업의 사회적 책임(Corporate Social Responsibility, CSR)이라는 단어가 슈에츠가 이야기했던 "양심"을 의미하는 용어가 되었다. G2E 회의는 셰퍼가 스트립에서 몇 마일 떨어진 곳에서 타운홀 회의를 개최했던 바로 그 해에 그 이름으로 새로운 패널 트랙을 추가했다. "기업의 사회적 책임이란 무엇인가(What is Corporate Social Responsibility)?"라는 패널에서 진행자는 다음과 같이 말했다. "수년 전만 해도 밀턴 프리드먼이 지배적이었습니다. 그리고 사업을 운영하는 것, 여러분이 하고 있는 사업으로 수익을 내는 일은 그저 여러분들이 해야할 일을 하고 있는 것이었죠." 그러나 그는 경제적 비도덕주의가 더 이상 기업이 처한 상황이 아니라고 이야기했다. "현재 우리가 처한 운영 환경은 유례없는 상황입니다." 청중 중 일부는 이러한 새로운 환경에 대처하는 방식으로 규제를 찬성하며, 정부가 "더 강력한 힘"으로 "더 많은 지침을 제공"할 것을 희망했다—최소한 업계의 진실성에 대한 대중의 신뢰를 유지하기 위해서라도. 다른 이들은 이러한 접근에 우려를 표했다. "어떤 것도 강요하지 마세요, 우리의 머리 바로 위에 어떤 한계선을 두어서는 안 됩니다. 왜냐하면 그렇게 되면 그 한계선을 없애는 순간, 아니면 누가 보고 있지 않다고 생각될 때면, 바로 손쉬운 지름길을 찾아낼 것이기 때문입니다." 그 대신 그들은 인센티브가 정답이라고 주장했다. "정부가 *인센티브를 주어야* 해요. 그럼 우리가 알아서, 스스로 그걸 하게 될 겁니다." 그러나 누구도 그 인센티브가 어떤 것이어야 하는지에 대해서는 감히 구체적으로 이야기하지 못했다. 그러나 또 다른 이들은 기업은 이해관계자에게만 책임이 있으므로 필요한 어떤 수단을 써서라도 수익 증대를 위해 노력해야 한다는 프리드먼의 유명한 격언에 대한 충성심을 고수하며 감독이나 인센티브에 대한 모든 이야기를 자제했다.

"간섭은 그만: 규제와 입법 완화를 위한 사례(Leave Us Alone: The Case for Regulatory and Legislative Relief)"라는 대담한 제목의 패널에서는 이와 같은 충성심이 기본적 입장이었다. 산업 연구자 리처드 탈하이머는 이용자 중심 스핀 완화 사례를 제시했다. 여기에서 그는 웨스트 버지니아 주에서 게임 규제를 완화하여 업장 관리자가 "*소비자가 원하는 것*, 곧 머신이 어디에 있으면 좋겠는지, 얼마나 많은 머신을 원하는지, 어떤 종류의 머신을 원하는지, 베팅 한도에 대한 대응"을 할 수 있게 된 후, 슬롯 수익이 687퍼센트라는 엄청난 증가율을 보였음을 이야기했다. 그의 생각에는 이러한 성과가 "관리자의 결정이 이용자의 선호에 부응하면서 엄청난 수익을 만들어 내는" "모두가 득을 보는" 시나리오였다. 소비자의 요구와 산업의 공급 간 관계에 관한 이러한 흥에 겨운 설명에서 문제성 도박자들로부터 얻어내는, 질려버릴만한 수준의 불균형한 수입 비중은 언급되지 않았다.

규제 완화를 찬성하는 사람들은 도박이 가장 규제가 심한 산업 중 하나라고 종종 지적한다. 도박에 우호적인 한 최근의 논문에서 저자는 이렇게 적었다. "슬롯 머신이 진화하면서 규제는 어느 때보다 엄격해졌다. 도박 산업만큼이나 무거운 규제 아래 있는 산업은 그리 많지 않다."[12] 그러나 그가 언급한 "국가 기관에 의한 실질적 규제"의 구체적 내용을 고려할 때, 그의 말은 상당 부분 무게를 잃는다. 사실 규제 기관들은 부정 조작 방지(속임수 방지를 위해), 재무 감사 시스템이 정확히 작동하는지(회계와 과세를 용이하게 하기 위해), 그리고 기계가 "믿을만하고 공정한지"에 대해서 점검할 뿐이다. 여기서 "믿을만하고 공정한지"란 난수발생기가 제대로 작동하

---

12 Stewart 2010, 2.

는지 점검하는 것을 의미하는데, 당황스럽게도 니어 미스가 우연에 의해서 발생하는 것보다 *여섯 배는 더* 발생한다.[13] 미국 게임 협회가 "게임 혁신이 소비자에게 미치는 영향에 대해서 규제 당국이 엄격하게 검토한다."고 주장함에도 불구하고, (음식, 약물, 자동차, 아이들 장난감과 같은 소비자 상품을 테스트하는 것처럼) 기계 기능이나 이용자 추적 시스템이 이용자에게 미칠 수 있는 잠재적 폐해 영향을 평가하기 위한 어떤 실험도 수행된 바 없고, 기계 설계에 영향을 미칠만한 어떤 안전 가이드라인도 존재하지 않는다.[14] 이러한 기능과 시스템이 이용자의 정신과 행위에 미치는 심오한 영향—우리가 이제까지의 책의 내용을 통해 살펴보았던 바로 그 영향—은 규제자들의 시험대에 전혀 오르지 않은 것이다. 기계 도박이 "일반적 상품"이 아니라 조금씩 증가하며 소비되는 상품이라는 점, 각각의 증가된 소비가 계속해서 소비하려는 이용자의 성향에 역동적으로 영향을 미치는 그 다음의 즉각적이고 연속적인 방식으로 이어진다는 사실은 위와 같은 미진한 규제를 특히 더 문제적으로 만든다.

그간 여러 기자들이나 도박 산업을 비판하는 사람들이 종종 지적했던 바와 같이, 기존의 규제들은 주로 상업적 도박 수입을 보호 및 능률화하기 위해 기능하며, 소비자들보다는 정부와 기업의 이익을 위해 기능한다. 도박 산업과 규제자들 간의 유착은 앞서 언급한 도박을 찬성하는 논문이 미국 게임 협회와 미국에서 제일가는 슬롯 머신 규제국인 국제 게임 연구소의 공동 후원을 받은 연구라는 점에서 분명히 드러난다. 규제 승인 연구실에 있는 한 감독관은 도박 산업과 주(州) 모두가 "효율적인 승인 프로세스로 이득을 보는 과정, 그래서 [슬롯] 머신이 당장 업장에 깔릴 수 있고 양

---

13 Ibid., 13.
14 Stewart 2010, 12.

쪽 모두를 위해 돈을 벌어들이기 시작하는" 과정을 이야기해 주며 말했다. "아주 공생적 관계죠. 누이 좋고 매부 좋고라는 식인 거예요."[15] 2007년 G2E에서 한 산업계 관계자는 기계 제조업체들과 규제를 담당한 연구소들 간 공생관계의 본질을 더욱 상세히 이야기하기도 했다. "우리는 기술을 지속적으로 조금씩 발전시키고 있어요. 그래서 규제자들에 대한 많은 교육이 필요하죠. 그분들과 앉아서 보내는 시간이 많습니다. … [우리가 물어요] *이렇게 하고 싶은데 어떻게 하면 할 수 있을까요?* 그러면 그 사람들이 얘기해요. *그런 식으로 하면 판매하기 어려우실 거예요.* 그 사람들이 저희한테 조언을 해준다니까요."[16] 도박과 법률에 관한 선도적인 권위자 넬슨 로즈는 다음과 같이 적었다. "때로는 규제자들의 역할이 카지노의 수익을 최대화해주는 것이 아니라 대중과 카지노가 스스로 파멸하지 않도록 보호하는 것이라고 설득하는 일이 어려운 경우도 있다."[17]

코닉은 도박 산업의 관행과 상품, 그리고 규제 감독이 없는 상황에서 최근의 경제 붕괴로 이어진 약탈적 대출 관행과 혁신적 금융 상품 사이의 유사점을 이야기한다. 그는 2009년에 나에게 말했다. "현재 금융 위기에서 벌어지고 있는 일은, 게임 수학자가 될 수도 있었던, 리노에서 슬롯 제조업자들과 함께 일하는 사람들이 뉴욕과 시카고에서 주식 중개인으로 일한 거라고 볼 수 있죠. 그리고는 그 이국적인 재정 상품들을 발명해내고, 지급에 있어서 조건부 날인증서가 없어도 된다고 규제자들이 허용하게 하고 그런 일들을 했잖아요." 그는 도박 산업의 근시안적 수입 강화 논리와 그들이 규제 기관과 맺는 긴밀한 관계는 예외적인 사건이라기보다는 체계적인 일이라고 주장했다.

◇◇◇◇◇◇
15 Michael Cruz at the Pennsylvania Gaming lab, quoted in Mangels (2011).
16 Mark Pace of WMS, panelist for "Slot Appeal: Applying New Technologies," G2E 2007.
17 Rose 1989.

많은 도박 산업계의 도박 상품들이 중독 문제가 있다는 걸 알게 됐어요. 때로 그것들은 게임보다 훨씬 더 기만적으로 홍보되기도 하죠. 보험 회사들이 정말 최악이에요. *도박 산업계에서 발생하고 있는 이런 일들은 훨씬 더 광범위하게 일어나고 있어요.* 제가 저 자신의 어떤 점을 만회하거나, 또는 게임 산업을 만회해주기 위해 이런 말을 하는 게 아니에요. 그건 정말이지 엄청나게 기회주의적이고, 더욱 규제 받아야 돼요.

코닉에게 그것의 "중독 문제"를 확인하고 도박 산업을 규제하기 위해 더 좋은 방법이 정확히 무엇이냐고 묻자, 그는 셰퍼의 타운홀에서 제기되었던 한도 문제를 똑같이 이야기했다.

글쎄요. 다른 몇몇 나라를 보면 도박에 대해서 보다 건전한 태도를 가지고 있어요. 그 나라들에서는 도박을 직접적인 소비자 거래로 다루지 않아요. 그냥 있는 그대로 대하죠—항상 통제를 벗어날 수 있는 뭔가로 생각한다고요. 그래서 결과적으로 자기-파괴적이지가 않은데, 활동에 제한을 두기 때문이에요. 그런 제한이 있으면, 그러한 활동은 인간 행동의 자연스러운 형태로 용인되고, 여기 미국에서처럼 통제를 벗어나지 않아요. 왜냐하면 그물이 있잖아요. 어두운 에너지가 거기선 좀 덜하죠. 여기서는 사람들이 스스로를 망쳐버리게 놔두는 셈이에요.

코닉은 잠시 말을 멈추었다가 냉소적으로 자신의 이야기를 결론지었다. "하지만 전 여기 미국에서 정말 제대로 된 규제가 화두가 될 거라고 생각하지 않아요. 도박 산업은 워낙 단단히 자리잡았고, 세수에서 너무 많은 부분을 차지하고, 로비의 힘이 엄청나잖아요. 누군가 규제에 있어 허점을 만들면, 우리 같은 사람들이 그 허점을 뚫고 지나갈 거구요."

새로운 시장을 개척하다

단기적 수익을 극대화하려는 동인으로 형성된 "어두운 힘"을 약화시키는 방법을 찾는 대신, 미국 기반 도박 산업은 다른 개척할만한 시장을 찾았다. 현재의 경제 침체는 이러한 노력에 더욱 박차를 가하게 만들었고, 강도 높은 반복적 기계 도박 공식을 새로운 주, 새로운 국가, 새로운 민주주의 시장으로 확장시켰다. 미국 게임 협회는 게임 장비 제조업 분야가 "이러한 힘든 경제적 시기에 성장하고 있는 영역임이 증명"되었다고 보고했다.[18] 전체로 보면 산업계 수입은 2008년부터 나빠졌지만 (2011년부터는 다시 제자리를 찾았다) 기계 공급업체들은 국내에서나 국제적으로나 기록적인 재무 성과를 성취해냈다.

국내에서 그들이 탄탄대로를 걸을 수 있었던 것은 재정난에 처한 여러 주들이 기계 도박을 합법화하거나 확장했던 결과이다. 2008년 "북미의 새로운 시장(North American Emerging Markets)"이라는 제목의 G2E 패널 광고에는 다음과 같이 적혀있었다. "모든 주가 심각한 예산 부족 사태를 직면하면서, 게임은 유례없이 많은 주에서 통과될 것으로 예상됩니다." 오하이오주가 그랬던 것처럼 (오하이오주 주지사는 감리교 목사였는데, 처음에는 비디오 슬롯에 반대했지만 나중엔 그것들이 주에 7억 6천만 달러 이상을 가져다줄 것이라고 설명하며 자신의 의견을 뒤집었다) 일리노이주가 기계 도박을 합법화했던 2010년 G2E의 슬롯 제조업체들의 회의에 참여한 한 패널 참가자는 다음과 같이 말했다. "우리는 이번 예산 위기를 한 번 되돌아보고, 또 엄청난 확장을 확인하게 될 겁니다."[19] 본서의 편집이 끝나가는 이 시점에 매사추

---

18 AGA website (http.americangaming.org/industry-resources/research/fact-sheets/gaming-equipment-manufacturing, accessed May, 2011)
19 Panelist for "Selling the Sizzle: Slot Manufacturers Roundtable," G2E 2010.

세츠주는 최근에 통과된 도박 법안을 시행할 준비를 하고 있고, 다른 여러 주도 비슷한 법안을 고려 중에 있다. 도박이 이미 합법인 다른 여러 주에서는 머신의 한도와 베팅 한도를 증가시켰다. 또 다른 주들은 사장되어 가던 경주로를 "레이치노(racino)"로 바꿨고, 슬롯머신으로부터 수익의 90퍼센트 이상을 얻어내고 있다. "여러 주들은 출혈이 크고 *지금* 돈을 필요로 합니다." 2008년 G2E에서 한 연사가 말했다. "여러 주들이 다른 주에서 하고 있는 것을 보며 반응하고 있어요. 서로를 보며 높은 불안에 사로잡혀 있죠. 이건 군비 확장 경쟁이나 다름 없어요."[20] 일부 산업 분석가들은 도박 기계에 대한 수요 급증이 빠르게 수익을 창출할 잠재력을 희석시킬 것이라고 추측했다. 다른 이들은 기계가 확산됨에 따라 기계에 대한 소비자 수요가 그 확산을 따라잡을 거라고 믿었다.

이러한 수요를 확실하게 보장하기 위해 도박 산업은 기술 중심 도박 모델을 적용할 새로운 해외 시장을 확보하기 위한 노력을 강화해 왔다. 1990년대에 기존에는 도박에 저항적 태도를 보였지만 세수를 필요로 하는 지역에서 이 모델을 받아들인 점을 반영하여(여기에는 캐나다, 호주, 뉴질랜드, 스칸디나비아, 남아프리카, 영국이 포함된다), 아프리카, 동유럽, 중동, 라틴 아메리카의 점점 더 많은 지역에서 기계 도박에 시장을 개방하고 있다. 예컨대 2005년 한 산업계 기자는 급증하는 멕시코의 기계 시장이 "국경의 남쪽 게임장으로 트럭째 게임 단말기를 운송하는 미국 공급업자들에게는 희소식이다."라고 기술했다.[21] 같은 해 다른 이는 러시아에 대해 이렇게 적기도 했다. "도박에 능하며 매우 반복적으로 방문하는 고객들로 … 성숙을 향해 빠르게 무르익어가는 시장이다."[22]

◇◇◇◇◇◇

20 Panelist for "Gaming Expansion: Puch and Pull Factors in 2008 and Beyond," G2E 2008.
21 Burke 2005.
22 Rutherford 2005b, 20.

그림 11.1 네바다주 리노에 있는 IGT 생산 시설. IGT.com의 미디어 저장소에서 다운로드 가능하다.

기계 도박은 해외로 진출하며 다양한 조합의 결과를 보여주었다. 각 관할 구역은 서로 다른 게임의 유형을 받아들이고, 각기 다른 표준 생산품, 상세 규제 내용을 가지며, 문제성 도박과 관련하여 개인과 정부의 책임에 대한 문화적 태도도 서로 다르다. 그러나 게임, 마케팅 관행, 정부 정책의 지역적 차이에도 불구하고 기계 도박의 핵심적 공식은 똑같이 유지되었다. "기본적으로," 멕시코를 대상으로 물건을 공급하는 공급업체 한 임원이 말했다. "지금 벌어지는 일은 *이용자의 습관을 자리잡게 하는* 거죠. 우리는 우리 기계를 저 아래로 가져가고, 이용자들은 기계에 친숙해지기 시작하고, 그리고 좋아하게 되고, 그러면 그 이용자들을 보유하게 되는 거죠."[23] 이 설명에 따르면 새로운 시장의 형성은 친숙함에 대한 노출로부터, 그리고 습관에 대한 친숙함으로부터 진행된다.

저 멀리 동양 국가들은 40억이 넘는 인구와 3만 대 가량의 슬롯으로 새로운 이용자 습관 확립과 기계 도박 확산의 주요 개척지가 되었다. 샌즈 코퍼레이션의 CEO에 따르면 아시아는 "다섯에서 열 개의 라스베이거스를" 수용할 수 있다.[24] 한 산업계 분석가는 2006년에 이렇게 기술했다. "도박 산업계, 특히 슬롯 판매업자들의 일반적 느낌은 일단 그들이 노출되기만 한다면 아시아 이용자들은 미국의 슬롯 신봉자들만큼, 또는 그만큼은 아니더라도 거의 그들에게 필적할 정도의 수준으로 슬롯을 즐길 거라는 것이다."[25] 그러나 전통적으로 테이블 도박을 좋아하는 아시아 시장을 기계에 "노출시키는" 일은 아직까지 상당히 어려운 일로 드러났다. 한 카지노 임원은 다음과 같이 말했다. "사람들을 탁자에서 밀어내는 방법을 찾을 수 있기를 바라지만, 전체 사회적 측면이 있기 때문에 그건 상당

◇◇◇◇◇◇◇

23 Mike Macke of Cadillac Jack casino, quoted in Burke (2005, 19, emphasis mine).
24 Sheldon Adelson, quoted in Fasman (2010, 5).
25 Anderer 2006, 4.

히 복잡한 일입니다."[26] 2007년 "미래를 보다: 21세기의 전자 게임"이라는 G2E 패널의 사회를 보았던 미국 게임 협회 회장 파렌코프는 위 발언과 유사하게 이렇게 말했다. "중국 문화는 공동체적으로 일을 하는 분위기인데, 슬롯 앞에 혼자 앉아 있는 건 공동체적이지 않은 거죠." 동아시아 도박 현장의 중심인 마카오의 한 슬롯 기업 전직 이사는 또 이렇게 말했다. "사람들을 상품 앞에 앉히는 데 어려움을 겪고 있습니다." 그의 설명에 따르면 지역의 도박자들은 "이기려고 게임하고," 따라서 기계 앞에서 시간을 보내는 것이 주요 매력점인 낮은 금액으로 베팅하는 기계보다는 높은 변동성과 많은 돈을 걸 수 있는 테이블 게임을 선호한다는 것이다.[27] 낮은 베팅 금액이나 혼자서 게임한다는 성질보다 더 장애물이 되는 문화적 요인은 기계의 컴퓨터화된 인터페이스다. "아시아 이용자들은 전자 게임에 관련된 것에는 매우 강한 의구심을 가지고 있습니다." 타이완의 게임 업체 회장이 말했다. "모든 패 뒤에 미리 결정되거나, 계산되거나, 컴퓨터로 처리된 뭔가가 있다고 생각하기 때문에 그걸 믿지 않는 거죠."[28]

2010년 마카오의 수익률은 미국의 게임 수익률과는 대조적으로 기계가 전체 수익의 5%를 조금 넘었다. 그것은 낮은 수치이기는 하지만 2003년에 0.8퍼센트였던 것에 비하면 인상적인 증가이다. 업계 분석가들은 시장이 "마침내 게임 기계들에 친숙해지고 그것을 믿기 시작했으며" 해당 관할 지역의 슬롯 수입이 테이블 게임 수입을 넘어설 것이라고 예상하고 있다.[29] 부분적으로 그들은 기계에 대한 그들의 신뢰가 젊은 세대들이 시장

⋄⋄⋄⋄⋄⋄⋄

26　Panelist for "Future Watch: Electronic Gaming in the 21st Century," G2E 2007.
27　Lindsey Stewart, panelist for "A Growing Game: Slot Operators Roundtable," G2E Asia 2010.
28　Simon Liu, Vice President of Business Development in Jumbo Technology, panelist for "Faux Tables: New Intersection of Electronic Gaming," G2E 2010.
29　Legato 2008.

으로 유입되면서 유기적으로 오를 것이라 믿고 있다. 한 게임 업체 임원은 이렇게 이야기했다. "중국은 전자에 관한 지식이 세계에서 가장 빠르게 성장하고 있으며, 전자 게임에 노출된 새로운 이용자 세대가 증가할 것입니다. 현재는 진화 과정의 아주 초기 단계라고 할 수 있고 우리는 계속해서 침투해 들어갈 것입니다."[30]

도박 산업계는 기존 이용자 시장에 대한 신뢰도를 높이기 위해 포커, 블랙잭, 심지어 크랩스와 같은 전통적인 집단 중심 게임을 전자 형태로 만드는 "자동화" 테이블 게임 개발에 투자해왔다. 이러한 테이블을 중심으로 모여 앉은 이용자들은 테이블의 중앙 스크린에서 라이브 딜러가 계속 교체되는 동안 개별 비디오 스크린과 콘솔을 이용하는데, 때때로 디지털 딜러들이 구두로 게임 결과를 말하고 개별 이용자들과 눈맞춤을 하기도 한다.[31] 전자 테이블 게임이 친숙하고 비(非)가상적 요소들을 통합하기 때문에(예를 들면 던져지는 주사위나 떠다니는 공, 카드 배분 등), 한 아시아 도박 업체 임원이 이야기한 것처럼 그것들은 "이용자들이 기술을 받아들이게 하는 교육적 도구가 될 수 있고 … 사람들을 테이블에서 비디오 슬롯으로 옮겨가게 하는 매우 좋은 촉매제, 이용자의 습관을 바꿀 수 있는 매개체가 될 수 있다."[32] 어느 마카오 카지노에 배치된 전자 테이블 게임은 "놀고 있는 다른 슬롯머신으로 눈을 돌리기 시작하는 군중을 끌어모은다." 지역의 이용자들이 "기계에 친숙해질 수록" 그들이 이용자 추적 카드에도 역시 익숙해졌으면 하는 것이 그들의 바람이다.[33] 2010년 아시아 G2E에서 발리

◇◇◇◇◇◇

30 Lindsey Stewart, panelist for "A Growing Game: Slot Operators Roundtable," G2E Asia 2010.
31 Grochowski 2007, 36.
32 Simon Liu, Vice President of Business Development in Jumbo Technology, panelist for "Faux Tables: New Intersection of Electronic Gaming," G2E 2010.
33 Jasbir Hsu, president of Jumbo Technology, panelist for "Evolution or Revolution: How

사 대변인은 이용자의 행동 데이터를 분석하고 모니터링할 수 있는 능력은 도박 산업이 "슬롯 이용자들의 마음과 정신에서 우위를 점하도록" 할 것이라고 말했다.[34]

아시아 업계 임원들은 전자 테이블 게임이 기술화된 도박 인터페이스에 국내 시장을 적응시키기 위한 과도기적 장치가 되기를 바라고 있는 한편, 미국에서는 완전히 새로운 이용자 집단과 테이블 게임을 고집하는 이용자들을 끌어들이기를 희망하고 있다. "미래의 업장"이라는 제목의 2009년 한 기사에서 저자는 이렇게 적었다. "이용자들은 시간이 갈수록 비디오 화면으로 다가올 것이다."[35] (이러한 미래를 예고하며 "인디아나 라이브![Indiana Live!]"라는 최초의 완전 자동화 카지노가 2009년 개장했다.) 전자 테이블 게임은 이전에 사용되던 비전자 테이블 게임들보다 훨씬 더 많은 수익을 낸다. 이는 전자 테이블 게임이 인간적인 실수를 제거할 뿐 아니라(예를 들면 패를 잘못 읽는다든지, 실수로 카드를 뒤집는다든지, 부정확하게 카드를 딜링한다든지, 이용자가 승리했을 때 돈을 잘못 지급한다든지와 같은 것들), 훨씬 더 빠른 속도로 게임이 진행되기 때문이다(포커의 경우 놀이 속도는 하우스의 "레이크[rake]"[36]를 증가시킨다). 포커텍(PokerTek)이라는 회사의 엔지니어들은 자신들의 자동화된 포커 테이블에서 "해당 판을 포기했거나 일시적으로 활동이 중단된 이용자들이 사이드 베팅"을 할 수 있도록 만들었다.[37] 그들의 설명에 따르면

◇◇◇◇◇◇

Technology Will Impact Asian Casinos," G2E Asia 2010.
34 Catherine Burns, vise president and managing director of Asia Pacific Bally Technologies, panelist for "Evolution or Revolution: How Technology Will Impact Asian Casinos," G2E Asia 2010.
35 Macomber and Student 2007b.
36 (옮긴이 주) 포커에서 딜러가 하우스 수익을 명목으로 전체 베팅된 금액에서 공제하는 수수료를 의미
37 Downey 2007.

이용자들은 "딜러가 뒤집은 다음 카드가 무엇일지에 대한 작은 베팅" 또는 "세 개의 플롭(flop)[38] 카드가 빨간색인지 또는 다른 여러 가지 가능성 가운데 하나에 베팅"할 수 있다. 이러한 사이드 베팅은 "이용자들이 계속해서 게임에 참여하고 더 오래 놀도록 할 것이며," 베팅이 다른 이용자에 대해서가 아니라 하우스에 대한 것이기 때문에 도박 기계만큼이나 수익성이 있을 수 있다.[39] 아시아에서와 마찬가지로 기계화된 테이블이 하우스에 제공하는 또 다른 이점은 이용자의 실시간 행동 세부 내용을 추적하는 능력인데, 이는 기존의 전통적인 테이블 게임에서는 불가능했던 기능이다.

또한 도박 산업계는 전자 테이블 게임이 지난 10년 간 블랙잭이나 포커와 같은 전통적 카지노 게임을 개인 컴퓨터로 즐기며 이러한 게임들을 좋아하게 된 주요 온라인 도박자들을 끌어들일 수 있기를 바란다.[40] 카지노 운영업자들은 인터넷 도박에 친숙한 이용자들이 "더 막힘없이 흘러가고, 더 빨리 게임하며, 더 공격적인 베팅을 하는 경향이 있기" 때문에, (라이브 테이블 게임과는 달리) 전자 테이블 게임에 "자연스럽게 끌린다"는 것을 알아냈다.[41] 온라인 시장은 "다른 사람을 걱정할 필요 없이 자신만의 화면에서 프라이버시를 지키며 놀 수 있다"는 점을 높게 평가한다.[42] 한 인터넷 도박자는 자신의 블로그에서 그 장치들을 칭송하다시피 했다: "온라인 카지노 블랙잭과 거의 비슷한 경험이었다. 라이브 테이블에서와 마찬가지로 이용자 상호작용의 사회적 측면은 전혀 발생하지 않았다."

이러한 언급은 미국에서 그 합법성이 모호함에도 불구하고 인기를 끌

---

38 (옮긴이 주) 포커 게임에서 딜러가 처음 세 장의 공유 카드를 오픈하는 것을 의미
39 Ibid.
40 AGA. 2009; Skolnik 2011 chapter 5.
41 Grochowski 2007, 37.
42 Ibid., 36.

그림 11.2 2007년 마카오에서 열린 글로벌 게이밍 엑스포에 참가한 컨퍼런스 참여자들이 포커텍의 자동화된 포커 테이블을 시험해보고 있다. (출처: days2think의 사진, flickr.com에서 다운로드 가능)

고 있는 온라인 도박이 도박 습관을 기계 놀이의 반사회적 현상으로 기울이는 데 결정적인 힘이 되어 왔다는 점을 분명히 보여준다. 선도적인 온라인 게임(예: 포커)은 여러 명이 하는 게임인데도 불구하고 각 이용자는 자신만의 개별적 단말기에서 혼자 게임을 할 수 있으며 "멀티-테이블링(한 개 이상의 테이블에서 동시에 게임을 하는 것)"함으로써 다른 사람을 기다릴 필요가 없다. 온라인 테이블 게임에는 도박 기계가 가지고 있는 똑같은 행동 유동성(자신이 선택한 속도, 반복, 지속성, 게임을 그만두도록 하는 신호의 부족, 내적 상태에 대한 조절 통제 감각)이 존재하며, 이는 온라인 테이블 게임을 라이브 테이블 게임보다 잠재적으로 더 강력한 매개체로 만든다. 2006년 온라인 포커 중독에 대한 개요를 적었던 한 저자는 다음과 같이 기술했다. "각

패는 다음 패와 맞물려 있다. 시간은 지속적인 현재, 끝없는 축적과 절정을 향해 느려진다. 이득과 손해는 동일한 것으로 느껴진다."[43] 네바다 대학의 소비자 심리학 연구는 온라인 도박의 현상학적 특성에 관해 더 많은 정보를 제공한다. 해당 연구에서는 카지노에서 라이브 테이블 게임을 하다가 집에서 하는 온라인 테이블 게임으로 방식을 전환한 라스베이거스 현지인들이 온라인 게임을 "사회적"이 아니라 "익명적"으로, "흥분"보다는 "조용한" 것으로 경험했으며, 그것을 "감각적 자극"이 아닌 "접촉의 결핍"으로 경험했다고 밝혔다. 온라인 게임은 또한 이용자들의 시간 소비, 돈의 지출, 그리고 게임 결과에 대한 높은 통제력 환상을 불러일으켰다.[44]

전자 테이블과 온라인 도박이 혼자 기계 도박을 하면서 그것에 흡수되는 소비자의 기호를 확산시킴과 동시에, 새로운 유형의 슬롯 머신은 현대 비디오 게임의 특성을 기계 도박에 접목시킴으로써 "청년 시장"을 개척하는 데 도움을 준다. 40대 미만의 사람들 가운데서 인기를 끌고 있는 라스베이거스의 사업장을 운영하는 조지 말루프 주니어는 다음과 같이 말했다. "슬롯 제조자들은 이러한 젊은 세대 이용자들을 어떻게 개발할 것인가를 알아내야 한다."[45] "멋진 신세계"라는 제목의 2008년 G2E 패널에서 IGT 상품 설계자도 이러한 목적을 달성하기 위한 "릴(reel) 패러다임을 부수기"라는 주제로 이야기한 바 있다.[46] WMS는 어답티브 게이밍(Adaptive Gaming)이라는 행위 지향적, 기술 기반, 몰입형 플랫폼을 개발했다. 이 플랫폼은 "사람들이 인터넷, 전자 상거래, 콘솔 기반 비디오 게임에 익숙해

◇◇◇◇◇◇◇

43 Schwartz 2006, 55.
44 Cotte and Latour 2009.
45 Quoted in Rivlin (2007).
46 Ryan Griffin of IGT, panelist for "Brave New World: Emerging Games and Alternative Technologies," G2E 2008.

졌던 경험과 유사한 게임 경험"을 제공한다.[47] 이 게임에서는 이용자들이 게임을 하면서 새로운 기능을 점진적으로 해제하고, 순위를 올리며, 진행 상황을 저장하고, (다른 카지노, 심지어는 다른 주에서) 나중에 다시 게임을 재개할 수 있도록 하는 일종의 발전적 서사에 참여하도록 만든다. 보다 친숙한 화면-기반 포맷과 기계 도박을 결합함으로써 기계가 밀집된 곳에서 이용자가 자신의 게임 단말기하고만 상호작용하면서 동시에 상대방과 서로 겨루는 "공동체적 도박"의 최근 유행도, 기계 도박의 원자화된 활동으로 젊은 소비자들을 끌어들이려는 시도를 반영한다.

이러한 조합 논리에 따라 일부 도박 업계에서는 소비자들이 일상생활의 리듬, 거래, 움직임과 함께 베팅 활동을 (그리고 그것의 추적을) 더욱 지속적으로 하게 만들 수 있는 매체인 휴대전화나 PDA로 베팅할 수 있는 미래를 상상한다. (한 도박업계 임원은 이렇게 말했다. "사람들이 휴대용 장치를 더 많이 사용할수록, 그들은 우리 문화의 일부가 되는 것입니다."[48]) 그러한 비전의 현실화는 단순한 소비자 시장의 확대를 넘어설 것이다. 그것은 보다 사적인 차원에서 기술적으로 매개된 주관적 금단, 정서 조절, 현대의 또 다른 인간-기계 상호작용과 기계 도박을 특징짓는 위험 관리가 더욱 단단히 자리 잡게 할 것이다. 이러한 의미에서 전자 도박이 새로운 소비 영역으로 이동하는 것은 (그 움직임이 새로운 지리적 영역으로 나아가는 것과 같이) 기술의 확장인 동시에 "기계 존"의 확장이기도 하다.

---

47 "WMS Showcases" 2008
48 Gene Johnson Spectrum Gaming, moterator for "The Hand-Held Casino: How Wireless Gaming Can Increase Revenues," G2E 2010.

운명의 게임

이 책의 서두에서 나는 도박에 대한 민족지학적 접근을 매우 의미 깊은 사회적, 실존적 드라마로 연상시켰다. 1960년대 미국에서 어빙 고프먼은 도박을 개인이 일상의 관료화된 동질성에서 벗어나 어떤 중대한 활동에 참여하며, "줄타기 하는" 삶과 기회의 가능성, 그리고 위험에 스스로를 열어젖히는 개성 넘치는 인격의 경주로 기술했다. 그의 전후 작가들이 그랬던 것과 마찬가지로, 고프먼은 기계 도박이란 우리 또는 우리가 살아가는 세상에 대해 별로 말해줄 것이 없는 얄팍하고 실존적 차원에서 시시한 활동이라고 일축했다. 기계 도박에 대한 나 자신의 민족지학은 다른 전제에서 시작되었다. 나는 몰리의 지도 중심에 있는 인간-기계의 만남을 둘러싼 환경, 기술, 실천의 순환을 따라가는 여정을 떠났다. 그리고 그 만남에 달려 있는 설계 논리, 경험의 형태, 그리고 문화적 가치에 관한 단서를 추적하고, 그러한 단서들이 보다 일반적으로 현대의 삶에 대해 우리에게 무엇을 말해줄 수 있는지를 찾았다.

고프먼의 사회적 도박자가 "자신의 행동 결과에 대해 어느 정도 통제력을 유지하는 것과 통제를 벗어나는 것 사이에 한계 지점"으로 "숙명"을 추구한다면, 오늘날의 반복적 기계 도박자들은 그러한 한계 지점으로부터 후퇴하여 매끄러우면서도 다른 것들로부터 차단된, 예상치못한 일이나 깜짝 놀라게 할만한 어떤 사건이 발생할 일이 없는 존, 이 책의 첫 장에서 몰리가 "폭풍의 눈"이라고 이야기했던 어떤 것을 추구한다고 이야기할 수 있다.[49] 줄타기하듯 이어지는 삶에 영향을 미치는 개방성과 변동성 대신 그들은 제한된 정서 상태와 존의 "완벽한 우연"으로 침잠한다. 이러한 존

---

49 Goffman 1967, 27.

의 끌어당김은 내가 제시한 것처럼 개별 도박 중독자의 극단적 경향의 증상을 넘어선다. 이 끌어당김은 그 외에도 위태로운 경제적, 사회적 환경을 둘러싼 광범위한 불안, 그리고 개인은 유연하고 적응적이며 끊임없이 변화하는 환경에 따라 자신 역시 변화할 태세를 갖춰야 한다는 만연한 문화적 기대의 양가성을 나타낸다.

기계 도박의 물질적 인프라는 존에 부응한다. 이제까지 살펴본 것처럼 상업적 카지노의 슬롯 업장은 통제와 보호를 제공할 수 있도록, 도박자들이 "실제로는 행운이 아닌 행운"을 감수할 수 있도록 정렬되어 있다.[50] 보조적인 재정 및 추적 기술과 함께, 도박 기계는 정서적 균형과 놀이의 지속을 촉진할 수 있도록, 그리하여 "지속적 생산성"이 가능하도록 설계되었다. 도박자들과 마찬가지로 도박 산업 역시 기술을 통해 운을 관리하고자 한다. 도박 산업의 분석적으로 충실한 설계, 관리, 홍보 기법은 불확실성과 위험, 법적 책임을 완화함으로써 확실한 이득을 보장하도록 설계되었다. 사회학자 제임스 코스그레이브는 다음과 같이 말했다. "카지노에서 확률 계산은 철칙이며, 하우스가 우위에 있고, 가능한 한 우연에 맡겨진 것은 하나도 없다."[51] 도박 산업은 만일의 사태를 뿌리 뽑아 제거하려고 하는 것은 아니지만, 그들은 그것을 잘 계발하고 통제하고자 한다. 우리는 사행 영역에 관한 도박 산업의 특정한 합리화를 이안 해킹이 19세기 통계 계산적 사고의 부흥 가운데 감지했던 "우연 길들이기"의 변형, 우리가 "운명의 게임"으로 명명할 수 있는 하나의 변형으로 이해할 수 있다―즉, 만일의 사태, 놀이, 정서에 대항한다기보다 그것을 가로지르며 진행하는 합리화의 한 형태인 것이다.[52]

◇◇◇◇◇◇

50 Hannigan 1998, 71.
51 Cosgrave 2008, 3, 85.
52 Hacking 1990.

도박자와 도박 산업의 위험 속에서 확실한 존을 얻어내려는 욕망은 한 기업가가 "게임 보험(Gaming Insurance)"이라 불렸던 자신의 비전 안에서 명백하게 드러난다.

> 고객들은 거의 모든 삶의 영역에서 발생할 수 있는 예상치 못한 재정적 어려움에 대비해 보험에 가입한다. 일정 기간에 일정 금액을 초과하는 게임 손실, 또는 예상치 못한 불운에 대한 보험에는 왜 가입하지 않겠는가? 카지노는 이용자들이 보험에 가입하기를, 그래서 그들의 지갑에서 더 많은 돈을 가져오기를 원하며, 이용자들이 통계적으로 불가피한 불운을 겪을 때 이용자들이 다른 경쟁자들에게 가버리는 것을 원치 않는다.[53]

게임 보험, 그리고 그것이 행운의 손실에 대해 제공하는 보호는 도박 업계와 이용자 간에 상호 이익이 되는 협력 관계로 제시된다. 그러나 나는 이 책의 전반에 걸쳐 우연의 사태를 관리하는 일을 둘러싼 이용자와 도박 업계의 겉으로 보이는 동등성이 위험과 보상, 통제와 충동, 손실과 이득의 불균형을 가려버린다고 주장했다.

자기를 조절하는 실험(도박자)과 수익성 있는 행동 공학의 실험(도박 산업)이 만나는 지점에서, 각 측은 서로 매우 다른 지분을 가지고 테이블 앞에 (또는 말하자면, 기계 앞에) 앉는다. 도박 중독자는 승리의 정점에서 금전적 보상을 극대화하기 위해서라기 보다는 평형을 이룬 정서 상태로 자신을 유보시키기 위해 기계 게임을 한다; 그들은 게임 결과의 피드백에 따라 반응을 조정하고, "기계 존"과 그것의 정서적 지속성을 방해하는 어떠

---

53 Reiner 2007, 3; chapter 4.

한 불균형 상태를 감지하면 자신들의 속도와 내기 강도를 조절한다.[54] 도박 산업의 설계자, 관리자, 기술자들은 이러한 존을 촉진하는 동시에 도박자-기계 사이의 교환에 지속적으로 미묘한 불균형이 발생하도록 하는 게임 스케줄과 마케팅 시스템을 고안하여 그 강도와 기간을 단계적으로 증가시킨다. 즉, 도박의 화법으로 말하자면 "판돈 올리기"이다. 이 불균형을 보상하고 존의 안정 상태를 유지하기 위해 도박 중독자들은 기계에 끝도 없이 증가하는 투자를 계속해야만 한다. 이러한 투자는 존이라는 내적 상태를 유지하는 것 이상의 일을 한다. 그것들은 또한 기술, 설계 관행, 규제 정책, 이용자가 붙잡혀버린 인간-기계 관계를 배열하는 정치경제적 가치를 포함한 외부적 배치(assemblage)를 유지시킨다.

몰리는 이 책의 서두에 제시된 지도에서 이러한 배치를 보여주는 자신만의 비전을 그려냈다. 그 이후의 장들에서 나는 그 사이사이의 세부적인 내용들을 채워넣고자 했으며, 또한 틀을 확장하여 카지노 업장의 건축학적 굴곡을 기계 콘솔의 인체공학적 굴곡으로 잇는 경로; 도박자의 게임 패턴에 대한 게임 소프트웨어의 수학적 알고리즘; 도박자들의 삶에서 불안정한 전환들, 일상적 사건들과 그들이 반복적 내기 안에서 위안을 추구하는 매끄러운 존의 이야기; 중독과 자기 돌봄에 관한 서사에서부터 소비자 책임을 위한 기업의 캠페인과 어떻게 도박 산업의 생산품을 가장 잘 규제할 수 있을 것인가에 관한 토론까지 추적했다. 이 모든 단계에서 나는 경험과 설계 사이의 역동적 연결점을 끌어내기 위해 노력했다. 이러한 그려내기는 현대적 삶의 특징을 정의하게 된 기술과 사람 사이의 긴밀한 얽힘 속에서 발현하는 복잡성, 결과, 도전들을 분석하기 위한 방법론적이고 분석적인 틀을 제시한다.

◇◇◇◇◇◇◇
54　Ibid., 124, 125.

참고문헌

Abbott, Max. 2006. "Do EGMs and Problem Gambling Go Together like a Horse and Carriage?" *Gambling Research* 18: 7–38.

Abbott, Max, and D. Clarke. 2007. "Prospective Problem Gambling Research: Contribution and Potential." *International Gambling Studies* 7 (1): 123–44.

Abbott, Max, and R. Volberg. 1996. "The New Zealand National Survey of Problem and Pathological Gambling." *Journal of Gambling Studies* 12 (1): 43–160.

———. 2000. "Taking the Pulse on Gambling and Problem Gambling in New Zealand: A Report on Phase One of the 1999 National Prevalence Survey." Wellington, New Zealand: Department of Internal Affairs.

———. 2006. "The Measurement of Adult Problem and Pathological Gambling." *International Gambling Studies* 6 (2): 175–200.

Abbott, Max. M., R. Volberg, M. Bellringer, and G. Reith. 2004. "A Review of Research on Aspects of Problem Gambling: Final Report." Prepared for the Responsibility in Gambling Trust, UK. Auckland, New Zealand: Gambling Research Centre, Auckland University of Technology.

Abt, Vicki, J. F. Smith, and E. M. Christiansen. 1985. *The Business of Risk: Commercial Gambling in Mainstream America.* Lawrence: University Press of Kansas.

Adams, Peter. N.d. "Gambling, Finitude, and Transcendence: Explaining the Psychological 'Zone' Generated during Frequent Gambling." Unpublished article.

AGA (American Gaming Association). 2003. "State of the States: The AGA Survey of Casino Entertainment." A survey prepared by Luntz Research Co. and Peter D. Hart Associates, Washington, DC.

———. 2006. "NCRG Conference to Focus on Turning Research into Best Practices." *Responsible Gaming Quarterly,* Fall, www.americangaming.org/rgq/rgq_detail.cfv?id=411, accessed July 2007.

———. 2007. "State of the States: The AGA Survey of Casino Entertainment." A survey conducted for the American Gaming Association, Washington, DC.

———. 2008a. "State of the States: The Survey of Casino Entertainment." A survey conducted for the American Gaming Association, Washington, DC.

———. 2008b. "Comments of the American Gaming Association Poker Machine Harm Minimization Bill." Community Affairs Committee of the Australian Senate, www.aph.gov.au/senate/committee/clac_ctte/poker_machine_harm_minimisation/submissions/sub02.pdf, accessed August 2008.

———. 2009. "State of the States: The AGA Survey of Casino Entertainment." A survey conducted for the American Gaming Association, Washington, DC.

———. 2010. "Taking the Mystery out of the Machines: A Guide to Understanding Slot Machines." A brochure produced by the AGA, Washington, DC.

———. 2011. "State of the States: The Survey of Casino Entertainment." A survey conducted for the American Gaming Association, Washington, DC.

AIGR (Australian Institute for Gambling Research). 2001. *Survey of the Nature and Extent of Gambling and Problem Gambling in the ACT*. University of Western Sydney, Australia.

Akrich, Madeline. 1992. "The Description of Technical Objects." In *Shaping Technology / Building Society: Studies in Sociotechnical Change*, edited by W. Bijker and J. Law, 205–24. Cambridge, MA: MIT Press.

Akrich, Madeline, and B. Latour. 1992. "A Summary of a Convenient Vocabulary for the Semiotics of Human and Nonhuman Assemblies." In *Shaping Technology / Building Society: Studies in Sociotechnical Change*, edited by W. Bijker and J. Law, 259–64. Cambridge, MA: MIT Press.

Allen, Todd D. 1992. "Successful New Gambling Entries: Planning, Execution, and Competitive Response." In *Essays in Business, Economics, Philosophy and Science*, edited by W. Eadington and J. Cornelius, 3–12. Reno: University of Nevada Press.

Allen, Tony. 2006. "High Stakes Research." *Innovation* (Winter): 20–23. Anderer, Charles. 2006. "As the World Turns." *International Gaming and Wagering Business* 27 (2): 4.

Anderson, Kurt. 1994. "Las Vegas, USA." *Time*, January 10.

Andrejevic, Mark. 2007. *iSpy: Surveillance and Power in the Interactive Era*. Lawrence: University Press of Kansas.

———. 2009. "Exploitation in the Digital Enclosure." Paper presented at The Internet as Playground and Factory, The New School for Social Research. New York City.

APA (American Psychiatric Association). 1980. DSM-III: *Diagnostic and Statistical Manual of Mental Disorders*, 3rd ed. Washington, DC: American Psychiatric Association.

———. 1987. DSM-III-R: *Diagnostic and Statistical Manual of Mental Disorders*, 3rd ed., rev. Washington, DC: American Psychiatric Association.

———. 1994. DSM-IV: *Diagnostic and Statistical Manual of Mental Disorders*, 4th ed. Washington, DC: American Psychiatric Association.

———. 2000. DSM-IV-TR: *Diagnostic and Statistical Manual of Mental Disorders*, 4th ed., text-revision. Washington, DC: American Psychiatric Association.

Arendt, Hannah. 1958. *The Human Condition*. Chicago: University of Chicago Press.

"Aristocrat Technologies to Display 140 Innovative Games and Products at 2003 Global Gaming Expo." 2003. *PRNewswire*, August 18, http2.prnewswire.com/cgi-bin/stories.pl?ACCT=104&STORY=/http/story/08 18-2003/0002002765&EDATE=, accessed June 2007.

"Aristocrat Technologies, Inc. Receives Key Product Approvals in Nevada, GLI Jurisdictions." 2005. *PRNewswire*, April 26, http.prnewswire.com/news-releases/aristocrat-technologies-inc-receives-key-product-approvals-in-nevada-gli-jurisdictions-54413047.html, accessed June 2007.

Austin, Michelle. 2007. "Responsible Gaming: The Proactive Approach/Integrating Responsible Gaming into Casino Environments." Prepared by iView Systems in Cooperation with the Saskatchewan Gaming Corporation, www.iviewsystems.com/assets/products/iCare_Responsible_GamingWhitepaper_V2.pdf, accessed August 2008.

Australian Bureau of Statistics. 2008. "Population by Age and Sex Australian States and Territories." Cat. No. 32010. A report prepared by the Office of Economic and Statistics, Queensland, Australia.

Australian Gambling Council. 2008. *Australian Gambling Statistics 1981–82 to 2006–07, 25th edition*. Australian Gambling Statistics, Queensland, Australia. Babor, Thomas. 2003. *Alcohol and Public Policy: No Ordinary Commodity*. Ox-ford: Oxford University Press.

Bachelard, Gaston. 1969 [1958]. *The Poetics of Space*. Boston: Beacon Press. Bacon, Katie. 1999. "The Net's Next Vice." *The Atlantic Online*, www.theatlantic.com/unbound/citation/wc990729.htm, accessed June 2007.

Balsamo, Anne. 1996. *Technologies of the Gendered Body: Reading Cyborg Women*. Durham, NC: Duke University Press.

Barash, Meyer. 1979 [1958]. Foreword to *Man, Play, and Games*. New York: Free Press of Glencoe.

Barrett, Larry, and S. Gallagher. 2004. "What Sin City Can Teach Tom Ridge." *Baseline Magazine*, April, http.baselinemag.com/c/a/Past-News/What-Sin-City-Can-Teach-Tom-Ridge/, accessed June 2007.

Barry, Andrew. 2006. "Technological Zones." *European Journal of Social Theory* 9 (2): 239–53.

Bataille, Georges. 1991. *The Accursed Share*. Vol. 1, *Consumption*. Translated by R. Hurley. New York: Zone Books.

Bateson, Gregory. 1972. *Steps to an Ecology of the Mind: Collected Essays in Anthropology,*

Psychiatry, Evolution, and Epistemology. New York: Ballantine Books.

Baudrillard, Jean. 1988. "The System of Objects." *Art Monthly* 15 (April): 5–8.

Bauman, Zygmunt. 1991. *Modernity and Ambivalence*. Oxford: Polity.

Baumeister, Roy F. 1991. *Escaping the Self: Alcoholism, Spiritualism, Masochism, and Other Flights from the Burden of Selfhood*. New York: Basic Books.

Bechara, A. 2003. "Risky Business: Emotion, Decision-Making, and Addiction." *Journal of Gambling Studies* 19: 23–52.

Beck, Ulrich. 1992. *Risk Society: Towards a New Modernity*. London: Sage.

———. 1994. "The Reinvention of Politics: Towards a Theory of Reflexive Modernization." In *Reflexive Modernism: Politics, Tradition, and Aesthetics in Modern Social Order*, edited by U. Beck, A. Giddens, and S. Lash, 1–55. Stanford, CA: Stanford University Press.

———. 2006. "Risk Society Revisited: Theory, Politics, and Risk Programmes." In *The Sociology of Risk and Gambling Reader*, edited by J. F. Cosgrave, 61–84. New York: Routledge.

Beck, Ulrich, W. Bonss, and C. Lau. 2003. "The Theory of Reflexive Modernization: Problematic, Hypotheses, and Research Programme." *Theory, Culture, and Society* 20 (2): 1–33.

Beck, Ulrich, A. Giddens, and S. Lash. 1994. *Reflexive Modernism: Politics, Tradition, and Aesthetics in Modern Social Order*. Stanford, CA: Stanford University Press.

Becker, Howard. 1986. "Consciousness, Power, and Drug Effects." In *Doing Things Together: Selected Papers*, edited by H. Becker. Evanston, IL: Northwestern University Press.

Bell, Daniel. 1973. *The Coming of Post-Industrial Society: A Venture in Social Forecasting*. New York: Basic Books.

———. 1976. *The Cultural Contradictions of Capitalism*. New York: Basic Books. Benjamin, Walter. 1968 [1939]. "On Some Motifs in Baudelaire." In *Illuminations: Essays and Reflections*, edited by H. Arendt, translated by H. Zohn, 155–200. New York: Schocken.

———. 1999. *The Arcades Project*. Translated by H. Eiland and K. McLaughlin. Prepared on the basis of the German volume edited by R. Tiedemann. Cambridge, MA: Belknap Press of Harvard University Press.

Bennett, William. 1996. *The Book of Virtues: A Treasury of Great Moral Stories*. New York: Simon and Schuster.

Bennis, William. N.d. "Environmental Design and Rational Choice: The Case of Casino

Gambling," northwestern.academia.edu/WillBennis/Papers/111745/ Environmental_Design_and_Rational_Choice_The_Case_of_Casino_Gambling, accessed November 2010.

Bennis, W. M., K. V. Katsikopoulos, D. G. Goldstein, A. Dieckmann, and N. Berg. N.d. "Designed to Fit Minds: Institutions and Ecological Rationality. In *Ecological Rationality: Intelligence in the World*, edited by P. M. Todd, G. Gigerenzer, and The ABC Research Group. New York: Oxford University Press. Forthcoming.

Benson, April Lane, ed. 2000. *I Shop, Therefore I Am: Compulsive Buying and the Search for Self*. Northvale, NJ: Jason Aronson.

Benston, Liz. 2004. "Political Donations Flow from Gaming Industry." *Business Las Vegas* October 15: 1.

———. 2006. "When Casinos Decide You're Losing Too Much Money." *Las Vegas Sun*, August 28, http.casinocitytimes.com/news/article/when-casinos-decide-youre-losing-too-much-money-160709, accessed November 2009.

———. 2009. "Illness Theory Gaining Ground for Gambling Addiction." *Las Vegas Sun*, November 23, http.lasvegassun.com/news/2009/nov/23/illness-theory-gaining-ground/, accessed November 2009.

Bergler, Edmund. 1957. *Psychology of Gambling*. New York: Hill and Wang. Bernhard, Bo, D. R. Dickens, and P. D. Shapiro. 2007. "Gambling Alone: An Em-pirical Study of Solitary and Social Gambling in America." *Gaming Research and Review Journa*l 11 (2), 1–13.

Bernhard, Bo, A. Lucas, and D. Jang. 2006. "Responsible Gaming Device Research." A report prepared by the Las Vegas International Gaming Institute. Las Vegas: University of Nevada.

Bernhard, Bo, and F. W. Preston. 2003. "On the Shoulders of Merton: Potentially Sobering Consequences of Problem Gambling Policy." *American Behavioral Scientist* 47 (11): 1395–405.

Berridge, Virginia, and G. Edwards. 1981. *Opium and the People: Opiate Use in Nineteenth-Century England*. London: St. Martin's Press.

Biehl, João. 2005. *Vita: Life in a Zone of Social Abandonment*. Berkeley: University of California Press.

Biehl, João, D. Coutinho, and A. L. Outeiro. 2004. "Technology and Affect: HIV/AIDS Testing in Brazil." *Culture, Medicine, and Psychiatry* 25: 87–129.

Biehl, João, B. Good, and A. Kleinman, eds. 2007. *Subjectivity: Ethnographic Investigations*. Berkeley: University of California Press.

Biehl, João, and A. Moran-Thomas. 2009. "Symptom: Subjectivities, Social Ills, Technologies. *Annual Review of Anthropology* 38: 267–88.

Biggs, Lindy. 1995. "The Engineered Factory." *Technology and Culture* 36 (2): S174–S188.

Bijker, Wiebe E., and John Law, eds. 1992. *Shaping Technology / Building Society: Studies in Sociotechnical Change.* Cambridge, MA: MIT Press.

Binkley, Christina. 2008. *Winner Takes All: Steve Wynn, Kirk Kerkorian, Gary Loveman, and the Race to Own Las Vegas.* New York: Hyperion Press.

Blaszczynski, Alex. 2005. "Harm Reduction, Secondary Prevention and Approaches, and Trying to Make a Machine a Safer Product." *Journal of Gambling Issues* 15, jgi.camh.net/doi/full/10.4309/jgi.2005.15.4, accessed August 2008.

———. 2008. "Expert Report of Professor Alex Blaszczynski: In the Matter of Jean Brochu v. Loto Québec et al.—Class action. Available online at media.cleveland.com/metro/other/Blaszczynski%20expert%20deposition%20on%20slots%20addictiveness.pdf, accessed October 2011.

Blaszczynski, Alex, R. Ladouceur, L. Nower, and H. Shaffer. 2008. "Informed Choice and Gambling: Principles for Consumer Protection." *Journal of Gambling Business and Economics* 2 (1): 103–18.

Blaszczynski, Alex, N. McConaghy, and A. Frankova. 1990. "Boredom Proneness in Pathological Gambling." *Psychological Reports* 67 (1): 35–42.

Blaszczynski, A. and L. Nower. 2002. "A Pathways Model of Problem and Pathological Gambling." *Addiction* 97 (5): 487–99.

Blaszczynski, Alex, L. Sharpe, and M. Walker. 2001. "The Assessment of the Impact of the Configuration on Electronic Gaming Machines as Harm Minimization Strategies for Problem Gambling." A report prepared for the Gaming Industry Operator's Group. Sydney: University Printing Service.

———. 2003. "Harm Minimization in Relation to Gambling on Electronic Gaming Machines." Submission to the IPART (Independent Pricing and Regulatory Tribunal) Review. Sydney: University of Sidney Gambling Research Unit.

Boellstorff, Tom. 2008. *Coming of Age in Second Life: An Anthropologist Explores the Virtually Human.* Princeton, NJ: Princeton University Press.

Borrell, Jennifer. 2004. "Critical Commentary by an EGM Gambler." *International Journal of Mental Health and Addiction* 4 (2): 181–88.

Borgmann, Albert. 1984. *Technology and the Character of Contemporary Life: A Philosophical Inquiry.* Chicago: University of Chicago Press.

Borrell, Jennifer. 2008. "A Thematic Analysis Identifying Concepts of Problem Gambling Agency: With Preliminary Exploration of Discourses in Selected Industry and Research Documents." *Journal of Gambling Studies* 22: 195–217.

Boughton, Roberta, and O. Falenchuk. 2007. "Vulnerability and Comorbidity Factors of Female Problem Gambling." *Journal of Gambling Studies* 23: 323–34. Bourgois, Philippe. 2000. "Disciplining Addictions: The Bio-Politics of Methadone and Heroin in the United States." *Culture, Medicine, and Psychiatry* 24: 165–95.

Bourgois, Philippe, and Jeffrey Schonberg. 2009. *Righteous Dopefield*. Berkeley: University of California Press.

Bourie, Steve. 1999. "Are Slot Machines Honest?" *American Casino Guide*, http. americancasinoguide.com/Tips/Slots-Honest.shtml, accessed December 2006. Bozarth, Michael. 1990. "Drug Addiction as a Psychobiological Process." In *Ad-diction Controversies*, edited by D. Warburton, 112–34. London: Harwood Academic.

Brandt, Allan M. 2007. *The Cigarette Century: The Rise, Fall, and Deadly Persistence of the Product That Defined America*. New York: Basic Books.

Breen, Robert B. 2004. "Rapid Onset of Pathological Gambling in Machine Gamblers: A Replication." *eCommunity: The International Journal of Mental Health and Addiction* 2 (1): 44–49.

Breen, Robert B., and M. Zimmerman. 2002. "Rapid Onset of Pathological Gambling in Machine Gamblers." *Journal of Gambling Studies* 18 (1): 31–43.

Breiter, H. C., I. Aharon, D. Kahneman, A. Dale, and P. Shizgal. 2001. "Functional Imaging of Neural Responses to Expectancy and Experience of Monetary Gains and Losses." *Neuron* 30: 619–39.

Brigham, Jay. 2002. "Lighting Las Vegas: Electricity and the City of Glitz." In *The Grit beneath the Glitter: Tales from the Real Las Vegas*, edited by H. Rothman and M. Davis, 99–114. Berkeley: University of California Press.

Brock, Floyd J., G. L. Fussell, and W. J. Corney. 1992. "Predicting Casino Revenue Using Stochastic Migration Simulation." In *Gambling and Commercial Gaming: Essays in Business, Economics, Philosophy, and Science*, edited by W. Eadington and J. Cornelius. Reno: University of Nevada Press.

Brodie, Janet F., and M. Redfield, eds. 2002. *High Anxieties: Cultural Studies in Addiction*. Berkeley: University of California Press.

Brown, Sarah., and L. Coventry. 1997. "Queen of Hearts: The Needs of Women with Gambling Problems." Melbourne: Financial and Consumer Rights Council.

Bulkeley, William. 1992. "Video Betting, Called Crack of Gambling, Is Spreading." *Wall Street Journal*, July 14, B1.

Burbank, Jeff. 2005. *License to Steal: Nevada's Gaming Control System in the Megaresort Age*.

Las Vegas: University of Nevada Press.

Burchell, Graham. 1993. "Liberal Government and the Techniques of the Self." *Economy and Society* 22 (3): 266–82.

Burke, Anne. 2005. "Que Pasa en Mexico? Quite a Lot." *International Gaming and Wagering Business* (December): 16–19.

Burke, Kenneth. 1969. *A Grammar of Motives*. Berkeley: University of California Press.

Burroughs, William. 2004 [1959]. *Naked Lunch*. New York: Grove Press. Burton, Bill. N.d. "Slot Machine Ergonomics: Preventing Repetitive Stress In-jury," casinogambling.about.com/od/slots/a/Ergonomics.htm, accessed June 2010.

Butterfield, F. 2005. "As Gambling Grows, States Depend on Their Cut." *New York Times*, March 31.

Bybee, Shannon. 1988. "Problem Gambling: One View from the Gaming Industry." *Journal of Gambling Studies* 4 (4): 301–8.

Caillois, Roger. 1979 [1958]. *Man, Play, and Games*. Translated by M. Barash. New York: Free Press of Glencoe.

Calabro, L. 2006. "Station Casino's Glenn Christenson," *CFO Magazine*, July 1, www.cfo.com/printable/article.cfm/7108950/c_7129649?f=options, accessed June 2007.

Calleja, Gordon. 2007. "Digital Game Involvement: A Conceptual Model." *Games and Culture* 2: 236–60.

Callon, Michel, and B. Latour. 1981. "Unscrewing the Big Leviathan: How Actors Macrostructure Reality and How Sociologists Help Them to Do So." In *Advances in Social Theory and Methodology: Toward an Integration of Micro and Macro-Sociologies*, edited by K. Knorr-Cetina and A. V. Cicourel, 277–303. Boston: Routledge and Kegan Paul.

Callon, Michel, C. Méadl, and V. Rabeharisoa. 2002. "The Economy of Qualities." *Economy and Society* 31 (2): 194–217.

Campbell, Colin. 1987. *The Romantic Ethic and the Spirit of Consumerism*. New York: Blackwell.

Campbell, C. S., and G. J. Smith. 2003. "Gambling in Canada: From Vice to Disease to Responsibility: A Negotiated History." *Canadian Bulletin of Medical History* 20: 121–49.

Cardno, Andrew, A. K. Singh, and R. Thomas. 2010. "Gaming Floors of the Future, Part 1: Downloadable Games." *Casino Enterprise Management*, July, http.casinoenterprisemanagement.com/articles/july-2010/gaming-floors-future-part-1-downloadable-games, accessed February 2011.

Carroll, Amy. 1987a. "Casino Construction: The Nuts and Bolts of the Industry." *Casino Gaming Magazine*, November: 15–19.

———. 1987b. "Step Inside: A Look at Interior Design in the Casino Industry." *Casino Gaming Magazine*, October: 18–22.

Casey, Maura. 2002. "An Equal Opportunity Addiction." *The Day: A Special Report on Problem Gambling*. Reprinted from the edition of March 17.

"Cashless Slot Machines: The Industry's View." 1985. *Casino Gaming Magazine*, August: 11–16.

Castel, Robert. 1991. "From Dangerousness to Risk." In *The Foucault Effect: Studies in Governmentality*, edited by G. Burchell, C. Gordon, and P. Miller, 281–98. Chicago: University of Chicago Press.

Castellani, Brian. 2000. *Pathological Gambling: The Making of a Medical Problem*. New York: University of New York Press.

Castells, Manuel. 1996. *The Rise of the Network Society*. Cambridge, MA: Blackwell Publishers.

Clough, Patricia Ticineto. 2000. *Autoaffection: Unconscious Thought in the Age of Teletechnology*. Minneapolis: University of Minnesota Press.

———. 2007. *The Affective Turn: Theorizing the Social*. Durham, NC: Duke University Press.

Collier, Roger. 2008. "Doctored Spins," *Ottawa Citizen*, July 26, http.canada.com/ottawacitizen/news/observer/story.html?id=df9b06d4-005a-4303-b351-794c75171a05, accessed October 2009.

Collier, Stephen, and Andrew Lakoff. 2005. "On Regimes of Living." In *Global Assemblages: Technology, Politics, and Ethics as Anthropological Problems*, edited by A. Ong and S. Collier, 22–39. Oxford: Blackwell.

Collins, A. F. 1969. "The Pathological Gambler and the Government of Gambling." *History of the Human Sciences* 9: 69–100.

Conrad, Dennis. 2009. "Marketing: Unintended Consequences." *Casino Journal*, November: 40.

Coolican, Patrick. 2011. "Severing Lifeline for Gambling Addicts Would Be a Shame." *Las Vegas Sun*, February 18, http.lasvegassun.com/news/2011/feb/18/ severing-lifeline-gambling-addicts-would-be-shame/, accessed February 2011.

Cooper, Marc. 2004. *The Last Honest Place in America: Paradise and Perdition in the New Las Vegas*. New York: Nation Books.

———. 2005. "Sit and Spin: How Slot Machines Give Gamblers the Business." *Atlantic Monthly* 296: 121–30.

Coser, Lewis. 1977. *Masters of Sociological Thought: Ideas in Historical and Social Context*. New York: Harcourt Brace Jovanovich.

Cosgrave, James F. 2008. "Goffman Revisited: Action and Character in the Era of Legalized Gambling." *International Journal of Criminology and Sociological Theory* 1 (1): 80–96.

———. 2009. "Governing the Gambling Citizen: The State, Consumption, and Risk." In *Casino State: Legalized Gambling in Canada*, edited by J. F. Cosgrave and T. Klassen, 46–68. Toronto: University of Toronto Press.

———. 2010. "Embedded Addiction: The Social Production of Gambling Knowledge and the Development of Gambling Markets." *Canadian Journal of Sociology / Cahiers Canadiens de Sociologie* 35 (1): 113–34.

Cosgrave, James F., ed. 2006. *The Sociology of Risk and Gambling Reader*. New York: Routledge.

Costa, Nic. 1988. *Automatic Pleasures: The History of the Coin Machine*. London: Kevin Francis.

Cote, Denis, A. Caron, J. Aubert, V. Desrochers, and R. Ladouceur. 2003. "Near Wins Prolong Gambling on a Video Lottery Terminal." *Journal of Gambling Studies* 19: 380–407.

Cotte, June, and K. A. Latour. 2009. "Blackjack in the Kitchen: Understanding Online versus Casino Gambling." *Journal of Consumer Research* 35: 742–58. Courtwright, David T. 2001. *Forces of Habit: Drugs and the Making of the Mod-ern World*. Cambridge, MA: Harvard University Press.

———. 2005. "Mr. ATOD's Wild Ride: What Do Alcohol, Tobacco, and Other Drugs Have in Common?" *Social History of Alcohol and Drugs* 20: 105–40. Coventry, Kenny R., and B. Constable. 1999. "Physiological Arousal and Sensation-Seeking in Female Fruit Machine Gamblers." *Addiction* 94 (3): 425–30. Crary, Jonathan. 1999. *Suspensions of Perception: Attention, Spectacle, and*

Modern Culture. Cambridge, MA: MIT Press.

Crawford, Margaret. 1992. "The World in a Shopping Mall." In *Variations on a Theme Park: The New American City and the End of Public Space*, edited by M. Sorkin, 3–30. New York: HarperCollins.

Crevelt, Dwight E., and L. G. Crevelt. 1988. *Slot Machine Mania*. Grand Rapids, MI: Gollehon.

Cristensen, Jon. 2002. "Build It and the Water Will Come." In *The Grit beneath the Glit-*

ter: *Tales from the Real Las Vegas*, edited by H. Rothman and M. Davis, 115–25. Berkeley: University of California Press.

Croasmun, Jeanne. 2003. "Ergonomics Makes the Slot Player More Productive." *Ergonomics Today*, September 26, www.ergoweb.com/news/detail.cfm?id=806, accessed June 2007.

Csikszentmihalyi, Mihaly. 1975. *Beyond Boredom and Anxiety: Experiencing Flow in Work and Play*. San Francisco: Jossey-Bass.

———. 1985. "Reflections on Enjoyment." *Perspectives in Biology and Medicine* 28 (4): 489–97.

———. 1988. "The Flow Experience and its Significance for Human Psychology." In *Optimal Experience: Psychological Studies of Flow in Consciousness*, edited by M. Csikszentmihalyi and I. S. Csikszentmihalyi, 15–35. Cambridge: Cambridge University Press.

———. 1993. *The Evolving Self: A Psychology for the Third Millennium*. New York: HarperCollins.

———. 1994. *Flow: The Psychology of Optimal Experience*. New York: HarperCollins.

Csikszentmihalyi, Mihaly, and S. Bennet. 1971. "An Exploratory Model of Play." *American Anthropologist* 73 (1): 45–58.

Cummings, Leslie E. 1997. "A Typology of Technology Applications to Expedite Gaming Productivity." *Gaming Research and Review Journal* 4 (1): 63–79.

Cummings, Leslie E., and K. P. Brewer. 1994. "An Evolutionary View of the Critical Functions of Slot Machine Technology." *Gaming Research and Review Journal* 1 (2): 67–78.

Custer, R. 1984. "Profile of the Pathological Gamblers." *Journal of Clinical Psychiatry* 45: 35–38.

"Cyberview Technology Introduces New Gaming Cabinet and Operating Systems at G2E." 2007. *Global Gaming Business*, November 9.

Dancer, Bob. 2001. "Beginners Corner: How Do You Know When to Quit?" *Strictly Slots*, October, 26.

Davis, M. P. 1984. "A 'Virtual' Success." *Gaming and Wagering Business*, October 18.

Davis, Mike. 2002. "Class Struggle in Oz." In *The Grit beneath the Glitter: Tales from the Real Las Vegas*, edited by H. Rothman and M. Davis, 176–85. Berkeley: University of California Press.

Deleuze, Gilles. 1990. *The Logic of Sense*. Translated by M. Lester and C. Stivale. New York: Columbia University Press.

———. 1992. "Postscript on the Society of Control." *October* 59: 3–8.

———. 1997. *Essays Critical and Clinical*. Translated by D. W. Smith and M. A. Greco. Minneapolis: University of Minnesota Press.

Deleuze, Gilles. 1998. "Having an Idea in Cinema." In *Deleuze and Guattari: New Mappings in Politics, Philosophy, and Culture*, edited by E. Kaufman and K. J. Heller, translated by E. Kaufman, 14–22. Minneapolis: University of Minnesota Press.

———. 2007. "Two Questions on Drugs." In *Two Regimes of Madness*, edited by D. Lapoujade, translated by A. Hodges and M. Taormina, 151–55. Cambridge, MA: MIT Press.

Deleuze, Gilles, and Félix Guattari. 1987. *A Thousand Plateaus: Capitalism and Schizophrenia*. Translated by Brian Massumi. Minneapolis: University of Minnesota Press.

Delfabbro, Paul. 2004. "The Stubborn Logic of Regular Gamblers: Obstacles and Dilemmas in Cognitive Gambling Research." *Journal of Gambling Studies* 20(1): 1–21.

———. 2008. "Australian Gambling Review June 2007." A report prepared for the Independent Gambling Authority of South Australia.

Delfabbro, P. H., K. Falzon, and T. Ingram. 2005. "The Effects of Parameter Variations in Electronic Gambling Simulations: Results of a Laboratory-Based Pilot Study." *Gambling Research* 17: 7–25.

Delfabbro, P. H., and A. H. Winefield. 1999. "Poker-Machine Gambling: An Analysis of Within-Session Characteristics." *British Journal of Psychiatry* 90: 425–39.

Derrida, Jacques. 1981. "The Pharmakon." In *Dissemination*, by Jacques Derrida, edited by B. Johnson, 95–116. Chicago: University of Chicago Press.

"Design/Construction Firms: Providing a Return on Casino Investment." 1985. *Casino Gaming Magazine*, November: 24–26, 39–41.

Desjarlais, Robert. 2003. *Sensory Biographies: Lives and Deaths among Nepal's Yolmo Buddhists*. Berkeley: University of California Press.

———. 2010. *Counterplay: An Anthropologist at the Chessboard*. California: University of California Press.

Dettre, Stephen. 1994. "Profile: Big Changes at Aristocrat." *Slotworld* (3): 3–4.

Devereux, E. C. 1980 [1949]. *Gambling and the Social Structure*. New York: Arno Press.

Dibbell, Julian. 2006. *Play Money; Or, How I Quit My Day Job and Made Millions Trading Virtual Loot*. New York: Basic Books.

———. 2007. "The Life of the Chinese Gold Farmer." *New York Times Magazine*, June 17: 36–40.

———. 2008. "The Chinese Game Room: Play, Productivity, and Computing at Their

Limits." *Artifact* 2 (3): 1–6.

Dichter, Ernest. 1960. *The Strategy of Desire*. New York: Doubleday Press. Dickerson, Mark. 1993. "Internal and External Determinants of Persistent Gambling: Problems in Generalizing from One Form to Another." In *Gambling Behavior and Problem Gambling*, edited by W. R. Eadington and J. Cornelius. Reno, NV: Institute for the Study of Gambling and Commercial Gaming.

———. 1996. "Why 'Slots' Equals 'Grind' in Any Language: The Cross-Cultural Popularity of the Slot Machine." In *Gambling Cultures: Studies in History and Interpretation*, edited by J. McMillen, 140–52. London: Routledge.

———. 2003. "Exploring the Limits of Responsible Gambling: Harm Minimization or Consumer Protection?" *Gambling Research: Journal of the National Association for Gambling Studies* (Australia) 15: 29–44.

Dickerson, M., J. Haw, and L. Shepherd. 2003. *The Psychological Causes of Problem Gambling: A Longitudinal Study of At Risk Recreational EGM Players*. Sydney: University of Western Sydney, School of Psychology, Bankstown Campus, www.austgaming-council.org.au/images/pdf/eLibrary/1575.pdf, accessed June 2007.

Dickerson, M., J. Hinchy, S. L. England, J. Fabre, and R. Cunningham. 1992. "On the Determinants of Persistent Gambling Behaviour. I. High-Frequency Poker Machine Players." *British Journal of Psychology* 83: 237–48.

Diskin, Katherine M., and D. C. Hodgins. 1999. "Narrowing of Attention and Dissociation in Pathological Video Lottery Gamblers." *Journal of Gambling Studies* 15: 17–28.

Dixey, Rachael. 1987. It's a Great Feeling When You Win: Women and Bingo. *Leisure Studies* 6 (2): 199–214.

Dixon, M. J., K. A. Harrigan, R. Sandhu, K. Collins, and J. A. Fugelsang. 2010. "Losses Disguised as Wins in Modern Multi-Line Video Slot Machines." *Addiction* 105 (10): 1819–24.

Dixon, M. R., and J. E. Schreiber. 2004. "Near-Miss Effects on Response Latencies and Win Estimations of Slot Machine Players." *Psychological Record* 54 (3): 335–48.

Dostoyevsky, Fyodor. 1972 [1867]. *The Gambler*. Translated by H. Alpin. London: Hesperus Press.

Doughney, James R. 2002. *The Poker Machine State: Dilemmas in Ethics, Economics, and Governance*. Melbourne: Common Ground.

———. 2007. "Ethical Blindness, EGMs, and Public Policy: A Tentative Essay Comparing the EGM and Tobacco Industries." *International Journal of Mental Health and Addiction* 5 (4): 311–19.

Dowling, N., D. Smith, and T. Thomas. 2005. "Electronic Gaming Machines: Are They the 'Crack-Cocaine' of Gambling?" *Addiction* 100: 33–45.

Downey, G. L., and J. Dumit, eds. 1997. *Cyborgs and Citadels: Anthropological Interventions in Emerging Sciences and Technologies.* Santa Fe, NM: School of American Research Press.

Downey, John. 2007. "PokerTek Betting on Expansion." *Charlotte Business Journal*, October 19, bizjournals.com/charlotte/stories/2007/10/22/story1.html?page=2, accessed July 2009.

Dumit, Joseph. 2002. "Drugs for Life." *Molecular Interventions* 2: 124–27. Dyer, Scott. 2001. "Professor Says Video Poker 'Crack Cocaine' of Gambling." *Capital City Press, The Advocate*, February 16.

Eadington, William R. 2004. "Gaming Devices, Electronic Money, and the Risks Involved." *GamCare News* 19 (Winter): 10–12.

Eadington, William R., and J. Cornelius, eds. 1992. *Gambling Commercial Gaming: Essays in Business, Economics, Philosophy, and Science.* Reno: University of Nevada Press.

Eggert, K. 2004. "Truth in Gaming: Toward Consumer Protection in the Gambling Industry." *Maryland Law Review* 63: 217–86.

Eisenberg, Bart. 2004. "The New 'One-Arm Bandits': Today's Slot Machines Are Built like PCs, Programmed like Video Hames." *Software Design*, January, gihyo.jp/admin/serial/01/pacific/200402, accessed March 2006.

Ellul, Jacques. 1964. *The Technological Society.* Translated by J. Wilkinson. New York: Knopf.

Elster, Jon. 1999. "Gambling and Addiction." In *Getting Hooked: Rationality and Addiction*, edited by J. Elster and O. J. Skog, 208–34. Cambridge: Cambridge University Press.

Emerson, Dan. 1998a. "Virtual Money." *Casino Executive Magazine*, January 31.

———. 1999b. "Will Cashless Be King?: Casino Gambling Debates a Future without Bills and Coins." *Casino Executive Magazine*, October 3.

Ernkvist, Mirko. 2009. "Creating Player Appeal: Management of Technological Innovation and Changing Pattern of Industrial Leadership in the U.S. Gaming Machine Manufacturing Industry, 1965–2005." PhD diss., Department of Economic History, School of Business, Economics and Law, University of Gothenburg.

Epstein, William M., and W. N. Thompson. 2010. "The Reluctance to Tax Ourselves: Nevada's Depravity." *Las Vegas Review*, May 2, http.lvrj.com/opinion/nevada-s-depravity-92614189.html, accessed January 2011.

Ewald, Francois. 1991. "Insurance and Risk." In *The Foucault Effect: Studies in Governmentality*, edited by G. Burchell, C. Gordon, and P. Miller, 197–210. Chicago: University of Chicago Press.

Fabian, Ann. 1999. *Card Sharps and Bucket Shops: Gambling in Nineteenth Century America*. New York: Routledge.

Fahrenkopf, Frank J. 2003. "State of the Industry Keynote Panel." Global Gaming Expo (G2E), Las Vegas, Nevada.

———. 2010. "The Changing Game in D.C." *Global Gaming Business*, March: 18.

Falkiner, Tim, and Roger Horbay. 2006. "Unbalanced Reel Gaming Machines," www.gameplanit.com/UnbalancedReels.pdf, accessed June 2007.

Fasman, Jon. 2010. "Shuffle Up and Deal: A Special Report on Gambling." *The Economist*, July 8, www.economist.com/node/16507670, accessed July 2010. Ferguson, Adele. 2008. "Screw Problem Gamblers: Tatts." *The Australian*, February 13, http:theaustralian.news.com.au/story/0,25197,23205436-2702,00.html, accessed April 2008.

Ferland, F., R. Ladouceur, and F. Vitaro. 2002. "Prevention of Problem Gambling: Modifying Misconceptions and Increasing Knowledge." *Journal of Gambling Studies* 18: 19–29.

Ferrar, Ross. 2004. "Challenging Times Ahead for Australia: Jobs and Tax Revenues on the Line as Governments in Oz Crackdown." *Global Gaming Business*, August: 28–29.

Ferster, C. B., and B. F. Skinner. 1957. *Schedules of Reinforcement*. New York: Appleton-Century-Crofts.

Fey, Marshall. 1983. *Slot Machines: An Illustrated History of America's Most Popular Coin-Operated Gaming Device*. Reno: Nevada Publications.

———. 2006. *Slot Machines: America's Favorite Gaming Device*. Reno, NV: Liberty Belle Books.

Findlay, J. M. 1986. *People of Chance: Gambling in American Society from Jamestown to Las Vegas*. New York: Oxford University Press.

Finlay, Karen, V. Kanetkar, J. Londerville, and H. Marmurek. 2006. "The Physical and Psychological Measurement of Gambling Environments." *Environment and Behavior* 38: 570–81.

Fischer, Michael. 1999. "Wording Cyberspace: Toward a Critical Ethnography in Time, Space, and Theory." In *Critical Anthropology Now: Unexpected Contexts, Shifting Constituencies, Changing Agendas*, edited by G. E. Marcus, 245–304. Santa Fe, NM: School of American Research Press.

———. 2003. *Emergent Forms of Life and the Anthropological Voice.* Durham, NC: Duke University Press.

Forrest, David V. 2012. *Slots: Praying to the Gods of Chance.* Harrison, NY: Delphinium Books.

Foucault, Michel. 1979. *Discipline and Punish: The Birth of the Prison.* Translated by. A. Sheridan. New York: Vintage Books.

———. 1988. "Technologies of the Self." In *Technologies of the Self: A Seminar with Michel Foucault*, edited by L. H. Martin, H. Gutman, and P. H. Hutton, 16–49. Amherst: University of Massachusetts Press.

———. 1990. *The History of Sexuality.* Vol. 3, *The Care of the Self.* New York: Vintage Books.

France, Clemens, J. 1902. "The Gambling Impulse." *American Journal of Psychology* 13: 364–407.

Franklin, Joanna. N.d. Press release, www.responsiblegambling.org/articles/ Problem_and_Pathological_Gambling_A_view_from_the_States.pdf, accessed October 2011.

Freeman, Mike. 2006. "Data Company Helps Wal-Mart, Casinos, Airlines Analyze Customers." *Consumer Reports / San Diego Union-Tribune*, February 4, www.signonsandiego.com/uniontrib/20060224/news_1b24teradata.html, accessed June 2007.

Freud, Sigmund. 1961 [1920]. *Beyond the Pleasure Principle.* New York: W. W. Norton.

———. 1966 [1928]. "Dostoevsky and Parricide." In *Standard Editions of the Complete Psychological Works of Sigmund Freud.* Vol. 11. Edited by J. Strachey. London: Hogarth.

———. 1989. *Introductory Lectures on Psychoanalysis.* Translated by J. Strachey. New York: W. W. Norton.

Friedman, Bill. 1982 [1974]. *Casino Management.* New York: Lyle Stuart Publishers.

———. 2000. *Designing Casinos to Dominate the Competition.* Reno, NV: Institute for the Study of Gambling and Commercial Gaming.

———. 2003. "Casino Design and Its Impact on Player Behavior." In *Stripping Las Vegas: A Contextual View of Casino Resort Architecture*, edited by K. Jaschke and S. Otsch. Weimar: Bauhaus Weimar University Press.

Fullweily, Duana. 2008. "The Biologistical Construction of Race: 'Admixture' Technology and the New Genetic Medicine." *Social Studies of Science* 38 (5): 695–735.

Gaboury, A., and R. Ladouceur. 1989. "Erroneous Perceptions and Gambling." *Journal of Social Behavior and Personality* 4: 411–20.

Gambling Review Body. 2001. "Gambling Review Report." A report prepared for the

UK government. Norwich: The Stationary Office.

"Gaming Laboratory International: The Testing Standard." 2007. Company Profile: G2E Overview, 72.

Garcia, Angela. 2010. *The Pastoral Clinic: Addiction and Dispossession along the Rio Grande*. Berkeley: University of California Press.

Garland, D. 2003. "The Rise of Risk." In *Risk and Morality*, edited by R. V. Ericson and A. Doyle, 48–86. Toronto: University of Toronto Press.

Garrett, T. A. 2003. "Casino Gambling in America and Its Economic Impacts." August, www.stls.frb.org/community/assets/pdf/CasinoGambling.pdf, accessed January 2004.

Geertz, Clifford. 1973. *The Interpretation of Cultures: Selected Essays*. New York: Basic Books.

Gerstein, D., et al. 1999. "Gambling Impact and Behavior Study." A report to the US Congress National Gambling Impact Study Commission. Chicago: National Opinion Research Center.

Giddens, Anthony. 1990. *The Consequences of Modernity*. Cambridge: Polity.

———. 1991. *Modernity and Self-Identity*. Cambridge: Polity.

———. 1994. "Living in a Post-Traditional Society." In *Reflexive Modernization: Politics, Tradition, and Aesthetics in the Modern Social Order*, edited by U. Beck, A. Giddens, and S. Lash, 56–109. Stanford, CA: Stanford University Press. "Global Cash Access to Discontinue Arriva Credit Card." 2008. *Business Wire*, February 28, findarticles.com/p/articles/mi_m0EIN/is_2008_Feb_28/ai_n24354292, accessed October 2009.

"Global Games 2005." 2005. *Global Gaming Business*, September: 58–76.

GLS Research. 1993. "1992 Clark County Resident's Study: Survey of Leisure Activities and Gaming Behavior." A report prepared for the Las Vegas Convention and Visitors Authority.

———. 1995. "1994 Clark County Resident's Study: Survey of Leisure Activities and Gaming Behavior." A report prepared for the Las Vegas Convention and Visitors Authority.

———. 1997. "1996 Clark County Resident's Study: Survey of Leisure Activities and Gaming Behavior." A report prepared for the Las Vegas Convention and Visitors Authority.

———. 1999. "1998 Clark County Resident's Study: Survey of Leisure Activities and Gaming Behavior." A report prepared for the Las Vegas Convention and Visitors

Authority.

———. 2001. "2000 Clark County Resident's Study: Survey of Leisure Activities and Gaming Behavior." A report prepared for the Las Vegas Convention and Visitors Authority.

———. 2003. "2002 Clark County Resident's Study: Survey of Leisure Activities and Gaming Behavior." A report prepared for the Las Vegas Convention and Visitors Authority.

———. 2005. "2004 Clark County Resident's Study: Survey of Leisure Activities and Gaming Behavior." A report prepared for the Las Vegas Convention and Visitors Authority.

———. 2007. "2006 Clark County Resident's Study: Survey of Leisure Activities and Gaming Behavior." A report prepared for the Las Vegas Convention and Visitors Authority.

———. 2009. "2008 Clark County Resident's Study: Survey of Leisure Activities and Gaming Behavior." A report prepared for the Las Vegas Convention and Visitors Authority.

———. 2011. "2010 Clark County Resident's Study: Survey of Leisure Activities and Gaming Behavior." A report prepared for the Las Vegas Convention and Visitors Authority.

Goddard, L. 2000. "S. C. Video Poker Ban Energizes Gaming Friends, Foes," September 7, www.stateline.org/live/printable/story?contentId=14114, accessed June 2007.

Goffman, Erving. 1961. "Fun in Games." In *Encounters: Two Studies in the Sociology of Interaction*, edited by E. Goffman. Indianapolis: Bobbs-Merrill Educa-tional Publishing.

———. 1967. *Where the Action Is: Three Essays*. London: Allen Lane.

Gold, Matea, and D. Ferrell. 1998. "Casino Industry Fights an Emerging Backlash." *Los Angeles Times*, December 14, articles.latimes.com/1998/dec/14/ news/mn-54012, accessed June 2007.

Goldberg, David. 2006. *Stupidity and Slot Machine Players in Las Vegas*. Maryland: Publish America.

Golub, Alex, and K. Lingley. 2008. "Just Like the Qing Empire." *Games and Culture* 3: 59–75.

Gomart, E. 1999. "Surprised by Methadone: Experiments in Substitution." PhD thesis, Centre de Sociologie de l'Innovation, École des Mines, Paris.

Gomart, Emilie, and A. Hennion. 1999. "A Sociology of Attachment: Music Amateurs, Drug Users." In *Actor Network Theory and After*, edited by J. Law and J. Hassard,

220–47. Malden, MA: Blackwell Publishers.

Goodman, Robert. 1995a. "Gamble Babble." *Washington Post*, November 12.

———. 1995b. *The Luck Business: The Devastating Consequences and Broken Promises of America's Gambling Explosion*. New York: Free Press.

Gordon, Colin. 1991. "Governmental Rationality: An Introduction." In *The Foucault Effect: Studies in Governmentality*, edited by C. Gordon, G. Burchell, and P. Miller, 1–52. Chicago: University of Chicago Press.

Gorman, Tom. 2003. "Casinos Bet on High-Tech Slots to Improve Returns." *Los Angeles Times*, February 16, articles.latimes.com/2003/feb/16/nation/na-slots16, accessed June 2007.

Gottdiener, Mark, C. C. Collins, and D. R. Dickens. 1999. *Las Vegas: The Social Production of an All-American City*. Malden, MA: Blackwell Publishers.

Grant, J. E., S. W. Kim, and M. N. Potenza. 2003. "Advances in the Pharmacological Treatment of Pathological Gambling." *Journal of Gambling Studies* 19 (1): 85–109.

Grant, J. E., M. N. Potenza, E. Hollander, R. Cunningham-Williams, T. Nurminen, G. Smits, and A. Kallio. 2006. "Multicenter Investigation of the Opioid Antagonist Nalmefene in the Treatment of Pathological Gambling." *American Journal of Psychiatry* 163 (2): 303–12.

Grau, Oliver. 2003. *Virtual Art: From Illusion to Immersion*. Cambridge, MA: MIT Press.

Gray, C. H. 1995. *The Cyborg Handbook*. New York and London: Routledge. Green, Joshua. 2003.

"The Bookie of Virtue: William J. Bennett Has Made Millions Lecturing People on Morality and Blown It on Gambling." *Washington Monthly*, June, www.washingtonmonthly.com/features/2003/0306.green.html, accessed July 2007.

Green, Marian. 2006. "Player's Choice." *Slot Manager* (Winter): 8–13.

———. 2007. "Station Casinos Carefully Rolls Out Guaranteed Play Option to Video Poker Crowd." *Slot Manager*, November/December.

———. 2009. "Top 20 Most Innovative Gaming Technology Products of 2009." *Casino Journal*, May, www.casinojournal.com, accessed July 2010.

———. 2010. *Casino Journal* (May): 24–30.

Green, Rick. 2004. "Long-Shot Slots, Part I." *Hartford Courant*, May 9, articles. courant.com/2004-05-09/news/0405090003_1_gambling-machines-long-shot-slots-problem-gambling/2, accessed July 2007.

Greeno, James. 1994. "Gibson's Affordances." *Psychology Review* 101 (2): 336–42.

Gremillion, Helen. 2001. "In Fitness and in Health: Crafting Bodies in the Treatment of

Anorexia Nervosa." *Signs: Journal of Women in Culture and Society* 27 (2): 381–414.

Griffiths, Mark. 1993. "Fruit Machine Gambling: The Importance of Structural Characteristics." *Journal of Gambling Studies* 9 (2): 101–20.

———. 1996. "Gambling on the Internet: A Brief Note." *Journal of Gambling Studies* 12: 471–73.

———. 1999. "Gambling Technologies: Prospects for Problem Gambling." *Journal of Gambling Studies* 15 (3): 265–83.

———. 2003. "The Environmental Psychology of Gambling." In *Gambling: Who Wins? Who Loses?*, edited by G. Reith, 277–92. Amherst, NY: Prometheus Books.

Griffiths, Mark, and A. Barnes. 2008. "Internet Gambling: An Online Empirical Study among Student Gamblers." *International Mental Health Addiction* 6: 194–204.

Grint, Keith, and S. Woolgar. 1997. *The Machine at Work: Technology, Work, and Organization.* Cambridge: Polity Press.

Grochowski, John. 2000. "Video Poker Drawn Into a Multihand Revolution." *Casino City Times,* January 12, grochowski.casinocitytimes.com/articles/791.html, accessed October 2006.

———. 2003. "The Faster the Game, the Faster You Stand to Lose Your Bankroll." *Detroit News,* January 23.

———. 2006. "Technology Spurs Improved Functionality in Next Generation ATMs." *International Gaming and Wagering Business* 27 (5): 28, 32.

———. 2007. "Beyond the Green Felt Jungle: Electronic Multiplayer Games Broaden the Appeal of Traditional Table Products, Finding a Home on the Slot Floor as well as the Pit." *Slot Manager*, November 1.

———. 2010. "Slots Let You Choose Volatility." *Casino City Times,* February 16, grochowski.casinocitytimes.com/article/slots-let-you-choose-volatility-57751, accessed May 2010.

Grun, L., and P. McKeigue. 2000. "Prevalence of Excessive Gambling before and after Introduction of a National Lottery in the United Kingdom: Another Example of the Single Distribution Theory." *Addiction* 95: 959–66.

Gusterson, Hugh. 1996. *Nuclear Rites: A Weapons Laboratory at the End of the Cold War.* Berkeley: University of California Press.

Hacking, Ian. 1990. *The Taming of Chance.* Cambridge: Cambridge University Press.

———. 1998. *Mad Travelers Reflections on the Reality of Transient Mental Illnesses.* Charlottesville: University Press of Virginia.

Hancock, Linda, T. Schellinck, and T. Schrans. 2008. "Gambling and Corporate Social

Responsibility (CSR): Re-Defining Industry and State Roles on Duty of Care and Risk Management." *Policy and Society* 27: 55-68.

Hannigan, John. 1998. *Fantasy City: Pleasure and Profit in the Postmodern Metropolis*. New York: Routledge.

Hanson, Zia, and M. Hong. 2003. "Interview with Ötsch." In *Stripping Las Vegas: A Contextual Review of Casino Resort Architecture*, edited by K. Jaschke and S. Ötsch. Weimar: Bauhaus Weimar University Press.

Haraway, Donna. 1991. "A Cyborg Manifesto: Science, Technology, and Socialist Feminism in the Late Twentieth Century." In *Simians, Cyborgs, and Women: The Reinvention of Nature*, edited by D. Haraway, 149-81. New York: Routledge.

Hardt, Michael. 1999. "Affective Labor." *Boundary* 2 (26): 89-100.

Hardt, Michael, and A. Negri. 2001. *Empire*. Cambridge, MA: Harvard University Press.

"Harrah's Sees Success with Compudigm's Advanced Retail Visualization Solution Running on Teradata." 2003. *Business Wire*, June 10, http.businesswire.com/news/home/20030610005463/en/Harrahs-Sees-Success-Compudigms-Advanced-Retail-Visualization, accessed June 2007.

Harrigan, K. A. 2007. "Slot Machine Structural Characteristics: Distorted Player Views of Payback Percentages." *Journal of Gambling Issues* (June): 215-34.

———. 2008. "Slot Machine Structural Characteristics: Creating Near Misses Using High Symbol Award Ratios." *International Journal of Mental Health and Addiction* 6: 353-68.

———. 2009a. "Comments and Suggestions Regarding $120 Hourly Losses." A report to Australian Government, Productivity Commission.

———. 2009b. "Slot Machines: Pursuing Responsible Gaming Practices for Virtual Reels and Near Misses." *International Journal of Mental Health and Addiction* 7: 68-83.

Harrigan, Kevin A., and M. Dixon. 2009. "PAR Sheets, Probabilities, and Slot Machine Play: Implications for Problem and Non-Problem Gambling." *Journal of Gambling Issues* 23: 81-110.

Harvey, David. 1989. *The Condition of Postmodernity: An Enquiry into the Origins of Cultural Change*. Oxford: Blackwell.

Haw, John. 2008a. "Random-Ratio Schedules of Reinforcement: The Role of Early Wins and Unreinforced Trials." *Journal of Gambling Issues* 21: 56-67.

———. 2008b. "The Relationship between Reinforcement and Gaming Machine Choice." *Journal of Gambling Studies* 24: 55-61.

Heidegger, Martin. 1977 [1954]. *The Question concerning Technology and Other Essays*. New York: Harper.

Hellicker, Kevin. 2006. "How a Gamble on Defibrillators Turned Las Vegas into the Safest Place to Have Your Heart Give Out." *Wall Street Journal*, January 28, A1.

Hess, Alan. 1993. *Viva Las Vegas: After Hours Architecture*. San Francisco: Chronicle Books.

Hevener, Phil. 1988. "Video Poker." *International Gaming and Wagering Business*, October 10.

Hildebrand, James. 2006. "Knowledge Is Power: The More You Know, the Better Off You Are." *Strictly Slots*, January: 38–39.

Hing, Nerilee, and H. Breen. 2001. "Profiling Lady Luck: An Empirical Study of Gambling and Problem Gambling amongst Female Club Members." *Journal of Gambling Studies* 17 (1): 47–69.

Hirsch, Alan R. 1995. "Effects of Ambient Odors on Slot–Machine Usage in a Las Vegas Casino." *Psychology and Marketing* 12: 585–94.

Ho, Karen. 2009. *Liquidated: An Ethnography of Wall Street*. Durham, NC: Duke University Press.

Hochschild, Arlie. 1983. *The Managed Heart*. Berkeley: University of California.

Hodl, James. 2008. "Cashing Out." *Casino Journal*, November 1, http.casino journal.com/Articles/Products/2008/11/01/Cashing-Out.

———. 2009. "World of Slots 2009: The Great Game Search Is On." *Slot Manager*, November/December.

Holtmann, Andy. 2004. "The Sound of Music: Hi-Tech Audio Systems Are Giving Casinos a Wider Variety of Musical Offerings to Choose From; and More Control over Them." *Casino Journal*, July: 3–49.

Huhtamo, Erkki. 2005. "Slots of Fun, Slots of Trouble: An Archaeology of Arcade Gaming." In *Handbook of Computer Game Studies*, edited by J. Raessens and J. Goldstein, 3–23. Cambridge, MA: MIT Press.

Huizinga, Johan. 1950 [1938]. *Homo Ludens: A Study of the Play Element in Culture*. Boston: Beacon Press.

Hunt, Alan. 2003. "Risk and Moralization in Everyday Life." In *Risk and Morality*, edited by R. V. Ericson and A. Doyle, 165–92. Toronto: University of Toronto Press.

IGT (International Gaming Technology). 2005. "Introduction to Slots and Video Gaming," media.igt.com/Marketing/PromotionalLiterature/IntroductionTo Gaming.pdf, accessed July 2007.

———. 2007. "SlotLine: Special Show Edition." Company promotional material G2E 2007, 47.

———. 2008. "The Right Choice." Company Annual Report, homson.mobular.net/thomson/7/2831/3632/, accessed August 2009.

"IGT Product Profile." 2000. *Casino Journal* (February): 39.

"IGT Unveils New Line of Video Gaming Equipment." 1983. *Public Gaming Magazine* (November): 31.

Ihde, Don. 1990. *Technology and the Lifeworld*. Bloomington: Indiana University Press.

———. 2002. *Bodies in Technology*. Minnesota: University of Minnesota Press. IPART (Independent Pricing and Regulatory Tribunal). 2003. "Review into Gambling Harm Minimization Measures Issues Paper." New South Wales, Australia, www.ipart.nsw.gov.au/welcome.asp, accessed July 2007.

Isin, Engin F. 2004. "The Neurotic Citizen." *Citizenship Studies* 8 (3): 217–35. Ito, Mitzuko. 2005. "Mobilizing Fun in the Production and Consumption of Children's Software." *Annals of the American Academy of Political and Social Science* 597 (1): 82–102.

Izenour, Steven, and D. A. Dashiell III. 1990. "Relearning from Las Vegas." *Architecture* 10: 46–51.

Jacobs, D. F. 1988. "Evidence for a Common Dissociative-Like Reaction among Addicts." *Journal of Gambling Behavior* 4: 27–37.

———. 2000. "Response to Panel: Jacob's General Theory of Addiction." The 11th International Conference on Gambling and Risk-Taking. Las Vegas, Nevada.

Jain, Sarah S. Lochlann. 1999. "The Prosthetic Imagination: Enabling and Disabling the Prosthesis Trope." *Science, Technology, and Human Values* 24: 31–54.

———. 2006. *Injury: The Politics of Product Design and Safety Law in the United States*. Princeton, NJ: Princeton University Press.

Jalal, Kareen. 2008. "A New Slot." *International Gaming and Wagering Business*, February, http.igwb.com/Articles/Games_And_Technology/BNP_GUID_9-5-2006_A_10000000000000261686, accessed July 2011.

Jameson, Frederic. 1991. *Postmodernism; Or, the Cultural Logic of Late Capitalism*. Durham, NC: Duke University Press.

———. 2004. "The Politics of Utopia." *New Left Review* 25: 35–54.

Jaschke, Karin. 2003. "Casinos Inside Out." In *Stripping Las Vegas: A Contextual Review of Casino Resort Architecture*, edited by K. Jaschke and S. Ötsch. Weimar: Bauhaus Weimar University Press.

Jaschke, Karin, and S. Ötsch, eds. 2003. *Stripping Las Vegas: A Contextual Review of Casino Resort Architecture*. Weimar: Bauhaus Weimar University Press.

Jenkins, Richard. 2000. "Disenchantment, Enchantment, and Re-Enchantment: Max Weber at the Millennium." *Max Weber Studies* 1 (1): 11–32.

Jonas, Hans. 2010 [1979]. "Toward a Philosophy of Technology." In *Technology and Values: Essential Readings*, edited by C. Hanks, 11–25. Malden, MA: Wiley-Blackwell Publishing.

Kaplan, Michael. 2010. "How Vegas Security Drives Surveillance Tech Everywhere." *Popular Mechanics*, January 1, http.popularmechanics.com/technology/how-to/computer-security/4341499, accessed August 2009.

Kassinove, J., and M. Schare. 2001. "Effects of the 'Near Miss' and the 'Big Win' at Persistence in Slot Machine Gambling." *Psychology of Addictive Behavior* 15: 155–58.

Kaufman, Sharon R. 2005. *And a Time to Die: How American Hospitals Shape the End of Life*. New York: Scribner.

Keane, Helen. 2002. *What's Wrong with Addiction?* New York: New York University Press.

Keane, H., and K. Hamill. 2010. "Variations in Addiction: The Molecular and the Molar in Neuroscience and Pain Medicine." *Biosocieties* 5 (1): 52–69.

King, Rufus. 1964. "The Rise and Decline of Coin-Machine Gambling." *Journal of Criminal Law, Criminology, and Police Science* 55 (2): 99–207.

Klein, N. K. 2002. "Scripting Las Vegas: Noir Naïfs, Junking Up, and the New Strip." In *The Grit beneath the Glitter: Tales from the Real Las Vegas*, edited by H. Rothman and M. Davis, 17–29. Berkeley: University of California.

Kleinman, Arthur, and E. Fitz-Henry. 2007. "The Experimental Basis for Subjec-tivity: How Individuals Change in the Context of Societal Transformation." In *Subjectivity: Ethnographic Investigations*, edited by J. Biehl, B. Good, and A. Kleinman, 52–65. Berkeley: University of California Press.

Knorr Cetina, Karin, and U. Bruegger. 2000. "The Market as an Object of Attachment: Exploring Post-Social Relations in Financial Markets." *Canadian Journal of Sociology* 25 (2): 141–68.

———. 2002. "Traders' Engagement with Markets: A Postsocial Relationship." *Theory, Culture and Society* 19 (5–6): 161–85.

Knutson, Chad. 2006. "Please Remain Seated." *Casino Enterprise Management*(March): 32.

Kocurek, Carly. 2012. "Coin-Drop Capitalism: Economic Lessons from the Video Game Arcade." In *Before the Crash: An Anthology of Early Video Game History*, edited by

Mark J. P. Wolf. Detroit, MI: Wayne State University Press.

Kontzer, Tony. 2004. "Caesars and Harrah's Have Big Plans—If Their Merger Gets Approved." *Information Week*, August 23, http.informationweek.com/ news/global-cio/showArticle.jhtml?articleID=29112699, accessed August 2008. Korn, David A., and H. J. Shaffer. 1999. "Gambling and the Health of the Public: Adopting a Public Health Perspective." *Journal of Gambling Studies* 15 (4): 289–365.

Koza, J. 1984. "Who Is Playing What: A Demographic Study (part 1)." *Public Gaming Magazine*.

Kranes, David. 1995. "Playgrounds." *Journal of Gambling Studies* 11: 91–102.

———. 2000. "The Sound of Music: Is Your Slot Floor a Deafening Experience?" *Casino Executive Magazine* 6 (5): 32–33.

Kubey, Robert, and Mihaly Csikszentmihalyi. 1990. *Television and the Quality of Life: How Viewing Shapes Everyday Experience*. Mahwah, NJ: Lawrence Erlbaum.

———. 2002. "Television Addiction Is No Mere Metaphor." *Scientific American:* 48–55.

Kuley, Nadia B., and Durand F. Jacobs. 1988. "The Relationship between Dissociative-Like Experiences and Sensation Seeking among Social and Problem Gamblers." *Journal of Gambling Behavior* 4 (3): 197–207.

Kushner, H. I. 2010. "Toward a Cultural Biology of Addiction." *Biosocieties* 5 (1): 8–24.

Kusyszyn, Igor. 1990. "Existence, Effectance, Esteem: From Gambling to a New Theory of Human Motivation." *Substance Use and Misuse* 25 (2): 159–77.

Lacan, Jacques. 1977. "The Mirror Stage as Formative of the Function of the I." In *Écrits: A Selection*, translated by A. Sheridan, 3–9. New York: W. W. Norton.

Ladouceur, R. 2004. "Perceptions among Pathological and Nonpathological Gamblers, Addictive Behavors." *Addictive Behaviors* 29, 555–65.

Ladouceur, R., and S. Sévigny. 2005. "Structural Characteristics of Video Lotteries: Effects of a Stopping Device on Illusion of Control and Gambling Persistence." *Journal of Gambling Studies* 21 (2): 117–31.

Ladouceur, R., C. Sylvain, C. Boutin, S. Lachance, C. Doucet, J. Leblond, and C. Jacques. 2001. "Cognitive Treatment of Pathological Gambling." *Journal of Nervous and Mental Disease* 189 (11): 774–80.

Ladouceur, R., and M. Walker. 1996. "A Cognitive Perspective on Gambling." In *Trends in Cognitive and Behavioural Therapies*, edited by P. M. Salkovskis. London: John Wiley and Sons.

Lakoff, Andrew. 2007. "Preparing for the Next Emergency." *Public Culture* 19(2): 247–71.

Lane, Terry. 2006. "Canadian Pokie Lessons." Radio interview with Tracy Schrans on ABC National Radio, Australia, January 8.

LaPlante, D. A., and H. J. Shaffer. 2007. "Understanding the Influence of Gambling Opportunities: Expanding Exposure Models to Include Adaptation." *American Journal of Orthopsychiatry* 77 (4): 616–23.

Lash, Scott. 1994. "Reflexivity and Its Doubles: Structure, Aesthetics, Community." In *Reflexive Modernization: Politics, Tradition, and Aesthetics in the Modern Social Order*, edited by Ulrich Beck, A. Giddens, and S. Lash. Stanford, CA: Stanford University Press.

Latour, Bruno. 1988. "The Prince for Machines as Well as Machinations." In *Technology and Social Process*, edited by B. Elliott, 20–43. Edinburgh: Edinburgh University Press.

———. 1992. "Where Are the Missing Masses? The Sociology of a Few Mundane Artifacts." In *Shaping Technology / Building Society: Studies in Sociotechnical Change*, edited by W. E. Bijker and J. Law, 225–58. Cambridge, MA: MIT Press.

———. 1994. "On Technical Mediation." *Common Knowledge* 3 (2): 29–64.

———. 1997. "The Trouble with Actor-Network Theory." *Philosophia* 25: 47–64.

———. 1999. "A Collective of Humans and Non-Humans." In *Pandora's Hope: Essays on the Reality of Science Studies*, edited by B. Latour, 174–215. Cambridge, MA: Harvard University Press.

———. 1999. *Pandora's Hope: Essays on the Reality of Science Studies*. Cambridge, MA: Harvard University Press.

Law, John. 1987. "Technology, Closure, and Heterogeneous Engineering: The Case of the Portuguese Expansion." In *The Social Construction of Technological Systems: New Directions in the Sociology and History of Technology*, edited by W. E. Bijker, T. P. Hughes, and T. J. Pinch, 111–34. Cambridge, MA: MIT Press. Lears, J. 2003. *Something for Nothing: Luck in America*. New York: Viking Press.

———. 2008. "Fortune's Wheel." *Lapham's Quarterly, About Money* 1 (2): 192–99.

Lefebvre, Henri. 1991 [1974]. *The Production of Space*. Edited by R. Tiedeman. Translated by H. Eiland and K. McLaughlin. Oxford: Blackwell.

Legato, Frank. 1987. "Right Down to the Finest Detail." *Casino Gaming Magazine* (October): 14–16.

———. 1998a. "Future Shock." *Strictly Slots* (December): 98.

———. 1998b. "Weighing Anchor." *Strictly Slots* (December): 74.

———. 2004. "The 20 Greatest Slot Innovations." *Strictly Slots* (March), www.strictlyslots.com/archive/0403ss/SS0304_Innovative.pdf, accessed June 2007.

———. 2005a. "Penny Arcade." *Strictly Slots* (June): 68–76.

———. 2005b. "Super Slots." *Global Gaming Business* (September): 30–76.

———. 2006. "Newfangled Gadgetry: The Brave New World of Techno-Slots Is Here." *Strictly Slots* (May): 114.

———. 2007a. "Paying to Play: 'Guaranteed Play' Gives Video Poker Fans Their Money's Worth, Win or Lose." *Casino Player Reprint*, November.

———. 2007b. "Triple Play Poker: The First Real Change to Video Poker Revolutionized the Game." *Strictly Slots*, www.strictlyslots.com/archive/0707ss/hall.htm, accessed August 2009.

———. 2008. "Tough Crowd: Operating and Selling Slots in Table-Heavy Macau Is a Tall Order—but Things Are Improving." *Global Gaming Business*, August, ggbmagazine.com/issue/vol 7_no 8 august_2008/article/tough_crowd, accessed August 2009.

Legato, Frank, and Roger Gros. 2010. "Ten Years of Innovation: Marketing and Game Technology during the First Decade of G2E." An IGT White Paper.

Lehman, Rich. 2007a. "Game Selection Criteria, Part IV: Payout Frequency." *Casino Enterprise Management*, December, http.casinoenterprisemanagement. com/articles/december-2007/game-selection-criteria-part-iv-payout-frequency, accessed May 2010.

———. 2007b. "Time, TITO, and Bonus Games: Where Do We Go from Here?" *Casino Enterprise Management*, June, http.casinoenterprisemanagement.com/ articles/july-2007/time-tito-and-bonus-games-where-do-we-go-here, accessed May 2010.

———. 2009. "How Can Free Play Be So Misunderstood?" *Casino Enterprise Management*, November, http.aceme.org/articles/november-2009/how-can-free-play-be-so-misunderstood, accessed May 2010.

Lehrer, Jonah. 2007. "Your Brain on Gambling: Science Shows How Slot Machines Take Over Your Mind," Boston Globe, August 19, www.boston.com/news/ globe/ideas/articles/2007/08/19/your_brain_on_gambling/, accessed May 2010. Leibman, Bennet. 2005. "Not All That It's Cracked Up to Be." *Gaming Law Re-view* 9 (5): 446–48.

Lepinay, Vincent. 2011. *Codes of Finance: Engineering Derivatives in a Global Bank*. Princeton, NJ: Princeton University Press.

Lesieur, H. R. 1977. *The Chase: Career of the Compulsive Gambler*. Garden City, NY: Anchor Press.

―――. 1988. "The Female Pathological Gambler." In *Gambling Research: Proceedings of the Seventh International Conference on Gambling and Risk Taking*, vol. 5, edited by W. R. Eadington. Reno: Bureau of Business and Economic Research, University of Nevada.

―――. 1998. "Costs and Treatment of Pathological Gambling." *Annals of the American Academy of Political and Social Sciences* (March): 153–71.

Lesieur, H. R., and S. B. Blume. 1991. "When Lady Luck Loses: Women and Compulsive Gambling." In *Feminist Perspectives on Addictions*, edited by N. Van Den Bergh, 181–97. New York: Springer.

Lesieur, Henry R., and R. Rosenthal. 1991. "Pathological Gambling: A Review of the Literature." *Journal of Gambling Studies* 7 (1): 5–39.

Lipton, Michael, and Kevin Weber. 2010. "Ontario Court Rejects Certification of Class Action." *Gaming Legal News* 3 (11), law-articles.vlex.com/vid/gaming-legal-news-volume-number-199183983, accessed January 2011.

LiPuma, E. and B. Lee. 2004. *Financial Derivatives and the Globalization of Risk*. Durham, NC: Duke University Press.

Littlejohn, David. 1999. "Epilogue: Learning More from Las Vegas." In *The Real Las Vegas: Life beyond the Strip*, edited by D. Littlejohn, 281–90. Oxford: Oxford University Press.

Livingstone, Charles. 2005. "Desire and the Consumption of Danger: Electronic Gaming Machines and the Commodification of Interiority." *Addiction Research and Theory* 13 (6): 523–34.

Livingstone, Charles, and R. Woolley. 2007. "Risky Business: A Few Provocations on the Regulation of Electronic Gaming Machines." *International Gambling Studies* 7 (3): 361–76.

―――. 2008. "The Relevance and Role of Gaming Machine Games and Game Features on the Play of Problem Gamblers." A report to Independent Gambling Authority of South Australia.

Logan, Frank A., and A. R. Wagner. 1965. *Reward and Punishment*. Boston: Allyn and Bacon.

Lorenz, Valerie C. 1987. "Family Dynamics of Pathological Gamblers." In *The Handbook of Pathological Gambling*, edited by T. Galski, 71–88. Springfield, IL: Charles C. Thomas.

Loose, Rik. 2002. *The Subject of Addiction: Psychoanalysis and the Administration of Enjoyment*. London: Karnac Press.

Lovell, Anne M. 2006. "Addiction Markets: The Case of High-Dose Buprenorphine in

France." In *Global Pharmaceuticals: Ethics, Markets, Practices*, edited by A. Petryna, A. Lakoff, and A. Kleinman, 136–70. Durham, NC: Duke University Press.

———. 2007. "Hoarders and Scrappers: Madness and the Social Person in the Interstices of the City." In *Subjectivity: Ethnographic Investigations*, edited by J. Biehl, B. Good, and A. Kleinman, 215–39. Berkeley: University of California Press.

Luhmann, Niklas. 1993. *Risk: A Sociological Theory*. Berlin: Walter De Gruyter. Luhrmann, Tanya. M. 2000. *Of Two Minds: The Growing Disorder in American Psychiatry*. New York: Alfred A. Knopf.

———. 2004. "Metakinesis: How God Becomes Intimate in Contemporary US Christianity." *American Anthropologist* 106 (3): 518–28.

———. 2005. "The Art of Hearing God: Absorption, Dissociation, and Contemporary American Spirituality." *Spiritus: A Journal of Christian Spirituality* 5 (2): 133–57.

———. 2006. "Subjectivity." *Anthropological Theory* 6 (3): 345–61. Lupton, Deborah. 1999. *Risk*. New York: Routledge.

Lyng, S. G. 1990. "Edgework: A Social Psychological Analysis of Voluntary Risk Taking." *American Journal of Sociology* 95: 851–86.

Lyotard, Jean François. 1993. *Libidinal Economy*. Bloomington: Indiana University Press.

MacIntyre, Alasdair. 1984. *After Virtue: A Study in Moral Theory*. South Bend, IN: University of Notre Dame Press.

Mackenzie, Donald. 2006. *An Engine, Not a Camera: How Financial Models Shape Markets*. Cambridge, MA: MIT Press.

MacNeil, Ray. 2009. "Government as Gambling Regulator and Operator: The Case of Electronic Gambling Machines." In *Casino State: Legalized Gambling in Canada*, edited by J. F. Cosgrave and T. Klassen, 140–60. Toronto: University of Toronto Press.

Macomber, Dean, and R. Student. 2007a. "Floor of the Future I." *Global Gaming Business* 6 (11).

———. 2007b. "Floor of the Future II." *Global Gaming Business* 6 (12), www.ggbmagazine.com/articles/Floor_of_the_Future_part_II, accessed August 2009. Maida, J. R. 1997. "From the Laboratory: No More Near Misses." *International Gaming and Wagering Business* (July): 45.

Malaby, Thomas M. 2003. *Gambling Life: Dealing in Contingency in a Greek City*. Urbana: University of Illinois Press.

———. 2006. "Parlaying Value: Capital in and Beyond Virtual Worlds." *Games and Culture* 1 (2): 141–62.

———. 2007. "Beyond Play: A New Approach to Games." *Games and Culture* 2(2): 95–113.

———. 2009. "Anthropology and Play: The Contours of Playful Experience." *New Literary History* 40: 205–18.

Mangels, John. 2011. "Pennsylvania's Gaming Lab Improves Accountability of Slot Machines." *The Plain Dealer*, May 15, blog.cleveland.com/metro/2011/05/ pennsylvanias_gaming_lab_impro.html, accessed May 2011.

Marcus, George E. 1998. *Ethnography through Thick and Thin*. Princeton, NJ: Princeton University Press.

Marcus, George E., and M. Fischer. 1986. *Anthropology as Cultural Critique: An Experimental Moment in the Human Sciences*. Chicago: University of Chicago Press.

Marcuse, Herbert. 1982 [1941]. "Some Social Implications of Modern Technology." In *The Essential Frankfurt School Reader*, edited by A. Arato and E. Gebhardt, 138–62. New York: Continuum.

Mark, Marie E., and H. R. Lesieur. 1992. "A Feminist Critique of Problem Gambling Research." *British Journal of Addiction* 87: 549–65.

Marriott, Michel. 1998. "Luck Be a Microchip Tonight: Gambling Goes Digital," *New York Times Magazine*, December 17.

Martin, Emily. 1994. *Flexible Bodies*. Boston: Beacon Press.

———. 2004. "Taking the Measure of Moods." Paper presented at the Society for Social Studies of Science annual meeting. Paris, France.

———. 2007. *Bipolar Expeditions*. Princeton, NJ: Princeton University Press. Martin, Randy. 2002. *Financialization of Daily Life*. Philadelphia, PA: Temple University Press.

Marx, Karl. 1992 [1867]. *Capital: A Critique of Political Economy*, vol. 1. Edited by B. Fowkes. Translated by E. Mandel. New York: Penguin Classics.

Masco, Joseph. 2008. "Survival Is Your Business: Engineering Ruin and Affect in Nuclear America." *Cultural Anthropology* 23 (2): 361–98.

Massumi, Brian. 1995. "The Autonomy of Affect." *Cultural Critique*, no. 31, *The Politics of Systems and Environments, Part II* (Autumn): 83–109.

———. 2002. *Parables for the Virtual: Movement, Affect, Sensation*. Durham, NC: Duke University Press.

Mayer, K. J., and L. Johnson. 2003. "Casino Atmospherics." *UNLV Gaming and Review Journal* 7: 21–32.

Mazarella, William. 2008. "Affect: What Is It Good For?" In *Enchantments of Modernity:*

Empire, Nation, Globalization, edited by S. Dube, 291–309. New Delhi and New York: Routledge.

McGarry, Caitlin. 2010. "Casinos & Cash." *Global Gaming Business* 9 (5), ggb magazine.com/issue/vol-9-no-5-may-2010, accessed June 2010.

McGregor, Douglas. 1960. *The Human Side of Enterprise*. New York: McGraw Hill.

McLaughlin, S. D. 2000. "Gender Differences in Disordered Gambling." Paper presented at the National Council on Problem Gambling, Philadelphia.

McMillen, Jan. 1996. "From Glamour to Grind: The Globalisation of Casinos." In *Gambling Cultures: Studies in History and Interpretation*, edited by J. McMillen, 240–62. London: Routledge.

McMillen, Jan. 2009. "Gambling Policy and Regulation in Australia." In *Casino State: Legalized Gambling in Canada*, edited by J. F. Cosgrave and T. Klassen, 91–118.

Meister, David. 1999. *The History of Human Factors and Ergonomics*. Mahwah, NJ: Lawrence Erlbaum.

Melucci, Alberto. 1996. *The Playing Self: Person and Meaning in the Planetary Society*. Cambridge: Cambridge University Press.

Miers, David. 2003. "A Fair Deal for the Player? Regulation and Compensation as Guarantors of Consumer Protection in Commercial Gambling." In *Gambling: Who Wins? Who Loses?*, edited by G. Reith, 155–74. Amherst, NY: Prometheus Books.

Miller, Peter. 2001. "Governing by Numbers: Why Calculative Practices Matter." *Social Research* 68 (2): 379–96.

Mishra, Raja. 2004. "Gambling Industry Link to Harvard Draws Questions." *Boston Globe*, November 6, www.boston.com/news/local/articles/2004/11/06/gambling_industry_link_to_harvard_draws_questions/, accessed August 2008. Mitchell, Richard. 1988. "Sociological Implications of the Flow Experience." In *Optimal Experience: Psychological Studies of Flow in Consciousness*, edited by M. Csikszentmihalyi and I. S. Csikszentmihalyi, 36–59. Cambridge: Cambridge University Press.

Moehring, Eugene. 2002. "Growth, Services, and the Political Economy of Gambling in Las Vegas, 1970–2000." In *The Grit beneath the Glitter: Tales from the Real Las Vegas*, edited by H. Rothman and M. Davis, 73–98. Berkeley: University of California Press.

Monaghan, Sally, and A. Blaszczynski. 2009. "Impact of Responsible Gambling Signs for Electronic Gaming Machines on Regular Gamblers: Mode of Presentation and Message Content." Paper presented at the 14th International Conference on Gambling and Risk Taking. Lake Tahoe.

Morgan, Timothy, L. Kofoed, J. Buchkoski, and R. D. Carr. 1996. "Video Lottery

Gambling: Effects on Pathological Gamblers Seeking Treatment in South Dakota." *Journal of Gambling Studies* 12 (4): 451–60.

Nadarajan, Gunalan. 2007. "Islamic Automation: A Reading of al-Jazari's *The Book of Knowledge of Ingenious Mechanical Devices* (1206)," MediaArt HistoriesArchive, hdl.handle.net/10002/469, accessed September 2009.

Nassau, David. 1993. *Going Out: The Rise and Fall of Public Amusements.* New York: Basic Books.

National Research Council. 1999. "Pathological Gambling: A Critical Review." A report prepared by the Committee on the Social and Economic Impact of Pathological Gambling. Washington, DC: National Academy Press.

Negri, Antonio. 1999. "Value and Affect." *Boundary* 2 (26): 2.

Nelson, S. E., L. Gebauer, R. A. Labrie, and H. J. Shaffer. 2009. "Gambling Problem Symptom Patterns and Stability across Individual and Timeframe." *Psychology of Addictive Behaviors* 23 (3): 523–33.

Nevada Gaming Commission. 1989. Hearing to Consider: Universal's Motion for Reconsideration/Rehearing of the Decision of Nevada Gaming Commission Made on December 1, 1988 in the Matter of Universal Company, Ltd. and Universal Distributing of Nevada, Inc., Case No. 88-4, pp. 256–300. February 23. Sierra Nevada Reporters. Las Vegas.

———. 2010a. "Manufacturers, Distributors, Operators, of Intercasino Linked Systems, Gaming Devices, New Games Inter-Casino Linked Systems and Associated Equipment." *Regulations of the Nevada Gaming Commission and State Gaming Control Board.* Regulation 14.040, gaming.nv.gov/stats_regs.htm#regs, accessed July 2008.

———. 2010b. "Provision on Unlawful Acts and Equipment within Chapter on Crimes and Liabilities concerning Gaming." *Regulations of the Nevada Gaming Commission and State Gaming Control Board.* Regulation 465.015, gaming.nv.gov/stats_regs.htm#regs, accessed July 2008.

Nevada State Gaming Control Board. 1983. Agenda Item 6, "New Games/Devices (Request for Approval) Device: Virtual Reel Slot Machine." Transcript of discussions, i, ii, iii, 2–97, August 10. Sierra Nevada Reporters. Carson City, Nevada.

"The New Generation of Slots." 1981. *Public Gaming Magazine*, March: 26–38. Nickell, Joe A. 2002. "Welcome to Harrah's: You Give Us Your Money. We Learn Everything about You. And Then You Thank Us and Beg for More. How's That for a Business Model?" *Business 2.0*, April, faculty.msb.edu/homak/homahelp site/webhelp/Harrahs_Welcome_to_Harrah_s_Biz_2.0_April_2003.htm, accessed August 2008.

North American Gaming Almanac. 2010. Casino City Press.

O'Malley, Pat. 1996. "Risk and Responsibility." In *Foucault and Political Reason: Liberalism, Neo-Liberalism, and Rationalities of Government,* edited by A. Barry, T. Osborne, and N. Rose, 189–208. Chicago: University of Chicago Press.

———. 2003. "Moral Uncertainties: Contract Law and Distinctions between Speculation, Gambling, and Insurance." In *Risk and Morality,* edited by R. V. Ericson and A. Doyle, 231–57. Toronto: University of Toronto Press.

Omnifacts Bristol Research. 2007. "Nova Scotia Player Card Research Project: Stage III Research Report." A report prepared for the Nova Scotia Gaming Commission.

Ong, Aihwa, and S. Collier. 2005. Introduction to *Global Assemblages: Technology, Politics, and Ethics as Anthropological Problems,* edited by A. Ong and S. Collier, 1–2, 8. Malden, MA: Blackwell.

Orford, Jim. 2005. "Complicity on the River Bank: The Search for the Truth about Problem Gambling: Reply to the Commentaries." *Addiction* 100: 1226–39.

Osborne, Thomas, and N. Rose. 2004. "Spatial Phenomenotechnics: Making Space with Charles Booth and Patrick Geddes." *Environmental and Planning D: Society and Space* 22: 209–28.

Ötsch, Silke. 2003. "Earning from Las Vegas." In *Stripping Las Vegas: A Contextual Review of Casino Resort Architecture,* edited by K. Jaschke and S. Ötsch. Weimar: Bauhaus Weimar University Press.

Palmeri, Christopher. 2003. "Hit a Jackpot? You Won't Need a Bucket." *Business Week Online,* www.businessweek.com/magazine/content/03_13/b3826076.htm, accessed August 2006.

Panasitti, Mike, and N. Schüll. 1993. "A Discipline of Leisure: Engineering the Las Vegas Casino." Honors thesis, Anthropology, University of California, Berkeley.

Pandolfo, Stefania. 1997. *Impasses of the Angels: Scenes from a Moroccan Space of Memory.* Chicago: University of Chicago Press.

———. 2006. "Nibtidi mnin il-hikaya [Where Are We to Start the Tale?]": Violence, Intimacy, and Recollection." *Social Science Information* 45 (3): 349–71.

Parets, Robyn Taylor. 1996. "Cash Is No Longer King." *International Gaming and Wagering Business* 17 (12): 64–65.

———. 1999. "Advances in Linked Gaming Technology." *International Gaming and Wagering Business* (Special Issue for World Gaming Congress and Expo) (September): 19–20.

Parke, J., and M. Griffiths. 2004. "Gambling Addiction and the Evolution of the 'Near

Miss.'" *Addiction Research and Theory* 12 (5): 407–11.

———. 2006. "The Psychology of the Fruit Machine: The Role of Structural Characteristics (Revisited)." *International Journal of Mental Health and Addiction* 4: 151–79.

Parke, Jonathan, J. Rigbye, and A. Parke. 2008. "Cashless and Card-Based Technologies in Gambling: A Review of the Literature." A report prepared for the Gambling Commission, Great Britain.

Patterson, Judy. 2002. "Harm Minimization: A Call to Action for the International Gaming Community," June 28, www.americangaming.org/Press/speeches/speeches_detail.cfv?id=111, accessed October 2006.

PC (Productivity Commission). 1999. "Australia's Gambling Industries." A report prepared for the Australian Government.

———. 2009. "Australia's Gambling Industries: Draft Report." A report prepared for the Australian Government.

———. 2010. "Australia's Gambling Industries." A report prepared for the Australian Government.

Petryna, Adriana. 2002. *Life Exposed: Biological Citizens after Chernobyl*. Princeton, NJ: Princeton University Press.

———. 2009. *When Experiments Travel: Clinical Trials and the Global Search for Human Subjects*. Princeton, NJ: Princeton University Press.

Picard, Rosalind. 1997. *Affective Computing*. Cambridge, MA: MIT Press. Pickering, Andrew. 1993. "The Mangle of Practice: Agency and Emergence in the Sociology of Science." *American Journal of Sociology* 99: 559–89.

Pine, J., and J. Gilmore. 1999. *The Experience Economy*. Boston: Harvard Business School Press.

Piore, Michael J., and C. F. Sabel. 1984. *The Second Industrial Divide: Possibilities for Prosperity*. New York: Basic Books.

"Player Tracking . . . It's a Service Business." 1990. *Casino Gaming Magazine* (April): 6–7.

Plotz, David. 1999. "Busted Flush: South Carolina's Video-Poker Operators Run a Political Machine." *Harpers* (August): 63–72.

Poel, Ibo van de, and Peter-Paul Verbeek. 2006. "Editorial: Ethics and Engineering Design." *Science, Technology, and Human Values* 31: 223–36.

Polzin, P. E., J. Baldridge, D. Doyle, J. T. Sylvester, R. A. Volberg, and W. L. Moore. 1998. *The 1998 Montana Gambling Study: Final Report to the Montana Gambling Study Commission*. Helena: Montana Legislative Services Division.

Potenza, M. N. 2001. "The Neurobiology of Pathological Gambling." *Seminars in Clini-*

cal Neuropsychiatry 6: 217–26.

Preda, Alex. 2006. "Socio-Technical Agency in Financial Markets: The Case of the Stick Ticker." *Social Studies of Science* 36: 753–82.

Putnam, Robert. 2000. *Bowling Alone: The Collapse and Revival of American Community*. New York, NY: Simon & Schuster.

Rabinbach, Anson. 1992. *The Human Motor: Energy Fatigue, and the Origins of Modernity*. Berkeley: University of California Press.

Rabinow, Paul. 1996. *Essays on the Anthropology of Reason*. Princeton, NJ: Princeton University Press.

———. 1999. *French DNA: Trouble in Purgatory*. Chicago: University of Chicago Press.

———. 2003. *Anthropos Today: Reflections on Modern Equipment*. Princeton, NJ: Princeton Press.

Raikhel, Eugene, and W. Garriott. 2013. "Addiction Trajectories: Tracing New Paths in the Anthropology of Addiction." In *Addiction Trajectories*, edited by E. Raikhel and W. Garriott. Durham, NC: Duke University Press.

Rapp, Rayna. 2000. *Testing Women, Testing the Fetus: The Social Impact of Amniocentesis in America*. New York: Routledge.

Reich, Kenneth. 1989. "Misleading Slot Machines Retrofitted, Nevada Says." *Los Angeles Times*, June 4, articles.latimes.com/1989-06-04/news/mn-2501_1_slot-machines-international-game-technology-near-miss, accessed June 2007.

Reid, R. L. 1986. "The Psychology of the Near Miss." *Journal of Gambling Behavior* 2: 32–39.

Reik, Theodor. 1951. *Dogma and Compulsion: Psychoanalytic Studies of Religion and Myths*. Translated by B. Miall. New York: International Universities Press.

Reiner, Krista. 2007. "Jay Walker: A Step Ahead." *Casino Enterprise Management*, October 31, http.casinoenterprisemanagement.com/articles/november-2007/jay-walker-step-ahead, accessed August 2008.

———. 2009. "The 2009 Casino Enterprise Management Slot Floor Technology Awards." *Casino Enterprise Management*, April 30, http.casinoenterprise management.com/articles/may-2009/2009-cem-slot-floor-technology-awards, accessed May 2010.

Reisman, David. 1950. *The Lonely Crowd: A Study of the Changing American Character*. In collaboration with N. Glazer and R. Denney. New Haven, CT: Yale University Press.

Reith, Gerda. 1999. *The Age of Chance: Gambling in Western Culture*. New York: Routledge.

———. 2003. "Pathology and Profit: Controversies in the Expansion of Legalized Gambling." In *Gambling: Who Wins? Who Loses?*, edited by G. Reith, 9–29. Amherst, NY: Prometheus Books.

———. 2006. "The Pursuit of Chance." In *The Sociology of Risk and Gambling Reader*, edited by J. F. Cosgrave, 125–43. New York: Routledge.

———. 2007. "Gambling and the Contradictions of Consumption: A Genealogy of the 'Pathological' Subject." *American Behavioral Scientist* 51 (1): 33–55.

———. 2008. "Reflections on Responsibility." *Journal of Gambling Issues* 22: 149–55.

Richtel, Matt. 2006. "From the Back Office, a Casino Can Change the Slot Machine in Seconds." *New York Times*, April 12, www.nytimes.com/2006/04/12/technology/12casino.html.

Ritzer, George. 2001. *Explorations in the Sociology of Consumption: Fast Food, Credit Cards, and Casinos*. London: Sage.

———. 2005. *Enchanting a Disenchanted World: Revolutionizing the Means of Consumption*. Thousand Oaks, CA: Pine Forge Press.

———. 2007. *Culture and Enchantment, and Enchanting a Disenchanted World*. Thousand Oaks, CA: Pine Forge Press.

Rivera, Geraldo. 2000. "Geraldo Rivera Reports: Las Vegas, the American Fantasy." National Broadcast Company.

Rivlin, Gary. 2004. "The Tug of the Newfangled Slot Machines." *New York Times Magazine*, May 9: 42–81.

———. 2007. "Slot Machines for the Young and Active." *New York Times*, December 10, www.nytimes.com/2007/12/10/business/10slots.html, accessed December 2007.

Roberts, Elizabeth. 2006. "God's Laboratory: Religious Rationalities and Modernity in Ecuadorian In-Vitro Fertilization." *Culture Medicine and Psychiatry* 30(4): 507–36.

———. 2007. "Extra Embryos: The Ethics of Cryopreservation in Ecuador and Elsewhere." *American Ethnologist* 34 (1): 188–99.

Roberts, Patrick. 2010. "Slot Sense." *Global Gaming Business* 9 (8), August 2, ggbmagazine.com/issue/vol-9-no-8-august-2010/article/slot-sense, accessedSeptember 2010.

Robertson, Campbell. 2009. "Video Bingo Has Alabamians Yelling Everything But." *New York Times*, November 12, www.nytimes.com/2009/11/12/us/12bingo.html, accessed November 2009.

Robison, John. 2000. "Ask the Slot Expert: Casino Random Number Generators." *Casino City Times*, robison.casinocitytimes.com/articles/349.html, accessed March

2005.

Roemer, Mick. 2007. "Guest Column: Skill-Based Gaming—the New Frontier." *Slot Manager*, November, www.roemergaming.com/articles.html, accessed December 2007.

Rogers, Michael. 1980. "The Electronic Gambler." *Rocky Mountain Magazine*, 19–30.

Room, Robin. 2005. "The Wheel of Fortune: Cycles and Reactions in Gambling Policies." *Addiction* 100: 1226–39.

Room, Robin, N. E. Turner, and A. Ialomiteanu. 1999. "Community Effects of the Opening of the Niagara Casino." *Addiction* 94: 1449–66.

Rose, I. Nelson. 1989. "Nevada Draws the Line at Near-Miss Slots." *Casino Journal* (July): 51. Also available at *Gambling and the Law Columns*, www.gamblingandthelaw.com/columns/13.htm.

Rose, Nikolas. 1996. *Inventing Our Selves: Psychology, Power, and Personhood*. Cambridge: Cambridge University Press.

———. 1999. *Powers of Freedom: Reframing Political Thought*. Cambridge: Cambridge University Press.

———. 2003. "The Neurochemical Self and Its Anomalies." In *Risk and Morality*, edited by R. V. Ericson and A. Doyle, 407–37. Toronto: University of Toronto Press.

Rosenthal, Edward C. 2005. *The Era of Choice: The Ability to Choose and Its Transformation of Contemporary Life*. Cambridge, MA: MIT Press.

Rosenthal, Richard J. 1992. "Pathological Gambling." *Psychiatric Annals* 22 (2): 72–78.

Rothman, Hal. 2003. *Neon Metropolis: How Las Vegas Started the Twenty-First Century*. New York: Routledge.

Rothman, Hal, and M. Davis, eds. 2002. *The Grit beneath the Glitter: Tales from the Real Las Vegas*. Berkeley: University of California Press.

Rotstein, Gary. 2009. "Some Say Slots Gambling Most Addictive." *Pittsburgh Post-Gazette*, September 6, http.post-gazette.com/pg/09249/995723-455.stm.

Royer, Victor. 2010. "Manufacturer Maladies." *Casino Enterprise Management*, March, http.casinoenterprisemanagement.com/articles/march-2010 /manufacturer-maladies.

Russell, Rob. 2007. "Fun and Games: Convergence of the Slot Machine with the Arcade Experience." *Global Gaming Business*, November/December.

Rutherford, James. 1996. "Creative Alliance." *Casino Journal* 9 (3): 80–85.

———. 2005a. "Games of Choice." *International Gaming and Wagering Business*, January.

———. 2005b. "Russia Grows Up: Political Uncertainty Clouds the Future, but It Hasn't

Dimmed the Possibilities." *International Gaming and Wagering Business* (December): 16–22.

Ryan, T. P., and J. F. Speyrer. 1999. "Gambling in Louisiana: A Benefit/Cost Analysis 99." A report prepared for the Louisiana Gambling Control Board.

SACES (South Australian Centre for Economic Studies). 2003. "Community Impact of Electronic Gaming Machine Gambling." Discussion Paper 1: Review of Literature and Potential Indicators. Victoria: Gambling Research Panel.

Sanders, Barbara. 1973. "A History of Advertising and Promotion in the Reno Gaming Industry." Master's thesis, Journalism, University of Nevada, Reno.

Sasso, W. and J. Kalajdzic. 2007. "Do Ontario and Its Gaming Venues Owe a Duty of Care to Problem Gamblers?" *Gaming Law Review* 10 (6): 552–70.

Schellinck, Tony, and T. Schrans. 1998. "The 1997/98 Nova Scotia Regular VL Players Study Highlight Report." A report prepared by Focal Research Consultants, Ltd., Nova Scotia.

———. 2002. "The Nova Scotia Video Lottery Responsible Gaming Features Study." A final report prepared by Focal Research Consultants, Ltd., for the Atlantic Lottery Corporation, Nova Scotia.

———. 2003. "Nova Scotia Prevalence Study: Measurement of Gambling and Problem Gambling in Nova Scotia." A final report prepared by Focal Research Consultants, Ltd., Nova Scotia, for the Atlantic Lottery Corporation, Nova Scotia.

———. 2004. "The Nova Scotia Video Lottery Self-Exclusion Process Test, NS VLSE Responsible Gaming Features Enhancements." A report prepared for the Nova Scotia government.

———. 2007. "VLT Player Tracking System: Nova Scotia Gaming Corporation Responsible Gaming Research Device Project." A final report prepared by Focal Research Consultants, Ltd., Nova Scotia, for the Atlantic Lottery Corporation, Nova Scotia.

Scheri, Saverio. 2005. *The Casino's Most Valuable Chip: How Technology Changed the Gaming Industry.* Institute for the History of Technology.

Schneider, Mark A. 1993. *Culture and Enchantment.* Chicago: University of Chicago Press.

Schrans, Tracy. 2006. Interview with Terry Lane. ABC Radio National, January 8, www.abc.net.au/rn/nationalinterest/stories/2006/1533815.htm, accessed July 2006.

Schuetz, Richard. 2000. "In Search of the Holy Grail (in Las Vegas): Love and Addiction from Both Sides of the Table." Keynote speech delivered at the 11th International Conference on Gambling and Risk-Taking, Las Vegas.

Schüll, Natasha. 2006. "Machines, Medication, Modulation: Circuits of Dependency and Self-Care in Las Vegas. *Culture, Medicine, and Psychiatry* 30: 1–25. Schwartz, Barry. 2005. *The Paradox of Choice: Why More Is Less.* New York:ECCO.

Schwartz, Barry, H. R. Markus, and A. C. Snibbe. 2006. "Is Freedom Just Another Word for Many Things to Buy? That Depends on Your Class Status." *New York Times Magazine*, February 26: 14–15.

Schwartz, David G. 2003. *Suburban Xanadu: The Casino Resort on the Las Vegas Strip and Beyond.* New York: Routledge.

Schwartz, Mattathias. 2006. "The Hold-'Em Holdup." *New York Times*, June 11: 55–58.

Scoblete, Frank. 1995. "The God in the Machine." *Casino Player* (March): 5. Sedgwick, Eve. 1992. "Epidemics of the Will." In *Incorporations*, edited by J. Crary and S. Kwinter, 582–95. New York: Zone Books.

Shaffer, Howard. 1996. "Understanding the Means and Objects of Addiction, the Internet, and Gambling." *Journal of Gambling Studies* 12 (4): 461–69.

———. 2003. "Shifting Perceptions on Gambling and Addiction." *Journal of Gambling Studies* 19: 1–6 (editor's introduction).

———. 2004. "Internet Gambling and Addiction." A report prepared for Mark Mendel and Robert Blumenfeld, of Mendel Blumenfeld, LLP, www.division onaddictions.org/html/publications/shafferinternetgambling.pdf.

———. 2005. "From Disabling to Enabling the Public Interest: Natural Transitions from Gambling Exposure to Adaptation and Self-Regulation." *Addiction* 100: 1227–30.

———. N.d. "What Is Addiction? A Perspective," www.divisiononaddictions.org/ html/ whatisaddiction.htm, accessed November 2009.

Shaffer, Howard, M. N. Hall, and J. Vander Bilt. 1999. "Estimating the Prevalence of Disordered Gambling Behavior in the United States and Canada: A Research Synthesis." *American Journal of Public Health* 89: 1369–76.

Shaffer, Howard, and D. A. Korn. 2002. "Gambling and Related Mental Disorders: A Public Health Analysis." *Annual Review of Public Health* 23: 171–212.

Shaffer, Howard, R. A. LaBrie, and D. LaPlante. 2004a. "Laying the Foundation for Quantifying Regional Exposure to Social Phenomena: Considering the Case of Legalized Gambling as a Public Health Toxin." *Psychology of Addictive Behaviors* 18 (1): 40–48.

———. 2004b. "Toward a Syndrome Model of Addiction: Multiple Expressions, Common Etiology." *Harvard Review of Psychiatry* 12: 367–74.

Sharpe, Louise, M. Walker, M. Coughlan, K. Emerson, and A. Blaszcynski. 2005.

"Structural Changes to Electronic Gaming Machines as Effective Harm Minimization Strategies for Non-Problem and Problem Gamblers." *Journal of Gambling Studies* 21: 503–20.

Shoemaker, S. and D.M.V. Zemke. 2005. "The 'Local Market': An Emerging Gaming Segment." *Journal of Gambling Studies* 21: 379–410.

Simpson, Jeff. 2000. "Evening the Odds: Station Casinos Helps Fund Clinic for Problem Gamblers." *Las Vegas Review Journal*, February 7.

Simurda, Stephen J. 1994. "When Gambling Comes to Town: How to Cover a High-Stakes Story." *Journalism Review* (January/February): 36–38.

Singh, A. K., A. Cardno, and A. Gewali. 2010. "The Long and Short of It: Slot Games from a Player's Perspective." *Casino Enterprise Management*, April, www.bis2.net/LinkClick.aspx?fileticket=2PieHrl5%2FAU%3D&tabid=1974.

Singh, A. K., and A. F. Lucas. 2011. "Estimating the Ability of Gamblers to Detect Differences in the Payback Percentages of Reel Slot Machines: A Closer Look at the Slot Player Experience." *UNLV Gaming Research and Review Journal* 15(1): 17–36.

Skinner, B. F. 1953. *Science and Human Behavior*. New York: Free Press.

———. 2002 [1971]. *Beyond Freedom and Dignity*. New York: Knopf.

Skolnik, Sam. 2011. *High Stakes: The Rising Costs of America's Gambling Addiction*. Boston: Beacon Press.

"Slot Machines and Pinball Games." 1950. *Annals of the American Academy of Political and Social Science* 269: 62–70.

"A Slot Maker for All Seasons." 1996. *International Gaming and Wagering Business*, September 18.

Slutske, W. S. 2007. "Longitudinal Studies of Gambling Behavior." In *Research and Measurement Issues in Gambling Studies*, edited by G. Smith, D. C. Hodgins, and R. J. Williams, 127–54. London: Elsevier.

Smith, Garry. 2008. "Accountability and Social Responsibility in the Regulation of Gambling in Ontario." Paper presented at the Alberta Gaming Research Institute Annual Conference. Banff.

Smith, Garry, and C. S. Campbell. 2007. "Tensions and Contentions: An Examination of Electronic Gaming Issues in Canada." *American Behavioral Scientist* 51: 86–101.

Smith, Garry, D. Hodgins, and R. Williams, eds. 2007. *Research and Measurement Issues in Gambling Studies*. Boston: Elsevier/Academic Press.

Smith, Garry, and H. J. Wynne. 2004. "VLT Gambling in Alberta: A Preliminary Analysis," hdl.handle.net/1880/1632, accessed August 2008.

Smith, Rod. 2003. "Seeking Power and Influence, Gaming Interests Contribute Increasingly to Election Campaigns." *Las Vegas Review Journal*, February 9, http.reviewjournal.com/lvrj_home/2003/Feb-09-Sun-2003/news/20655447.html, accessed May 2010.

Sojourner, Mary. 2010. *She Bets Her Life: A Story of Gambling Addiction*. Berkeley: Seal Press.

Specker, S. M., G. A. Carlson, K. M. Edmonson, P. E. Johnson, and M. Marcotte. 1996. "Psychology in Pathological Gamblers Seeking Treatment." *Journal of Gambling Studies* 12: 67–81.

Stewart, David. 2010. "Demystifying Slot Machines and Their Impact in the United States." American Gaming Association White Paper, http.american gaming.org/industry-resources/research/white-papers, accessed May 2011.

Stewart, Kathleen. 2007. *Ordinary Affects*. Durham, NC: Duke University Press. Storer, John, M. W. Abbott, and J. Stubbs. 2009. "Access or Adaptation? A MetaAnalysis of Surveys of Problem Gambling Prevalence in Australia and New Zealand with Respect to Concentration of Electronic Gaming Machines." *In-ternational Gambling Studies* 9 (3): 225–44.

Strickland, Eliza. 2008. "Gambling with Science: Determined to Defeat Lawsuits over Addiction, the Casino Industry Is Funding Research at a Harvard Affiliated Lab." June 16, www.salon.com/news/feature/2008/06/16/gambling_science/.

Strow, David. 2000. "Station Casinos Grant Aids in Opening Problem Gambling Clinic." *Las Vegas Sun*, February 3, http.lasvegassun.com/news/2000/feb/ 03/station-casinos-grant-aids-in-opening-problem-gamb/, accessed October 2006.

Stutz, Howard. 2007a. "Debit-Slot Plan Gets No Votes: Bank Plastic Won't Be Connected with Slips for Ticket In-Ticket Out." *Las Vegas Review-Journal*, September 21, www.lvrj.com/business/9914897.html, accessed July 2007.

———. 2007b. "A Step Closer to Going Mobile." *Las Vegas Review Journal*, October 30, www.lvrj.com/business/10884801.html, accessed July 2007.

Suchman, Lucy. 2007a. "Feminist STS and the Sciences of the Artificial." In *The Handbook of Science and Technology Studies*, 3rd. ed., edited by E. Hacket, O. Amsterdamska, M. Lynch, and J. Wajcman, 139–64. Cambridge, MA: MIT Press.

———. 2007b. *Human-Machine Reconfigurations: Plans and Situated Actions*, 2nd exp. ed. New York: Cambridge University Press.

"Suicide Rates by State." 1997. *Associated Press*, August 28.

Taber, Julian I. 2001. *In the Shadow of Chance: The Pathological Gambler*. Reno: University of Nevada Press.

Taylor, Frederick W. 1967 [1911]. *The Principles of Scientific Management*. New York: W. W. Norton.

Taylor, T. L. 2006. *Play Between Worlds: Exploring Online Game Culture*. Cambridge, MA: MIT Press.

Terranova, Tiziana. 2000. "Free Labor: Producing Culture for the Digital Economy." *Social Text* 18 (8): 33–58.

Thomas, Anna C., G. B. Sullivan, and F.C.L. Allen. 2009. "A Theoretical Model of EGM Problem Gambling: More Than a Cognitive Escape." *International Journal of Mental Health and Addiction* 7 (8): 97–107.

Thomas, Anna C., S. Moore, M. Kyrios, G. Bates, and D. Meredyth. 2011. "Gambling Accessibility: A Scale to Measure Gambler Preferences." *Journal of Gambling Studies* 27 (1): 129–43.

Thompson, E. P. 1967. "Time, Work-Discipline, and Industrial Capitalism." *Past & Present* 38 (1): 56–97.

Thompson, Gary. 1999. "Video Slots Taking Over Casino Floors." *Las Vegas Sun*, September 14.

Thompson, Isaiah. 2009. "Meet Your New Neighbor: How Slot Machines Are Secretly Designed to Seduce and Destroy You, and How the Government Is in on It." *Philadelphia City Paper*, January 7, citypaper.net/articles/2009/01/08/ foxwoods-sugarhouse-pennsylvania-gaming-control-board, accessed February 2009.

Thrift, Nigel. 2006. "Re-Inventing Invention: New Tendencies in Capitalist Commodification." *Economy and Society* 35: 279–306.

Tilley, Alvin R. 2002. *The Measure of Man and Woman: Human Factors in Design*. New York: Wiley.

Tita, Bob. 2008. "Casino fined $800K for Marketing to Banned Gamblers." *Chicago Business*, May 19, http.chicagobusiness.com/cgi-bin/news.pl?id=29493 &seenIt=1, accessed July 2009.

TNS Consultants. 2011. "World Count of Gaming Machines 2008: A Marketing Research Report." A report prepared for the Gaming Technologies Association in Australia.

Trevorrow, K., and S. Moore. 1998. "The Association between Loneliness, Social Isolation, and Women's Electronic Gaming Machine Gambling." *Journal of Gambling Studies* 14: 263–84.

Turdean, Cristina. 2012. "Betting on Computers: Digital Technologies and the Rise of the Casino (1950–2000)." PhD diss., Hagley Program, Department of History, University of Delaware.

Turkle, Sherry. 1984. *The Second Self: Computers and the Human Spirit*. New York: Simon and Schuster.

———. 1997. *Life on the Screen: Identity in the Age of the Internet*. New York: Touchstone.

———. 2011. *Alone Together: Why We Expect More from Technology and Less from Each Other*. New York: Basic Books.

Turner, Nigel. 1999. "Chequered Expectations: Predictors of Approval of Opening a Casino in the Niagara Community." *Journal of Gambling Studies* 15: 45–70.

———. 2011. "Volatility, House Edge and Prize Structure of Gambling Games." *Journal of Gambling Studies* 27: 607–23.

Turner, Nigel, and R. Horbay. 2004. "How Do Slot Machines and Other Electronic Gambling Machines Actually Work?" *Journal of Gambling Issues* 11, http.gh southern.org.au/infobase/JGI-Issue11-turner-horbay.pdf, accessed April 2007. United Way of Southern Nevada and Nevada Community Foundation. 2003. *Southern Nevada Community Assessment*. September 2003. Las Vegas.

Valenzuela, Terence D., D. J. Roe, G. Nichol, L. L. Clark, D. W. Spaite, and R. G. Hardman. 2000. "Outcomes of Rapid Defibrillation by Security Officers after Cardiac Arrest in Casinos." *New England Journal of Medicine* 343: 1206–9.

Valverde, Mariana. 1998. *Diseases of the Will: Alcohol and the Dilemmas of Freedom*. Cambridge: Cambridge University Press.

Vander Bilt, J., H. H. Dodge, R. Pandav, H. J. Shaffer, and M. Ganguli. 2004. "Gambling Participation and Social Support among Older Adults: A Longitudinal Community Study." *Journal of Gambling Studies* 20 (4): 373–89.

Velotta, Richard N. 2009. "Manufacturer of Slot That Can Match Gambler's Desired Pace Is Licensed." *Las Vegas Sun*, September 25, http.lasvegassun.com/ staff/richard-n-velotta/, accessed May 2010.

Venturi, Robert, S. Izenour, and D. S. Brown. 1972. *Learning from Las Vegas*. Cambridge, MA: MIT Press.

Verbeek, Peter-Paul. 2005a. "Artifacts and Attachment: A Post-Script Philosophy of Mediation." In *Inside the Politics of Technology: Agency and Normativity in the Co-Production of Technology and Society*, edited by H. Harbers, 125–46. Amsterdam: Amsterdam University Press.

———. 2005b. *What Things Do: Philosophical Reflections on Technology, Agency, and Design*. University Park: Pennsylvania State University Press.

Villano, Matt. 2009. "Daniel Lee: A Music Man of Slot Machines." *SFGate, San Francisco Chronicle*, December 3, articles.sfgate.com/2009-12-03/entertainment/17183069_1_slot-machines-igt-music, accessed May 2010.

Vinegar, Aron, and M. J. Golec, eds. 2008. *Relearning from Las Vegas*. Minneapolis: University of Minnesota Press.

Virillio, Paul. 1995. *The Art of the Motor*. Minneapolis, MN: University of Minnesota Press.

Volberg, Rachel. 1996. "Gambling and Problem Gambling in New York: A Ten Year Replication Survey, 1986–1996." Report to the New York Council on Problem Gambling.

———. 2001. *When the Chips Are Down: Problem Gambling in America*. New York: The Century Foundation.

———. 2002. "Gambling and Problem Gambling in Nevada." Report to the Nevada Department of Human Resources. Gemini Research, Ltd.

———. 2004. "Fifteen Years of Problem Gambling Prevalence Research: What Do We Know? Where Do We Go?" *Journal of Gambling Issues* 10: 1–19.

Volberg, Rachel, and M. Wray. 2007. "Legal Gambling and Problem Gambling as Mechanisms of Social Domination? Some Considerations for Future Research." *American Behavioral Scientist* 51: 56–85.

Vrecko, Scott. 2007. "Capital Ventures into Biology: Biosocial Dynamics in the Industry and Science of Gambling." *Economy and Society* 37 (1): 50–67.

———. 2010. "Civilizing Technologies and the Control of Deviance." *Biosocieties* 5 (1): 36–51.

Wajcman, Judy. 2008. "Life in the Fast Lane? Towards a Sociology of Technology and Time." *The British Journal of Sociology* 59 (1): 59–77.

Wakefield, J. K. 1997. "Diagnosing DSM-IV—Part I: DSM-IV and the Concept of Disorder." *Behaviour Research and Therapy* 35: 633–49.

Walker, Michael. B. 1992. "Irrational Thinking among Slot Machine Players." *Journal of Gambling Studies* 8 (3): 245–61.

Wanner, Brigitte, R. Ladouceur, A. V. Auclair, and F. Vitaro. 2006. "Flow and Dissociation: Examination of Mean Levels, Cross-Links, and Links to Emotional Well-Being across Sports and Recreational and Pathological Gambling." *Journal of Gambling Studies* 22 (3): 289–304.

Ward, Matt. 2005. "The Gaming Crystal Ball." *Global Gaming Business* (September): 25–28.

Weatherly, J. N., and A. Brandt. 2004. "Participants' Sensitivity to Percentage Payback and Credit Value When Playing a Slot-Machine Simulation." *Behavior and Social Issues* 13: 33–50.

Weber, Max. 1946 [1922]. "Science as a Vocation." In *From Max Weber: Essays in Sociology*, edited and translated by H. H. Gerth and C. Wright Mills, 129–56. New York: Oxford University Press.

———. 1978 [1956]. *Economy and Society: An Outline of Interpretive Sociology.* Berkeley: University of California Press.

Weinert, Joe. 1999. "High Profits for Low Denominations." *International Gaming and Wagering Business*, G2E Edition.

Weingarten, Marc. 2006. "In Las Vegas, the Wagering is Going Mobile." *New York Times*, May 3: 4.

Welte, J. W., W. F. Wieczorek, G. M. Barnes, M. C. Tidwell, and J. H. Hoffman. 2004. "The Relationship of Ecological and Geographic Factors to Gambling Behavior and Pathology." *Journal of Gambling Studies* 20: 405–23.

Williams, Rosalind H. 1982. *Dream Worlds: Mass Consumption in Late Nineteenth-Century France.* Berkeley: University of California Press.

Williams, R. J., and R. T. Wood. 2004. "Final Report: The Demographic Sources of Ontario Gaming Revenue." Report prepared for the Ontario Problem Gambling Research Centre.

Wilson, John. 2003. "Slot Machine Volatility Index." *Slot Tech Magazine*, December: 10–17.

———. 2004a. "Virtual Reels? Physical Reels? Just the Real Truth." *Slot Tech Magazine* (January): 18–22.

———. 2004b. "PAR Excellence: Improve Your Edge." *Slot Tech Magazine* (February): 16–23.

———. 2004c. "PAR Excellence: Part 2." *Slot Tech Magazine* (March): 16–21.

———. 2004d. "PAR Excellence: Part 3." *Slot Tech Magazine* (April): 20–26.

———. 2004e. "PAR Excellence—Improving your Game, Part IV." *Slot Tech Magazine* (May): 21–24.

———. 2004f. "PAR Excellence—Part V: The End Is Here!" *Slot Tech Magazine* (June): 24–29.

———. 2007. "Visual Analytics Part 3: The Power of Mariposa." *Casino Enterprise Management*, May, http.casinoenterprisemanagement.com/articles/june-2007/visual-analytics-part-3-power-mariposa.

———. 2008. "The Slot Mathemagician Presents: Tapping the True Potential of Predictive Analytics." *Casino Enterprise Management*, http.casinoenterprisemanagement. com/articles/july-2007/slot-mathemagician-presents-mathematical-magic-behind-producing-progressive-payou.

———. 2009a. "The Vicious Cycle, Part II: Volatility." *Casino Enterprise Management*, April, http.casinoenterprisemanagement.com/articles/may-2009/vicious-cycle-part-ii-volatility.

———. 2009b. "The Vicious Cycle, Part IV: The Balancing Act." *Casino Enterprise Management*, July, http.casinoenterprisemanagement.com/articles/july-2009/ vicious-cycle-part-iv-balancing-act.

———. 2010a. "Meaningful Hit Frequency, Pt. I: An Operator's Guide to Player Satisfaction." *Casino Enterprise Management*, January, http.casinoenterprise-management.com/articles/january-2010/meaningful-hit-frequency-pt-i-operator%E2%80%99s-guide-player-satisfaction.

———. 2010b. "Meaningful Hit Frequency, Pt. II: Significant and Insignificant Wins." *Casino Enterprise Management*, February, http.casinoenterprisemanagement.com/articles/february-2010/meaningful-hit-frequency-part-ii-signifi cant-and-insignificant-wins.

Winner, Langdon. 1977. *Autonomous Technology: Technics Out-of-Control as a Theme in Political Thought*. Cambridge, MA: MIT Press.

———. 1986. "Do Artifacts Have Politics?" In *The Whale and the Reactor: A Search for Limits in an Age of High Technology*, edited by L. Winner, 19–39. Chicago: University of Chicago Press.

Winnicott, D. W. 1971. *Playing and Reality*. London: Tavistock Publications. Wiser, Rob. 2006. "Running the Floor: Red Rock Casino Offers Cutting Edge Product." *Strictly Slots* (May): 36.

Witcher, Butch. 2000. "Top 10 To-Do List for Slot Operations." *Casino Journal*(July): 24–25.

"WMS Showcases Casino Evolved at 2007 Global Gaming Expo with Innovation, Technology, and Networked Capabilities." 2007. *Business Wire*, November 8, findarticles.com/p/articles/mi_m0EIN/is_2007_Nov_8, accessed December 2007.

Woo, G. 1998. "UNLV Las Vegas Metropolitan Poll." Cannon Center for Survey Research. Las Vegas: University of Las Vegas.

Wood, R.T.A., and M. D. Griffiths. 2007. "A Quantitative Investigation of Problem Gambling as an Escape-Based Coping Strategy." *Psychology and Psychotherapy: Theory, Research, and Practice* 80: 107–25.

Woolgar, Stephen. 1991. "Configuring the User: The Case of Usability Trials." In *A Sociology of Monsters: Essays on Power, Technology, and Domination*, edited by J. Law, 58–99. London: Routledge.

Woolley, Richard. 2008. "Economic Technologies: The Liberalizing and Governing of Poker Machine Gambling Consumption." *New Zealand Sociology* 23: 135–53.

———. 2009. "Commercialization and Culture in Australian Gambling." *Continuum* 23 (2): 183–96.

Woolley, Richard, and C. Livingstone. 2009. "Into the Zone: Innovation in the Australian Poker Machine Industry." In *Global Gambling: Cultural Perspectives on Gambling Organizations*, edited by S. Kingma, 38–63. New York: Routledge.

Wray, Matt, M. Miller, J. Gurvey, J. Carroll, and I. Kawachi. 2008. "Leaving Las Vegas: Does Exposure to Las Vegas Increase Risk for Suicide?" *Social Science and Medicine* 67: 1882–88.

Young, Martin, M. Stevens, and W. Tyler. 2006. *Northern Territory Gambling Prevalence Survey 2005*. School for Social and Policy Research, Charles Darwin University.

Zaloom, Caitlin. 2006. *Out of the Pits: Traders and Technology from Chicago to London*. Chicago: University of Chicago Press.

———. 2009. "How to Read the Future: The Yield Curve, Affect, and Financial Prediction." *Public Culture* 21: 2.

———. 2010. "The Derivative World." *The Hedgehog Review* (Summer).

Zangeneh, Masood, and T. Hason. 2006. "Suicide and Gambling." *International Journal of Mental Health and Addiction* 4 (3): 191–93.

Zangeneh, Masood, and E. Haydon. 2004. "Psycho-Structural Cybernetic Model, Feedback and Problem Gambling: A New Theoretical Approach." *International Journal of Mental Health and Addiction* 1 (2): 25–31.

Zelizer, Viviana. 1979. *Markets and Morals*. Princeton, NJ: Princeton University Press.

Žižek, Slavoj. 1998. "Risk Society and Its Discontents." *Historical Materialism* 2(1): 143–64.

Zwick, Detlev. 2005. "Where the Action Is: Internet Stock Trading as Edgework." *Journal of Computer-Mediated Communication* 11 (1): 22–43.

중독의 설계

1판 1쇄 발행   2024년 6월 17일

원   제 | Addiction By Design: Machine Gambling in Las Vegas
지 은 이 | Natasha Dow Schüll
옮 긴 이 | 김세건·홍혜미
펴 낸 이 | 김진수
펴 낸 곳 | 한국문화사
등   록 | 제1994-9호
주   소 | 서울시 성동구 아차산로49, 404호 (성수동1가, 서울숲코오롱디지털타워3차)
전   화 | 02-464-7708
팩   스 | 02-499-0846
이 메 일 | hkm7708@daum.net
홈페이지 | http://hph.co.kr

ISBN   979-11-6919-213-2 93330

· 이 책의 내용은 저작권법에 따라 보호받고 있습니다.
· 잘못된 책은 구매처에서 바꾸어 드립니다.
· 책값은 뒤표지에 있습니다.

오류를 발견하셨다면 이메일이나 홈페이지를 통해 제보해주세요.
소중한 의견을 모아 더 좋은 책을 만들겠습니다.